지식과교양

救急方諺解와 救急簡易方의 同義語 研究

남성우 著

머리말

이 저서는 『救急方諺解』(1466)와 『救急簡易方』(1489)에서 확인되는 同義語들을 共時的 관점에서 연구하는 데 목적이 있다.

『구급방언해』와 『구급간이방』에서 확인되는 동의 관계는 크게 셋으로 나누어 고찰할 수 있다. 첫째는 固有語간의 동의 관계이고 둘째는 고유어와 漢字語 간의 동의 관계이고 셋째는 漢字語간의 동의 관계이다.

이 저서를 만드는 데 큰 도움을 준 사람들이 있다. 한국외국어대학교 대학원 국어국문학과 박사과정에 재학 중인 趙賢眞 선생과 朴恩娗 선생이 컴퓨터 작업으로 저서의 원고를 작성해 주었다. 그리고 趙賢眞 선생은 修正하고 補完한 부분을 성실하게 정리해 주었다.

이 저서는 니의 古稀를 기념히기 위해 만든 것이다. 이 저서는 2010년 庚寅年에 출판되어야 하는데 1년 후인 2011년 辛卯年에 刊行되었다.

끝으로 어려운 出版 사정에도 불구하고 이 저서의 출판을 흔쾌히 맡아 주신 지식과교양 尹錫園 사장님께, 그리고 편집을 멋지게 해 주신 尹禮美 과장님께 감사의 뜻을 전한다.

2011년 10월 9일

著者 씀

목차

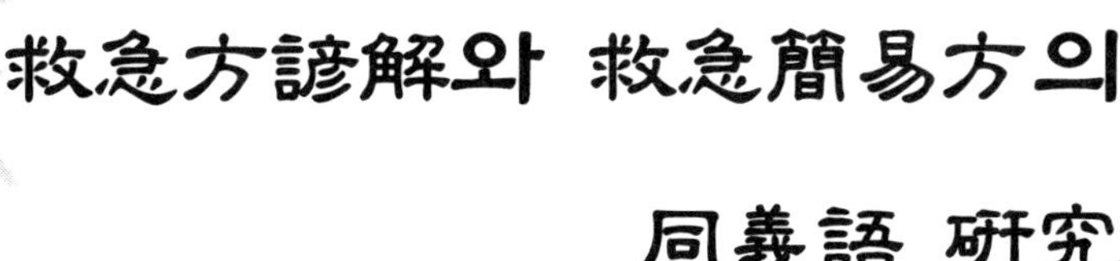

救急方諺解와 救急簡易方의 同義語 研究

救急方諺解와 救急簡易方의 同義語 研究

제1장
序論

제1절 研究 目的과 範圍

이 저서는 『救急方諺解』(1466)와 『救急簡易方』(1489)에서 확인되는 同義語를 고찰하는 데 목적이 있다.

『구급방언해』는 세조 12년(1466)에 간행되었고 『구급간이방』은 성종 20년(1489)에 간행되었다. 김지용(1975:390)에 의하면 『구급간이방』은 『구급방언해』를 增補한 것이다. 『구급방언해』는 上下卷으로 되어 있고 『구급간이방』은 全八卷으로 되어 있으며 현재 缺卷으로 보이는 것은 卷之四, 五, 八이나.

제2장에서는 固有語간의 同義가 논의된다. 이 동의는 크게 넷으로 나누어 고찰할 수 있다. 첫째는 名詞類에서의 동의 관계이고 둘째는 動詞類에서의 동의 관계이고 셋째는 副詞類에서의 동의 관계이고 넷째는 冠形詞類에서의 동의 관계이다.

제3장에서는 固有語와 漢字語 간의 同義가 논의된다. 이 동의는 크게 넷으로 나누어 고찰할 수 있다. 첫째는 名詞類에서의 동의 관계이고 둘째는 動詞類에서의 동의 관계이고 셋째는 副詞類에서의 동의 관계이고 넷째는 冠形詞에서의 동의 관계이다.

제4장에서는 漢字語간의 同義가 논의된다. 이 동의는 크게 셋으로 나누어 고찰할 수 있다. 첫째는 名詞類에서의 동의 관계이고 둘째는 動詞類에서의 동의 관계이고 셋째는 副詞에서의 동의 관계이다.

제2절 研究 方法

同義(synonymy)는 Ullmann(1957: 108)에 의하면 '여러 개의 이름을 가진 하나의 뜻'이고 Lyons(1968: 465)에 의하면 '두 語辭가 같은 뜻을 가지는 경우'이다.

동의어를 확인하는 방법에는 代置 檢査(substitution test), 反義語(antonym) 사용법 및 羅列法이 있다.

최선의 방법은 대치 검사이다. 주어진 文脈에서의 交替 가능성 여부에 의해 두 단어의 同義性이 확인된다. 그리고 두 단어의 대치에서 생기는 인식적 및 감정적 차이가 명백해진다.

두 명사 '가슴'과 'ᄆᆞ슴뽁'이 [心] 즉 '가슴'의 뜻을 가진 동의어라는 사실은 동일 원문의 번역인 다음 예문들에서 잘 확인된다. 원문 중 '搏其心'이 '가ᄉᆞ매 놓다'로도 번역되고 '그 ᄆᆞ슴뽁의 다와다 두다'로도 번역된다. 따라서 '가슴'과 'ᄆᆞ슴뽁'의 동의성은 명백히 입증된다.

> (1) a. 주머니예 녀허 가ᄉᆞ매 노햇다가(囊盛以搏其心) <救方上 8b>
>   b. 잘의 녀허 그 ᄆᆞ슴뽁의 다와다 두딕(囊盛以搏其心) <救간一 87b>

두 명사 '갗'과 '거플'이 [皮] 즉 '껍질'의 뜻을 가지고 동의 관계에 있다는 것은 동일 원문의 번역인 다음 예문들에서 잘 확인된다. 원문 중 '竹葉竹皮'가 '댓 닙과 댓 갗'으로도 번역되고 '댓 닙과 거플'로도 번역된다. 따라서 '갗'과 '거플'의 동의성은 명백히 입증된다.

> (2) a. 댓 닙과 댓 가출 두터이 글혀(以竹葉竹皮濃煎) <救方上 65b>
>   b. 댓 닙과 거프를 디투 달혀(以竹葉竹皮濃煎) <救간二 117b>

두 명사 '뽐'과 '샃'이 [縫] 즉 '틈'의 뜻을 가지고 동의 관계에 있다는 것은 동일 원문의 번역인 다음 예문들에서 잘 확인된다. 원문 중 '齒縫'이 '닛 뽐'으로도 번역되고 '닛 샃'으로도 번역된다. 따라서 '뽐'과 '샃'의 동의성은 명백히 입증된다.

(3) a. 닛 삐메 피 나 긋디 아니커든(齒縫出血不止) <救方上 63b>
   b. 닛 사채 피 나 긋디 아니커든(齒縫出血不止) <救간二 116b>

두 명사 '뻬'와 '삐니'가 [時候] 즉 '때'의 뜻을 가지고 동의 관계에 있다는 것은 동일 원문의 번역인 다음 예문들에서 잘 확인된다. 원문 중 '不計時候'가 '뻬 혜디 말다'로도 번역되고 '삐니 혜디 말다'로도 번역된다. 따라서 '뻬'와 '삐니'의 동의성은 명백히 입증된다.

(4) a. 뻬 혜디 말오(不計時候) <救方下 91b> <救方下 96a>
   b. 삐니 혜디 말오(不計時候) <救간一 18b> <救간二 49b> <救간六 73a>

두 명사 '부리'와 '산멱'이 [嗉] 즉 '멀떠구니, 모이주머니'의 뜻을 가지고 동의 관계에 있다는 것은 동일 원문의 번역인 다음 예문들에서 잘 확인된다. 원문 중 '其嗉'가 '그 부리'로도 번역되고 '그 산멱'으로도 번역된다. 따라서 '부리'와 '산멱'의 동의성은 명백히 입증된다.

(5) a. 그 부릴 어더 머그면(得呑其嗉) <救方上 53a>
   b. 그 산멱을 어더 숪교미(得呑其嗉) <救간六 2b>

두 명사 '부칙'와 '염교'가 [韭] 즉 '부추'의 뜻을 가지고 동의 관계에 있다는 것은 다음 예문들에서 잘 확인된다. 원문 중 '韭葉'이 '부칫 닢'으로도 번역되고 '염굣 닙'으로도 번역된다. 그리고 '韭根'이 '부칫 불휘'로도 번역되고 '염굣 불휘'로도 번역된다. 따라서 '부칙'와 '염교'의 동의성은 명백히 입증된다.

(6) a. 부칫 니플 디허 즈브로(以韭葉擣取自然汁) <救方上 24a>
   b. 부칫 불휘롤 디허(用韭根擣) <救方上 24a>

(6) c. 흔 염굣 닙 너븨만 띄워(一韭葉許) <救간一 77a> <救간七 65a>
   d. 염굣 불휘롤 디허(用韭根搗) <救간一 83a>

두 명사 '쓸게'와 '열'이 [膽] 즉 '쓸개'의 뜻을 가지고 동의 관계에 있다는 것은 다음 예문들에서 잘 확인된다. 원문 중 '猪膽'이 '도틱 쓸게'로 번역되고 '熊膽'이 '고믹 열'로 번역된다. 따라서 '쓸게'와 '열'의 동의성은 명백히 입증된다.

(7) a. 도틱 쓸게 둘기알만 크니를(猪膽大如鷄子者) <救간三 91a>
    b. 고믹 열 콩 낫만 ᄒᆞ니를(熊膽如大豆許) <救간二 38b>

명사 '아히'와 합성명사 '순아히'가 [童子] 즉 '사내아이'의 뜻을 가지고 동의 관계에 있다는 것은 동일 원문의 번역인 다음 예문들에서 잘 확인된다. 원문 중 '童子小便'이 '아히 小便'으로도 번역되고 '순아히 오좀'으로도 번역된다. 따라서 '아히'와 '순아히'의 동의성은 명백히 입증된다. '순아히'는 명사 '순'과 명사 '아히'의 合成이다.

(8) a. 아히 小便 半 되를 글혀(童子小便半升煮) <救方上 65b>
    b. 순아히 오좀 반 되를 글혀(童子小便半升煮) <救간二 117b>

두 명사 '춤'과 '더품'이 [涎] 즉 '침'의 뜻을 가지고 동의 관계에 있다는 것은 동일 원문의 번역인 다음 예문들에서 잘 확인된다. 원문 중 '涎潮'가 '추미 오르다'로도 번역되고 '더푸미 오르다'로도 번역된다. 따라서 '춤'과 '더품'의 동의성은 명백히 입증된다.

(9) a. 추미 우흐로 올아(涎潮於上) <救간一 5b>
    b. 더푸미 모ᄀᆞ로 올아(涎潮於上) <救方上 4b>

두 동작동사 '쓰리다'와 '밧다'가 [裹] 즉 '싸다'의 뜻을 가지고 동의 관계에 있다는 것은 동일 원문의 번역인 다음 예문들에서 잘 확인된다. 원문 중 '縣裹'가 '소오매 쓰리다'로도 번역되고 '소오매 밧다'로도 번역된다. 따라서 '쓰리다'와 '밧다'의 동의성은 명백히 입증된다.

(10) a. 半 돈을 소오매 쓰려(縣裹半錢) <救方上 46b>
     b. 반 돈을 소오매 빠(縣裹半錢) <救간二 76b>

두 동작동사 '글히다'와 '달히다'가 [煎]과 [煮] 즉 '끓이다, 달이다'의 뜻을 가지고 동의 관계에 있다는 것은 동일 원문의 번역인 다음 예문들에서 잘 확인된다. 원문 중 '同煎'이 '흔듸 글히다'로도 번역되고 '흔듸 달히다'로도 번역된다. 그리고 '以水三升煮'가 '믈 서 되로 글히다'로도 번역되고 '믈 서 되예 달히다'로도 번역된다. 따라서 '글히다'와 '달히다'의 동의성은 명백히 입증된다.

> (11) a. 흔듸 글혀(同煎) <救方上 14a>
>   b. 믈 서 되로 글혀(以水三升煮) <救方上 30a>

> (11) c. 흔듸 달혀(同煎) <救方下 20a>
>   d. 믈 서 되예 달혀(以水三升煮) <救간二 34a>

두 동작동사 '둏다'와 '우션ㅎ다'가 [瘥] 즉 '병이 낫다'의 뜻을 가지고 동의 관계에 있다는 것은 다음 예문들에서 잘 확인된다. 원문 중 '立瘥'가 '즉재 둏다'로도 번역되고 '즉재 우션ㅎ다'로도 번역된다. 따라서 '둏다'와 '우션ㅎ다'의 동의성은 명백히 입증된다.

> (12) a. 곧 알프디 아니ㅎ야 즉재 됴ㅎ리라(卽不痛立瘥) <救方下 35b>
>   b. 순아히 오좀 두 되룰 믄득 머그면 즉재 우션ㅎ리니(小兒尿二升頓服之立瘥)
>   <救간七 6b>

두 동작동사 '먹다'와 '마시다'가 [飮]과 [服] 즉 '먹다, 마시다'의 뜻을 가지고 동의 관계에 있다는 것은 동일 원문의 번역인 다음 예문들에서 잘 확인된다. 원문 중 '飮酒'가 '술 먹다'로도 번역되고 '수를 마시다'로도 번역된다. 그리고 '溫服'이 '드시 ㅎ야 먹다'로도 번역되고 '드시 ㅎ야 마시다'로도 번역된다. 따라서 '먹다'와 '마시다'의 동의성은 명백히 입증된다.

> (13) a. 샹녜 술 머거 ᄀ장 취ㅎ면(飮酒常令大醉) <救간六 31b>
>   b. 서 홉곰 드시 ㅎ야 머그라(溫服一小盞) <救간七 1b>

    (13) c. 수를 마셔 댱샹 フ장 醉케 ᄒ면(飮酒常令大醉) <救方下 64a>
        d. 두시 ᄒ야 서 홉곰 마시라(溫服一小盞) <救간七 2b>

  두 동작동사 '브티다'와 'ᄇᆞ르다'가 [傅]와 [搽] 즉 '붙이다, 바르다'의 뜻을 가지고 동의 관계에 있다는 것은 동일 원문의 번역인 다음 예문들에서 잘 확인된다. 원문 중 '傅瘡上'이 '瘡의 브티다'로도 번역되고 '瘡의 ᄇᆞ르다'로도 번역된다. 그리고 '搽患處'가 '알폰 싸해 브티다'로도 번역되고 '알폰 ᄃᆡ ᄇᆞᄅᆞ다'로도 번역된다. 따라서 '브티다'와 'ᄇᆞᄅᆞ다'의 동의성은 명백히 입증된다.

    (14) a. 瘡의 브티면(傅瘡上) <救方上 83b> <救方上 84a> <救方上 84b>
        b. 믈근 기르메 ᄆᆞ라 알폰 싸해 브튜미 됴ᄒ니라(淸油調搽患處妙) <救方下 64b>

    (14) c. 瘡의 ᄇᆞᄅᆞ고(傅瘡上) <救方上 82b>
        d. 믈근 기름에 ᄆᆞ라 알폰 ᄃᆡ ᄇᆞ로미 됴ᄒ니라(淸油調搽患處妙) <救간六 76b>

  두 동작동사 '십다'와 '솟다'가 [湧泉] 즉 '샘솟다'의 뜻을 가지고 동의 관계에 있다는 것은 동일 원문의 번역인 다음 예문들에서 잘 확인된다. 원문 중 '如湧泉'이 '믈 십듯 ᄒ다'로도 번역되고 '믈 솟듯 ᄒ다'로도 번역된다. 따라서 '십다'와 '솟다'의 동의성은 명백히 입증된다.

    (15) a. 피 믈 십듯 ᄒ야(血如湧泉) <救方上 59b>
        b. 피 믈 솟듯 ᄒ야도(血如湧泉) <救方上 59b> <救간二 112a>

  두 상태동사 '닶갑다'와 '답답ᄒ다'가 [悶]과 [悶絶] 즉 '답답하다'의 뜻을 가지고 동의 관계에 있다는 것은 동일 원문의 번역인 다음 예문들에서 잘 확인된다. 원문 중 '氣悶'이 '氣分이 닶갑다'로도 번역되고 '긔운이 답답ᄒ다'로도 번역된다. 그리고 '悶絶不知人'이 '닶가와 사ᄅᆞᄆᆞᆯ 모ᄅᆞ다'로도 번역되고 '답답ᄒ야 사ᄅᆞᄆᆞᆯ 모ᄅᆞ다'로도 번역된다. 따라서 '닶갑다'와 '답답ᄒ다'의 동의성은 명백히 입증된다.

(16) a. 氣分이 닶가와 주거 가(氣悶欲絕) <救方上 27a>

    b. ㄱ장 甚ᄒᆞ닌 닶가와 사ᄅᆞᆷ 모(94a)ᄅᆞ고(極甚者令人悶絕不知人) <救方下 94b>

(16) c. 긔운이 답답ᄒᆞ고 주글 듯ᄒᆞ야(氣悶欲絕) <救간二 26b>

    d. ㄱ장 심ᄒᆞ닌 답답ᄒᆞ야 사ᄅᆞᆷ 몰ᄅᆞ고(極甚者令人悶絕不知人) <救간七 64a>

두 상태동사 '덥다'와 '덥달다'가 [熱] 즉 '뜨겁다'의 뜻을 가지고 동의 관계에 있다는 것은 동일 원문의 번역인 다음 예문들에서 잘 확인된다. 원문 중 '壯熱'이 'ㄱ장 덥다'로도 번역되고 'ㄱ장 덥달다'로도 번역된다. 따라서 '덥다'와 '덥달다'의 동의성은 명백히 입증된다.

(17) a. 머리 알ᄑᆞ고 ㄱ장 더워(頭痛壯熱) <救간一 102b>

    b. 머리 알ᄑᆞ고 ㄱ장 덥다라(頭痛壯熱) <救간一 107a>

두 부사 '거스리'와 '갓고로'가 [逆] 즉 '거꾸로'의 뜻을 가지고 동의 관계에 있다는 것은 동일 원문의 번역인 다음 예문들에서 잘 확인된다. 원문 중 '逆生'이 '거스리 낳다'로도 번역되고 '갓고로 나다'로도 번역된다. 따라서 '거스리'와 '갓고로'의 동의성은 명백히 입증된다.

(18) a. ㄱ로ᄃᆡ 거스리 낳ᄂᆞ다 ᄒᆞᄂᆞ니(謂之逆生) <救方下 81b>

    b. 닐오ᄃᆡ 갓고로 나ᄂᆞ나 ᄒᆞᄂᆞ니(謂之逆生) <救간七 45b>

두 부사 '당다이'와 '반ᄃᆞ기'가 [當] 즉 '반드시'의 뜻을 가지고 동의 관계에 있다는 것은 다음 예문들에서 잘 확인된다. 원문 중 '當吐'가 '당다이 吐ᄒᆞ다'로도 번역되고 '반ᄃᆞ기 吐ᄒᆞ다'로도 번역된다. 따라서 '당다이'와 '반ᄃᆞ기'의 동의성은 명백히 입증된다.

(19) a. 당다이 터러글 吐ᄒᆞ리라(當吐毛) <救方下 64a>

    b. 반ᄃᆞ기 므를 吐ᄒᆞ리니(當吐水) <救方上 72a>

두 관형사 '여러'와 '믈읫'이 [諸] 즉 '여러'의 뜻을 가지고 동의 관계에 있다는 것은 다음 예문들에서 잘 확인된다. 원문 중 '諸藥'이 '여러 藥'으로 번역되고 '諸毒'이 '믈읫 毒'으로 번역된다. 따라서 '여러'와 '믈읫'의 동의성은 명백히 입증된다.

> (20) a. 여러 藥이 고티디 몯ᄒᄂ닐(治…諸藥不效) <救方上 63a>
>
> b. 믈읫 毒ᄋᆯ 고툐ᄃᆡ(解諸毒) <救方下 52b>

意味資質(semantic feature)과 共起(coocurrence)가 동의 관계의 확인에 중요한 역할을 한다.

두 명사 'ᄉ이'와 '쁨'이 [間] 즉 '사이'의 뜻을 가지고 동의 관계에 있다는 것은 다음 예문들에서 잘 확인된다. 원문 중 '齒間'이 '닛 ᄉ이'로도 번역되고 '니 쁨'으로도 번역된다. 따라서 'ᄉ이'와 '쁨'의 동의성은 명백히 입증된다. 명사 'ᄉ이'는 공간적 간격과 시간적 간격을 뜻하는데 [+공간성]의 의미 자질을 가질 때 명사 '쁨'과 동의 관계를 가진다.

> (21) a. 닛 ᄉ이예 피 나거든(齒間出血) <救方上 65b>
>
> b. 니 쁴메 피 나미 조찻ᄂ니라(附齒間出血) <救간二 113a>

두 동작동사 '먹다'와 '마시다'가 [飮] 즉 '먹다, 마시다'의 뜻을 가지고 동의 관계에 있다는 것은 동일 원문의 번역인 다음 예문들에서 잘 확인된다. 원문 중 '飮酒'가 '술 먹다'로도 번역되고 '수를 마시다'로도 번역된다. 따라서 '먹다'와 '마시다'의 동의성은 명백히 입증된다. 동작동사 '먹다'는 目的語로 [+액체성]의 명사들과 [-액체성]의 명사들을 취할 수 있는데 [+액체성]의 목적어를 가질 때 동작동사 '마시다'와 동의 관계를 가진다.

> (22) a. 샹녜 술 머거 ᄀᆞ장 취ᄒ면(飮酒常令大醉) <救간六 31b>
>
> b. 수를 마셔 댱샹 ᄀᆞ장 醉케 ᄒ면(飮酒常令大醉) <救方下 64a>

두 명사 '부리'와 '산먹'이 [嗉] 즉 '멀떠구니, 모이주머니'의 뜻을 가지고 동의 관계에 있다는 것은 동일 원문의 번역인 다음 예문들에서 잘 확인된다. 원문 중 '得呑

其嚔'가 '그 부릴 어더 먹다'로도 번역되고 '그 산멱을 어더 숪기다'로도 번역된다. 따라서 '부리'와 '산멱'의 동의성은 명백히 입증된다. 두 명사 '부리'와 '산멱'은 동작동사 '얻다'와 共起 관계에 있다.

(23) a. 그 부릴 어더 머그면 믓 됴ᄒᆞ니라(得呑其嚔最效) <救方上 53a>
    b. 그 산멱을 어더 숪교미 ᄀᆞ장 됴ᄒᆞ니라(得呑其嚔最效) <救간六 2b>

제3절 先行 研究

지금까지 『구급방언해』와 『구급간이방』의 語彙를 다룬 先行 研究에는 李基文(1959), 김영신(1976) 그리고 元順玉(1996)이 있다. 李基文(1959)은 『구급간이방』 권1(1959년 당시에는 권1만 존재했음)의 어휘에 대하여 언급하고 있다. 김영신(1976)은 『구급방언해』의 어휘를 전면적으로 고찰하고 있다. 元順玉(1996)은 『구급간이방』의 희귀어를 단일어와 복합어로 나누어 고찰하고 있다.

『구급방언해』와 『구급간이방』의 同義語에 대한 先行 研究에는 南星祐(2004)와 南星祐(2008)가 있다. 南星祐(2004)는 『구급방언해』와 『구급간이방』에서 확인되는 名詞類 同義語를 고찰하고 있고 南星祐(2008)는 『구급방언해』와 『구급간이방』에서 확인되는 副詞類 同義語를 고찰하고 있다.

이 저서에서 사용된 문헌은 다음과 같다.

略號	문헌명
<救方>	救急方諺解(1466): 한글학회 영인본(1975)
<救간>	救急簡易方(1489): 권1, 2: 檀國大學校 東洋學研究所 영인본(1982) 권3, 6: 弘文閣 영인본(1997) 권7 : 弘文閣 영인본(2001)

救急方諺解와 救急簡易方의 同義語 研究

제2장
固有語간의 同義

『구급방언해』와『구급간이방』에서 고유어들이 어떤 양상의 동의 관계를 형성하고 있는지를 名詞類, 動詞類, 副詞類 및 冠形詞類에서 고찰해 보고자 한다.

제1절 名詞類에서의 同義

고유어의 名詞類에서 발견되는 동의 관계는 相異型과 相似型으로 나눌 수 있다. 相似型은 음운론적 관점과 형태론적 관점에서 분류될 수 있는데 음운론적 관점에 따르면 音韻 交替, 音韻 脫落 및 音韻 添加가 있고 형태론적 관점에 따르면 合成과 派生이 있다.

1. 相異型

서로 다른 形式을 가진 둘 또는 그 이상의 名詞類들이 동의 관계를 가질 수 있다. 이 경우가 곧 상이형이다.

고유어의 名詞類에서 확인되는 상이형에는 [竈] 즉 '가마, 솥'의 뜻을 가진 '가마'와 '솥'을 비롯하여 [皮] 즉 '껍질'의 뜻을 가진 '갗'과 '거플', [處] 즉 '곳, 데'의 뜻을 가진 '곧'과 '디', [時]와 [時候] 즉 '때'의 뜻을 가진 '빼'와 '뼈니', [野] 즉 '들'의 뜻을 가진 '드르ㅎ'와 '미ㅎ', [塊] 즉 '무더기'의 뜻을 가진 '무적'과 '쓰를', [韭] 즉 '부추'의 뜻을 가진 '부칙'와 '염교', [麻]와 [大麻] 즉 '삼'의 뜻을 가진 '삼'과 '열', [童子]와 [小兒] 즉 '사내아이'의 뜻을 가진 '아힉'와 '스나힉', [線] 즉 '줄, 끈'의 뜻을 가진 '줄'과 '긴ㅎ' 그리고 [筋] 즉 '힘줄'의 뜻을 가진 '힘'과 '실' 등 130여 항목이 있다.

<1> 가마 對 솥

두 명사가 [竈], [釜] 및 [鐺] 즉 '가마, 솥'의 뜻을 가지고 동의 관계에 있다는 것은 다음 예문들에서 잘 확인된다. 원문 중 '竈心土'가 '가마 밑 마촘 아랫 흙'으로도 번역되고 '솥 밑 마촘 아랫 흙'으로도 번역된다. 그리고 '釜底墨'이 '솥 미틧 거믜영'으로 번역되고 '鐺底墨'이 '솥 미틧 거믜영'으로 번역된다. 따라서 '가마'와 '솥'의 동의성은 명백히 입증된다.

(1) a. 가마 밑 마촘 아랫 흙을 하나 져그나 ᄀ라(竈心土不狗多少硏爲末) <救간二 59b>

　　 b. 가마 미틧 거믜영 탄즈만 ᄒ닐(取竈中墨) <救간一 54b>

　　 c. 가마 밑 마촘 아랫 누런 흙과를(竈下黃土) <救간一 25a>

　　 d. 가마 미틧 검믜영 半 兩과 소곰 ᄒ 돈을 섯거 ᄀ라

　　　　(釜底墨半兩塩一錢右件藥和硏) <救方上 16b>

　　 e. 가마 미틧 검믜영을 글가(用釜底墨刮下) <救方上 60a>

　　 f. 가마 미틧 거믜영을 글가(釜底墨刮下) <救간二 112b>

　　 g. 가마 미틧 거믜영을 ᄀᄂ리 ᄀ라(釜底墨細硏) <救간二 98a>

　　 h. 竈心土 : 가마 밑 마촘 아랫 흙 <救간二 59a>

(1) i. 솥 밑 아촘 아랫 흘글 ᄀ라(竈心土爲末) <救간二 37b>

　　 j. 솥 미틧 거믜영 두 돈을 더운 오좀애 프러 머그라(鐺底墨以熱小便調下二錢)

　　　　<救간二 27b>

　　 k. 믈기 솥 안해 밀 녀허(澄淸却於鐺內入蠟) <救方下 10a>

　　 l. 소틱 밀 반 량 노기고(於鐺中鎔蠟半兩) <救간二 12a>

　　 m. 竈心土 : 솥 밑 마촘 아랫 흙 <救간二 37a>

<2> 가슴 對 ᄆᆞ숨

두 명사가 [心]과 [心胸] 즉 '가슴'의 뜻을 가지고 동의 관계에 있다는 것은 다음 예문들에서 잘 확인된다. 원문 중 '搏其心'이 '가ᄉᆞ매 놓다'로 번역되고 '按…其心'이 '그 ᄆᆞᅀᆞᄆᆞᆯ 누르다'로 번역된다. '心稍暖'이 '가ᄉᆞ미 져기 ᄃᆞᆺᄒᆞ다'로 번역되고 '心煖'이 'ᄆᆞᅀᆞ미 덥다'로 번역된다. 그리고 '衝心'이 '가ᄉᆞ매 다와티다'로도 번역되고 'ᄆᆞᅀᆞ매 다디르다'로도 번역된다. 따라서 '가슴'과 'ᄆᆞ숨'의 동의성은 명백히 입증된다.

(2) a. 주머니예 녀허 가ᄉᆞ매 노햇다가(囊盛以搏其心) <救方上 8b>

　　b. 가슴 우희 다혀 熨ᄒᆞ라(着心上熨之) <救方上 10a>

　　c. 가ᄉᆞ미 져기 ᄃᆞᆺᄒᆞ닐 고툐ᄃᆡ(治…心稍暖) <救方上 26a>

　　d. 가슴과 녀비 다 더우니라(心脇俱暖) <救方上 15b>

　　e. 더위머여 가ᄉᆞ미 답답ᄒᆞ거든(熱暍心悶) <救간一 34b>

　　f. 뒤조치 거스리 올아 가ᄉᆞ매 다와텨(胎衣逆上衝心) <救간七 48a>

　　g. 氣分이 가ᄉᆞ매 다와티ᄂᆞ니(氣衝心膂) <救方上 18a>

　　h. 주근 사ᄅᆞ미 가ᄉᆞᄆᆞᆯ 바ᄅᆞ 다히면(正對死人心下) <救간一 70a>

(2) i. 그 ᄆᆞᅀᆞᄆᆞᆯ 눌러 一定ᄒᆞ고(按定其心) <救方上 75a>

　　j. ᄆᆞᅀᆞ미 더워(心煖) <救方上 8b>

　　k. 中暑ᄒᆞ야 ᄆᆞ숨 답답ᄒᆞ닐 고티ᄂᆞᆫ 방애(治熱暍心悶方) <救方上 9a>

　　l. 胎衣 거스리 올아 ᄆᆞᅀᆞ매 다와티ᄂᆞ니(胎衣逆上衝心) <救方下 88a>

　　m. 모딘 피…ᄆᆞᅀᆞ매 다딜어 닶가와 사ᄅᆞᄆᆞᆯ 모ᄅᆞ거든(惡血…衝心悶絶不識人)

　　　　<救方下 91b>

<3> 가슴 對 ᄆᆞ숨쪽

두 명사가 [心] 즉 '가슴'의 뜻을 가지고 동의 관계에 있다는 것은 다음 예문들에서 잘 확인된다. 원문 중 '搏其心'이 '가ᄉᆞ매 놓다'로도 번역되고 '그 ᄆᆞ숨쪽의 다와다 두다'로도 번역된다. 그리고 '熨心上'이 '가ᄉᆞᄆᆞᆯ 熨ᄒᆞ다'로도 번역되고 'ᄆᆞ숨쪽을 울ᄒᆞ다'로도 번역된다. 따라서 '가슴'과 'ᄆᆞ숨쪽'의 동의성은 명백히 입증된다.

(3) a. 주머니예 녀허 가슴매 노햇다가(囊盛以搏其心) <救方上 8b>

　　b. 큰 그르세 지롤 봇까 가슴몰 熨ᄒ고(用大器炒灰熨心上) <救方上 74a>

　　c. 사ᄅᄆ로 가슴매 잇김 드려(使人噓其心) <救方上 10a>

　　d. 가슴 빅 알파(心腹絞痛) <救方上 13a>

(3) e. 쟐의 녀허 그 ᄆ숨뽁의 다와다 두ᄃᆡ(囊盛以搏其心) <救간一 87b>

　　f. 큰 그르세 지롤 봇가 ᄆ숨뽁을 울ᄒ야(以大器炒灰慰心上) <救간一 76b>

　　g. 주근 사ᄅᄆᆡ ᄆ숨뽁 아래 맛게 ᄒ야(當死人心下) <救간一 73b>

　　h. ᄆ숨뽀기 덥달오(心頭熱) <救간六 48a>

<4> 가온ᄃᆡ 對 안ㅎ

두 명사가 [中] 즉 '가운데, 안'의 뜻을 가지고 동의 관계에 있다는 것은 다음 예문들에서 잘 확인된다. 원문 중 '目中'이 '눇 가온ᄃᆡ'로도 번역되고 '눈 안ㅎ'으로도 번역된다. '瘡口中'이 '瘡口ㅅ 가온ᄃᆡ'로 번역되고 '瘡中'이 '헌 안ㅎ'으로 번역된다. 그리고 '喉中'이 '목 가온ᄃᆡ'로도 번역되고 '목 안ㅎ'으로도 번역된다. 따라서 '가온ᄃᆡ'와 '안ㅎ'의 동의성은 명백히 입증된다.

(4) a. 눇 가온ᄃᆡ 브ᄉ면(注目中) <救方下 39a>

　　b. 눇 가온ᄃᆡ 브어 시스면 됴ᄒ리라(洗注目中良) <救方下 38a>

　　c. 瘡口ㅅ 가온ᄃᆡ ᄀ득기 몃구고(塞瘡口中令滿) <救方下 35b>

　　d. 가온ᄃᆡ 흔 굼글 두라(中留一竅) <救方下 25b>

　　e. 목 가온ᄃᆡ 고깃 무저기 잇ᄂ 듯ᄒ거든(喉中如有肉塊) <救간二 80b>

　　f. 목 가온ᄃᆡ 아모거시나 잇ᄂ 듯ᄒ야(喉中如有物) <救간二 84b>

(4) g. 눈 안해 브ᄉ면 됴ᄒ리라(注眼中良) <救方下 38a>

　　h. 半 돈 남ᄌ시 입 안해 녀허셔(每以半錢許入口中) <救方上 45a>

　　i. 얼읜 피 빅 안해 이셔(瘀血在腹中) <救方下 28a>

　　j. 헌 안해 저죠ᄃᆡ(淋瘡中) <救方下 5a>

　　k. 목 안해 녀(72b)ᄒ면(內喉中) <救간二 73a>

l. 목 안히 막고 답답ᄒ거든(咽中妨悶) <救간二 63b>

<5> 갓플 對 플

두 명사가 [膠] 즉 '갖풀, 아교'의 뜻을 가지고 동의 관계에 있다는 것은 다음 예문들에서 잘 확인된다. 원문 중 '鹿角膠'가 '사ᄉ미 ᄲᆯ로 고온 갓플'로도 번역되고 '사ᄉ미 ᄲᆯ로 고온 플'로도 번역된다. 그리고 '黃明膠'가 '누르고 믈근 갓플'로 번역된다. 따라서 '갓플'과 '플'의 동의성은 명백히 입증된다. 고유어 '갓플'은 [皮] 즉 '가죽'의 뜻을 가진 명사 '갓'과 [膠] 즉 '플'의 뜻을 가진 명사 '플'의 合成이다.

(5) a. 사ᄉ미 ᄲᆯ로 고온 갓플 석 량올(鹿角膠三兩) <救간三 99a>

　　b. 누르고 믈근 갓플을 노겨 특특ᄒ 엿 ᄀᆮ거든(黃明膠洋如稠餳) <救간二 93b>

　　c. 누르고 믈근 갓플와(黃明膠) <救간七 43b>

　　d. 鹿角膠 : 사ᄉ미 ᄲᆯ로 고온 갓플 <救간三 99a>

　　e. 黃明膠 : 누르고 믈근 갓플 <救간二 93b> <救간七 43b>

　　f. 쇠 갓플 ᄒ 량(牛皮膠一兩) <救간二 99b>

(5) g. 사ᄉ미(56a) ᄲᆯ로 고온 플 두 량(鹿角膠二兩) <救간七 56b>

　　h. 鹿角膠 : 사ᄉ미 ᄲᆯ로 고온 플 <救간七 56a>

<6> 갗 對 거플

두 명사가 [皮] 즉 '껍질'의 뜻을 가지고 동의 관계에 있다는 것은 다음 예문들에서 잘 확인된다. 원문 중 '竹葉竹皮'가 '댓 닙과 댓 갗'으로도 번역되고 '댓 닙과 거플'로도 번역된다. 그리고 '去皮臍'가 '갗과 빗보글 앗다'로도 번역되고 '거플와 브르도든 것 앗다'로도 번역된다. 따라서 두 명사 '갗'과 '거플'의 동의성은 명백히 입증된다. 두 명사의 동의 관계는 '植物의 껍질'을 뜻하는 경우에 성립된다.

(6) a. 댓 닙과 댓 가츨 두터이 글혀(以竹葉竹皮濃煎) <救方上 65b>

　　b. 川烏頭 세 兩을 炮ᄒ야 갗과 빗보글 앗고(川烏頭三兩炮去皮臍) <救方上 56a>

    c. 鯉魚ㅅ 비늘와 가출 ㅆ라(取鯉魚鱗皮燒灰) <救方上 52a>

    d. 드렁허리 가출 사라(鱓魚皮燒) <救간七 74b>

    e. 바ᄂᆞ리 갓과 슬해 드렛거든(針入皮膚) <救간六 21a>

 (6) f. 댓 닙과 거프를 디투 달혀(以竹葉竹皮濃煎) <救간二 117b>

    g. 부ᄌᆞ…거플와 브르도ᄃᆞᆫ 것 앗고(附子…去皮臍) <救간— 53b>

    h. 마ᄂᆞᆯ 대엿 나출 거플 밧기고(用蒜五六枚去皮) <救方上 62b>

<7> 거웇 對 불휘

 두 명사가 [鬚] 즉 '수염, 식물의 수염처럼 늘어진 것'의 뜻을 가지고 동의 관계에 있다는 것은 다음 예문들에서 잘 확인된다. 원문 중 '幷鬚'가 '거웇 조치다'로도 번역되고 '불휘 조치다'로도 번역된다. 그리고 '去鬚'가 '거웇 앗다'로도 번역되고 '불휘 앗다'로도 번역된다. 따라서 '거웇'과 '불휘'의 동의성은 명백히 입증된다.

 (7) a. 파 흰 밑 열 줄기를 거웇 조쳐 구리 소라애 ᄆᆞ레 글혀

      (葱白十莖幷髮以銅盆中熱水烹之) <救方下 91a>

    b. 부칫 밑 흰 듸 반 근 거웇 앗고 사ᄒᆞ로니(薤白半斤去鬚切) <救간三 120a>

 (7) c. 파 밑 흰 듸 열 줄기를 불휘 조쳐 구리 그릇(51a) 더운 ᄆᆞ레 글혀

      (葱白十莖幷鬚以銅盆中熱水烹之) <救간七 51b>

    d. 팟 밑 흰 듸 열 줄기를 불휘 앗고 사ᄒᆞ로니와(葱白十莖去鬚切) <救간三 90a>

<8> 거웇 對 터리

 두 명사가 [鬚] 즉 '수염, 식물의 수염처럼 늘어진 것'의 뜻을 가지고 동의 관계에 있다는 것은 다음 예문들에서 잘 확인된다. 원문 중 '黃蓮去鬚'가 '黃蓮을 거웇 앗다'로 번역되고 '黃連…去鬚'가 '黃連…터리 앗다'로 번역된다. 따라서 '거웇'과 '터리'의 동의성은 명백히 입증된다.

(8) a. 黃連을 거웃 앗고(黃連去鬚) <救方上 57a>

   b. 파 흰 밑 열 줄기를 거웃 조쳐 구리 소라애 므레 글혀

     (葱白十莖幷鬚以銅盆中熱水烹之) <救方下 91a>

   c. 부칫 밑 흰 듸 반 근 거웃 앗고 사흐로니(薤白半斤去鬚切) <救간三 120a>

(8) d. 黃連 各 흔 分 터리 아ᅀᆞ니와(黃蓮各一分去鬚) <救方下 9b>

<9> 거플 對 거피 對 당아리

세 명사가 [殼] 즉 '껍질, 확연히 구분되는 단단한 껍데기나 껍질'의 뜻을 가지고 동의 관계에 있다는 것은 다음 예문들에서 잘 확인된다. 원문 중 '去殼'이 '거플 밧기다'로도 번역되고 '거피 밧기다'로도 번역되고 '去皮殼'이 '거플와 당아리 앗다'로 번역된다. 그리고 '雞子殼'이 '둘기 앐 거플'로 번역되고 '梔子殼'이 '梔子ㅅ 당아리'로 번역된다. 따라서 '거플', '거피' 및 '당아리'의 동의성은 명백히 입증된다. '당아리'는 『구급방언해』(1466)에 처음으로 등장한다.

(9) a. 둘기앐 거플와 黃栢樹ㅅ 겁질와 朴硝를(雞子殼 黃栢樹皮 朴硝) <救方下 14a>

   b. 비마ᄌ 네 나출 거플 밧기고(蓖麻子四粒去殼) <救간七 35b>

   c. 비마ᄌᄅᆞᆯ 거플 앗고(用草麻子去殼) <救간一 20b>

   d. 파두를 거플 앗고 기름으란 앗디 아니ᄒᆞ니와를(巴豆去殼不去油) <救간一 7b>

   e. 거플 밧긴 파두 반 낫과(巴豆去殼半粒) <救간三 20a>

   f. 팃ᄌ 거플와(枳殼) <救간七 7a>

(9) g. 巴豆…生으란 거피 밧겨 글오 니그니란 거피 밧기고

   (巴豆…生者去殼 生研熟者去殼) <救方上 41b>

(9) h. 梔子ㅅ 당아리 半 나채(梔子殼半介) <救方上 5b>

   i. 螺螄ㅅ 당아리 해 ᄆᆞᆯ외요듸(用螺螄殼多乾) <救方下 14a>

   j. 당(5b)아리예 ᄀᆞ듸기 ᄒᆞ야(滿殼中) <救方下 6a>

   k. 당츄ᄌ 흔 나출 거플와 당아리 앗고(胡桃一箇去皮殼) <救간二 36b>

  l. 당츄ᄌ 흔 낫 당아리 앗고 보ᄆᆡ 밧기디 아니ᄒᆞ니와ᄅᆞᆯ(胡桃肉一介去殼不剝皮)
   〈救간二 15b〉
  m. 양고밋 당아리 흔 낫 솝과 고고리 아ᅀᆞ니와(鶯粟殼一介去橫并蔕)〈救간二 14a〉

 명사 '송이'가 [殼] 즉 '껍질'의 뜻을 가지고 있다는 것은 다음 예문들에서 잘 확인된다. 원문 중 '栗殼'이 '밤송이'로 번역된다.

  (9) n. 밤송이 누네 디여(栗殼落眼)〈救方下 42a〉
   o. 밤송이ᄅᆞᆯ 니기 글혀(栗殼煮熟)〈救方下 42a〉
   p. 밤송이ᄅᆞᆯ 글혀(栗毛殼煮)〈救간三 30a〉

〈10〉 거플 對 보ᄆᆡ

 두 명사가 [皮] 즉 '속껍질, 보늬'의 뜻을 가지고 동의 관계에 있다는 것은 다음 예문들에서 잘 확인된다. 원문 '胡桃…皮殼'이 '당츄ᄌ…거플와 당아리'로 번역되고 '胡桃肉…殼…皮'가 '당츄ᄌ…당아리…보ᄆᆡ'로 번역된다. 따라서 '거플'과 '보ᄆᆡ'의 동의성은 명백히 입증된다.

  (10) a. 당츄ᄌ 흔 나츨 거플와 당아리 앗고(胡桃一箇去皮殼)〈救간二 36b〉
   b. 술고ᄢᅵ 솝 세 닐굽 나츨 거플와 부리 앗고(杏仁三七粒去皮尖)〈救간一 78a〉
   c. 복셩화 ᄢᅵ 닐굽 나츨 거플와 부리 앗고(桃仁七枚去皮尖)〈救간二 30a〉

  (10) d. 당츄ᄌ 흔 낫 당아리 앗고 보ᄆᆡ 밧기디 아니ᄒᆞ니와ᄅᆞᆯ(胡桃肉一介去殼不剝皮)
   〈救간二 13a〉

〈11〉 거플 對 헝울

 두 명사가 [殼] 즉 '확연히 구분되는 단단한 껍데기나 껍질, 매미의 허물'의 뜻을 가지고 동의 관계에 있다는 것은 다음 예문들에서 잘 확인된다. 원문 중 '雞子殼'이 '둘기앐 거플'로 번역되고 '蟬殼'이 '미야미 헝울'로 번역된다. 따라서 '거플'와 '헝울'

의 동의성은 명백히 입증된다.

  (11) a. 둘기앓 거플와 黃栢樹ㅅ 겁질와 朴硝룰(雞子殼 黃栢樹皮 朴硝) <救方下 14a>

    b. 비마즈룰 거플 앗고(用草麻子去殼) <救간一 20b>

    c. 팅즈 거플와(枳殼) <救간七 7a>

  (11) d. 미야미 헝울 두 낫(蟬殼二枚) <救간七 43a>

    e. 미야미 헝울 닐굽 나출(蟬殼七箇) <救간三 11b>

    f. 蟬殼 : 미야미 헝울 <救간七 42b> <救간三 11b>

<12> 것 對 하

두 명사가 [物]과 [者] 즉 '것, 해, 물건'의 뜻을 가지고 동의 관계에 있다는 것은 다음 예문들에서 잘 확인된다. 원문 중 '二物'이 '두 가짓 것'으로 번역되고 '女者'가 '겨집의 하'로 번역되고 '男者'가 '남진의 하'로 번역된다. 따라서 '것'과 '하'의 동의성은 명백히 입증된다. 의존명사 '하'는 『구급간이방』(1489)에 처음으로 등장한다.

  (12) a. 빅부근과 싱앙과 두 가짓 거슬(百部根 生薑二物) <救간二 13a>

    b. 목 가온딕 아모 거시나 잇는 돗ᄒ야 나도 드도 아니ᄒ야(喉中如有物不出入)

     <救간二 84b>

    c. 또 아모 거시나 모기 걸옛는 돗ᄒ거든(或如有物硬) <救간二 65b>

  (12) d. 시욱쳥 뒤축 둘흘 남진은 겨집의 하 겨집은 남진의 하룰 ᄡ라

    (毡襪後跟一對男用女者女用男者燒) <救간二 33b>

<13> 곶 對 거플 對 겁질

세 명사가 [皮] 즉 '겁질'의 뜻을 가지고 동의 관계에 있다는 것은 다음 예문들에서 잘 확인된다. 원문 중 '栢白皮'가 '側栢 힌 곶'으로 번역되고 '黃栢樹皮'가 '黃栢樹ㅅ 겁질'로 번역된다. '去皮'가 '것 밧기다'로도 번역되고 '거플 밧기다'로도 번역되며

'겁질 밧기다'로도 번역된다. 그리고 『구급간이방』(1489)에서 '去皮臍'가 '것과 브르
도돈 것 앗다'로도 번역되고 '거플와 브르도돈 것 앗다'로도 번역된다. 따라서 세 명
사 '겇', '거플' 및 '겁질'의 동의성은 명백히 입증된다.

(13) a. 놀 댓 거츨 긁가(刮生竹皮) <救方上 66a>

 b. 側栢 힌 거츨 ᄀ티 ᄂ화(栢白皮等分) <救方下 10a>

 c. 몬져 皂角 시울와 거츨 앗고(先以皂角去弦皮) <救方上 2a>

 d. 杏仁…것 밧기고(杏仁…去皮) <救方上 6b>

 e. 赤茯苓을 거믄 것 밧기고(赤茯苓去黑皮) <救方上 68b>

 f. 부ᄌ…것과 브르도돈 것 앗고(附子…去皮臍) <救간一 40b>

(13) g. 마늘 대엿 나출 거플 밧기고(用蒜五六枚去皮) <救方上 62b>

 h. 猪牙皂角…거믄 거플 밧겨(猪牙皂角…去黑皮) <救方上 4b>

 i. 부ᄌ…거플와 브르도돈 것 앗고(附子…去皮臍) <救간一 53b>

(13) j. 둘기앐 거플와 黃栢樹ㅅ 겁질와 朴硝ᄅᆞᆯ ᄀ티 ᄂ화 細末ᄒᆞ야

 (雞子殼 黃栢樹皮 朴硝右各等分爲末) <救方下 14a>

 k. 龍葵 불휘 ᄒᆞᆫ 줌 조히 시서 겁질 밧기니와(龍葵根一把淨洗去皮) <救方下 2a>

 l. 大附子 ᄒᆞᆫ 나출 구워 겁질와 빗복과 아ᅀᅡ(大附子一枚去皮臍) <救方下 88a>

<14> 겨집 對 어미

두 명사가 [婦] 즉 '여자'의 뜻을 가지고 동의 관계에 있다는 것은 다음 예문들에
서 잘 확인된다. 원문 중 '令産婦服'이 '産生ᄒᆞᄂᆞᆫ 겨집 먹게 ᄒᆞ다'로도 번역되고 '아기
낟ᄂᆞᆫ 어미 머기다'로도 번역된다. 그리고 '令産婦…坐'가 '아기 나흔 겨지블 안치다'
로 번역되고 '産婦鼻'가 '아기 나흔 어믜 고ᄒᆞ'로 번역된다. 따라서 '겨집'과 '어미'의
동의성은 명백히 입증된다.

(14) a. 産生ᄒᆞᄂᆞᆫ 겨지블 먹게 ᄒᆞ 後에 술 ᄒᆞᆫ 머구믈 마시이라(令産婦服之後飮酒一哯)
 <救方下 86b>

    b. 아기 나흔 겨지블 그 우희 안쳐(令産婦就上坐) <救간七 51b>

    c. 아기 나흔 겨집의 ᄂ치 쑤모미(噀其面) <救간七 53a>

    d. 아기 빈 겨집으로 머구머시면 즉재 그츠리라(令孕婦噙之卽止) <救간七 18b>

(14) e. 아기 낳는 어미 머긴 후에 술 ᄒ 머구믈 머기라(令産婦服之後飮酒一呷)

    <救간七 40a>

    f. 아기 낳는 어믜 비예 ᄇᄅ면 즉재 나ᄒ리라(摩産婦腹上卽愈) <救간七 47a>

    g. 아기 낳는 어믜 밧바당애 ᄇ로ᄃᆡ(塗産婦脚心) <救간七 35b>

    h. 제 남진이…아기 낳는 어믜 이베 비와ᄐ면(令夫…吐著産婦口中) <救간七 34b>

    i. 아기 나흔 어믜 고해 디혀 ᄢᅬ면 즉재 ᄭᆡ리라(向産婦鼻熏之立醒) <救간七 65a>

    j. 아기 나흔 어미ᄅᆞᆯ 알에 말라(勿令産婦知) <救간七 52a>

<15> 쇼리 對 귿

  두 명사가 [尾] 즉 '꼬리'의 뜻을 가지고 동의 관계에 있다는 것은 다음 예문들에서 잘 확인된다. 원문 중 '自己髮尾'가 '제 마릿 쇼리'로도 번역되고 '제 머리터릿 귿'으로도 번역된다. 따라서 '쇼리'과 '귿'의 동의성은 명백히 입증된다.

  (15) a. 産生ᄒᆞᆫ 겨지븨 제 마릿 쇼리ᄅᆞᆯ 이베 녀허 吐케 ᄒᆞ면

    (令産婦自己髮尾入於口中令嘔噦) <救方下 92a>

  (15) b. 제 머리터릿 그틀 이베 머구머 욕조기케(54a) ᄒᆞ면

    (唧自己髮尾入於口中令嘔噦) <救간七 54b>

    c. 自己髮尾 : 제 머리터력 귿 <救간七 54a>

<16> 곧 對 ᄃᆡ

  두 명사가 [處] 즉 '곳, 데'의 뜻을 가지고 동의 관계에 있다는 것은 다음 예문들에서 잘 확인된다. 원문 중 '隱處'가 '기픈 곧'으로 번역되고 '明處'가 'ᄇᆞᆯ근 ᄃᆡ'로 번역된다. 그리고 '元入處'가 '처섬 든 곧'으로도 번역되고 '처섬 든 ᄃᆡ'로도 번역된다. 따라

서 '곧'과 '듸'의 동의성은 명백히 입증된다. '듸'는 의존명사이다.

> (16) a. 목과 가슴과 여러 기픈 고대 이셔(在咽喉胸膈諸隱處) <救方下 5a>
>   b. 두 귀 두고 네 고데 各各 흔 나출 녀코(兩耳鼻四處各納一粒) <救方上 78b>
>   c. 처섬 든 고도로 나ᄂ니라(從元入處出) <救方下 7b>

> (16) d. 본릭 볼근 듸 이실식(本在明處) <救方上 22b>
>   e. 쎠 건 듸 니르거든(至哽處) <救方上 49a>
>   f. 처섬 든 듸로 나리라(從元入處出) <救간六 21a>
>   g. 부리 아모 듸 잇는 주를 모ᄅ거든(不知頭在何處) <救간三 25a>

<17> 골회 對 가락지

두 명사가 [鐶] 즉 '고리, 가락지'의 뜻을 가지고 동의 관계에 있다는 것은 다음 예문들에서 잘 확인된다. 원문 중 '呑鐶'이 '골회 슴씨다'로 번역되고 '呑金銀鐶'이 '금은 가락지어나…슈기다'로 번역되므로 '골회'와 '가락지'의 동의성은 명백히 입증된다. 명사 '가락지'는 『救急簡易方』(1489)에 처음으로 등장한다.

> (17) a. 그르 골회 슴씨닐 고툐ᄃᆡ(治誤呑鐶) <救方上 53b>
>   b. 금은 곳 골회 그르 슴씨닐 고툐ᄃᆡ(治誤呑鐶釵環) <救方上 53b>

> (17) c. 금은 가락지어나 빈혜어나 슴쪄든(呑金銀鐶及釵) <救간六 16b>
>   d. 은 가락지어나 빈혜어나 몰라 슴쪄든(誤呑銀鐶及釵) <救간六 17a>
>   e. 도니어나 금은 빈혜어나 가락지어나 몰라 슴쪄든(誤呑錢金銀釵鐶)
>   <救간六 17b>

<18> 곳 對 빈혀

두 명사가 [釵] 즉 '비녀'의 뜻을 가지고 동의 관계에 있다는 것은 다음 예문들에서 잘 확인된다. 원문 중 '呑金銀釵'가 '金銀 곳…슴씨다'로 번역되고 '呑…金銀釵'가

‘금은 빈혜어나…숨끼다’로 번역된다. 따라서 ‘곳’과 ‘빈혀’의 동의성은 명백히 입증
된다.

    (18) a. 金銀 곳 골회 그르 숨끼닐 고툐딕(治誤呑金銀釵環) <救方上 53b>

    (18) b. 도니어나 금은 빈혜어나 가락지어나 몰라 숨쪄든(誤呑錢金銀釵鐶)
        <救간六 17b>
      c. 금은 가락지어나 빈혜어나 숨쪄든(呑金銀鐶及釵) <救간六 16b>
      d. 은 가락지어나 빈혜어나 몰라 숨쪄든(誤呑銀鐶及釵) <救간六 17a>

<19> 구리 對 놋

  두 명사가 [銅] 즉 ‘구리’의 뜻을 가지고 동의 관계에 있다는 것은 다음 예문들에
서 잘 확인된다. 원문 중 ‘銅盆’이 ‘구리 소라’와 ‘구리 그릇’으로 번역된다. 그리고 ‘銅
筯’가 ‘구리져’로도 번역되고 ‘놋져’로도 번역된다. 따라서 ‘구리’와 ‘놋’의 동의성은
명백히 입증된다.

    (19) a. 구리 소라애 므레 글혀(以銅盆中熱水烹之) <救方下 91a>
      b. 구리 그릇(51a) 더운 므레 글혀(以銅盆中熱水烹之) <救간七 51b>
      c. 구리졋 그틀 므레 저져(用銅筯頭於水中蘸) <救간二 75b>
      d. 구리져로(以銅筯) <救간二 2b>

    (19) e. 놋졋 그트로 므레 저져(用銅筯頭於水中蘸) <救方上 45b>

<20> 구무 對 오래

  두 명사가 [竅] 즉 ‘구멍’의 뜻을 가지고 동의 관계에 있다는 것은 다음 예문들에
서 잘 확인된다. 원문 중 ‘九竅’가 ‘아홉 구무’로 번역된다. 그리고 ‘九竅出血’의 자석
에서 ‘九竅’가 ‘아홉 구무’로 번역되고 ‘대소변 나는 딕’와 ‘아래 오래’가 동의 관계에
있다는 것을 알 수 있다. 따라서 ‘구무’와 ‘오래’의 동의성은 명백히 입증된다.

(20) a. 사ᄅᆞ미 아홉 구무와 四肢ㅅ 가락 ᄉᆞᅀᅵ예 다 피 나믄(人有九竅四肢指岐皆出血)

    <救方上 60a>

  b. 아홉 구무와 四肢ㅅ 가락 ᄉᆞᅀᅵ예 피 나ᄂᆞ닐 고티ᄂᆞᆫ 法은

    (治九竅四肢指岐間出血方) <救方上 63b>

  c. 아홉 구무와 솑가락 밧가락 ᄢᅦ메 피 나거(114b)든(九竅四肢指岐間出血)

    <救간二115a>

  d. 곳구무 마ᄀᆞᆯ 만ᄒᆞ야(可塞鼻竅) <救간二 69b>

(20) e. 九竅出血 : 아홉 굼긔 피 나미라…아홉 굼근 두 귀와 두 눈과 두 고콰 입과 대쇼

    변 나는 ᄃᆡ왜라 <救간二 113a>

  f. 九竅出血 : 귀와 눈과 고콰 입과 아래 오래로 피 나는 병 <救간 目錄 2b>

  g. 産後腸出 : 아기 나흔 후에 아래 오랫 거시 밧긔 나 드디 몯ᄒᆞ는 병

    <救간 目錄 8a> <救간七 65b>

<21> 귿 對 머리

두 명사가 [頭] 즉 '끝, 꼭대기'의 뜻을 가지고 동의 관계에 있다는 것은 다음 예문
들에서 잘 확인된다. 원문 중 '去兩頭'가 '두 귿 버혀 ᄇᆞ리다'로 번역되고 '削一頭'가
'ᄒᆞᆫ 머릴 갂다'로 번역된다. 따라서 '귿'과 '머리'의 동의성은 명백히 입증된다.

(21) a. 올히 난 회홧 가지 ᄒᆞᆫ 우희윰을 두 녁 그틀 버히고(新出槐枝一握去兩頭)

    <救方上 30a>

  b. 새로 도든 회화나못 가지 ᄒᆞᆫ 줌을 두 귿 버혀 ᄇᆞ리고(新出槐枝一握去兩頭)

    <救간 二 34a>

  c. 되야마늘 ᄒᆞᆫ 나출 두 녁 드틀 갓가 ᄇᆞ료ᄃᆡ(獨顆蒜一枝削去兩頭) <救간二 69b>

  d. 붇 그틀 ᄉᆞ라(筆頭燒) <救간二 69a>

  e. 구리젓 그틀 므레 저져(用銅筯頭於水中蘸令濕) <救간二 75b>

  f. 솑가락 귿만 ᄒᆞ니 ᄒᆞᆫ 무적과(一塊如指頭大) <救간二 47b>

(21) g. 뽕나못 불횟 힌 것 혼 片이 져만 ᄒ닐 혼 머릴 엷게 갓가

　　　(取桑根白皮一片新者如筯大削一頭令薄) <救方下 39a>

<22> 기름 對 곱

　두 명사가 [脂]와 [膏] 즉 '기름'의 뜻을 가지고 동의 관계에 있다는 것은 다음 예
문들에서 잘 확인된다. 원 문 중 '猪脂'가 '도틱 기름'으로 번역되고 '黑脂'가 '거믄 곱'
으로 번역된다. 그리고 '猪膏'가 '도틱 기름'으로도 번역되고 '도틱 곱'으로도 번역된
다. 따라서 '기름'과 '곱'의 동의성은 명백히 입증된다.

(22) a. 도틱 기르므로 ᄆ라 브툐딕(以猪脂和傅之)<救方上 83a>

　　　b. 도틱 기르믈 아ᅀᅡ(取猪脂) <救方下 38b>

　　　c. 도틱 기름 ᄃᆰ의알만 ᄒ닐 머그면(服猪脂如雞子大) <救간一 85b>

　　　d. 도틱 기름 혼 되와(猪脂一升) <救간七 25b>

　　　e. 술윗 기르믈 메오딕(塡車脂) <救方下 5b>

　　　f. 힌 ᄢᆯ와 글혀 밍ᄀ론 도틱 기름 各 혼 되를 뫼화 달혀

　　　　(白蜜 成煎猪膏各一升…合煎) <救方下 87a>

　　　g. 힌 ᄢᆯ와 달혀 밍ᄀ론 도틱 기름과 각 혼 되를 달혀(白蜜 成煎猪膏各一升合煎)

　　　　<救간七 28a>

　　　h. 도틱 기름에 ᄆ라(以猪膏和) <救간七 42a>

　　　i. 成煎猪膏: 달힌 노틱 기름 <救간七 27b>

(22) j. 누른 ᄌᅀᅳ롤 솓 안해 봇가 거믄 곱 ᄀᆮᄒ야(取黃於金當中炒如黑脂) <救간六 95a>

　　　k. 煉혼 도틱 곱을 노겨(用煉了猪膏調) <救方上 84a>

　　　l. ᄠᆫ 브레 달혀 곱 ᄀᆮ거든(以慢火煎成膏) <救간一 21b>

　　　m. 곱 ᄀᆮ티 달혀(煎如膏) <救간一 111b>

　　　n. 곱 ᄀᆮᄐ 림지레(膏淋) <救간三 118a>

<23> 뙴 對 삿

두 명사가 [縫] 즉 '틈'의 뜻을 가지고 동의 관계에 있다는 것은 다음 예문들에서 잘 확인된다. 원문 중 '齒縫'이 '닛 뙴'으로도 번역되고 '닛 삿'으로도 번역된다. 그리고 '牙齒縫'이 '닛 뙴'으로도 번역되고 '닛 삿'으로도 번역된다. 따라서 '뙴'과 '삿'의 동의성은 명백히 입증된다. 명사 '삿'은『구급간이방』(1489)에 처음으로 등장한다.

> (23) a. 닛 뙤메 피 나 긋디 아니커든(齒縫出血不止) <救方上 63b>
> b. 닛 뙤메 忽然히 피 나거든(牙齒縫忽然出血) <救方上 64b>

> (23) c. 닛 사채 피 나 긋디 아니커든(齒縫出血不止) <救간二 116b>
> d. 닛 사채 믄득 피 나거든(牙齒縫忽然出血) <救간二 118b>

<24> 깃 對 집

두 명사가 [巢] 즉 '새의 보금자리, 새집'의 뜻을 가지고 동의 관계에 있다는 것은 다음 예문들에서 잘 확인된다. 원문 중 '鵲巢'가 '가치 깃'으로도 번역되고 '가치 집'으로도 번역된다. 따라서 '깃'과 '집'의 동의성은 명백히 입증된다.

> (24) a. 가치 깃 스론 지를 두 돈곰 프러 머그라(調下鵲巢灰二錢) <救간三 121a>

> (24) b. 가치 집을 스라(燒鵲巢) <救간七 84b>
> c. 가치 집 안햇 깃 스론 지와를(鵲巢中草_{燒爲灰}) <救간三 121a>
> d. 鵲巢 : 가치 집 <救간七 84b>
> e. 鵲巢中草 : 가치 집 안햇 깃 <救간三 121a>

<25> 깃 對 플

두 명사가 [草] 즉 '풀'의 뜻을 가지고 동의 관계에 있다는 것은 다음 예문들에서 잘 확인된다. 원문 중 '鷰窠中草'가 '져븨 집 안햇 깃'으로 번역되고 '鵲巢中草'가 '가

치 집 안햇 깃'으로 번역되고 '食草'가 '플 먹다'로 번역된다. 따라서 '깃'과 '플'의 동의성은 명백히 입증된다.

    (25) a. 미(93b) 똥 흰 딕와 져비 집 안햇 깃과를 스라(鷹糞白 鸞窠中草燒爲灰)
        <救간六 94a>

      b. 가치 집 안햇 깃 스론 직와를(鵲巢中草燒爲灰) <救간三 121a>

      c. 鸞窠中草 : 져비 집 깃 <救간六 93b>

      d. 鵲巢中草 : 가치 집 안햇 깃 <救간三 120b>

    (25) e. 곳 난 숑아지 플 먹디 아니ᄒ야셔(新生犢子未食草) <救간二 113b>

<26> 넋 對 주그늬 일훔

    명사 '넋'과 명사구 '주그늬 일훔'이 [魂] 즉 '넋, 죽은 이의 이름'의 뜻을 가지고 있다는 것은 다음 예문들에서 잘 확인된다. 원문 중 '喚魂'이 '넉슬 브르다'로도 번역되고 '주그늬 일후믈 브르다'로도 번역된다. 따라서 '넋'과 '주그늬 일훔'의 동의성은 명백히 입증된다.

    (26) a. 霍亂ᄒ야 ᄒ마 죽거든 집 후의 올아 넉슬 브르고(霍亂已死上屋喚魂)
        <救方上 36a>

      b. 넉시 도로 드디 아니ᄒ야 죽ᄂ니라(神魂遂不復人乃至於死) <救方上 22b>

    (26) c. 도와리ᄒ야 죽거든 집 우희 올아 주그늬 일후믈 브르며(霍亂已死上屋喚魂)
        <救간二 61a>

<27> 네 활기 對 손과 발

    명사구 '네 활기'와 명사구 '손과 발'이 [四肢]의 뜻을 가지고 동의 관계에 있다는 것은 다음 예문들에서 잘 확인된다. 원문 중 '四肢摧折'이 '네 활기 것거디다'로 번역되고 '四肢逆冷'이 '손과 발왜 츠다'로 번역된다. 따라서 '네 활기'와 '손과 발'의 동의

성은 명백히 입증된다.

    (27) a. 네 활기 것거디여(四肢摧折) <救方下 29a> <救간一 79a>

        b. 네 활기옛 큰 ᄆᆞ딋 우무근 되와(四肢大節陷) <救方上 76a>

        c. 네 활기 ᄃᆞᄉᆞ면 즉재 살리니(四肢溫和即活) <救간一 87a>

        d. 네 활기 세오 곧거든(四肢强直) <救간六 81a>

        e. 네 활기 고ᄃᆞ며 두위틀어든(四肢强直反張) <救간七 4a>

        f. 네 활기ᄅᆞᆯ 몯 쓰며(四肢不收) <救간一 5b>

        g. 네 활기 몯 쓰고(四肢不收) <救간一 43b>

        h. 네 활기 쓰디 몯ᄒᆞ고(四肢不收) <救간一 39b>

    (27) i. 손과 발왜 ᄎᆞ거든(四肢逆冷) <救간二 26b>

        j. 손(38a)과 발왜 ᄌᆞ션티 아니ᄒᆞ고(四肢不和) <救간二 38b>

<28> 녁 對 곁

  두 명사가 [邊] 즉 '녁'의 뜻을 가지고 동의 관계에 있다는 것은 다음 예문들에서 잘   원문 중 '兩邊…疼'이 '두 녀기 알프다'로 번역되고 '左邊疼'이 '왼 겨티 알프다'로 번역된다. 그리고 '東邊'이 '東 녁'으로 번역된다. 따라서 '녁'과 '곁'의 동의성은 명백히 입증된다.

    (28) a. 두 녀기 다 알프거든 졋바누(7a)으라(兩邊皆疼仰臥) <救간二 7b>

        b. 혀 아래 두 녁 곁 핏주를 딜어(刺舌下兩邊脉) <救간二 90b>

        c. 솖가락으로 혀 아래 두 녁 ᄀᆞᆺ 가출 딜어 ᄢᅴ티거나(以指衝決舌下兩邊皮)

           <救간二 90b>

        d. 복셩화 나모와 버드나못 가지를 東 녀긔 칠(21b) 각각 세 닐굽 寸 을 가져다가

           (用桃柳枝取東邊各三七寸) <救方上 22a>

        e. 두 손 엄지가락 안 녁(兩手大母指內邊) <救方上 29b> <救간二 41a>

(28) f. 왼 겨티 알프거든 올흔녁 고해 불오(左邊疼吹入右鼻) <救간二 8b>

    g. 올흔 겨티 알프거든 왼녁 고해 불면(右邊疼吹入左鼻) <救간二 8b>

<30> 녁 對 빡

두 명사가 [邊] 즉 '쪽, 물건의 조깨진 부분'의 뜻을 가지고 동의 관계에 있다는 것은 다음 예문들에서 잘 확인된다. 원문 중 '兩邊'이 '두 녁'으로도 번역되고 '두 빡'으로도 번역된다. 따라서 '녁'과 '빡'의 동의성은 명백히 입증된다.

(29) a. 두 녀기 다 알프거든 젓바누(7a)으라(兩邊皆疼仰臥) <救간二 7b>

    b. 혀 아래 두 녁 겯 핏주를 딜어(刺舌下兩邊脉) <救간二 90b>

    c. 숟가락으로 혀 아래 두 녁 굿 가촐 딜어 믜티거나(以指衝決舌下兩邊皮)

        <救간二 90b>

    d. 복셩화 나모와 버드나못 가지를 東 녀기 칠(21b) 各各 세 닐굽 寸을 가져다가

        (用桃柳枝取東邊各三七寸) <救方上 22a>

    e. 두 손 엄지가락 안 녁(兩手大母指內邊) <救方上 29b> <救간二 41a>

(29) f. 햐근 지지 삐 훈 나출 대 갈로 두 빡애 뻬혀(山梔子一介用竹刀破作兩邊)

        <救간二 101b>

    g. 훈 빡으란 지즌 죠히예 빠 구어(一邊用濕紙裹煨) <救간二 102a>

    h. 훈 빡으로란 누를 흔듸 므르 ᄀ라(用一邊生者同研爛) <救간二 102a>

<30> 니 對 어귀

두 명사가 [牙關] 즉 '아관, 입 속 구석의 윗 잇몸과 아랫 잇몸이 맞닿은 부분'의 뜻을 가지고 동의 관계에 있다는 것은 다음 예문들에서 잘 확인된다. 원문 중 '牙關緊急'이 '니 세윌다'로도 번역되고 '어귀 세윌다'로도 번역된다. 따라서 '니'와 '어귀'의 동의성은 명백히 입증된다.

(30) a. 니 세워드며(牙關緊急) <救方上 12a>

(30) b. 어귀 세워드며(牙關緊急) <救간一 38b>

　　 c. 어귀 굳ᄇᆞ르고(牙關緊急) <救간一 7b>

　　 d. 어귀 굳블라(牙關緊急) <救간一 8a>

　　 e. 어귀 블라(牙關緊) <救간六 81b>

　　 f. 어귀와 입괘 ᄇᆞ르며((牙關口緊) <救간六 81a>

<31> 니기 對 니그니

　명사 '니기'와 명사구 '니그니'가 [熟] 즉 '익은 것'의 뜻을 가지고 동의 관계에 있다는 것은 다음 예문들에서 잘 확인된다. 원문 중 '半生半熟'이 '늘 반 니기 반'으로도 번역되고 '늘 반과 니그니 반'으로도 번역된다. 따라서 '니기'와 '니그니'의 동의성은 명백히 입증된다. 명사 '니기'는 '닉-+-이(명사 형성 접미사)'로 분석될 수 있고 명사구 '니그니'는 '닉-+-은#이(의존명사)'로 분석될 수 있다.

　(31) a. 견우ᄌᆞ를 늘 반 니기 반을 디허 ᄀᆞ를 밍ᄀᆞ라(牽牛子半生半熟擣爲散)
　　　 <救간三 71a>

　(31) b. 견우ᄌᆞ 두 량을 늘 반과 니그니 반과를 ᄀᆞ늘에 ᄀᆞ라(牽牛子二兩半生半熟細末)
　　　 <救간三 96a>

　　 c. 生肉 니그닌(生肉熟) <救方下 61b>

　　 d. 坐拏룰 수레 글혀 니그니와(坐拏酒煎熟) <救方下 31b>

<32> 싸ᅙᆞ 對 듸

　두 명사가 [處]와 [所] 즉 '곳, 데'의 뜻을 가지고 동의 관계에 있다는 것은 다음 예문들에서 잘 확인된다. 원문 중 '患處'가 '알픈 싸ᅙᆞ'로도 번역되고 '알픈 듸'로도 번역된다. '損處'가 '헌 싸ᅙᆞ'로도 번역되고 '헌 듸'로도 번역된다. 그리고 '所傷'이 '헌 싸ᅙᆞ'로 번역되고 '所損'이 '헌 듸'로 번역된다. 따라서 '싸ᅙᆞ'와 '듸'의 동의성은 명백히 입증된다. 명사 '싸ᅙᆞ'의 원뜻은 『구급방언해』의 예문들 '사ᄅᆞ미 가디 아니ᄒᆞᄂᆞᆫ 싸해(人所不至之地)' <上 15a> 그리고 '싸해 그우러디여(倒地)' <上 15a>에서처럼

[地] 즉 '땅'인데 여기서는 특수화되어 [處] 즉 '곳'의 뜻을 가지고 있다. 명사 '디'는
의존명사이다.

    (32) a. 알폰 싸해 ㅂ르면(塗患處) <救方下 13a>

        b. 알폰 싸해 저지면(以淋痛處) <救方下 34b>

        c. 헌 싸해 둗거이 브티면(厚封損處) <救方下 29b>

        d. 헌 싸해 ㅂ르면(塗所傷處) <救方下 3a>

        e. 믄 싸해 ᄇᆞᆯ로딕(塗咬處) <救方下 16a>

        f. 밠바당 디른 싸해 ㅂ르면(塗脚心刺處) <救方下 82a>

        g. 헌 싸히 븕고(所傷赤) <救方下 11b>

    (32) h. 알폰 딕 시수딕(洗患處) <救方上 8a>)

        i. 헌 딕 둗거이 브툐딕(厚傳損處) <救方下 35a>

        j. 헌 딕 브티고(傳傷損處) <救方下 82a>

        k. 브슨 딕 熨호딕(熨腫處) <救方上 58b>

        l. 밧바당 ᄶᅵ른 딕 ㅂ르면(塗脚心刺處) <救간七 46a>

        m. 헌 딕 업더라(無所損) <救方上 48b>

        n. 모딘 살 마존 딜 고툐딕(治毒箭所中) <救方下 5a>

<33> 당숫믈 對 더운 믈

  명사 '당숫믈'과 명사구 '더운 믈'이 [白湯] 즉 '끓인 물'의 뜻을 가지고 동의 관계에
있다는 것은 다음 예문들에서 잘 확인된다. 원문 중 '白湯'이 '당숫믈'로도 번역되고
'더운 믈'로도 번역된다. 따라서 '당숫믈'과 '더운 믈'의 동의성은 명백히 입증된다.

    (33) a. 당숫므레 프러 머구미 됴ᄒᆞ니라(白湯調服妙) <救方上 53b>

    (33) b. 더운 므레 프러 머구미 됴ᄒᆞ니라(白湯調服妙) <救方上 37b>

        c. 글힌 므레 프러 머고미 됴ᄒᆞ니라(白湯調服妙) <救간二 47b>

<34> 째 對 삐니

두 명사가 [時]와 [時候] 즉 '때'의 뜻을 가지고 동의 관계에 있다는 것은 다음 예문들에서 잘 확인된다. 원문 중 '雞鳴時'가 '둙 울 째'로 번역되고 '計時'가 '삐니 혜다'로 번역된다. 그리고 '不計時候'가 '째 혜디 말다'로도 번역되고 '삐니 혜디 말다'로도 번역된다. 따라서 '째'와 '삐니'의 동의성은 명백히 입증된다.

    (34) a. 둙 울 째예 머그면(鷄鳴時服) <救方下 30b>

        b. 둙 울 째예 머기면(鷄鳴時服) <救간一 78b>

        c. 흔 솘밥 지슬 째만 떠내야(蒸一炊許時取出) <救方下 46b>

        d. 이 フ티 흔 밥 째만 호면(如此一飯時) <救方上 77b>

        e. 아ᄎ미 머그면 밥 째만 호야(朝服至食時) <救간三 110a>

        f. 째 혜디 말오(不計時候) <救方下 91b> <救方下 96a>

    (34) g. 삐니 혜디 마오(不計時) <救간二 113a>

        h. 삐니 혜디 말라(不拘時) <救간一 4a>

        i. 삐니 혜디 말오 머그라(無時服) <救간二 15a>

        j. 삐니 혜디 말오 젹젹 머그면(不計時候少少與服) <救간一 18b>

        k. 삐니 혜디 말오 ᄃᆞᄉᄂᆞᆯ 머그라(不計時候溫服) <救간二 49b>

        l. 삐니 혜디 말오(不計時候) <救간六 73a>

        m. 삐니 혜디 마오(不計時候) <救간六 65b>

        n. 삐니 혜디 말오(不拘時候) <救간一 96b>

<35> 째 對 덛

두 명사가 [頃] 즉 '시간적인 간격'의 뜻을 가지고 동의 관계에 있다는 것은 다음 예문들에서 잘 확인된다. 원문 중 '食頃'이 '밥 머글 째'로 번역되고 '一食頃'이 '밥 머글 덛'으로 번역된다. 따라서 '째'와 '덛'의 동의성은 명백히 입증된다.

    (35) a. 밥 머글 째만 커든(食頃) <救方下 29b>

        b. 밥 머글 째만 호야(食頃) <救方下 82b> <救간七 40b>

(35) c. 밥 머글 덛만 ᄒᆞ면(一食頃) <救간三 68b>

<36> 댓무수 對 쉿무수

두 명사가 [蔓菁] 즉 '순무'의 뜻을 가지고 동의 관계에 있다는 것은 다음 예문들에서 잘 확인된다. 원문 중 '蔓菁根'이 '댓무숫 불휘'로도 번역되고 '쉿무수 밑'으로도 번역된다. 그리고 '蔓菁子'가 '댓무숫 삐'로도 번역되고 '쉿무수 삐'로도 번역된다. 따라서 '댓무수'와 '쉿무수'의 동의성은 명백히 입증된다. 명사 '쉿무수'는 『구급간이방』(1489)에 처음으로 등장한다.

(36) a. 댓무숫 불휘를 사ᄒᆞ라 ᄲᅮ드려 디허(蔓菁根…剉碎擣) <救方上 59a>

  b. 댓무숫 삣 기름 ᄒᆞᆫ 호ᄇᆞᆯ 空心에 머그면(蔓菁子油一合空腹服之) <救方上 68a>

(36) c. 쉿무수 미틀 닙 조쳐 조히 글히야(蔓菁根幷葉淨擇) <救간七 73b>

  d. 蔓菁根幷葉 : 쉿무수 밑과 닙 <救간七 73a>

  e. 쉿무수 삐로 ᄧᅩᆫ 기름 ᄒᆞᆫ 홉을 공심에 머그면(蔓菁子油一合空腹服之)

    <救간三 64a>

  f. 쉿무수 삐 닷 홉과를(蔓菁子五合) <救간三 117a>

  g. 蔓菁子 : 쉿무수 삐 <救간三 116b>

  h. 쉿무수 즙 머고미 ᄯᅩ 됴ᄒᆞ니라(服蔓菁汁亦佳) <救간六 37b>

  i. 蔓菁汁 : 쉿무수 즙 <救간六 37b>

<37> 돗ㄱ 對 딥지즑

두 명사가 [薦席] 즉 '돗자리, 짚돗자리'의 뜻을 가지고 동의 관계에 있다는 것은 다음 예문들에서 잘 확인된다. 원문 중 '薦席卷之'가 '돗긔 몰다'로도 번역되고 '딥지즑에 몰다'로도 번역된다. 따라서 '돗ㄱ'과 '딥지즑'의 동의성은 명백히 입증된다.

(37) a. 샹녜 ᄡᅳ는 돗긔 ᄆᆞ라(以常用薦席卷之) <救方上 73b>

  b. 샹녜 ᄡᅳ는 딥지즑에 ᄆᆞ라(以常用薦席卷之) <救간一 67a>

<38> 두틔 對 둗긔

　두 명사가 [厚]와 [厚薄] 즉 '두께'의 뜻을 가지고 동의 관계에 있다는 것은 다음 예문들에서 잘 확인된다. 원문 중 '厚五寸'이 '두틔 다ᄉᆞᆺ 寸'으로도 번역되고 '반 잣 둗긔'로도 번역된다. 그리고 '半寸厚薄'이 '두틔 반 치'로 번역되고 '三錢厚薄'이 '세 돗 둗긔'로 번역된다. 따라서 '두틔'와 '둗긔'의 동의성은 명백히 입증된다.

　　　(38) a. ᄯᅡ해 ᄭᆡ로ᄃᆡ 두틔 다ᄉᆞᆺ 寸이에 코(布地令厚五寸) <救方上 71b>
　　　　　　 b. 가온ᄃᆡᄅᆞᆯ 두틔 반 치만 케 ᄒᆞ야(取中間半寸厚薄) <救간三 47b>

　　　(38) c. ᄯᅡ해 반 잣 둗긔만 실오(布地令厚五寸) <救간一 72b>
　　　　　　 d. 편 ᄆᆡᆼᄀᆞ로ᄃᆡ 세 돗 둗긔만 ᄒᆞ야(成片如當三錢厚薄) <救간三 46b>

<39> 드렁허리 對 웅에

　두 명사가 [鱓魚]와 [鱔魚] 즉 '두렁허리'의 뜻을 가지고 동의 관계에 있다는 것은 다음 예문들에서 잘 확인된다. 원문 중 '鱓魚皮'가 '드렁허리 갗'으로 번역되고 '大鱔魚'가 '큰 웅에'로 번역된다. 그리고 '鱓魚'의 자석이 '드렁허리'이고 '大鱔魚'의 자석이 '큰 웅에'이다. 따라서 '드렁허리'와 '웅에'의 동의성은 명백히 입증된다.

　　　(39) a. 드렁허리 가출 ᄉᆞ라 ᄌᆡᄅᆞᆯ 디허(鱓魚皮燒灰擣) <救간七 74b>
　　　　　　 b. 鱓魚 : 드렁허리 <救간七 74b>

　　　(39) c. 큰 웅에 ᄒᆞ나흘 침으로 머리ᄅᆞᆯ 찔어(大鱔魚一條以針刺頭上) <救간一 21a>
　　　　　　 d. 大鱔魚 : 큰 웅에 <救간一 21a>

<40> 드르ㅎ 對 미ㅎ

두 명사가 [野]와 [郊野] 즉 '들'의 뜻을 가지고 동의 관계에 있다는 것은 다음 예문들에서 잘 확인된다. 원문 중 '野生'이 '드르헤 절로 나다'로 번역되고 '野菜'가 '미햇 ㄴ물'로 번역된다. 따라서 '드르ㅎ'와 '미ㅎ'의 동의성은 명백히 입증된다.

(40) a. 드르헤 절로 나니 더 됴ㅎ니(若是野生者妙) <救간七 73b>
     b. 시혹 드르헤 나가거나(或出郊野) <救方上 15a>

(40) c. 미햇 ㄴ물와 ㅁ 간과 고기와 雜보슉 毒을 머그닐 고튜듸
     (治食野菜馬肝肉諸脯肉毒) <救方下 60a>

<41> 들글 對 몬지

두 명사가 [塵] 즉 '티끌, 먼지'의 뜻을 가지고 동의 관계에 있다는 것은 다음 예문들에서 잘 확인된다. 원문 중 '梁上塵'이 '보 우흿 드틀'로 번역되고 '熱塵土'가 '더운 몬지 훍'으로 번역된다. 따라서 '들글'과 '몬지'의 동의성은 명백히 입증된다.
     (41) a. 집 보 우흿 들글을 곳 굼긔 불오(以屋梁上塵吹入鼻中) <救간一 85a>
         b. 집 보 우흿 들글 콩만치롤(梁上塵如豆大) <救간一 60b>

(41) c. 길헷 더운 몬지 훍을(取路上熱塵上) <救간一 36b>

<42> 띠 對 바회

두 명사가 [輪] 즉 '바퀴'의 뜻을 가지고 동의 관계에 있다는 것은 다음 예문들에서 잘 확인된다. 원문 중 '車輪'이 '술윗 띠'로도 번역되고 '술윗 바회'로도 번역되므로 '띠'와 '바회'의 동의성은 명백히 입증된다.

(42) a. 술윗 띠옛 무든 훍 닷 도늘(車輪土五錢) <救方上 10b>
     b. 술윗 바회예 무든 훍 닷 돈을(用車輪土五錢) <救간一 36b>

<43> 딜엇 對 딜그릇

두 명사가 [壜]과 [瓦器] 즉 '질것, 질그릇'의 뜻을 가지고 동의 관계에 있다는 것은 다음 예문들에서 잘 확인된다. 원문 중 '酒壜'의 '壜'의 字釋이 '술 년는 딜엇'이고 '酒壜'이 '술 담는 딜그릇'으로 번역된다. 따라서 '딜엇'과 '딜그릇'의 동의성은 명백히 입증된다. 명사 '딜그릇'은 『구급간이방』(1489)에 처음으로 등장한다.

> (43) a. 酒壜 흔 나츠로(以酒壜一介) <救方上 74b>
>
>> b. 壜은 술 년는 딜어시라 <救方上 75a>
>
>> c. 딜어세 달혀(瓦器內熬) <救方下 13a>

> (43) d. 술 담는 딜그릇 흔나히(酒壜一箇) <救간一 74b>
>
>> e. 酒壜 : 술 담는 딜그릇 <救간一 74b>

<44> 들파니 對 들팡이

두 명사가 [蝸牛] 즉 '달팽이'의 뜻을 가지고 동의 관계에 있다는 것은 다음 예문들에서 잘 확인된다. 원문 중 '取蝸牛捺'이 '들파니를 누르다'로 번역되고 '蝸牛捺'이 '들팡이를 소느로 누르다'이다. 따라서 '들파니'와 '들팡이'의 동의성은 명백히 입증된다.

> (44) a. 들파니를 눌러 汁 내야(取蝸牛捺取汁) <救方下 77a>

> (44) b. 들팡이를 소느로 눌러 므를 짜(蝸牛捺取汁) <救간六 60a>
>
>> c. 들팡이와 フ는 밄フ른와를 フ라(用蝸牛飛麪研) <救간三 9b>

<45> 딕골 對 곡뒤

두 명사가 [腦] 즉 '뇌, 머리통'의 뜻을 가지고 동의 관계에 있다는 것은 다음 예문들에서 잘 확인된다. 원문 중 '髑髏骨'이 '주근 사루믜 머리 딕골'로 번역되고 '腦…背'

가 '곡뒤와 등'으로 번역된다. 따라서 '딕골'과 '곡뒤'의 동의성은 명백히 입증된다. [腦]를 뜻하는 '딕골'은 『南明集諺解』(1482)의 '온 즘싱이 듣고 딕고리 다 ᄲᅥ려디ᄂᆞ니(百獸ㅣ 聞之코 皆腦裂ᄒᆞᄂᆞ니)' <上 47b>에서 발견된다.

> (45) a. 주근 사ᄅᆞ미 머릿 딕고를 지 ᄃᆞ(44b)외예 ᄉᆞ라(以髑髏骨燒灰) <救간六 45a>
>
>   b. 髑髏骨 : 사ᄅᆞ미 머릿 딕골 <救간六 44b>

> (45) c. 브스르미 곡뒤와 등의 나거든(發腦發背) <救간三 41a>
>
>   d. 腦後有核 : 머리 곡뒤혜 도든 것 <救간 目錄 9b>

<46> 렴통 對 ᄆᆞ슴쏙

두 명사가 [心] 즉 '심장'의 뜻을 가지고 동의 관계에 있다는 것은 다음 예문들에서 잘 확인된다. 원문 중 '猪心'이 '도틱 렴통'으로 번역되고 '死人心'이 '주근 사ᄅᆞ미 ᄆᆞ슴쏙'으로 번역된다. 따라서 '렴통'과 'ᄆᆞ슴쏙'의 동의성은 명백히 입증된다.

> (46) a. 도틱 렴통앳 피로 골오 섯거(猪心血和匀) <救간一 97a>
>
>   b. 猪心血(96b) : 도틱 렴통앳 피 <救간一 97a>

> (46) c. 주근 사ᄅᆞ미 ᄆᆞ슴쏙 아래 맛게 ᄒᆞ야(當死人心下) <救간一 73b>
>
>   d. ᄆᆞ슴ᄲᅩ기 더워 긔운이 통ᄒᆞ면(心煖氣通) <救간一 88a>
>
>   e. 몬져 그 ᄆᆞ슴쏙ᄋᆞ란 ᄃᆞ시 아니ᄒᆞ고(不先溫其心) <救간一 88a>

<47> 마리 對 머리터리

명사 '마리'와 합성명사 '머리터리'가 [髮] 즉 '머리털'의 뜻을 가지고 동의 관계에 있다는 것은 다음 예문들에서 잘 확인된다. 원문 중 '自己髮尾'가 '제 마릿 소리'로도 번역되고 '제 머리터릿 긑'으로도 번역된다. 따라서 '마리'와 '머리터리'의 동의성은 명백히 입증된다. '머리터리'는 명사 '머리'와 명사 '터리'의 合成이다.

(47) a. 産生흔 겨지븨 제 마릿 쇼리를 이베 녀허 吐케 ㅎ면

　　　(令産婦自己髮尾入於口中令嘔噦) <救方下 92a>

(47) b. 소느로 머리터릴 싸혀며(以手拔其髮) <救方上 77a>

　　　 c. 제 머리터릿 그틀 이베 머구머 욕죠기케(54a) ㅎ면(嗽自己髮尾於口中令嘔噦)

　　　　　<救간七 54a>

　　　 d. 허튼(81a) 머리터리(亂髮) <救간一 81b>

　　　 e. 허튼 머리터리 흔 뭉긔요니 스론 지를 マ라(亂髮一團燒灰研) <救간六 13a>

<48> 머리 對 곡뒤

　두 명사가 [腦] 즉 ‘머리, 뇌’의 뜻을 가지고 동의 관계에 있다는 것은 다음 예문들
에서 잘 확인된다. 원문 중 ‘腦骨’이 ‘머릿 쎠’로 번역되고 ‘腦…背’가 ‘곡뒤와 등’으로
번역된다. 따라서 ‘딕골’과 ‘곡뒤’의 동의성은 명백히 입증된다.

　　　(48) a. 머릿 쎠 ㅎ야디니와 쎠 것그닐 고툐딕(治腦骨破及骨折) <救方下 29b>

　　　　　 b. 머리 쎠 ㅎ야디니와 쎠 것그닐(腦骨破及骨折) <救간一 79b>

　　　　　 c. 톳긔 머릿 骨髓를 내야(兎腦髓取) <救方上 6b>

　　　　　 d. 새 머릿 骨髓로 브릭면(以雀兒腦髓塗之) <救方上 8a>

　　　(48) e. 브스르미 곡뒤와 등의 나거든(發腦發背) <救간三 41a>

<49> 머리 對 데저비

　두 명사가 [蘆頭] 즉 ‘蘆頭, 뿌리의 대가리 부분’의 뜻을 가지고 동의 관계에 있다는
것은 다음 예문들에서 잘 확인된다. 원문 중 ‘去蘆頭’가 ‘머리 버히다’로도 번역되고
‘데저비 앗다’로도 번역된다. 따라서 ‘머리’과 ‘데저비’의 동의성은 명백히 입증된다.

　　　(49) a. 防風을 머리 버히고(防風去蘆頭) <救方上 56a>

　　　　　 b. 심 흔 량을 머리 업게 ㅎ니와(人蔘一兩去蘆頭) <救간六 23b>

(49) c. 방픙 불휘 두 량 데저비 아ᅀ니와(防風二兩去蘆頭) ⟨救간一 89b⟩

⟨50⟩ 머리 對 삭 나는 딕

명사 '머리'와 명사구 '삭 나는 딕'가 [蘆頭] 즉 '노두, 싹 나는 데'의 뜻을 가지고 동의 관계에 있다는 것은 다음 예문들에서 잘 확인된다. 원문 중 '去蘆頭'가 '머리 버히다'로도 번역되고 '삭 나는 딕 업게 ᄒ다'로도 번역된다. 따라서 '머리'과 '삭 나는 딕'의 동의성은 명백히 입증된다.

(50) a. 防風을 머리 버히고(防風去蘆頭) ⟨救方上 56a⟩

  b. 심 흔 량을 머리 업게 ᄒ니와(人蔘一兩去蘆頭) ⟨救간六 23b⟩

(50) c. 강활 흔 량 반과 방픙 불휘 삭 나는 딕 업게 ᄒ니 흔 량과를 디허

  (羌活一兩半防風一兩去蘆頭…搗) ⟨救간七 4a⟩

⟨51⟩ 머리터리 對 머리터럭

두 합성명사가 [髮] 즉 '머리털'의 뜻을 가지고 동의 관계에 있다는 것은 다음 예문들에서 잘 확인된다. 원문 중 '頂紅髮'이 '뎡바기옛 블근 머리터리'로 번역되고 '頂髮'이 '넝바기옛 머리터럭'으로 번역된다. 그리고 '燒亂髮灰'가 '허튼 머리터리 ᄉ론 직'로 번역되고 '亂髮燒灰'가 '허튼 머리터럭 ᄉ론 직'로 번역된다. 따라서 '머리더리'와 '머리터럭'의 동의성은 명백히 입증된다. '머리터리'는 명사 '머리'와 명사 '터리'의 合成이고 '머리터럭'은 명사 '머리'와 명사 '터럭'의 合成이다.

(51) a. 소ᄂ로 머리터릴 ᄲ혀며(以手拔其髮) ⟨救方上 77a⟩

  b. 뎡바기옛 블근 머리터리를 ᄲ혀 ᄇ리라(拔去頂紅髮) ⟨救간六 38a⟩

  c. 뎡바기옛 머리터리…자바(取頂心髮) ⟨救간一 30b⟩

  d. 허튼 머리터리 ᄉ론 직를 흔 술만 므레 머고딕(燒亂髮灰水服方寸匕)

    ⟨救간二 103b⟩

  e. 허튼(81a) 머리터리(亂髮) ⟨救간一 81b⟩

    f. 제 머리터릿 그틀 이베 머구머(嗽自己髮尾於口) <救간七 54a>

    g. 머(1a)리터리 스론 지는 머리터리 건 듸롤 고티고(髮灰治髮鯁) <救간六 1b>

    h. 왼녁 귀 미틧 머리(54a)터리…뷔여(剔取左角髮) <救간一 54b>

(51) i. 소느로 그 뎡바기옛 머리터력을 둰즈기 자바(以手少挽其頂髮常常緊)

    <救간一 60a>

    j. 허튼 머리터력 스론 지롤 ᄀ라(亂髮燒灰研碎) <救간三 62a>

    k. 머리터력 스론 지롤 ᄀ져 기론 므레 프러 머그라(燒髮灰以新汲水和服之)

    <救간三 62a>

    l. 두 녁 귀 우희 머리터럭 난 ᄀ슬…쓰라(灸耳上髮際) <救간一 99b>

    m. 亂髮 : 허튼 머리터럭 <救간二 103b> <救간三 92b>

    n. 燒髮灰 : 머리터럭 스론 지 <救간三 62a>

    o. 自己髮尾 : 제 머리터럭 긑 <救간七 54a>

<52> 몸 對 곁

  두 명사가 [身] 즉 '몸'의 뜻을 가지고 동의 관계에 있다는 것은 다음 예문들에서 잘 확인된다. 원문 중 '通身冷'이 '모미 다 ᄎ다'로 번역되고 '半身不遂'가 '흔 겨틀 몯 쓰다'로 번역된다. 따라서 '몸'과 '곁'의 동의성은 명백히 입증된다.

(52) a. 모미 다 ᄎ고(通身冷) <救간一 14b>

    b. 모미 다 ᄎ고 고다(通身冷直) <救간七 4b>

    c. 모미 ᄎ고(身冷) <救간一 64b>

    d. 모미 다 ᄎ고 알프거든(渾身疼痛) <救간七 4b>

(52) e. 브름 마자 흔 겨틀 몯 쓰며(中風半身不遂) <救간一 9b>

<53> 묏지지 對 효근 지지 對 햐근 지지

합성명사 '묏지지'와 두 명사구 '효근 지지'와 '햐근 지지'가 [山梔] 즉 '산 치자나무, 작은 치자나무'의 뜻을 가지고 동의 관계에 있다는 것은 다음 예문들에서 잘 확인된다. 원문 중 '山梔子'가 '묏지지 삐'로도 번역되고 '효근 지지 삐'로도 번역되고 '햐근지지 삐'로도 번역된다. 그리고 '山梔子'의 자석이 '묏지지 삐'와 '효근 지지 삐' '햐근 지지 삐'이다. 따라서 '묏지지'와 '효근 지지'와 '햐근 지지'의 동의성은 명백히 입증된다. '묏지지'는 '뫼[山]+-ㅅ#지지[梔]'로 분석될 수 있고 '효근 지지'는 '횩-+-은#지지[梔]'로 분석될 수 있고 '햐근 지지'는 '햑-+-은#지지[梔]'로 분석될 수 있다.

 (53) a. 츩 불휘와 묏지지 삐와롤 굳게 눈화(葛根 山梔子等分) <救간二 24b>
   b. 山梔子 : 묏지지 삐 <救간二 24b>

 (53) c. 효근 지지 삐 서너 나츨 거플 밧기고(用山梔子三四枚去皮) <救간三 58a>
   d. 효근 지지와 대홗 불휘와 굵죠개와롤 굳게 눈화(山梔 大黃 牡蠣等分)
    <救간三 56b>
   e. 山梔子 : 효근 지지 삐 <救간三 57b>
   f. 山梔 : 효근 지지 <救간三 56a>

 (53) g. 햐근 지지 삐 흔 나츨 대 갈로 두 딱애 뻐혀(山梔子一介用竹刀破作兩邊)
    <救간二 101b>
   h. 山梔子 : 햐근 지지 삐 <救간二 101b>

<54> 목 對 목덧

두 명사가 [咽喉] 즉 '목'의 뜻을 가지고 동의 관계에 있다는 것은 다음 예문들에서 잘 확인된다. 원문 중 '咽喉腫痛'이 '모기 븟다'로 번역되고 '咽喉腫'의 자석이 '목 브슨 병'과 '목덧 브슨 병'이다. 따라서 '목'과 '목덧'의 동의성은 명백히 입증된다.

(54) a. 모기 붓고(咽喉腫痛) <救方上 41b>

　　　b. 목 브서 소리 나디 아니커든(咽喉腫痛語聲不出) <救方上 46b>

　　　c. 모기 소리 아니 나믈 실음이라 ᄒᆞᄂᆞ니(咽喉聲音不出者名爲失音) <救간二 86b>

　　　d. 咽喉腫 : 목 브슨 병이라 <救간二 63a>

(54) e. 咽喉腫 : 목덧 브슨 병 <救간 目錄 2b>

<55> 무적 對 ᄭᅥ를

두 명사가 [塊] 즉 '무더기'의 뜻을 가지고 동의 관계에 있다는 것은 다음 예문들에서 잘 확인된다. 원문 중 '生薑一大塊'가 '싱앙 큰 ᄒᆞᆫ 무적'으로도 번역되고 '싱앙 큰 ᄒᆞᆫ ᄭᅥ를'으로도 번역된다. 따라서 '무적'과 'ᄭᅥ를'의 동의성은 명백히 입증된다.

(55) a. 雄黃 ᄒᆞᆫ 무저기(雄黃一塊) <救方上 41b>

　　　b. 셕우황 ᄒᆞᆫ 무저글(雄黃一塊) <救간二 79b>

　　　c. 싱앙 큰 ᄒᆞᆫ 무적을 ᄲᆞᆯ리 십고(急嚼生薑一大塊) <救간一 35a>

　　　d. 됫고마릿 불휘와 무근 싱앙 ᄒᆞᆫ 무적과를 ᄒᆞᄃᆡ 므르 ᄀᆞ라

　　　　(蒼耳根老薑一塊同研爛) <救간二 77b>

　　　e. 오래 ᄆᆞᄅᆞᆫ 도틱 ᄯᅩᆼ ᄒᆞᆫ 무저기 숤가락만 ᄒᆞ니와 縮砂 두 나출 ᄀᆞ라

　　　　(用久乾猪糞一塊如指頭大用砂仁二箇碾) <救方上 37b>

　　　f. 오래 ᄆᆞᄅᆞᆫ 도틱 ᄯᅩᆼ 숤가락 귿만 ᄒᆞ니 ᄒᆞᆫ 무적과 축사신 두 낫과를 ᄀᆞ라

　　　　(久乾猪糞一塊如指頭大用砂仁二箇碾) <救간二 47b>

　　　g. 목 가온ᄃᆡ 고깃 무저기 잇ᄂᆞᆫ ᄃᆞᆺᄒᆞ거든(喉中如有肉塊) <救간二 80b>

　　　h. 수릿날 빅번 ᄒᆞᆫ 무저글(端午日取白礬一塊) <救간六 58b>

　　　i. 마아쇼 ᄒᆞᆫ 져근 무저글 머구머(含馬牙硝一小塊子) <救간二 76a>

(55) j. 싱앙 큰 ᄒᆞᆫ ᄭᅥ를 발초 ᄒᆞᆫ 홉애 저졈 ᄀᆞ오(以生薑一大塊米醋一合薑蘸醋磨)

　　　　<救간三 55b>

<56> 밋구무 對 밑

두 명사가 [下部] 즉 '항문(肛門)'의 뜻을 가지고 동의 관계에 있다는 것은 다음 예문들에서 잘 확인된다. 원문 중 '納下部中'이 '밋굼긔 녇다'로 번역되고 '眼看下部'가 '미틀 보다'로 번역된다. 따라서 '밋구무'과 '밑'의 동의성은 명백히 입증된다.

(56) a. 밋굼긔 녀흐면(納下部中) <救方上 72b>

b. 밋구무와 곳굼긔 녀흐면(納於下部中及鼻中) <救方上 26b>

c. 밋굼긔 부러 드(71b)리면(吹入下部中) <救方上 72a>

d. 陰囊 아래 밋굼그로셔 흔 寸을 百壯을 쁘라(灸陰囊下去下部一寸百壯)
   <救方上 40a>

(56) e. 옷 밧고 미틀 보면 느리디 아니ᄒ면(解衣帶眼看下部不下) <救方上 52b>

f. 옷과 씌와룰 밧고 미틀 보면 느리디 아니(3a)ᄒ야(解衣帶眼看下部不下)
   <救간六 3b>

<57> 밑 對 바당

두 명사가 [底] 즉 '밑, 바닥'의 뜻을 가지고 동의 관계에 있다는 것은 다음 예문들에서 잘 확인된다. 원문 중 '著舌底'가 '혓 미틔 녇다'로 번역되고 '塗兒足底'가 '밧바당애 ᄇ르다'로 번역된다. 따라서 '밑'과 '바당'의 동의성은 명백히 입승뇐나. '밧바당'은 '발[足]+-ㅅ#바당[底]'으로 분석될 수 있다.

(57) a. 반 돈을 혓 미틔 녀흐라(取半錢著舌底) <救간一 45b>

b. 우뭀 미틧 훌굴 ᄇ로딕(以井底泥塗) <救方下 78a>

c. 우뭀 미틧 훌굴 ᄆ라(和井底泥) <救간七 9b>

d. 우물 미틧 훍을 누네 ᄇ르고(井底泥塗目) <救간一 84b>

e. 가마 미틧 검듸영 半 兩과(釜底墨半兩) <救方上 16b>

f. ᄇ롬 미틧 누른 훍 돈을 므레 프러 머그면(以水服壁底黃土一錢) <救方下 58b>

(57) g. 소고믈 아기 밧바당애 ㅂㄹ고(塩塗兒足底) <救간七 46b>

　　　h. 아비 일후믈 아기 밧바당애 스면(父名書兒足下) <救간七 43a>

<58> 밑 對 챵

두 명사가 [底] 즉 '밑'의 뜻을 가지고 동의 관계에 있다는 것은 다음 예문들에서 잘 확인된다. 원문 중 '井底'가 '우믌 밑'으로 번역되고 '釜底'가 '가마 밑'으로 번역되고 '鞋底'가 '신챵'으로 번역된다. 따라서 '밑'과 '챵'의 동의성은 명백히 입증된다.

(58) a. 우믌 미틧 ᄒᆞᆯ골 ᄇᆞ로딕(以井底泥塗) <救方下 78a>

　　　b. 우믌 미틧 ᄒᆞᆯ골 ᄆᆞ라(和井底泥) <救간七 9b>

　　　c. 우믈 미틧 흙을 누네 ㅂㄹ고(井底泥塗目) <救간一 84b>

　　　d. 가마 미틧 검듸영 半 兩과(釜底墨半兩) <救方上 16b>

　　　e. 가마 미틧 검의영 반 량과(釜底墨半兩) <救간一 48b>

　　　f. 가마 미틧 검믜영을 ᄀᆞ라(釜底墨末) <救간二 50a>

　　　g. ᄇᆞ롬 미틧 누른 흙 돈을 므레 프러 머그면(以水服壁底黃土一錢) <救方下 58b>

　　　h. 반 돈을 혓 미틔 녀흐라(取半錢著舌底) <救간一 45b>

(58) i. 아기 낟는 어믜 신챵을 브레 ᄢᅴ여(用産母鞋底火炙) <救方下 89a>

　　　j. 아기 낟는 어믜 신챵을 브레 ᄢᅴ야(産母鞋底火炙) <救간七 49b>

<59> ᄆᆞᅀᆞᆷ 對 ᄆᆞᅀᆞᆷᄲᅩ

두 명사가 [心] 즉 '가슴, 심장'의 뜻을 가지고 동의 관계에 있다는 것은 다음 예문에서 잘 확인된다. 원문 중 '心煩'이 'ᄆᆞᅀᆞ미 덥다'로도 번역되고 'ᄆᆞᅀᆞᆷᄢᅩ기 덥다'로도 번역된다. 그리고 '其心'이 '그 ᄆᆞᅀᆞᆷ'으로도 번역되고 '그 ᄆᆞᅀᆞᆷᄲᅩ'으로도 번역된다. 따라서 'ᄆᆞᅀᆞᆷ'과 'ᄆᆞᅀᆞᆷᄲᅩ'의 동의성은 명백히 입증된다.

(59) a. ᄆᆞᅀᆞ미 더워 氣分이 通ᄒᆞ며(心煩氣通) <救方上 8b>

　　　b. 그 ᄆᆞᅀᆞ믈 듯게 아니코(不先溫其心) <救方上 8b>

(59) c. 무슴뽀기 더워 긔운이 통ᄒ면(心煖氣通) <救간一 88a>

　　　 d. 몬져 그 무슴쏙으란 ᄃ시 아니ᄒ고(不先溫其心) <救간一 88a>

　　　 e. 그 무슴쏙의 다와다 두ᄃ(以搏其心) <救간一 87b>

　　　 f. 주근 사ᄅᆞᆷ이 무슴쏙 아래 맛게 ᄒ야(當死人心下) <救간一 73b>

<60> 무슴 對 안ᄒ

　　두 명사가 [心] 즉 '가슴'의 뜻을 가지고 동의 관계에 있다는 것은 다음 예문들에서 잘 확인된다. 원문 중 '心悶'이 '무슴 답답ᄒ다'로도 번역되고 '안히 답답ᄒ다'로도 번역된다. 따라서 '무슴'과 '안ᄒ'의 동의성은 명백히 입증된다.

　　(60) a. 中暑ᄒ야 무슴 답답ᄒ닐 고티는 方애(治熱暍心悶方) <救方上 9a>

　　　　 b. 안히 답답ᄒ야 죽ᄂ닐 고툐ᄃ(治…心悶欲死) <救方上 2b>

<61> 밣뒤측 對 밣귀머리

　　두 명사가 [足踝]와 [踝] 즉 '발꿈치, 발뒤꿈치'의 뜻을 가지고 동의 관계에 있다는 것은 다음 예문들에서 잘 확인된다. 원문 중 '發足踝'가 '밣뒤츠게 나다'로 번역되고 '令沒踝'가 '밣귀머리 줌게 ᄒ다'로 번역된다. 따라서 '밣뒤측'과 '밣귀머리'의 동의성은 명백히 입증된다. '밣뒤측'은 [足] 즉 '발'의 뜻을 가진 명사 '발'과 [踝] 즉 '뒤꿈치'의 뜻을 가신 명사 '뒤측'의 合成이고 '밣귀머리'는 명사 '발'과 [踝] 즉 '뒤꿈치'의 뜻을 가진 '귀머리'의 합성이다.

　　(61) a. 밣뒤츠게 나거든(發足踝者) <救간三 51b>

　　(61) b. 바ᄅᆞᆯ 저죠ᄃ 밣귀머리 줌게 ᄒ라(以漬脚令沒踝) <救간一 44a>

　　　　 c. 두 녁 밣귀머리 힌 ᄉᆞᆲ ᄀᆞ슬 ᄧᅳ면(灸…兩踝白肉際) <救간一 58b>

<62> 믈 기름 對 촘기름

명사구 '믈 기름'과 명사 '촘기름'이 [淸油] 즉 '맑은 기름'의 뜻을 가지고 동의 관계에 있다는 것은 다음 예문들에서 잘 확인된다. 원문 중 '淸油四兩'이 '믈 기름 넉 兩'으로 번역되고 '淸油'의 자석이 '촘기름'이다. 따라서 '믈 기름'과 '촘기름'의 동의성은 명백히 입증된다.

(62) a. 믈 기름 넉 兩을 달혀 니겨(淸油四兩熬熟) <救方下 86b>
　　　b. 믈 기름 넉 량을 달혀 닉거든(淸油四兩熬熟) <救간七 40a>

(62) c. 淸油 : 촘기름 <救간七 40a>

<63> 번 對 적

두 명사가 [過], [度], [次], [徧] 및 [偏] 즉 '번'의 뜻을 가지고 동의 관계에 있다는 것은 다음 예문들에서 잘 확인된다. 원문 중 '二七過'가 '두 닐굽 번'으로도 번역되고 '두 닐굽 적'으로도 번역된다. '三四度'가 '서너 번'으로도 번역되고 '서너 적'으로도 번역된다. '洗七次'가 '닐굽 번 싯다'로도 번역되고 '닐굽 저글 싯다'로도 번역된다. 그리고 '洗十徧'이 '여라믄 번 싯다'로 번역되고 '洗十偏'이 '여라믄 저글 싯다'로 번역된다. 따라서 '번'과 '적'의 동의성은 명백히 입증된다.

(63) a. 두 닐굽 버늘 비븨면(按二七過) <救方下 37b>
　　　b. 제 남진이 겨지븨 이베 추믈 두 닐굽 번 바트면(令夫唾婦口中二七過)
　　　　 <救간七 39a>
　　　c. 그 둥의 세 번을 쑴고(噀其背上三過) <救간二 118a>
　　　d. 흐르 서너 번곰 브르라(日三四度塗之) <救간六 55b>
　　　e. 두 번에 눈화(分兩度) <救간三 65b>
　　　f. 흐르 세 번곰 머고미 ᄀ장 됴ᄒ니라(日三度甚効) <救간三 13a>
　　　g. 고해 흔두 번만 녀흐면(安著鼻中一兩度) <救간七 53a>
　　　h. 세 번 다ᄉ 번만 ᄒ면 됴ᄒ리라(三五度差) <救간七 77a>

i. 半夏를 더운 므레 닐굽 번 시서(半夏湯洗七次) <救方上 13a>

j. 빈 아라 우흘 울호딘 세 번을 흐라(熨小腹上下三次) <救간七 49b>

k. 츩 불휘를 디투 글혀 여라문 번 싯고 쏘 디허 골이 두외어든

(濃煮葛根汁洗十徧及擣爲散) <救간六 30a>

(63) l. 샤웅이 겨지븨 이베 두 닐굽 저글 춤 바트면(令夫唾婦口中二七過) <救方下 87a>

　　m. 흐ᄅ 서너 적곰 ᄇᄅ라(日三四度塗之) <救方下 75a>

　　n. 半夏 ᄒᆞᆫ 량을 더운 므레 닐굽 저글 시서(半夏一兩湯洗七次) <救方下 85a>

　　o. 빈 아라 우흘 지죠딘 세 저글 흐라(熨小腹上下三次) <救方下 89a>

　　p. 츩 불휘 디투 글횬 汁으로 여라문 저글 싯고 쏘 디허 散 밍ᄀ라

(濃煮葛根汁洗十徧及擣爲散) <救方下 62b>

<64> 벼 對 우케

　두 명사가 [稻] 즉 '벼'의 뜻을 가지고 동의 관계에 있다는 것은 다음 예문들에서 잘 확인된다. 원문 중 '稻尖'이 '벼 ᄀᆞᆺ라기'로도 번역되고 '우켓 쏀론ᄒᆞᆫ 부리'로도 번역된다. 따라서 '벼'와 '우케'의 동의성은 명백히 확인된다.

(64) a. 벼 ᄀᆞᆺ라기로 밠바당 딜오미 더욱 됴ᄒᆞ니라(用稻尖刺脚心尤妙)

　　　　<救方下 82a>

　　b. 우켓 쏀본ᄒᆞᆫ 무리로 밧바낭올 뻴옴도 됴ᄒᆞ니라(用稻尖刺脚心尤妙)

　　　　<救간七 46a>

<65> 변초 對 귿

　두 명사가 [梢]와 [鞘] 즉 '(말 채찍의) 끝'이라는 뜻을 가지고 동의 관계에 있다는 것은 다음 예문들에서 잘 확인된다. 원문 중 '馬鞭鞘'가 'ᄆᆞᆳ챗 변쵸'와 'ᄆᆞᆯ채 변초'로도 번역되고 'ᄆᆞᆳ챗 귿'으로도 번역된다. 따라서 '변쵸'와 '귿'의 동의성은 명백히 입증된다.

(65) a. 물챗 변쵸 두 寸ㅅ 기리와(馬鞭梢二寸長) <救方下 15b>
   b. 물채 변쵸 五寸 ᄉᆞ론 ᄌᆡ와(馬鞭鞘五寸燒灰) <救方下 16b>

(65) c. 물챗 귿 두 촌 기리만ᄒᆞ니와(馬鞭梢二寸長) <救간六 70b>

<66> 부들 對 부듨마치

두 명사가 [蒲] 즉 '부들, 菖蒲'의 뜻을 가지고 동의 관계에 있다는 것은 다음 예문들에서 잘 확인된다. 원문 중 '蒲席'이 '부들 지즑'으로 번역되고 '蒲黃'이 '부듨마치옛 누른 ᄀᆞᄅᆞ'로 번역된다. 따라서 '부들'과 '부듨마치'의 동의성은 명백히 입증된다.

(66) a. 헌 부들 지즑 ᄒᆞᆫ 우후믈 ᄀᆞᄂᆞ리 사ᄒᆞ라(敗蒲席一握細剉) <救方上 34a>

(66) b. 그 므레 부듨마치옛 누른 글을 프러(取汁和蒲黃) <救간三 62a>
   c. 蒲黃 : 부듨마치옛 누른 ᄀᆞᄅᆞ <救간三 61b>

그리고 '부들마치'가 [蒲] 즉 '부들, 菖蒲'의 뜻을 가지고 있다는 것은 다음 예문들에서 잘 확인된다. 원문 중 '蒲黃'이 '부들마치옛 누른 ᄀᆞᄅᆞ'로 번역된다.

(66) d. 부들마치옛(87a) 누른 ᄀᆞᄅᆞ ᄒᆞᆫ 돈과(蒲黃一錢) <救간三 87b>
   e. 蒲黃 : 부듨마치옛 누른 ᄀᆞᄅᆞ <救간三 87a>

<67> 부리 對 귿

두 명사가 [尖]과 [頭] 즉 '끝, 날카로운 끝'의 뜻을 가지고 동의 관계에 있다는 것은 다음 예문들에서 잘 확인된다. 원문 중 '去皮尖雙仁'이 '것과 부리와 어우렁 ᄌᆞᅀᆞ를 앗다'로도 번역되고 '거플와 귿과 어우렁 ᄢᅥ 앗다'로도 번역된다. '稻尖'이 '우켓 ᄲᅩ롣흔 부리'로 번역되고 '皮尖'이 '거플와 ᄲᅩ로든 귿'으로 번역된다. 그리고 '密封頭'가 '부리를 두터이 ᄢᅡ 미다'로 번역되고 '去兩頭'가 '두 녁 그틀 버히다'로 번역된다. 따라서 '부리'와 '귿'의 동의성은 명백히 입증된다.

(67) a. 桃仁 셜흔(69b) 나출 것과 부리와 어우렁 즈슥룰 앗고(桃仁三十枚去皮尖雙仁)

    〈救方上 70a〉

    b. 桃仁을 더운 므레 것과 부리와 어우러이 앗고(桃仁湯去皮尖雙仁) 〈救方下 18b〉

    c. 杏仁을 것과 부리룰 앗고(杏仁去皮尖) 〈救方上 57a〉

    d. 복셩화 삐 닐굽 나출 거플와 부리 앗고(桃仁七枚去皮尖) 〈救간二 30a〉

    e. 슬고 삐 솝 세 닐굽 나출 거플와 부리 앗고(杏仁三七粒去皮尖) 〈救간一 78a〉

    f. 우켓 쏀론흔 부리로 밧바당을 뗄옴도 됴흐니라(用稻尖刺脚心尤妙)

    〈救간七 46a〉

    g. 복셩화 삐 솝…부리룰 두터이 빠 미야(桃仁…密封頭) 〈救간二 18b〉

(67) h. 복셩홧 삐 솝 셜흔 낫 거(70b) 플와 긑과 어우렁 삐 앗고(桃仁三十枚去皮尖雙仁)

    〈救간 三 71a〉

    i. 열 숇가락 그틀(十指尖) 〈救간二 47a〉

    j. 슬곳 즈슥…거플와 쏀로든 긑과 어우러일 앗고(杏仁…去皮尖雙仁) 〈救方下 69b〉

    k. 슬고 삐 솝…거플와 쏀로든 긑과 어웚이 아슥니와(杏仁…去皮尖雙仁)

    〈救간六 43b〉

    l. 슬고 삐 닐굽 낫 거플와 쏀로든 긑 아슥니와(杏仁七介去皮尖) 〈救간二 14a〉

    m. 회홧 가지 흔 우희욤을 두 녁 그틀 버히고(槐枝一握去兩頭) 〈救方上 30a〉

    n. 되야마늘 흔 나출 두 녁 그틀 갓가 ㅂ료듸(獨顆蒜一枚削去兩頭) 〈救간二 69b〉

〈68〉 부리 對 산몍

두 명사가 [嗉] 즉 '멀떠구니, 모이주머니'의 뜻을 가지고 동의 관계에 있다는 것은 동일 원문의 번역인 다음 예문들에서 잘 확인된다. 원문 중 '得呑其嗉'가 '그 부리 어더 먹다'로도 번역되고 '그 산몍을 어더 숪기다'로도 번역된다. 따라서 '부리'와 '산몍'의 동의성은 명백히 입증된다. 두 명사 '부리'와 '산몍'은 동작동사 '얻다'와 共起 관계에 있다.

(68) a. 그 부리 어더 머그면 믓 됴흐니라(得呑其嗉最效) 〈救方上 53a〉

    b. 그 산몍을 어더 숪교미 ㄱ장 됴흐니라(得呑其嗉最效) 〈救간六 2b〉

<69> 부치 對 염교

두 명사가 [韮],[韭] 및 [薤] 즉 '부추'의 뜻을 가지고 동의 관계에 있다는 것은 다음 예문들에서 잘 확인된다. 원문 중 '韭葉'이 '부칫 닢'으로도 번역되고 '염곳 닙'으로도 번역된다. '韭根'이 '부칫 불휘'로도 번역되고 '염곳 불휘'로도 번역된다. 그리고 '擣韭'가 '부치를 딯다'로 번역되고 '搗韮'가 '염교 딯다'로 번역된다. 따라서 '부치'와 '염교'의 동의성은 명백히 입증된다.

(69) a. 부칫 니플 디허 즈브로(以韭葉擣取自然汁) <救方上 24a>

　　　b. 흔 부칫 닙 너븨만 흔 딩(一韭葉許) <救方上 74a>

　　　c. 부칫 닙 디허 똔 즙을 곳 굼긔 브스라(以韭葉取自然汁灌鼻孔中) <救간一 83a>

　　　d. 부칫 불휘를 디허 自然汁을 取ᄒᆞ야(用韭根擣取自然汁) <救方上 24a>

　　　e. 부치를 디허 汁을 取ᄒᆞ야(擣韭取汁) <救方上 25b>

　　　f. 흔 부칫 닙만 흔 딩 各各 흔 닐굽 쓰면(一薤葉許各灸一七壯) <救方上 22a>

(69) g. 시혹 염곳 즈블 ᄀᆞ라(或硏韭汁) <救方上 19b>

　　　h. 흔 염곳 닙 너븨만 픠워(一韭葉許) <救간一 77a> <救간七 65a>

　　　i. 韭葉 : 염곳 닙 <救간一 82b>

　　　j. 염곳 불휘를 디허 똔 즙을 브스면(用韭根搗取自然汁灌) <救간一 83a>

　　　k. 술고 삐 솝 흔 량과 염곳 불휘 흔 량과를 섯거(杏仁一兩韭根一兩相和)

　　　　　<救간六 38b>

　　　l. 염교 디허 똔 즙을 곳 굼긔 브소딩(搗韮汁灌鼻孔中) <救간一 85b>

　　　m. 염교 디허 똔 즙(搗韮絞汁) <救간二 16b>

　　　n. 염교 찌허 즙을 머기라(韭菜搗汁服) <救간一 17a>

<70> 불휘 對 밑

두 명사가 [根] 즉 '뿌리'의 뜻을 가지고 동의 관계에 있다는 것은 다음 예문들에서 잘 확인된다. 원문 중 '蔓菁根'이 '댓무숫 불휘'로도 번역되고 '쉿무수 밑'으로도 번역된다. 그리고 '燈心草根'이 '곬 불휘'로 번역되고 '蘿蔔根이' '댓무수 밑'으로 번역

된다. 따라서 '불휘'와 '밑'의 동의성은 명백히 입증된다.

(70) a. 댓무슷 불휘룰 사ㅎ라 쑤드려 디허(蔓菁根…到碎) <救方上 59a>

　　 b. 곬 불휘와 움과 ㄴ룰 글혀(燈心草根及苗生煮) <救간三 106a>

　　 c. 겨스레 닙곳 업거든 불휘룰 쓰라(冬無葉卽用根也) <救간七 73b>

　　 d. 겨스리어든 불휘룰 쓰라(冬用根) <救간二 73b>

(70) e. 쉿무수 미틀 닙 조쳐 조히 글히야(蔓菁根幷葉淨擇) <救간七 73b>

　　 f. 댓무수 믿과 동화와(蘿蔔根冬瓜) <救간三 105a>

　　 g. 팟 믿 ㅎ 줌을 됴흔 두 되예 글혀(葱根 一把好酒二升煮) <救간七 38a>

　　 h. 蔓菁根幷葉 : 쉿무수 믿과 닙 <救간七 73a>

　　 i. 葱根 : 팟 믿 <救간七 38a>

<71> 브섭 對 가마 밑

　명사 '브섭'과 명사구 '가마 밑'이 [竈] 즉 '부엌'의 뜻을 가지고 동의 관계에 있다는 것은 다음 예문들에서 잘 확인된다. 원문 중 '竈中墨'이 '브서빗 검듸영'으로도 번역되고 '가마 미틧 거믜 영'으로도 번역된다. 따라서 '브섭'과 '가마 밑'의 동의성은 명백히 입증된다.

(71) a. 브서빗 검듸영을 彈子만 ㅎ닐 가셔(取竈中墨如彈丸) <救方上 40b>

　　 b. 브서빗 더운 지룰 헌 듸 셰코(取竈中熱灰以粉瘡中) <救方下 68a>

　　 c. 춘 브섭 앉 가온딧 흘글 細末ㅎ야(用冷竈內中心土爲末) <救方下 12a>

(71) d. 가마 미틧 거믜영 탄즈만 ㅎ닐(取竈中墨如彈丸) <救간一 54b>

　　 e. 가마 밑 마촘 아랫 흙을 하나 져그나 ㄱ라(竈心土不狗多少硏爲末)

　　　 <救간二 59b>

　　 f. 가마 밑 마촘 아랫 누런 훍과롤(竈下黃土) <救간一 25a>

　　 g. 竈中墨 : 가마 미틧 거믜영 <救간一 54b>

<72> 브수목 對 가마 밑

명사 '브수목'과 명사구 '가마 밑'이 [竈突] 즉 '가마 밑, 굴뚝'의 뜻을 가지고 동의 관계에 있다는 것은 다음 예문들에서 잘 확인된다. 원문 중 '竈突墨'이 '브수목윗 거미영'으로도 번역되고 '가마 미틧 거미영'으로도 번역된다. 그리고 '竈突'의 자석이 '브수목'과 '가마 밑'이다. 따라서 '브스목'과 '가마 밑'의 동의성은 명백히 입증된다.

> (72) a. 보우횟 드틀와 브수목윗 거미영과롤 근게 ㄴ화(梁上塵竈突墨等分)
>
> 　　　<救간七 42a>
>
> 　　b. 竈突墨 : 브수목의 거미영 <救간七 41b>

> (72) c. 가마 미틧 거미영을 프러(和竈突墨) <救간三 121b>
>
> 　　d. 竈突墨 : 가마 미틧 거미영 <救간三 121a>

<73> 브수목 對 구듨곬

두 명사가 [竈突] 즉 '굴뚝'의 뜻을 가지고 동의 관계에 있다는 것은 다음 예문들에서 잘 확인된다. 원문 중 '竈突墨'이 '브수목의 거미영'으로 번역되고 '竈突中墨'이 '구듨골샛 거미영'으로 번역된다. 따라서 '브수목'과 '구듨곬'의 동의성은 명백히 입증된다.

> (73) a. 보우횟 드틀와 브수목윗 거미영과롤 근게 ㄴ화(梁上塵竈突墨等分)
>
> 　　　<救간七 42a>
>
> 　　b. 竈突墨 : 브수목의 거미영 <救간七 41b>

> (73) c. 구듨골샛 거미영을 ㄱ라(末竈突中墨) <救간七 20b>
>
> 　　d. 브석 구듨골샛 거미영 흔 량과(竈突內煤一兩) <救간六 77a>
>
> 　　e. 竈突中墨 : 구듨골샛 거미영 <救간七 20b>
>
> 　　f. 竈突內煤 : 브석 구듨골샛 거미영 <救간六 76b>

<74> 브스름 對 헌딕

명사 '브스름'과 합성명사 '헌딕'가 [瘡] 즉 '부스럼, 헌데'의 뜻을 가지고 동의 관계에 있다는 것은 다음 예문들에서 잘 확인된다. 원문 중 '發…瘡'이 '브스름이 나다'로 번역되고 '瘡痛'이 '헌딕 알프다'로 번역된다. 그리고 '一切瘡'이 '대도흔 브스름'으로도 번역되고 '대도흔 헌딕'로도 번역된다. 따라서 '브스름'과 '헌딕'의 동의성은 명백히 입증된다. 합성명사 '헌딕'는 동작동사 '헐다'의 관형사형 '헌'과 의존명사 '딕'의 합성이다.

    (74) a. 등의 브스름이 나(發背瘡) <救간三 38b>

        b. 등읫 브스름과 대도흔 브스르미 나(發背癰疽一切瘡) <救간三 44b>

        c. 모딘 브스름이어든(惡瘡) <救간三 26b>

        d. 등읫 브스름과 모딘 브스름 날 저긔(癰疽發背毒瘡發作) <救간三 43b>

    (74) e. 헌딕 알파(瘡痛) <救方下 8b>

        f. 헌딕 브서(瘡腫) <救方下 25a>

        g. 마자 헌딕 덥달며 알프거든(杖瘡熱毒疼痛) <救方下 25a>

        h. 헌딕 허믈 업게 호딕(令瘡不成瘢瘡瘢瘡) <救方下 8b>

        i. 헌딜 조쳐 시스라(兼用洗瘡) <救方下 17a>

        j. 므레 모라 헌딕 브티라(以水調傳瘡) <救간六 71a>

        k. 대노흔 헌딕 암フ 후에(一切瘡差後) <救간六 93b>

<75> 빈 對 챵즈

두 명사가 [腸] 즉 '창자'의 뜻을 가지고 동의 관계에 있다는 것은 다음 예문들에서 잘 확인된다. 원문 중 '腸中'이 '빈 안ㅎ'으로 번역되고 '人腸'이 '사르미 챵직'로 번역된다. 따라서 '빈'와 '챵즈'의 동의성은 명백히 입증된다.

    (75) a. 피 빈 안해 フ득 호야(血滿腸中) <救간一 57b>

        b. 빈 즈르는 듯 알파(絞腸沙) <救간二 47a>

    c. 빈 즈르는 듯 알포믈(45b) 춤디 몯ᄒ야(絞腸沙痛沙不可忍) 〈救간二 46a〉

(75) d. 수울 毒氣 이 사르미 챵즈룰 석게 홀가 저헤니(恐酒毒氣腐人腸) 〈救方下 77b〉

    e. 金瘡이 챵지 나거든(金瘡腸出隨) 〈救方上 87b〉

    f. 무른 똥이 챵즈애 막딜여(乾糞塞腸) 〈救간三 73b〉

    g. 챵지 뷔트리혀 거두쥐는 둣ᄒ야(其腸絞縮) 〈救간二 46a〉

〈76〉 빗기슭 對 빗복 아래

    합성명사 '빗기슭'과 명사구 '빗복 아래'가 [臍下] 즉 '배꼽 아래'의 뜻을 가지고 동의 관계에 있다는 것은 다음 예문들에서 잘 확인된다. 원문 중 '臍下'가 '빗기슭'으로도 번역되고 '빗복 아래'로도 번역된다. 따라서 '빗기슭'과 '빗복 아래'의 동의성은 명백히 입증된다. 합성명사 '빗기슭'은 명사 '비'와 명사 '기슭'의 合成으로 '비+-ㅅ#기슭'으로 분석될 수 있다.

(76) a. 빗기슬기 답답ᄒ거든(臍下妨悶) 〈救간七 13b〉

    b. 빗기슭 알파(小腹痛) 〈救方上 69a〉

(76) c. 빗복 아래롤 熨ᄒ고(熨臍下) 〈救方上 54b〉

    d. 빗복 아래 훈 촌만 세 붓글 쓰라(灸臍下一寸三壯) 〈救간一 58b〉

    e. 빗복(53a) 아래 긔히혈와 단뎐혈와 삼빅 붓글 쩌(兼臍下氣海丹田三百壯)

      〈救간一 53b〉

〈77〉 빗복 對 비

    두 명사가 [臍] 즉 '배꼽'의 뜻을 가지고 동의 관계에 있다는 것은 다음 예문들에서 잘 확인된다. 원문 중 '臍上'가 '빗복 우ᄒ'로도 번역되고 '비 우ᄒ'로도 번역된다. 따라서 '빗복'과 '비'의 동의성은 명백히 입증된다.

(77) a. 므레 싸딘 사르미 느치나 시혹 빗복 우희 두퍼(覆溺水人面上或臍上)

　　　〈救方上 74b〉

　　　b. 빗복 아라 우희 더프면 긔우니 도라와(覆臍上下則元氣回)〈救간一 67b〉

　　　c. 빗복 아랫 一寸을 세 붓글 쓰고(灸臍下一寸三壯)〈救方上 18b〉

　　　d. 빗복(53a) 아래 긔히혈와 단뎐혈와(臍下氣海丹田)〈救간一 53b〉

　　　e. 빗복 아래 흔 촌만 세 붓글 쓰라(灸臍下一寸三壯)〈救간一 58b〉

(77) f. 더운 홁으로 비 우희 노하 우기고(以熱土壅臍上)〈救간一 33a〉

　　　g. 므레 주근 사르미 눗과 비예 업프라(覆溺水人面上或臍上)〈救간一 75a〉

〈78〉 사름 對 이

　두 명사가 [人]과 [者] 즉 '사람'의 뜻을 가지고 동의 관계에 있다는 것은 다음 예
문들에서 잘 확인된다. 원문 중 '病人'이 '病혼 사름'으로도 번역되고 '병호니'로도 번
역된다. 그리고 '死者'가 '주근 사름'으로 번역되고 '墮水中者'가 '므레 싸디니'로 번역
된다. 따라서 '사름'과 '이'의 동의성은 명백히 입증된다. '병호니'는 '병호[病]-+-ㄴ
#이[人]'로 분석될 수 있고 여기서 의존명사 '이'의 존재를 확인할 수 있다.

(78) a. 病혼 사르미…四肢를 펴 샹녜 누움 곧게 호라(令病人…放四肢如常臥)

　　　〈救方上 61b〉

　　　b. 병혼 사르미 비를 자바(捧病人腹)〈救간二 61a〉

　　　c. 쉴리 병혼 사르믈 더브러다가(急將病人)〈救간一 65b〉

　　　d. 주근 사르미 머리를 져기 드러(小擧死人頭)〈救方上 10a〉

　　　e. 므레 주근 사르믈 몬져 호던 양으로 비를 산 사름미 모매 서르 브텨 다혀(令溺水
人如前法將肚相抵活人身)〈救간一 72a〉

　　　f. 사르믈 주기느니(殺人)〈救方上 18b〉

　　　g. 겨슬래 므레 디여 잢간 긔운 잇는 사르믈(冬月落水微有氣者)〈救간一 76b〉

　　　h. 병혼 사르믈 몬져 알외디 말면(勿使病者先知)〈救간二 65b〉

　　　i. 주근 사르믈 시르 우희 업데요디(令死者伏於甑上)〈救간一 72b〉

　　　j. 덥달오 긔운 됴혼 사르믈 머교디(有熱氣實者服之)〈救간一 13b〉

(78) k. 둥의 병ᄒᆞ닐 업고(背負病人) <救간一 65a>

    l. 겨스레 므레 디여 잢간 氣分 잇ᄂᆞ닐(冬月落水微有氣者) <救方上 74a>

    m. 져기 긔운 잇ᄂᆞ닐 저즌 오ᄉᆞ란 밧겨 앗고(微有氣者脫去濕衣) <救간一 86b>

    n. 男女ㅣ 므레 ᄲᅢ디닐 救호ᄃᆡ(救男女墮水中者) <救方上 73b>

    o. 남진이어나 겨지비어나 므레 디닐 살오ᄃᆡ(救男女墮水中者) <救간一 67b>

    p. 强ᄒᆞ닌 다 먹고 늘그니와 져므니ᄂᆞᆫ 둘헤(30a) ᄂᆞ화 머그라

      (强者頓服老小分二服) <救方上 30b>

    q. 甚ᄒᆞ니란 아히 오좀 ᄒᆞᆫ 盞(35b)을 머기라(甚者加童子小便一盞) <救方上 36a>

<79> 삼 對 열

두 명사가 [麻]와 [大麻] 즉 '삼'의 뜻을 가지고 동의 관계에 있다는 것은 다음 예
문들에서 잘 확인된다. 원문 중 '麻根'이 '삷 불휘'로 번역되고 '麻子'가 '열 ᄡᅵ'로 번역
된다. 그리고 '大麻子'가 '삷 ᄡᅵ'로도 번역되고 '열 ᄡᅵ'로도 번역된다. 따라서 '삼'과
'열'의 동의성은 명백히 입증된다.

(79) a. 삼 조쳐 石灰를 디허(用麻擣石灰) <救方上 81a>

    b. 모싯 불휘와 삷 불휘와를 디허(擣紵麻根) <救간三 54a>

    c. 삷 불휘 ᄒᆞᆫ 량과 삼 ᄡᅵ ᄒᆞᆫ 량과(麻根—兩大麻子—兩) <救간三 103b>

    d. 삼 ᄒᆞᆫ 줌과(靑花麻一把) <救方上 22b>

    e. 삼 ᄒᆞᆫ 줌과를(靑花麻一把) <救간一 28a>

    f. 大麻子: 삼 ᄡᅵ <救간三 103b>

(79) g. 열 ᄡᅵ만 케 ᄒᆞ야(如麻子大) <救方上 39b>

    h. 열 ᄡᅵ를 달혀(麻子煮) <救간三 72a>

    i. 열 ᄡᅵ ᄒᆞᆫ 되와(大麻仁—升) <救方上 86a>

    j. 열 ᄡᅵ를 므르 ᄀᆞ라(大麻子爛硏) <救간三 69b>

    k. 麻子: 열 ᄡᅵ <救간三 72a>

    l. 大麻子: 열 ᄡᅵ <救간三 69b>

<80> 샤옹 對 남진

　두 명사가 [夫] 즉 '남편'의 뜻을 가지고 동의 관계에 있다는 것은 다음 예문들에서 잘 확인된다. 원문 중 '夫唾'가 '샤옹이…춤 밭다'로도 번역되고 '제 남진이…추믈 밭다'로도 번역된다. 그리고 '夫單衣'가 '샤옹이 ᄒᆞ옷옷'으로도 번역되고 '제 남진의 ᄒᆞ옷옷'으로도 번역된다. 따라서 '샤옹'과 '남진'의 동의성은 명백히 입증된다.

　　(80) a. 샤오이 겨지븨 이베 두 닐굽 저글 춤 바트면(令夫唾婦口中二七過)
　　　　　　<救方下 87a>
　　　　b. 샤옹이 ᄒᆞ옷오슬 우믈 우희 더프면(取夫單衣蓋井上) <救方下 92a>
　　　　c. 샤옹이 열 가라깃 손토블 各各 젹젹 버혀(取夫十指甲各少許) <救方下 84a>
　　　　d. 샤옹의 솝오슬 쓰라(用夫內衣) <救方下 92a>

　　(80) e. 제 남진이 겨지븨 이베 추믈 두 닐굽 번 바트면(令夫唾婦口中二七過)
　　　　　　<救간七 39a>
　　　　f. 제 남진의 ᄒᆞ옷오슬 우믈 우희 두프면(夫單衣蓋井上) <救간七 51b>
　　　　g. 제 남진의 열 숋가락 손토블 각각 져고매 버혀(取夫十指甲各少許)
　　　　　　<救간七 44a>
　　　　h. 남진의 일홈과 겨집의 일홈과롤 써(夫妻名書) <救간七 31a>
　　　　i. 왼소ᄂᆞ로 제 남진의 씌롤 자바(左手執大帶) <救간·ㄴ 25b>
　　　　j. 제 남진의 훠를 시서(洗夫靴) <救간七 7a>
　　　　k. 夫靴: 남진의 훠 <救간七 7a>

<81> 소라 對 그릇

　두 명사가 [盆] 즉 '소래기, 그릇'의 뜻을 가지고 동의 관계에 있다는 것은 동일 원문의 번역인 다음 예문들에서 잘 확인된다. 원문 중 '銅盆'이 '구리 소라'로도 번역되고 '구리 그릇'으로도 번역되므로 '소라'와 '그릇'의 동의성은 명백히 입증된다.

(81) a. 파 흰 밑 열 줄기를 거웃 조쳐 구리 소라애 므레 글혀

　　　(葱白十莖幷髮以銅盆中熱水烹之) <救方下 91a>

　　b. 파 밑 흰 딕 열 줄기를 불휘 조쳐 구리 그릇(51a) 더운 므레 글혀

　　　(葱白十莖幷鬚以銅盆中熱水烹之) <救간七 51b>

<82> 솝 對 고기양

　두 명사가 [心] 즉 '草木의 줄기 한 가운데의 연한 심'의 뜻을 가지고 동의 관계에 있다는 것은 다음 예문들에서 잘 확인된다. 원문 중 '桂心'이 '계핏 솝'으로 번역되고 '葱黃心'이 '팟 누른 고기양'으로 번역된다. 그리고 '去皮心'이 '것과 소블 앗다'로 번역되고 '去心皮'가 '고기양과 거프를 앗다'로 번역된다. 따라서 '솝'과 고기양'의 동의성은 명백히 입증된다.

(82) a. 巴豆 스믈 나출 것과 소블 앗고(巴豆二十枚去皮心) <救方上 39b>

　　b. 계핏 솝을 ᄀ라(桂心爲末) <救간二 86b>

　　c. 수레 계피 갓근 솝을 ᄀ라(酒磨桂心) <救간一 47a>

　　d. 桂心 : 계핏 솝 <救간二 86b>

(82) e. 마늘 半 되를 빼혀 고기양과 거프를 앗고(蒜半升破去心皮) <救方上 88a>

　　f. 굴근 두야머주저깃 불휘 ᄒᆞᆫ 나출 빼혀 고기양 앗고(用大天南星一箇剉去心)

　　　<救간 三 50b>

　　g. 팟 누른 고기양이어나 염굣 누른 고기양이어나(葱黃心或韭黃) <救간一 42a>

　　h. 팟 누런 고기양으로…곳 굼긔 찔어(葱心黃刺鼻孔中) <救간一 48a>

　　i. 葱黃心 : 팟 누른 고기양 <救간一 41b>

<83> 쇠노 對 활

　두 명사가 [弓弩] 즉 '쇠뇌, 어떤 장치에 의해 화살을 잇달아 쏠 수 있게 된 활'의 뜻을 가지고 동의 관계에 있다는 것은 다음 예문들에서 잘 확인된다. 원문 중 '弓弩弦'이 '쇠놋 긴ᄒᆞ'으로도 번역되고 '활시울'로도 번역된다. 따라서 '쇠노'와 '활'의 동

의성은 명백히 입증된다.

> (83) a. 쇠놋 긴흘 허리예 미며(弓弩弦縛腰) <救간七 46b>
>   b. 弓弩弦 : 쇠놋 긴 <救간七 46a>

> (83) c. 활시울 스론 지를 マ라(弓弩弦燒灰爲末) <救간七 34a>
>   d. 弓弩弦 : 활시울 <救간七 34a>
>   e. 활와 弩ㅅ 시울로 허리를 미오(弓弩絃縛腰) <救方下 86a>

<85> 슉링 對 발 글힌 믈

명사 '슉링'과 명사구 '발 글힌 믈'이 [漿] 즉 '미음, 쌀 끓인 물'의 뜻을 가지고 동의
관계에 있다는 것은 다음 예문들에서 잘 확인된다. 원문 중 '溫漿'이 '드슨 슉링'으로
번역되고 '漿飮調'가 '발 글힌 므레 플다'로 번역된다. 그리고 '溫漿'의 자석이 '드슨
슉링'이고 '漿'의 자석이 '발 글힌 믈'이다. 따라서 '슉링'과 '발 글힌 믈'의 동의성은
명백히 입증된다.

> (84) a. 드슨 슉(107b)링애 두 돈만 프러 머그라(以溫漿調下二錢) <救간二 108a>
>   b. 溫漿 : 드슨 슉링 <救간二 107b>

> (84) c. 지를 발 글힌 므레 프러 흔 술만 머그라(灰漿飮調方寸匕服) <救간二 69a>
>   d. 漿 : 발 글힌 믈 <救간二 69a>

<85> 쓸개 對 열

두 명사가 [膽] 즉 '쓸개'의 뜻을 가지고 동의 관계에 있다는 것은 다음 예문들에
서 잘 확인된다. 원문 중 '猪膽'이 '도틱 쓸개'로 번역되고 '雄鷄膽'이 '수툵의 쓸개'로
번역되고 '熊膽'이 '고믹 열'로 번역된다. 따라서 '쓸개'와 '열'의 동의성은 명백히 입
증된다.

(85) a. 싱앙 즛두드려 똔 즙과 도틱 쓸게와를 디허(生薑汁 猪膽搗) <救간三 30a>

　　 b. 도틱 쓸게 두 낫 똔 즙에 녀허(入猪膽汁兩枚) <救간三 70b>

　　 c. 도틱 쓸게 들기알만 크니를 더운 수레 녀허(猪膽大如鷄子者內熱酒中)

　　　 <救간三 91a>

　　 d. 猪膽 : 도틱 쓸게 <救간三 29b> <救간三 70a> <救간三 90b>

　　 e. 수툵의 쓸게 반 량 무르니와(雄鷄膽半兩乾者) <救간三 111b>

　　 f. 雄鷄膽 : 수툵의 쓸게 <救간三 111b>

(85) g. 고미 열 콩 낫만 ᄒᆞ니를 ᄀᆞ느리 ᄀᆞ라(熊膽如大豆許細研) <救간二 38b>

　　 h. 고미 열와 샤향과를 근게 ᄂᆞ화(熊膽麝香等分) <救간三 39a>

　　 i. 熊膽: 고미 열 <救간二 38a> <救간三 38b>

<86> 시욱 對 담

　두 명사가 [氈]과 [氈毺] 즉 '毛氈, 모직물, 양탄자'의 뜻을 가지고 동의 관계에 있
다는 것은 다음 예문들에서 잘 확인된다. 원문 중 '黑氈'이 '검은 시욱'으로 번역되고
'以氈毺覆'가 '담으로 둪다'로 번역된다. 따라서 '시욱'과 '담'의 동의성은 명백히 입증
된다.

(86) a. 거믄 시우글 스라(取黑氈燒) <救方上 82a>

　　 b. 시우기어나 ᄯᅩ 거저기어나 주그닐 ᄡᅡ(氈單或藁薦裹之) <救간一 87a>

　　 c. 氈單 : 시욱 <救간一 87a>

(86) d. 담으로 입과 고흘 둡고(以氈毺即毛席也覆口鼻) <救方上 75a>

<87> 시울 對 긴ᄒ

　두 명사가 [弦]과 [絃] 즉 '시위'의 뜻을 가지고 동의 관계에 있다는 것은 다음 예
문들에서 잘 확인된다. 원문 중 '弓弦'이 '활시울'로 번역되고 '弓弩弦'이 '쇠놋 긴ᄒ'
으로 번역된다. 그리고 '弓弩絃'이 '활와 弩ㅅ 시울'로 번역된다. 따라서 '시울'과 '긴

ㅎ’의 동의성은 명백히 입증된다.

(87) a. 활시우리 더 됴ᄒᆞ니라(用弓弦尤妙) <救方下 45a>

    b. 활시울 ᄉᆞ론 ᄌᆡ를 ᄀᆞ라(弓弩弦燒灰爲末) <救간七 34a>

    c. 弓弩弦 : 활시울 <救간七 34a>

    d. 화ᄅᆞᆯ 지허 시우를 우ᄒᆞ로 오ᄅᆞ게 ᄒᆞ고(張弓令弦向上) <救간二 98a>

    e. 활와 弩ㅅ 시울로 허리를 ᄆᆡ오(弓弩絃縛腰) <救方下 86a>

    f. ᄒᆞᆯ시우를 지허(61a) 우흘 向ᄒᆞ야 노코(張弓絃向上) <救方上 61b>

    g. 그츤 활시울 두 돈 반 ᄉᆞ론 ᄌᆡ와(斷弓絃一分燒灰) <救간二 97a>

    h. 斷弓絃 : 그츤 활시울 <救간二 97a>

(87) i. 쇠놋 긴흘 허리예 ᄆᆡ며(弓弩弦縛腰) <救간七 46b>

    j. 弓弩弦 : 쇠놋 긴 <救간七 46a>

<88> ᄉᆞᅀᅵ 對 ᄢᅵᆷ

두 명사가 [閒]과 [岐間] 즉 ‘사이’의 뜻을 가지고 동의 관계에 있다는 것은 다음 예문들에서 잘 확인된다. 원문 중 ‘齒閒出血’이 ‘닛 ᄉᆞᅀᅵ예 피 나다’로도 번역되고 ‘니 ᄢᅵ메 피 나다’로도 번역된다. 그리고 ‘四肢指岐閒’이 ‘四肢ㅅ 가락 ᄉᆞᅀᅵ’로도 번역되고 ‘솑가락 밧가락 ᄢᅵᆷ’으로도 번역된다. 따라서 ‘ᄉᆞᅀᅵ’와 ‘ᄢᅵᆷ’의 동의성은 명백히 입증된다.

(88) a. 닛 ᄉᆞᅀᅵ예 피 나거든(齒閒出血) <救方上 65b>

    b. 입과 닛 ᄉᆞᅀᅵ예 피 나(口齒閒出血) <救方上 65a>

    c. 아홉 구무와 四肢ㅅ 가락 ᄉᆞᅀᅵ예(九竅四肢指岐閒) <救方上 63b>

    d. 사ᄅᆞ미 아홉 구무와 四肢ㅅ 가락 ᄉᆞᅀᅵ예 다 피 나ᄆᆞᆫ

      (人有九竅四肢指岐閒皆出血) <救方上 60b>

(88) e. 니 ᄢᅵ메 피 나미 조찻ᄂᆞ니라(附齒閒出血) <救간二 113a>

    f. 아홉 구무와 솑가락 밧가락 ᄢᅵ메(九竅四肢指岐閒) <救간二 114b>

<89> 스시 對 덛

　두 명사가 [頃] 즉 '시간적인 간격'의 뜻을 가지고 동의 관계에 있다는 것은 다음 예문들에서 잘 확인된다. 원문 중 '一炊頃'이 '흔 솟 밥 지슬 스시'로 번역되고 '一食頃'이 '밥 머글 덛'으로 번역된다. 따라서 '스시'와 '덛'의 동의성은 명백히 입증된다.

　　(89) a. 흔 솟 밥 지(18b)슬 스시만 뼈 내야(蒸之一炊頃出) <救간二 19a>
　　　　 b. 밥 머글 덛만 ᄒ면(一食頃) <救간三 68b>

<90> 스시 對 서리

　두 명사가 [閒] 즉 '사이'의 뜻을 가지고 동의 관계에 있다는 것은 다음 예문들에서 잘 확인된다. 원문 중 '齒閒'이 '닛 스시'로 번역되고 '村落閒'이 '스골 ᄆᆞᆯ 서리'로 번역된다.　따라서 '스시'와 '서리'의 동의성은 명백히 입증된다.

　　(90) a. 닛 스시예 피 나거든(齒閒出血) <救方上 65b>
　　　　 b. 입과 닛 스시예 피 나(口齒閒出血) <救方上 65a>

　　(90) c. 스골 ᄆᆞᆯ 서리예 약 살 ᄯ다히 업거든(村落閒未有購藥處) <救간一 103a>
　　　　 d. 돌 서리예 난 숑의맛 불휘 ᄀᆞᄂᆞ리 사ᄒᆞ로니(石菖蒲細切) <救간一 2b>
　　　　 e. 돌 서리예 난 숑의맛 불휘를 ᄂᆞ로니 십고(細嚼石菖蒲) <救간二 40a>
　　　　 f. 돌 서리옛 숑의맛 불휘 흔 량과(石菖蒲一兩) <救간二 28a>

<91> 아니한스시 對　아니한덛 對 져근덛

　세 합성명사가 [須臾] 즉 '잠시, 잠깐'의 뜻을 가지고 동의 관계에 있다는 것은 다음 예문들에서 잘 확인된다. 원문 중 '須臾不救'가 '아니한스시예 救티 몯ᄒ다'로도 번역되고 '져근더데 고티디 몯ᄒ다'로도 번역된다. 그리고 '須臾…服'이 '아니한스시예 먹다'로 번역되고 '須臾…進'이 '아니한더데 먹다'로 번역된다. 따라서 '아니한스시', '아니한 덛' 및 '져근덛'의 동의성은 명백히 입증된다. 합성명사 '아니한스시'는

부사 '아니'와 상태동사 '하다'의 관형사형 '한' 그리고 명사 '스싀'의 合成이고, '아니
한뎐'은 '아니'와 '한' 그리고 명사 '뎐'의 合成이다. 합성명사 '뎌근뎐'은 상태동사 '젹
다'의 관형사형 '뎌근'과 명사 '뎐'의 合成이다.

> (91) a. 아니한스싀예 救티 몯ᄒᄂ니(須臾不救) <救方上 59b>
>
> b. 아니한스싀예 사ᄅᆞ미 죽게 ᄒᄂ니(須臾能令人死) <救方上 33a>
>
> c. 아니한스싀예 서너 번을 머그라(須臾三四服) <救간七 61a>
>
> d. 아니한스싀ᄅᆞᆯ 救티 아니ᄒ면 죽ᄂ니(須臾不救則死) <救方上 21b>

> (91) e. 아니한더데 ᄯᆷ 나면(須臾得汗) <救方上 88a>
>
> f. 아니한더데 ᄯᅩ 두 번을 머그면(須臾又進二服) <救간七 48b>
>
> g. 아니한더데 나리라(須臾卽下) <救간七 51b>

> (91) h. 뎌근더데 고티디 몯ᄒᄂ니(須臾不救) <救간二 111b>
>
> i. 뎌근더데 사ᄅᆞᆷᄆᆞᆯ 죽게 ᄒᄂ니(須臾能令人死) <救간二 42a>
>
> j. 뎌(69a)근더데 주글 ᄃᆞᆺ거든(須臾欲絶) <救간二 69b>

<92> 아래 對 아라

두 명사가 [下] 즉 '아래'의 뜻을 가지고 동의 관계에 있다는 것은 다음 예문들에
서 잘 확인된다. 원문 중 '臍下'가 '빗복 아래'로 번역되고 '臍上下'기 '빗복 아라 우ᄒ'
로 번역된다. 그리고 '下血'이 '아래 피 나다'로 번역되고 '上下有沙'가 '아라 우희 몰
애 잇다'로 번역된다. 따라서 '아래'와 '아라'의 동의성은 명백히 입증된다.

> (92) a. 빗복 아랫 一寸을 세 붓글 ᄯᅳ고(灸臍下一寸三壯) <救方上 18b>
>
> b. 빗복 아래 ᄒᆞᆫ 촌만 세 붓글 ᄯᅳ라(灸臍下一寸三壯) <救간一 58a>
>
> c. 고 아랫 人中穴을 ᄒᆞᆫ 붓글 ᄯᅳ면(灸鼻下人中一壯) <救方上 18b>
>
> d. 밠 엄지가락 아랫 ᄀᆞᄅᆞᆫ 그믈 ᄯᅮ딕 (灸足大趾下橫文) <救方上 2b>
>
> e. 솏톱 아래 ᄒᆞᆫ 壯을 ᄯᅳ면(灸…爪下一壯) <救方上 29b>
>
> f. 아래 피 나ᄂ니(下血) <救方上 18b>

(92) g. 빗복 아라 우희 두프면(覆臍上下則) <救方上 73b>

　　h. 아라 우희 몰애 잇고(上下有沙) <救方上 72b>

　　i. 아라 우희 몰애를 두딕(上下有沙) <救간一 75a>

　　j. 빈 아라 우흘 지죠딕(熨小腹上下) <救方下 89a>

　　k. 빈 아라 우흘 울호딕(熨小腹上下) <救간七 49b>

　　l. 빈엣 (64b) 긔우니 므릐게 자펴 아라 우히 막딜여(蓋腹中元氣爲水所併上下關格)

　　　　<救方一 65a>

　　m. 아라 우흐로 긔우니 통케 ᄒ라(슈上下氣相通) <救方一 69b>

　　n. 혀 아라 우희 ᄇ릭면 즉제 됴ᄒ리라(塗舌上下卽差) <救간二 90b>

<93> 아히 對 숟아히

명사 '아히'와 합성명사 '숟아히'가 [童子]와 [小兒] 즉 '사내아이'의 뜻을 가지고 동의 관계에 있다는 것은 다음 예문들에서 잘 확인된다. 원문 중 '童子小便半升'이 '아히 小便 半 되'로도 번역되고 '숟아히 오좀 반 되'로도 번역된다. '童子小便一盞'이 '아히 오좀 ᄒ 盞'으로 번역되고 '童子小便一大盞'이 '숟아히 오좀 큰 ᄒ 되'로 번역된다. 그리고 '小兒驚風'이 '아히 경갓병'으로 번역되고 '小兒尿'가 '숟아히 오좀'으로 번역된다. 따라서 '아히'와 '숟아히'의 동의성은 명백히 입증된다. '숟아히'는 명사 '숟'과 명사 '아히'의 合成이다.

(93) a. 아히 小便 半 되를 글혀(童子小便半升煮) <救方上 65b>

　　b. 아히 小便과 醋와 各各 젹젹 ᄒ야(童子小便醋各少許調) <救方下 83b>

　　c. 아히 오좀 ᄒ 盞을 조쳐 머기라(加童子小便一盞) <救方上 36a>

　　d. 아히 오좀 ᄒ 中 잔으로 글혀(用童子小便一中盞煎) <救方上 85b>

　　e. 아히 오좀 ᄒ 져근 盞과(童子小便一小盞) <救方上 20a>

　　f. 또 아히 경갓병도 고티ᄂ니라(亦治小兒驚風) <救간一 97b>

(93) g. 숟아히 오좀 반 되를 글혀(童子小便半升煮) <救간二 117b>

　　h. 숟아히 오좀 져고매와 됴ᄒ 초 죠고매와애 무라(童子小便好醋各一茶脚許調)

　　　　<救간七 37a>

 i. 손아히 오(52a)좀 흔 되예 프러 드시 ᄒᆞ야 머그라(童子小便一升溫和服)
  <救간二 52b>

 j. 손아히 오좀 큰 흔 되예 달혀(以童子小便一大盞煎) <救간二 53a>

 k. 손아히 더운 오좀애 프러 머그라(溫童子小便調下) <救간七 23b>

 l. 손아히 오좀애 무라(以小兒尿和) <救간三 14a>

 m. 童子小便 : 손아히 오좀 <救간二 117b> <救간二 52a> <救간二 52b>
  <救간七 23b>

<94> 아히 對 져므니

 명사 '아히'와 명사구 '져므니'가 [小]와 [小兒] 즉 '어린이'의 뜻을 가지고 동의 관계에 있다는 것은 다음 예문들에서 잘 확인된다. 원문 중 '老小'가 '늘그니와 아히'로도 번역되고 '늘그니와 져므니'로도 번역된다. 그리고 '大人小兒'가 '얼운과 아히'로 번역되고 '大人…少小'가 '얼운…져므니'로 번역된다. 따라서 '아히'와 '져므니'의 동의성은 명백히 입증된다. 명사구 '져므니'는 상태동사 '졈다'의 관형사형인 '져믄'과 의존명사 '이'의 合成이다. 명사 '아히'와 명사구 '져므니'는 [老]의 뜻을 가진 '늘그니'와 [大人]의 뜻을 가진 '얼운'과 의미상 대립 관계를 가진다.

 (94) a. 늘그니와 아히와ᄂᆞᆫ(老小) <救간二 31b>

  b. 아히와 늘그니와 긔운 약한 사ᄅᆞᆷ믄(小老羸者) <救간二 57b>

  c. 얼운과 아히와 과ᄀᆞ리 기춤ᄒᆞ거는(大人小兒暴嗽) <救간二 21b>

  d. 쏘 아히 경갓병도 고티ᄂᆞ니라(亦治小兒驚風) <救간一 97b>

  e. 져지 나 다숫 아히라도 머기리라(下乳汁可乳五兒) <救간七 84b>

  f. 늘그니와 아히어든 짐쟉ᄒᆞ야 더러 머그라(老弱量減) <救간三 26b>

 (94) g. 늘그니와 져므니는(老小) <救方上 30a>

  h. 얼우는…져므닌 닷 호블 머그면 됴ᄒᆞ리라(大人…少小服五合差) <救方上 5b>

  i. 얼운사ᄅᆞᆷ으란…져므니란 닷 홉곰 머기면 됴ᄒᆞ리라(大人…少小服五合差)
   <救간一 14b>

  j. 얼우니어나 져므니어나(不問長幼) <救간一 96b>

<95> 안ㅎ 對 솝

두 명사가 [內]와 [中] 즉 '안, 속'의 뜻을 가지고 동의 관계에 있다는 것은 다음 예문들에서 잘 확인된다. 원문 중 '內損'이 '안히 傷ㅎ다'로 번역되고 '內衣'가 '솝옷'으로 번역된다. '腹中'이 '빈 안ㅎ'으로도 번역되고 '빗 솝'으로도 번역된다. 그리고 '口中'이 '입 안ㅎ'으로 번역되고 '莖中'이 '陰莖ㅅ 솝'으로 번역된다. 따라서 '안ㅎ'과 '솝'의 동의성은 명백히 입증된다.

(95) a. 안히 傷ㅎ야 빈 안해 얼읜 피 이셔(內損腹中有瘀血) <救方下 19b>

　　　b. 피 모다 안해 다와텨(畜血內壅) <救方下 32b>

　　　c. 乳鉢 안해 소곰 ᄒ 져부믈 녀허(乳鉢內入塩一撮) <救方下 35a>

　　　d. 가슴과 녑과 빈 안히(胸脇腹內) <救간一 56b>

　　　e. 고 안해 불면(吹鼻內) <救간二 94a>

　　　f. 당츄ᄌ 솔홀 대촛 안해 녀허(以胡桃肉放入棗內) <救간二 36b>

　　　g. 빈 안히 알프거든(腹中疞痛) <救方上 56a>

　　　h. 아기 비여셔 빈 안히 알프거든(姙娠腹中痛) <救간七 10a>

　　　i. ᄌ시기 빈 안해셔 죽거(27b)나(或子死腹中) <救간七 28a>

　　　j. 그 아기 빈 안해셔(其兒在腹中) <救간七 45b>

　　　k. 입 안히 헐어든(口中生瘡飮) <救간一 108a>

　　　l. 목 안히 막고 답답ㅎ거든(咽中妨悶) <救간二 63b>

　　　m. 고 안해 녀(7b)ᄒ면(內在鼻中) <救간二 8a>

(95) n. 샤옹의 솝오슬 ᄡᆞ라(用夫內衣) <救方下 92a>

　　　o. 제 남진의 솝오슬(夫內衣) <救간七 21a>

　　　p. 觸衣ᄂᆞᆫ 오래 니븐 솝오시라(觸衣者久著內衣襯衣也) <救方上 16a>

　　　q. 子息이 빗 소배셔 죽거나(或子死腹中) <救方下 87a>

　　　r. 그 아기 빗 소배 이셔(其兒在腹中) <救方下 81b>

　　　s. 陰莖ㅅ 소비 알파(莖中痛) <救方上 69b>

　　　t. 대촛 소배 녀코(內於棗中) <救간三 69a>

<96> 양ㅈ 對 골

두 명사가 [形]과 [形狀] 즉 '모습, 형상'의 뜻을 가지고 동의 관계에 있다는 것은 다음 예문들에서 잘 확인된다. 원문 중 '狗形'이 '가히 양ㅈ'로 번역되고 '狗形狀'이 '가히 골'로 번역된다. 따라서 '양ㅈ'와 '골'의 동의성은 명백히 입증된다.

(96) a. 가히 양ㅈ를 보디 몯거든 모로매 닐굽 저글 머거사 ᄒ리라

　　　(如不見狗形須服七次方可) <救方下 71b>

　　 b. 가히 양ㅈ를 보디 몯ᄒ거든 쏘 모르매 닐굽 저글 머거사 便安ᄒ리라

　　　(如不見狗形亦須服七次乃獲全安) <救方下 72a>

　　 c. 겁위 믈여 그 양지 큰 ᄇ름 마즌 사름 ᄀᄐ야(蚯蚓咬其形如大風) <救간六 69b>

(96) d. 小便ㅅ 가온ᄃᆡ 흐린 氣分이 얼의유ᄃᆡ 가히 골 ᄀ거든 보면 毒氣 ᄒ마 나고

　　　(見小便中濁氣凝結如狗形狀則毒已出) <救方下 71b>

<97> 어미 對 아기 낟는 어미

명사 '어미'와 명사구 '아기 낟는 어미'가 [産母] 즉 '아기 낳는 여자'의 뜻을 가지고 동의 관계에 있다는 것은 다음 예문들에서 잘 확인된다. 원문 중 '令産母飮'이 '어미를 머기다'로 번역되고 '令産母坐'가 '아기 낟는 어미를 안치다'로 번역된다. 따라서 '어미'와 '아기 낟는 어미'의 동의성은 명백히 입증된다.

(97) a. 아기 싯긴 믈 반 잔을 어미를 머기면(洗兒水令産母飮半盞) <救간七 52a>

(97) b. 아기 낟는 어미를 그 우희 안치라(令産母坐上) <救간七 36a>

　　 c. 아기 낟는 어믜 신챵을 브레 ᄲᅵ야 덥거든(産母鞋底火炙熱) <救간七 49b>

　　 d. 아기 낟(32b)는 어미를 머기면 즉재 나ᄒ리라(令母呑之便下) <救간七 33a>

그리고 '産母'가 '아기 나흔 어미'로 번역된다는 것은 다음 예문들에서 잘 확인된다.

(95) e. 아기 나흔 어믜 고해 쐬이면(熏産母鼻) <救간七 67a>

　　 f. 아기 나흔 어믜 ᄂᆞ치 쌕ᄆᆞ라(噗産母面) <救간七 67b>

<99> 어ᅀᅵ돝 對 암돝

　두 합성명사가 [母猪] 즉 '어미 돼지'의 뜻을 가지고 동의 관계에 있다는 것은 다음 예문들에서 잘 확인된다. 원문 중 '母猪尾'가 '어ᅀᅵ도틔 쇼리'로도 번역되고 '암도틔 쇼리'로도 번역된다. 따라서 '어ᅀᅵ돝'과 '암돝'의 동의성은 명백히 입증된다. '어ᅀᅵ돝'은 [母] 즉 '어미'를 뜻하는 명사 '어ᅀᅵ'와 [猪] 즉 '돼지'를 뜻하는 명사 '돝'의 合成이고 '암돝'은 명사 '암'과 명사 '돝'의 합성이다.

　　(98) a. 어ᅀᅵ도틔 쇼릿 그틀 버혀(割母猪尾頭) <救方下 79a>

　　(98) b. 암도틔 쇼릿 그틀 버혀(割母猪尾頭) <救간六 49a>

　　　 c. 암도틔 쑹을 므레 프러(母猪糞和水) <救간三 21a>

　　　 d. 암도톨 ᄆᆡ야 두고(縛母猪) <救간三 54b>

　　　 e. 母猪糞 : 암도틔 쑹 <救간三 21a>

<99> 어우러이 對 어우렁 ᄌᆞᇫ

　명사 '어우러이'와 명사구 '어우렁 ᄌᆞᇫ'가 [雙仁] 즉 '두 쪽으로 된 씨'의 뜻을 가지고 동의 관계에 있다는 것은 다음 예문들에서 잘 확인된다. 원문 중 '去…雙仁'이 '어우러이를 앗다'로도 번역되고 '어우렁 ᄌᆞᇫ를 앗다'로도 번역된다. 따라서 '어우러이'와 '어우렁 ᄌᆞᇫ'의 동의성은 명백히 입증된다. 명사 '어우렁이'는 '어우러이'의 分綴形이다.

　　(99) a. 桃仁…것과 부리와 어우러이를 앗고(桃仁…去皮尖雙仁)

　　　　 <救方上 85b> <救方下 19a>

　　　 b. 桃仁을…것과 부리와 어우러이 앗고(桃仁…去皮尖雙仁) <救方下 18b>

　　　 c. 桃仁…것과 부리와 어우러이 앗고(桃仁…去皮尖雙仁) <救方下 28b>

    d. 슬곳 ᄌᆞᅀᆞ … 거플와 섇로된 ᄂᆞᆯ과 어우러닐 앗고(桃仁…去皮尖雙仁)

      <救方下 69b>

    e. 슬고 ᄢᅵ ᄉᆞᆸ…거플와 섇로된 ᄂᆞᆯ과 어우렁이 앗고(杏仁…去皮尖雙仁)

      <救간二 10b><救간二 12a>

    f. 슬고 ᄢᅵ ᄉᆞᆸ…거플와 섇로된 ᄂᆞᆯ과 어우렁이 아ᅀᆞ니와(杏仁…去皮尖雙仁)

      <救간六 43b>

(99) g. 桃仁(69b)…것과 부리와 어우렁 ᄌᆞᅀᆞ를 앗고(桃仁…去皮尖雙仁) <救方上 70a>

<100> 엄 對 고기양

두 명사가 [心] 즉 '草木의 줄기 한가운데의 연한 심'의 뜻을 가지고 동의 관계에 있다는 것은 다음 예문들에서 잘 확인된다. 원문 중 '葱黃心'이 '팟 누른 엄'으로도 번역되고 '팟 누른 고기양'으로도 번역된다. 따라서 '엄'과 '고기양'의 동의성은 명백히 입증된다.

(100) a. 팟 누른 엄으로 고 안해 녀호ᄃᆡ(以葱黃心刺入鼻內) <救方上 20a>

(100) b. 마ᄂᆞᆯ 半 되를 ᄢᅢ혀 고기양과 거프를 앗고(蒜半升破去心皮) <救方上 88a>

    c. 팟 누른 고기양이어나 염곳 누른 고기양이어나(葱黃心或韭黃) <救간一 42a>

    d. 葱黃心 : 팟 누른 고기양 <救간一 41b>

    e. 팟 누런 고기양으로…곳 굼긔 씰어(葱心黃刺鼻孔) <救간一 48a>

    f. 葱心黃 : 팟 누런 고기양 <救간一 48a>

<101> 엄 對 니

두 명사가 [牙] 즉 '어금니'의 뜻을 가지고 동의 관계에 있다는 것은 다음 예문들에서 잘 확인된다. 원문 중 '虎牙'가 '버믜 엄'으로도 번역되고 '버믜 니'로도 번역된다. 따라서 '엄'과 '니'의 동의성은 명백히 입증된다.

(101) a. 버믜 어미어나 쎄어나 굴가(刮虎牙若骨) <救方上 66b>

　　　b. 일희 어미어나 버믜 쎄어나 굴가 굴을 머그라(刮狼牙或虎骨末服) <救方下 67a>

　　　c. 도틱 엄 스론 지를 ᄀᆞᄅ 밍ᄀᆞ라(用猪牙燒灰爲末) <救方下 59a>

　　　d. 도틱 엄 ᄀᆞᄐᆞᆫ 조각을 거플와 실와 앗고(猪牙皁角去皮筋) <救간二 7a>

　　　e. 도틱 엄 ᄀᆞᄐᆞᆫ 조각(91a)을 하나 져그나 숫 브레 ᄉᆞ라

　　　　(用猪牙皁角不以多少用炭火上燒) <救간六 91b>

(101) f. 니 마고ᄆᆞ니란(牙噤者) <救方上 2a> <救간一 3a>

　　　g. 버믜 니어나 쎄어나 굴가(刮虎牙若骨) <救간六 35b>

　　　h. 버믜 톱과 니와 들런 헌 굼긔(爪牙所傷之孔) <救간六 32a>

　　　i. 제 니예 믈여 믈 나게 ᄒᆞ며(令其牙銜之使可出水) <救간一 68b>

　　　j. 니예 밧고(擦牙) <救간二 117b>

<102> 오좀 對 져근믈

명사 '오좀'과 합성명사 '져근믈'이 [小便]과 [尿] 즉 '오줌, 小便'의 뜻을 가지고 동의 관계에 있다는 것은 다음 예문들에서 잘 확인된다. 원문 중 '童子小便'이 '아히 오좀'과 '손아히 오좀'으로 번역되고 '小便不通'이 '져근믈 몯 보다'로 번역된다. 그리고 '熱小便'이 '더운 오좀'으로 번역되고 '小便赤'이 '져근므리 븕다'로 번역된다. 그리고 '溫尿'가 'ᄃᆞᄉᆞᆫ 오좀'으로 번역되고 '尿血'이 '져근므래 피 나다'로 번역된다. 따라서 '오좀'과 '져근믈'의 동의성은 명백히 입증된다. 합성명사 '져근믈'은 상태동사 '젹다'의 관형사형인 '져근'과 [便] 즉 '대소변'의 뜻을 가진 명사 '믈'의 合成이다.

(102) a. 아히 오좀 ᄒᆞᆫ 盞을 조쳐 머기라(如童子小便一盞) <救方上 36a>

　　　b.아히 오좀 ᄒᆞᆫ 中 잔ᄋᆞ로 글혀(用童子小便一中盞煎) <救方上 85b>

　　　c. 아히 오좀 ᄒᆞᆫ 져근 盞과(童子小便一小盞) <救方上 20a>

　　　d. 더운 오조믈 브ᅀᅩᆯ디니(以熱小便灌之) <救方下 30b>

　　　e. 오조매 ᄃᆞᆷ며 시스라(以小便浸洗之) <救方下 8b>

　　　f. ᄯᅩ 오좀을 ᄂᆞ치 저지라(或用小便灌其面) <救간一 48a>

　　　g. 손아히 오좀 큰 ᄒᆞᆫ 되예 달혀(以童子小便一大盞煎) <救간二 53a>

    h. 드순 오좀애 죽을 젹젹 머기면(溫尿粥稍稍呑之) <救간一 77a>

    i. 제 남진의 오좀 두 되를 글혀 마시라(夫尿二升煮令沸飮之) <救간七 19a>

    j. 져믄 손아히 오좀 서 되와룰(小男兒尿三升) <救간一 105a>

    k. 라귀 오좀과 싱앙 즙과룰 굳게 섯거(驢尿生薑汁等分相和) <救간六 88b>

(102) l. 져근므리 븕고 굳블라(小便赤澁) <救간三 90a> <救간一 3a>

    m. 져근믈 비치 블거 피 굳거든(小便色赤如血) <救간三 98a>

    n. 늘근 사ᄅ미 져근믈 몯 보거든(老人小便不通) <救간三 90b>

    o. 아기 비여셔 져근믈 보디 몯ᄒ거든(姙娠小便不利) <救간七 14b>

    p. 져근므래 피 나거든(小便出血) <救간三 100b>

    q. 져근므래 피 나(尿血) <救간三 99b>

<103> 옷 對 것

  두 명사가 [衣] 즉 '옷'의 뜻을 가지고 동의 관계에 있다는 것은 다음 예문들에서 잘 확인된다. 원문 중 '月經衣'가 '月經혼 옷'으로도 번역되고 '월경슈 무든 것'으로도 번역된다. 따라서 '옷'과 '것'의 동의성은 명백히 입증된다.

(103) a. 月經혼 옷 ᄉ론 ᄀᆞᆯ을 수레 方寸만 수를 머구딕(月經衣燒末酒服方寸匕)

    <救方下 64a>

(103) b. 남진 아니 어른 갓나히 월경슈 무든 거슬 피 무든 자히 ᄉ라

    (童女月經衣合血燒) <救간 二 54b>

    c. 겨지븨 월경슈 무든 거슬 ᄉ라(月經衣燒) <救간六 32b>

    d. 월경슈 무든 거슬 ᄉ라(經衣燒) <救간六 30b>

    e. 童女月經衣 : 남진 아니 어른 갓나히 월(54a)경슈 무든 것<救간二 54b>

    f. 月經衣 : 겨지븨 월경슈 무든 것 <救간六 32b>

    g. 經水衣 : 월경슈 무든 것 <救간六 30b>

<104> 우훔 對 우희윰

두 명사가 [握] 즉 '줌'의 뜻을 가지고 동의 관계에 있다는 것은 다음 예문들에서 잘 확인된다. 원문 중 '荊芥一握'이 '荊芥 흔 우훔'으로 번역되고 '槐枝一握'이 '회홧 가지 흔 우희윰'으로 번역된다. 따라서 '우훔'과 '우희윰'의 동의성은 명백히 입증된다.

(104) a. 荊芥 흔 우후믈 스라(用荊芥一握燒) <救方上 60a>

b. 小薊 흔 우후믈 디허(小薊一握搗) <救方上 62a>

c. 헌 부들 지즑 흔 우후믈 ᄀᆞᄂᆞ리 사ᄒᆞ라(敗蒲席一握細剉) <救方上 34a>

(104) d. 회홧 가지 흔 우희윰을(槐枝一握) <救方上 30a>

<105> 우훔 對 줌

두 명사가 [握]과 [把] 즉 '줌'의 뜻을 가지고 동의 관계에 있다는 것은 다음 예문들에서 잘 확인된다. 원문 중 '荊芥一握'이 '荊芥 흔 우훔'으로도 번역되고 '뎡가 흔 줌'으로도 번역된다. 그리고 '白皮一握'이 '힌 것 흔 우훔'으로도 번역되고 '힌 거플 흔 줌'으로도 번역된다. 따라서 '우훔'과 줌'의 동의성은 명백히 입증된다.

(105) a. 荊芥 흔 우후믈 스라(用荊芥一握燒) <救方上 60a>

b. 小薊 흔 우후믈 디허(小薊一握搗) <救方上 62a>

c. 복성화나모 東南 녁 가지 힌 것 흔 우후믈(桃東南枝白皮一握) <救方下 67b>

d. 헌 부들 지즑 흔 우후믈 ᄀᆞᄂᆞ리 사ᄒᆞ라(敗蒲席一握細剉) <救方上 34a>

(105) e. 뎡가 흔 줌을 스라(荊芥一握燒) <救간二 112a>

f. 조방이 흔 주믈 디허(小薊一握搗) <救간二 115b>

g. 복성화 동남 녁으로 버든 가짓 힌 거플 흔 줌을(桃東南枝白皮一握)
<救간六 36a>

h. 소옴댓 닙 흔 줌 글힌 므를 머그라(用淡竹葉一握煎湯服) <救간一 13b>

i. 죠희젼 흔 주믈 스라(以紙錢一把燒) <救方上 74b>

    j. 各 半 줌을 키요딕(採⋯各半把) <救方上 81a>

    k. 소곰 큰 흔 줌을(用食鹽一大把) <救간一 32a>

    l. 동녁으로 향한 양핫 근 흔 줌 디허(東向蘘荷根一把擣) <救간二 104b>

<106> 움 對 삯

  두 명사가 [苗] 즉 '움, 싹'의 뜻을 가지고 동의 관계에 있다는 것은 다음 예문들에서 잘 확인된다. 원문 중 '蒼茸苗'가 '됫고마릿 움'으로 번역되고 '紅花苗根'이 '니싯 움과 불휘'로 번역되고 '生地膚苗'가 '生地膚ㅅ 삯'으로 번역된다. 따라서 '움'과 '삯'의 동의성은 명백히 입증된다.

    (106) a. 됫고마릿 움 닷 兩과(蒼茸苗五兩) <救方下 74a>

        b. 牛膝 흔 兩을 움 앗고(牛膝一兩去苗) <救方下 91a>

        c. 니싯 움과 불휘와룰(用紅花苗根) <救간一 113a>

        d 곬 불휘와 움과 ᄂᆞᆯ 글혀(燈心草根苗生煮) <救간三 106b>

        e. 됫고마릿 불휘어나 줄기어나 움이어나(14b) 삐어나(蒼耳根莖苗子)
          <救간三 15a>

        f. 蒼耳苗 : 돗귀마릿 움 <救간六 52b>

    (106) g. 生(40a)地膚ㅅ 삯 닷 兩을 조히 시서(生地膚苗五兩淨洗) <救方下 40a>

<107> 입 對 부리

  두 명사가 [口] 즉 '주둥이, 아가리'의 뜻을 가지고 동의 관계에 있다는 것은 다음 예문들에서 잘 확인된다. 원문 중 '壜口'가 '壜 입'으로도 번역되고 '그릇 부리'로도 번역된다. 그리고 '合口椒'가 '입 마고믄 전쵸'로도 번역되고 '부리 병으디 아니흔 전쵸'로도 번역된다. 따라서 '입'과 '부리'의 동의성은 명백히 입증된다.

    (107) a. 壜 이브로 므레 ᄲᅡ딘 사ᄅᆞ미 ᄂᆞ치나 시혹 빗복 우희 두퍼
        (以壜口覆溺水人面上或臍上) <救方上 74b>

　　　b. 입 마고믄 젼쵸 두 兩과(合口椒二兩) <救方下 74a>

　　　c. 죠희로 湯礶 이블 막고(用紙蓋礶口) <救方上 52a>

(107) d. 그릇 부리를 므레 주근 사르미 늧과 지예 엄프과(以壜口覆溺水人面上或臍上)

　　　　<救간一 75a>

　　　e. 부리 벙으디 아니흔 젼쵸 두 량과(合口椒二兩) <救간六 53a>

　　　f. 이비 독 부리예 다케 흐고(令口臨瓮口) <救간一 73b>

　　　g. 초 두 되를 부리 어윈 병의 녀코(醋二升置於大口缾中) <救간六 24b>

　　　h. 부리 조븐 사항의 녀코 핬 부리 우희 안자(入小口瓷缸中坐缸口上)

　　　　<救간三 65b>

　　　i. 헌 딕 브티면 부리 절로 뼈디리라(塗瘡上瘡口自潰) <救간三 19a>

<108> 입 對 잎

　두 명사가 [口] 즉 '주둥이, 아가리'의 뜻을 가지고 동의 관계에 있다는 것은 다음 예문들에서 잘 확인된다. 원문 중 '蓋礶口'가 '湯礶 이블 막다'로도 번역되고 '탕관 이 플 막다'로도 번역된다. 따라서 '입'과 '잎'의 동의성은 명백히 입증된다.

　　　(108) a. 죠희로 湯礶 이블 막고(用紙蓋礶口) <救方上 52a>

　　　　　b. 壜 이브로 므레 쌔딘 사르미 나치나 시혹 빗복 우희 두퍼

　　　　　(以壜口覆溺水人面上或臍上) <救方上 74b>

　　　(108) c. 죠희로 탕관 이플 마(12a)고딕(紙蓋礶口) <救간六 12b>

<109> 잇사올 對 두어 날

　명사 '잇사올'과 명사구 '두어 날'이 [三兩日] 즉 '이삼일'의 뜻을 가지고 동의 관계에 있다는 것은 다음 예문들에서 잘 확인된다. 원문 중 '三兩日'이 '잇사올'로도 번역되고 '두어 날'로도 번역되므로 '잇사올'과 '두어 날'의 동의성은 명백히 입증된다.

(109) a. 잇사ᄋ래도 어루 불리라(三兩日猶可吹之) <救方上 23a>

    b. 大便이 이사ᄋᆯ 通티 아니흔 後에ᅀᅡ(大便三二日不通然後) <救方下 23a>

(109) c. 두서 나리라도 불라(三兩日猶可吹之) <救간一 83b>

<110> 잎 對 부리

두 명사가 [口] 즉 '주둥이, 아가리'의 뜻을 가지고 동의 관계에 있다는 것은 다음 예문들에서 잘 확인된다. 원문 중 '瓶口'가 '瓶ㅅ 잎'으로도 번역되고 '甁 부리'로도 번역된다. 따라서 '잎'과 '부리'의 동의성은 명백히 입증된다.

(110) a. 죠히로 瓶ㅅ 이플 ᄉ외 마가(以紙密封瓶口) <救方下 95a>
    b. 죠히로 탕관 이플 마(12a)고ᄃᆡ(紙蓋礶口) <救간六 12b>

(110) c. 죠히로 甁 부릴 구디 미야(以紙密封瓶口) <救간七 65a>
    d. 글 슨 죠히로 甁 부리를 닐굽 볼 구디 미야(以有字紙七重密封瓶口)
      <救간三 84b>

<111> 적 對 ᄢᅴ

두 명사기 [時] 즉 '적, 때'의 뜻을 가지고 동의 관계에 있다는 것은 다음 예문들에서 잘 확인된다. 원문 중 '被咬之時'가 '믈인 적'으로 번역되고 '蛇螫著之時'가 '비얌 쏜 ᄢᅴ'로 번역된다. 따라서 '적'과 'ᄢᅴ'의 동의성은 명백히 입증된다.

(111) a. 至極 하 므싀여우니 믈인 저긔(至甚可畏被咬之時) <救方下 71a>
    b. 아기 빈 겨지비 나호려 홀 저긔(孕婦欲産時) <救方下 81b>
    c. 겨지비 아기 빈여셔 나호려 홀 저긔(孕婦欲産時) <救간七 45b>
    d. 처엄 머글 저긔(初服時) <救간一 93b>
    e. 그 병홀 저(93a)긔어든(發時) <救간一 93b>
    f. 제여곰 ᄀᆞ라 쓸 저긔(別研臨用時) <救간三 18a>

(111) g. 비얌 쇤 삑 ᄆ슨미 덥달오(74b) 누니 가마 어듭거든

　　　(如蛇螫著之時心頭熱躁眼前暗黑) <救方下 75a>

　　h. 비얌 믈인 삑(蛇螫著之時) <救간六 48a>

<113> 적 對 제

　두 명사가 [時] 즉 '적, 때'의 뜻을 가지고 동의 관계에 있다는 것은 다음 예문들에서 잘 확인된다. 원문 중 '欲産時'가 '나호려 홀 적'으로 번역되고 '出時'가 '도든 제'로 번역된다. 그리고 '發時'가 '그 병홀 적'으로도 번역되고 '피 날 제'로도 번역된다. 따라서 '적'과 '제'의 동의성은 명백히 입증된다.

　　　(112) a. 아기 빈 겨지비 나호려 홀 저긔(孕婦欲産時) <救方下 81b>

　　　　　b. 至極 하 므싀여우니 믈인 저긔(至甚可畏被咬之時) <救方下 71a>

　　　　　c. 처엄 머글 저긔(初服時) <救간一 93b>

　　　　　d. 그 병홀 저(93a)기어든(發時) <救간一 93b>

　　　(112) e. 날 아니 도든 제(日未出時) <救方下 37b>

　　　　　f. 미샹 쁠 제(每用時) <救方下 2a>

　　　　　g. 쁠 제(每使時) <救方下 8b> <救方下 10a>

　　　　　h. 피 날 제(發時) <救간二 100b>

<113> 져기 對 죠고매

　두 명사가 [小許] 즉 '조금'의 뜻을 가지고 동의 관계에 있다는 것은 다음 예문들에서 잘 확인된다. 원문 중 '醋小許'가 '醋 져기'로도 번역되고 '초 죠고매'로도 번역된다. 따라서 '져기'와 '죠고매'의 동의성은 명백히 입증된다.

　　　(113) a. 醋 져기와 臘月猪 기름 흔 량을 모도아 디허(醋小許 臘月猪脂一兩右合搗)

　　　　　　<救方下 2a>

　　　　　b. 청딩 두 돈과 샤향 져기 ᄀ늘에 ᄀ라(靑黛二錢麝香小許細末) <救간三 49b>

(113) c. 초 죠고매와 섯드래 자븐 도틱 기름 흔 량과톨 섯거 디허

(醋小許臘月猪脂一兩合搗) <救간六 23b>

d. 손아히 오줌 져고매와 됴흔 초 져고매와애 무라

(童子小便好醋各一茶脚許調匀) <救간七 37a>

<114> 졀다물 對 블근 물

명사 '졀다물'과 명사구 '블근 물'이 [赤馬] 즉 '붉은 빛깔의 말, 절따말'의 뜻을 가지고 동의 관계에 있다는 것은 다음 예문들에서 잘 확인된다. 원문 중 '赤馬糞'이 '졀다물 똥'으로도 번역되고 '블근물 똥'으로도 번역된다. 따라서 '졀다물'과 '블근 물'의 동의성은 명백히 입증된다. 명사구 '블근 물'은 [赤] 즉 '붉다'의 뜻을 가진 상태동사 '붉다'의 관형사형과 명사 '물'의 결합이다.

(114) a. 졀다물 똥 스론 직를 ᄀᄂ리 ᄀ라(赤馬糞燒灰細末) <救간二 102a>

b. 졀다물 똥을 소옴애 빠(赤馬通以綿裹) <救간二 99a>

c. 졀다물 가출 아기 나홀 제 실오(赤馬皮臨産鋪之) <救간七 36a>

d. 赤馬糞 : 졀다물 똥 <救간二 102a>

e. 赤馬皮 : 졀다물 갓 <救간七 36a>

(114) f. 블근 물 똥을 직 스라 細末ᄒ야(赤馬糞燒灰細末) <救方上 60b>

<115> 조방이 對 조방거싀

두 명사가 [小薊] 즉 '조뱅이, 조방가새'의 뜻을 가지고 동의 관계에 있다는 것은 다음 예문들에서 잘 확인된다. 원문 중 '小薊一握'이 '조방이 흔 줌'으로 번역되고 '大小薊'가 '한거싀와 조방거싀'로 번역된다. 따라서 '조방이'와 '조방거싀'의 동의성은 명백히 입증된다.

(115) a. 조방이 흔 주믈 디허(小薊一握搗) <救간二 115b>

b. 무른 조방이를 ᄀ라(以乾薊末) <救간二 115a>

(115) c. 한거싀와 조방거싀와 즛두드려 똔 므를(97a) 머그라(大小薊取汁服之)

    <救간三 97b>

    d. 大小薊 : 大薊는 한거싀 小薊는 조방거싀 <救간三 97a>

<116> 주머니 對 쟈른

두 명사가 [囊]과 [袋] 즉 '주머니'의 뜻을 가지고 동의 관계에 있다는 것은 다음 예문들에서 잘 확인된다. 원문 중 '囊盛'이 '주머니예 녛다'로도 번역되고 '쟐의 녛다'로도 번역된다. 그리고 '袋盛'이 '주머니예 녛다'로 번역되고 '大袋'가 '큰 쟈른'로 번역된다. 따라서 '주머니'와 '쟈른'의 동의성은 명백히 입증된다.

(116) a. 주머니예 녀허(囊盛) <救方上 8b>

    b. 보드라온 주머니예 녀허(盛著練囊中) <救간七 72b>

    c. ᄀ라 블근 주머니예 녀허(研用緋絹袋盛) <救간三 117a>

(116) d. 쟐의 녀허(囊盛) <救간一 87b> <救간七 20b>

    e. 쟐의 녀허(以囊盛) <救간二 27b>

    f. 덥게 ᄒ야 쟐이 녀허(令熱以囊盛) <救간一 86b>

    g. 록두 열두서 마를 큰 쟐의 녀허(菉豆十數斜作一大袋) <救간三 27a>

    h. ᄀ는 쟐의 녀허(絹俗貯) <救간二 19a>

<117> 줄 對 긴ᄒ

두 명사가 [線] 즉 '줄, 끈'의 뜻을 가지고 동의 관계에 있다는 것은 다음 예문들에서 잘 확인된다. 원문 중 '鉤線'이 '낙 줄'과 '낛 줄'로도 번역되고 '낛 긴ᄒ'으로도 번역된다. 따라서 '줄'과 '긴ᄒ'의 동의성은 명백히 입증된다.

(117) a. 낙 줄와 낛 미느를 쯰려 나(裹定鉤線鬚而出) <救方上 48b>

    b. 낛 줄와 미느리 버여 나(裹定鉤線鬚而出) <救간六 16b>

(117) c. 몬져 낫 긴헤 뻬오(先穿上鉤線) <救方上 48b> <救간六 16a>

　　　d. ㅎ다가 긴히 소내 잇ᄂ닌(若線猶在手中者) <救方上 50a>

　　　e. 琥珀 구스를 긴헤 뻬여(琥珀珠著線貫之) <救方上 50a>

　　　f. 호박 구스를 긴헤 뻬여(琥珀珠著線貫之) <救간六 15a>

<118> 즈싀 對 거려

　두 명사가 [滓] 즉 '찌끼'의 뜻을 가지고 동의 관계에 있다는 것은 다음 예문들에서 잘 확인된다. 원문 중 '去滓'가 '즈싀 앗다'로도 번역되고 '거려 앗다'로도 번역된다. 따라서 '즈싀'와 '거려'의 동의성은 명백히 입증된다.

　　　(118) a. 즈싀 앗고 세 번에 ᄂ화(去滓分爲三服) <救간二 27a>

　　　　　 b. 반 되어든 즈싀 앗고(至半盞去滓) <救간七 17a>

　　　　　 c. 즈싀를 다시 글혀(再煮滓) <救간七 78a>

　　　(118) d. 포치 닉거든 거려 앗고(豆令熟去滓) <救간七 27a>

<119> 즈ᅀ 對 삐

　두 명사가 [核]과 [仁] 즉 '씨'의 뜻을 가지고 동의 관계에 있다는 것은 다음 예문들에서 잘 확인된다. 원문 중 '棗核'이 '大棗ㅅ 즈ᅀ'로도 번역되고 '대초 삐'로도 번역된다. '杏仁'이 '솔곳 즈ᅀ'로도 번역되고 '솔고 삐'로도 번역된다. 그리고 '雙仁'이 '어우렁 즈ᅀ'로도 번역되고 '어우렁 삐'로도 번역된다. 따라서 '즈ᅀ'와 '삐'의 동의성은 명백히 입증된다.

　　　(119) a. 大棗ㅅ 즈ᅀ만 ᄒ닐 왼녁 불히 드라 두면(如棗核大繫於左臂) <救方上 23b>

　　　　　 b. 大棗ㅅ 즈ᅀ만 ᄒ닐 ᄀ라(如棗核大磨) <救方上 53b>

　　　　　 c. 大棗ㅅ 즈ᅀ만 킈만 ᄒ닐 숨기면(如棗核大呑之) <救方下 60a>

　　　　　 d. 대촛 즈ᅀ ᄉ론 ᄀᆯ을 머그라(大棗核燒末服之) <救간六 28a>

　　　　　 e. 棟實을 즈ᅀ 아ᄉ미 봇고(棟實去核炒) <救方上 57b>

f. 슬곳 ᄌᆞᇫ와 韭菜ㅅ 불휘 各(69b) 흔 兩을 서르 섯거(杏仁 韭根各一兩相和)

   <救方下 70a>

g. 슬곳 ᄌᆞᇫ롤 것 밧겨(杏仁去皮) <救方上 83a>

h. 桃仁(69b)…것과 부리와 어우렁 ᄌᆞᇫ롤 앗고(桃仁…去皮尖雙仁)

   <救方上 70a>

(119) i. 대초 ᄢᅵ마곰 환 밍ᄀᆞ라(和丸如棗核大) <救간一 74b>

   j. 대초 일빅 낫 ᄢᅵ 아ᇫ니와롤(棗百枚去核) <救간二 19b>

   k. 아ᄌᆞ ᄂᆞ롤 ᄢᅵ 앗고(訶梨勒生去核) <救간二 22b>

   l. 열 ᄢᅵ 흔 되와(大麻仁一升) <救方上 86a>

   m. 슬고 ᄢᅵ 솝 흔 량과 염곳 불휘 흔 량과롤 섯거(杏仁一兩韭根一兩相和)

     <救간六 38b>

   n. 어우렁 슬고 ᄢᅵ롤 므르 디허(雙杏仁擣爛) <救간六 21b>

   o. 雙杏仁: 어우렁 슬고 ᄢᅵ <救간六 21a>

   p. 복셩화 ᄢᅵ 닐굽 나출(桃仁七枚) <救간二 30a>

   q. 복셩홧 ᄢᅵ 솝 셜흔 낫 거(70b)플와 근과 어우렁 ᄢᅵ 앗고

   (桃仁三十枚去皮尖雙仁) <救간三 71a>

<120> 쳥 對 것

 두 명사가 [膜] 즉 '막, 어떤 물건의 얇은 막으로 된 부분'의 뜻을 가지고 동의 관
계에 있다는 것은 다음 예문들에서 잘 확인된다. 원문 중 '筋膜'이 '힘과 쳥'으로 번
역되고 '翳膜'이 'ᄀᆞ린 것'으로 번역된다. 따라서 '쳥'과 '것'의 동의성은 명백히 입증
된다.

(120) a. 힘과 쳥과롤 업게 ᄒᆞ고(去筋膜) <救方下 38b>

   b. 벌에와 ᄀᆞ린 거시 그르세 디여(虫翳膜隨落盞中) <救方下 41b>

<121> 춤 對 더품

두 명사가 [涎] 즉 '침'의 뜻을 가지고 동의 관계에 있다는 것은 다음 예문들에서 잘 확인된다. 원문 중 '冷涎'이 '춘 춤'으로 번역된다. 그리고 '涎潮'가 '추미 오르다'로도 번역되고 '더푸미 오르다'로도 번역된다. 따라서 '춤'과 '더품'의 동의성은 명백히 입증된다.

(121) a. 춘 추미 흔두 되만 나면(冷涎出一二升) <救方上 4b>

   b. 입 안해 춨 소리 업스니(口內無涎聲) <救方上 12a>

   c. 간대로 춤 아ᅀᅡ며(妄投取涎) <救方上 12a>

   d. 추미 우흐로 올아(涎潮於上) <救간一 5b>

   e. 춤 나면 즉재 됴ᄒᆞ리라(涎出立愈) <救간二 77b>

(121) f. 더푸미 모ᄀᆞ로 올아(涎潮於上) <救方上 4b>

<122> 측 對 뒤측

두 명사가 [跟]과 [踝] 즉 '뒤꿈치'의 뜻을 가지고 동의 관계에 있다는 것은 다음 예문들에서 잘 확인된다. 원문 중 '足跟'이 '밠 측'과 '발 측'으로 번역되고 '足踝'가 '밠 뒤측'으로 번역된다. 따라서 '측'과 '뒤측'의 동의성은 명백히 입증된다.

(122) a. 어러 밠 츠기 뼈디여 피 나고 알히ᄂᆞ닐 고툐ᄃᆡ(治寒凍足跟裂出血疼痛)

      <救方下 7a>

   b. 오직 ᄉᆞ외 발 측과 밠 엄지가락톱 ᄀᆞ술 믜이 믈오(但痛咬其足跟及足拇指甲邊)

      <救간一 82b>

(122) c. 다숫 가짓 비치 여러(51b) 가지로 드외며 또 밠 뒤츠게 나거든

      (五色無常又發足踝者) <救간三 51b>

   d. 시욱쳥 뒤측 둘흘(毡襪後跟一對) <救간二 33b>

   e. 毡襪後跟 : 시욱쳥 뒤측 <救간二 33b>

<123> 치 對 하

두 명사가 [者] 즉 '것'의 뜻을 가지고 동의 관계에 있다는 것은 다음 예문들에서 잘 확인된다. 원문 중 '黃色者'가 '누른 비쳇 치'로 번역되고 '男子燒'가 '남진의 하롤 슬다'로 번역된다. 따라서 '치'와 '하'의 동의성은 명백히 입증된다.

(123) a. 누른 비쳇 치롤 터리 앗고 ᄀ라(黃色者去碾爲末) <救간七 24a>

　　　b. 복셩화 나모와 버드나못 가지롤 東 녀긔 칠(21b) 各各 세 닐굽 寸을 가져다가
　　　(用桃柳枝取東邊各三七寸) <救方上 22a>

(123) c. 시욱쳥 뒤측 둘흘 남진은 겨집의 하 겨집은 남진의 하롤 ᄉ라
　　　(毡襪後跟一對男用女者女用男者燒) <救간二 33b>

<124> 춤기름 對 춤뻿 기름

명사 '춤기름'과 명사구 '춤뻿 기름'이 [麻油] 즉 '참기름'의 뜻을 가지고 동의 관계에 있다는 것은 다음 예문들에서 잘 확인된다. 원문 중 '麻油調'가 '춤기르메 ᄆ다'로 번역되고 '烏麻油'가 '거믄 춤뻿 기름'으로 번역된다. 따라서 '춤기름'과 '춤뻿 기름'의 동의성은 명백히 입증된다. 명사구 '춤뻿 기름'은 '춤째+ㅅ#기름'으로 분석될 수 있다.

(124) a. 헌 우희 춤기르믈 브레 처디오(麻油點燈於瘡口上) <救方下 81a>
　　　b. 춤기르메 ᄆ라 브티라(麻油調傅) <救간三 54a>
　　　c. 춤기름에 ᄆ라 ᄇ르면(麻油調塗) <救간六 75b>
　　　d. 춤기름 디거(麻油點) <救간六 58a>
　　　e. 됴흔 분 흔 돈과 ᄂ 춤기름 흔 홉과롤 섯거(膩粉—錢生麻油—合相和)
　　　　<救간三 66a>
　　　f. ᄂ 춤기름에 전국을 ᄀ라(生麻油研豆豉) <救간六 41a>

(124) g. 거믄 춤뻿 기르메 됴흔 분을 ᄆ라(烏麻油和胡粉) <救간六 67a>
　　　h. 烏麻油 : 거믄 춤뻿 기름 <救간六 67a>

<125> 터리 對 터럭

두 명사가 [毛]와 [髮] 즉 '털'의 뜻을 가지고 동의 관계에 있다는 것은 다음 예문
들에서 잘 확인된다. 원문 중 '猪毛'가 '도틱 터리'로 번역되고 '牛耳中毛'가 '쇠귓 굼
귓 터럭'으로 번역된다. '吐毛'가 '버믜 터리롤 토ᄒ다'로도 번역되고 '터러글 吐ᄒ다'
로도 번역된다. 그리고 '毛髮再生'이 '터리 다시 나다'로 번역되고 '紅髮'이 '블근 터
럭'으로 번역된다. 따라서 두 명사 '터리'와 '터럭'의 동의성은 명백히 입증된다.

(125) a. 도틱 터리와 쇠똥을 ᄀ티 ᄂᆞ화(猪毛 牛糞等分) <救方下 9a>

    b. 가히 터리 솜소미 이시면(若有狗毛茸茸) <救方下 72b> <救간六 41a>

    c. ᄒ다가 물 터리 헌ᄃᆡ 들어나 쏘 물 김 들면(若馬毛入瘡中或但爲馬氣所蒸)

       <救간六 73b>

    d. 엄지 밨가락(99a) 우희 터리 모다 난 ᄃᆡ 닐굽 붓만 쓰라

       (灸足大址上聚毛中七壯) <救간一 99b>

    e. 버믜 터리롤 토ᄒ리라(當吐毛出) <救간六 31b>

    f. 향부ᄌᆞ롤 터리 앗고(香附子去毛) <救간二 108b>

    g. 허믈 업스며 터리 다시 나ᄂᆞ니라(無痕瘢毛髮再生) <救方下 12b>

(125) h. 당다이 터러글 吐ᄒ리라(當吐毛) <救方下 64a>

    i. 쇠귓 굼귓 터럭 ᄒᆞ 져봄 ᄉᆞ론 ᄌᆡ롤(牛耳中毛一撮燒灰) <救간三 103a>

    j. 牛毛中毛 · 쇠귓 굼귓 디럭 <救간二 103a>

    k. 믈인 사ᄅᆞ믜 머릿 뎡바깃 가온ᄃᆡ ᄒᆞ 블근 터러기 잇거든

       (被咬之人頂心之中有一紅髮) <救方下 71a>

    l. 머리터럭과 고솜도틱 가출 ᄀᆞᆮ게 ᄂᆞ호아(頭髮蝟皮各等分) <救方下 66a>

    m. 머리터럭…자바(捉頭髮) <救方上 76a>

    n. 솞톱 반 돈과 머리터럭 두 돈 반과 ᄉᆞ론 ᄌᆡ롤 ᄀᆞ라(指甲半錢頭髮一分燒灰研勻)

       <救간三 94a>

    o. 頭髮 : 머리터럭 <救간三 94a>

<126> 통 對 빗

　두 명사가 [腸] 즉 '창자'의 뜻을 가지고 동의 관계에 있다는 것은 다음 예문들에서 잘 확인된다. 원문 중 '腸中'이 '통 안ㅎ'으로도 번역되고 '빗 안ㅎ'으로도 번역된다. 따라서 '통'과 '빗'의 동의성은 명백히 입증된다.

　　(126) a. 피 통 안해 ㄱ득ㅎ야(血滿腸中) <救方上 17a>

　　(126) b. 피 빗 안해 ㄱ득ㅎ야(血滿腸中) <救간一 57b>
　　　　　c. 빗 즈릭는 듯 알포믈(45b) 춤디 몯ㅎ야(絞腸沙痛不可忍) <救간二 46a>

<127> 폼 對 퐃

　두 명사가 [小豆]와 [豆] 즉 '팥'의 뜻을 가지고 동의 관계에 있다는 것은 다음 예문들에서 잘 확인된다. 원문 중 '無赤小豆'가 '블근 퐃기 없다'로 번역되고 '赤小豆末'이 '블근 퐃출 골다'로 번역된다. 그리고 '去豆'가 '퐃그란 앗다'로도 번역되고 '프ᄎ란 앗다'로 번역된다. 따라서 '폼'과 '퐃'의 동의성은 명백히 입증된다.

　　(127) a. 블근 퐃기 업거든(無赤小豆) <救方下 88b>
　　　　　b. 퐃ᄀᆯ ᄂᆞ로니 시버(用赤小豆細嚼) <救方下 21b>
　　　　　c. 퐃그란 앗고(去豆) <救간七 49a>
　　　　　d. 블근 퐃 半 되 ᄉᆞᆯ모 므를 덥게 ㅎ야(赤小豆半升煮汁熱) <救方上 6b>
　　　　　e. 퐃 닐굽 나츨 솜끼고(呑小豆七枚) <救간七 54b>

　　(127) f. 블근 프출 ㄱ라(赤小豆末) <救간三 53a>
　　　　　g. 블근 프출 ㄱ라(用赤小豆末) <救간三 9a>
　　　　　h. 블근 프출 초애 ᄆᆞ라(赤小豆和醋) <救간六 22b>
　　　　　i. 프ᄎ란 앗고(去豆) <救方下 88b>

<128> 허튀 對 다리

두 명사가 [脚] 즉 '정강이, 다리'의 뜻을 가지고 동의 관계에 있다는 것은 다음 예문들에서 잘 확인된다. 원문 중 '屈…兩脚'이 '두 허튀롤 구피다'로도 번역되고 '두 다리롤 구피다'로도 번역된다. 그리고 '漬脚'이 '허튀롤 둠다'로 번역된다. 따라서 '허튀'와 '다리'의 동의성은 명백히 입증된다.

> (128) a. 허튀롤 드모면(漬脚) <救方上 26a>
>
> b. 허튀 몬져 나ᄂ니(脚先出) <救方下 81b>
>
> c. 올흔 허릿 삿기 밠가락 쏠로던 그틀 세 붓글 쑤리니(灸右脚小趾尖頭三壯)
>
>   <救方下 87b>
>
> d. 병신의 두 허튀롤 구펴(屈病人兩脚) <救간一 65a>
>
> e. 허튀와 무룹괘 조차(42a) 알ᄑ거든(連脚膝疼) <救간二 42b>
>
> f. 범의 앏 허튀옛 쎠(虎脛骨) <救간一 88b>

> (128) g. 주근 사ᄅ미 두 다리롤 구펴(屈死人兩脚) <救方上 74b>
>
> h. 다리 안히 더우니 이니(股內暖者是也) <救方上 39b>

<129> 허튀 對 발

두 명사가 [脚] 즉 '다리, 성상이'의 뜻을 가지고 동의 관계에 있다는 것은 다음 예문들에서 잘 확인된다. 원문 중 '漬脚'이 '허튀롤 둠다'로도 번역되고 '바롤 저지다'로도 번역된다. '脚…出'이 '허튀…나다'로 번역되고 '바리…나다'로도 번역된다. 그리고 '兩脚'이 '두 허튀'로도 번역되고 '두 발'로도 번역된다. 따라서 '허튀'와 '발'의 동의성은 명백히 입증된다.

> (129) a. 허튀롤 드모면(漬脚) <救方上 26a>
>
> b. 허튀 몬져 나ᄂ니(脚先出) <救方下 81b>
>
> c. 병신의 두 허튀롤 구펴(屈病人兩脚) <救간一 65a>
>
> d. 허튀와 무룹괘 조차(42a) 알ᄑ거든(連脚膝疼) <救간二 42b>

(129) e. 발 손 히미 옮거든(脚手轉筋) <救方上 32a>

　　　 f. 굴근 마ᄂᆞᆯ 밠바다애 찌븨여(用大蒜磨脚心) <救方上 32b>

　　　 g. 바ᄅᆞᆯ 저죠딕(漬脚) <救간一 44a>

　　　 h. 바리 몬져 나몰(脚先出) <救간七 45b>

　　　 i. 소ᄂᆞ로 두 바ᄅᆞᆯ 자바(以手執兩脚) <救간一 65a>

　　　 j. 제 밠톱 숀톱을(自己脚手爪甲) <救간三 78a>

<130> 활개 對 활기

두 명사가 [肢] 즉 '활개'의 뜻을 가지고 동의 관계에 있다는 것은 다음 예문들에서 잘 확인된다. 원문 중 '四肢不收'가 '네 활개를 거두디 몯ᄒ다'로도 번역되고 '네 활기를 몯 쓰다'로도 번역된다. 따라서 '활개'와 '활기'의 동의성은 명백히 입증된다.

(130) a. 네 활개를 거두디 몯ᄒ며(四肢不收) <救方上 4b>

　　　 b. 네 활개를 거두디 몯ᄒ야(四肢不收) <救方上 5a>

(130) c. 네 활기 젓거디여(四肢摧折) <救方下 29a> <救간一 79a>

　　　 d. 네 활기옛 큰 ᄆᆞ딋 우무근 ᄃᆡ와(四肢大節陷) <救方上 76a>

　　　 e. 네 활기 큰 ᄆᆞ딋 오목흔 ᄃᆡ와(四肢大節陷) <救간一 63a>

　　　 f. 네 활기를 몯 쓰며(四肢不收) <救간一 5b>

　　　 g. 네 활기 몯 쓰고(四肢不收) <救간一 43b>

　　　 h. 네 활기 쓰디 몯ᄒ고(四肢不收) <救간一 39b>

　　　 i. 네 활기 ᄃᆞᄉᆞ면 즉재 살리니(四肢溫和即活) <救간一 87a>

　　　 j. 네 활기 세오 곧거든(四肢强直) <救간六 81a>

　　　 k. 네 활기 고ᄃᆞ며 두위틀어든(四肢强直反張) <救간七 4a>

<131> 힘 對 실

두 명사가 [筋] 즉 '힘줄'의 뜻을 가지고 동의 관계에 있다는 것은 다음 예문들에서 잘 확인된다. 원문 중 '羊鹿筋'이 '羊과 사스미 힘'으로 번역되고 '皮筋'이 '거플과 실'로 번역된다. 따라서 '힘'와 '실'의 동의성은 명백히 입증된다. 명사 '실'의 성조는 上聲이다.

(131) a. 손밠 히미 올무며(手脚轉筋) <救方上 31a>

　　　 b. 발 손 히미 옮거든(脚手轉筋) <救方上 32a>

　　　 c. 히미 올무날(若轉筋) <救方上 33b>

　　　 d. ᄒᆞ다가 히미 긋거든(如斷筋) <救方上 82a>

　　　 e. 히미 傷ᄒᆞ며(筋傷) <救方下 27b>

　　　 f. 羊과 사스미 히믈 ᄲᅮ드려(搥羊鹿筋) <救方下 37a>

　　　 g. 모매 히미 뷔트러 가거든(轉筋不止) <救간二 50a>

　　　 h. 모매 히미 두위트러 ᄲᅵ예 드러(轉筋入腹) <救간二 55a>

(131) i. 도팃 엄 ᄀᆞᆮ튼 조각을 거플와 실와 앗고(猪牙皁角去皮筋) <救간二 7a>

2. 音韻 交替型

音韻의 交替를 보여 주는 명사들이 동의 관계를 가질 수 있다. 이 경우가 음운 교체형이다. 음운 교체에는 母音 交替와 子音 交替가 있다.

2.1. 母音 交替

동의 관계가 모음 교체를 보여 주는 명사들 사이에 성립된다. 모음 교체에는 陽母音과 陰母音 간의 교체가 있고 음모음과 양모음 간의 교체가 있다. 양모음간의 교체가 있고 음모음간의 교체가 있다. 그리고 中立母音과 二重母音 간의 교체가 있다.

양모음과 음모음 간의 교체에는 '아~어'의 교체가 있고 음모음과 양모음 간의 교체에는 '우~오'의 교체, '으~ᄋ'의 교체 및 '어~오'의 교체가 있다. 양모음간의 교체에는 'ᄋ~오'의 교체와 '오~ᄋ'의 교체가 있고 음모음간의 교체에는 '으~우'의 교체와 '우~으'의 교체가 있다. 그리고 中立母音과 二重母音 간의 교체에는 '이~이'의 교체가 있다.

모음 '아~어'의 교체를 보여 주는 명사에는 [皮] 즉 '껍질'의 뜻을 가진 '갖'과 '겇', [髮] 즉 '머리털'의 뜻을 가진 '마리'와 '머리' 그리고 [桃] 즉 '복숭아나무'의 뜻을 가진 '복샹화나모'와 '복셩화나모'가 있다.

모음 '우~오'의 교체를 보여 주는 명사에는 [撮] 즉 '자밤, 네 숟가락의 양'의 뜻을 가진 '져붐'과 '져봄', [鏡] 즉 '거울'의 뜻을 가진 '거우루'와 '거우로', [鼻孔] 즉 '콧구멍'의 뜻을 가진 '곳구무'와 '곳구모' 그리고 [牛膝] 즉 '쇠무릎지기 뿌리'의 뜻을 가진 '쇠무릅 불휘'와 '쇠무롭 불휘'가 있다.

모음 '으~ᄋ'의 교체를 보여 주는 명사에는 [冬月]과 [冬] 즉 '겨울'의 뜻을 가진 '겨슬'과 '겨ᄉᆞᆯ'이 있고 모음 '어~오'의 교체를 보여 주는 명사에는 [少許] 즉 '조금'의 뜻을 가진 '져고매'와 '죠고매'가 있다.

모음 'ᄋ~오'의 교체를 보여 주는 명사에는 [野] 즉 '들'의 뜻을 가진 '미ᄒᆡ'와 '뫼'가 있고 모음 '오~ᄋ'의 교체를 보여 주는 명사에는 [熛灰] 즉 '뜨거운 재'의 뜻을 가진 '노올압직'와 '노ᄋᆞᆯ압직'가 있다.

모음 '으~우'의 교체를 보여 주는 명사에는 [壯] 즉 '뜸질'의 뜻을 가진 '븕'과 '붉'이 있고 모음 '우~으'의 교체를 보여 주는 명사에는 [咳嗽] 즉 '기침'의 뜻을 가진 '기춤'과 '기츰'이 있다.

모음 '이~이'의 교체를 보여 주는 명사에는 [聲] 즉 '소리'의 뜻을 가진 '소리'와 '소ᄅᆡ'가 있다.

<1> 갖 對 겇

두 명사가 [皮] 즉 '껍질'의 뜻을 가지고 동의 관계에 있다는 것은 다음 예문들에서 잘 확인된다. 원문 중 '竹皮'가 '댓 갖'으로 번역되고 '生竹皮'가 '늘 댓 겇'으로 번역된다. 그리고 '去皮臍'가 '갓과 빗보골 앗다'로도 번역되고 '겂과 빗보골 앗다'로도 번역된다. 따라서 두 명사 '갖'과 '겇'의 동의성은 명백히 입증된다. 두 명사의 동의

관계는 '植物의 껍질'을 뜻하는 경우에 성립된다. 두 명사는 첫 음절에서 모음 '아~어'의 교체를 보여 준다.

    (1) a. 댓 닙과 댓 가출 두터이 글혀 (以竹葉竹皮濃煎) <救方上 65b>

       b. 川烏頭 세 兩을 炮ᄒ야 갓과 빗보굴 앗고(川烏頭三兩炮去皮臍) <救方上 56a>

       c. 鯉魚ㅅ 비늘와 가출 ᄉ라(取鯉魚鱗皮燒灰) <救方上 52a>

       d. 드렁허리 가출 사라(鱓魚皮燒) <救간七 74b>

       e. 바ᄂ리 갓과 술해 드롓거든(針入皮膚) <救간六 21a>

    (1) f. 늘 댓 거츨 굴가(刮生竹皮) <救方上 66a>

       g. 복샹화 나못 힌 거츨 글혀(桃白皮煮) <救方上 28a>

       h. 附子…것과 빗보굴 앗고(用附子…去皮臍) <救方上 38b>

       i. 몬져 皂角 시울와 거츨 앗고(先以皂角去弦皮) <救方上 2a>

       j. 솅 거츠로 실 밍ᄀ라 호면(用桑皮作線縫) <救方上 87b>

<2> 마리 對 머리

  두 명사가 [髮] 즉 '머리털'의 뜻을 가지고 동의 관계에 있다는 것은 다음 예문들에서 잘 확인된다. 원문 중 '髮尾'가 '마릿 쇼리'로 번역되고 '解髮'이 '머리를 프다'로 번역된다. 따라서 두 명사 '마리'와 '머리'의 동의성은 명백히 입증된다. 두 명사는 첫 음절에서 모음 '아~어'의 교체를 보여 준다.

    (2) a. 産生혼 겨지븨 제 마릿 쇼리를 이베 녀허 吐케 ᄒ면

       (令産婦自己髮尾入於口中令嘔嘯) <救方下 92a>

       b. 샐리 머리를 퍼 펴 ᄇ리고(急解髮令散) <救간二 71b>

<3> 복샹화나모 對 복셩화나모

  두 명사가 [桃] 즉 '복숭아나무'의 뜻을 가지고 동의 관계에 있다는 것은 다음 예문들에서 잘 확인된다. 원문 중 '桃白皮'가 '복샹화나못 힌 겇'으로 번역되고 '桃…白

皮'가 '복성화나모…힌 것'으로 번역된다. 따라서 두 명사 '복샹화나모'와 '복셩화나모'의 동의성은 명백히 입증된다. 두 명사는 제2 음절에서 모음 '아~어'의 교체를 보여 준다.

    (3) a. 복샹화나못 힌 거츨 글혀(桃白皮煮) <救方上 28a>

       b. 복샹화나모와 버드나못 가지롤(用桃柳枝) <救方上 21b>

       c. 복샹화나모와 버듨 가지 업거든(無桃柳枝) <救方上 21b>

    (3) d. 복셩화나모 東南녁 가지 힌 것 흔 우후믈(桃東南枝白皮一握) <救方下 67b>

       e. 복셩화나못 스싯 힌 거플 글힌 므롤(桃白皮煮汁) <救간二 35a>

       f. 桃白皮 : 복셩화나모 스싯 힌 거플 <救간二 35a>

<4> 져붐 對 져봄

두 명사가 [撮] 즉 '자밤, 네 숟가락의 양'의 뜻을 가지고 동의 관계에 있다는 것은 다음 예문들에서 잘 확인된다. 원문 중 '塩一撮'이 '소곰 흔 져붐'으로도 번역되고 '소곰 흔 져봄'으로도 번역된다. 따라서 두 명사 '져붐'과 '져봄'의 동의성은 명백히 입증된다. 두 명사는 제2 음절에서 모음 '우~오'의 교체를 보여 준다.

    (4) a. 소곰 흔 져붐과 醋 흔 잔을 흔듸 글혀(用塩一撮醋一盞同煎) <救方上 32a>

       b. 머리터럭 흔 져부미 붇 즈르만 흐닐 자바(捉頭髮一撮如筆管大) <救方上 76a>

    (4) c. 소곰 흔 져봄과 초 흔 잔과 흔듸 달혀(塩一撮醋一盃同煎) <救간二 56b>

       d. 머리터럭 흔 져봄 붇즈르만 흐닐 자바(捉頭髮一撮如筆管大) <救간一 62b>

       e. 왼녁 귀미팃 머리(54a)터리 흔 져봄만 뷔여(剔取左角髮方寸) <救간一 54b>

       f. 셜리 뎡바기옛 머리터리 흔 져봄을 미이 자바(急取頂心髮一撮) <救간一 30b>

<5> 거우루 對 거우로

두 명사가 [鏡] 즉 '거울'의 뜻을 가지고 동의 관계에 있다는 것은 다음 예문들에서 잘 확인된다. 원문 중 '持鏡'이 '거우루 가져셔 보다'로 번역되고 '古鏡'이 '늘근 거우로'로 번역된다. 따라서 두 명사 '거우루'와 '거우로'의 동의성은 명백히 입증된다. 두 명사는 제 3 음절에서 모음 '우~오'의 교체를 보여 준다.

> (5) a. 거우루 가져셔 보디 져기 네 걷거든(持鏡候纏欲復故) <救간一 25b>
>   b. 늘근 거우로롤 글혀 우러난 므를 머기라(古鏡煮汁服) <救간一 111a>

<6> 곳구무 對 곳구모

두 합성명사가 [鼻孔] 즉 '콧구멍'의 뜻을 가지고 동의 관계에 있다는 것은 다음 예문들에서 잘 확인된다. 원문 중 '兩鼻孔中及下部'가 '두 곳구무와 항문'으로 번역되고 '鼻孔中男左'가 '남진은 왼녁 곳구모'로 번역된다. 따라서 두 명사 '곳구무'와 '곳구모'의 동의성은 명백히 입증된다. 두 명사는 셋째 음절에서 모음 '우~오'의 교체를 보여 준다. '곳구무'와 '곳구모'는 각각 '고[鼻]+-ㅅ#구무[孔中]'와 '고[鼻]+-ㅅ#구모[孔中]'로 분석될 수 있다.

> (6) a. 두 곳구무와 항문에 부러 녀코(吹入兩鼻孔中及下部) <救方一 45b>
>   b. 남진은 왼녁 곳구무 겨집은 올흔녀 곳굼기 네 다숫 촌만 기피 찔어
>   (男左女右刺入鼻中深四五寸) <救간一 42a>

> (6) c. 남진은 왼녁 곳구모 겨집은 올흔녁 곳굼긔 찔어 피 나면 됴흐리라
>   (刺鼻孔中男左女右出血愈) <救간一 48a>

<7> 쇠무룹 불휘 對 쇠무롭 불휘

두 명사가 [牛膝] 즉 '쇠무릎지기 뿌리'의 뜻을 가지고 동의 관계에 있다는 것은 다음 예문들에서 잘 확인된다. 원문 중 '牛膝一兩'이 '쇠무룹 불휘 혼 량'으로도 번역되

고 '쇠무룹 불휘 흔 량'으로도 번역된다. 그리고 '牛膝'의 자석이 '쇠무룹 불휘'와 '쇠무롭 불휘'이다. 따라서 두 명사 '쇠무룹 불휘'와 '쇠무롭 불휘'의 동의성은 명백히 입증된다. 두 명사는 제3 음절에서 모음 '우~오'의 교체를 보여 준다.

(7) a. 쇠무룹 불휘 흔 량을 믈 두 되예 글혀(牛膝一兩水二升煮)〈救간七 24b〉

    b. 쇠무룹 불휘 반 근을 믈 아홉 되예 달혀(牛膝半斤以水九升煎)〈救간七 54b〉

    c. 쇠무룹 불휘와 닙과를(牛膝幷葉)〈救간三 77a〉

    d. 牛膝 : 쇠무룹 불휘〈救간七 24b〉〈救간七 54b〉

(7) e. 쇠무롭 불휘 흔 량 움 아ᅀᆞ니와(牛膝一兩去苗)〈救간七 51a〉

    f. 牛膝 : 쇠무롭 불휘〈救간七 50b〉

〈8〉 겨슬 對 겨슬

두 명사가 [冬月]과 [冬] 즉 '겨울'의 뜻을 가지고 동의 관계에 있다는 것은 다음 예문들에서 잘 확인된다. 원문 중 '冬月落水'가 '겨스레 므레 디다'로도 번역되고 '겨ᄉᆞ래 므레 디다'로도 번역된다. 그리고 '冬月凍'의 자석이 '겨스레 얼다'와 '겨ᄉᆞ래 얼다'이다. 따라서 두 명사 '겨슬'과 '겨슬'의 동의성은 명백히 입증된다. 두 명사는 제2 음절에서 모음 '으~ᄋᆞ'의 교체를 보여 준다.

(8) a. 겨스레 므레 디여 잢간 氣分 잇ᄂᆞ닐(冬月落水微有氣者)

    〈救方上 74a〉

    b. 겨스렌 부칫 불휘를 디허(冬月用韭根擣)〈救方上 24a〉

    c. 겨스리어든 염곳 불휘를 디허 똔 즙을 브스면(冬月用韭根搗取自然汁灌)

    〈救간一 83a〉

    d. 겨스리어든 거프를 쓰라(冬月皮)〈救간二 49a〉

    e. 겨스레 츨가 식브거든(冬月畏冷)〈救간七 41b〉

    f. 겨스레 닙곳 업거든(冬無葉)〈救간七 73b〉

    g. 冬月凍死 : 겨스레 어러 주그니〈救간 目錄 1b〉

(8) h. 겨ᅀᅳ래 므레 디여 잢간 긔운 잇ᄂᆞᆫ 사ᄅᆞᆷ믈(冬月落水微有氣者)

    <救간一 76b>

    i. 겨ᅀᅳ래 어러 주그니와(冬月凍死) <救간一 86a>

    j. 冬月凍死 : 겨ᅀᅳ래 어러 주그니라 <救간一 86a>

<9> 져고매 對 죠고매

  두 명사가 [少許] 즉 '조금'의 뜻을 가지고 동의 관계에 있다는 것은 다음 예문들에서 잘 확인된다. 원문 중 '茶少許'가 '차 져고매'로 번역되고 '醋少許'가 '초 죠고매'로 번역된다. 따라서 두 명사 '져고매'와 '죠고매'의 동의성은 명백히 입증된다. 두 명사는 첫 음절에서 모음 '어~오'의 교체를 보여 준다.

    (9) a. 沒藥ㅅ ᄀᆞᄅᆞ와 차 져고매 조쳐(同沒藥末茶少許) <救方下 71b>

      b. 두 돈곰 ᄉᆞ나히 오좀 져고매와 됴ᄒᆞᆫ 초 져고매와애 ᄆᆞ라

        (每服二錢童子小便 好醋各一茶脚許調) <救간七 37a>

    (9) c. 초 죠고매와 섯드래 자븐 도틱 기름 ᄒᆞᆫ 량과ᄅᆞᆯ 섯거 디허

        (醋少許臘月豬脂一兩和搗) <救간六 23b>

<10> 미ᄒᆞ 對 뫼

  두 명사가 [野] 즉 '들'의 뜻을 가지고 동의 관계에 있다는 것은 다음 예문들에서 잘 확인된다. 원문 중 '野菜'가 '미햇 ᄂᆞ믈'로 번역되고 '野猪'가 '묏돝'으로 번역된다. 따라서 '미ᄒᆞ'와 '뫼'의 동의성은 명백히 입증된다. 두 명사는 모음 'ᄋᆞ~오'의 교체를 보여 준다.

    (10) a. 미햇 ᄂᆞ믈와 ᄆᆞᆯ 간과 고기와 雜보육 毒을 머그닐 고튜듸

        (治食野菜馬肝肉諸脯肉毒) <救方下 60b>

    (10) b. 묏돝틱 기름을(84a) 수레 프러 머기면 져지 나(野猪脂酒服下乳汁) <救간七 84b>

c. 野猪脂 : 묏도틴 기름 〈救간七 84a〉

〈11〉 노올압지 對 노올압지

두 명사가 [煻灰] 즉 '뜨거운 재'의 뜻을 가지고 동의 관계에 있다는 것은 다음 예문들에서 잘 확인된다. 원문 중 '煻灰火'가 '노올압짓 블'로 번역되고 '煻灰一升'이 '노올압지 흔 되'로 번역된다. 따라서 두 명사 '노올압지'와 '노올압지'의 동의성은 명백히 입증된다. 두 명사는 제2 음절에서 모음 '오~으'의 교체를 보여 준다.

(11) a. 굿 키욘 파롤 노올압짓 브레 녀허 구어(取葱新摘者入煻灰火內煨之)

〈救方下 35b〉

b. 노올압지예 구어 닉거든(於熱火灰中煨令熟) 〈救간二 13b〉

(11) c. 더운 노올압지 흔 되롤 드리티고(取熱煻灰一升投之) 〈救간六 24b〉

d. 무른 싱앙 죠희예 빠 믈 저져 노올압지예 무더 구으니 두 돈과(乾薑炮二錢)

〈救간一 40a〉

e. 부즈 죠희예 빠 믈 저져 노올압지예 구어 것과 브르도든 것 앗고 엷게 사흐로니

흔 량 반과(附子炮去皮臍薄切片一兩半) 〈救간一 40b〉

f. 炮는 믈 저즌 죠희예 빠 노올압지예 무더 구울 시라 〈救方上 14a〉

〈12〉 븕 對 붉

두 명사가 [壯] 즉 '뜸질'의 뜻을 가지고 동의 관계에 있다는 것은 다음 예문들에서 잘 확인된다. 원문 중 '灸…三壯'이 '세 붓글 쓰다'로도 번역되고 '세 붓글 쓰다'로도 번역된다. '灸…七壯'이 '닐굽 붓글 쓰다'로도 번역되고 '닐굽 붓글 쓰다'로도 번역된다. 그리고 '灸十四壯'이 '열네 붓글 쓰다'로도 번역되고 '열네 붓글 쓰다'로도 번역된다. 따라서 두 명사 '븕'과 '붉'의 동의성은 명백히 입증된다. 두 명사는 첫 음절에서 모음 '으~우'의 교체를 보여 준다.

(12) a. 빗복 아랫 一寸올 세 붓글 쓰고(灸臍下一寸三壯) 〈救方上 18b〉

b. 빗복 아래 흔 촌만 세 붓글 쓰라(灸臍下一寸三壯) 〈救간一 58b〉

　　c. 빗복 우(18b) 一寸을 닙굽 붓글 쓰라(灸臍上一寸七壯) <救方上 19a>

　　d. 빗복 우희 혼 촌만 닐굽 붓글 쓰고(灸臍上一寸七壯) <救간一 58b>

　　e. 각 닐굽 붓글 쓰라(灸…各七壯) <救간一 63a>

　　f. 다시 열네 붓글 쓰라(再灸十四壯) <救方上 20b>

　　g. 고 아랫 人中穴을 혼 붓글 쓰면(灸鼻下人中一壯) <救方上 18b>

(12) h. 빗보골 一百 붓글 쓰라(灸臍中百壯) <救方上 18b>

　　i. 쳑퇵혈(73b)을 일빅 붓글 쓰고(灸尺澤百壯) <救간二 74a>

　　j. 슈신 우희 오목혼 딕 세 붓글 쓰고(灸陰莖上宛宛中三壯) <救간一 99a>

　　k. 고 아래 입시울 우희 오목혼 딀 닙굽 붓글 쓰고(灸鼻人中七壯) <救간一 55a>

　　l. 졋 아래 혼 치만혼 딕 닐굽 붓글 쓰면(灸乳下一寸七壯) <救간二 41a>

　　m. 다시 열네 붓글 쓰라(再灸十四壯) <救간一 50a>

　　n. 위관혈 쉰 붓글 쓰면(灸胃管五十壯) <救간一 49b>

<13> 기춤 對 기츰

　　두 명사가 [咳嗽] 즉 '기침'의 뜻을 가지고 동의 관계에 있다는 것은 다음 예문들에서 잘 확인된다. 원문 중 '卒咳嗽'가 '과ᄀ른 기춤'으로 번역된다. 그리고 '卒咳嗽'가 '과ᄀ리 기춤 기치다'로도 번역되고 '과ᄀ리 기츰 기치다'로도 번역된다. 따라서 두 명사 '기춤'과 '기츰'의 동의성은 명백히 입증된다. 두 명사는 제2 음절에서 모음 '우~으'의 교체를 보여 준다. 누 명사의 빈노수를 비교해 보면 '기춤'이 압도저으로 우세하다.

(13) a. 과ᄀ른 기춤 어더든(卒得咳嗽) <救간二 17b>

　　b. 과ᄀ른 기춤에(卒咳嗽) <救간二 15b>

　　c. 과ᄀ리 기춤 기치고(卒咳嗽) <救간二 10b>

　　d. 과ᄀ리 기춤 기처(暴發咳嗽) <救간二 25a>

(13) e. 과ᄀ리 기츰 기치고(卒咳嗽) <救간二 9b>

<14> 소리 對 소리

　두 명사가 [聲] 즉 '소리'의 뜻을 가지고 동의 관계에 있다는 것은 다음 예문들에서 잘 확인된다. 원문 중 '聞…聲'이 '소리 듣다'로 번역되고 '嘯聲'이 '프람 소리'로 번역된다. 그리고 '涎聲'이 '춤 소리'로도 번역되고 '춨 소리'로도 번역된다. 따라서 두 명사 '소리'와 '소리'의 동의성은 명백히 입증된다. 두 명사는 제2 음절에서 모음 '이~ᅌ]'의 교체를 보여 준다.

　　　(14) a. 그 사ᄅ미 헐헐홀 소리 듣고(聞其人吃吃作聲) <救方上 21b>
　　　　　　b. 입 안해 춤 소(38b)리 업스니(口內無涎聲) <救간一 39a>
　　　　　　c. 그 소리 ᄌ션히 나리니(其聲自出) <救간二 86b>
　　　　　　d. 입 마고므러 소리 몯ᄒ며(口噤失音) <救方上 6a>
　　　　　　e. 모기 소리 아니 나믈 실음이라 ᄒᄂ니(喉咽聲音不出者名爲失音) <救간二 86b>
　　　　　　f. 소리 졈졈 ᄀᄆ지 나리라(聲響漸琅琅) <救간二 88a>

　　　(14) g. 프람 소리 ᄀᆮ고(如嘯聲) <救方上 39a>
　　　　　　h. 입 안해 춨 소리 업스니(口內無涎聲) <救方上 12a>
　　　　　　i. 목 브서 소리 나디 아니커든(咽喉腫痛語聲不出) <救方上 46b>

2.2. 子音 交替

　동의 관계가 자음 교체를 보여 주는 명사들 사이에 성립된다. 자음 교체에는 'ㅂ~ㄱ'의 교체, 'ㅅ~ㅿ'의 교체, 'ㅊ~ㅅ'의 교체 그리고 'ㄷ~ㅳ'의 교체가 있다.

　자음 'ㅂ~ㄱ'의 교체를 보여 주는 명사에는 [心]과 [內] 즉 '속'의 뜻을 가진 명사 '솝'과 '속', [燈心] 즉 '골풀의 속, 골속'의 뜻을 가진 '골솝'과 '골속'이 있고 [竈] 즉 '부엌'의 뜻을 가진 '브섭'과 '브석'이 있다.

　자음 'ㅅ~ㅿ'의 교체를 보여 주는 명사에는 [地龍]과 [蚯蚓] 즉 '지렁이'의 뜻을 가진 '것위'와 '것위'가 있고 [滓]와 [粗] 즉 '찌꺼기'의 뜻을 가진 '즛의'와 '즛위'가 있다.

자음 'ㅊ~ㅅ'의 교체를 보여 주는 명사에는 [冠] 즉 '볏'의 뜻을 가진 '볓'과 '볏'이 있고 자음 'ㄷ~ㅳ'의 교체를 보여 주는 명사에는 [茅] 즉 '띠'의 뜻을 가진 '뒤'와 '뛰' 가 있다.

<1> 솝 對 속

두 명사가 [心]과 [內] 즉 '속'의 뜻을 가지고 동의 관계에 있다는 것은 다음 예문들에서 잘 확인된다. 원문 중 '去皮心'이 '것과 소블 앗다'로 번역되고 '去心中黑腐'가 '소개 검서근 것 앗다'로 번역된다. 그리고 '內衣'가 '솝옷'으로 번역된다. 따라서 두 명사 '솝'과 '속'의 동의성은 명백히 입증된다. 두 명사는 음절 말에서 자음 'ㅂ~ㄱ'의 교체를 보여 준다.

   (1) a. 巴豆 스믈 나츨 것과 소블 앗고(巴豆二十枚去皮心) <救方上 39b>

      b. 계핏 솝을 ㄱ라(桂心爲末) <救간二 86b>

      c. 桂心: 계핏 솝 <救간二 86b>

      d. 수레 계피 갓근 솝을 ㄱ라(酒磨桂心) <救간一 47a>

      e. 샤옹의 솝오슬 쁘라(用夫內衣) <救方下 92a>

      f. 소뱃 흰 것 반 량을 ㄱ라(其內白色者半兩研) <救간三 21b>

   (1) g. 솝서근풀 불휘 흔 량을 소개 검서근 것 앗고(黃芩一兩去心中黑腐)

        <救간二 107b>

<2> 골솝 對 골속

두 합성명사가 [燈心] 즉 '골풀의 속, 골속'의 뜻을 가지고 동의 관계에 있다는 것은 다음 예문들에서 잘 확인된다. 원문 중 '燈心'이 '골솝'으로도 번역되고 '골속'으로도 번역된다. 따라서 두 합성명사 '골솝'과 '골속'의 동의성은 명백히 입증된다. 두 합성명사는 제2 음절에서 자음 'ㅂ~ㄱ'의 교체를 보여 준다. '골솝'은 '골풀'의 뜻을 가진 명사 '골'과 [心] 즉 '속'의 뜻을 가진 명사 '솝'의 合成이고 '골속'은 명사 '골'과 [心] 즉 '속'의 뜻을 가진 명사 '속'의 合成이다.

(2) a. 골솝 쉰 낫과(燈心五十莖) <救간三 92a>

　　b. 골솝 사ᄒ로니 ᄒᆫ 줌과ᄅᆞᆯ(燈心切一握) <救간三 93b>

　　c. 골솝 달힌 므레 닐굽 나ᄎᆞᆯ 머그면(燈心煎湯呑) <救간七 16a>

　　d. 燈心 : 골솝 <救간三 92a> <救간三 93a>

　　e. 燈心煎湯 : 골솝 달힌 믈 <救간七 16a>

(2) f. 골속을 등잣 브레 ᄉᆞ라(燈心燈上燒灰) <救간二 110a>

　　g. 燈心 : 골속 <救간二 110a>

<3> 브섭 對 브석

　두 명사가 [竈] 즉 '부엌'의 뜻을 가지고 동의 관계에 있다는 것은 다음 예문들에서 잘 확인된다. 원문 중 '竈中灰'가 '브서빗 ᄌᆡ'로도 번역되고 '브서긧 ᄌᆡ'로도 번역된다. 그리고 '竈內'가 '브섭 안'으로 번역되고 '竈下'가 '브석 아래'로 번역된다. 따라서 두 명사 '브섭'과 '브석'의 동의성은 명백히 입증된다. 두 명사는 제2 음절 말에서 자음 'ㅂ~ㄱ'의 교체를 보여 준다.

(3) a. 브서빗 ᄌᆡ로(以竈中灰) <救方上 71b>

　　b. 브서빗 더운 ᄌᆡᄅᆞᆯ 헌 ᄃᆡ ᄲᅦ코(取竈中熱灰以粉瘡中) <救方下 68a>

　　c. 브서빗 검듸영을 彈子만 ᄒᆞ닐 가져(取竈中墨如彈丸) <救方上 40b>

　　d. ᄎᆞᆫ 브섭 앇 가온딧 ᄒᆞᆯᄀᆞᆯ 細末ᄒᆞ야(用冷竈內中心土爲末) <救方下 12a>

(3) e. 브서긧 ᄌᆡᄅᆞᆯ(竈中灰) <救간一 72b>

　　f. 브서긧 더운 ᄌᆡᄅᆞᆯ ᄆᆞᆯ인 굼긔 ᄇᆞ르고(竈中熱灰以粉瘡中) <救간六 42b>

　　g. 브석 아래 더운 ᄌᆡᄅᆞᆯ(竈下熱灰) <救간二 29b>

　　h. 브석 집 우횟 거믜영을(竈屋上墨) <救간七 47b>

<4> 것위 對 겄위

두 명사가 [地龍]과 [蚯蚓] 즉 '지렁이'의 뜻을 가지고 동의 관계에 있다는 것은 다음 예문들에서 잘 확인된다. 원문 중 '地龍五枚'가 '것위 다숫 낫'으로도 번역되고 '겄위 다숫 낫'으로도 번역된다. '蚯蚓'이 '것위'로도 번역되고 '겄위'로도 번역된다. 그리고 '蚯蚓糞'이 '것위 똥'으로도 번역되고 '겄위 똥'으로도 번역된다. 따라서 두 명사 '것위'와 '겄위'의 동의성은 명백히 입증된다. 두 명사는 첫 음절 말에서 자음 'ㅅ~△'의 교체를 보여 준다.

> (4) a. 것위 다숫 낫과(地龍五枚) <救方下 74a>
>
>   b. 것위를 팟 닙 소배 녀허(取蚯蚓內蔥管中) <救方下 43b>
>
>   c. 것위 똥을 소곰 섯거 フ라 브티면(用蚯蚓糞和塩硏傅) <救方下 73a>

> (4) d. 겄위 다숫 낫과(地龍五枚) <救간六 53a>
>
>   e. 산 겄위를 뿌츠면(生地龍挼之) <救간六 61b>
>
>   f. 겄위 똥을 므레 무라(地龍糞水和) <救간三 51b>
>
>   g. 겄위 똥을 하나 져그나 フ느리 フ라(地龍糞不限多少細硏) <救간二 108a>
>
>   h. 地龍糞 : 겄위 똥 <救간一 90a> <救간二 108a> <救간三 51b>
>
>   i. 겄위 믈여(蚯蚓咬) <救간六 69b>
>
>   j. 蚯蚓咬 : 겄위 믈이니 <救간六 69b>
>
>   k. 우믈 이펫 겄위 똥 저즈니돌(井口蚯蚓糞濕) <救간六 61b>

<5> 즛의 對 즁의 對 즈의

세 명사가 [滓]와 [粗] 즉 '찌꺼기'의 뜻을 가지고 동의 관계에 있다는 것은 다음 예문들에서 잘 확인된다. 원문 중 '去滓'가 '즛의 앗다', '즁의 앗다' 및 '즈의 앗다'로 번역된다. 그리고 '去粗'가 '즛의 앗다'로 번역되고 '去粗'가 '즁의 앗다'와 '즈의란 ㅂ리다'로 번역된다. 따라서 세 명사 '즛의', '즁의' 및 '즈의'의 동의성은 명백히 입증된다. 두 명사 '즛의'와 '즁의'는 첫 음절말에서 자음 'ㅅ~△'의 교체를 보여 준다.

   (5) a. 즛의 앗고 드시 ᄒ야 머그라(去滓溫服) <救方上 14a>

      b. 즛의 앗고 듯닐 머그라(去滓溫服) <救方上 6a>

      c. 즛의 앗고 세 服애 나화(去滓分爲三服) <救方上 27a>

      d. 즛의 앗고 나화(去滓分) <救方下 90b>

      e. 즛의 앗고 머기면(去粗飮之) <救方上 11a>

   (5) f. 즛의 앗고…드슨 제 머그라(去滓…溫服) <救方下 41a>

      g. 즛의 앗고 ᄃᆰ 울 ᄢᅢ예 먹으면(去滓鷄鳴時) <救方下 30b>

      h. 즛의 앗고(去滓) <救方下 29b>

      i. 즛의 앗고 ᄀᆞ장 더이 ᄒ야(去粗大溫) <救方下 33b>

   (5) j. 즈의 앗고 나화 세 버네 머고ᄃᆡ(去滓分爲三服) <救方上 86a>

      k. 소(9b)오매 걸어 즈의 앗고(縣濾去滓) <救方下 10a>

      l. 즈의 아ᅀᅡ…머거(去滓…飮之) <救方上 88b>

      m. 즈의 앗고 드시 ᄒ야 머그라(去滓溫服) <救간一 40a>

      n. 즈의 앗고 ᄃᆰ 울 ᄢᅢ예 머기면(去滓鷄鳴時) <救간一 78b>

      o. 달힌 즈의도 됴ᄒ니라(煮滓亦得) <救간二 57a>

      p. 즈의 앗고 나화(去滓分) <救간七 50b>

      q. 즈의란 ᄇᆞ려도 ᄯᅩ 됴ᄒ니라(去粗亦可) <救간二 47a>

      r. 즈의 앗고(去渣) <救간二 24b>

    <6> 볏 對 볏

   두 명사가 [冠] 즉 '볏'의 뜻을 가지고 동의 관계에 있다는 것은 다음 예문들에서 잘 확인된다. 원문 중 '刺鷄冠'이 '둘기 벼츨 ᄠᅥ르다'로 번역되고 '割鷄冠'이 '둘기 벼슬 베히다'로 번역된다. 따라서 두 명사 '볏'과 '볏'의 동의성은 명백히 입증된다. 두 명사는 어말에서 자음 'ᄎ~ᄉ'의 교체를 보여 준다.

   (6) a. 둘기 벼츨 ᄩᅵᆯ어 피 내야(刺鷄冠血出) <救方上 75b>

      b. 둘기 벼츨 ᄩᅵᆯ어 피 내야(刺鷄冠血) <救方上 46b>

(6) c. 둘기 벼슬 베혀(割雞冠) <救方下 17b>

　 d. 둘기 벼셋 피롤 귓 안해 처디면(以雞冠血滴耳內) <救方下 43a>

　 e. 둙의 벼셋 피롤(割雞冠血) <救간一 56a>

　 f. 둘기 벼슬 뻘어 피 내야(雞冠上刺血) <救간二 91b>

<7> 뒤 對 뛰

　두 명사가 [茅] 즉 '띠'의 뜻을 가지고 동의 관계에 있다는 것은 다음 예문들에서 잘 확인된다. 원문 중 '茅根'이 '뒷 불휘'로 번역되고 '白茅根'이 '뛧 불휘'로 번역된다. 따라서 두 명사 '뒤'와 '뛰'의 동의성은 명백히 입증된다. 두 명사는 어두에서 자음 'ㄷ~ㅃ'의 교체를 보여 준다.

(7) a. 뒷 불휫 지 세 兩과(茅根灰三兩) <救方下 27b>

(7) b. 뛧 불휘롤 흔 주믈 사흐라(茅根一把切) <救간三 94b>

　 c. 힌 뛧 불휘 석 량 사흐로니와(白茅根三兩剉) <救간三 111a>

3. 音韻 脫落型과 音韻 添加型

　어떤 명사가 그것 중의 한 음운의 탈락으로 생긴 명사와 동의 관계를 가질 수 있는데 이 경우가 음운 탈락형이다. 음운 탈락에는 모음 탈락과 자음 탈락이 있다.

3.1. 母音 脫落

　모음 탈락에는 '우' 탈락, '이' 탈락 및 半母音의 [y]의 탈락이 있다. 모음 '우'의 탈락을 보여 주는 명사에는 [酒] 즉 '술'의 뜻을 가진 '수울'과 '술'이 있고 모음 '이'의 탈락을 보여 주는 명사에는 [毛] 즉 '털'의 뜻을 가진 '터리'와 '털'이 있다.

　반모음 [y]의 탈락을 보여 주는 명사류에는 [五六] 즉 '대엿, 대여섯'의 뜻을 가진 '대엿'과 '다엿', [小蒜], [獨蒜] 및 [獨顆蒜] 즉 '외톨 마늘'의 뜻을 가진 '되야마늘'과

‘도야마늘’, [蒼耳] 즉 ‘도꼬마리’의 뜻을 가진 ‘됫고마리’와 ‘돗귀마리’ 그리고 [六十] 즉 ‘예순’의 뜻을 가진 ‘여쉰’과 ‘여슌’이 있다.

<1> 수울 對 술

두 명사가 [酒] 즉 ‘술’의 뜻을 가지고 동의 관계에 있다는 것은 다음 예문들에서 잘 확인된다. 원문 중 ‘酒毒氣’가 ‘수욼 毒氣’로 번역되고 ‘新熟酒’가 ‘새 니근 술’로 번역된다. 따라서 ‘수울’과 ‘술’의 동의성은 명백히 입증된다. 명사 ‘술’은 ‘수울’의 제2 음절의 모음 ‘우’의 탈락으로 생긴 것이다.

 (1) a. 수욼 毒氣 이 사ᄅᆞ미 챵ᄌᆞ롤 석게 홀가 저헤니(恐酒毒氣腐人腸) <救方下 77b>

 (1) b. 새 니근 수를 지가이 조쳐(以新熟酒連糟) <救方下 34b>
   c. 됴흔 봀 수를 ᄆᆞᅀᅳᆷ 조초 머거(以上好酒任意飲之) <救方下 77b>
   d. 됴흔 수레 나잘만 ᄃᆞ마 둿다가(以好酒漬之半日) <救간二 18a>
   e. ᄒᆞ다가 술옷 몯 먹거든(如不食飲酒) <救간一 4a>

<2> 터리 對 털

두 명사가 [毛] 즉 ‘털’의 뜻을 가지고 동의 관계에 있다는 것은 다음 예문들에서 잘 확인된다. 원문 중 ‘聚毛中’이 ‘터리 모다 난 ᄃᆡ’로도 번역되고 ‘털 난 ᄯᅡᄒᆞ’로도 번역된다. 따라서 두 명사 ‘터리’와 ‘털’의 동의성은 명백히 입증된다. 명사 ‘털’은 ‘터리’의 제2 음절의 모음 ‘이’의 탈락으로 생긴 것이다.

 (2) a. 엄지 밠가락(99a) 우희 터리 모다 난 ᄃᆡ 닐굽 붓만 ᄣᅳ라(灸足大趾上聚毛中七壯)
   <救간一 99b>
   b. 제 남진의 슈신엣 터리 두 닐굽 나ᄎᆞᆯ ᄉᆞ라(取夫陰毛二七莖燒) <救간七 42a>
   c. 도틱 터리와 쇠ᄯᅩᆼ을 ᄀᆞ티 ᄂᆞᆫ화(猪毛 牛糞等分) <救方下 9a>
   d. 톳기 갓 터리 조쳐 ᄉᆞ론 진롤(兎皮和毛燒灰) <救간七 24a>

(2) e. 두 발 엄지가락 톱 뒷 털 난 짜흘 열네 붓곰 쓰디

　　(灸足兩大拇趾甲後聚毛中各十四壯) ⟨救方上 20b⟩

　f. 두 발 엄지가락 톱 뒤 털 난 짜흘 열네 붓곰 쓰디

　　(灸足兩大拇趾甲後聚毛中各十四壯) ⟨救간一 50a⟩

⟨3⟩ 대엿 對 다엿

　두 수사가 [五六] 즉 '대엿, 대여섯'의 뜻을 가지고 동의 관계에 있다는 것은 다음 예문들에서 잘 확인된다. 원문 중 '蒜五六枚'가 '마늘 대엿 낯'으로도 번역되고 '마늘 다엿 낯'으로도 번역된다. 그리고 '日五六'이 '나지 대엿 번'으로도 번역되고 '나지 다엿 번'으로도 번역된다. 따라서 '대엿'과 '다엿'의 동의성은 명백히 입증된다. 수사 '다엿'은 '대엿'의 첫 음절의 반모음 [y]가 탈락된 것이다.

　(3) a. 마늘 대엿 나출 거플 밧기고(用蒜五六枚去皮) ⟨救方上 62b⟩

　　b. 서 되를 取ᄒᆞ야 머구무듸 나지 대엿 번 바믜 세 번 ᄒᆞ라(取三升含之日五六夜三)

　　　⟨救方上 66b⟩

　　c. 심 ᄀᆞ로니 흔 술옴 ᄒᆞᄅᆞ 대엿 번 머그라(末人參服方寸匕日五六) ⟨救간二 17a⟩

　(3) d. 마늘 다엿 나출 거플 벗기고(蒜五六枚去皮) ⟨救간二 116a⟩

　　e. 서 되 드외어든 머구모듸 나지 다엿 번 바믜 세 번 ᄒᆞ라(取三升含之日五六夜三)

　　　⟨救간二 119b⟩

　　f. 세 환곰 ᄒᆞᄅᆞ 다엿 번 머그라(服三丸日五六服) ⟨救간二 20a⟩

　　g. 흔 홉곰 ᄒᆞᄅᆞ 다엿 번 머그라(服一合日五六服) ⟨救간一 91b⟩

　　h. ᄒᆞᄅᆞ 다엿 번곰 ᄀᆞ라 브티면 됴ᄒᆞ리라(日五六度易差) ⟨救간三 8b⟩

⟨4⟩ 되야마늘 對 도야마늘

　두 명사가 [小蒜], [獨蒜] 및 [獨顆蒜] 즉 '외톨 마늘'의 뜻을 가지고 동의 관계에 있다는 것은 다음 예문들에서 잘 확인된다. 원문 중 '服小蒜'이 '되야마늘 먹다'로 번역되고 '大蒜小蒜'이 '굴근 마늘과 도야마늘'로 번역된다. 그리고 '獨蒜一箇'가 '되야

마늘 혼 낯’으로 번역되고 ‘獨蒜一枚’가 ‘도야마늘 혼 낫’으로 번역된다. 그리고 ‘獨顆蒜薄切’이 ‘되야마늘 얇게 버히다’로 번역되고 ‘獨顆蒜’의 자석이 ‘도야마늘’이다. 따라서 두 명사 ‘되야마늘’과 ‘도야마늘’의 동의성은 명백히 입증된다. 명사 ‘도야마늘’은 ‘되야마늘’의 첫 음절의 반모음 [y]가 탈락된 것이다. ‘도야마늘’은 [大蒜] 즉 ‘굵은 마늘’을 뜻하는 ‘굴근 마늘’과 의미상 대립 관계에 있다.

(4) a. 되야마늘 먹고 汁과 즛의와롤 우희 브티라(服小蒜汁滓傅上) <救方下 81a>

　　 b. 되야마믈 혼 나츨 굴이 ᄀ라(獨蒜一箇末茶揩) <救간三 12a>

　　 c. 되야마늘 혼 낫과를(獨蒜一顆) <救간三 63b>

　　 d. 되야마늘 얇게 버혀(獨顆蒜薄切) <救간六 57a>

　　 e. 되야마늘 혼 나츨 구 녁 그틀 갓가 ᄇ료딕(獨顆蒜一枚削去兩頭) <救간二 69b>

　　 f. 되야마ᄂ롤 두 녁 머리 버혀 ᄇ리고(用獨頭蒜切去兩頭) <救간三 47b>

　　 g. 되야(4a)마ᄂ리 ᄀ장 됴ᄒ니라(獨顆者最良) <救간六 4b>

(4) h. 굴근 마늘와 도야마늘 各 혼 되룰 뫼화 디허(大蒜 小蒜各一升右二味合擣)
　　　 <救方下 80a>

　　 i. 도야마늘 혼 낫과(獨蒜一枚) <救간六 80a>

　　 j. 獨蒜 : 도야마늘 <救간六 80a>

　　 k. 獨顆蒜 : 도야마늘 <救간六 57a>

<5> 됫고마리 對 돗귀마리

　두 명사가 [蒼耳] 즉 ‘도꼬마리’의 뜻을 가지고 동의 관계에 있다는 것은 다음 예문들에서 잘 확인된다. 원문 중 ‘蒼耳苗’가 ‘됫고마릿 움’으로도 번역되고 ‘돗귀마릿 움’으로도 번역된다. 따라서 ‘됫고마리’와 ‘돗귀마리’의 동의성은 명백히 입증된다. 명사 ‘돗귀마리’는 ‘됫고마리’의 첫 음절의 반모음 [y]가 탈락되어 생긴 것이다.

(5) a. 됫고마릿 움 닷 兩과(蒼茸苗五兩) <救方下 74a>

　　 b. 됫고마릿 불휘와 무근 싱앙 혼 무적과롤 혼딕 므르 ᄀ라(蒼耳根老薑一塊同研爛)
　　　 <救간二 77b>

c. 됫고마릿 불휘어나 줄기어나 움이어나(14b) 삐어나(蒼耳根莖苗子)

　　〈救간三 15a〉

d. 蒼耳根 : 됫고마릿 불휘 〈救간二 77a〉

e. 蒼耳根葉 : 됫고마릿 닙과 불휘 〈救간三 12b〉

(5) f. 돗귀마릿 움 닷 량(蒼耳苗五兩) 〈救간六 53a〉

　　g. 蒼耳苗 : 돗귀마릿 움 〈救간六 52b〉

〈6〉 여쉰 對 여슌

두 수사가 [六十] 즉 '예순'의 뜻을 가지고 동의 관계에 있다는 것은 다음 예문들에서 잘 확인된다. 원문 중 '六十丸'이 '여쉰 丸'으로도 번역되고 '여슌 환'으로도 번역된다. 따라서 '여쉰'과 '여슌'의 동의성은 명백히 입증된다. 수사 '여슌'은 '여쉰'의 제2음절의 반모음 [y]가 탈락한 것이다.

(6) a. 뿔 글힌 므레 쉰 여쉰 丸을 머그면(米飲下五六十丸) 〈救方上 62b〉

　　b. 뿔 글힌 므레 쉰 환이어나 여슌 환이어나 머그면 (米飲下五六十丸)

　　　〈救간二 116a〉

3.2. 子音 脫落

동의 관계가 자음 탈락에 의해 성립된다. 자음 탈락에는 'ㄹ' 탈락, 'ㅅ' 탈락, 'ㄷ' 탈락 및 'ㅎ' 탈락이 있다.

자음 'ㄹ'의 탈락을 보여 주는 명사에는 [翅] 즉 '날개'의 뜻을 가진 '늘개'와 'ㄴ래'를 비롯하여 [魚] 즉 '물고기'의 뜻을 가진 '묽고기'와 '뭇고기', [脚心]과 [足下] 즉 '발바닥'의 뜻을 가진 '밠바당'과 '밧바당', [子] 즉 '아들'의 뜻을 가진 '아들'과 '아ᄃ', [糯米] 즉 '찹쌀'의 뜻을 가진 '출뿔'과 '춧뿔' 그리고 [松脂] 즉 '송진'의 뜻을 가진 '숤진'과 '소진'이 있다.

자음 'ㅅ'의 탈락을 보여 주는 명사에는 [甲] 즉 '발톱'의 뜻을 가진 '밠톱'과 '발톱'

이 있나. 사음 'ㄷ'의 탈락을 보여 주는 명사에는 [墨] 즉 '검댕'의 뜻을 가진 '검듸영'
과 '거믜영'이 있다.

자음 'ㅎ'의 탈락을 보여 주는 명사에는 [刀] 즉 '칼'의 뜻을 가진 '갈ㅎ'과 '갈' 그리
고 [雄雞] 즉 '수탉'의 뜻을 가진 '수톩'과 '수돍'이 있다.

<1> 늘개 對 ᄂ래

두 명사가 [翅] 즉 '날개'의 뜻을 가지고 동의 관계에 있다는 것은 다음 예문들에
서 잘 확인된다. 원문 중 '折翅鴈'이 '늘개 것근 그려기'로 번역되고 '雞翅'가 '돍기 ᄂ
래'로 번역된다. 그리고 '翅足'이 '늘개와 발'로도 번역되고 'ᄂ래와 발'로도 번역된
다. 따라서 '늘개'와 'ᄂ래'의 동의성은 명백히 입증된다. 명사 'ᄂ래'는 '늘개'의 제2
음절의 자음 'ㄱ'이 탈락되어 생긴 것이다.

(1) a. 自然銅을 흔 사ᄅ미 늘개 것근 그려기를 머기니(自然銅有人飼折翅鴈)
　　　 〈救方下 23b〉

　　 b. 斑猫 닐굽 나출 머리와 발와 늘개와 아아 ᄇ리고(用斑猫七箇去頭足翅)
　　　 〈救方下 71a〉

　　 c. 斑猫 닐굽 나출 머리와 발와 늘개 아아 ᄇ리고(用斑猫七箇去頭足翅)
　　　 〈救方下 72a〉

　　 d. 늘개와 발와 업게 ᄒ고(去翅足) 〈救간三 69b〉

(1) e. 돍기 ᄂ래를 두 녀글 다 ᄡᅮ듸(雞翅左右俱用) 〈救方上 57a〉

　　 f. 螌蟊 셜흔 나출 ᄂ래와 발와 앗고(螌蟊三十枚去翅足) 〈救方上 85b〉

　　 g. 청갈외 다숫 나출 머리와 발와 ᄂ래와 앗고(斑猫五箇去頭足翅) 〈救간六 37a〉

　　 h. 청갈외 닐굽 낫 ᄂ래 아ᅀ니와(斑猫七介去翅) 〈救간六 38a〉

<2> 믈ㅅ고기 對 믓고기

두 합성명사가 [魚] 즉 '물고기'의 뜻을 가지고 동의 관계에 있다는 것은 다음 예
문들에서 잘 확인된다. 원문 중 '食魚'가 '믈ㅅ고기 먹다'로도 번역되고 '믓고기 먹다'로

도 번역된다. 따라서 두 '믌고기'와 '믓고기'의 동의성은 명백히 입증된다. 명사 '믌고기'는 명사 '믈'과 명사 '고기'의 合成으로 '믈+-ㅅ(속격 조사)#고기'로 분석될 수 있다. '믓고기'는 '믌고기'의 첫 음절의 자음 'ㄹ'이 탈락되어 생긴 것이다.

    (2) a. 믌고기 먹다가(食魚) <救方上 49a>

        b. 여러 가짓 믌고기 먹고(食諸魚) <救方下 57b>

        c. 믌고깃 쎠를 머리예 연즈면(以魚骨安於頭上)<救方上 52b>

        d. 믌고깃 쎠 걸우닐 고툐딕(治魚骨) <救方上 47b>

        e. 믌고기 쎠에 샹커든(如被魚骨所傷) <救간六 11b>

    (2) f. 믓고기 먹고 毒을 마자(食魚中毒) <救方下 57a>

    <3> 밠바당 對 밧바당

  두 합성명사가 [脚心]과 [足下] 즉 '발바닥'의 뜻을 가지고 동의 관계에 있다는 것은 다음 예문들에서 잘 확인된다. 원문 중 '刺脚心'이 '밠바당 디르다'로도 번역되고 '밧바당을 쎄르다'로도 번역된다. 그리고 '書兒足下'가 '아기 밠바당애 스다'로도 번역되고 '아기 밧바당애 스다'로도 번역된다. 따라서 '밠바당'과 '밧바당'의 동의성은 명백히 입증된다. '밠바당'은 '발[脚]+-ㅅ(속격 조사)#바당[心]'으로 분석될 수 있다. '밠바당'의 첫 음절의 자음 'ㄹ'이 탈락되면 '밧바당'이 된다.

    (3) a. 볏 ᄀᆞᆺ르기로 밠바당 딜오미 더욱 됴ᄒᆞ니라(用稻尖刺脚心尤妙) <救方下 82a>
        b. 소고물 져고매 밠바당 디른 짜해 ᄇᆞ르면(用塩少許塗脚心刺處) <救方下 82a>
        c. 아기 밠바당 가온딕 서너 저글 디르고(於小兒脚心刺三五刺) <救方下 82a>
        d. 굴근 마ᄂᆞᆯ 밠바다애 쎄븨여(用大蒜磨脚心) <救方上 32b>
        e. 제 아비 일후믈 아기 밠바당애 스면(取其父名書兒足下) <救方下 82b>

    (3) f. 우켓 쏘론흔 부리로 밧바당을 쎌옴도 됴ᄒᆞ니라(用稻尖刺脚心尤妙) <救간七 46a>
        g. 소고물 져고매 밧바당 쎄른 딕 ᄇᆞ르면(用塩少許塗脚心刺處) <救간七 46a>
        h. 아기 밧바당을 세 번 다섯 번만 쎄르고(於小兒脚心刺三五刺) <救간七 46a>

　i. 마ᄂᆞᆯ 밧바당애 ᄲᅦᄫᅵ여(大蒜磨脚心) <救간二 62b>

　j. 밧바당애 브텨(貼於脚心下) <救간七 31b>

　k. 아비 일후믈 아기 밧바당애 스면(父名書兒足下) <救간七 43a>

　l. 소고믈 아기 밧바당애 ᄇᆞᄅ고(塩塗兒足底) <救간七 46b>

<4> 아들 對 아ᄃᆞ

　두 명사가 [子] 즉 '아들'의 뜻을 가지고 동의 관계에 있다는 것은 다음 예문들에서 잘 확인된다. 원문 중 '子出'이 '아ᄃᆞᆯ 나다'로 번역되고 '書子出'이 '아ᄃᆞ ᄌᆞ쯔와 날 ᄎᆞᆯ쯔를 쓰다'로 번역된다. 따라서 '아들'과 '아ᄃᆞ'의 동의성은 명백히 입증된다. 명사 '아ᄃᆞ'는 '아들'의 제2 음절의 자음 'ㄹ'이 탈락된 것이다.

　(4) a. 아비ᄂᆞᆫ 들오 아ᄃᆞᆯ 나라 호믈 세 닐굽 번만 ᄒᆞ면(父入子出如此三七遍)

　　　　<救간七 25b>

　　　b. ᄒᆞᆫ ᄢᅡ앤 아ᄃᆞ ᄌᆞ쯔와 날 ᄎᆞᆯ쯔를 써(一片書子出) <救간七 39a>

<5> 출ᄡᆞᆯ 對 츳ᄡᆞᆯ

　두 명사가 [糯米] 즉 '찹쌀'의 뜻을 가지고 동의 관계에 있다는 것은 다음 예문들에서 잘 확인된다. 원문 중 '研糯米'가 '출ᄡᆞᆯ 골다'로도 번역되고 '츳ᄡᆞᆯ 골다'로도 번역된다. 그리고 '糯米糊'가 '출ᄡᆞᆯ 플'로 번역되고 '糯米粉'이 '츳ᄡᆞᆲ ᄀᆞᄅᆞ'로 번역된다. 따라서 두 명사 '출ᄡᆞᆯ'과 '츳ᄡᆞᆯ'의 동의성은 명백히 입증된다. 명사 '츳ᄡᆞᆯ'은 '출ᄡᆞᆯ'의 첫 음절의 자음 'ㄹ'이 탈락된 語形이다.

　(5) a. ᄂᆞᆯ 출ᄡᆞᆯ를 ᄀᆞ라 ᄢᅮ레 빠 마시라(生研糯米入蜜飮之) <救간二 73a>

　　　b. 출ᄡᆞᆯ 플로 록두마곰 환 ᄆᆡᇰᄀᆞ라(用糯米糊爲圓如菉豆大) <救간一 96b>

　(5) c. 츳ᄡᆞᆯ ᄒᆞᆫ 호ᄫᆞᆯ 봇고ᄃᆡ(糯米一合右炒) <救方下 11a>

　　　d. 츳ᄡᆞᆯ를 ᄀᆞ라(研糯米) <救간二 58b>

　　　e. 츳ᄡᆞᆯ를 하나 져그나 닉게 봇가(糯米不拘多少炒熟) <救간三 36a>

f. 츠뿔 흔 져봄 누르게 봇그니와를 ᄀ라(糯米一撮炒黃爲末) <救간六 38a>

g. 츠뿔 굴을 섯거(以糯米粉) <救간七 7a>

h. 츠뿔 쥭에 흔 환을 노겨 머고딕(以糯米粥化一丸服之) <救간二 106b>

i. 츠뿔 쩍 흔 편을(純糯米糕一片) <救간三 118b>

<6> 숤진 對 소진

두 명사가 [松脂] 즉 '송진'의 뜻을 가지고 동의 관계에 있다는 것은 다음 예문들에서 잘 확인된다. 원문 중 '松脂煉'이 '숤지늘 니기다'로도 번역되고 '소진을 달히다'로도 번역된다. 따라서 두 명사 '숤진'과 '소진'의 동의성은 명백히 입증된다. 명사 '소진'은 '숤진'의 첫 음절의 자음 'ㄹ'이 탈락되어 생긴 것이다.

(6) a. 숤지늘 니겨 쩍 딩ᄀ라(松脂煉作餠) <救方下 63a>

(6) b. 소진을 달혀 쩍 딩ᄀ라(松脂煉作餠) <救간六 74b>

c. 소진을 노교딕 기름 겨기 드려(松脂鎔入小油) <救간三 5b>

d. 소진을 므르 ᄀ라(硏爛松脂) <救간六 29b>

e. 松脂 : 소진 <救간六 74b> <救간三 5b> <救간六 29b>

f. 소진 흔 되를 술 서 되예 ᄌ마(松膏一升酒三升浸) <救간一 91a>

g. 松膏 : 소진 <救간一 91a>

<7> 밠톱 對 발톱

두 합성명사가 [甲] 즉 '발톱'의 뜻을 가지고 동의 관계에 있다는 것은 다음 예문들에서 잘 확인된다. 원문 중 '離甲'이 '밠토브로'로 번역되고 '手足指甲'이 '손톱 발톱'으로 번역된다. 따라서 '밠톱'과 '발톱'의 동의성은 명백히 입증된다. 명사 '밠톱'은 명사 '발'과 명사 '톱'의 合成으로 '발+-ㅅ(속격 조사)#톱'으로 분석될 수 있다. '발톱'은 '밠톱'의 속격 조사 '-ㅅ'이 탈락된 것이다.

(7) a. 두 밠 엄지가락 안해 밠토ㅂ로 흔 부칫 닙만흔 듸(兩脚大拇指內離甲一薤葉許)

　　　〈救方上 22a〉

　　b. 시혹 밠톱도 쏘 흐리라(或爪亦得) 〈救方上 49a〉

(7) c. 겨지븨 제 손톱 발톱 스론 지를 수레 프러 머교듸(婦人自己手足指甲燒灰酒調下)

　　　〈救간七 49b〉

　　d. 自己手足指甲 : 제 손톱과 발톱 〈救간七 49a〉

<8> 검듸영 對 거믜영

　두 명사가 [墨] 즉 '검댕'의 뜻을 가지고 동의 관계에 있다는 것은 다음 예문들에서 잘 확인된다. 원문 중 '釜底墨'이 '가마 미틧 검듸영'으로도 번역되고 '가마 미틔 거믜영'으로도 번역된다. 그리고 '竈中墨'이 '브서빗 검듸영'으로도 번역되고 '가마 미틧 거믜영'으로도 번역된다. 따라서 두 명사 '검듸영'과 '거믜영'의 동의성은 명백히 입증된다. 명사 '거믜영'은 '검듸영'의 제2 음절의 자음 'ㄷ'이 탈락되어 생긴 것이다.

(8) a. 가마 미틧 검듸영 半 兩과(釜底墨半兩) 〈救方上 16b〉

　　b. 가마 미틧 검듸영을 굴가(用釜底墨刮下) 〈救方上 60a〉

　　c. 가마 미틧 검듸영 半 兩과 소곰 흔 돈을 섯거 ᄀ라

　　　(釜底墨半兩塩一錢右件藥和研) 〈救方上 16b〉

　　d. 브서빗 검듸영을 彈子만 흐닐 가져(取竈中墨如彈丸) 〈救方上 40b〉

(8) e. 가마 미틧 거믜영 반량과(釜底墨半兩) 〈救간一 48b〉

　　f. 가마 미틧 거믜영을 굴가(釜底墨刮下) 〈救간二 112b〉

　　g. 가마 미틧 거믜영 탄ᄌ만흐닐(取竈中墨如彈丸) 〈救간一 54b〉

　　h. 브석 집 우흿 거믜영과룰(竈屋上墨) 〈救간七 47b〉

　　i. 브석 집 우흿 드틀와 거믜영과룰(竈屋上塵墨) 〈救간七 53b〉

<9> 갈ㅎ 對 갈

두 명사가 [刀] 즉 '칼'의 뜻을 가지고 동의 관계에 있다는 것은 다음 예문들에서 잘 확인된다. 원문 중 '以刀…割'이 '갈ㅎ로 버히다'로 번역되고 '用刀割'이 '칼ㅎ로 버히다'로 번역되고, '用竹刀破作'이 '대 갈로 뻬혀다'로 번역된다. 따라서 '갈ㅎ'과 '갈'의 동의성은 명백히 입증된다. 명사 '갈ㅎ'은 ㅎ曲用을 하는 명사이고 명사 '갈'은 ㅎ곡용을 하지 않는다.

> (9) a. 갈ㅎ로 비야미 쇼리를 횟도로 버혀(以刀周匝割蛇尾截) <救方下 79a>
>   b. 갈ㅎ로 비야미 쇼리를 횟두루 버혀(以刀周匝割蛇尾截) <救간六 49a>
>   c. 갈ㅎ로 버혀 허리며(用刀割開) <救方下 32a>
>   d. 몬져 갈ㅎ로 므레 주근 사르미 이블 버리혀고(先刀開溺者口) <救간一 68b>
>   e. 믄득 어두미 갈ㅎ로 디르는 둣ㅎ야(卒著如人刀刺狀) <救方上 18b>
>   f. 믄득 어두미 갈ㅎ로 디르는 둣ㅎ야(卒著如人刃刺狀) <救간一 56b>
>   g. 큰 치미어나 져고맛 갈히어나 헐워 피 나게 ㅎ며(可以鈹刀破之出血)
>   <救간二 90b>

> (9) h. 햐근 지지 삐 흔 나츨 대 갈로 두 딱애 뻬혀(山梔子一介用竹刀破作兩邊)
>   <救간二 101b>

<10> 수톩 對 수둙

두 명사가 [雄雞] 즉 '수탉'의 뜻을 가지고 동의 관계에 있다는 것은 다음 예문들에서 잘 확인된다. 원문 중 '用雄雞'가 '수톨굴 ㅎ다'로도 번역되고 '수둙을 ㅎ다'로도 번역된다. 그리고 '雄雞冠'이 '수톨기 볏'으로도 번역되고 '수둙의 볏'으로도 번역된다. 따라서 '수톩'과 '수둙'의 동의성은 명백히 입증된다. 명사 '수톩'은 명사 '수ㅎ'와 명사 '둙'의 合成이다. 명사 '수둙'은 '수톩'의 자음 'ㅎ'이 탈락되어 생긴 것이다.

(10) a. 져근 무리어든 수틀 굴 ᄒᆞ라(小馬用雄雞) <救方下 17b>

　　 b. 수틀기 벼셋 피를 ᄇᆞᄅᆞ면(以雄鷄冠血塗) <救方下 77a>

　　 c. 흰 수틀기 두 녁 ᄂᆞᆯ개(白雄雞左右翮) <救간六 5a>

　　 d. 수틁의 ᄯᅩᆼ 열흔 나츨 믈 두 되예 달혀(雄雞糞十一枚以水二升煎) <救간七 21b>

　　 e. 겨지븐 수틀 ᄀᆞ로 ᄒᆞ라(女雄) <救方上 75b>

　　 f. 겨지비어든 수틁으로 ᄒᆞ라(女雄) <救간一 60a>

(10) g. 수둘기 머리옛 피 내야(以雄雞頭取血) <救方上 26a>

　　 h. 져근 무리어든 수둙을 ᄒᆞ라(小馬用雄雞) <救간六 71b>

　　 i. 수둙의 벼셋 피를 대롱애 녀허(雄鷄冠割取血管) <救간一 44b>

　　 j. 삼년 무근 수둙의 머리 벼셋 피를(取三年雄雞冠血) <救간一 25b>

3.3. 音韻 添加

동의 관계가 음운 첨가에 의해 형성된다. 음운 첨가에는 半母音 [y]의 첨가, 'ㄱ' 첨가, 'ㅅ' 첨가, 'ㅎ' 첨가 그리고 'ㄴ' 첨가가 있다.

半母音 [y]의 첨가를 보여 주는 명사에는 [槽] 즉 '구유'의 뜻을 가진 '구이'와 '귀이'가 있다. 자음 'ㄱ'의 첨가를 보여 주는 명사에는 [塵] 즉 '티끌'의 뜻을 가진 '드틀'과 '듣글'이 있고 자음 'ㅅ'의 첨가를 보여 주는 명사에는 [爪] 즉 '손톱'의 뜻을 가진 '손톱'과 '숀톱'이 있다. 자음 'ㅎ'의 첨가를 보여 주는 명사에는 [葵] 즉 '아욱'의 뜻을 가진 '아옥'과 '아혹'이 있고 자음 'ㄴ'의 첨가를 보여 주는 명사에는 [一枚]와 [一個] 즉 '하나'의 뜻을 가진 'ᄒ나ᇰ'와 '흔나ᇰ'가 있다.

<1> 구이 對 귀이

두 명사가 [槽] 즉 '구유'의 뜻을 가지고 동의 관계에 있다는 것은 다음 예문에서 잘 확인된다. 원문 중 '猪槽'가 '도틱 구이'로 번역되고 '於槽中暖'이 '귀이예 븟고 덥게 ᄒᆞ다'로 번역된다. 따라서 '구이'와 '귀이'의 동의성은 명백히 입증된다. 명사 '귀이'는 '구이'의 첫 음절에 반모음 [y]가 첨가된 것이다.

(1) a. 도틱 구이 우흿 삐와 흙과롤(猪槽上垢及土) <救간七 30a>

　　b. 猪槽上垢及土 : 도틱 구이옛 삐와 흙 <救간七 30a>

(1) c. 소곰 글힌 므를 フ장 뻐게 ᄒᆞ야 귀이예 븟고 덥게 ᄒᆞ야(作極醎塩湯於槽中暖)

　　　　<救간二 55a>

<2> 드틀 對 들글

　두 명사가 [塵] 즉 '티끌'의 뜻을 가지고 동의 관계에 있다는 것은 다음 예문에서 잘 확인된다. 원문 중 '梁上塵'이 '보 우흿 드틀'로도 번역되고 '보 우흿 들글'로도 번역된다. 그리고 '梁上塵'이 '집 보 우흿 드틀'로도 번역되고 '집 보 우흿 들글'로도 번역된다. 따라서 두 명사 '드틀'과 '들글'의 동의성은 명백히 입증된다. 명사 '들글'은 '드틀'에 자음 'ㄱ'이 첨가된 어형이다.

　　(2) a. 보 우흿 드트를 콩만 ᄒᆞ닐(梁上塵如豆) <救方上 78b>

　　　　b. 보 우흿 드틀와 브수목읫 거믜영과롤 곤게 ᄂᆞ화(梁上塵竈突墨等分)

　　　　　　<救간七 42a>

　　　　c. 梁上塵 : 보 우흿 드틀 <救간七 41b>

　　　　d. 집 보 우흿 드트를 초애 ᄆᆞ라(梁上塵醋和) <救간七 79b>

　　　　e. 브석 집 우흿 드틀와 거믜영과롤(竈屋上塵墨) <救간七 53b>

　　(2) f. 집 보 우흿 들글을 곳 굼긔 불오(以屋梁上塵吹入鼻中) <救간一 85a>

　　　　g. 집 보 우흿 들글 콩만치롤(梁上塵如豆大) <救간一 60b>

　　　　h. 梁上塵 : 집 보 우흿 들글 <救간一 85a> <救간一 59a>

<3> 발측 對 밠측

　두 명사가 [足跟] 즉 '발꿈치, 발뒤꿈치'의 뜻을 가지고 동의 관계에 있다는 것은 다음 예문들에서 잘 확인된다. 원문 중 '足跟'이 '발측'으로도 번역되고 '밠측'으로도 번역된다. 따라서 '발측'과 '밠측'의 동의성은 명백히 입증된다. '발측'은 [足] 즉 '발'의 뜻을 가진 명사 '발'과 [跟] 즉 '발뒤꿈치'의 뜻을 가진 명사 '측'의 合成이고 '밠측'

은 '발측'에 속격 조사 '-ㅅ'이 첨가된 것으로 '발+-ㅅ#측'으로 분석될 수 있다.

    (3) a. 오직 스외 발측과 밠 엄지가락 톱 ᄀᆞ슬 미이 믈오(但痛咬其足跟及拇指甲邊)
        <救간一 82b>
      b. 어러 밠츠기 ᄠᅥ디여 피 나고 알히ᄂᆞ닐 고툐딕(治寒凍足跟開裂出血疼痛)
        <救方上 7a>

    명사 '발측'은 '밠측'의 先代形으로『解例本 訓民正音』(1446)의 '발측 爲跟 <解例 用字>'과『月印釋譜』(1459)의 '발츠기 두려ᄫᅩ(40a)시며 <月二 40b>'에서 확인된다.『월인석보』의 '발츠기'는『法華經諺解』의 '足跟' <法華二 10a>의 번역이다.

<4> 손톱 對 숀톱

    두 명사가 [爪] 즉 '손톱'의 뜻을 가지고 동의 관계에 있다는 것은 다음 예문들에서 잘 확인된다. 원문 중 '刮指爪'가 '손톱 곭다'로 번역되고 '中指爪下'가 '가온딧가락 손톱 아래'로 번역된다. 따라서 '손톱'과 '숀톱'의 동의성은 명백히 입증된다. '손톱'은 '손#톱'으로 분석되고 '숀톱'은 '손+-ㅅ#톱'으로 분석된다. '숀톱'은 '손톱'에 속격 '-ㅅ'이 첨가된 것이다. 명사 '손톱'은『석보상절』(1447)에 처음으로 등장하고 명사 '숀톱'은『구급방언해』(1466)에 처음으로 등장한다.

    (4) a. 제 손톱 굴곤 굴을 불라(自刮指爪屑搐之) <救간二 101a>

    (4) b. 두 손 가온딧가락 숀톱 아래 ᄒᆞᆫ 壯을 ᄠᅳ면(灸兩手中指爪下一壯) <救方上 29b>
      c. 두 손 엄지가락 안 녁 숀토ᄇᆞ로셔 첫 ᄀᆞᆷ 그틀 各 ᄒᆞᆫ 壯을 ᄯᅳ라
        (灸兩手大母指內邊爪後第一紋頭各一壯) <救方上 29b>
      d. 人中을 숀토ᄇᆞ로 오래 ᄣᅵᆯ어시며(爪刺人中良久) <救方上 40a>
      e. 두 손 가온딧 가락 숀톱 아래 ᄒᆞᆫ 붓글 ᄯᅳ면(灸兩手中指爪下一壯) <救간二 41b>
      f. 두 손 엄지가락 안 녁 숀톱 뒤 첫 ᄀᆞᆷ 그틀 각(41a) ᄒᆞᆫ 붓글 ᄯᅳ며
        (灸兩手大母指內邊爪後第一紋頭各一壯) <救간二 41b>

<5> 아옥 對 아혹

  두 명사가 [葵] 즉 '아욱'의 뜻을 가지고 동의 관계에 있다는 것은 다음 예문들에서 잘 확인된다. 원문 중 '葵子'가 '아옥 삐'로도 번역되고 '아혹 삐'로도 번역된다. 그리고 '搗葵'가 '아오굴 딯다'로 번역되고 '葵莖…搗'가 '아혹 줄기…딯다'로 번역된다. 따라서 '아옥'과 '아혹'의 동의성은 명백히 입증된다. '아혹'은 '아옥'의 제2 음절에 자음 'ㅎ'이 첨가된 것이다.

  (5) a. 아옥 삐 두 홉과 黃明膠와 滑石ㅅ ᄀᆞᄅ 各 ᄒᆞᆫ 兩을(葵子二合黃明膠 滑石各一兩)
      <救方下 84a>
     b. 牛膝 ᄒᆞᆫ 兩을 움 앗고 아옥 삐 ᄒᆞᆫ 홉과 디허 븟아(牛膝一兩去苗葵子一合右搗碎)
      <救方下 91a>
     c. 아오굴 니기 디허 汁을 내야(熟搗葵取汁) <救方下 81a>

  (5) d. 아혹 삐 두 홉과 누르고 믈근 갓플와 활셕 ᄀᆞᄅ와 각 ᄒᆞᆫ 량을
      (葵子二合黃明膠 滑石末各一兩) <救간七 43b>
     e. 쇠무룹 불휘 ᄒᆞᆫ 량 움 아ᅀᆞ니와 아혹 삐 ᄒᆞᆫ 홉과ᄅᆞᆯ 디허 ᄇᆞ아 시서
      (牛膝一兩去苗葵子一合搗碎) <救간七 51a>
     f. 아혹 삐를 달혀(葵子煎) <救간七 85a>
     g. 아혹 불휘 조히 시서(葵根淨洗) <救간七 37b>
     h. 아혹 줄기 ᄉᆞ론 ᄌᆡ를 디허 처(葵莖搗篩) <救산七 70b>

<6> ᄒ나ᄒ 對 흔나ᄒ

  두 수사가 [一枚]와 [一個] 즉 '하나'의 뜻을 가지고 동의 관계에 있다는 것은 다음 예문들에서 잘 확인된다. 원문 중 '鼠一枚燒'가 '쥐 ᄒ나 ᄉᆞᆯ다'로 번역되고 '蝦蟆一個 燒'가 '두터비 흔나를 ᄉᆞᆯ다'로 번역된다. 따라서 'ᄒ나ᄒ'와 '흔나ᄒ'의 동의성은 명백히 입증된다. 수사 '흔나ᄒ'는 'ᄒ나ᄒ'의 첫 음절에 자음 'ㄴ'이 첨가된 것이다.

(6) a. 쥐 ᄒᆞ나 ᄉᆞ론 ᄌᆡ를 ᄀᆞᄂᆞ리 ᄀᆞ라(鼠一枚燒爲灰細硏) ⟨救간六 32a⟩

　　b. 범 호쫑 ᄒᆞ나홀 스고 밧긔 횟두루 그리면(書一虎字外畵圈圍之) ⟨救간六 45b⟩

(6) c. 두터비 ᄒᆞ나홀 ᄉᆞ라(蝦蟆一個燒) ⟨救간一 111a⟩

　　d. 술 담ᄂᆞᆫ 딜그릇 ᄒᆞ나히(酒壜一箇) ⟨救간一 74b⟩

　　e. 쇼 ᄒᆞ나홀 가져다가(將牛一頭) ⟨救간一 71b⟩

　　f. 오계 ᄒᆞ나홀 샹녜 먹ᄂᆞᆫ 양으로 밍ᄀᆞ라(烏雞一頭治如食法) ⟨救간二 18a⟩

　　g. 오계 ᄒᆞ나홀 짓 조쳐 일쳔 ᄉᆡ빅 번을 디코(烏雞一隻合毛杵一千二百下)

　　　　⟨救간一 79a⟩

　　h. 큰 웅에 ᄒᆞ나홀 침으로 머리를 ᄣᅵᆯ어(大鱔魚一條以針刺頭上) ⟨救간一 21a⟩

4. 合成型과 派生型

4.1. 合成型

　單一 명사와 合成名詞가 동의 관계를 가질 수 있고 단일 명사와 名詞句가 동의 관계를 가질 수 있고 合成名詞들이 동의 관계를 가질 수 있다. 이 경우가 合成型이다.

　단일 명사와 합성명사 사이에 동의 관계를 보여 주는 것에는 [魚] 즉 '고기, 물고기'의 뜻을 가진 '고기'와 '믈고기'를 비롯하여 [鼻中]과 [鼻] 즉 '콧구멍'의 뜻을 가진 '고ᄒᆞ'과 '곳구무', [麩] 즉 '밀기울'의 뜻을 가진 '기울'과 '밇기울', [睛] 즉 '눈동자'의 뜻을 가진 '눉ᄌᆞᅀᆞ'와 'ᄌᆞᅀᆞ', [楮] 즉 '닥나무'의 뜻을 가진 '닥'과 '닥나모', [髮] 즉 '머리털'의 뜻을 가진 '머리터리'와 '터리', [甲]과 [爪] 즉 '발톱'의 뜻을 가진 '밠톱'과 '톱', [桃] 즉 '복숭아나무'의 뜻을 가진 '복셩화나모'와 '복셩화', [筆管] 즉 '붓대, 붓 자루'의 뜻을 가진 '붇ᄌᆞᄅ'와 '붇ᄌᆞᆺ대', [指] 즉 '손가락'의 뜻을 가진 '솑가락'과 '가락', [房] 즉 '송이, 꽃송이'의 뜻을 가진 '송이'와 '밤송이', [大人] 즉 '어른'의 뜻을 가진 '얼운'과 '얼운사름', [粟]와 [粟米] 즉 '좁쌀'의 뜻을 가진 '조ᄒᆞ'와 '조ᄡᆞᆯ', [絃]과 [弦] 즉 '시위, 활시위'의 뜻을 가진 '홠시울'과 '시울', [槐] 즉 '홰나무'의 뜻을 가진 '회화'와 '회화나모' 그리고 [槐花] 즉 '홰나무 꽃'의 뜻을 가진 '회화'와 '회홧곳'이 있다.

단일 명사와 명사구 사이에 동의 관계를 보여 주는 것에는 [梔子] 즉 '치자나무의 씨, 치자나무의 열매'의 뜻을 가진 '지지'와 '지지 삐'가 있다.

합성명사들 사이에 동의 관계를 보여 주는 것에는 [牛膝] 즉 '쇠무릎지기'의 뜻을 가진 '쇠무룹'과 '쇼무룹'이 있고 [犢子] 즉 '송아지'의 뜻을 가진 '쇠야지'와 '숑아지'가 있다.

<1> 고기 對 믌고기

명사 '고기'와 합성명사 '믌고기'가 [魚] 즉 '고기, 물고기'의 뜻을 가지고 동의 관계에 있다는 것은 다음 예문들에서 잘 확인된다. 원문 중 '魚骨'이 '고깃 뼈'로도 번역되고 '믌고깃 뼈'로도 번역된다. 그리고 '魚網'이 '고깃 그믈'로 번역되고 '食魚'가 '믌고기 먹다'로 번역된다. 따라서 '고기'와 '믌고기'의 동의성은 명백히 입증된다. '믌고기'는 명사 '믈'과 '고기'의 합성으로 '믈+-ㅅ(속격 조사)#고기'로 분석될 수 있다.

(1) a. 고깃 뼈에 傷커든(如被魚骨所傷) <救方上 47a>

    b. 고기 뼈를 머리 우희 연저 이시면(魚骨安於頭上) <救간六 3a>

    c. 고깃 그믈를 스라(以魚網燒灰) <救方上 49a>

    d. 고깃 그믈를 머리예 누프면(以魚網覆頭) <救方上 49a>

    e. 고기 그믈 스론 지(燒魚網灰) <救간六 4a>

(1) f. 믌고깃 뼈를 머리예 연즈면(以魚骨安於頭上)<救方上 52b>

    g. 믌고깃 뼈 걸우닐 고툐딕(治魚骨) <救方上 47b>

    h. 믌고기 뼈에 샹커든(如被魚骨所傷) <救간六 11b>

    i. 믌고기 먹다가(食魚) <救方上 49a>

    j. 여러 가짓 믌고기 먹고(食諸魚) <救方下 57b>

<2> 고ᄒ 對 곳구무

명사 '고ᄒ'와 합성명사 '곳구무'가 [鼻中]과 [鼻] 즉 '콧구멍'의 뜻을 가지고 동의 관계에 있다는 것은 다음 예문들에서 잘 확인된다. 원문 중 '吹入鼻中'이 '고해 불다'로 번역되고 '吹…鼻中'이 '곳굼긔 불다'로 번역된다. '塞…鼻中'이 '고해 곳다'로 번역되고 '點鼻中'이 '곳굼긔 딕다'로 번역된다. 그리고 '入耳鼻'가 '귀예와 고해 들에 ᄒ다'로 번역되고 '兩耳兩鼻'가 '두 귀와 두 곳구무'로 번역된다. 따라서 '고ᄒ'와 '곳구무'의 동의성은 명백히 입증된다. 합성명사 '곳구무'는 '고[鼻]+-ㅅ(속격 조사)#구무[中]'로 분석될 수 있다.

(2) a. 시혹 고해 피 내며(或鼻中出血) <救方上 18b> <救간一 56b>

　　b. 고해 불면 됴ᄒ리라(吹入鼻中差) <救간二 97a>

　　c. 잇글 고해 녀흐라(苔蘚納鼻中) <救간二 101a>

　　d. 고해 브서 들에 ᄒ면(灌入鼻中) <救간二 96a>

　　e. 마ᄂᆞᆯ 귀와 고해 고즈라(蒜塞耳鼻中) <救간二 74b>

　　f. 힘뼈 부러 귀예와 고해 들(60b)에 ᄒ야(力吹入耳鼻) <救간一 61a>

(2) g. ᄀᆞᄂᆞᆫ 대로 두 곳굼긔 불면 즉재 니ᄂᆞ니(用細竹管吹兩鼻中卽起) <救方上 23a>

　　h. 콩 낫만 ᄒ닐 두 곳굼긔 불라(如豆大吹兩鼻中) <救方上 75b>

　　i. 반 돈을 곳굼긔(102a) 불라(吹半錢鼻中) <救간二 102b>

　　j. 소ᄂᆞ로 즙을 ᄣᅡ 곳굼긔 들에 ᄒ고(手挼汁令入鼻中) <救간一 45b>

　　k. 됴ᄒᆫ 먹을 므르 ᄀᆞ라 곳굼긔 딕그면(濃硏好墨點鼻中) <救간二 102b>

　　l. 술 져고매 녀허 프러 곳굼긔 쳐디라(入酒少許調滴鼻中) <救간二 101a>

　　m. 주근 사ᄅᆞ미 두 귀와 두 곳굼긔 굸대ᄅᆞᆯ 다히고(將蘆管置死人兩耳兩鼻)

　　　<救간一 60b>

<3> 기울 對 밀기울

명사 '기울'과 합성명사 '밀기울'이 [麩] 즉 '밀기울'의 뜻을 가지고 동의 관계에 있다는 것은 다음 예문들에서 잘 확인된다. 원문 중 '麩炒'가 '기울와 봇다'로도 번역되

고 '뮗기우레 봆다'로도 번역된다. 그리고 '麨炒微黃'이 '기우레 져기 누르게 봆다'로
도 번역되고 '뮗기울 조쳐 져기 누르게 봆다'로도 번역된다. 따라서 '기울'과 '뮗기울'
의 동의성은 명백히 입증된다. '뮗기울'은 명사 '밀'과 명사 '기울'의 合成으로 '밀+－
ㅅ#기울'로 분석될 수 있다.

(3) a. 枳殼을 솝 앗고 기울와 봇고(枳殼去穰麨炒) ＜救方上 68b＞

　　 b. 露峰房과 甘草와를 等分ᄒᆞ야 기우레 봇고ᄃᆡ(用露峰房甘草等分麨炒)

　　　　 ＜救方上 56b＞

　　 c. 슬고 ᄢᅵ 솝 반 량…기우레 져기 누르게 봇가(杏仁半兩…麨炒微黃) ＜救간二 12a＞

　　 d. 슬고 ᄢᅵ 솝 ᄒᆞᆫ 량…기우레 져기 누르게 봇고니와를(杏仁一兩…麨炒微黃)

　　　　 ＜救간二 10b＞

(3) e. 팅즛 거플 솝 앗고 뮗기우레 봇그니와를(枳殼去穰麨炒) ＜救간三 74b＞

　　 f. 팅즛 거플 솝 앗고 뮗기울 조쳐 봇그니 ᄒᆞᆫ 량 반과(枳殼去穰麨炒一兩半)

　　　　 ＜救간七 12a＞

　　 g. 팅즛 거플 솝 앗고 뮗기울(12b) 조쳐 봇가(枳殼去穰麨炒) ＜救간七 13a＞

　　 h. 슬고 ᄢᅵ 솝(15a)…뮗기울 조쳐 잢간 누르게 봇그니와(杏仁…麨炒微黃)

　　　　 ＜救간七 15b＞

　　 i. 복셩화 ᄢᅵ 솝 닷 량…뮗기울 조쳐 져기 누르게 봇그니와(桃仁五兩…麨炒微黃)

　　　　 ＜救간六 86b＞

＜4＞ 눖ᄌᆞᅀᆞ 對 ᄌᆞᅀᆞ

합성명사 '눖ᄌᆞᅀᆞ'와 명사 'ᄌᆞᅀᆞ'가 [睛] 즉 '눈동자'의 뜻을 가지고 동의 관계에 있
다는 것은 다음 예문들에서 잘 확인된다. 원문 중 '睛…破'가 '눖ᄌᆞᅀᆡ…헐다'로 번역
되고 '黑睛破'가 '거믄 ᄌᆞᅀᆡ ᄒᆞ야디다'로 번역된다. 따라서 '눖ᄌᆞᅀᆞ'와 'ᄌᆞᅀᆞ'의 동의
성은 명백히 입증된다. '눖ᄌᆞᅀᆞ'는 명사 '눈'과 명사 'ᄌᆞᅀᆞ'의 합성으로 '눈+－ㅅ(속격
조사)#ᄌᆞᅀᆞ'로 분석될 수 있다.

(4) a. 눖ᄌᆞᅀᆡ 物에 傷ᄒᆞ야 허닐 고튜ᄃᆡ(治睛爲物所傷損破) ＜救方下 42b＞

(4) b. 거믄 ᄌᆡ 헤야디여도(黑睛破) <救方下 42b>

　　c. 누네 녀허 ᄌᆞᅀᆞ애 다히고(眼納著瞳子瞼上) <救方下 37a>

<5> 닥 對 닥나모

　명사 '닥'과 합성명사 '닥나모'가 [楮] 즉 '닥나무'의 뜻을 가지고 동의 관계에 있다는 것은 다음 예문들에서 잘 확인된다. 원문 중 '楮葉…搗'가 '닥 니플 딯다'로 번역되고 '搗楮葉'이 '닥나모 니플 딯다'로 번역된다. 그리고 '楮葉'의 자석이 '닥 닙'이고 '楮骨'의 자석이 '거플 벗긴 닥나모'이다.　따라서 '닥'과 '닥나모'의 동의성은 명백히 입증된다. '닥나모'는 명사 '닥'과 명사 '나모'의 합성이다.

　　(5) a. 늘 삼과 닥 니플 ᄒᆞᆫ듸 디허(生麻楮葉合搗) <救간六 56b>

　　　b. 楮葉 : 닥 닙 <救간六 56b> <救간二 108a>

　　　c. 搗楮葉汁 : 닥 닙 디허 ᄧᆞᆫ 즙 <救간二 97b>

　　(5) d. 닥나모 니플 디허 즙 ᄧᅡ(搗楮葉汁) <救간二 97b>

　　　e. 닥나못 닙 디허 ᄧᅡ(楮葉搗絞) <救간二 108a>

　　　f. 거플 벗긴 닥나모(楮骨) <救간六 4b>

　　　g. 楮骨 : 거플 벗긴 닥나모 <救간六 4b>

<6> 머리터리 對 터리

　합성명사 '머리터리'와 명사 '터리'가 [髮] 즉 '머리털'의 뜻을 가지고 동의 관계에 있다는 것은 다음 예문들에서 잘 확인된다. 원문 중 '左角髮'이 '왼녁 귀 미틧 머리터리'로 번역되고 '角髮'의 자석이 '귀 미틧 터리'이다. 따라서 '머리터리'와 '터리'의 동의성은 명백히 입증된다. '머리터리'는 명사 '머리'와 명사 '터리'의 合成이다.

　　(6) a. 왼녁 귀 미틧 머리(54a)터리…뷔여(剔取左角髮) <救간一 54b>

　　　b. 소ᄂᆞ로 머리터릴 ᄲᅡ혀며(以手拔其髮) <救方上 77a>

　　　c. 뎡바기옛 블근 머리터리를 ᄲᅡ혀 ᄇᆞ리라(拔去頂紅髮) <救간六 38a>

(6) d. 角髮 : 귀 미틧 터리 <救간一 54a>

<7> 밠톱 對 톱

합성명사 '밠톱'과 명사 '톱'이 [甲]과 [爪] 즉 '발톱'의 뜻을 가지고 동의 관계에 있다는 것은 다음 예문들에서 잘 확인된다. 원문 중 '離甲'이 '밠토브로'로 번역되고 '甲際'가 '톱 ㅅㅚ'로 번역된다. 그리고 '爪亦'이 '밠톱도'로도 번역되고 '톱도'로도 번역된다. 따라서 '밠톱'과 '톱'의 동의성은 명백히 입증된다. 명사 '밠톱'은 '발'과 '톱'의 合成이다.

(7) a. 두 밠 엄지가락 안해 밠토브로 흔 부칫 닙만 흔 딕(兩脚大拇指內離甲一薤葉許)
    <救方上 22a>
    b. 시혹 밠톱도 쏘 ㅎ리라(或爪亦得) <救方上 49a>

(7) c. 발 엄지가락 톱 ㅅㅚ롤 믜이 믈면(痛齧足大拇指甲際) <救方上 24a>
    d. 곰과 범과의 토배 헐인 딜 바롤 니기 시버 브티라(熊虎爪甲傷栗爛嚼傅之)
    <救方下 63b>
    e. 두 밠 엄지가락 톱 뒤흐로셔 부칫 닙 너븨만(42a) 흔 딕
    (兩脚大母指甲離甲一薤葉 許) <救간一 42b>
    f. 톱도 됴ㅎ니라(或爪亦得) <救간六 3b>

<8> 복셩화나모 對 복셩화

합성명사 '복셩화나모'와 명사 '복셩화'가 [桃] 즉 '복숭아나무'의 뜻을 가지고 동의 관계에 있다는 것은 다음 예문들에서 잘 확인된다. 원문 중 '桃東南枝'가 '복셩화나모 東南녁 가지'로 번역되고 '桃枝'가 '복셩홧 가지'로 번역된다. 그리고 '桃白皮'가 '복셩화나못 힌 거플'로 번역되고 '桃…白皮'가 '복셩화…힌 거플'로 번역된다. 따라서 '복셩화나모'와 '복셩화'의 동의성은 명백히 입증된다. '복셩화나모'는 명사 '복셩화'와 명사 '나모'의 합성이다.

(8) a. 복셩화나모 東南 녁 가지 힌 것 혼 우후믈(桃東南枝白皮一握) <救方下 67b>

　　b. 복셩화나못 ᄉ싯 힌 거플 글힌 므를(桃白皮煮汁) <救간二 35a>

　　c. 桃白皮 : 복셩화나모 ᄉ싯 힌 거플 <救간二 35a>

　　d. 桃東南枝白皮 : 동남 녀그로 버든 복셩홧 나못 가지 힌 거플 <救간六 36a>

(8) e. 복셩홧 가지와 닙 글횬 므레 프러 브스라(煎桃枝葉湯調灌) <救方上 16a>

　　f. 복셩화 동남 녁으로 버든 가짓 힌 거플 혼 줌을(桃東南枝白皮一握) <救간六 36a>

　　g. 동녁으로 버든 복셩홧 가지를 ᄀᄂ리 사ᄒ라(細剉東引桃枝) <救간一 104b>

　　h. 東引桃枝 : 동녁으로 버든 복셩홧 가지 <救간二 28b>

　　i. 복셩홧 니프로 귀를 마ᄀ면(用桃葉塞耳) <救方下 44b>

　　j. 복셩홧 니플 볘면(用桃葉爲枕) <救方下 44a>

　　k. 복셩홧 닙 달힌 즙(桃葉煎汁) <救간二 49a>

　　명사 '복셩화'가 '복숭아나무'를 뜻할 뿐 아니라 복숭아나무의 열매인 '복숭아'의 뜻을 가지고 있다는 것은 다음 예문들에서 잘 확인된다.

(8) l. 복셩화 삐 닐굽 나출(桃仁七枚) <救간二 30a>

　　m. 복셩화 삐 숩 서 되를(桃仁三升) <救간二 18b>

<9> 붇ᄌᄅ 對 붇ᄌᄅᆺ대

　　두 합성명사가 [筆管] 즉 '붓대, 붓 자루'의 뜻을 가지고 동의 관계에 있다는 것은 다음 예문들에서 잘 확인된다. 원문 중 '以筆管吹'가 '붇즐으로 불다'로도 번역되고 '붇ᄌᄅᆺ대로 불다'로도 번역된다. 그리고 '將筆管坐'가 '붇즐을 셰다'로 번역되고 '筆管'의 자석이 '붇ᄌᄅᆺ대'이다. 따라서 '붇ᄌᄅ'와 '붇ᄌᄅᆺ대'의 동의성은 명백히 입증된다. '붇ᄌᄅ'는 명사 '붇'[筆]과 명사 'ᄌᄅ'[柄]의 合成이다. '붇ᄌᄅᆺ대'는 '붇ᄌᄅ'와 명사 '대'의 합성으로 '붇ᄌᄅ+-ㅅ#대'로 분석될 수 있다.

(9) a. 머리터럭 혼 져부미 붇ᄌᄅ만 ᄒ닐 자바 둥긔면(捉頭髮一撮如筆管大掣之)
　　　　<救方上 76a>

b. 머리터럭 혼 져봄 붇ᄌᆞᆯ만 ᄒᆞ닐 자바 둥기면(捉頭髮一撮如筆管大掣之)

　〈救간一 62b〉

c. 붇줄으로 반 돈을 곳굼긔(102a) 불라(以筆管吹半錢鼻中)〈救간二 102b〉

d. 붇줄을 믈인 ᄃᆡ 셰오(將筆管坐所咬處)〈救간六 61a〉

(9) e. 두 사ᄅᆞ미 붇ᄌᆞᆺ대로 므레 주근 사ᄅᆞ미 귓굼긔 다히고 불라

　(令兩人以筆管吹其耳中)〈救간一 76b〉

f. ᄂᆞᆯ 댓무수 즛두드려 뽄 즙을 붇ᄌᆞᆺ대로 고해 드리불면

　(以生蘿蔔汁用筆管吹入鼻)〈救간二 3a〉

g. 筆管 : 붇ᄌᆞᆺ대 〈救간六 60b〉

<10> 솑가락 對 가락

　합성명사 '솑가락'과 명사 '가락'이 [指] 즉 '손가락'의 뜻을 가지고 동의 관계에 있다는 것은 다음 예문들에서 잘 확인된다. 원문 중 '指上'이 '솑가락 우ᄒ'로 번역된다. 그리고 '十指甲'이 '열 솑가락 손톱'으로도 번역되고 '열 가라깃 손톱'으로도 번역된다. 따라서 '솑가락'과 '가락'의 동의성은 명백히 입증된다. '솑가락'은 명사 '손'과 명사 '가락'의 合成이다.

(10) a. 솑가락 우희 미샹 두리니(大長在指上)〈救方下 6a〉

b. 제 남진의 열 솑가락 손토블 각각 져고매 버혀(取大十指甲各少許)

　〈救간七 44a〉

c. 열 솑가락 그틀 미오(扎十指尖)〈救간二 47a〉

d. 세 솑가락으로 지보니를 더운 므레 프러(三指撮白湯調)〈救간一 63a〉

e. 오래 ᄆᆞᆯ른 도틱 ᄯᅩᆼ 솑가락 큰만ᄒᆞ니 ᄒᆞᆫ 무적과(久乾猪糞一塊指頭大)

　〈救간二 47b〉

f. 솑가락으로 비븨여(以手指撚之)〈救간七 24a〉

(10) g. 샤옹이 열 가라깃 손토블 各各 적적 버혀(取夫十指甲各少許)〈救方下 84a〉

<11> 송이 對 밤송이

명사 ‘송이’와 합성명사 ‘밤송이’가 [房] 즉 ‘송이, 꽃송이’의 뜻을 가지고 동의 관계에 있다는 것은 다음 예문들에서 잘 확인된다. 원문 중 ‘蓮房’이 ‘련 송이’로도 번역되고 ‘렷 밤송이’로도 번역된다. 그리고 ‘蓮房’의 자석이 ‘련 송이’와 ‘련 밤송이’이다. 따라서 ‘송이’와 ‘밤송이’의 동의성은 명백히 입증된다. ‘밤송이’은 명사 ‘밤’과 명사 ‘송이’의 합성이다.

(11) a. 련 송이와 뎡가와(蓮房 荊芥) <救간三 36b>

　　b. 련 닙과 송이와룰 므레 달혀 머그라(蓮葉及房水煎服) <救간七 54a>

　　c. 蓮房 : 련 송이 <救간三 36b>

　　d. 蓮葉及房 : 련 닙과 송이 <救간七 53b>

(11) e. 렷 밤송이룰 지 두외디 아니케 스라(蓮房燒存性) <救간三 114b>

　　f. 蓮房 : 렷 밤송이 <救간三 114b>

<12> 얼운 對 얼운사룸

명사 ‘얼운’과 합성명사 ‘얼운사룸’이 [大人] 즉 ‘어른’의 뜻을 가지고 동의 관계에 있다는 것은 다음 예문들에서 잘 확인된다. 원문 중 ‘大人服’이 ‘얼우는 먹다’로도 번역되고 ‘얼운사룸으란 머기다’로도 번역된다. 그리고 ‘大人小兒’가 ‘얼운과 아히’로 번역된다. 따라서 ‘얼운’과 ‘얼운사람’의 동의성은 명백히 입증된다. ‘얼운사룸’은 명사 ‘얼운’과 명사 ‘사룸’의 합성이다.

(12) a. 얼우는 흔 되옴 흐르 세 번 먹고(大人服一升日三) <救方上 5b>

　　b. 얼운과 아히와 과マ리 기춤흐거든(大人小兒暴嗽) <救간二 21b>

　　c. 얼우니어나 져므니어나(不問長幼) <救간一 96b>

(12) d. 얼운사룸으란 흔 되옴 흐르 세 번 머기고(大人服一升日三) <救간一 14b>

<13> 조ㅎ 對 조뿔

명사 '조ㅎ'와 합성명사 '조뿔'이 [粟]와 [粟米] 즉 '조, 좁쌀'의 뜻을 가지고 동의 관계에 있다는 것은 다음 예문들에서 잘 확인된다. 원문 중 '粟細嚼'이 '조홀 ㄴ로니 십다'로도 번역되고 '조뿌를 ㄴ로니 십다'로도 번역된다. 그리고 '粱米飯'이 '출조뿔밥'으로 번역되고 '粱米飯'의 자석이 '출조밥'이다. 따라서 '조ㅎ'와 '조뿔'의 동의성은 명백히 입증된다. '조뿔'은 [粟] 즉 '조'의 뜻을 가진 명사 '조'와 [米] 즉 '쌀'의 뜻을 가진 명사 '뿔'의 合成이다.

    (13) a. 조홀 ㄴ로니 시버(用粟細嚼) <救方下 17b>

        b. 白粱米飯 : 힌 출조밥 <救간二 12a>

    (13) c. 조뿌를 ㄴ로니 시버(粟細嚼) <救간六 71b>

        d. 거믜 삿기 헌듸셔 햐곤 조뿔 굳ᄒᆞ니 절로 다 나니

          (蜘蛛兒於瘡中小如粟米自出盡) <救方下 77b>

        e. 누른 조뿔 닷 되룰 시서(黃粟米淘五升) <救간二 59a>

        f. 黃粟米 : 누른 조뿔 <救간二 59a>

        g. 힌 출조뿔밥 반 되룰(白粱米飯半升) <救간二 12a>

        h. 조뿔만 ᄒᆞ야(如黃米大) <救方下 1b>

<14> 홣시울 對 시울

합성명사 '홣시울'과 명사 '시울'이 [絃]과 [弦] 즉 '시위, 활시위'의 뜻을 가지고 동의 관계에 있다는 것은 다음 예문에서 잘 확인된다. 원문 중 '枕絃'이 '홣시우를 볘다'로 번역되고 '枕弦'이 '시우를 볘다'로 번역된다. 따라서 '홣시울'과 '시울'의 동의성은 명백히 입증된다. '홣시울'은 명사 '활'과 명사 '시울'의 合成으로 '활+-ㅅ#시울'로 분석될 수 있다.

    (14) a. 病ᄒᆞᆫ 사ᄅᆞ미 졋바디여 누워 홣시우를 볘오(病人仰臥枕絃) <救方上 61b>

(14) b. 병혼 사르미 졋바누어 시우를 베오(病兒仰臥枕弦) <救간二 98a>

　　c. 화를 지허 시우를 우흐로 오르게 ᄒ고(張弓令弦上向) <救간二 98a>

<15> 회화 對 회화나모

명사 '회화'와 합성명사 '회화나모'가 [槐] 즉 '홰나무'의 뜻을 가지고 동의 관계에 있다는 것은 다음 예문에서 잘 확인된다. 원문 중 '槐花'가 '회홧곳'으로 번역되고 '新生槐枝'가 '새로 도든 회화나못 가지'로 번역된다. 그리고 '槐花'의 자석이 '회홧곳'과 '회화나못 곳'이다. 따라서 '회화'와 '회화나모'의 동의성은 명백히 입증된다. '회화나모'는 명사 '회화'와 명사 '나모'의 合成이다.

(15) a. 회홧고즐 봇가(炒槐花) <救간二 121a>

　　b. 회홧고즐 디새 우희 고스게 봇가(槐花瓦上炒令香) <救간二 88a>

　　c. 회홧고즐 구스게 니기 봇가(槐花炒香熟) <救간一 16b>

　　d. 槐花 : 회홧곳 <救간二 121a> <救간二 88a>

　　e. 新生槐枝 : 새로 도든 회홧 가지 <救간二 34a>

(15) f. 새로 도든 회화나못 가지 흔 줌을 두 긑 버혀 브리고(新生槐枝一握去兩頭)

　　　 <救간二 34a>

　　g. 槐花 : 회화나못 곳 <救간一 16b>

<16> 회화 對 회홧곳

명사 '회화'와 합성명사 '회홧곳'이 [槐花] 즉 '홰나무 꽃'의 뜻을 가지고 동의 관계에 있다는 것은 다음 예문에서 잘 확인된다. 원문 중 '槐花炒'가 '회화 봇그니'로 번역되고 '炒槐花'가 '회홧고즐 볶다'로 번역된다. 그리고 '槐花'의 자석이 '회화'와 '회홧곳'이다. 따라서 '회화'와 '회화곳'의 동의성은 명백히 입증된다. '회홧곳'은 [槐] 즉 '홰나무'의 뜻을 가진 명사 '회화'와 [花] 즉 '꽃'의 뜻을 가진 명사 '곳'의 合成이다.

(16) a. 회화 봇그니 흔 량과 심황 사ᄒᆞ로니 흔 량과를 디허 처

    (槐花炒鬱金到各一兩擣羅) <救간三 94a>

    b. 槐花 : 회화 <救간三 93b>

(16) c. 회홧고즐 봇가(炒槐花) <救간二 121a>

    d. 회홧고즐 디새 우희 고ᄉᆞ게 봇가(槐花瓦上炒令香) <救간二 88a>

    e. 회홧고즐 구스게 니기 봇가(槐花炒香熟) <救간一 16b>

    f. 槐花 : 회홧곳 <救간二 121a> <救간二 88a>

<17> 지지 對 지지 ᄡᅵ

명사 ‘지지’와 명사구 ‘지지 ᄡᅵ’가 [梔子] 즉 ‘치자나무의 씨, 치자나무의 열매’의 뜻을 가지고 동의 관계에 있다는 것은 다음 예문들에서 잘 확인된다. 원문 중 ‘梔子殼’이 ‘지짓 당아리’로 번역되고 ‘梔子末’이 ‘지지 ᄡᅵ를 ᄀᆞᆯ다’로 번역된다. 그리고 ‘梔子殼’의 자석이 ‘지짓 당아리’이고 ‘梔子’의 자석이 ‘지지 ᄡᅵ’이다. 따라서 ‘지지’와 ‘지지 ᄡᅵ’의 동의성은 명백히 입증된다. ‘지지 ᄡᅵ’는 [梔] 즉 ‘치자나무’의 뜻을 가진 명사 ‘지지’와 [子] 즉 ‘씨, 열매’의 뜻을 명사 ‘ᄡᅵ’의 결합이다.

(17) a. 지짓 당아리 반 나채 술위통앳 기름을 몃고ᄃᆡ(梔子殼半介塡車脂) <救간六 26a>

    b. 지짓 거플 ᄉᆞ라 ᄀᆞ로니와(梔子皮燒末) <救간六 40a>

    c. 셔류황 반 량과 지지 ᄉᆞ론 ᄌᆡ 반 량과ᄅᆞᆯ ᄒᆞᆫᄃᆡ ᄀᆞ라(硫黃半兩梔子灰半兩都研)

        <救간六 39a>

    d. 梔子殼 : 지짓 당아리 <救간六 26a>

    e. 梔子皮 : 지짓 거플 <救간六 40a>

    f. 梔子灰 : 지지 ᄉᆞ론 ᄌᆡ <救간六 38b>

(17) g. 지지 ᄡᅵ를 ᄀᆞ라(梔子末) <救간二 2b>

    h. 즈싀 앗고 지지 ᄡᅵ를 녀허(去滓入梔子) <救간二 39b>

    i. 지지 ᄡᅵ 열 네 낫과 젼국 닷 홉과를 믈 두 되예 몬져 젼국 글혀

    (取梔子十四枚豉五合以水二盞先煮豉) <救간二 39b>

   j. 감초와 지지 삐와 각 흔 돈을 더드려 머그면(加甘草梔子各一錢) <救간三 26b>

   k. 츰 불휘와 묏 지지 삐와룰 ᄀᆞᆯ게 ᄂᆞ화(葛根 山梔子等分) <救간二 24b>

   l. 梔子 : 지지 삐 <救간二 2b> <救간二 39a> <救간三 26a>

   m. 山梔子 : 묏 지지 삐 <救간二 24b>

<18> 쇠무룹 對 쇼무룹

  두 명사가 [牛膝] 즉 '쇠무룹지기'의 뜻을 가지고 동의 관계에 있다는 것은 다음 예문들에서 잘 확인된다. 원문 중 '牛膝根莖'이 '쇠무룹 불휘와 줄기'로 번역되고 '牛膝根莖'의 자석이 '쇼무룹 불휘와 줄기'이다. 따라서 '쇠무룹'과 '쇼부룹'의 동의성은 명백히 입증된다. '쇠무룹'은 [牛] 즉 '소'의 뜻을 가진 명사 '쇼'와 [膝] 즉 '무룹'의 뜻을 가진 '무룹'의 合成으로 '쇼+-의(속격 조사)#무룹'으로 분석될 수 있다. '쇼무룹'은 명사 '쇼'와 명사 '무룹'의 합성이다.

  (18) a. 쇠무룹 불휘와 줄기와 ᄂᆞ룰 흔ᄃᆡ 디허(牛膝根莖生者倂搗) <救간六 26b>

     b. 牛膝根莖 : 쇼무룹 불휘와 줄기 <救간六 26b>

<19> 쇠야지 對 숑아지

  두 명사가 [犢子] 즉 '송아지'의 뜻을 가지고 동의 관계에 있다는 것은 다음 예문들에서 잘 확인된다. 원문 중 '犢子耳中塞'이 '쇠야지 귀쳥'으로 번역되고 '新生犢子'가 'ᄀᆞᆺ 난 숑아지'로 번역된다. 그리고 '犢子'의 자석이 '쇠야지'와 '숑아지'이다. 따라서 '쇠야지'와 '숑아지'의 동의성은 명백히 입증된다. '쇠야지'는 [犢] 즉 '소'의 뜻을 가지 명사 '쇼'와 [子] 즉 '새끼'의 뜻을 가진 명사 '야지'의 合成으로 '쇼+-의(속격 조사)#야지'로 분석될 수 있다. '숑아지'는 명사 '쇼'와 명사 '아지'의 合成이다.

  (19) a. 쇠야지 귀쳥을 내야 브스름 우희 브티면(犢子耳中塞摻於瘡上) <救간三 31b>

     b. 犢子耳中塞 : 쇠야지 귀쳥 <救간三 31b>

(19) c. 굿 난 숑아지 플 먹디 아니ᄒᆞ야셔(新生犢子未食草) <救간二 113b>

　　　 d. 新生犢子 : 굿 난 숑아지 <救간二 113b>

4.2. 派生型

　基語인 명사가 그것에서 파생된 명사와 동의 관계를 가질 수 있다. 이 경우가 派生型이다. 파생에는 [言]과 [語] 즉 '말'의 뜻을 가진 '말'과 '말슴'이 있고 [長] 즉 '길이'의 뜻을 가진 '기릐'와 '기리'가 있고 [大] 즉 '크기'의 뜻을 가진 '킈'와 '크기'가 있다.

<1> 말 對 말슴

　두 명사가 [言]과 [語] 즉 '말'의 뜻을 가지고 동의 관계에 있다는 것은 다음 예문들에서 잘 확인된다. 원문 중 '不能言'이 '말 몯ᄒᆞ다'로도 번역되고 '말슴 몯ᄒᆞ다'로도 번역된다. 그리고 '不語'가 '말 몯ᄒᆞ다'로도 번역되고 '말슴 몯ᄒᆞ다'로도 번역된다. 따라서 '말'과 '말슴'의 동의성은 명백히 입증된다. 명사 '말슴'은 '말'에서 파생된 것이다.

　　(1) a. 과ᄀᆞ리 客忤ᄒᆞ야 말 몯ᄒᆞ거든(卒客忤不能言) <救方上 26b>

　　　　 b. ᄒᆞ마 주거 말 몯ᄒᆞᄂᆞ니도 살며(已死不能言者亦活) <救간一 80b>

　　　　 c. 中風ᄒᆞ야 말 몯고(中風不語) <救方下 3a>

　　　　 d. 눈 금고 말 몯고(閉目不語) <救方上 36b>

　　(1) e. ᄒᆞ마 주거 말슴 몯ᄒᆞ리도 살며(已死不能言者亦活) <救方下 36b>

　　　　 f. 과ᄀᆞ리 ᄇᆞ름 마자 말슴 몯ᄒᆞ고(卒中風不語) <救간一 18a>

<2> 기릐 對 기리

　두 명사가 [長] 즉 '길이'의 뜻을 가지고 동의 관계에 있다는 것은 다음 예문들에서 잘 확인된다. 원문 중 '二寸長'이 '두 寸ㅅ 기릐'로 번역되고 '鹿角長'이 '사ᄉᆞ미 ᄲᅳᆯ

기리'로 번역된다. 따라서 '기릐'와 '기리'의 동의성은 명백히 입증된다. 명사 '기릐'
는 어간 '길-'과 명사 형성 접미사 '-의'의 결합이고 명사 '기리'는 어간 '길-'과 명사
형성 접미사 '-이'의 결합이다.

(2) a. 물챗 변쵸 두 촌ㅅ 기릐와(馬鞭梢二寸長) ＜救方下 15b＞

(2) b. 물챗 근 두 촌 기리만 ᄒᆞ니와(馬鞭梢二寸長) ＜救간六 70b＞
   c. 버거 두 츤 기리만 ᄒᆞᆫ 져고맛 대롱(次用二寸長小竹管) ＜救간一 65b＞
   d. 사ᄉᆞ미 ᄲᅳᆯ 기리 여슷 치만 ᄒᆞ니를(鹿角長六寸) ＜救간二 43b＞
   e. 져근 숫가락 기리 ᄀᆞ티 두 치만 갓가(削如小指長二寸) ＜救간三 71b＞
   f. 조각 ᄒᆞᆫ 낫 기(60b)리 자만 ᄒᆞ닐 두드려 ᄇᆞᅀᅡ(皁角一條長尺以上者搥碎)
    ＜救간三 61a＞

＜3＞ 킈 對 크기

두 명사가 [大] 즉 '크기'의 뜻을 가지고 동의 관계에 있다는 것은 다음 예문들에
서 잘 확인된다. 원문 중 '棗大'가 '大棗ㅅ 킈'로 번역되고 '瘡腫大'가 '브스름 크기'로
번역된다. 따라서 '킈'와 '크기'의 동의성은 명백히 입증된다. '킈'는 '크-[大]+-의(명
사 형성 접미사)'로 분석될 수 있고 '크기'는 '크-[大]+-기(명사 형성 접미사)'로 분
석될 수 있다.

(3) a. 大棗ㅅ 킈만 ᄒᆞ닐 머그라(如棗大服之) ＜救方下 93b＞
   b. 大棗ㅅ 즈ᅀᅳ 킈만 ᄒᆞ닐 ᄉᆞᆷ기면(如棗核大呑之) ＜救方下 60a＞
   c. 골 밍ᄀᆞ로딕 탄즛 킈만 ᄒᆞ야(爲膏彈子大) ＜救方下 72b＞

(3) d. 모 나며 두련ᄒᆞ며 크며 져고믈 브스름 크기만 ᄒᆞ야(方圓大小如瘡腫大)
   ＜救간三 35b＞

제2절 動詞類에서의 同義

고유어의 動詞類에서 확인되는 동의 관계에는 動作動詞간의 同義 관계, 狀態動詞간의 동의 관계 그리고 동작동사와 상태동사 간의 동의 관계가 있다.

① 動作動詞간의 同義

고유어의 動作動詞에서 발견되는 동의 관계는 相異型과 相似型으로 나눌 수 있다. 相似型은 음운론적 관점과 형태론적 관점으로 분류될 수 있는데 음운론적 관점에 따르면 音韻 交替, 音韻 脫落 및 音韻 添加 그리고 表記法 差異가 있다. 형태론적 관점에 따르면 合成과 派生이 있다.

1. 相異型

서로 다른 형식을 가진 둘 또는 그 이상의 動作動詞들의 동의 관계를 가질 수 있다. 이 경우가 상이형이다.

고유어의 動作動詞에서 확인되는 상이형에는 [行] 즉 '가다'의 뜻을 가진 '가다'와 '녀다'를 비롯하여 [裹] 즉 '싸다'의 뜻을 가진 '쁘리다'와 '밧다', [生] 즉 '나다, 돋다'의 뜻을 가진 '나다'와 '돋다', [謂] 즉 '이르다, 말하다'의 뜻을 가진 '니르다'와 '곧다', [瘥] 즉 '병이 낫다'의 뜻을 가진 '둏다'와 '우션ᄒ다', [壅] 즉 '덮다'의 뜻을 가진 '둪다'와 '우기다', [飮]과 [服] 즉 '먹다, 마시다'의 뜻을 가진 '먹다'와 '마시다', [動] 즉 '움직이다'의 뜻을 가진 '뮈다'와 '움즈기다', [墮]와 [溺] 즉 '빠지다'의 뜻을 가진 '싸디다'와 '디다', [去] 즉 '베다, 제거하다'의 뜻을 가진 '버히다'와 '앗다', [和] 즉 '섞다, 풀다'의 뜻을 가진 '섞다'와 '플다', [化] 즉 '없어지다, 삭다'의 뜻을 가진 '슬다'와 '삭다', [開] 즉 '열리다, 벌어지다'의 뜻을 가진 '열다'와 '벙으리다', [撮] 즉 '손으로 집다'의 뜻을 가진 '잡다'와 '집다' 그리고 [潰] 즉 '문드러지다, 헐다'의 뜻을 가진 '허여디다'와 '곪다' 등 170여 항목이 있다.

<1> 가다 對 녀다

두 동작동사가 [行] 즉 '가다'의 뜻을 가지고 동의 관계에 있다는 것은 다음 예문들에서 잘 확인된다. 원문 중 '人行五里'가 '사ᄅᆞ미 오리예 가다'로 번역되고 '行路'가 '길 녀다'로 번역된다. 따라서 '가다'와 '녀다'의 동의성은 명백히 입증된다.

    (1) a. 사ᄅᆞ미 오리예 갈 만ᄒᆞ야 ᄯᅩ 흔 복을 머기면(如人行五里又進一服) <救간一 53a>
        b. 두던에 가(可就岸) <救간一 74a>

    (1) c. 氣分이 녀디 몯ᄒᆞ야(氣因不行) <救方下 23a>
        d. 녀 비 안햇 므를 내오(行以出腹內之水) <救方上 71a>
        e. 길 녀다가 과ᄀᆞᆯ이 가슴 알ᄑᆞ고 약 업거든(行路卒心痛無藥) <救간二 35b>

<2> 가시다 對 업다

두 동작동사가 [滅] 즉 '없어지다'의 뜻을 가지고 동의 관계에 있다는 것은 다음 예문들에서 잘 확인된다. 원문 중 '瘢痕…滅'이 '허므리 가시다'로도 번역되고 '허므리 없다'로도 번역된다. 따라서 '가시다'와 '없다'의 동의성은 명백히 입증된다.

    (2) a. 허므리 가시디 아니코(瘢痕不滅) <救간六 93b>

    (2) b. 허므리 업디 아니커든(瘢痕不滅) <救간六 94b>
        c. 절로 허므리 업서(自然瘢滅) <救간六 95a>
        d. ᄯᅩ 열 ᄒᆡ 디난 허믈도 업스시라(十年者亦滅) <救간六 92b>

<3> 가지다 對 앗다

두 동작동사가 [取] 즉 '가지다, 取하다'의 뜻을 가지고 동의 관계에 있다는 것은 다음 예문들에서 잘 확인된다. 원문 중 '取…墨'이 '검듸영을 가지다'로 번역되고 '取汁'이 '汁 앗다'로 번역된다. 따라서 '가지다'와 '앗다'의 동의성은 명백히 입증된다.

(3) a. 브서빗 검듸영을 彈子만 ᄒᆞ닐 가려(取竈中墨如彈丸) <救方上 40b>

   b. 고줄 가져다가(拈取花來) <救간二 88a>

(3) c. 汁 아ᅀᅡ(取汁) <救方上 86b> <救方下 4a> <救方下 5a>

   d. 족을 디허 汁 ᄒᆞᆫ 될 아ᅀᅡ 먹고(藍搗取汁一升飮之) <救方下 5a>

   e. 自然汁을 ᄣᅡ 아ᅀᅡ(絞取自然汁) <救方下 4a>

   f. 烏雞肝 아ᅀᅡ(取烏雞肝) <救方下 16a>

   g. 오계돍의 간을 아ᅀᅡ(破烏雞取肝) <救간六 72a>

   h. 도틱 기르믈 아ᅀᅡ(取猪脂) <救方下 38a>

   i. 추믈 아ᅀᅡ(取涎) <救方下 35b>

<4> 갃다 對 뎨미다

두 동작동사가 [削] 즉 '깎다'의 뜻을 가지고 동의 관계에 있다는 것은 다음 예문들에서 잘 확인된다. 원문 중 '乾姜削'이 '乾姜을 갃다'로 번역되고 '梨削'이 '빅를 뎨미다'로 번역된다. 따라서 '갃다'와 '뎨미다'의 동의성은 명백히 입증된다. '갃다'의 목적어는 [+구체물]인 '乾姜', '싱앙', '마늘', '뽕나못 불휘' 및 '대롱'이고 '뎨미다'의 목적어는 [+구체물]인 '빅'이다.

(4) a. 뽕나못 불횟 힌 것 ᄒᆞᆫ 片이 져만 ᄒᆞ닐 ᄒᆞᆫ 머릴 엷게 갓가

    (取桑根白皮一片新者如筯大削一頭令薄) <救方下 39a>

   b. 乾姜을 蓮子만 케 갓가(用乾姜削如蓮子大) <救方上 64a>

   c. 무른 싱앙을 갓가 년ᄌᆞ만 케 ᄒᆞ야(乾薑削如蓮子大) <救간二 96a>

   d. 마ᄂᆞᆯ 갓가(削大蒜) <救간二 83b>

   e. 되야마늘 ᄒᆞᆫ 나출 두 녁 그틀 갓가 ᄇᆞ료딕(獨顆蒜一枚削去兩頭) <救간二 69b>

   f. 모로매 져근 대롱을 ᄲᅩ로디 갓가(須尖削小竹管) <救간一 66a>

(4) g. 빅를 뎨며 브티면(用梨削貼) <救方下 15a>

<5> 빼혀다 對 ᄲᅳ리다

두 동작동사가 [破]와 [裂] 즉 '깨다, 가르다'의 뜻을 가지고 동의 관계에 있다는 것은 다음 예문들에서 잘 확인된다. 원문 중 '蒜…破'가 '마늘 빼혀다'로 번역되고 '破雞子'가 '들기알 ᄲᅳ리다'로 번역된다. 그리고 '附子炮裂'이 '附子 구어 빼혀다'로 번역되고 '頭痛欲裂'이 '머리 ᄲᅳ리는 듯 알ᄑᆞ다'로 번역된다. 따라서 '빼혀다'와 'ᄲᅳ리다'의 동의성은 명백히 입증된다.

(5) a. 마늘 半 되를 빼혀(蒜半升破) <救方上 88a>

　　b. 햐근 지지 ᄢᅵ ᄒᆞᆫ 나ᄎᆞᆯ 대 갈로 두 ᄧᅡᆨ애 빼혀(山梔子一介用竹刀破作兩邊)

　　　<救간二 101b>

　　c. 대초 열 낫 빼혀니와ᄅᆞᆯ(大棗一十枚擘破) <救간二 11b>

　　d. 附子를 各 三分을 炮ᄒᆞ야 빼혀(附子各三分炮裂) <救方上 39b>

　　e. 附子 구어 빼혀 것과 빗복 아ᅀᆞ니와(附子炮裂去皮臍) <救方下 27a>

　　f. ᄆᆞᄅᆞᆫ 싱앙 반 량 죠ᄒᆡ예 ᄡᅡ 믈 저져 구어 빼혀 사ᄒᆞ로니와(乾薑半兩炮裂剉)

　　　<救간二 10b>

　　g. 복셩화 ᄢᅵ를 빼혀(桃仁分破) <救간七 32b>

(5) h. 들기알ᄒᆞᆯ ᄲᅳ려 힌 므를 아ᅀᅡ ᄇᆞᄅᆞ면(破雞子取白塗之) <救方下 10b>

　　i. ᄯᅩ 딜 실을 ᄂᆞᆾ치 업고 가ᄀᆞ기 텨 ᄲᅳ려 ᄇᆞ리라(又瓦甌覆面疾打破) <救간一 98b>

　　j. 들기알 ᄒᆞᆫ 나ᄎᆞᆯ ᄲᅳ려(雞子一枚打破) <救方上 27a>

　　k. 들기알 ᄒᆞᆫ 나ᄎᆞᆯ ᄲᅳ려 녀허(雞子一枚打破) <救간二 26b>

　　l. 머리 알포미 ᄲᅳ리는 ᄃᆞᆺ거든(頭痛如破者) <救간二 5a>

　　m. 머리 ᄲᅳ리는 ᄃᆞᆺ 알ᄑᆞ거든(頭痛欲裂) <救간二 5a>

<6> 빼혀다 對 ᄣᅥ다

두 동작동사가 [裂] 즉 '찢다, 째다'의 뜻을 가지고 동의 관계에 있다는 것은 다음 예문들에서 잘 확인된다. 원문 중 '乾薑…炮裂剉'가 'ᄆᆞᄅᆞᆫ 싱앙 브레 구어 빼혀 사ᄒᆞᆯ다'로 번역되고 '乾姜…炮裂剉'가 '乾薑 구어 ᄣᅥ야 사ᄒᆞᆯ다'로 번역된다. 따라서 '빼혀

다'와 '삐다'의 동의성은 명백히 입증된다.

    (6) a. 附子 구어 뼈혀 것과 빗복 아ᄉ니와(附子 炮裂去皮臍) <救方下 27a>

       b. 朱砂…雄黃…附子를 各 三分을 炮ᄒ야 뼈혀 것과 빗보골 앗고

        (朱砂…雄黃…附子 各三分炮裂去皮臍) <救方上 39b>

       c. 계핏 솝 흔 량과 ᄆᄅᆫ 싱앙 흔 량 브레 구어 뼈혀 사ᄒ로니와를 디허

        (桂心 一兩乾薑 一兩炮裂剉擣) <救간二 26a>

       d. ᄆᄅᆫ 싱앙 반 량 죠희예 ᄡᅡ 믈 저져 뼈혀 사ᄒ로니와(乾薑 半兩炮裂剉)

        <救간二 10b>

       e. ᄆᄅᆫ 싱앙을 죠희예 ᄡᅡ 믈 저져 구어 뼈혀 사ᄒ라 석 량 ᄀᄂᆞ리 ᄀᆞ로니와

        (乾薑 炮裂三兩爲細末) <救간二 23a>

    (6) f. 蕎麥과 乾姜 各 흔 分을 구어 삐야 사ᄒ로니와 디허(蕎麥 乾姜 各一分炮裂剉右擣)

       <救方下 39a>

<7> 뼈혀다 對 ᄠᅳ다

  두 동작동사가 [破] 즉 '깨다, 가르다'의 뜻을 가지고 동의 관계에 있다는 것은 다음 예문들에서 잘 확인된다. 원문 중 '蒜…破'가 '마ᄂᆞᆯ 뼈혀다'로 번역되고 '破蛇尾'가 '비야미 소리를 ᄠᅳ디'로 번역된다. 따라서 '뼈혀다'와 'ᄠᅳ다'의 동의성은 명백히 입증된다.

    (7) a. 마ᄂᆞᆯ 半 되를 뼈혀(蒜半升破) <救方上 88a>

       b. 햐근 지지 ᄣᅵ 흔 나츨 대 갈로 두 ᄧᅡ개 뼈혀(山梔子一介用竹刀破作兩邊)

        <救간二 101b>

       c. 대초 열 낫 뼈혀니와를(大棗一十枚擘破) <救간二 11b>

       d. 믈쫑구으릿 비 아랠 뼈혀(蜈蚣心破其腹下) <救간三 21b>

    (7) e. 갈ᄒ로 비야미 소리를 ᄠᅳ고(以刀破蛇尾) <救方下 79b>

       f. 그 ᄃᆞᆰ을 ᄣᅡ 헤텨 가ᄉᆞᆷ애 다텨 둣다가(仍破此鷄以搵心下) <救간一 56a>

<8> 거두다 對 쓰다

두 동작동사가 [收] 즉 '쓰다'의 뜻을 가지고 동의 관계에 있다는 것은 다음 예문들에서 잘 확인된다. 원문 중 '四肢不收'가 '네 활개를 거두디 몯ᄒ다'로도 번역되고 '네 활기를 몯 쓰다'로도 번역된다. 따라서 '거두다'와 '쓰다'의 동의성은 명백히 입증된다.

(8) a. 네 활개를 거두디 몯ᄒ며(四肢不收) <救方上 4b>

　　 b. 네 활개를 거두디 몯ᄒ야(四肢不收) <救方上 5b>

　　 c. 四肢를 거두디 몯ᄒ고(四肢不收) <救方上 13b>

(8) d. 네 활기를 몯 쓰며(四肢不收) <救간一 5b>

　　 e. 네 활기 몯 쓰며(四肢不收) <救간一 14b>

　　 f. 네 활기 몯 쓰고(四肢不收) <救간一 43b>

　　 g. 네 활기 쓰디 몯ᄒ고(四肢不收) <救간一 39b>

<9> 거르다 對 밭다

두 동작동사가 [濾]와 [濾過] 즉 '거르다, 밭이다'의 뜻을 가지고 동의 관계에 있다는 것은 다음 예문들에서 잘 확인된다. 원문 중 '縣濾'가 '소오매 거르다'로도 번역되고 '소오매 밭다'로도 번역된다. 그리고 '以冷水濾過'가 '츤믈로 거르다'로 번역되고 '攪濾過'가 '저어 밭다'로 번역된다. 따라서 '거르다'와 '밭다'의 동의성은 명백히 입증된다.

(9) a. 소(9b)오매 걸어 즈의 앗고(縣濾去滓) <救方下 10a>

　　 b. 묏고마릿 불휘와 무근 싱앙 ᄒ 무적과를 ᄒᆞᆫᄃᆡ ᄆᆞᄅ ᄀ라 걸운 즙을

　　　　(蒼耳根老薑一塊同硏爛濾汁) <救간二 77b>

　　 c. 것위를 디허 츤믈로 걸어 걸에 ᄒ야(蚯蚓杵以冷水濾過濃) <救간三 80b>

(9) d. 소오매 바타 즈싀 앗고(縣濾去滓) <救간三 98b>

　　e. 열 삐 ▽라 바톤 즙으로(研濾麻子取汁) <救간一 11b>

　　f. 율믜발 서 홉과 돌열 삐 반 되를 믈 서 되예 ▽라 바타

　　　(薏苡人三合冬麻子半升水三升研濾) <救간一 11b>

　　g. 물똥을 ▽라 뿔와 흔틱 저어 바타(馬糞研同蜜擂濾過) <救간二 46b>

<10> 거슬다 對 거스리다

두 동작동사가 [逆] 즉 '거꾸로 오르다'의 뜻을 가지고 동의 관계에 있다는 것은
다음 예문들에서 잘 확인된다. 원문 중 '逆氣'가 '氣分이 거슬다'로 번역되고 '胃氣…
逆'이 '가슴앳 긔운이 거스리다'로 번역된다. 따라서 '거슬다'와 '거스리다'의 동의성
은 명백히 입증된다.

(10) a. 氣分이 거스러 우흐로 올오매 나(生於…逆氣上行) <救方上 12a>

(10) b. 가슴앳 긔운이 답답ᄒ야 거스리거든(胃氣煩逆) <救간二 60a>

　　c. ▽장 더워 거스려 토ᄒ며(壯熱嘔逆) <救간一 102b>

　　d. 시긧병ᄒ야 거스려 토ᄒ고(時氣嘔逆) <救간一 106b>

<11> 거슬다 對 굼바티다

두 동작동사가 [逆] 즉 '거꾸로 오르다'의 뜻을 가지고 동의 관계에 있다는 것은
다음 예문들에서 잘 확인된다. 원문 중 '逆氣'가 '氣分이 거슬다'로 번역되고 '喘逆'이
'수미 굼바티다'로 번역된다. 따라서 '거슬다'와 '굼바티다'의 동의성은 명백히 입증
된다.

(11) a. 氣分이 거스러 우흐로 올오매 나(生於…逆氣上行) <救方上 12a>

　　b. 긔운이 티와텨 수미 굼바티거든(氣上喘逆) <救간七 12a>

<12> 고티다 對 됴히오다

두 동작동사가 [治]와 [瘥] 즉 '고치다, 낫게 하다'의 뜻을 가지고 동의 관계에 있다는 것은 동일 원문의 번역인 다음 예문들에서 잘 확인된다. 원문 중 '治中風不省人事'가 '中風ᄒ야 人事 모ᄅᆞᄂᆞ닐 고티다'로 번역되고 '不…瘥者'가 '됴히오디 몯ᄒᄂᆞᆫ ᄇᆞᄅᆞᆷ 마ᄌᆞᆫ 병'으로 번역된다. 따라서 '고티다'와 '됴히오다'의 동의성은 명백히 입증된다.

(12) a. 中風ᄒ야 人事 모ᄅᆞᄂᆞ닐 고툐ᄃᆡ(治中風不省人事) <救方上 3b>

　　　 b. 中風ᄒ니 고티ᄂᆞᆫ 法은(治卒中法) <救方上 1b>

　　　 c. 金瘡을 고툐ᄃᆡ(治金瘡) <救方上 82b>

　　　 d. 一切ㅅ 金瘡 고툐ᄆᆡ(治一切金瘡) <救方下 4a>

　　　 e. 이 毒氣ᄅᆞᆯ 時急히 고티디 아니ᄒ면(此毒氣若不急療) <救方下 71a>

　　　 f. 녀느 약으로 수이 고티디 몯ᄒᄂᆞ닐(他藥不能治之者) <救간二 116b>

(12) g. 녀나ᄆᆞᆫ 약으로 됴히오디 몯ᄒᄂᆞᆫ ᄇᆞᄅᆞᆷ 마(28a)존 병을(諸藥不能瘥者)
　　　　 <救간一28b>

<13> 구브며 펴다 對 굽힐후다

동작동사구 '구브며 펴다'와 합성 동작동사 '굽힐후다'가 [屈伸] 즉 '굽히며 펴다, 굽히고 펴다'의 뜻을 가지고 동의 관계에 있다는 것은 다음 예문들에서 잘 확인된다. 원문 중 '屈伸'이 '구브며 펴다'로도 번역되고 '굽힐후다'로도 번역된다. 따라서 '구브며 펴다'와 '굽힐후다'의 동의성은 명백히 입증된다. '굽힐후다'는 [屈] 즉 '굽히다'의 뜻을 가진 동작동사 '굽다'와 [伸] 즉 '펴다'의 뜻을 가진 동작동사 '힐후다'의 비통사적 合成이다.

(13) a. 모미 고다 구브며 펴며 두위눕디 몯ᄒ거든(身直不得屈伸反覆者) <救간一 28b>

　　　 b. ᄑᆞᆯ와 구브를 ᄲᅮᆺᄎᆞ며 굽힐훠 보라(摩拎臂腿屈伸之) <救간一 60b>

<14> 쓰리다 對 빳다

두 동작동사가 [裹]와 [封裹] 즉 '싸다'의 뜻을 가지고 동의 관계에 있다는 것은 다음 예문들에서 잘 확인된다. 원문 중 '縣裹'가 '소오매 쓰리다'로도 번역되고 '소오매 빳다'로도 번역된다. '布裹'가 '뵈로 쓰리다'로 번역되고 '以故布…裹之'가 '늘근 뵈로 빳다'로 번역된다. 그리고 '封裹勿動'이 '쓰려 뮈우디 말다'로 번역되고 '用藥封裹'가 '藥으로 빳다'로 번역된다. 따라서 '쓰리다'와 '빳다'의 동의성은 명백히 입증된다.

(14) a. 半 돈을 소오매 쓰려(縣裹半錢) <救方上 46b>

　　　 b. 소오매 져기 쓰려 머구며(縣裹少許嚼之) <救方上 47a>

　　　 c. 뵈로 소고몰 탄즈만 쓰려(布裹塩如彈子大) <救方上 27b>

　　　 d. 뵈로 두어 볼 쓰려(用布三兩重裹) <救方上 58b>

　　　 e. 기브로 쓰료딕(以帛子裹) <救方上 68a>

　　　 f. 헌딕 브티고 쓰려 뮈우디 말오(傅傷損處封裹勿動) <救方上 82a>

(14) g. 소오매 皁莢ㅅ 골올 빠(縣裹皁莢末) <救方上 72b>

　　　 h. 반 돈을 소오매 빠(縣裹半錢) <救간二 76b>

　　　 i. 늘근 뵈로 두어 비롤 빠(以故布數重裹之) <救方下 36b>

　　　 j. 져즌 죠히예 빠 구으니와(濕紙裹煨) <救方上 1b> <救간一 2a>

　　　 k. 새 봀 거치로 빳고(以新桑皮裹之) <救方上 82a>

　　　 l. 藥으로 빳고(用藥封裹) <救方上 81b>

<15> 쓰리다 對 삐다

두 동작동사가 [裹] 즉 '싸이다'의 뜻을 가지고 동의 관계에 있다는 것은 다음 예문들에서 잘 확인된다. 원문 중 '裹出'이 '쓰려 ㄴ다'로도 번역되고 '삐여 나다'로도 번역된다. 그리고 '裹…出'이 '쓰려 나다'로도 번역되고 '삐여 나다'로도 번역된다. 따라서 '쓰리다'와 '삐다'의 동의성은 명백히 입증된다.

(15) a. 절로 쯰려 나ᄂ니라(自裏出) <救方上 51a>

    b. 절로 뻐려 나리라(自裏出) <救간六 14a>

(15) c. 自然히 大便에 쯰려 나ᄂ니라(自然裏於大便中出) <救方上 51a>

    d. ᄌ연히 큰물 볼 제 뻐여 나리라(自然裏於大便中出) <救간六 14b>

<16> 글히다 對 달히다

두 동작동사가 [煎]과 [煮] 즉 '끓이다, 달이다'의 뜻을 가지고 동의 관계에 있다는 것은 다음 예문들에서 잘 확인된다. 원문 중 '同煎'이 '흔듸 글히다'로도 번역되고 '흔 듸 달히다'로도 번역된다. '濃煎'이 '두터이 글히다'로도 번역되고 '디투 달히다'로도 번역된다. 그리고 '以水三升煮'가 '믈 서 되로 글히다'로도 번역되고 '믈 서 되예 달히 다'로도 번역된다. 따라서 '글히다'와 '달히다'의 동의성은 명백히 입증된다.

(16) a. 흔듸 글혀(同煎) <救方上 14a>

    b. 믈 두 큰 잔애 글혀(以水二大盞煎) <救方上 27a>

    c. 믈 세 큰 盞애 글혀(以水三大盞煎) <救方上 35a>

    d. 冬瓜 삐 글횬 므레 프러 머기라(冬瓜子煎湯調下) <救方上 13b>

    e. 貫衆을 두터이 글혀(貫衆不以多少濃煎) <救方上 48a>

    f. 믈 흔 보ᄉ로 글혀(以水一梡煎) <救方上 35b>

    g. 믈 흔 큰 잔 半을 흔 자니 두외에 글혀(以水大盞半煎至一盞) <救方下 91a>

    h. 이흐름 너출 글힌 므레 프러 머그라(通草煎湯調下) <救간三 107b>

    i. 믈 서 되로 글혀(以水三升煮) <救方上 30a>

    j. 됴흔 醋 흔 되 半으로 글혀(以好醋一升半煮) <救方上 30a>

    k. 보리를 글혀(煮大麥) <救方下 38a>

(16) l. 믈 두 큰 잔과 흔듸 달혀(以水二大盞同煎) <救方下 17b>

    m. 흔듸 달혀(同煎) <救方下 20a>

    n. 기름 소티 달효듸(於油鐺中煎) <救方下 9b>

    o. 믈 두 큰 되예 달혀(以水二大盞煎) <救간二 27a>

p. 믈 큰 서 되예 달혀(以水三大盞煎) <救간二 55b>

q. 믈 네 사발애 달혀 흔 사바리어든 이베 브스라(水四椀煎一椀灌服)
　<救간二 79a>

r. 회초밋 불휘롤 하나 져그나 디투 달혀(貫衆不以多少濃煎) <救간六 7a>

s. 믈 흔 되 반애 달혀 흔 되어든(以水大盞半煎至一盞) <救간七 51a>

t. 므레 녀허 달효딕(於水中煮) <救方下 38b>

u. 다른 그르세 다마 또 달효딕(貯於別器中又煮) <救方下 38b>

v. 믈 서 되예 달혀(以水三升煮) <救간二 34a>

<17> 글히다 對 솟글히다

　동작동사 '글히다'와 합성 동작동사 '솟글히다'가 [令沸]와 [沸] 즉 '끓이다'의 뜻을 가지고 동의 관계에 있다는 것은 다음 예문들에서 잘 확인된다. 원문 중 '令沸沸止'가 '글혀 글호미 긏다'로 번역되고 '沸湯'이 '솟글힌 믈'로 번역된다. 따라서 '글히다'와 '솟글히다'의 동의성은 명백히 입증된다.

　　(17) a. 초 흔 되예 녀허 글혀 글호미 긋거든 마시라(內一盞醋中令沸沸止飮之)
　　　　 <救간二 64b>
　　　 b. 두 되롤 글혀 마시라(二升煮令沸飮之) <救간七 19a>

(17) c. 솟글힌 므레 프러 머그라(沸湯調下) <救간七 18a>

<18> 글히다 對 혀다

　두 동작동사가 [煎] 즉 '끓이다, 달이다'의 뜻을 가지고 동의 관계에 있다는 것은 다음 예문들에서 잘 확인된다. 원문 중 '生薑七片…煎'이 '生薑 닐굽 片과…글히다'로 번역되고 '生薑…煎'이 '生薑 혀다'로 번역된다. 따라서 '글히다'와 '혀다'의 동의성은 명백히 입증된다.

(18) a. 믈 두 盞과 生薑 닐굽 片과 大棗 ᄒᆞᆫ 낫과 ᄒᆞᆫ듸 글혀(水二盞生薑七片棗一枚同煎)

　　　 <救方上 14a>

　　 b. 믈 두 되예 ᄉᆡᆼ앙 닐굽 편과 대초 ᄒᆞᆫ 낫과 ᄒᆞᆫ듸 글효니

　　　 (水二盞生薑七片棗一枚同煎) <救간一 40a>

　　 c. 믈 ᄒᆞᆫ 되 닷 홉과 ᄉᆡᆼ앙 두터운 닐굽 편 조쳐 글효니 바니어든

　　　 (水一盞半生薑七厚片煎取其半) <救간一 2b>

　　 d. 술 ᄒᆞᆫ 보ᅀᆞ매 글혀(酒一碗煎) <救方下 30b>

　　 e. 믈 ᄒᆞᆫ 큰 잔ᄋᆞ로 글혀(以水一大盞煎) <救方上 63b>

　　 f. 후로로ᄒᆞᆫ 쥭 므레 글혀(煎稀粥飮) <救간一 104a>

(18) g. 믈 ᄒᆞᆫ 盞 半과 生薑(1b) 혀 半ᄋᆞᆯ 取ᄒᆞ야(水一盞半生薑七厚片煎取其半)

　　　 <救方上 2a>

<19> 긏다 對 머즉ᄒᆞ다

　두 동작동사가 [止] 즉 '그치다, 멈추다'의 뜻을 가지고 동의 관계에 있다는 것은 다음 예문들에서 잘 확인된다. 원문 중 '痛止'가 '알포미 긏다'로 번역되고 '暫止'가 '잢간 머즉ᄒᆞ다'로 번역된다. 따라서 '긏다'와 '머즉ᄒᆞ다'의 동의성은 명백히 입증된다.

(19) a. 알포미 그츠리라(痛止) <救간二 45a>

　　 b. 알포미 그츠리니(痛止) <救간三 29b>

　　 c. 그 알포미 즉재 그츠며(痛立止) <救간三 37b>

　　 d. 그 알포미 즉재 그츠리니(其痛立止) <救간二 4a>

　　 e. 알포미 즉재 긋ᄂᆞ니라(其痛立止) <救方下 10b>

　　 f. 그 알폼도 절로 그츠리라(其通自止) <救간七 78b>

　　 g. 그 피 즉재 그치리라(其血卽止) <救간二 118a>

(19) h. 셜ᄒᆞ야 깃ᄂᆞᆫ 기춤은…잢간 머즉ᄒᆞ니란(熱嗽…暫止者) <救간二 9a>

　　 i. 잢간 머즉ᄒᆞᄂᆞ니란(暫止者) <救간二 9b>

<20> 긏다 對 멎다

두 동작동사가 [止]와 [定] 즉 '그치다, 멈추다'의 뜻을 가지고 동의 관계에 있다는 것은 다음 예문들에서 잘 확인된다. 원문 중 '痛止'가 '알포미 긏다'로 번역되고 '煮十沸沸定'이 '열 소솜 글혀 멎디다'로 번역된다. 따라서 '긏다'와 '멎디다'의 동의성은 명백히 입증된다.

(20) a. 알포미 그츠리라(痛止) <救간二 45a>

b. 알포미 그츠리니(痛止) <救간三 29b>

c. 알포미 즉재 그츠며(痛立止) <救간三 37b>

d. 그 알포미 즉재 그츠리니(其痛立止) <救간二 4a>

e. 그 알폼도 절로 그츠리라(其痛自止) <救간七 78b>

f. 그 피 즉재 그치리라(其血卽止) <救간二 118a>

(20) g. 소곰 닉 량을 믈 흔 마래 열 소솜 글혀 멎디거든(塩四兩水一斗煮十沸沸定)

　　　<救간六 50b>

h. 그 술 흔 되예 녀허 글혀 멎디거든(投入藥酒一大盞候沸住) <救간七 4b>

<21> 긏다 對 없다

두 동작동사가 [止] 즉 '그치다, 멈추다'의 늣을 가시고 동의 관계에 있다는 것은 다음 예문들에서 잘 확인된다. 원문 중 '痛止'가 '알포미 긏다'로도 번역되고 '알포미 없다'로도 번역된다. 따라서 '긏다'와 '없다'의 동의성은 명백히 입증된다.

(21) a. 알포미 그츠리라(痛止) <救간二 45a>

b. 알포미 그츠리니(痛止) <救간三 29b>

c. 알포미 즉재 그츠며(痛立止) <救간三 37b>

d. 그 알포미 즉재 그츠리니(其痛立止) <救간二 4a>

e. 그 알폼도 절로 그츠리라(其痛自止) <救간七 78b>

f. 그 피 즉재 그치리라(其血卽止) <救간二 118a>

(21) g. 즉재 알포미 업고(卽時痛止) <救간七 78b>

<23> 기춤 깆다 對 기춤 기치다

두 동작동사구가 [咳嗽] 즉 '기침을 하다'의 뜻을 가지고 동의 관계에 있다는 것은
다음 예문들에서 잘 확인된다. 원문 중 '卒咳嗽'가 '과ᄀ리 기춤 깆다'로도 번역되고
'과ᄀ리 기춤 기치다'로도 번역된다. 따라서 '기춤 깆다'와 '기춤 기치다'의 동의성은
명백히 입증된다.

　　　　(22) a. 과ᄀ리 기춤 깃고(卒咳嗽) <救간二 11a>

　　　　　　　b. 과ᄀ리 기춤 기처(暴發咳嗽) <救간二 25a>

　　　　　　　c. 기춤 기처(咳嗽) <救간二 24b>

　　　　(22) d. 과ᄀ리 기춤 기치고(卒咳嗽) <救간二 10b>

　　　　　　　e. 과ᄀ리 기춤 기치거든(卒咳嗽) <救간二 13a>

　　　　　　　f. 믄득 기춤 기치거든(卒咳嗽) <救간二 11b>

<23> 기춤ᄒ다 對 기춤 깆다

동작동사가 '기춤ᄒ다'와 동작동사구 '기춤 깆다'가 [嗽] 즉 '기침하다, 기침을 하
다'의 뜻을 가지고 동의 관계에 있다는 것은 다음 예문들에서 잘 확인된다. 원문 중
'冷嗽'가 '링긔로 기춤ᄒ다'로 번역되고 '熱嗽'가 '셜ᄒ야 기춤 깆다'로 번역된다. 따라
서 '기춤ᄒ다'와 '기춤 깆다'의 동의성은 명백히 입증된다.

　　　　(23) a. 과ᄀ리 기춤하여(暴嗽) <救간二 14b>

　　　　　　　b. 과ᄀ리 기춤ᄒ거든(暴嗽) <救간二 21b>

　　　　　　　c. 링긔로 기춤ᄒ거든(冷嗽) <救간二 23a>

　　　　(23) d. 과ᄀ리 셜ᄒ야 기춤 깃거든(暴患熱嗽) <救간二 23a>

　　　　　　　e. 셜ᄒ야 깃ᄂ 기춤은(熱嗽) <救간二 9a>

<24> ᄀᆞ오누르이다 對 ᄀᆞ오눌이다

두 동작동사가 [魘] 즉 '가위눌리다'의 뜻을 가지고 동의 관계에 있다는 것은 다음 예문들에서 잘 확인된다. 원문 중 '卒魘'이 '믄득 ᄀᆞ오누르이다'로도 번역되고 '과글이 ᄀᆞ오눌이다'로도 번역된다. 따라서 'ᄀᆞ오누르이다'와 'ᄀᆞ오눌이다'의 동의성은 명백히 입증된다. 두 동작동사는 'ᄀᆞ오누르다'의 피동형이다.

(24) a. 믄득 ᄀᆞ오누르여(卒魘) <救方上 23a>

　　　b. ᄀᆞ오누르이닌 본ᄅᆡ 불ᄀᆞᆫ 듸 이실ᄉᆡ(魘者本在明處) <救方上 22b>

　　　c. 사ᄅᆞ므로 죽ᄃᆞ록 ᄀᆞ오누르이디 아니케 ᄒᆞᄂᆞ니라(令人終身不魘寐也)
　　　　 <救方上 23b>

　　　d. 네흔 ᄀᆞ오누르이니오(四曰魘寐) <救方上 25a>

(24) e. 과글이 ᄀᆞ오눌엿거든(卒魘) <救方上 23a>

　　　f. 믄득 ᄀᆞ오눌여(卒魘) <救간一 83b>

　　　g. 소ᄂᆞᆯ 가슴 우희 노하 두면 ᄀᆞ오눌이ᄂᆞ니라(以手覆心則魘) <救간一 82a>

　　　h. 어두운 듸셔 ᄀᆞ오눌여든(暗中著魘) <救간一 82a>

　　　i. 夜魘死 : 바ᄆᆡ ᄀᆞ오눌여 주그니라 <救간一 41a> <救간一 81b>

<25> ᄀᆞ오눌이다 對 귓거시 누르다

동작동사 'ᄀᆞ오눌이다'와 절 '귓거시 누르다'가 [鬼魘] 즉 '가위눌리다, 귀신이 누르다'의 뜻을 가지고 동의 관계에 있다는 것은 다음 예문들에서 잘 확인된다. 원문 중 '鬼魘'이 'ᄀᆞ오눌이다'로도 번역되고 '귓거시 누르다'로도 번역된다. 따라서 'ᄀᆞ오눌이다'와 '귓거시 누르다'의 동의성은 명백히 입증된다.

(25) a. ᄀᆞ오눌여 씌디 몯ᄒᆞ거든(鬼魘不悟) <求간一 85b>

　　　b. 夜魘死 : 바ᄆᆡ ᄀᆞ오눌여 주그니라 <救간一 41a> <救간一 81b>

(25) c. 이 귓거시 눌로미니(此乃鬼魘也) <救方上 21b>

    d. 귓거시 누르며 툐물 아라(覺鬼物魘打) <救方上 21b>

<26> ᄀ초다 對 갊다

   두 동작동사가 [貯]와 [藏] 즉 '간직하다, 저장하다'의 뜻을 가지고 동의 관계에 있
다는 것은 다음 예문들에서 잘 확인된다. 원문 중 '絹羅貯'가 '기베 처 ᄀ초다'로 번역
되고 '生肉熟⋯深藏'이 '生肉 니그닌 기피 갊다'로 번역된다. 따라서 두 동작동사 'ᄀ
초다'와 '갊다'의 동의성은 명백히 입증된다.

   (26) a. 藥이 일어든⋯다시 디허 기베 처 ᄀ초라(藥成⋯更擣絹羅貯之) <救方上 81b>
       b. 흰 밀 흔 兩과 麻油 넉 兩과 當歸 흔 兩 半 사ᄒ로니를(8a)⋯沙합애 녀허 ᄀ초고
        (白蠟一兩麻油四兩當歸一兩半剉⋯入甕合中收) <救方下 8b>

   (26) c. 믈읫 生肉 니그닌 다 기피 갈마 칙칙기 덥디 마롤디니
       (凡生肉熟皆不用深藏密蓋) <救方下 61b>

<27> 씨다 對 슘슘ᄒ다

   두 동작동사가 [醒]과 [醒醒] 즉 '깨다'의 뜻을 가지고 동의 관계에 있다는 것은 다
음 예문들에서 잘 확인된다. 원문 중 '卽醒'이 '즉재 씨다'로 번역되고 '便得醒醒'이
'곧 슘슘ᄒ다'로 번역된다. 따라서 '씨다'와 '슘슘ᄒ다'의 동의성은 명백히 입증된다.

   (27) a. 藥이 들면 곧 씨ᄂ니라(藥入卽醒) <救方上 31b>
      b. 브스면 즉재 씨ᄂ니라(灌之卽醒) <救方上 3b>
      c. 두 服애 넘디 아니ᄒ야 즉재 씨ᄂ니(不過二服卽醒) <救方上 38a>
      d. 즉재 씨ᄂ니라(立醒) <救方上 32a>
      e. 블로디 씨디 아니ᄒ면(如呌不醒) <救方上 21b>

   (27) f. 춘 추미 흔두 되만 나면 곧 슘슘ᄒᄂ니라(冷涎出一二升便得醒醒) <救方上 4b>
      <救간一 6a>

<28> 나다 對 긔톡ᄒ다

두 동작동사가 [發] 즉 '나다'의 뜻을 가지고 동의 관계에 있다는 것은 다음 예문들에서 잘 확인된다. 원문 중 '癰疽發'이 '브스르미 나다'로 번역되고 '癰…發'이 '죵긔…긔톡ᄒ다'로 번역된다. 따라서 '나다'와 '긔톡ᄒ다'의 동의성은 명백히 입증된다.

> (28) a. 등의 브스르미 나거든(癰疽發背) <救간三 29a>
>   b. 등의 브스름 나(發背瘡) <救간三 38b>
>   c. 뎡죵이 나(丁瘡發) <救간三 24a>
>   d. 미친 가히 믈인 독이 다시 나거든(猘犬嚙重發) <救간六 39a>

> (28) e. 져제 죵긔 ᄀᆞᆺ 긔톡홀 제(妳癰初發) <救간七 81a>

<29> 나다 對 내살다

두 동작동사가 [生] 즉 '나다'의 뜻을 가지고 동의 관계에 있다는 것은 다음 예문들에서 잘 확인된다. 원문 중 '生肌'가 '술 나다'로도 번역되고 '술히 내살다'로도 번역된다. 따라서 '나다'와 '내살다'의 동의성은 명백히 입증된다.

> (29) a. 술 나ᄂᆞ니 甚히 됴ᄒ니라(生肌甚効) <救方上 83b>
>   b. 술 날 ᄀᆞ장 기드료미 됴ᄒ니라(直待生肌爲妙) <救方上 82a>

> (29) c. 술히 내사ᄂᆞ니 ᄀᆞ장 됴ᄒ니라(生肌甚良) <<救方上 87b>
>   d. 셜리 술 내사는 膏로 브티면 神驗ᄒ니(速以生肌膏貼之神効) <救方下 3a>
>   e. 술 내사는 膏는 太乙膏類라(生肌膏太乙膏之類) <救方下 3a>

<30> 나다 對 돋다

두 동작동사가 [生] 즉 '나다, 돋다'의 뜻을 가지고 동의 관계에 있다는 것은 다음 예문들에서 잘 확인된다. 원문 중 '新生'이 '올히 나다'로도 번역되고 '새로 돋다'로도

번역된다. 따라서 '나다'와 '돋다'의 동의성은 명백히 입증된다.

(30) a. 올히 난 회홧 가지(新生槐枝) <救方上 30a>
　　 b. 새로 도돈 회화나못 가지(新生槐枝) <救간二 34a>

<31> 내다 對 앗다

두 동작동사가 [取] 즉 '내다, 취하다'의 뜻을 가지고 동의 관계에 있다는 것은 다음 예문들에서 잘 확인된다. 원문 중 '取汁'이 '汁을 내다'로도 번역되고 '汁 앗다'로도 번역된다. 그리고 '絞取汁'이 '빠 즙 내다'로 번역되고 '絞取自然汁'이 '自然汁을 빠 앗다'로 번역된다. 따라서 '내다'와 '앗다'의 동의성은 명백히 입증된다.

(31) a. 아오굴 니기 디허 汁을 내야(熟搗葵取汁) <救方下 81a>
　　 b. 마쇼 똥을 빠 즙 내야 머그라(牛馬屎絞取汁飮之) <救간一 43b>
　　 c. 손아히 오좀애 섯거 빠 믈 내야(和童子小便絞取汁) <救간三 43b>
　　 d. 汁 내야 술 半 잔애 프러 머그라(汁酒半盞和頓服) <救方上 62a>
　　 e. 예초 삐 솝 반 량을…술 서 홉애 주마 즙 내야(酸棗人半兩…以酒三合浸汁)
　　　　 <救간一 13a>

(31) f. 족을 디허 汁 혼 될 아사 먹고(藍搗取汁一升飮之) <救方下 5a>
　　 g. 汁 아사(取汁) <救方上 86b>
　　 h. 自然汁을 빠 아사(絞取自然汁) <救方下 4a>

<32> 내다 對 뽓다

두 동작동사가 [取] 즉 '내다, 짜다'의 뜻을 가지고 동의 관계에 있다는 것은 다음 예문들에서 잘 확인된다. 원문 중 '捺取汁'이 '눌러 汁 내다'로도 번역되고 '소느로 눌러 므를 뽓다'로도 번역된다. 그리고 '取汁'이 '믈 내다'로도 번역되고 '汁 뽓다'로도 번역된다. 따라서 '내다'와 '뽓다'의 동의성은 명백히 입증된다.

(32) a. 들팡이롤 눌러 汁 내야(取蝸牛捺取汁) <救方下 77a>

   b. 빠 믈 내야(絞取汁) <救간三 12b>

   c. 汁 내야 술 半 잔애 프러 머그라(汁酒半盞和頓服) <救方上 62a>

(32) d. 들팡이롤 소느로 눌러 므를 빠(蝸牛捺取汁) <救간六 60a>

   e. 됫고마리롤 부븨여 므를 빠 브르라(蒼耳按取汁塗之) <救간六 65a>

   f. 즙 빠 수레 프러(取汁酒和) <救간二 5b>

   g. 쏜 즙 흔 되롤 먹고(取汁飮一升) <救간六 50b>

   h. 늘 돌아혹 불휘(11a)…マ는 싱뵈예 뷔트러 쏜 즙 서 홉과

   (生冬葵根…生細布捩取汁三合) <救간七 11b>

   i. 즙 빠 술 반 되예 섯거 믄득 머그라(汁酒半盞和頓服) <救간二 115b>

<33> 녛다 對 더 녛다

  동작동사 '녛다'와 동작동사구 '더 녛다'가 [加] 즉 '넣다, 더 넣다'의 뜻을 가지고 동의 관계에 있다는 것은 다음 예문들에서 잘 확인된다. 원문 중 '加辰砂末'이 '朱砂ㅅ 글을 넣다'로도 번역되고 '쥬사 マ로니…더 넣다'로도 번역된다. 따라서 '녛다'와 '더 녛다'의 동의성은 명백히 입증된다.

   (33) a. 平胃散애 朱砂ㅅ 글올 녀허(用平胃散加辰砂末) <救方上 19b>

   (33) b. 흔 법엔 팀향 흔 돈을 더 녀코(一法加沉香一錢) <救간一 4b>

   c. 흔 법엔 쥬사 マ로니 져고맛 술로 흔나흘 더 녀흐라 ᄒ니라(一法加辰砂末少匕)

      <救간一 4b>

<34> 녛다 對 드리다

  두 동작동사가 [入], [內] 및 [加] 즉 '넣다, 들이다'의 뜻을 가지고 동의 관계에 있다는 것은 다음 예문들에서 잘 확인된다. 원문 중 '入酒'가 '술 넣다'로도 번역되고 '술 드리다'로도 번역된다. '吹入'이 '부러 넣다'로도 번역되고 '부러 드리다'로도 번

역된다. '內在鼻中'이 '고 안해 녛다'로 번역되고 '吹內'가 '부러 드리다'로 번역된다. 그리고 '加全蝎'이 '젼갈 녛다'로 번역되고 '加天南星末'이 '두야머주저깃 불휫 글을 드리다'로 번역된다. 따라서 '녛다'와 '드리다'의 동의성은 명백히 입증된다.

      (34) a. 술 세 호블 녀허 섯거(入酒三合相和) <救方下 19a>

          b. 춤기름 半盞을 녀허(入香油半盞) <救方下 21a>

          c. 뿔 醋를 져기 녀허(入米醋少許) <救方下 21b>

          d. 소곰 녀허(入塩) <救方下 34b>

          e. 소곰 흔 져부물 녀허(入鹽一撮) <救方下 35a>

          f. 두 곳구무와 항문에 부러 녀코(吹入兩鼻孔中及下部) <救간一 45b>

          g. 고 안해 녀(7b)흐면(內在鼻中) <救간二 8a>

          h. 대촛 소배 녀코(內於棗中) <救간三 69a>

          i. 항문에 녀흐면 즉재 보리라(內下部中立通) <救간三 71b>

          j. 죠고매 소고몰 조쳐 녀허도 됴흐니라(亦可內少塩) <救간三 6b>

          k. 젼갈 두 나츨 구어 녀흐라(加全蝎二枚炙) <救간一 2b>

      (34) l. 술 세 호블 드려 섯거(入酒三合相和) <救方下 20b>

          m. 射香을 드려 フ라(入射香研) <救方下 33a>

          n. 쥐 피 드려(入鼠血) <救方下 1b>

          o. 보릿 글을 드려(入大麥麴) <救간一 22b>

          p. 젼국 드려(入豆豉) <救간二 116a>

          q. 곳굼긔 부러 드려(吹入鼻中) <救간一 3a>

          r. 두 귓 굼긔 부러 드리면(吹入兩耳內) <救간一 46a>

          s. 곳굼긔 부러 드리라(吹內鼻中) <救간一 44b>

          t. 두야머주저깃 불휫 글을 근게 드려 브티라(加天南星末等分) <救간三 37b>

    <35> 녛다 對 드리티다

    두 동작동사가 [投] 즉 '녛다, 들이다'의 뜻을 가지고 동의 관계에 있다는 것은 다음 예문들에서 잘 확인된다. 원문 중 '以蒲黃…投'가 '蒲黃…녛다'로 번역되고 '熱糖

灰…投'가 '더운 노올압직…드리티다'로 번역된다. 그리고 '投新汲水'가 'ᄀᆞ 기론 믈 레 넣다'로 번역되고 '投酒中'이 '수레 드리티다'로 번역된다. 따라서 '넣다'와 '드리 티다'의 동의성은 명백히 입증된다.

(35) a. 蒲黃(29b) 서 호ᄫᆞᆯ 녀허(以蒲黃三合投中) <救方下 30a>

　　　b. ᄀᆞ 기론 므레 녀코(投新汲水) <救간一 110b>

　　　c. 글는 므레 녀허(投湯中) <救간一 107b>

　　　d. 더운 차애 녀허(以熱茶投之) <救간三 71b>

　　　e. 그 술 ᄒᆞᆫ 되예 녀허(投入藥酒一大盞) <救간七 4b>

(35) f. 더운 노올압직 ᄒᆞᆫ 되를 드리티고(取熱糖灰一升投之) <救간六 24b>

　　　g. 수레 드리텨(投酒中) <救간六 20b>

<36> 노기다 對 삭게 ᄒᆞ다

동작동사 '노기다'와 동작동사구 '삭게 ᄒᆞ다'가 [消] 즉 '녹히다, 삭히다, 없애다'의 뜻을 가지고 동의 관계에 있다는 것은 다음 예문들에서 잘 확인된다. 원문 중 '消痰' 이 '痰을 노기다'로도 번역되고 '건춤을 삭게 ᄒᆞ다'로도 번역된다. 따라서 '노기다'와 '삭게 ᄒᆞ다'의 동의성은 명백히 입증된다.

(36) a. 피ᄫᆞᆯ 슬며 痰을 노기ᄂᆞ니라(散血消痰) <救方上 44b>

　　　b. 믈 두 마래 글혀 노겨(以水三斗煮消) <救方上 26a>

　　　c. 소곰 탄즈만 ᄒᆞ닐…수레 녀허 노겨 먹고(塩如彈丸大…置酒中消服之)

　　　　　<救간一 49a>

(36) d. 이 약은 능히 긔분을 고티며 건춤을 삭게 ᄒᆞ고 풍긔 업기 ᄒᆞ요매 ᄀᆞ장 됴ᄒᆞ니라

　　　　(此藥能正氣消痰散風神效) <救간一 5a>

<37> 놓다 對 다완다

두 동작동사가 [搏] 즉 '다가오다, 닥치다'의 뜻을 가지고 동의 관계에 있다는 것은 다음 예문들에서 잘 확인된다. 원문 중 '搏其心'이 '가슴매 놓다'로도 번역되고 '그 무슴쏙 다완다'로도 번역된다. 따라서 '놓다'와 '다완다'의 동의성은 명백히 입증된다.

   (37) a. 주머니예 녀허 가슴매 노햇다가(囊盛以搏其心) <救方上 8a>

   (37) b. 쟐의 녀허 그 무슴쏙 다와다 두딕(囊盛以搏其心) <救간一 87b>
      c. 오스로 두터이 싸 미틔 다완고(厚裹衣抵定糞門) <救간一 59b>
      d. 오스로 바룰 싸 미틔 다와다(裹衣抵住糞門) <救간一 60a>

<38> 놓다 對 두다

두 동작동사가 [著]와 [放] 즉 '놓다, 두다'의 뜻을 가지고 동의 관계에 있다는 것은 다음 예문들에서 잘 확인된다. 원문 중 '著灰中'이 '지예 놓다'로도 번역되고 '지예 두다'로도 번역된다. 그리고 '放舌下'가 '혀 아래 놓다'로 번역되고 '放平穩處'가 '평흔 짜해 두다'로 번역된다. 따라서 '놓다'와 '두다'의 동의성은 명백히 입증된다.

   (38) a. 싸딘 사룸몰 아나 느리와 지예 노코(扶下溺人著灰中) <救方上 72a>
      b. 실을 지 우희 기우리혀 노코(以甌側著灰上) <救간一 72b>
      c. 소곰 노티 말라(不用著塩) <救간二 36a>
      d. 져 흔 가락을 빗기 노하(橫放箸一隻) <救간一 68b>
      e. 혀 아래 노하(放舌下) <救간二 86b>

   (38) f. 주근 사룸몰 느리와 지예 두고(下死者著灰中) <救간一 73a>
      g. 그르세 브어 더퍼 두고(傾於盞中蓋著) <救간一 53a>
      h. 노흐로 미야 평혼 짜해 두고(以索繫定放平穩處) <救간一 87a>
      i. 후루루흔 쥭에 두어 마시면(置稀粥中飮之) <救간二 85a>

<39> 누다 對 보다

두 동작동사가 [通]과 [利] 즉 '누다, 보다'의 뜻을 가지고 동의 관계에 있다는 것은 다음 예문들에서 잘 확인된다. 원문 중 '大便…不通'이 '큰믈 누디 몯ᄒᆞ다'로 번역되고 '大便不通'이 '큰믈 몯 보다'로 번역된다. '良久…通'이 '오라면 누다'로도 번역되고 '오라면 보다'로도 번역된다. 그리고 '未利'가 '누디 몯ᄒᆞ다'로 번역되고 '小便不利'가 '져근믈 보디 몯ᄒᆞ다'로 번역된다. 따라서 '누다'와 '보다'의 동의성은 명백히 입증된다.

(39) a. 아기 ᄇᆡ여셔 큰믈 마가 누디 몯ᄒᆞ야(姙娠大便結塞不通) <救간七 12a>

　　　b. 빗복의 브텨 오라면 누리라(貼臍良久卽通) <救간三 84b>

　　　c. 다 머그면 즉재 누리라(服盡卽通) <救간三 63a>

　　　d. 긔운이 ᄉᆞᄆᆞ차 들면 즉재 누리라(冷透卽通) <救간三 91a>

　　　e. 누디 몯거든 다시 머고ᄃᆡ 누ᄃᆞ록 머그라(未通再服以通爲度) <救간七 12b>

　　　f. ᄌᆞ조 두어 복을 누ᄃᆞ록 머그라(頻進數服以通爲度) <救간三 86a>

　　　g. 몯 누거든 다시 머그라(未利再服) <救간七 11b>

　　　h. 즉재 훤히 누리라(立得利) <救간七 16a>

(39) i. 아기 ᄇᆡ여셔 큰믈 몯 보아(姙娠大便不通) <救간七 12b>

　　　j. 아기 ᄇᆡ여셔 큰믈 져근믈 몯 보거든(姙娠大小便不通) <救간七 10b>

　　　k. 큰믈 져근믈 다 몯 보거든(大小便不通) <救간三 61a>

　　　l. 아기 ᄇᆡ여셔 져근믈 보디 몯ᄒᆞ야(姙娠小便不利) <救간七 13b>

　　　m. 져근믈 몯 보아(小便不通) <救간三 89a>

　　　n. 오라면 보리라(良久卽通) <救간三 65a>

　　　o. 즉재 만히 보리라(卽大通) <救간三 70a>

　　　p. 즉재 보리라 본 후에 ᄯᆞᆷ 나도(卽通通後汗出) <救간三 64a>

　　　q. 아기 ᄇᆡ여셔 져근믈 보디 몯ᄒᆞ거든(姙娠小便不利) <救간七 14b>

<40> 누르다 對 지즐우다

두 동작동사가 [壓]과 [按] 즉 '누르다, 지지르다'의 뜻을 가지고 동의 관계에 있다는 것은 다음 예문들에서 잘 확인된다. 원문 중 '壓之'가 '알픈 디 누르다'로 번역되고 '壓取油'가 '지즐워 기름 내다'로 번역된다. '壓之'의 '之'는 대명사로서 '病處'를 가리킨다. 그리고 '按腹'이 '비를 누르다'로 번역된다. 따라서 '누르다'와 '지즐우다'의 동의성은 명백히 입증된다.

> (40) a. 둙을 아나 알픈 디 눌름도 됴ᄒ니(92a)라(可抱雞來壓之) <救간一 92b>
>
> b. 더운 소ᄂ로 비를 눌러(以熱手按腹) <救간一 66a>
>
> c. 졈졈 구피며 비 조쳐 누르라(漸漸强屈之幷按其腹) <救간一 60b>
>
> d. 가ᄉ믈 눌러 ᄌ로 움즈기고(按據胸上數數動之) <救간一 60a>
>
> e. 눌로믈 마디 말며(按莫置) <救간一 60b>

> (40) f. 지즐워 기름 내야 ᄇᆞ르라(壓取油塗之) <救方上 6b>

<41> 니르다 對 다ᄃᆞ다

두 동작동사가 [至] 즉 '이르다, 다닫다'의 뜻을 가지고 동의 관계에 있다는 것은 다음 예문들에서 잘 확인된다. 원문 중 '至繫鉤處'가 '낛 미욘 디 니르다'로 번역되고 '至鉤處'가 '낙새 다ᄃᆞ다'로 번역된다. 따라서 '니르다'와 '다ᄃᆞ다'의 동의성은 명백히 입증된다.

> (41) a. 낛 미욘 디 니른가 식브거늘(覺至繫鉤處) <救方上 48b>
>
> b. 쎠 건 디 니르거든(至哽處) <救方上 49a>
>
> c. 다ᄉᆞᆺ 分에 니르거든(至五分) <救方下 18b>
>
> d. 닐굽 分에 니르거든(至七分) <救方下 33b>

> (41) e. 미러 낙새 다ᄃᆞ게 ᄒᆞ고(令推至鉤處) <救方上 50a> <救간六 15a>
>
> f. 낛 미욘 디 다ᄃᆞ른가 식브거늘(覺至繫鉤處) <救간六 16a>

　　g. 가시 건 듸 다듣거든(至鯁處) <救간七 10b>

　　h. 人中을 針호듸 니예 다듣게 ᄒ면(針人中至齒) <救方上 40a>

　　i. 고 아래 입시울 우희 오목ᄒᆫ 듸 침호듸 니예 다듣게(55a) ᄒ면(針人中至齒)

　　　　<救간 一55b>

　　j. ᄒᆫ 되예 다듣게 머그라(至一升喫之) <救간二 18b>

<42> 니르다 對 굳다

　두 동작동사가 [謂] 즉 '이르다, 말하다'의 뜻을 가지고 동의 관계에 있다는 것은 다음 예문들에서 잘 확인된다. 원문 중 '謂之逆生'이 '닐오듸 갓고로 나ᄂ다 ᄒ다'로도 번역되고 'ᄀ로듸 거스리 낟ᄂ다 ᄒ다'로도 번역된다. 따라서 '니르다'와 '굳다'의 동의성은 명백히 입증된다.

　　(42) a. 닐오듸 갓고로 나ᄂ다 ᄒᄂ니(謂之逆生) <救간七 45b>

　　　　b. 닐오듸 아비ᄂ 들오 아ᄃ른 나라 호ᄆᆯ 세 닐굽 번만 ᄒ면

　　　　(云父入子出如比三七遍) <救간七 25b>

　　(42) c. ᄀ로듸 거스리 낟ᄂ다 ᄒᄂ니(謂之逆生) <救方下 81b>

<43> 니르다 對 말ᄒ다

　두 동작동사가 [言]과 [語] 즉 '이르다, 말하다'의 뜻을 가지고 동의 관계에 있다는 것은 다음 예문들에서 잘 확인된다. 원문 중 '正言'이 '正히 니르다'로 번역되고 '能語'가 '能히 말ᄒ다'로 번역된다. 따라서 '니르다'와 '말ᄒ다'의 동의성은 명백히 입증된다.

　　(43) a. 제 일후ᄆᆯ 正히 니르디 말라(勿正言其名也) <救方下 74a>

　　　　b. 제 일후ᄆᆯ 바ᄅ 니르디 말라(勿正言其名也) <救간六 47b>

　　　　c. 비야미라 니르디 아니ᄒ고(不應言蛇) <救方下 73b>

　　　　d. 비야미라 니르디 말오(不應言蛇) <救간六 47b>

　　　　e. 벌에와 ᄯᅡ햇 노히라 니르고(皆言虫及地索) <救간六 47b>

   f. 바리 몬져 나몰 닐오딕 갓고로 나느다 ᄒᆞᄂᆞ니(脚先出謂之逆生) <救간七 45b>

   g. 닐오딕 아비ᄂᆞ 들오 아두른 나라 호몰 세 닐굽 번만 ᄒᆞ면

    (云父入子出如此三七遍) <救간七 25b>

   h. ᄒᆞ나흔 닐오딕 누른 훍 불라도 됴ᄒᆞ니라(神驗一云塗黃土) <救간三 14a>

(43) i. 곧 能히 말ᄒᆞᄂᆞ니라(卽能語) <救方上 20b>

   j. 즉재 能히 말ᄒᆞᄂᆞ니라(卽能廻語) <救方上 26a>

   k. 즉재 말ᄒᆞ리라(卽能廻語) <救간一 44b>

   l. 미친 말와 귓거싀 말홈괘 브텟ᄂᆞ니라(附…狂言鬼語) <救간一 99b>

   m. 미친 말와 귓거싀 말ᄒᆞ거든(狂言鬼語) <救간一 111a>

   n. 이슥고 말ᄒᆞ리라(良久當語) <救간一 18b>

   o. 세 번 너무 먹디 아니ᄒᆞ야셔 말ᄒᆞ리라(不過三服便語) <救간二 88b>

<44> 닉다 對 므르다

  두 동작동사가 [爛] 즉 '익다, 무르다'의 뜻을 가지고 동의 관계에 있다는 것은 다음 예문들에서 잘 확인된다. 원문 중 '半爛'이 '半만 닉다'로 번역되고 '極爛'이 'ᄀᆞ장 므르다'로 번역된다. 따라서 '닉다'와 '므르다'의 동의성은 명백히 입증된다.

   (44) a. 慈菰롤 디허 半만 닉거든(用慈菰搗半爛) <救方上 53a>

   (44) b. ᄀᆞ장 므르게 ᄒᆞ야(令極爛) <救方上 88a>

    c. 물물오즐 디허 반만 므르거든(慈菰擣爛) <救간六 19a>

<45> 다와티다 對 다디르다

  두 동작동사가 [衝] 즉 '찌르다, 치다'의 뜻을 가지고 동의 관계에 있다는 것은 다음 예문들에서 잘 확인된다. 원문 중 '衝心胷'이 '가슴매 다와티다'로 번역되고 '衝心'이 'ᄆᆞ슴매 다디르다'로 번역된다. 따라서 '다와티다'와 '다디르다'의 동의성은 명백히 입증된다.

(45) a. 氣分이 가스매 다와티ᄂᆞ니(氣衝心胷) <救方上 18a>

　　 b. 긔운이 가스매 다와티ᄂᆞ니(氣衝心胷) <救간一 51a>

　　 c. 뒤조치 거스리 올아 가스매 다와텨(胎衣逆上衝心) <救간六 48a>

(45) d. 모딘 피 흩디 아니ᄒᆞ야 ᄆᆞ리ᄆᆞ리예 ᄆᆞᅀᆞ매 다딜어(惡血不散時時衝心)

　　　 <救方下 91b>

　　 e. 모딘 피 ᄆᆞᅀᆞ매 다딜오믈 고티ᄂᆞ니라(治惡血衝心) <救方下 89a>

<46> 달히다 對 다리다

두 동작동사가 [煎]과 [湯] 즉 '달이다'의 뜻을 가지고 동의 관계에 있다는 것은 다음 예문들에서 잘 확인된다. 원문 중 '同煎'이 '흔듸 달히다'로 번역되고 '淡酒湯'이 '淡흔 술 다리다'로 번역된다. 그리고 '一茶久'가 '차 흔 번 달힐 만ᄒᆞ다'로도 번역되고 '차 다릴 스시만 ᄒᆞ다'로도 번역된다. 따라서 '달히다'와 '다리다'의 동의성은 명백히 입증된다.

(46) a. 믈 두 큰 잔과 흔듸 달혀(以水二大盞同煎) <救方下 17b>

　　 b. 흔듸 달혀(同煎) <救方下 20a>

　　 c. 기름 소틔 달효듸(於油鑼中煎) <救方下 9b>

　　 d. 믈 두 큰 되예 달혀(以水二大盞煎) <救간二 27a>

　　 e. 믈 큰 서 되예 달혀(以水三大盞煎) <救간二 55b>

　　 f. 믈 네 사발애 달혀 흔 사바리어든 이베 브스라(水四椀煎一椀灌服)

　　　 <救간二 79a>

　　 g. 회초밋 불휘ᄅᆞᆯ 하나 져그나 디투 달혀(貫衆不以多少濃煎) <救간六 7a>

　　 h. 사발로 두퍼 차 흔 번 달힐 만커든(用碗覆一茶久) <救간六 12a>

(46) i. 세 丸을 淡흔 술 다려 솜기고(三丸淡酒湯呑下) <救方下 88a>

　　 j. 보ᅀᆞ로 두퍼 차 다릴 스시만 커든(用碗覆一茶久) <救方上 51b>

<47> 더 넣다 對 더 드리다

두 동작동사구가 [加] 즉 '더 넣다'의 뜻을 가지고 동의 관계에 있다는 것은 다음 예문들에서 잘 확인된다. 원문 중 '加沉香一錢'이 '팀향 흔 돈을 더 넣다'로 번역되고 '加側栢'이 '즉빅 닙 더 드리다'로 번역된다. 따라서 '더 넣다'와 '더 드리다'의 동의성은 명백히 입증된다.

(47) a. 흔 법엔 팀향 흔 돈을 더 녀코(一法加沉香一錢) <救간一 4b>

　　　 b. 흔 법엔 쥬사 ᄀ로니 져고맛 술로 흔나홀 더 녀흐라 ᄒ니라(一法加辰砂末少匕)

　　　　 <救간一 4b>

(47) c. 즉빅 닙 더 드려 달혀 머그며(加側栢煎服) <救간二 92a>

　　　 d. 리튱탕애 오미ᄌ롤 더 드려 머고미 맛당ᄒ니라(宜理中湯加五味子)

　　　　 <救간二 9b>

　　　 e. 쏘 목향을 더 드리ᄂ니라(或入小木香) <救간一 40a>

<48> 더우며다 對 더위며이다

두 동작동사가 [熱暍] 즉 '더위먹다'의 뜻을 가지고 동의 관계에 있다는 것은 다음 예문들에서 잘 확인된다. 원문 중 '熱暍'이 '더우며다'로도 번역되고 '더위며이다'로도 번역된다. 따라서 '더우며다'와 '더위며이다'의 동의성은 명백히 입증된다.

(48) a. 더우며닐 고툐듸(治熱暍) <救方上 9b>

(48) b. 더위며여 죽ᄂ닐(中熱暍死) <救간一 36a>

　　　 c. 더위며여 주거 가며(熱暍欲死) <救간一 37b>

　　　 d. 더위며여 가ᄉ미 답답ᄒ거든(熱暍心悶) <救간一 34b>

<49> 더위메다 對 더위며이다

두 동작동사가 [熱暍] 즉 '더위먹다'의 뜻을 가지고 동의 관계에 있다는 것은 다음
예문들에서 잘 확인된다. 원문 중 '中熱暍'이 '더위메다'로도 번역되고 '더위며이다'
로도 번역된다. 그리고 '熱暍…死'가 '더위며여 죽다'로 번역된다. 따라서 '더위메다'
와 '더위며이다'의 동의성은 명백히 입증된다.

(49) a. 더위메여 죽거든(中熱暍死) <救方上 11a>

(49) b. 더위며여 죽ᄂᆞ닐(中熱暍死) <救간一 36a>
    c. 더위며여 주거 가며(熱暍欲死) <救간一 37b>
    d. 더위며여 가ᄉᆞ미 답답ᄒᆞ거든(熱暍心悶) <救간一 34b>

<50> 더위며이다 對 더위드리다

두 동작동사가 [中暑], [中熱暍] 및 [中暑熱暍] 즉 '더위먹다'의 뜻을 가지고 동의
관계에 있다는 것은 다음 예문들에서 잘 확인된다. 원문 중 '中暑'가 '더위며이다'로
도 번역되고 '더위드리다'로도 번역된다. 그리고 '中熱暍'이 '더위며이다'로 번역되고
'中暑熱暍'이 '더위드리다'로 번역된다. 따라서 '더위며이다'와 '더위드리다'의 동의
성은 명백히 입증된다.

(50) a. 더위며여 답답ᄒᆞ고 갈ᄒᆞ야(中暑煩渴) <救간二 46b>
    b. 더위며여 죽ᄂᆞ닐(中熱暍死) <救간一 36a>
    c. 더위며여 주거 가며(熱暍欲死) <救간一 37b>
    d. 더위며여 가ᄉᆞ미 답답ᄒᆞ거든(熱暍心悶) <救간一 34b>

(50) e. 더위드려 어즐커든(中暑發昏) <救간一 37b>
    f. 삼복 ᄉᆞ이예 더위드려(三伏中暑) <救간一 36b>
    g. 믈읫 더위드려든(凡中暑) <救간一 35a>
    h. 더위드려 죽ᄂᆞ닐(中暑熱暍死) <救간一 33a>

<51> 더ᄒᆞ다 對 더 드리다

동작동사 '더ᄒᆞ다'와 동작동사구 '더 드리다'가 [加] 즉 '더하다'의 뜻을 가지고 동의 관계에 있다는 것은 다음 예문들에서 잘 확인된다. 원문 중 '加二兩'이 '두 량을 더ᄒᆞ다'로 번역되고 '加側栢'이 '즉빅닙 더 드리다' 로 번역된다. 따라서 '더ᄒᆞ다'와 '더 드리다'의 동의성은 명백히 입증된다.

(51) a. 됴티(6a) 몯거든 두 량을 더ᄒᆞ라(未效加二兩) <救간二 6b>

(51) b. 화졔방애 필승산과 ᄉᆞ믈탕 즉빅닙 더 드려 달히니와ᄅᆞᆯ 머고미 맛당ᄒᆞ니라
　　　(宜服和劑方必勝散四物湯加側栢煎服) <救간二 103a> <救간二 113>
　　 c. 리듕탕애 오미ᄌᆞᄅᆞᆯ 더 드려 머고미 맛당ᄒᆞ니라(宜理中湯加五味子)
　　　<救간二 9b>

<52> 데이다 對 슬이다

두 동작동사가 [燒] 즉 '데다'의 뜻을 가지고 동의 관계에 있다는 것은 다음 예문들에서 잘 확인된다. 원문 중 '湯火燒'가 '湯火애 데이다'로도 번역되고 '더운 믈와 브레 슬이다'로도 번역된다. 따라서 '데이다'와 '슬이다'의 동의성은 명백히 입증된다.

(52) a. 브레 데여 닶가와 사ᄅᆞᆷ 아디 몯ᄒᆞᄂᆞ닐 고툐ᄃᆡ(治火燒悶絶不識人) <救方下 9a>
　　 b. 湯火애 데여 셜워 춤디 몯ᄒᆞ릴 고튜ᄃᆡ(治湯火燒痛不可忍) <救方下 15a>
　　 c. 더운 므레 데며 브레 데여 헌ᄃᆡ 알파 닶가오미 긋디 아니ᄒᆞ며
　　　(被湯沃火燒瘡痛煩悶不止) <救方下 8b>
　　 d. 브레 데여 허디 아니ᄒᆞ닐 고툐ᄃᆡ(治湯火所灼未成瘡者) <救方下 8b>

(52) e. 더운 믈와 브레 슬인 瘡ᄋᆞᆯ 고툐ᄃᆡ(治湯火燒瘡) <救方下 8a>

<53> 도와리ᄒᆞ다 對 어즐ᄒᆞ다

두 동작동사가 [霍亂] 즉 '곽란하다'의 뜻을 가지고 동의 관계에 있다는 것은 다음 예문들에서 잘 확인된다. 원문 중 '霍亂渴'이 '도와리ᄒᆞ야 모기 ᄆᆞᄅᆞ다'로 번역되고 '霍亂…渴'이 '어즐ᄒᆞ며…갈ᄒᆞ다'로 번역된다. 그리고 '霍亂後…煩逆'이 '도와리ᄒᆞᆫ 후에 답답ᄒᆞ야 거스리다'로 번역되고 '煩悶及霍亂'이 '답답ᄒᆞ고 어즐ᄒᆞ다'로 번역된다. 따라서 '도와리ᄒᆞ다'와 '어즐ᄒᆞ다'의 동의성은 명백히 입증된다.

(53) a. 도와리ᄒᆞ야 모기 ᄀᆞ장 ᄆᆞᄅᆞ거든(霍亂渴甚) <救간二 58b>

   b. 도와리ᄒᆞ야 토호미 긋디 아니코 주글 ᄃᆞᆺᄒᆞ거든(霍亂吐不止欲死) <救간二 55b>

   c. 도와리ᄒᆞ야 토호ᄆᆞᆫ 긋고 즈츼요ᄆᆞᆫ 긋디 아니커든(霍亂吐止而瀉未除者)
     <救간二 59b>

   d. 도와리ᄒᆞᆫ 후에 가슴앳 긔운이 답답ᄒᆞ야 거스리거든(霍亂後胃氣煩逆)
     <救간二 60a>

(53) e. 어즐ᄒᆞ며 더위며여 답답ᄒᆞ고 갈ᄒᆞ야(霍亂中暑煩渴) <救간二 46b>

   f. 욕욕ᄒᆞ며 토ᄒᆞ야 답답ᄒᆞ고 어즐ᄒᆞ거든(嘔吐煩悶及霍亂) <救간二 58a>

<54> 둏다 對 암ᄀᆞᆯ다

두 동작동사가 [差] 즉 '병이 낫다, 아물다'의 뜻을 가지고 동의 관계에 있다는 것은 다음 예문들에서 잘 확인된다. 원문 중 '瘡…差'가 '죵긔…둏다'로 번역되고 '瘡差'가 '헌ᄃᆡ 암ᄀᆞᆯ다'로 번역된다. 따라서 '둏다'와 '암ᄀᆞᆯ다'의 동의성은 명백히 입증된다.

(54) a. 죵긔 오래 됴티 아니ᄒᆞ야(瘡久不差) <救간七 71b>

   b. 져제 죵긔…됴티 아니ᄒᆞ야(乳癰…不差) <救간七 72a>

   c. 가슴 알파 오래 됴티 아니커든(心痛久不差) <救간二 35a>

   d. 경갏병이 여러 히 됴티 몯ᄒᆞ야(風癎積年不差) <救간一 93a>

   e. 여러 가짓 고툐ᄆᆞᆯ 다ᄒᆞ오ᄃᆡ 순지 됴티 아니커든(以諸治皆至而猶不差)
     <救方上 36b>

f. 猪脂를 돌기알만 ᄒᆞ닐 머그면 즉재 됻ᄂᆞ니 됴티 아니커든 다시 머그라 (服猪脂如雞子大卽差未差再服) 〈救方上 23b〉

(54) g. 대도흔 헌ᄃᆡ 암ᄀᆞ 후에(一切瘡差後) 〈救간六 93b〉

　　h. 셜독으로 허러 암ᄀᆞ 후에(熱毒瘡差後) 〈救간六 94a〉

　　i. 입 허러 오래 암ᄀᆞ디 아니커든(口瘡久不合) 〈救간三 3a〉

〈55〉 됻다 對 우션ᄒᆞ다

두 동작동사가 [瘥] 즉 '병이 낫다'의 뜻을 가지고 동의 관계에 있다는 것은 다음 예문들에서 잘 확인된다. 원문 중 '立瘥'가 '즉재 됻다'로도 번역되고 '즉재 우션ᄒᆞ다'로도 번역된다. 따라서 '됻다'와 '우션ᄒᆞ다'의 동의성은 명백히 입증된다.

(55) a. 곧 알ᄑᆞ디 아니ᄒᆞ야 즉재 됴ᄒᆞ리라(卽不痛立瘥) 〈救方下 35b〉

　　b. 傷寒이 ᄀᆞᆺ 됴커든(傷寒新瘥) 〈救方上 54b〉

　　c. 알ᄑᆞ디 아니ᄒᆞ며 수비 됻ᄂᆞ니라(止痛易瘥) 〈救方下 15a〉

　　d. 즉재 스러디리니 됴커든 말라(卽消瘥乃止) 〈救간六 86a〉

　　e. 가시 흘러 나면 곧 됴ᄒᆞ리라(流出眯物卽差) 〈救方下 38b〉

　　f. 수레 프러 머그면 즉재 됴ᄒᆞ리라(許酒服之立差) 〈救간七 6a〉

(55) g. 손아히 오좀 두 되ᄅᆞᆯ 믄득 머그면 즉재 우션ᄒᆞ리니(小兒尿二升頓服之立瘥)

　　　〈救간七 6b〉

　　h. 이슥ᄒᆞ야 알포미 우션커든 내라(須臾痛緩乃出) 〈救간六 52a〉

〈56〉 두드리다 對 ᄶᅩ드리다

두 동작동사가 [搥] 즉 '두드리다, 치다'의 뜻을 가지고 동의 관계에 있다는 것은 다음 예문들에서 잘 확인된다. 원문 중 '三莖搥'가 '세 줄기 두드리다'로도 번역되고 '세 줄길 ᄶᅩ드리다'로도 번역된다. 따라서 '두드리다'와 'ᄶᅩ드리다'의 동의성은 명백히 입증된다.

(56) a. 두드려 부드럽고 믯믯게 ᄒ야(搗令軟滑) <救方下 39a>

    b. 조각 세 줄기 두드려 ᄲ아(皂角三莖搗碎) <救간二 79a>

    c. 감초ᄅᆞᆯ…두드려 ᄲ아(甘草…搗碎) <救간七 23a>

    d. 조각 ᄒᆞᆫ 편을 두드려(皂角一片搗碎) <救간六 11b>

    e. 네 면을 두드려 보ᄃᆞ랍게 ᄒ고(搗四面令軟) <救간六 16a>

(56) f. 皂角 세 줄길 ᄶ드려 븟아(用皂角三莖搗碎) <救方上 42a>

<57> 둪다 對 무룹스다

두 동작동사가 [覆] 즉 '덮다'의 뜻을 가지고 동의 관계에 있다는 것은 다음 예문들에서 잘 확인된다. 원문 중 '覆頭'가 '머리예 둪다'로도 번역되고 '머리예 무룹스다'로도 번역된다. 따라서 '둪다'와 '무룹스다'의 동의성은 명백히 입증된다.

(57) a. 고깃 그므를 머리예 두프면(以魚網覆頭) <救方上 49a>

    b. 지로 두퍼 ᄉ믓 젓거든(灰覆濕徹) <救方上 72a>

    c. 보ᅀᅩ로 두퍼(用石宛覆) <救方上 51b>

    d. 사발로 두퍼(用石宛覆) <救간六 12a>

(57) e. 고기 잡ᄂᆞᆫ 그므를 가져다가 머리예 무룹스면(取魚網覆頭) <救간六 4a>

<58> 둪다 對 우기다

두 동작동사가 [壅] 즉 '덮다'의 뜻을 가지고 동의 관계에 있다는 것은 다음 예문들에서 잘 확인된다. 원문 중 '壅其臍上'이 '빗복 우희 둪다'로도 번역되고 '빗복 우희 우기다'로도 번역된다. 따라서 '둪다'와 '우기다'의 동의성은 명백히 입증된다.

(58) a. 빗복 우희 두프면 됴ᄒ니라(壅其臍上佳) <救方上 9a>

(58) b. 빗복 우희 우겨 두미 됴ㅎ니라(壅其臍上佳) <救간一 33b>

　　 c. 더운 흙으로 빈 우희 노하 우기고(以熱上壅臍上) <救간一 33a>

<59> 들다 對 박히다

두 동작동사가 [入] 즉 '들다, 박히다'의 뜻을 가지고 동의 관계에 있다는 것은 다음 예문들에서 잘 확인된다. 원문 중 '竹木刺入肉'이 '대나못 가시 슬해 들다'로 번역되고 '入肉中'이 '슬해 박히다'로 번역된다. 따라서 '들다'와 '박히다'의 동의성은 명백히 입증된다.

(59) a. 대나못 가시 슬해 들어든(竹木刺入肉) <救方下 6a>

　　 b. 대나못 가시 슬해 드러(竹木刺入肉) <救方下 6b>

　　 c. 대나모 가시 드닐 조쳐 고티ᄂ니라(兼治竹木刺入) <救方下 4b>

　　 d. 삸 그티 슬해 드러(箭頭入肉) <救方下 4b>

　　 e. 가시 슬해 들며(被刺入肉) <救方下 2a>

　　 f. 뼐여 슬해 든 거시(被刺入肉) <救간六 23b>

(59) g. 댓 가시어나 나못 가시어나 슬해 박히니(竹木刺入肉中) <救간六 23a>

<60> 듧다 對 내다

두 동작동사가 [開] 즉 '뚫다'의 뜻을 가지고 동의 관계에 있다는 것은 다음 예문들에서 잘 확인된다. 원문 중 '開一孔子'가 '흔 굼글 듧다'로 번역되고 '開口'가 '이플 내다'로 번역된다. 따라서 '듧다'와 '내다'의 동의성은 명백히 입증된다.

(60) a. 더운 제 갓 밧겨 가온딕 흔 굼글 들워(剝取熱皮中心開一孔子) <救간三 41b>

　　 b. 흔 져근 굼글 들워(開一小眼) <救간七 75a>

(60) c. 쓴 박을 이플 내오 ᄉ아히 오좀 녀허(苦瓠開口內小兒尿) <救간六 29a>

<61> 디다 對 ᄂᆞ려디다

두 동작동사가 [墜下]와 [墮下] 즉 '떨어지다'의 뜻을 가지고 동의 관계에 있다는 것은 다음 예문들에서 잘 확인된다. 원문 중 '從高墜下'가 '노폰 ᄃᆡ셔 디다'로도 번역되고 '노폰 ᄃᆡ셔 ᄂᆞ려디다'로도 번역된다. 그리고 '從高墮下'가 '노폰 ᄃᆡ셔 디다'로도 번역되고 '노폰 ᄃᆡ셔 ᄂᆞ려디다'로도 번역된다. 따라서 '디다'와 'ᄂᆞ려디다'의 동의성은 명백히 입증된다. 'ᄂᆞ려디다'는 동작동사 'ᄂᆞ리다'와 동작동사 '디다'의 合成으로 'ᄂᆞ리-+-어#디-+-다'로 분석될 수 있다.

> (61) a. 노폰 ᄃᆡ셔 디여(從高墜下) <救方下 33b>
>
>   b. 노폰 ᄃᆡ셔 디며(從高墜下) <救方下 30b>
>
>   c. 노폰 ᄃᆡ셔 디니와(從高墮下) <救方下 27a>

> (61) d. 노폰 ᄃᆡ셔 ᄂᆞ려디여(從高墜下) <救方下 28b>
>
>   e. 노폰 ᄃᆡ ᄂᆞ려디여(從高墜下) <救方下 26b>
>
>   f. 노폰 ᄃᆡ셔 ᄂᆞ려디거나(從高墜下) <救간一 78a>
>
>   g. 노폰 ᄃᆡ셔 ᄂᆞ려디니와(從高墮下及) <救方下 36a> <救간一 80b>

<62> 디다 對 ᄠᅥ디다

두 동작동사 [墮]와 [墜] 즉 '떨어지다'의 뜻을 가지고 동의 관계에 있다는 것은 다음 예문들에서 잘 확인된다. 원문 중 '墮車'가 '술위예 디다'로 번역되고 '墜車'가 '술위예 ᄠᅥ디다'로 번역된다. 그리고 '墜馬'가 'ᄆᆞᆯ 타 디다'로 번역된다. 따라서 '디다'와 'ᄠᅥ디다'의 동의성은 명백히 입증된다.

> (62) a. ᄆᆞᆯ 타 디며 술위예 디여(落馬墮車) <救方下 26a>
>
>   b. 술위와 ᄆᆞᆯ왓 ᄉᆞᅌᅵ예 디여(墮車馬閒) <救方下 36b>
>
>   c. ᄆᆞᆯ 타 디거나 술위예 디여(墮馬落車) <救方下 34a>
>
>   d. ᄆᆞᆯ 타 디여(墜馬) <救方下 34b>
>
>   e. 밤송이 누네 디여(栗殼落眼) <救方下 42a>

(62) f. 믈 타 디며 술위예 뻐디여(落馬墜車) <救方下 32b>

<63> 디르다 對 디르저기다

두 동작동사가 [刺] 즉 '찌르다'의 뜻을 가지고 동의 관계에 있다는 것은 다음 예문들에서 잘 확인된다. 원문 중 '刺脚心'이 '밠바당 디르다'로 번역되고 '冷氣刺'가 '冷혼 氣分이 디르저기다'로 번역된다. 따라서 '디르다'와 '디르저기다'의 동의성은 명백히 입증된다. 동작동사 '디르저기다'는 『구급방언해』(1446)에 처음으로 등장한다.

(63) a. 밠바당 딜오미 더욱 됴ᄒ니라(刺脚心尤妙) <救方下 82a>

b. 밠바당 디른 ᄯ자해 ᄇᆞᄅ면(塗脚心刺處) <救方下 82a>

c. 서너 저글 디르고(刺三五) <救方下 82a>

d. 갈ᄒ로 디르는 ᄃᆞᆺᄒᆞ야(如人刀刺狀) <救간ᅳ 56b>

e. 혀 아래 두 녁 겯 핏주를 딜어(刺舌下兩邊脉) <救간二 90b>

(63) f. 冷혼 氣分이 디르저겨 알ᄑᆞ닐 고티ᄂᆞ니(治…冷氣刺痛) <救方上 6a>

<64> 디허 ᄇᆞᅀᅡ다 對 ᄇᆞᅀᅡ딯다

동작동사구 '디허 ᄇᆞᅀᅡ다'와 합성 동작동사 'ᄇᆞᅀᅡ딯다'가 [搗碎] 즉 '찧어 부수다'의 뜻을 가지고 동의 관계에 있다는 것은 다음 예문들에서 잘 확인된다. 원문 중 '一升搗碎'가 'ᄒᆞᆫ 되를 디허 ᄇᆞᅀᅡ다'로 번역되고 '一兩搗碎'가 'ᄒᆞᆫ 량 ᄇᆞᅀᅡ딯다'로 번역된다. 따라서 '디허 ᄇᆞᅀᅡ다'와 'ᄇᆞᅀᅡ딯다'의 동의성은 명백히 입증된다. 'ᄇᆞᅀᅡ딯다'는 동작동사 'ᄇᆞᅀᅡ다'와 '딯다'의 非統辭的 合成으로 'ᄇᆞᅀᅡ-#딯-+-다'로 분석될 수 있다.

(64) a. 赤小豆 ᄒᆞᆫ 되를 디허 븟아(用赤小豆一升搗碎) <救方上 62b>

b. 블근 ᄑᆞᆺ ᄒᆞᆫ 되를 디허 ᄇᆞᅀᅡ(赤小豆一升搗碎) <救간二 116a>

c. 갓플 반 량 디허 ᄇᆞᅀᅡ(阿膠半兩搗碎) <救간七 3a>

d. 사ᄉᆞ미(56a) ᄲᆞᆯ로 고온 플 두 량 디허 ᄇᆞᅀᅡ(鹿角膠二兩搗碎) <救간七 56b>

e. 디허 ᄇᆞᅀᅡ 믈 ᄒᆞᆫ 되 반애 달혀(搗碎以水一大盞半煎) <救간七 51a>

(64) f. 독홠 불휘 흔 량 ㅂㅅ씨흐니와 거믄 콩 두(16a) 홉 닉게 봇그니와를 술 두 되예
　　　글혀(獨活一兩搗碎黑豆二合炒熟以酒二大盞煎) <救간一 16b>

<65> 찧다 對 쑤드리다

　두 동작동사가 [擣] 즉 '찧다, 두드리다'의 뜻을 가지고 동의 관계에 있다는 것은
다음 예문들에서 잘 확인된다. 원문 중 '擣韭'가 '韭菜를 찧다'로도 번역되고 '韭菜를
쑤드리다'로도 번역된다. 따라서 '찧다'와 '쑤드리다'의 동의성은 명백히 입증된다.

　(65) a. 韭菜를 찌허 汁을 짜(擣韭絞取汁) <救方下 66b>
　　　　b. 슬콧 ㅈㅅ를 졈간 봇가 찌허 ㄱ라(微熬杏仁擣硏) <救方下 67a>
　　　　c. 찌허 散 밍ㄱ라(擣爲散) <救方下 62b>
　　　　d. 흔듸 찌허(同擣) <救간一 10a>
　　　　e. 염교 찌허 똔 즙을 머기라(韭菜擣汁服) <救간一 17a>
　　　　f. 믈근 술 닷 되예 둙의똥 흔 되 글히야 흔 되룰 찌허 쳐(淸酒五升雞白矢一升擣篩)
　　　　　　<救간一 14b>

　(65) g. 韭菜룰(61a) 쑤드려 汁을 머기면(擣韭絞取汁) <救方下 66b>

<66> 딯다 對 즛딯다

　두 동작동사가 [搗] 즉 '찧다, 짓찧다'의 뜻을 가지고 동의 관계에 있다는 것은 다
음 예문들에서 잘 확인된다. 원문 중 '搗取汁'이 '디허 똔 즙'으로도 번역되고 '즛디허
똔 즙'으로도 번역된다. 따라서 '딯다'와 '즛딯다'의 동의성은 명백히 입증된다.

　(66) a. 늘 우웡 불휘 디허 똔 즙(生牛蒡根搗取汁) <救간一 106a>
　　　　b. 늘 숑의맛 불휘 디허 똔 즙(取生菖蒲…搗絞取汁) <救간一 36a>
　　　　c. 염교 디허 똔 즙을(搗韭汁) <救간一 85b>
　　　　d. 늘 츩 불휘 디허 짜(生葛根擣絞) <救간二 105a>

(66) e. 늘 츩 불휘 줏디허 똔 즙을(生葛根搗取汁) <救간二 93b>

  f. 프른 솘 닙 흔 근을 줏디허(靑松葉一升搗) <救간一 26b>

<67> 쁘다 對 믜티다

  두 동작동사가 [決] 즉 '터놓다, 찢다'의 뜻을 가지고 동의 관계에 있다는 것은 다음 예문들에서 잘 확인된다. 원문 중 '以針決'이 '바늘로 쁘다'로 번역되고 '以指衝決'이 '숏가락으로 딜어 믜티다'로 번역된다. 따라서 '쁘다'와 '믜티다'의 동의성은 명백히 입증된다.

(67) a. 바늘로 짜 아술디니라(以針決去之) <救方上 18a>

  b. 침으로 짜 브리라(以針決去之) <救간一 47b>

(67) c. 숏가락으로 혀 아래 두 녁 곳 가출 딜어 믜티거나(以指衝決舌下兩邊皮)

  <救간二 90b>

<68> 돔다 對 듊다

  두 동작동사가 [浸]과 [漬] 즉 '담그다'의 뜻을 가지고 동의 관계에 있다는 것은 다음 예문들에서 잘 확인된다. 원문 중 '湯浸'이 '더운 므레 돔다'로 번역되고 '沸湯浸'이 '글는 므레 듊다'로 번역된다. 그리고 '以酒一斗漬之'가 '술 흔 마래 돔다'로 번역되고 '小便漬之'가 '오조매 듊다'로 번역된다. 따라서 '돔다'와 '듊다'의 동의성은 명백히 입증된다.

(68) a. 杏仁 흔 斤을 더운 므레 두마(杏仁一斤湯浸) <救方上 6b>

  b. 杏仁 흔 兩을 더운 므레 두마(杏仁一兩湯浸) <救方上 85b>

  c. 슬고씨 솝 반 량 더운 므레 두마 거플와 쏜로든 근과 어우렁이 앗고

   (杏仁半兩湯浸去皮尖雙仁) <救간二 12a>

  d. 瘡을 두마 시수디(浸洗瘡) <救方上 6b>

  e. 오조매 두므며 시스라(以小便浸洗之) <救方下 8b>

    f. 五倍子를 솝 앗고 봇 醋애 홀를 드마(用五倍子去瓤米醋浸一日) <救方下 24b>

    g. 미자깃 불휘 사(5a)ㅎ라 초애 드마(三稜醋浸) <救간二 5b>

    h. 늘 댓 거츨 글가 두 兩을 醋애 듬고(刮生竹皮二兩苦酒浸之) <救方上 66a>

    i. 늘 댓 거플 글가 두 량을 초애 듬고(生竹皮二兩苦酒浸之) <救간二 118a>

    j. 빅부근 넉 량을 술 흔 마래 드마(百部根四兩以酒一斗漬之) <救간二 22b>

    k. 오계 흔나홀…됴흔 수레 나잘만 드마 둣다가(烏雞一頭…以好酒漬之)

        <救간二 18a>

    l. 콩 드몬 수레 프러(以豆淋酒調) <救方下 26a>

(68) m. 흔 兩만 글는 므레 듬가(每一兩許沸湯浸) <救方上 8a>

    n. 춤기르메 추쇠를 듬가 두고셔 브르라(香油浸紫蘇塗之) <救간六 58b>

    o. 드순 오조매 듬가시라(溫小便漬之) <救간六 27b>

    p. 므레 듬가 붇거든(漬之令濡) <救간六 10b>

    q. 춘 므레 듬가(冷水淬之) <救方上 33a>

<69> 듬다 對 줌다

  두 동작동사가 [浸], [漬] 및 [淋] 즉 '담그다'의 뜻을 가지고 동의 관계에 있다는 것은 다음 예문들에서 잘 확인된다. 원문 중 '湯浸'이 '더운 므레 듬다'로도 번역되고 '더은 므레 줌다'로도 번역된다. '以酒一斗漬之'가 '술 흔 마래 듬다'로도 번역되고 '以酒一斗漬'가 '술 흔 마래 줌다'로 번역된다. 그리고 '豆淋酒'가 '콩 드몬 술'로 번역되고 '以酒三一升淋'이 '술 서 되예 줌다'로 번역된다. 따라서 '듬다'와 '줌다'의 동의성은 명백히 입증된다.

    (69) a. 杏仁 흔 斤을 더운 므레 드마(杏仁一斤湯浸) <救方上 6b>

    b. 杏仁 흔 兩을 더운 므레 드마(杏仁一兩湯浸) <救方上 85b>

    c. 솔고삐 솝 반 량 더운 므레 드마 거플와 쏠로든 긋과 어우렁이 앗고

        (杏仁半兩湯浸去皮尖雙仁) <救간二 12a>

    d. 瘡을 드마 시수딕(浸洗瘡) <救方上 6b>

    e. 오조매 드므며 시스라(以小便浸洗之) <救方下 8b>

f. 五倍子를 숩 앗고 봈 醋애 홀롤 두마(用五倍子去瓢米醋浸一日) <救方下 24b>

(69) g. 미자깃 불휫 사(5a)호라 초애 두마(三稜醋浸) <救간二 5b>

h. 늘 댓 거츨 굴가 두 兩을 醋애 듐고(刮生竹皮二兩苦酒浸之) <救方上 66a>

i. 늘 댓 거츨 굴가 두 량을 초애 듐고(生竹皮二兩苦酒浸之) <救간二 118a>

j. 빅부근 넉 량을 술 흔 마래 두마(百部根四兩以酒一斗漬之) <救간二 22b>

k. 오계 흔나홀…됴흔 수레 나잘만 두마 둣다가(烏雞一頭…以好酒漬之)

　　<救간二 18a>

l. 허튀를 두무면(漬脚) <救方上 26a>

m. 콩 두몬 수레 프레(以豆淋酒調) <救方下 26a>

(69) n. 술고삐 숩 흔 량 더은 므레 주마 거플와 쐴로둔 글과 어우렁이 앗고

　　(杏仁一兩湯浸去皮尖雙仁) <救간二 10b>

o. 힌 출조뿔 밥 반 되를 글힌(12a) 므레 주마(白梁米飯半升漿水浸) <救간一 12b>

p. 삽둣불휘 두 근을 쁘므레 주마(蒼朮二升泔浸) <救간一 10a>

q. 바곳불휘 넉 량 수레 주마(草烏頭四兩酒浸) <救간一 8b>

r. 바곳 주맛던 수레(用浸烏頭酒) <救간一 9a>

s. 소진 흔 되를 술 서 되예 주마(松膏一升酒三升浸) <救간一 91a>

t. 숤공이와 강활와 독활와를 굴게 난화 수레 주마(松節 羌活 獨活各等分浸酒)

　　<救간一 89a>

u. 닷 되를…술 흔 마래 주마(五升…以酒一斗漬) <救간一 28b>

v. 프른 숤닙 흔 근을…물군 술 흔 마래 주마(青松葉一斤…清酒一斗漬)

　　<救간一 26b>

w. 쁜 너삼 불휘 닷 되를…됴흔(98a) 술 서 마래 주마(苦參五升…以好酒三斗漬)

　　<救간一 98b>

x. 콩 서 되를 누르봇가 술 서 되예 주마(炒大豆三升令焦以酒三升淋)

　　<救간一 27b>

<70> 둥기다 對 들이다

두 동작동사가 [引] 즉 '당기다'의 뜻을 가지고 동의 관계에 있다는 것은 다음 예문들에서 잘 확인된다. 원문 중 '莫引'이 '둥기디 말다'로도 번역되고 '들이디 말다'로도 번역된다. 그리고 '小小引'이 '젹젹 둥기다'로도 번역되고 '젹젹 들이다'로도 번역된다. 따라서 '둥기다'와 '들이다'의 동의성은 명백히 입증된다.

(70) a. ᄒᆞ다가 긴히 소내 잇ᄂᆞ닌 둥기디 말오(若線猶在手中者莫引之) <救方上 50a>

  b. 젹젹 둥기면 나ᄂᆞ니라(小小引之則出) <救方上 50a>

  c. ᄌᆞᆨᄌᆞᆨ기 둥기면(徐徐引之) <救方上 49a>

  d. 그 ᄐᆞᆨ글 둥기야(牽其頤) <救方上 79a>

  e. 그 ᄐᆞᆨ을 둥기야(牽其頤) <救간三 10a>

  f. 둥기면 즉자히 사ᄂᆞ니라(掣之立活) <救方上 76a>

  g. 둥기면 즉재 살리라(掣之立活) <救간一 62b>

(70) h. 힝혀 긴히 소내 잇거든 들이디 말오(若線猶在手中者莫引之) <救간六 15a>

  i. 젹젹 들이면 나리라(小小引之則出) <救간六 15a>

  j. 날혹ᄌᆞᆨ기 들이면(徐徐引之) <救간六 10b>

<71> 마고믈다 對 버리디 몯ᄒᆞ다

합성 동작동사 '마고믈다'와 동작동사구 '버리디 몯ᄒᆞ다'가 [噤] 즉 '꽉 다물다'의 뜻을 가지고 동의 관계에 있다는 것은 다음 예문들에서 잘 확인된다. 원문 중 '口噤'이 '입 마고믈다'로도 번역되고 '입 버리디 몯ᄒᆞ다'로도 번역된다. 따라서 '마고믈다'와 '버리디 몯ᄒᆞ다'의 동의성은 명백히 입증된다.

(71) a. 입 마고므러 소리 몯ᄒᆞ며(口噤失音)) <救方上 6a>

  b. 입 마고믈오 모기 마(41a)고 븟거든(口噤咽塞) <救方上 42a>

  c. 이블 마고믈오 말(3a) 몯ᄒᆞ거든(口噤言語不得) <救간七 3a>

  d. 이블 마고믈오 네 활기 고ᄃᆞ며 두위틀어든(口噤四脂强直反張) <救간七 4a>

e. 이블 마고므러 버리디 몯ᄒ거든(口噤不開) <救간七 4b>

f. 니 마고므니란(牙噤者) <救方上 2a>

(71) g. 입 버리디 몯ᄒ닐(口噤) <救方上 45b>

<73> 마고 브티다 對 ᄢᅡ미다

동작동사구 '마고 브티다'와 합성 동작동사 'ᄢᅡ미다'가 [封] 즉 'ᄡᅡ 매다'의 뜻을 가
지고 동의 관계에 있다는 것은 다음 예문들에서 잘 확인된다. 원문 중 '剉以封'이 '사
ᄒ라 마고 브티다'로도 번역되고 '사ᄒ라 ᄢᅡ미다'로도 번역된다. 따라서 '마고 브티
다'와 'ᄢᅡ미다'의 동의성은 명백히 입증된다. '마고 브티다'의 '마고'는 부사로서 '막
-+-오'로 분석될 수 있다. 'ᄢᅡ미다'는 동작동사 'ᄢᅡᆺ다'와 동작동사 '미다'의 통사적
합성으로 'ᄢᅡᆺ-+-아#미-+-다'로 분석될 수 있다.

(72) a. ᄀᆞᄂᆞ리 사ᄒ라 마고 브튜리니(細剉以封之) <救方下 16b>

    b. 마고 브티면 즉재 나ᄂᆞ니라(罨之卽出) <救方下 6a>

(72) c. ᄀᆞᄂᆞ리 사ᄒ라 ᄢᅡ 미오(細剉以封之) <救간六 72a>

    d. 부리를 두터이 ᄢᅡ 미야(密封頭) <救간二 18b>

    e. ᄢᅡ 미면 뎡좃 불휘 즉재 쌔디거든(封根卽出) <救간三 13a>

    f. 디허 ᄢᅡ 미라(擣封) <救간三 13a>

    g. 기브(68a)로 ᄢᅡ 미라(帛裹繫之) <救方下 68b>

<73> 마구 믈다 對 미좇다

동작동사구 '마구 믈다'와 동작동사 '미좇다'가 [噤] 즉 '꽉 다물어지다'의 뜻을 가
지고 동의 관계에 있다는 것은 다음 예문들에서 잘 확인된다. 원문 중 '口噤'이 '이비
마구 믈다'로도 번역되고 '이비 미좇다'로 번역되므로 '마구 믈다'와 '미좇다'의 동의
성은 명백히 입증된다.

(73) a. 이비 마구 므니란 니룰 것고 藥을 녀흐라(口噤者折齒內藥) <救方下 66a>

(73) b. 이비 미좃고 精神이 아둑ᄒ고 氣分이 ᄎᄂ니(口噤神昏氣冷) <救方下 94b>
    c. 이비 미좃고 정신이 아둑ᄒ고 긔운이 ᄎᄂ니(口噤神昏氣冷) <救간七 64a>
    d. 口噤不開 : 이비 미조자 버리디 몯ᄒᄂ니 <救간 目錄 8b>

<74> 마키다 對 막딜이다

두 동작동사가 [閉], [壅] 및 [塞] 즉 '막히다'의 뜻을 가지고 동의 관계에 있다는 것은 다음 예문들에서 잘 확인된다. 원문 중 '氣閉'가 '氣分이 마키다'로도 번역되고 '긔운이 막딜이다'로도 번역된다. '痰壅'이 '痰이 마키다'로도 번역되고 '추미 막딜이다'로도 번역된다. 그리고 '痰塞'이 '痰이 마키다'로 번역되고 '乾糞塞'이 'ᄆᆞ른 ᄯᅩᆼ이 막딜이다'로 번역된다. 따라서 '마키다'와 '막딜이다'의 동의성은 명백히 입증된다. '막딜이다'는 '막디ᄅᆞ다'의 피동형으로 '막-#딜-('디ᄅᆞ-'의 이형태)+-이(피동 접사)+-다'로 분석될 수 있다.

(74) a. 氣分이 마켜(39a) 通티 몯ᄒᆞᆯ신(氣閉不通) <救方上 39a>
    b. 痰이 마켜쩌든(痰壅) <救方上 3b>
    c. 痰이 마켜(痰塞) <救方上 2b>

(74) d. 추미 올아 긔운이 막딜이며(涎潮氣閉) <救간一 7b>
    e. 긔운이 막딜여(氣噎) <救간二 80b> <救간二 81a>
    f. 가ᄉᆞ매 추미 막딜여 잇거든(心胷痰壅) <救간二 53a>
    g. ᄆᆞ른 ᄯᅩᆼ이 챵ᄌᆞ애 막딜여(乾糞塞腸) <救간三 73b>

<75> 막다 對 메다

두 동작동사가 [塞] 즉 '막히다'의 뜻을 가지고 동의 관계에 있다는 것은 다음 예문들에서 잘 확인된다. 원문 중 '塞喉'가 '모기 막다'로 번역되고 '塞悶'이 '메여 답답ᄒ다'로 번역된다. 따라서 '막다'와 '메다'의 동의성은 명백히 입증된다.

(75) a. 모(90a)기 마가(塞喉) <救간二 90b>

　　b. 모기 막고(咽喉閉塞) <救方上 45b>

　　c. 氣分이 마가 通티 몯ᄒᆞ야(氣塞不通) <救方上 43a>

　　d. 긔운이 마가(氣塞) <救간二 69a>

　　e. 고히 막고(鼻塞) <救간二 4b> <救간二 14b>

(75) f. 혜 과굴이 세며 브ᅀᅥ 져근덛 ᄉᆞ이예 메여 답답ᄒᆞ야(舌忽然硬腫逡巡塞悶)

　　　 <救간二 89b>

<76> 말다 對 앗다

　두 동작동사가 [止] 즉 '말다, 중지하다'의 뜻을 가지고 동의 관계에 있다는 것은 다음 예문들에서 잘 확인된다. 원문 중 '候正則止'가 '바ᄅᆞ거든 말다'로 번역되고 '正則止'가 '평커든 앗다'로 번역된다. 따라서 '말다'와 '앗다'의 동의성은 명백히 입증된다.

(76) a. 氣分이 通커든 말라(氣通止) <救方上 10a>

　　b. 긔운이 통커든 말라(候氣通乃止) <救간一 36a>

　　c. 모미 덥거든 말라(覺身體溫暖卽止) <救方上 38a> <救간一 53b>

　　d. 바ᄅᆞ거든 말라(候正則止) <救간一 23a>

　　e. 이비 평흔 ᄃᆞᆺ거든 즉재 말라(似正則止) <救간一 20a>

　　f. ᄯᆞᆷ 나거든 즉재 말라(汗出卽止) <救간一 26b>

　　g. 빗 안히 덥거든 말라(取其裏溫暖止) <救간二 39a>

(76) h. 평커든 아ᅀᆞ라(正則止) <救간一 27a>

<77> 맞다 對 티이다

　두 동작동사가 [擊] 즉 '맞다, 치이다'의 뜻을 가지고 동의 관계에 있다는 것은 다음 예문들에서 잘 확인된다. 원문 중 '被鬼擊'이 '귓거싀게 맞다'로 번역되고 '鬼擊'이 '귓거싀게 티이다'로 번역된다. 따라서 '맞다'와 '티이다'의 동의성은 명백히 입증된

다. '티이다'는 동작동사 '티다'의 피동형이다.

    (77) a. 귓거싀게 마즈닐(被鬼擊) <救方上 19a>

    (77) b. 귓거싀게 믄득 티이며(卒中鬼擊) <救간一 57b>
        c. 귓거싀게 티이니와(鬼擊) <救간一 42b>
        d. 귓거싀게 티이닐(鬼擊) <救간一 58a>

<78> 머기다 對 마시이다

    두 동작동사가 [슈飮] 즉 '마시게 하다'의 뜻을 가지고 동의 관계에 있다는 것은 다음 예문들에서 잘 확인된다. 원문 중 '슈…飮酒'가 '술 머기다'로도 번역되고 '술 마시이다'로도 번역된다. 따라서 '머기다'와 '마시이다'의 동의성은 명백히 입증된다. '머기다'는 '먹다'의 使動形으로 '먹-+-이(사동 접사)+-다'로 분석될 수 있고 '마시이다'는 '마시다'의 사동형으로 '마시-+-이(사동 접사)+-다'로 분석될 수 있다.

    (78) a. 아기 낳는 어미 머긴 후에 술 한 머구믈 머기라(令産婦服之後飮酒一哱)
        <救간七 40a>
        b. 아기 싯긴 믈 반 잔을 어미를 머기면(洗兒水令産母飮半盞) <救간七 52a>
        c. 수레 녀허 수리 드스거든 머기면(置酒中待微溫令飮之) <救간七 22b>

    (78) d. 産生하는 겨지블 먹게 한 後에 술 한 머구믈 마시이라(令産婦服之後飮酒一哱)
        <救方下 86b>

<79> 먹다 對 마시다

    두 동작동사가 [飮]과 [服] 즉 '먹다, 마시다'의 뜻을 가지고 동의 관계에 있다는 것은 다음 예문들에서 잘 확인된다. 원문 중 '飮酒'가 '술 먹다'로도 번역되고 '수를 마시다'로도 번역된다. '汁飮'이 '즈블 먹다'로도 번역되고 '즈블 마시다'로도 번역된다. '飮冷水'가 '찬믈 먹다'로 번역되고 '飮凉水'가 '찬므를 마시다'로 번역된다. 그리

고 '溫服'이 '드시 ᄒᆞ야 먹다'로도 번역되고 '드시 ᄒᆞ야 마시다'로도 번역된다. 따라서 '먹다'와 '마시다'의 동의성은 명백히 입증된다.

(79) a. 술 머구미 버그니라(飲酒次之) <救方上 9a>

　　　b. 샹녜 술 머거 ᄀᆞ장 취ᄒᆞ면(飲酒常令大醉) <救간六 31b>

　　　c. 믈 서 되예 프러 즈블 ᄣᅡ 머그라(水三升絞汁飲之) <救方上 62b>

　　　d. 즙을 ᄣᅡ 머거도 됴ᄒᆞ니라(絞取汁飲之亦良) <救간三 52a>

　　　e. 즙을 ᄒᆞᆫ 되나 두 되나 머고ᄃᆡ(取汁飲一二升) <救간二 99a>

　　　f. 즙을 므레 프러 머그며(汁和水飲之) <救간二 111a>

　　　g. 흰 즙을 ᄆᆞᅀᆞᆷ ᄀᆞ장 머그라(取白汁恣意飲之) <救간二 58b>

　　　h. 춘믈 머거든 갓간 머즉ᄒᆞ니란(飲冷水而暫止) <救간二 9a>

　　　i. 댓진을 져고매 머거도 됴ᄒᆞ니라(飲竹瀝少許亦差) <救간二 58a>

　　　j. 다ᄅᆞᆫ 믈 먹디 마롤디니라(莫飲餘物也) <救方上 34a>

　　　k. 셔 홉곰 드시 ᄒᆞ야 머그라(溫服一小盞) <救간七 1b>

(79) l. 수를 마셔 댱샹 ᄀᆞ장 醉케 ᄒᆞ면(飲酒常令大醉) <救方下 64a>

　　　m. ᄆᆞᆯ쏭을 ᄣᅡ 즈블 取ᄒᆞ야 마시라(馬屎絞取汁飲之) <救方上 24b>

　　　n. 니기 훙두여 汁을 取ᄒᆞ야 마시라(熟絞取汁飲之) <救方上 28b>

　　　o. 믈 서 되예 뷔트(116a)러 ᄣᅡ 즙을 마시라(水三升絞汁飲之) <救간二 116b>

　　　p. 춘므를 마셔(飲涼水) <救方上 28b>

　　　q. 됴ᄒᆞᆫ 초 서 되를 마쇼ᄃᆡ(飲好苦酒三升) <救간二 57b>

　　　r. 드시 ᄒᆞ야 셔 홉곰 마시라(溫服一小盞) <救간七 2b>

<80> 먹다 對 ᄉᆞᆷ기다 對 숨ᄭᅵ다

세 동작동사가 [呑] 즉 '먹다, 삼키다'의 뜻을 가지고 동의 관계에 있다는 것은 다음 예문들에서 잘 확인된다. 원문 중 '呑其嗉'가 '그 부릴 먹다'로도 번역되고 '그 산멱을 ᄉᆞᆷ기다'로도 번역된다. '更呑'이 '다시 먹다'로도 번역되고 '다시 숨ᄭᅵ다'로도 번역된다. 그리고 '新汲水呑'이 '새배 몬져 기론 므레 먹다'로 번역되고 '以水呑'이 '므레 숨ᄭᅵ다'로 번역된다. 따라서 '먹다', 'ᄉᆞᆷ기다' 및 '숨ᄭᅵ다'의 동의성은 명백히 입증된다.

(80) a. 그 부릴 어더 머그면 믓 됴ᄒ니라(得呑其嘥最效) <救方上 53a>

    b. 나디 아니커든 마시 머고ᄃᆡ(不去更呑) <救간六 5b>

    c. 회화 ᄡᅵ 두 닐굽 나출 새배 몬져 기론 므레 머그라(用槐子二七粒新汲水呑之)

       <救간七 45b>

(80) d. 그 산멱을 어더 숪교미 ᄀᆞ장 됴ᄒ니라(得呑其嘥最效) <救간六 2b>

    e. 도틱 기르믈 들기알 소뱃 누른 ᄌᆞᅀᆞ만 케 ᄒᆞ야 숪교ᄃᆡ(呑猪膏如雞子黃大)

       <救간六 5b>

    f. 다시 숨쪄 됴커든 말라(更呑瘥止) <救간六 5b>

    g. 므레 숨씨면(以水呑之) <救간二 65a>

    h. 들기알 소뱃 누른 ᄌᆞᅀᆞ만 케 ᄒᆞ야 숨씨라(如雞子黃大呑之) <救간六 5b>

    i. 술와 ᄒᆞᄃᆡ 프러 다 숨씨라(幷酒和盡以呑之) <救간一 45a>

    j. 세 닐굽 나출 숨쪄도 됴ᄒ니라(亦宜…呑三七粒) <救간一 32b>

<81> 메오다 對 멋고다

두 동작동사가 [塡] 즉 '메우다, 채우다'의 뜻을 가지고 동의 관계에 있다는 것은 다음 예문들에서 잘 확인된다. 원문 중 '塡…脂'가 '기르믈 메오다'로도 번역되고 '기름을 멋고다'로도 번역된다. 따라서 '메오다'와 '멋고다'의 동의성은 명백히 입증된다.

(81) a. 술윗 기르믈 메오ᄃᆡ(塡車脂) <救方下 5b>

    b. 사ᄅᆞ미 ᄆᆞᆫ 똥을 ᄀᆞᄃᆞ기 메오고(野人乾塡滿) <救간六 40b>

    c. 소고믈 빗복 안해 메오고(用塩塡臍內) <救간三 81a>

(81) d. 술위통앳 기름을 멋고ᄃᆡ(塡車脂) <救간六 26a>

<82> 몯ᄒ다 對 아니ᄒ다

두 동작동사가 [不] 즉 '못하다, 아니하다'의 뜻을 가지고 동의 관계에 있다는 것은 다음 예문들에서 잘 확인된다. 원문 중 '大便…不通'이 '大便이 通티 몯ᄒ다'로도 번

역되고 '大便이 通티 아니ᄒ다'로도 번역된다. 그리고 '氣閉不通'이 '긔운이 마가 통티 몯ᄒ다'로도 번역되고 '긔우니 마가 통티 아니ᄒ다'로도 번역된다. 따라서 '몯ᄒ다'와 '아니ᄒ다'의 동의성은 명백히 입증된다.

(82) a. 大便이 구더 通티 몯ᄒ닐 고툐ᄃᆡ(治大便秘澁不通) <救方上 69b>

　　　 b. 大便이 구더 通티 몯ᄒ닐 고툐ᄃᆡ(治大便澁不通) <救方上 70a>

　　　 c. 大小便 通티 몯ᄒ닐 고티ᄂᆞ니(治大小便不通) <救方上 68b>

　　　 d. 긔운이 마가 통티 몯ᄒ거든(氣閉不通) <救간一 5b>

　　　 e. 긔우니 수이 통티 몯ᄒ거든(氣不能通) <救간一 65a>

　　　 f. 즉재 수미 마가 통티 몯거든(卽時氣閉不通) <救간二 78a>

(82) g. 大便이 이사ᄋᆞᆯ 通티 아니흔 後에ᅀᅡ(大便三二日不通然後) <救方下 23a>

　　　 h. ᄒ다가 쇼변이 통티 아니커든(若小便不通) <救간一 51b>

　　　 i. 긔우니 마가 통티 아니커든(氣閉不通) <救간一 54a>

<83> 뫼호다 對 모도다

　두 동작동사가 [合], [聚], [都] 및 [收斂] 즉 '모으다'의 뜻을 가지고 동의 관계에 있다는 것은 다음 예문들에서 잘 확인된다. 원문 중 '合研'이 '뫼화 골다'로 번역되고 '聚艾'가 '뿌글 뫼호다'로 번역'로 번역되고 '都擣'가 '뫼하 딯다'로 번역된다. 그리고 '收斂神氣'가 '긔운 뫼호다'로도 번역되고 '氣分을 모도다'로도 번역된다. 따라서 '뫼호다'와 '모도다'의 동의성은 명백히 입증되나. '모도다'는 동작동사 '몯다'의 使動形으로 '몯-+-오(사동 접사)+-다'로 분석된다.

(83) a. 天南星ㅅ ᄀᆞᄅᆞ ½ 돈과 白龍腦ㅅ ᄀᆞᄅᆞ 一字와를 뫼화 ᄀᆞ라

　　　　 (天南星末½錢白龍腦末一字右合研) <救方上 5a>

　　　 b. 믈 닷 되와 ᄆᆞᆯ똥 ᄣᆞᆫ 즙 ᄒᆞᆫ 되와를 뫼화 글혀(以水五升取馬通汁一升合煮)

　　　　 <救간二 103a>

　　　 c. 뫼화 디허 처(合擣篩) <救간一 81b>

　　　 d. 뿌글 마ᄂᆞᆯ 우희 뫼화(取艾於蒜餠上) <救간三 47b>

e. 뫼화 디허(都擣) <救간二 7b>

f. 뫼화 フ느리 フ라(都細研) <救간二 115b>

g. 긔운 뫼홀 약을(收斂神氣之藥) <救간一 67b>

(83) h. 氣分을 모도ᄂᆞᆫ 藥을(收斂神氣之藥) <救方上 73b>

<84> 뮈다 對 움즈기다

두 동작동사가 [動] 즉 '움직이다'의 뜻을 가지고 동의 관계에 있다는 것은 다음 예문들에서 잘 확인된다. 원문 중 '脈動'이 '脉이 뮈다'로 번역되고 '一人…動'이 'ᄒᆞᆫ 사ᄅᆞ미 움즈기다'로 번역된다. 따라서 '뮈다'와 '움즈기다'의 동의성은 명백히 입증된다.

(84) a. 脉이 뮈유ᄃᆡ(脈動) <救方上 39a>

(84) b. 움즈기디 아니케 ᄒᆞ면(勿令轉動) <救方上 81b>

c. 븰라 움즈기디 몯고(拘急不得轉側) <救方上 56a>

d. ᄒᆞᆫ 사ᄅᆞ미…가ᄉᆞᆷ믈 눌러 ᄌᆞ로 움즈기고(一人…按據胸上數數動之)

　　 <救간一 60a>

e. 늘폭ᄌᆞᄂᆞ기 움즈겨 ᄃᆞ뇨ᄃᆡ(徐徐行動) <救간一 65a>

<85> 믈다 對 너흘다

두 동작동사가 [嚙] 즉 '물다'의 뜻을 가지고 동의 관계에 있다는 것은 다음 예문들에서 잘 확인된다. 원문 중 '痛嚙'이 '미이 믈다'로 번역되고 '馬嚙'이 '몰 너흘다'로 번역된다. 따라서 '믈다'와 '너흘다'의 동의성은 명백히 입증된다.

(85) a. ᄯᅩ 발 엄지가락 톱 ᄉᆞᅵ를 미이 믈면(更痛嚙足大拇指甲際) <救方上 24a>

b. ᄯᅩ 발 엄지가락 톱 미틀 ᄆᆞ이 믈면(更痛嚙足大拇指甲際) <救간一 83a>

c. 사ᄅᆞ미 솏가라ᄀᆞᆯ 그르 므러 샹홀가 저프니라(恐誤嚙傷人指也) <救간三 10b>

d. ᄆᆞ리 사ᄅᆞ미 불알홀 므러(馬咬人陰卵)〈救方下 16b〉

e. ᄆᆞ리 사ᄅᆞ미 음란을 므러(馬齧人陰卵)〈救方下 72a〉

(85) f. ᄆᆞᆯ 너흘며 불와 허러 브서 덥다라 알ᄂᆞ닐 고튜ᄃᆡ(治馬囓人及蹄作瘡毒腫熱痛)

〈救方下 15b〉

〈86〉 ᄆᆞᆰ안초다 對 ᄀᆞᆯ안초다

두 동작동사가 [澄淸] 즉 '가라앉혀 맑게 하다, 가라앉히다'의 뜻을 가지고 동의 관계에 있다는 것은 다음 예문들에서 잘 확인된다. 원문 중 '車輪土…澄淸'이 '술윗 ᄢᅴ 옛 무든 흙…ᄆᆞᆰ안초다'로 번역되고 '取五升澄淸'이 '닷 되 ᄃᆞ외어든 ᄀᆞᆯ안초다'로 번역 된다. 따라서 'ᄆᆞᆰ안초다'와 'ᄀᆞᆯ안초다'의 동의성은 명백히 입증된다. 'ᄆᆞᆰ안초다'는 'ᄆᆞᆰ 다'와 '안초다'의 비통사적 合成으로 'ᄆᆞᆰ-#안초-+-다'로 분석될 수 있다.

(86) a. 술윗 ᄢᅴ옛 무든 흙 닷 도늘 ᄎᆞᆫ므레 프러 ᄆᆞᆰ안초아 머그면

(車輪土五錢冷水調澄淸服之)〈救方上 10b〉

b. 술윗 바회예 무든 흙 닷 돈을 ᄎᆞᆫ므레 프러 ᄆᆞᆰ안초아 머기면

(用車輪土五錢冷水調澄淸服之)〈救간一 36b〉

c. 기장ᄡᆞᆯ 닷 되를 믈 ᄒᆞᆫ 마래 글혀 서 되를 取ᄒᆞ야 ᄆᆞᆰ안초아

(以黃米五升水一斗煮之令得三升澄淸)〈救方上 34a〉

d. 기장ᄡᆞᆯ 두 홉을 므레 조히 시서 므레 ᄀᆞ라 ᄆᆞᆰ안초아

(黍米二合水淘淨水硏澄)〈救간二 53b〉

(86) e. 누른 조ᄡᆞᆯ 닷 되를 시서 믈 ᄒᆞᆫ 마래 글혀 닷 되 ᄃᆞ외어든 ᄀᆞᆯ안초아 젽간 ᄃᆞᆺ게

ᄒᆞ야 머그라(黃粱米淘五升以水一䤵煮取五升澄淸稍溫飮之)〈救간二 59a〉

〈87〉 ᄆᆞᆰ안초다 對 안초아 ᄆᆞᆯ기다

동작동사 'ᄆᆞᆰ안초다'와 동작동사구 '안초아 ᄆᆞᆯ기다'가 [澄淸] 즉 '가라앉혀 맑게 하 다'의 뜻을 가지고 동의 관계에 있다는 것은 다음 예문들에서 잘 확인된다. 원문 중

'車輪土…澄淸'이 '술윗 띠옛 무든 흙…묽안초다'로 번역되고 '將石沙…澄淸'이 '호근 돌홀…안초아 믈기다'로 번역된다. 따라서 '묽안초다'와 '안초아 믈기다'의 동의성은 명백히 입증된다. '묽안초다'는 '묽다'와 '안초다'의 非統辭的 合成으로 '묽-#안초 —+-다'로 분석될 수 있다.

(87) a. 술윗 띠옛 무든 흙 닷 도눌 춘므레 프러 묽안초아 머그면

　　　(車輪土五錢冷水調澄淸服之) <救方上 10b>

　　b. 술윗 바회예 무든 흙 닷 돈을 춘므레 프러 묽안초아 머기면

　　　(用車輪土五錢冷水調澄淸服之) <救간一 36b>

　　c. 기장뿔 닷 되를 믈 흔 마래 글혀 서 되를 取ᄒᆞ야 묽안초아

　　　(以黃米五升水一斗煮之令得三升澄淸) <救方上 34a>

　　d. 기장뿔 두 홉을 므레 조히 시서 므레 ᄀᆞ라 묽안초아

　　　(黍米二合水淘淨水硏澄) <救간二 53b>

(87) e. 호근 돌홀 봇가 블게 ᄒᆞ야 춘므레 둠가 안초아 믈겨

　　　(將石沙炒令赤色冷水淬之良久澄淸) <救方上 33a>

<88> 믜다 對 단기다

　두 동작동사가 [定] 속 '매다'의 뜻을 가지고 동의 관계에 있다는 것은 다음 예문들에서 잘 확인된다. 원문 중 '夾定'이 '뼈 믜다'로도 번역되고 '뼈 단기다'로도 번역된다. 그리고 '傅定'이 '브텨 믜다'로 번역된다. 따라서 '믜다'와 '단기다'의 동의성은 명백히 입증된다.

(88) a. 뼈 믠 後에 고티라(用夾夾定然後醫治) <救方上 88a>

　　b. 힌 죠히와 젓나못 널로 브텨 ᄆᆞ라(以白紙杉木板傅定) <救方下 35a>

　　c. 노ᄒᆞ로 믜야(以索繫定) <救간一 87a>

　　d. 아못 거스로나 믜야 둣다가(用物繫定) <救간二 100a>

(88) e. 몬져 ᄲᅧ를 고텨 뼈 단기고(先整骨了夾定) <救方上 88a>

<89> 밍글다 對 짓다

두 동작동사가 [爲], [作] 및 [成] 즉 '만들다'의 뜻을 가지고 동의 관계에 있다는 것은 다음 예문들에서 잘 확인된다. 원문 중 '爲散'이 '散 밍글다'로도 번역되고 '散을 짓다'로도 번역된다. '爲丸'이 '丸 밍글다'로도 번역되고 '환 짓다'로도 번역된다. '作粥'이 '죽 밍글다'로 번역되고 '作飯'이 '밥 짓다'로 번역된다. 그리고 '成膏'가 '골 밍글다'로 번역되고 '成挺子'가 '뎡 짓다'로 번역된다. 따라서 '밍글다'와 '짓다'의 동의성은 명백히 입증된다.

(89) a. 디허 ㄱㄴ리 처 散 밍ㄱ라(擣細羅爲散) <救方上 81b> <救方下 20b>

　　　 b. 디허 ㄱㄴ리 처 散 밍글오(擣細羅爲散) <救方下 19b>

　　　 c. 디허 처 散 밍ㄱ라(擣篩爲散) <救方下 18b>

　　　 d. 디허 ㄱㄴ리 처 글을 밍ㄱ라(擣細羅爲散) <救간二 42a> <救간二 42b>

　　　 e. 디허 처 글을 밍ㄱ라(擣羅爲末) <救간二 43a> <救간二 45a>

　　　 f. 글을 밍ㄱ라(爲末) <救간一 24a> <救간二 67a> <救간三 4b> <救간七 64b>

　　　 g. 丸 밍ㄱ로딕 梧桐子만 ㅎ야(爲丸如梧桐子大) <救方下 88a>

　　　 h. 환 밍ㄱ라(爲丸) <救간一 10a> <救간二 20a>

　　　 i. 환 밍ㄱ로딕(爲丸) <救간一 10a> <救간三 39a>

　　　 j. 골 밍ㄱ라(爲膏) <救간二 116a> <救간三 31b> <救간三 82a>

　　　 k. 골 밍(12a)글오(爲膏) <救간三 12b>

　　　 l. 싸 파 굳 밍글오(掘爲地作坑) <救方上 72a>

　　　 m. 죽 밍ㄱ로딕(作粥) <救간二 85b>

　　　 n. 글을 밍(28a)ㄱ라(作散) <救간二 28b>

　　　 o. 깅 밍ㄱ라 머기라(作羹食之) <救간一 111a>

　　　 p. 눈화 두 복애 밍ㄱ라(分作二服) <救간一 53b>

　　　 q. 썩 밍ㄱ로니(成餅) <救간三 63b>

　　　 r. 골 밍ㄱ라 브티라(成膏傅之) <救方下 68a> <救간六 41b>

　　　 s. 골 밍ㄱ라(成膏子) <救간三 6b> <救간三 12a>

(89) t. 디허 거흘에 처 散을 지소딕(擣鹿羅爲散) <救方下 41a>

　　u. 환 지소딕 머귀 여름만케 ᄒᆞ야(爲丸如梧桐子大) <救간七 48b>

　　v. 들기앖 그틀 허러 굼글 지어(鷄子打破頭作孔) <救方下 75b>

　　w. 밀흐로 밥 지어 머그라(用小麥作飯食之) <救간一 103a>

　　x. 부리 업슨 브스름이 부리 지어(無頭者便當作頭) <救간三 41b>

　　y. 다시 지어 머그라(更作之) <救간三 67b>

　　z. 덩 지어 고해 마그면(成廷子塞鼻中) <救간二 97b>

<90> 싸디다 對 드리디여 나다

　동작동사 '싸디다'와 동작동사구 '드리디여 나다'가 [脫出] 즉 '빠지다'의 뜻을 가지고 동의 관계에 있다는 것은 다음 예문들에서 잘 확인된다. 원문 중 '脫出'이 '싸디다'로 번역되고 '陰卵脫出'이 '그 음란이 드리디여 나다'로 번역된다. 따라서 '싸디다'와 '드리디여 나다'의 동의성은 명백히 입증된다.

　(90) a. ᄆᆞ리 사ᄅᆞ미 불알홀 므러 싸디거든 고튜딕<治馬咬人陰卵脫出方) <救方下 16b>

　　　b. 아기 나흔 거시 싸디옛거든(子腸脫出) <救간七 66b>

　(90) c. ᄆᆞ리 사ᄅᆞ미 음란을 므러 그 음란이 드리디여 나거든(馬齧人陰卵脫出)

　　　　<救간六 72a>

<91> 싸디다 對 디다

　두 동작동사가 [墮]와 [溺] 즉 '빠지다'의 뜻을 가지고 동의 관계에 있다는 것은 다음 예문들에서 잘 확인된다. 원문 중 '墮水中'이 '므레 싸디다'로도 번역되고 '므레 디다'로도 번역된다. 그리고 '溺水'가 '므레 싸디다'로 번역되고 '溺死'의 자석이 '므레 디여 주그니'이다. 따라서 '싸디다'와 '디다'의 동의성은 명백히 입증된다.

　(91) a. 男女ㅣ 므레 싸디닐 救호딕(救男女墮水中者) <救方上 73b>

　　　b. 므레 싸디니오(溺水) <救方上 25a>

c. 므레 빠딘 사ᄅ믈 더운 ᄌᆡ예 무두딕(埋溺水暖灰中) <救간一 70a>

d. 아기 뒷간애 빠(36b) 디니라(兒入厠中) <救간七 37a>

(91) e. 남진이어나 겨지비어나 므레 디닐 살오딕(救男女墮人中者) <救간一 67a>

f. 겨ᅀᅳ래 므레 디여(冬月落水) <救간一 76b>

g. 溺死: 므레 디여 주그니 <救간 目錄 1b>

<92> 바키다 對 븥다

두 동작동사가 [著] 즉 '박히다, 붙다'의 뜻을 가지고 동의 관계에 있다는 것은 다음 예문들에서 잘 확인된다. 원문 중 '著筋'이 '히메 바키다'로도 번역되고 '히메 븥다'로도 번역된다. 따라서 '바키다'와 '븥다'의 동의성은 명백히 입증된다.

(92) a. 뼈 히메 바(49a)켜 즉재 나ᄂ니라(鯁著筋卽出) <救方上 49b>

(92) b. 거렛는 거시 히메 브터 나리라(鯁著筋卽出) <救간六 10b>

c. 둥믈릭 븓거나(著脊) <救간七 27b>

<93> 빠혀다 對 빼티다

두 동작동사가 [拔] 즉 '빼다'의 뜻을 가지고 동의 관계에 있다는 것은 다음 예문들에서 잘 확인된다. 원문 중 '拔其髮'이 '머리터릴 빠혀다'로 번역되고 '頂心…拔'이 '머릿 뎡바기옛 터력을 빼티다'로 번역된다. 따라서 '빠혀다'와 '빼티다'의 동의성은 명백히 입증된다.

(93) a. 소ᄂ로 머리터릴 빠혀며(以手拔其髮) <救方上 77a>

b. 즉재 살 미틀 이어 빠혀면(卽撼箭鏃拔之) <救方下 3a>

(93) c. 머릿 뎡바기옛 터력을 ᄒᆞᆫ 지봄만 ᄲᆞᆯ리 자바 ᄆᆡ이 빼티라

(當頂心取方寸許急捉痛拔之) <救간二 71b>

<94> 밧기다 對 앗다

　두 동작동사가 [去] 즉 '벗기다, 제거하다'의 뜻을 가지고 동의 관계에 있다는 것은
다음 예문들에서 잘 확인된다. 원문 중 '去麁皮'가 '麁혼 거츨 밧기다'로도 번역되고
'麁혼 거츨 앗다'로도 번역된다. 그리고 '去黑皮'가 '거믄 거플 밧기다'로도 번역되고
'거믄 거플 앗다'로도 번역된다. 따라서 '밧기다'와 '앗다'의 동의성은 명백히 입증된
다.

　　(94) a. 麁혼 거츨 밧기고(去麁皮) <救方上 85b>

　　　　b. 거믄 것 밧기고(去黑皮) <救方上 68b>

　　　　c. 것 밧기고(去皮) <救方上 6b>

　　　　d. 거믄 거플 밧겨(去黑皮) <救方上 4b>

　　　　e. 마늘 대엿 나츨 거플 밧기고(用蒜五六枚去皮) <救方上 62b>

　　　　f. 마늘 다엿 나츨 거플 밧기고(蒜五六枚去皮) <救간二 116a>

　　　　g. 비마ᄌ 삐 반 량 거플 밧기니와(蓖麻子半兩去皮) <救간二 7b>

　　　　h. 生으란 거피 밧겨 굴오 니그니란 거피 밧기고(生者去殼生研熟者去殼)
　　　　　<救方上 41b>

　　(94) i. 麁혼 거츨 앗고(去麁皮) <救方下 13a>

　　　　j. 것과 부리와 어우러이 앗고(去皮尖雙仁) <救方下 18b>

　　　　k. 것과 부리와 어우러이롤 앗고(去皮尖雙仁) <救方下 19a>

　　　　l. 몬져 皀角 시울와 거츨 앗고(先以皀角去弦皮) <救方上 2a>

　　　　m. 몬져 조각을 시울와 거플 앗고(先以皀角去弦皮) <救간一 2b>

　　　　n. 거믄 거플 앗고(去黑皮) <救간一 5b>

<95> 버리다 對 버리혀다

　두 동작동사가 [開]와 [張] 즉 '벌리다, 열다'의 뜻을 가지고 동의 관계에 있다는
것은 다음 예문들에서 잘 확인된다. 원문 중 '開口'가 '입 버리다'로 번역되고 '開溺者
口'가 '므레 주근 사ᄅ미 이블 버리혀다'로 번역된다. 그리고 '開張不合'이 '버리고 어

우디 아니ᄒ다'로 번역되고 '張死人口'가 '주근 사ᄅ미 이블 버리혀다'로 번역된다.
따라서 '버리다'와 '버리혀다'의 동의성은 명백히 입증된다.

(95) a. 病흔 사ᄅᄆ로 입 버려 굼긔 다혀(令患人開口置孔) <救方上 52a>

b. 눈도 두르며 입도 버리리니(目轉口開) <救간一 88a>

c. 입 버려든(口開) <救간三 24a>

d. 이블 마고므러 버리디 몯ᄒ거든(口噤不開) <救간七 4b>

e. 입 마고믈오 버리디 몯ᄒ거든(口噤不開) <救간一 16a>

f. 입 버리디 몯거든(如口不開) <救간七 22a>

g. 버리고 어우디 아니ᄒ닐 고티ᄂ 法은(治…開張不合方) <救方上 79a>

(95) h. 입 버리혀고 브스면(幹開口灌下) <救方上 4a>

i. 입 버(10b)리혀고 브스라(幹開口灌下) <救간一 11a>

j. 몬져 갈ᄒ로 므레 주근 사ᄅ미 이블 버리혀고(先刀開溺者口) <救간一 68b>

k. 이블 버리혀고 브스라(拗開口灌之) <救간一 16b> <救간七 5a> <救간七 5b>

l. 이블 버리혀고(拗開口) <救간七 4b>

m. 이블 버리혀고 브소딕(拗口開灌之) <救간七 22a>

n. 주근 사ᄅ미 이블 버리혀(張死人口) <救方上 10a>

<96> 버리다 對 허리다

두 동작동사가 [開] 즉 '벌리다'의 뜻을 가지고 동의 관계에 있다는 것은 다음 예
문들에서 잘 확인된다. 원문 중 '開口'가 '입 버리다'로 번역되고 '割開'가 '버혀 허리
다'로 번역된다. 따라서 '버리다'와 '허리다'의 동의성은 명백히 입증된다.

(96) a. 病흔 사ᄅᄆ로 입 버려 굼긔 다혀(令患人開口置孔) <救方上 52a>

b. 병흔 사ᄅᄆ로 입 버려 그 굼긔 다혀(令患人開口置孔) <救간六 12b>

c. 눈도 두르며 입도 버리리니(目轉口開) <救간一 88a>

d. 이블 마고므러 버리디 몯ᄒ거든(口噤不開) <救간七 4b>

(96) e. 알픈 딕 모릭거든 갈ㅎ로 버혀 헐리며(不識痛處或用刀割開) <救方下 32a>

<97> 버리혀다 對 글희혀다

두 동작동사가 [幹開] 즉 '벌리다'의 뜻을 가지고 동의 관계에 있다는 것은 다음 예문들에서 잘 확인된다. 원문 중 '幹開口'가 '입 버리혀다'로도 번역되고 '이블 글희혀다'로도 번역된다. 따라서 '버리혀다'와 '글희혀다'의 동의성은 명백히 입증된다.

(97) a. 입 버리혀고 브스면(幹開口灌下) <救方上 4a>

 b. 입 버(10b)리혀고 브스라(幹開口灌下) <救간一 11a>

 c. 몬져 갈ㅎ로 므레 주근 사릭미 이블 버리혀고(先刀開溺者口) <救간一 68b>

(97) d. 이블 글희혀 븟고(幹開口灌之) <救方下 82b> <救간七 40b>

<98> 버리혀다 對 벙으리왇다

두 동작동사가 [擘開] 즉 '벌리다'의 뜻을 가지고 동의 관계에 있다는 것은 다음 예문들에서 잘 확인된다. 원문 중 '擘開口'가 '이블 버리혀다'로도 번역되고 '입을 벙으리왇다'로도 번역된다. 따라서 '버리혀다'와 '벙으리왇다'의 동의성은 명백히 입증된다.

(98) a. 샐리 이블 버리혀고 더운 오조믈 브솔디니(急擘開口以熱小便灌之)

 <救方下 30b>

 b. 입 버리혀고 브스면(幹開口灌下) <救方上 4a>

 c. 이블 버리혀고 브스라(拗開口灌之) <救간一 16b> <救간七 5a>

(98) d. 샐리 입을 벙으리왇고 더운 오좀을 브스라(急擘開口熱小便灌之) <救간一 78b>

<99> 버히다 對 버흐다

두 동작동사가 [截斷]과 [取] 즉 '베다'의 뜻을 가지고 동의 관계에 있다는 것은 다음 예문들에서 잘 확인된다. 원문 중 '腰截斷'이 '둘헤 나게 버히다'로 번역되고 '以線繫'가 '그 버흔 거슬 실로 미다'로 번역되는데 '버흔 것'이 文脈上 '截斷'의 번역이다. 그리고 '取…爪甲'이 '손토블 버히다'로 번역되고 '取半棗'가 '대초 허리 버흐니'로 번역된다. 따라서 '버히다'와 '버흐다'의 동의성은 명백히 입증된다.

(99) a. 죠희예 빠 가온딕 둘헤 나게 버히고(以紙裹當中腰截斷) <救간二 66b>

    b. 동화 머리 버히고(取冬瓜截去頭) <救간三 44a>

    c. 제 남진의 열 숏가락 손토블 각각 져고매 버혀(取夫十指爪甲各少許)

       <救간七 44a>

    d. 새로 도든 회홧나모 가지 흔 줌을 두 긑 버혀(新生槐枝一握去兩頭)

       <救간二 34a>

    e. 삽듓 불휘 넉 량 웃 긑 버히니와(白朮四兩去蘆) <救간一 40b>

(99) f. 죠희예 빠 가온딕 둘헤 나게 버히고 그 버흔 거슬 실로 미야

    (以紙裹當中腰截斷以線繫) <救간二 66b>

    g. 대초 허리 버흐니마곰 머구머(每取半棗大숨) <救간二 81b>

<100> 버히다 對 앗다

두 동작동사가 [去] 즉 '베다, 제거하다'의 뜻을 가지고 동의 관계에 있다는 것은 다음 예문들에서 잘 확인된다. 원문 중 '去蘆頭'가 '머리 버히다'로도 번역되고 '데저비 앗다'로도 번역된다. 따라서 '버히다'와 '앗다'의 동의성은 명백히 입증된다.

(100) a. 防風을 머리 버히고(防風去蘆頭) <救方上 56a>

    b. 삽듓 불휘 넉 량 웃 긑 버히니와(白朮四兩去蘆) <救간一 40b>

(100) c. 방픐 불휘 두 량 데저비 아ᅀ니와(防風二兩去蘆頭) <救간一 89b>

    d. 져란 앗고(去筋) <救간二 7b>

<101> 버히다 對 어히다

두 동작동사가 [割] 즉 '베다'의 뜻을 가지고 동의 관계에 있다는 것은 다음 예문 들에서 잘 확인된다. 원문 중 '割蛇尾'가 '비야미 ᄭ오리를 버히다'로도 번역되고 '비야 미 ᄭ오리를 어히다'로도 번역된다. 따라서 '버히다'와 '어히다'의 동의성은 명백히 입 증된다.

(101) a. 갈ᄒ로 비야미 ᄭ오리를 횟도로 버혀(以刀周匝割蛇尾截) <救方下 79a>

    b. 어ᅀ이 도티 ᄭ오릿 그틀 버혀(割母猪尾頭) <救方下 79a>

    c. 암 도티 ᄭ오릿 그틀 버혀(割母猪尾頭) <救간六 49a>

(101) d. 갈ᄒ로 비야미 ᄭ오리를 횟두루 어혀(以刀周匝割蛇尾截) <救간六 49a>

    e. 갈ᄒ로 비얌의 ᄭ오리를 어히고(以刀破蛇尾) <救간六 48b>

<102> 봇다 對 고ᅌᆞ다

두 동작동사가 [熬] 즉 '봇다, 고으다'의 뜻을 가지고 동의 관계에 있다는 것은 다 음 예문들에서 잘 확인된다. 원문 중 '酒醋熬'가 '술와 醋애 봇다'로노 번역되고 '술와 초애 고ᅌᆞ다'로도 번역된다. 따라서 '봇다'와 '고ᅌᆞ다'의 동의성은 명백히 입증된다.

(102) a. 술와 醋애 봇가 믈오고(酒醋熬乾) <救方下 88a>

    b. 큰 그르세 ᄌᆡ를 만히 봇가(以大器中多熬灰) <救方上 8b>

    c. ᄯᅡ 파 굳 ᄆᆡᆼ굴오 두어 셤 더운 ᄌᆡ를 봇가(掘地作坑熬數斛熱灰) <救方上 72a>

(102) d. 술와 초애 고아 특특거든(酒醋熬乾) <救간七 48b>

    e. 즈싀 거려 앗고 죠고맛 소티 녀허 고아(濾去滓入小鐺內熬) <救간六 89b>

<103> 봊다 對 누르 봊다

동작동사 '봊다'와 동작동사구 '누르 봊다'가 [炒] 즉 '봊다'의 뜻을 가지고 동의 관계에 있다는 것은 다음 예문들에서 잘 확인된다. 원문 중 '黑豆一合炒'가 '거믄 콩 흔 홉을 봊다'로도 번역되고 '거믄 콩 흔 홉을 누르 봊다'로도 번역된다. 따라서 '봊다'와 '누르 봊다'의 동의성은 명백히 입증된다. '누르 봊다'는 부사 '누르'와 동작동사 '봊다'의 결합이다.

(103) a. 거믄 픗 흔 호블 봊가 닉게 ᄒᆞ야(取黑豆一合炒令熟) <救方下 90b>

　　　b. 거믄 콩 흔 홉을 봊가 닉거든(黑豆一合炒令熟) <救간七 50b>

　　　c. 블근 픗 흔 되를 봊가(赤小豆一升炒) <救간七 49a>

　　　d. 밀흘 봊고ᄃᆡ(小麥炒) <救方下 12a>

　　　e. 봊ᄀᆞ 소고무로 등을 熨ᄒᆞ라(以炒塩熨其背) <救方下 12a>

　　　f. 대황 닷 량을 사ᄒᆞ라 봊가(大黃五兩剉炒) <救간一 111b>

　　　g. 큰 그르세 ᄌᆡ를 봊가(以大器炒灰) <救간一 76b>

(103) h. 거믄 콩 흔 홉을 닉(4a) 나게 누르 봊가(用黑豆一合炒令烟出) <救간七 4b>

　　　i. 콩 서되를 누르 봊가(炒大豆三升令焦) <救간一 27b>

<104> 부러 드리다 對 드리불다

동작동사구 '부러 드리다'와 합성 동작동사 '드리불다'가 [吹入] 즉 '불어 들이다, 불어 넣다'의 뜻을 가지고 동의 관계에 있다는 것은 다음 예문들에서 잘 확인된다. 원문 중 '吹入鼻中'이 '곳굼긔 부러 드리다'로 번역되고 '吹入鼻'가 '고해 드리불다'로 번역된다. '부러 드리다'는 동작동사 '불다'와 '드리다'의 통사적 합성으로 '불-[吹]+-어#드리-[入]+-다'로 분석된다. '드리불다'는 동작동사 '드리다'와 '불다'의 비통사적 합성으로 '드리-[入]#불-[吹]+-다'로 분석된다.

(104) a. 글을 밍ᄀᆞ라 대롱(2b)으로 ᄡᅥ 곳굼긔 부러 드려(爲末揭以管子吹入鼻中)
　　　　<救간一 3a>

b. 두 귓굼긔 부러 드리면 즉재 살리라(吹入兩耳內卽活矣) <救간一 46a>

(104) c. 붇즈릇 대로 고해 드리불면 즉재 됴ㅎ리라(用筆管吹入鼻卽愈) <救간二 3a>

　　　 d. 고 안해 드리불면 즉재 됴ㅎ리라(吹入鼻內卽差) <救간二 4b>

<105> 붇다 對 브르다

두 동작동사가 [脹] 즉 '배가 부르다, 부풀다'의 뜻을 가지고 동의 관계에 있다는 것은 다음 예문들에서 잘 확인된다. 원문 중 '腹脹'이 '비 붇다'로 번역되고 '臍下…脹悶'이 '비 아래…브르고 답답ㅎ다'로 번역된다. 따라서 '붇다'와 '브르다'의 동의성은 명백히 입증된다.

(105) a. 비 붇고(腹脹) <救간二 84b>

　　　 b. 큰믈 몯 보아 비 안콰 녑괘 돌돌ㅎ야 붇거든(大便不通腸脇脹)

　　　　 <救간七 12b>

　　　 c. 비 부러 붑 곧고(腹脹如鼓) <救간二 53a>

(105) d. 져근믈 몯 보아 비 아래 과골이 알파 브르고 답답ㅎ야(小便不通臍下急痛脹悶)

　　　　 <救간三 89a>

　　　 e. 비 아히 브르고(腹內脹滿) <救方下 96a>

<106> 뷔틀다 對 거두주이다

두 동작동사가 [拘攣] 즉 '손발이 오그라들다'의 뜻을 가지고 동의 관계에 있다는 것은 다음 예문들에서 잘 확인된다. 원문 중 '手足拘攣'이 '손바리 뷔틀다'로도 번역되고 '손바리 거두주이다'로도 번역된다. 따라서 '뷔틀다'와 '거두주이다'의 동의성은 명백히 입증된다.

(106) a. 손바리 뷔트라 그 양이 中風과 다르디 아니ㅎ니(手足拘攣其狀中風無異)

　　　　 <救方上 12a>

b. 손바리 거두주여 그 즁이 ㅂ름 마즈니와 다르디 아니호ᄃᆡ

(手足拘攣其狀中風無異) <救간一 38b>

<107> 뷔틀다 對 두워틀다

두 동작동사가 [轉] 즉 '비틀어지다'의 뜻을 가지고 동의 관계에 있다는 것은 다음 예문들에서 잘 확인된다. 원문 중 '轉筋'이 '히미 뷔틀다'로도 번역되고 '히미 두워틀다'로도 번역된다. 따라서 '뷔틀다'와 '두워틀다'의 동의성은 명백히 입증된다.

(107) a. 도와리ᄒᆞ야 모매 히미 뷔트러 가거든(霍亂轉筋不止) <救간二 50a>
  b. 오좀뼈 뷔트러(胞轉) <救간三 86a>
  c. 누니 붉디 아니ᄒᆞ며 모미 뷔트러 아니환ᄒᆞᆫ 소리 ᄒᆞ고(眼目不明瘛瘲惡聲)
     <救간二 94b>

(107) d. 도와리ᄒᆞ야 모매 히미 두워트러 빅예 드러(霍亂轉筋入腹) <救간二 55a>

<108> 뷔틀다 對 뷔트리혀다

두 동작동사가 [絞] 즉 '비틀어지다'의 뜻을 가지고 동의 관계에 있다는 것은 다음 예문들에서 잘 확인된다. 원문 중 '其腸絞'가 '그 腸이 뷔틀다'로도 번역되고 '창지 뷔트리혀다'로도 번역된다. 따라서 '뷔틀다'와 '뷔트리혀다'의 동의성은 명백히 입증된다.

(108) a. 그 腸이 빅예 뷔트러 움주쥐여 잇ᄂ(32b)니(其腸絞縮在腹) <救方上 33a>
  b. 모매 히미 뷔트러 가거든(轉筋不止) <救간二 50a>
  c. 오줌뼈 뷔트러(胞轉) <救간三 86a>
  d. 모미 뷔트러(瘛瘲) <救간三 86a>

(108) e. 창지 뷔트리혀 거두쥐ᄂᆞᆫ 둣ᄒᆞ야 빅 안해 이쇼ᄆᆞᆫ(其腸絞縮在腹) <救간二 46a>
  f. 거두혀며 뷔트리혀미 이시락 업스락 ᄒᆞ거든(搐搦潮作) <救간一 7b>

<109> 브르쥐다 對 거두혀며 뷔트리혀다

동작동사 '브르쥐다'와 동작동사구 '거두혀며 뷔트리혀다'가 [搐搦] 즉 '쥐가 나게 쥐다, 걷우며 비틀다'의 뜻을 가지고 동의 관계에 있다는 것은 다음 예문들에서 잘 확인된다. 원문 중 '搐搦'이 '소놀 브르쥐다'로도 번역되고 '거두혀며 뷔트리혀다'로도 번역된다. 따라서 '브르쥐다'와 '거두혀며 뷔트리혀다'의 동의성은 명백히 입증된다.

(109) a. 소놀 브르쥐며 모미 쓸활 두위트러 가듯 ᄒ거든(搐搦角弓反長) <救간六 83a>
     b. 거두혀며 뷔트리혀미 이시락 업스락 ᄒ거든(搐搦潮作) <救간一 7b>

<110> 브티다 對 ᄇᄅ다

두 동작동사가 [傅]와 [搽] 즉 '붙이다, 바르다'의 뜻을 가지고 동의 관계에 있다는 것은 다음 예문들에서 잘 확인된다. 원문 중 '傅瘡上'이 '瘡의 브티다'로도 번역되고 '瘡의 ᄇᄅ다'로도 번역된다. '炒塩傅'가 '소고믈 봇가 브티다'로도 번역되고 '소금을 봇가 ᄇᄅ다'로도 번역된다. 그리고 '搽患處'가 '알푼 ᄯᅡ해 브티다'로도 번역되고 '알푼 ᄃᆡ ᄇᄅ다'로도 번역된다. 따라서 '브티다'와 'ᄇᄅ다'의 동의성은 명백히 입증된다.

(110) a. 瘡의 브티면(傅瘡上) <救方上 83b> <救方上 84a> <救方上 84b>
     b. 車前 니플 므르 디허 브티면(取車前葉爛擣傅之) <救方上 85a>
     c. 소고믈 봇가 브티라(炒塩傅) <救方上 65b>
     d. 헌ᄃᆡ 브툐ᄃᆡ ᄒᄅ 세 적곰 ᄒ라(傅瘡日三) <救方下 68b>
     e. 수레 프러 브티라(和酒傅之) <救方下 65b>
     f. 헌ᄃᆡ 브툐믈 일빅 날옷 디나거든 말라(兼傅上過百日止) <救간六 35a>
     g. 사향을 져기 조쳐 춤에 므라 브티라(麝香少許津唾調傅) <救간六 75b>
     h. 믈근 기르메 므라 알푼 ᄯᅡ해 브튜미 됴ᄒ니라(淸油調搽患處妙) <救方下 64b>

(110) i. 瘡의 ᄇᄅ고(傅瘡上) <救方上 82b>

j. 瘡의 두터이 ᄇᆞᄅᆞ고(厚傅瘡上) <救方下 84b>

k. 디허 ᄇᆞᄅᆞ면(搗傅) <救方上 87b>

l. 소곰을 봇가 ᄇᆞᄅᆞ라(炒塩傅) <救간二 117b>

m. 믈인 ᄃᆡ ᄒᆞᄅᆞ 세 번(42b)곰 ᄇᆞᄅᆞ라(傅瘡日三) <救간六 43a>

n. 수레 프러 ᄇᆞᄅᆞ라(和酒傅之) <救간六 33a>

o. 우희 조쳐 ᄇᆞᆯ로ᄃᆡ 一百 나리 디나거든 말라(兼傅上過百日止) <救方下 66b>

p. ᄆᆞᆯᄀᆞᆫ 기름에 ᄆᆞ라 알ᄑᆞᆫ ᄃᆡ ᄇᆞᆯ로미 됴ᄒᆞ니라(淸油調搽患處妙) <救간六 76b>

q. 괴 ᄯᅩᇰ을 믈인 ᄃᆡ ᄇᆞᆯ로미 ᄀᆞ장 됴ᄒᆞ니라(猫糞搽咬處甚妙) <救간六 76a>

<111> 비븨다 對 ᄇᆡᆺ다

두 동작동사가 [摩] 즉 '비비다, 문지르다'의 뜻을 가지고 동의 관계에 있다는 것은 다음 예문들에서 잘 확인된다. 원문 중 '蠐螬…摩'가 '산 굼버이를 비븨다'로 번역되고 '摩耳下穴'이 '귀 아래 오목ᄒᆞᆫ ᄃᆡ ᄇᆡᆺ다'로 번역된다. 따라서 '비븨다'와 'ᄇᆡᆺ다'의 동의성은 명백히 입증된다.

(111) a. 산 굼버이를 그 우희 노하 비븨면(將蠐螬於布上摩之) <救方下 37b>

(111) b. 소ᄂᆞ로 ᄇᆞᆯ콰 바ᄅᆞᆯ ᄇᆡᆺ고(以手摩搦臂足) <救方上 77a>

c. 귀 아래 오목ᄒᆞᆫ ᄃᆡ ᄇᆡᆺ초ᄃᆡ(摩耳下穴) <救간一 19b>

d. 이비(19b)…올ᄒᆞᆫ녁으로 기울어든 왼녁 오목ᄒᆞᆫ ᄃᆡ ᄇᆡᆺ초ᄃᆡ(口…向右摩左穴) <救간一 20a>

<112> ᄢᅵ븨다 對 ᄇᆡᆺ다

두 동작동사가 [擦]과 [磨] 즉 '비비다, 문지르다'의 뜻을 가지고 동의 관계에 있다는 것은 다음 예문들에서 잘 확인된다. 원문 중 '頻擦'이 'ᄌᆞ조 ᄢᅵ븨다'로 번역되고 '擦其齒'가 '그 니예 ᄇᆡᆺ다'로 번역된다. 그리고 '磨脚心'이 '밠바다애 ᄢᅵ븨다'로 번역되고 '按磨數次'가 '두서 번 ᄇᆡᆺ다'로 번역된다. 따라서 'ᄢᅵ븨다'와 'ᄇᆡᆺ다'의 동의성은 명백히 입증된다.

(112) a. 烏梅肉 조쳐 즈조 쎄븨면(并烏梅肉頻擦) <救方上 2a>

  b. 즈조 쎄븨여 덥게 ᄒ면(頻擦令熱) <救方上 5a>

  c. 초애 ᄀ라 어르러지예 쎄븨라(醋磨擦癜風處) <救간六 90a>

  d. 가짓 고고리로 약을 디거 쎄븨라(以茄蔕蘸藥擦) <救간六 90b>

  e. 굴근 마ᄂ롤 밠바다애 쎄븨여(大蒜磨脚心) <救方上 32b>

  f. 마ᄂ롤 밧바당애 쎄븨여(大蒜磨脚心) <救간二 62b>

(112) g. 그 니예 부츠라(擦其齒) <救方上 71a>

  h. 細末ᄒ야 니예 부쇠(爲末擦牙) <救方上 65b>

  i. ᄀ라 니예 븟고(爲末擦牙) <救간二 117b>

  j. 미이 소ᄂ로 가슴과 녑과롤 븟고(緊以手擦胷脇) <救方上 77a>

  k. 죠히 우희 부쳐(擦於紙上) <救간三 24a>

  l. 몬져 뵈로 어르러지롤 부쳐 싯고(先以布擦洗其瘡) <救간六 90b>

  m. 저욹 ᄃ림쇠롤 브은 우희 두어 번 부츠면(鐵秤錘於上按磨數次) <救간三 57a>

  n. 귀 아래 오목ᄒ 듸 부초듸(摩耳下穴) <救간一 19b>

  o. 소ᄂ로 불콰 바롤 븟고(以手摩搦臂足) <救方上 77a>

  p. 댱샹 믄 짜해 부쳐 슷고(常常揩拭所咬傷處) <救方下 72b>

<113> 빚다 對 밍글다

  두 동작동사가 [釀] 즉 '빚다, 만들다'의 뜻을 가지고 동의 관계에 있다는 깃은 다음 예문들에서 잘 확인된다. 원문 중 '釀米醋'가 '뿔로 비즌 됴ᄒ 초'로 번역되고 '釀米醋'의 자석이 '뿔로 밍근 됴ᄒ 초'이다. 따라서 '빚다'와 '밍글다'의 동의성은 명백히 입증된다.

(113) a. 뿔로 비즌 됴ᄒ 초롤 져기 섯거(以釀米醋少許和) <救간三 63b>

  b. 뿔로 비즌 초 두 홉 달힌 므레(以米醋二合湯) <救간三 95b>

(113) c. 釀米醋 : 뿔로 밍근 됴ᄒ 초 <救간三 63b>

<114> 사호다 對 다잊다

두 동작동사가 [搏] 즉 '싸우다, 치다, 때리다'의 뜻을 가지고 동의 관계에 있다는 것은 다음 예문들에서 잘 확인된다. 원문 중 '相搏'이 '서로 사호다'로도 번역되고 '서로 다잊다'로도 번역된다. 따라서 '사호다'와 '다잊다'의 동의성은 명백히 입증된다.

> (114) a. 춘 氣分이 블와 서르 사화(冷氣與火相搏) <救方上 9a>
>   b. 춘 긔운이 블와로 서르 다이저(冷氣與火相搏) <救간一 88a>

<115> 사홀다 對 버히다

두 동작동사가 [切] 즉 '썰다, 베다'의 뜻을 가지고 동의 관계에 있다는 것은 다음 예문들에서 잘 확인된다. 원문 중 '一介切碎'가 '흔 나출 사흐라 부스다'로 번역되고 '切去兩頭'가 '두 녁 머리 버혀 브리다'로 번역된다. 따라서 '사홀다'와 버히다'의 동의성은 명백히 입증된다.

> (115) a. 하눐드래 흔 나출 사흐라 부사(括蔞一介切碎) <救간二 33a>
>   b. 감초와 지지 뻐와롤 근게 논화 사흐라(甘草 梔子等分切) <救간二 3b>
>   c. 싱앙 흔 근을 사흐라(生薑一斤切) <救간二 62a>
>   d. 흔 줌을 사흐라(一把切) <救간二 28b>
>   e. 그느리 사흐론 뽕나못 불휫 흰 거플 서 되와(細切桑根白皮三升) <救간二 17a>

> (115) f. 되야마늘롤 두 녁 머리 버혀 브리고(用獨頭蒜切去兩頭) <救간三 47b>

<116> 셔다 對 믈다

두 동작동사가 [和] 즉 '섞다, 말다'의 뜻을 가지고 동의 관계에 있다는 것은 다음 예문들에서 잘 확인된다. 원문 중 '醋和'가 '초애 셔다'로도 번역되고 '초애 믈다'로도 번역된다. 그리고 '和人乳汁'이 '사룻미 져제 셔다'로 번역되고 '和蜜'이 '뿌레 믈다'로 번역된다. 따라서 '섯다'와 '믈다'의 동의성은 명백히 입증된다.

    (116) a. 醋애 섯거 봇가(和醋炒) <救方下 17b>

        b. 초애 섯거(醋和) <救간一 47a>

        c. 됴흔 醋 흔 되와 섯거(好苦酒一升相和) <救方下 29a>

        d. 됴흔 초 흔 되와 섯거(好苦酒一升相和) <救간一 79a>

        e. 사른믜(17b) 져제 섯거(和人乳汁) <救간一 18a>

        f. 춘믈 반 되예 저어 섯고(著冷水半升攪與和) <救간一 107b>

    (116) g. 초애 무라(醋和) <救간二 64b>

        h. 초 두 홉애 무라 머기면(和醋二合服之) <救간一 50b>

        i. 초애 무라(以苦酒和) <救간二 68a>

        j. 삼년 무근 됴흔 초애 무라(以三年大酢和) <救간一 27b>

        k. 뿌레 무라(和蜜) <救方上 29b> <救간一 79b>

        l. 약애 무라(和藥) <救간一 25b>

<117> 섯다 對 플다

   두 동작동사가 [和] 즉 '섞다, 풀다'의 뜻을 가지고 동의 관계에 있다는 것은 다음 예문들에서 잘 확인된다. 원문 중 '酒半盞和'가 '술 반 되예 섯다'로도 번역되고 '술 半 잔애 플다'로도 번역된다. '擣…和'가 '디허…섯다'로도 번역되고 '디코…플다'로도 번역된디. 그리고 '冷水半升…和'가 '춘믈 반 되예…섯다'로 번역되고 '冷水和'가 '춘므레 플다'로 번역된다. 따라서 '섯다'와 '플다'의 동의성은 명백히 입증된다.

    (117) a. 즙 빠 술 반 되예 섯거 믄득 머그라(汁酒半盞和頓服) <救간二 115b>

        b. 디허 처 흔듸 섯거(擣篩合和) <救간一 14b>

        c. 춘믈 반 되예 저어 섯고(著冷水半升攪與和) <救간一 107b>

        d. 섯거 フ라(和硏) <救方上 16b> <救간一 48b>

        e. 醋애 섯거 봇가(和醋下) <救方下 17b>

        f. 초애 섯거(醋和) <救간一 47a>

g. 됴ᄒᆞᆫ 醋 ᄒᆞᆫ 되와 섯거(好苦酒一升相和) <救方下 29a>

h. 됴ᄒᆞᆫ 초 ᄒᆞᆫ 되와 섯거(好苦酒一升相和) <救간一 79a>

i. 사ᄅᆞ미(17b) 져제 섯거(和人乳汁) <救간一 18a>

j. 도틱 렴통앳 피로 골오 섯거(猪心血和勻) <救간一 97a>

(117) k. 汁 내야 술 半 잔애 프러 머그라(汁酒半盞和頓服) <救方上 62a>

l. 디코 처 프러(擣篩合和) <救方上 5b>

m. 춘므레 프러(冷水和) <救간一 33a>

n. 즙을 므레 프러 머그며(汁和水飮之) <救간二 111a>

o. 믈 져기 ᄒᆞ야 프러(以少水和) <救方上 19a>

p. 사ᄅᆞ미 졋 닷 홉애 ᄀᆞ라 프러(人乳汁五合相和硏) <救간一 18b>

q. 즙 ᄣᅡ 수레 프러(取汁酒和) <救간二 5b>

<118> 소다 對 티소다

두 동작동사가 [搶] 즉 '솟다, 치솟다'의 뜻을 가지고 동의 관계에 있다는 것은 다음 예문들에서 잘 확인된다. 원문 중 '上搶'이 '우흐로 소다'로도 번역되고 '우흐로 티소다'로도 번역된다. 따라서 '소다'와 '티소다'의 동의성은 명백히 입증된다.

(118) a. 血氣 우흐로 소아(血氣上搶) <救方下 87a>

b. 혈긔 우흐로 티소아(血氣上搶) <救간七 28a>

<119> 솟다 對 솟고다

두 동작동사가 [湧] 즉 '솟다, 솟구치다'의 뜻을 가지고 동의 관계에 있다는 것은 다음 예문들에서 잘 확인된다. 원문 중 '血…湧'이 '피 솟다'로 번역되고 '血湧'이 '피 솟고다'로 번역된다. 따라서 '솟다'와 '솟고다'의 동의성은 명백히 입증된다.

(119) a. 술 醉ᄒᆞ야 니예 피 솟ᄂᆞ닐 고툐딕(治酒醉牙齒涌血出) <救方上 66a>

b. 피 믈 솟ᄃᆞᆺ ᄒᆞ야도(血如湧泉) <救간二 112a>

(119) c. 피 솟고며 빈 브르닐 고툐딕(治…血湧滿腹) <救方上 66a>

　　　d. 놀란 피 솟고와 뻐디여(驚血沸潰) <救方下 1b>

<120> 수다 對 밍굴다

두 동작동사가 [作] 즉 '쑤다, 만들다'의 뜻을 가지고 동의 관계에 있다는 것은 다음 예문들에서 잘 확인된다. 원문 중 '作粥'이 '쥭 수다'로 번역되고 '煮作粥'이 '글혀 쥭 밍굴다'로 번역된다. 따라서 '수다'와 '밍굴다'의 동의성은 명백히 입증된다. 두 동작동사 '수다'와 '밍굴다'는 명사 '쥭'을 목적어로 共有한다.

(120) a. 몬져 힌 뽈 서 홉으로 쥭 수어 니거 갈 저긔(先以粳米煮作粥臨熟)

　　　　 <救간一 13a>

　　　b. 열 삐 구라 바톤 즙으로 쥭 수어(研濾麻子取汁煮粥) <救간一 11b>

　　　c. 힌 뽈로 후로로케 쥭 수어(以白粳米煮稀粥) <救간一 103a>

　　　d. 바곳 즈맛던 수레 진 굴으로 플 수어(用浸烏頭酒打麪糊) <救간一 9a>

　　　e. 초로 순 밀 프레 무라(以醋麪糊調) <救간七 22b>

(120 f. 힌 뽈 너 홉을 시서 구라 글혀 쥭 밍구로딕(粳米四合淘研煮作粥) <救간二 85b>

<121> 봇다 對 브르다

두 동작동사가 [搽]와 [摩] 즉 '바르다, 칠하다'의 뜻을 가지고 동의 관계에 있다는 것은 다음 예문들에서 잘 확인된다. 원문 중 '搽咬處'가 '믄 싸해 봇다'로도 번역되고 '믈인 딕 브르다'로도 번역된다. 그리고 '摩耳下穴'이 '귀 아래 오목흔 딕 봇다'로 번역되고 '以塩摩'가 '소고믈 브르다'로 번역된다. 따라서 '봇다'와 '브르다'의 동의성은 명백히 입증된다.

(121) a. 괴 똥을 믄 싸해 뿌추미 マ장 됴흐니라(用猫糞搽咬處甚妙) <救方下 64b>

　　　b. 소느로 블콰 바를 봇고(以手摩溺臂足) <救方上 77a>

　　　c. 귀 아래 오목흔 딕 뿌초딕(摩耳下穴) <救간一 19b>

  d. 이비(19b)…올훈녁으로 기울어든 왼녁 오목훈 딕 뿌초딕 (口…向右摩左穴)

   〈救간一 20a〉

(121) e. 괴 똥을 믈인 딕 블로미 マ장 됴ᄒ니라(猫糞搽咬處甚妙) 〈救간六 76a〉

  f. 소고믈 아기 낳ᄂ 어믜 빅예 ᄇ르면(以塩摩産婦腹上) 〈救간七 47a〉

〈122〉 스러디다 對 눗다

두 동작동사가 [消] 즉 '사라지다, 없어지다'의 뜻을 가지고 동의 관계에 있다는 것
은 다음 예문들에서 잘 확인된다. 원문 중 '自消'가 '제 스러디다'로도 번역되고 '졀로
눗다'로도 번역된다. 그리고 '卽消'가 '즉재 스러디다'로도 번역되고 '즉재 눗다'로도
번역된다. 따라서 '스러디다'와 '눗다'의 동의성은 명백히 입증된다.

(122) a. 그 毒이 제 스러디ᄂ니라(毒自消) 〈救方下 59b〉

  b. 슈은으로 ᄌ로 스서 덥게 ᄒ면 즉재 스러디리니 됴커든 말라

   (水銀數數拭之令熱卽消瘥乃止) 〈救간六 86a〉

  c. 브스름 우희 브툐딕 스러디ᄃ록 ᄒ라(敷瘡上腫消爲度) 〈救간三 27b〉

  d. 흔 나치 스러디리니(只一箇便消) 〈救간三 45b〉

  e. 덥고 붓거든(40a) 쓰면 안ᄒ로 스러디리니(熱腫卽用之令內消) 〈救간三 40b〉

(122) f. ᄌ조 熨ᄒ면 졀로 눗ᄂ니라(頻熨自消) 〈救方上 58b〉

  g. 브슨 딕 즉재 ᄂᄌ리라(腫卽消) 〈救간二 73a〉

  h. ᄯ 므레 므라 브슨 딕 ᄇ르면 즉재 ᄂᄌ리라(水調掃腫上卽消) 〈救간三 59a〉

  i. 혀 안팟 겨틱 ᄇ르면 이슥고 ᄂ자 됴ᄒ리라(表裏塗舌良久消差) 〈救간二 89b〉

  j. ᄒ룻 바미 ᄂᄌ며(一夜立見消) 〈救간三 60b〉

  k. 브슨 딕 몯 다 ᄂ자 잇거든(腫消不盡) 〈救간三 58a〉

  l. 브슨 딕 눗고(腫消) 〈救간六 52a〉

<123> 슬다 對 삭다

두 동작동사가 [化] 즉 '없어지다, 삭다'의 뜻을 가지고 동의 관계에 있다는 것은 다음 예문들에서 잘 확인된다. 원문 중 '化痰'이 '痰이 슬다'로 번역되고 '化下'가 '사가 ᄂᆞ리다'로 번역된다. 따라서 '슬다'와 '삭다'의 동의성은 명백히 입증된다.

(123) a. 痰이 슬어나 시혹 吐ᄒᆞ면 곧 씨ᄂᆞ니라(化痰或吐卽醒) <救方上 4a>

(123) b. 그 춤을 토커나 사가 ᄂᆞ리거나 ᄒᆞ면 곧 씨리라(其涎或吐或化下便醒)
　　　 <救간一 11a>
　　 c. 가히 고기 먹고 삭디 아니ᄒᆞ야(食狗肉不消) <救方下 61a>

<124> 싯다 對 일다

두 동작동사가 [淘] 즉 '일다, 쌀을 일다'의 뜻을 가지고 동의 관계에 있다는 것은 다음 예문들에서 잘 확인된다. 원문 중 '黍米…淘淨'이 '기장ᄡᆞᆯ…조히 싯다'로 번역되고 '黑豆…淨淘'가 '거믄 콩…조히 일다'로 번역된다. 따라서 '싯다'와 '일다'의 동의성은 명백히 입증된다.

(124) a. 기장ᄡᆞᆯ 두 홉을 므레 조히 시서(黍米二合水淘淨) <救간二 53b>
　　 b. 기장ᄡᆞᆯ 시슨 므를 ᄃᆞ시 ᄒᆞ야(黍米淘汁溫) <救간二 35b>
　　 c. 흰 ᄡᆞᆯ 너 홉을 시서 ᄀᆞ라 글혀(粳米四合淘研煮) <救간二 85b>
　　 d. 누른 조ᄡᆞᆯ 닷 되를 시서(黃粱米淘五升) <救간二 59a>

(124) e. 거믄 콩 두 되 조히 이로니와(黑豆二升淨淘過) <救간一 19a>

동작동사 '싯다'는 [洗] 즉 '씻다'의 뜻을 가지고 [+구체물]인 '발', '가슴과 녑', '삽듯불휘', '츽모롭불휘', '우비즛', 'ᄃᆞᄉᆞ마머역' 및 '약'을 目的語로 취한다.

(124) f. 바를 ᄀᆞᆺ 기론 믈로 시스라(以新汲水洗足) <救간二 101b>

　　g. 가슴과 녑과 시스라(洗胷脇間) <救간二 50a>

　　h. 삽듓불휘 흔 근 조히 시서(用蒼朮一斤淨洗) <救간一 101b>

　　i. 쇠모롭불휘 흔 량 더운 므레 닐굽 번 시소니와(牛夏一兩湯洗七次)

　　　<救간一 115a>

　　j. 우빅즈 시스니와(五倍子洗) <救간二 120b>

　　k. 다스마머역 두 량을 시서(昆布二兩洗) <救간二 80b>

　　l. 섈리 약을 시서 브리고(急洗去藥) <救간一 20b>

<125> 슬다 對 달오다

　두 동작동사가 [燒] 즉 '달구다'의 뜻을 가지고 동의 관계에 있다는 것은 다음 예문들에서 잘 확인된다. 원문 중 '燒鐵'이 '鐵을 슬다'로도 번역되고 '쇠를 달오다'로도 번역된다. 그리고 '燒鐵筃'가 '쇠 빈혀를 슬다'로도 번역되고 '쇠 빈혀를 달오다'로도 번역된다. 따라서 '슬다'와 '달오다'의 동의성은 명백히 입증된다.

　(125) a. 鐵을 스라 지지라(燒鐵烙之) <救方上 67a>
　　　　 b. 쇠 빈혀를 스라 굼긔 니기 지지라(燒鐵筃熟烙孔上) <救方上 67a>

　(125) c. 쇠를 달(120a)와 지지라(燒鐵烙之) <救간二 120b>
　　　　 d. 쇠 빈혀를 달와 굼글 니기 지지라(燒鐵筃熟烙孔上) <救간二 120b>
　　　　 e. 화듀를 달와 두서 번을 지져(燒鐵筋烙之數過) <救간二 90b>
　　　　 f. 초 닷 홉애 프른 돈 두 나츨 븕게 달와(苦酒五合燒靑錢二文令赤) <救간二 35a>

<126> 슬다 對 블브티다

　동작동사 '슬다'와 합성 동작동사 '블브티다'가 [燒] 즉 '사르다, 불붙이다'의 뜻을 가지고 동의 관계에 있다는 것은 다음 예문들에서 잘 확인된다. 원문 중 '燒靑布'가 '프른 뵈를 슬다'로도 번역되고 '프른 뵈를 블브티다'로도 번역된다. 따라서 '슬다'와 '블브티다'의 동의성은 명백히 입증된다. '블브티다'는 명사 '블'과 동작동사 '브티다'의 合成이다.

(126) a. 프른 뵈룰 스라 헌 굼글 쇠면(燒靑布以燻瘡口) <救方下 63b>

    b. 늘 側柏 니플 스로딕(燒生側柏葉) <救方下 13b>

    c. 둘기 쏘올 스라(用雞糞燒) <救方下 45b>

    d. 酸棗룰 스로딕(酸棗燒) <救方下 7b>

    e. 산양의 쌜 스라(羚羊角燒) <救간二 83a>

    f. 렷 곳과 닙과룰 스라 마시라(蓮花葉燒飮之) <救간七 25a>

(126) g. 프른 뵈룰 블브텨 헌 딕 뾔면(燒靑布以燻瘡口) <救간六 33b>

    h. 그 죠힐 쇠아 블브텨(作紙撚烟) <救간三 24a>

<127> 슒다 對 글히다

두 동작동사가 [煮] 즉 '삶다, 끓이다'의 뜻을 가지고 동의 관계에 있다는 것은 다음 예문들에서 잘 확인된다. 원문 중 '熟煮'가 '니기 슒다'로 번역되고 '濃煮'가 '디투 글히다'로 번역된다. 따라서 '슒다'와 '글히다'의 동의성은 명백히 입증된다.

(127) a. 둘기알 다숫 나치어나 닐굽 나치어나 니기 슬마(鷄子五七枚熟煮)

      <救간六 95a>

    b. 흰 수툵 두 나출 니기 슬마(白雄鷄二隻煮熟) <救간一 111a>

(127) c. 댓 거프를 取ᄒ야 두터이 즈블 글혀(取竹茹濃煮汁) <救方上 66a>

    d. 대 글고니 디투 글힌 즙에(取竹茹濃煮汁) <救간二 118a>

    e. 츩 불휘를 디투 글혀(濃煮葛根汁) <救간六 30a>

    f. 보리룰 글혀(煮大麥) <救方下 38a>

    g. 몬져 버리 집을 글혀(先煮蜂房) <救간六 64a>

    h. 뎡갓 줄기와 닙과룰 글혀(煮荊芥莖葉) <救간三 13b>

    i. 됴흔 醋 ᄒ 되 半ᄋ로 글혀(以好醋一升半煮) <救方上 30a>

    j. 쇠비름 글힌 믈로 입시우를 시스라(馬齒莧煮汁洗緊脣) <救간三 5a>

<128> 숨끼다 對 ᄂᆞ리오다

두 동작동사가 [嚥下] 즉 '삼키다'의 뜻을 가지고 동의 관계에 있다는 것은 다음 예문들에서 잘 확인된다. 원문 중 '以白礬湯嚥下'가 '빅번 글힌 믈로 숨끼다'로도 번역되고 '白礬湯으로 ᄂᆞ리오다'로도 번역된다. 따라서 '숨끼다'와 'ᄂᆞ리오다'의 동의성은 명백히 입증된다.

    (128) a. 혀를 돔가셔 숨끼면(浸舌就嚥下) <救方上 46b>

        b. 빅번 글힌 믈로 숨끼라(以白礬湯嚥下) <救간六 6a>

        c. 추믈 숨끼면 즉재 됻ᄂᆞ니라(嚥津卽差) <救方上 46a>

        d. 춤 숪기라(嚥津) <救方上 44b>

        e. 춤 숨껴(嚥津) <救간六 6a>

    (128) f. 白礬湯으로 ᄂᆞ리오라(以白礬湯嚥下) <救方上 47b>

        g. 거스려 토ᄒᆞ고 음식을 ᄂᆞ리오디 몯ᄒᆞ거든(嘔逆不下食) <救간一 106b>

        h. 춘므를 마셔 ᄂᆞ리오미 됴ᄒᆞ니라(飮凉水送下) <救간二 40a>

<129> 십다 對 솟다

두 동작동사가 [湧泉] 즉 '샘솟다, 물이 솟구쳐 나오다'의 뜻을 가지고 동의 관계에 있다는 것은 다음 예문들에서 잘 확인된다. 원문 중 '如湧泉'이 '믈 십듯 ᄒᆞ다'로도 번역되고 '믈 솟듯 ᄒᆞ다'로도 번역된다. 따라서 '십다'와 '솟다'의 동의성은 명백히 입증된다.

    (129) a. 피 믈 십듯 ᄒᆞ야(血如湧泉) <救方上 59b>

        b. 피 나ᄃᆡ 믈 십듯거든(出血如湧泉) <救方上 66b> <救간二 120a>

        c. 피 나미 믈 십듯 ᄒᆞ야(血如湧泉) <救간二 111b>

        d. 피 나ᄃᆡ 믈 십듯 ᄒᆞ닐 고툐ᄃᆡ(治…出血如泉) <救方上 67a>

        e. 피 나ᄃᆡ 믈 십듯 ᄒᆞ거든(出血如泉) <救간二 120b>

(129) f. 피 믈 솟듯 ᄒ야도(血如湧泉) <救方上 59b> <救간二 112a>

<130> 아니ᄒ다 對 말다

두 동작동사가 [不] 즉 '아니ᄒ다, 말다'의 뜻을 가지고 동의 관계에 있다는 것은 다음 예문들에서 잘 확인된다. 원문 중 '不…言'이 '니르디 아니ᄒ다'로도 번역되고 '니르디 말다'로도 번역된다. 따라서 '아니ᄒ다'와 '말다'의 동의성은 명백히 입증된다.

　　　(130) a. 비야미라 니르디 아니ᄒ고(不應言蛇) <救方下 73b>

　　　　　　　b. 吐코져 호믈 그치디 아니커든(欲吐不輒) <救方下 29b>

　　　　　　　c. 즉재 고티디 아니ᄒ면(不卽治) <救간一 51a>

　　　(130) d. 비야미라 니르디 말오(不應言蛇) <救간六 47b>

　　　　　　　e. 삐니 혜디 말오(不計時候) <救간一 16b> <救간二 11b> <救간六 8b>

　　　　　　　f. 블 혀디 말오(不得以火照之) <救간一 82a>

<131> 안초아 믈기다 對 글안초다

동작동사구 '안초아 믈기다'와 동작동사 '글안초다'가 [澄淸] 즉 '가라앉혀 맑게 하다'의 뜻을 가지고 동의 관계에 있다는 것은 다음 예문들에서 잘 확인된다. 원문 중 '澄淸'이 '안초아 믈기다'로도 번역되고 '글안초다'로도 번역된다. 따라서 '안초아 믈기다'와 '글안초나'의 농의성은 명백히 입증된다.

　　　(131) a. 춘 므레 돕가 안초아 믈겨 그 믈 ᄒ두 호블 머그면 됻ᄂ니라

　　　　　　　　(冷水淬之良久澄淸水一二合服之愈) <救方上 33a>

　　　　　　　b. 닷 되 ᄃ외어든 글안초아 잢간 ᄃ스게 ᄒ야 머그라(取五升澄淸稍溫飮之)

　　　　　　　　<救간二 59a>

<132> 앗다 對 믈리다

두 동작동사가 [去] 즉 '제거하다'의 뜻을 가지고 동의 관계에 있다는 것은 다음 예문들에서 잘 확인된다. 원문 중 '去枕'이 '벼개 앗다'로 번역되고 '去火'가 '블 믈리다'로 번역된다. 따라서 '앗다'와 '믈리다'의 동의성은 명백히 입증된다.

(132) a. 울워러 눕고 벼개 앗고 곳굼긔 디구티(仰臥去枕點於鼻中) <救方下 38b>
　　　 b. 藥을 앗고(去藥) <救方下 29b>
　　　 c. 실을 앗고(去甄) <救간一 73a>
　　　 d. 저즌 오ᄉ란 밧겨 앗고(脫去濕衣) <救간一 86b>

(132) e. 블 믈리고 이(21b)슥ᄒ야 술로 ᄣᅥ 헌것 우희 ᄇᆞᆯ라(去火良久用匙攤在一片帛上)
　　　 <救간一 22a>

<133> 앗다 對 ᄇᆞ리다

두 동작동사가 [去] 즉 '제거하다, 버리다'의 뜻을 가지고 동의 관계에 있다는 것은 다음 예문들에서 잘 확인된다. 원문 중 '去柤'가 '즈의 앗다'로도 번역되고 '즈의란 ᄇᆞ리다'로도 번역된다. 그리고 '決去'가 'ᄣᅡ 앗다'로도 번역되고 'ᄣᅡ ᄇᆞ리다'로도 번역된다. 따라서 '앗다'와 'ᄇᆞ리다'의 동의성은 명백히 입증된다.

(133) a. 열 스믈 소솜 글혀(3b) 즈의 앗고(煎一二十沸去柤) <救간一 4a>
　　　 b. 바ᄂᆞᆯ로 ᄣᅡ 아ᄉᆞᆯ디니라(以針決去之) <救方上 18a>
　　　 c. 藥을 앗고(去藥) <救方下 29b>
　　　 d. 저즌 오ᄉ란 밧겨 앗고(脫去濕衣) <救간一 86b>

(133) e. 시버 즙만 ᄉᆞᆷ끼고 즈의란 ᄇᆞ려도 ᄯᅩ 됴ᄒᆞ니라(嚼汁去柤亦可) <救간二 47a>
　　　 f. 침으로 ᄣᅡ ᄇᆞ리라(以針決去之) <救간一 47b>
　　　 g. ᄲᆞᆯ리 약을 시서 ᄇᆞ리라(急洗去藥) <救간一 20b>
　　　 h. 즉재 시서 ᄇᆞ리고(卽洗去) <救간一 21a>

<134> 앗다 對 업게 ᄒ다

　동작동사 '앗다'와 동작동사구 '업게 ᄒ다'가 [去] 즉 '제거하다'의 뜻을 가지고 동의 관계에 있다는 것은 다음 예문들에서 잘 확인된다. 원문 중 '附子…去皮臍'가 '부ᄌ…거플와 브르도든 것 앗다'로도 번역되고 '부ᄌ…거플와 브르도든 것 업게 ᄒ다'로도 번역된다. '去子皮'가 '삐와 거플와 앗다'로 번역되고 '去蠶子'가 '누에 삐를 업게 ᄒ다'로 번역된다. 그리고 '去甋'이 '실을 앗다'로 번역되고 '去泥'가 '훍 업게 ᄒ다'로 번역된다. 따라서 '앗다'와 '업게 ᄒ다'의 동의성은 명백히 입증된다. '업게 ᄒ다'의 '업-'은 '없-'의 이형태이다.

(134) a. 부ᄌ 흔 량을(88a)…거플와 브르도든 것 아ᅀ니와(附子一兩…去皮臍)

　　　　<救간一 89a>

　　　 b. 부ᄌ 흔 낫…거플와 머흣머흣흔 것(48b) 앗고(附子一枚…去皮臍)

　　　　<救간二 49a>

　　　 c. 하ᄂᆞᆯᄃ래를 삐와 거플와 앗고(括蔞去子皮) <救간一 22b>

　　　 d. 바곳 불휘…콩으란 앗고(草烏頭…去豆) <救간一 10a>

　　　 e. 실을 앗고(去甋) <救간一 73a>

　　　 f. 즈싀 앗고(去滓) <救간一 7a> <救간一 101a> <救간二 11b> <救간二 115a>

　　　 g. 약을 앗고(去藥) <救간一 79b>

(134) h. 부ᄌ 흔 량…거플와 브르도든 것 업게 코(附子一兩…去皮臍) <救간二 42h>

　　　 i. 부ᄉ 흔 나줄…거플와 브르도든 것 업게 ᄒ니와(附子一枚…去皮臍)

　　　　<救간二 42a>

　　　 j. 누에 삐를 조히 업게 ᄒ고(去蠶子潔淨) <救간二 48a>

　　　 k. 씌모롭 불휘를 더운 므레 시서 믯믜즌 것 업게 ᄒ요니와(半夏湯洗去滑)

　　　　<救간一 7b>

　　　 l. 훍 업게 코 마시라(去泥飲之) <救간一 104a>

　　　 m. 기춤에 춤 업게 ᄒ며(咳嗽去痰涎) <救간二 20b>

　　　 n. 다ᄉ마 머역 두 량을 시서 ᄧᆞᆫ 맛 업게 ᄒ고(昆布二兩洗去鹹味) <救간二 80a>

<135> 어울우다 對 마초다

두 동작동사가 [合] 즉 '합치다'의 뜻을 가지고 동의 관계에 있다는 것은 다음 예문들에서 잘 확인된다. 원문 중 '合以水呑'이 '어울워 므레 슸기다'로도 번역되고 '마초아 므레 숨끼다'로도 번역된다. 따라서 '어울우다'와 '마초다'의 동의성은 명백히 입증된다.

(135) a. 도로 어울워 므레 슸기면 즉재 낟ᄂ니라(却合以水呑之立産) <救方下 86a>

(135) b. 도로 마초아 므레 숨끼면 즉재 나ᄒ리라(却合以水呑之立産) <救간七 39a>
    c. 도로 마초아 아기 낟(32b)ᄂ 어미롤 머기면 즉재 나ᄒ리라(還合令母呑之便下)
      <救간七 33a>

<136> 얼다 對 들다

두 동작동사가 [凍] 즉 '얼다'의 뜻을 가지고 동의 관계에 있다는 것은 다음 예문들에서 잘 확인된다. 원문 중 '凍瘡…爛'이 '언 瘡이 헤여디다'로 번역되고 '凍爛'이 '드라 헤여디다'로 번역된다. 그리고 '凍死'의 자석이 '어러 죽다'이고 '凍瘡'의 자석이 '드라 헌 듸'이다. 따라서 '얼다'와 '들다'의 동의성은 명백히 입증된다.

(136) a. 손밠 언 瘡이 브스며 헤여디닐 고툐듸(治手足凍瘡腫爛) <救方上 6b>
    b. 언 瘡을 고툐듸(治凍瘡) <救方上 7a>
    c. 귀 어러 허닐 고툐듸(治凍耳成瘡) <救方上 6b>
    d. 어러 주그닐 고티는 方애(治凍死方) <救方上 8b>
    e. 어러 밠츠기 뼈디어(寒凍足跟開裂) <救方上 7a>
    f. 겨ᅀ래 어러 주그니와 므레 디여 주근 사(86a)ᄅ미(冬月凍死及落水凍死)
      <救간一 86b>
    g. 冬月凍死 : 겨ᅀ래 어러 주그니라 <救간一 86a>
    h. 冬月凍死 : 겨스래 어러 주그니 <救간 目錄 1b>

(136) i. 바리 드라 헤여디닐 고툐딕(治足上凍爛生瘡) <救方上 7b>

 j. 凍瘡 : 드라 헌 딕 <救간 目錄 5b>

<137> 얼의다 對 골 밍글다

동작동사 '얼의다'와 동작동사구 '골 밍글다'가 [成膏] 와 [爲膏] 즉 '엉키다', '고약 만들다'의 뜻을 가지고 동의 관계에 있다는 것은 다음 예문들에서 잘 확인된다. 원문 중 '煎成膏'가 '달혀 얼의다'로 번역되고 '研成膏'가 'ㄱ라 골 밍글다'로 번역된다. 그리고 '煎爲膏'가 '글혀 얼의다'로 번역되고 '研爲膏'가 'ㄱ라 골 밍글다'로 번역된다. 따라서 '얼의다'와 '골 밍글다'의 동의성은 명백히 입증된다.

(137) a. 소곰 져기 녀허 달혀 얼의어든(塩少許煎成膏) <救간二 5b>

 b. 쁜 브레 달혀 얼의어든(以慢火煎成膏) <救간二 81b>

 c. 조각을 글혀 얼의어든(皁角煮成膏) <救간一 23b>

 d. 됴흔 술 흔 되롤 녀코 글혀 얼(19a)의어든(入無灰酒一升煎爲膏) <救간一 19b>

 e. 글혀 얼의어든(煎如膏) <救간一 114a>

(137) f. 뵷아 ㄱ라 골 밍ㄱ라(碎研成膏) <救方下 68a>

 g. 흔딕 ㄱ라 골 밍(12a)글오(一處研成膏) <救간三 12b>

 h. 므레 ㄱ라 골 밍ㄱ라(水調成膏) <救간二 73a>

 i. 견국 드려 ㄱ라 골 밍ㄱ라(豆豉研爲膏) <救간二 116a>

 i. 골 밍ㄱ라(爲膏) <救간三 82a>

<138> 엎다 對 업티다

두 동작동사가 [覆] 즉 '엎다, 엎치다'의 뜻을 가지고 동의 관계에 있다는 것은 다음 예문들에서 잘 확인된다. 원문 중 '覆面'이 'ㄴ치 엎다'로 번역되고 '覆其上'이 '그 우희 업티다'로 번역된다. 따라서 '엎다'와 '업티다'의 동의성은 명백히 입증된다.

(138) a. 빈예 업프라(覆…臍上) <救간一 75a>

b. 딜실을 병혼 사르미 ᄂ치 업고(瓦甒覆病人面上) <救간一 84b>

c. 딜실을 ᄂ치 업고(瓦甒覆面) <救간一 98b>

d. 큰(69b) 독을 ᄯᅡ해 업고(取大甕覆地) <救간一 70a>

(138) e. 주근 사르미 비를 그 우희 업뎌(以溺者腹肚覆其上) <救간一 68b>

<140> 열다 對 벙으리다

두 동작동사가 [開] 즉 '열리다, 벌어지다'의 뜻을 가지고 동의 관계에 있다는 것은 다음 예문들에서 잘 확인된다. 원문 중 '牙自開'가 '니 절로 열다'로 번역되고 '自開'가 '절로 벙으리다'로 번역된다. 따라서 '열다'와 '벙으리다'의 동의성은 명백히 입증된다. 예문 (b)와 (d)의 문맥상의 주어는 '니[牙]'이다.

(139) a. 니 절로 열리라(牙自開) <救方上 5a>

b. ᄌᆞ조 쎄븨면 절로 열리라(頻擦自開) <救方上 2a>

c. 누니 돌면 이비 ᄯᅩ 열리니(目轉則口乃亦開) <救方上 8b>

(139) d. ᄌᆞ조 니예 ᄡᅮᄎᆞ면 절로 벙으리리라(頻擦自開) <救간一 3a>

<140> 옮다 對 뷔틀다

두 동작동사가 [轉] 즉 '비틀어지다'의 뜻을 가지고 동의 관계에 있다는 것은 다음 예문들에서 잘 확인된다. 원문 중 '霍亂轉筋'이 '霍乱ᄒᆞ야 히미 옮다'로도 번역되고 '도와리ᄒᆞ야 모매 히미 뷔틀다'로도 번역된다. 따라서 '옮다'와 '뷔틀다'의 동의성은 명백히 입증된다.

(140) a. 霍乱ᄒᆞ야 히미 올마 죽ᄂᆞ닐 고툐ᄃᆡ(治霍亂轉筋垂死) <救方上 34a>

b. 발 손 히미 옮거든(脚手轉筋) <救方上 32a>

c. 밠(32a) 히미 옮거든(脚轉筋) <救方上 32b>

d. 히미 올ᄆᆞ날(若轉筋) <救方上 33b>

(140) e. 도와리ᄒ야 모매 히미 뷔트러 가거든(霍亂轉筋不止) <救간二 50a>
　　　f. 오줌뼈 뷔트러(胞轉) <救간三 86a>

<141> 왜틀다 對 두위틀다

　두 동작동사가 [反張] 즉 '비틀어지다, 외틀리다'의 뜻을 가지고 동의 관계에 있다는 것은 다음 예문들에서 잘 확인된다. 원문 중 '中風瘁角弓反張'이 'ᄇ름 마자 왜틀다'로 번역되고 '角弓反張'이 '쐴활 두위틀다'로 번역된다. 따라서 '왜틀다'와 '두위틀다'의 동의성은 명백히 입증된다.

　　(141) a. 金瘡이 ᄇ름 마자 왜트닐 고툐ᄃᆡ(治金瘡中風瘁角弓反張) <救方上 88a>
　　　　　b. 발와 손괘 왜트러 차 주거 가거든(四肢逆冷命在須臾) <救方下 49b>

　　(141) c. 소늘 브르쥐며 모미 쐴활 두위트러 가듯 ᄒ거든(搐搦角弓反張) <救간六 83a>
　　　　　d. 네 활기 고ᄃ며 두위틀어든(四肢强直反張) <救간七 4a>

<142> 왜틀다 對 왜지글다

　두 동작동사가 [反張] 즉 '비틀어지다, 외틀리다'의 뜻을 가지고 동의 관계에 있다는 것은 다음 예문들에서 잘 확인된다. 원문 중 '中風瘁角弓反張'이 'ᄇ름 마자 왜틀다'로 번역되고 '中風角弓反張'이 'ᄇ름 마자 왜지글다'로 번역된다. 따라서 '왜틀다'와 '왜지글다'의 동의성은 명백히 입증된다.

　　(142) a. 金瘡이 ᄇ름 마자 왜트닐 고툐ᄃᆡ(治金瘡中風瘁角弓反張) <救方上 88a>
　　　　　b. 발와 손괘 왜트러 차 주거 가거든(四肢逆冷命在須臾) <救方下 49b>

　　(142) c. ᄇ름 마자 왜지그라 네 활개를 거두디 몯ᄒ야 어즈러워 죽ᄂ(5a)닐
　　　　　(中風角弓反張四肢不收煩亂欲死者) <救方上 5b>

<143> 욕욕ᄒ다 對 거스려 토ᄒ다

동작동사 '욕욕ᄒ다'와 동작동사구 '거스려 토ᄒ다'가 [嘔逆] 즉 '욕지기하다, 거스려 토하다'의 뜻을 가지고 동의 관계에 있다는 것은 다음 예문들에서 잘 확인된다. 원문 중 '痰盛嘔逆'이 '추미 하고 욕욕ᄒ다'로 번역되고 '壯熱嘔逆'이 'ᄀ장 더워 거스려 토ᄒ다'로 번역된다. 따라서 '욕욕ᄒ다'와 '거스려 토ᄒ다'의 동의성은 명백히 입증된다. '거스려 토ᄒ다'의 '토ᄒ다'가 한자어이지만 '거스려 토ᄒ다'를 固有語로 다루었다.

> (143) a. 추미 하고 욕욕ᄒ거든(痰盛嘔逆) <救간七 16b>
>
> b. 욕욕ᄒ며 토ᄒ야 답답ᄒ고 어즐ᄒ거든(嘔吐煩悶及霍亂) <救간二 58b>

> (143) c. ᄀ장 더워 거스려 토ᄒ며(壯熱嘔逆) <救간一 102a>
>
> d. 시긧병ᄒ야 거스려 토ᄒ고(時氣嘔逆) <救간一 106b>

<144> 욕욕ᄒ다 對 뷘비쥼ᄒ다

두 동작동사가 [嘔逆] 즉 '욕지기하다, 거스려 토하다'의 뜻을 가지고 동의 관계에 있다는 것은 다음 예문들에서 잘 확인된다. 원문 중 '痰盛嘔逆'이 '추미 하고 욕욕ᄒ다'로 번역되고 '煩滿嘔逆'이 '답답ᄒ야 뷘비쥼ᄒ다'로 번역된다. 따라서 '욕욕ᄒ다'와 '뷘비쥼ᄒ다'의 동의성은 명백히 입증된다.

> (144) a. 추미 하고 욕욕ᄒ거든(痰盛嘔逆) <救간七 16b>
>
> b. 욕욕ᄒ며 토ᄒ야 답답ᄒ고 어즐ᄒ거든(嘔吐煩悶及霍亂) <救간二 58b>

> (144) c. 과글이 답답ᄒ야 뷘비쥼ᄒ거든(卒煩滿嘔逆) <救간二 41a>
>
> d. 믄득 뷘비쥼ᄒ거든(輒乾嘔) <救간二 54a>

<145> 욕욕ᄒ다 對 욕죠기ᄒ다

두 동작동사가 [嘔逆]과 [嘔噦] 즉 '욕지기하다'의 뜻을 가지고 동의 관계에 있다
는 것은 다음 예문들에서 잘 확인된다. 원문 중 '嘔逆'이 '욕욕ᄒ다'로 번역되고 '令嘔
噦'이 '욕조기케 ᄒ다'로 번역된다. 따라서 '욕욕ᄒ다'와 '욕죠기ᄒ다'의 동의성은 명
백히 입증된다.

> (145) a. 추미 하고 욕욕ᄒ거든(痰盛嘔逆) ⟨救간七 16b⟩
>
>   b. 욕욕ᄒ며 토ᄒ야 답답ᄒ고 어즐ᄒ거든(嘔吐煩悶及霍亂) ⟨救간二 58b⟩

> (145) c. 제 머리터릿 그틀 이베 머구미 욕죠기케(54a) ᄒ야(啣自己髮尾於口中令嘔噦)
>
>   ⟨救간七 54b⟩

<146> 우기다 對 물위다

두 동작동사가 [壅] 즉 '덮다'의 뜻을 가지고 동의 관계에 있다는 것은 다음 예문
들에서 잘 확인된다. 원문 중 '壅臍上'이 '빗복 우희 우기다'로 번역되고 '壅其心'이
'가슴애 물위다'로 번역된다. 따라서 '우기다'와 '물위다'의 동의성은 명백히 입증
된다.

> (146) a. 빗복 우희 우겨 두미 됴ᄒ니라(壅臍上佳) ⟨救간一 33b⟩
>
>   b. 더운 ᄒᆞᆰ으로 빗 우희 노하 우기고(以熱土壅臍上) ⟨救간一 33a⟩

> (146) c. 길헷 더운 몬지 ᄒᆞᆰ을 가슴애 물위여 노하(取路上熱塵土以壅其心)
>
>   ⟨救간一 36a⟩
>
>   d. 죠희를 물위여 곳굼글 막고(用紙堆塞鼻孔) ⟨救간一 65b⟩

<147> 울워러 눕다 對 졋바눕다

동작동사구 '울워러 눕다'와 동작동사 '졋바눕다'가 [仰臥] 즉 '쳐다보며 눕다, 반 듯이 눕다'의 뜻을 가지고 동의 관계에 있다는 것은 다음 예문들에서 잘 확인된다. 원문 중 '仰臥'가 '울워러 눕다'로도 번역되고 '졋바눕다'로도 번역된다. 따라서 '울워 러 눕다'와 '졋바눕다'의 동의성은 명백히 입증된다.

(147) a. 울워러 눕고 벼개 앗고 곳굼긔 디구딕(仰臥去枕點於鼻中) <救方下 38b>

(147) b. 졋바누어 세 다슷 버늘 머구머 노기면(仰臥嚼化三五丸) <救方上 51b>

    c. 병흔 사르미 졋바누어(病兒仰臥) <救간二 98a>

    d. 두 녀기 다 알프거든 졋바누(7a)으라(兩邊皆疼仰臥) <救간二 7b>

    e. 졋바누오미 됴티 아니ᄒᆞ니(不宜仰臥) <救간一 82a>

    f. 평상 우희 졋바누워셔(仰上床) <救간二 88a>

<148> 울월다 對 졋다

두 동작동사가 [仰] 즉 '우러르다, 우러러 보다, 젖히다'의 뜻을 가지고 동의 관계 에 있다는 것은 다음 예문들에서 잘 확인된다. 원문 중 '仰臥'가 '울워러 눕다'로 번역 되고 '不…俛仰'이 '굽도 졋도 몯ᄒᆞ다'로 번역된다. 따라서 '울월다'와 '졋다'의 동의 성은 명백히 입증된다.

(148) a. 울워러 눕고 벼개 앗고 곳굼긔 디구딕(仰臥去枕點於鼻中) <救方下 38b>

    b. 머리를 져기 울월에 ᄒᆞ고(슈頭微仰) <救간一 70b>

    c. 머리를 울월에 ᄒᆞ야(슈頭仰) <救간一 71a>

(148) d. 과ᄀᆞ리 허리 알파 굽도 졋도 몯ᄒᆞ거든(卒腰痛不得俛仰) <救간二 43b>

<149> 울월다 對 졋바디다

두 동작동사가 [仰] 즉 '우러르다, 우러러 보다'의 뜻을 가지고 동의 관계에 있다는 것은 다음 예문들에서 잘 확인된다. 원문 중 '仰臥'가 '울워러 눕다'로도 번역되고 '졋바디여 눕다'로도 번역된다. 따라서 '울월다'와 '졋바디다'의 동의성은 명백히 입증된다.

(149) a. 울워러 눕고 벼개 앗고 곳굼긔 디구딕(仰臥去枕點於鼻中) <救方下 38b>
  b. 머리를 져기 울월에 ᄒ고(令頭微仰) <救간一 70b>
  c. 머리를 울월에 ᄒ야(令頭仰) <救간一 71a>

(149) d. 病흔 사ᄅ미 졋바디여 누워 홠시우를 볘오 四肢를 펴 샹녜 누움 근게 ᄒ라
  (令病人仰臥枕絃放四肢如常臥) <救方上 61b>

<150> 움주쥐다 對 거두쥐다

두 동작동사가 [縮] 즉 '움츠러들다'의 뜻을 가지고 동의 관계에 있다는 것은 다음 예문들에서 잘 확인된다. 원문 중 '其腸…絞縮'이 '그 腸이 뷔트러 움주쥐다'로도 번역되고 '챵지 뷔트리혀 거두쥐다'로도 번역된다. 따라서 '움주쥐다'와 '거두쥐다'의 동의성은 명백히 입증된다.

(150) a. 그 腸이 뷔예 뷔트러 움주쥐어 잇ᄂ(32b)니(其腸絞縮在腹) <救方上 33a>
  b. 챵지 뷔트리혀 거두쥐ᄂ 둧ᄒ야 빅 안해 이쇼ᄆ(其腸絞縮在腹) <救간二 46a>

동작동사 '거두주이다'가 [拘攣] 즉 '쥐가 나다, 오그라들다'의 뜻을 가지고 있다는 것은 다음 예문들에서 잘 확인된다.

(150) c. 손바리 거두주여(手足拘攣) <救간一 38b>

<151> 움즈기다 對 놀이다

두 동작동사가 [轉] 즉 '움직이다, 놀리다'의 뜻을 가지고 동의 관계에 있다는 것은 다음 예문들에서 잘 확인된다. 원문 중 '攻五臟不…轉'이 '五臟을 보차…움즈기디 몯ᄒ다'로 번역되고 '舌不轉'이 '혀를 놀이디 몯ᄒ다'로 번역된다. 따라서 '움즈기다'와 '놀이다'의 동의성은 명백히 입증된다.

(151) a. ᄇᄅ미 비예 드러 五臟을 보차 ᄇᆞ라 움즈기디 몯고

(風入腹攻五臟拘急不得轉側) <救方上 56a>

(151) b. 말ᄉ미 굳고 혀를 놀이디 몯거든(語澁舌不轉) <救간七 2a>
　　　 c. 어귀 세여 혀를 놀이디 몯ᄒ거든(牙車急舌不得轉) <救간一 24b>

<152> 움처들다 對 움주쥐다

두 동작동사가 [縮] 즉 '움츠러들다'의 뜻을 가지고 동의 관계에 있다는 것은 다음 예문들에서 잘 확인된다. 원문 중 '陰縮'이 '陰이 움처들다'로 번역되고 '腸絞縮'이 '腸이 뷔트러 움주쥐다'로 번역된다. 따라서 '움처들다'와 '움주쥐다'의 동의성은 명백히 입증된다.

(152) a. 陰이 움처들오(陰縮) <救方上 56a>
　　　 b. 쥐며 움처들리 하문(喜攣縮者) <救方下 8a>
　　　 c. 혀를 듬가셔 숨ᄭㅣ면 즉재 움처드ᄂᆞ니라(浸舌就嚥下卽縮) <救方上 46b>
　　　 d. 혀를 듬가셔 숨ᄭㅣ면 즉재 움처들리라(浸舌就嚥下卽縮) <救간二 91b>
　　　 e. ᄒᆞᆫ 번곰 움처들리니(一縮) <救간七 67b>
　　　 f. ᄌᆞ션히 움처들리라(自然收縮) <救간七 68a>

(152) g. 그 腸이 비예 뷔트러 움주쥐여 잇ᄂ(32b)니(其腸絞縮在腹) <救方上 33a>

<153> 움처들다 對 움치들다

두 동작동사가 [縮]과 [搐縮] 즉 '움츠러들다'의 뜻을 가지고 동의 관계에 있다는 것은 다음 예문들에서 잘 확인된다. 원문 중 '陰縮'이 '陰이 움처들다'로 번역되고 '外腎搐縮'이 '外腎이 움치들다'로 번역된다. 따라서 '움처들다'와 '움치들다'의 동의성은 명백히 입증된다.

    (153) a. 陰이 움처들오(陰縮) <救方上 56a>

        b. 쥐며 움처들리 하문(喜攣縮者) <救方下 8a>

        c. 혀를 돔가셔 숨씨면 즉재 움처드ᄂᆞ니라(浸舌就嚥下卽縮) <救方上 46b>

        d. 혀ᄅᆞᆯ 돔가셔 숨씨면 즉재 움처들리라(浸舌就嚥下卽縮) <救간二 91b>

        e. 흔 번곰 움처들리니(一縮) <救간七 67b>

        f. ᄌᆞ션히 움처들리라(自然收縮) <救간七 68a>

    (153) g. 그르 겨집과 사괴면…外腎이 움치들오(誤與婦人交…外腎搐縮) <救方上 54b>

<154> 움츠다 對 움처들다

두 동작동사가 [縮] 즉 '움츠러들다'의 뜻을 가지고 동의 관계에 있다는 것은 다음 예문들에서 잘 확인된다. 원문 중 '腫縮'이 '붓고 움츠다'로 번역되고 '陰縮'이 '陰이 움처들다'로 번역된다. 따라서 '움츠다'와 '움처들다'의 동의성은 명백히 입증된다.

    (154) a. 陰疝ᄒᆞ야 붓고 움처 알ᄑᆞ닐 고툐ᄃᆡ(治陰疝腫縮疼痛) <救方上 56b>

    (154) b. 陰이 움처들오(陰縮) <救方上 56a>

        c. 쥐며 움처들리 하문(喜攣縮者) <救方下 8a>

        d. 혀를 돔가셔 숨씨면 즉재 움처드ᄂᆞ니라(浸舌就嚥下卽縮) <救方上 46b>

        e. 혀ᄅᆞᆯ 돔가셔 숨씨면 즉재 움처들리라(浸舌就嚥下卽縮) <救간二 91b>

        f. ᄌᆞ션히 움처들리라(自然收縮) <救간七 68a>

<155> 잃김 드리다 對 굴다

동작동사구 '잃김 드리다'와 동작동사 '굴다'가 [使…噓] 즉 '입김 들이다, 불다'의 뜻을 가지고 동의 관계에 있다는 것은 다음 예문들에서 잘 확인된다. 원문 중 '使人噓'가 '사ᄅᆞᄆᆞ로 잃김 드리다'로도 번역되고 '사ᄅᆞᆷ으로 굴다'로도 번역된다. 따라서 '잃김 드리다'와 '굴다'의 동의성은 명백히 입증된다.

> (155) a. 사ᄅᆞᄆᆞ로 가ᄉᆞ매 잃김 드려(使人噓其心) <救方上 10a>
>
>   b. 사ᄅᆞᆷ으로 가ᄉᆞ몰 구러(使人噓其心) <救간一 34a>

<156> 자다 對 즈올다

두 동작동사가 [睡]와 [眠] 즉 '자다, 졸다'의 뜻을 가지고 동의 관계에 있다는 것은 다음 예문들에서 잘 확인된다. 원문 중 '熟睡'가 '니기 자다'로 번역되고 '睡熟'이 '니기 즈올다'로 번역된다. 그리고 '强眠'이 '너무 자다'로 번역되고 '眠臥'가 '누워 즈올다'로 번역된다. 따라서 '자다'와 '즈올다'의 동의성은 명백히 입증된다.

> (156) a. 즉재 만히 토흔 후에 니기 자거든(卽大吐後熟睡) <救간一 110b>
>
>   b. 서늘흔 따해 좀 자다가(逐凉睡熟) <救간六 48b>
>
>   c. 즈션히 자리니(自睡矣) <救간一 114b>
>
>   d. 자디 몯ᄒ거든(不得睡) <救간一 114a> <救간一 114b>
>
>   e. 혼팀ᄒ야 미샹 자고져 커든(昏昏多睡) <救간七 3a>
>
>   f. 잘 제 머고미(臨睡服) <救간二 14b>
>
>   g. 좀 자미 편안티 아니ᄒ고(睡臥不安) <救간一 116a>
>
>   h. 너무 자다가(强眠) <救간一 85a>
>
>   i. 자디 몯ᄒ며(不欲眠) <救간一 110b>

> (156) j. 서늘흔 딘 조차 니기 즈오다가(逐凉睡熟) <救方下 78b>
>
>   k. 허리를 구피고 누워 즈올며(曲腰眠臥) <救간七 45b>

<157> 잡다 對 븓들다

두 동작동사가 [扶策] 즉 '잡다, 붙들다'의 뜻을 가지고 동의 관계에 있다는 것은 다음 예문들에서 잘 확인된다. 원문 중 '用人扶策'이 '사ᄅ미 잡다'로도 번역되고 '사ᄅᄆ로 븓들다'로도 번역된다. 따라서 '잡다'와 '븓들다'의 동의성은 명백히 입증된다.

(157) a. 두 녁 ᄀ애 사ᄅ미 자바(兩邊用人扶策) <救方上 71a>

(157) b. 두 ᄀ애 사ᄅᄆ로 븓드러(兩邊用人扶策) <救간一 71b>
　　　 c. 븓드러 지여 셔게 ᄒ면(扶令倚立) <救方下 82b> <救간七 40b>
　　　 d. 븓드러 안치고(扶令坐) <救方下 82b> <救간七 40b>

<158> 잡다 對 집다

두 동작동사가 [撮] 즉 '손으로 집다'의 뜻을 가지고 동의 관계에 있다는 것은 다음 예문들에서 잘 확인되다. 원문 중 '三指撮'이 '세 숟가락으로 잡다'로도 번역되고 '세 숟가락으로 집다'로도 번역된다. 따라서 '잡다'와 '집다'의 동의성은 명백히 입증된다.

(158) a. 세 숟가락으로 자보니만 스라 더운 므레 프러 머기라(燒三指撮白湯調服之)
　　　　 <救方上 78a>

(158) b. 세 숟가락으로 지보니를 더운 므레 프러 머기라(三指撮白湯調服之)
　　　　 <救간一 63a>
　　　 c. 세 숟가락으로 지버 수레 프러 머그라(三指撮酒調服之) <救간七 32a>
　　　 d. 세 숟가락으로 지버 수레 프러 머그며(三指撮酒服之) <救간七 84b>
　　　 e. 세 숟가락으로 지버 ᄃ슨 수레 프러 머그라(三指撮溫酒服之) <救간七 47a>
　　　 f. 세 숟가락으로 지버 수레 프러 머그면(三指撮許酒服之) <救간七 6a>
　　　 g. 세 숟가락으로 지버 ᄃ슨 수레 프러 머그라(三指撮許溫酒服之) <救간七 43a>

h. 슬고 삐만 지버(撮如杏仁大) <救간二 94a>

<159> 저지다 對 둠다

두 동작동사가 [漬] 즉 '물에 적시다, 담그다'의 뜻을 가지고 동의 관계에 있다는 것은 다음 예문들에서 잘 확인된다. 원문 중 '漬脚'이 '바를 저지다'로도 번역되고 '허튀를 둠다'로도 번역된다. 그리고 '以水漬'가 '므레 저지다'로 번역되고 '以酒一斗漬'가 '술 흔 마래 둠다'로 번역된다. 따라서 '저지다'와 '둠다'의 동의성은 명백히 입증된다.

(159) a. 바를 저죠딕(漬脚) <救간一 44a>

b. 므르니를 므레 저져 쓰라(以水漬乾者用之) <救간二 99a>

c. 됴흔 수(45a)를 저져(漬好酒) <救간一 45b>

(159) d. 허튀를 두모면(漬脚) <救方上 26a>

e. 오계 흔나흘…됴흔 수레 나잘만 두마 둣다가(烏雞一頭…以好酒一斗漬之)
        <救간二 18a>

f. 빅부근 넉 량을 술 흔 마래 두마(百部根四兩以酒一斗漬之) <救간二 22b>

<160> 젖다 對 즈즐우러 ᄒ다

동작동사 '젖다'와 동작동사구 '즈즐우러 ᄒ다'가 [濕] 즉 '젖다'의 뜻을 가지고 동의 관계에 있다는 것은 다음 예문들에서 잘 확인된다. 원문 중 '濕乾擦'이 '젓거든 므르닐 셸다'로 번역되고 '濕則乾摻'이 '즈즐우러 커든 므르닐 셸다'로 번역된다. 따라서 '젖다'와 '즈즐우러 ᄒ다'의 동의성은 명백히 입증된다.

(160) a. 젓거든 므르닐 쎄호리니(濕乾擦) <救方下 11a>

b. 직로 더퍼 스뭇 젓거든(覆灰濕徹) <救간一 75b>

c. 초애 섯거 젓게 ᄒ야(以醋拌令濕) <救간二 44b>

d. 저즌 뵈 우희 藥 블라(濕布上塗藥) <救方上 65a>

　　e. 저즌 뵈 우희 약 블라(濕布上塗藥) <救간二 117a>

　　f. 저즌 오스란 밧겨 앗고<脫去濕衣) <救간一 86b>

　　g. 저즌 죠히롤 우희 브텨 호딕(以濕紙搭上) <救간三 25a>

　　h. 흔 딱으란 저즌 조히예 빠 구어(一邊用濕紙裹煨) <救간二 102a>

　　i. 져고맛 브레 봇가 저즌 긔운 업거든(微火炒去濕氣) <救간一 28b>

(160) j. 물근 기르메 ᄆ라 브튜딕 즈즐우러 커든 ᄆ르닐 쎄흐라

　　(以淸油調傅之濕則乾摻) <救方下 14b>

<161> 젓바디다 對 젓다

　두 동작동사가 [仰] 즉 '젓히다, 쳐다보다'의 뜻을 가지고 동의 관계에 있다는 것은 다음 예문들에서 잘 확인된다. 원문 중 '仰臥'가 '젓바디여 눕다'로 번역되고 '不得俛仰'이 '굽도 젓도 몯ᄒ다'로 번역된다. 따라서 '젓바디다'와 '젓다'의 동의성은 명백히 입증된다.

(161) a. 病흔 사ᄅ미 젓바디여 누워 홠시우를 볘오 四肢롤 펴 샹녜 누움 ᄀ르게 ᄒ라
　　(令病人仰臥枕絃放四肢如常臥) <救方上 61b>
　　b. 과글이 허리 알파 굽도 젓도 몯ᄒ거든(卒腰痛不得俛仰) <救간二 34b>

<162> 젓바디여 눕다 對 젓바눕다

　합성 동작동사 '젓바디여 눕다'와 동작동사 '젓바눕다'가 [仰臥] 즉 '젖혀눕다'의 뜻을 가지고 동의 관계에 있다는 것은 다음 예문들에서 잘 확인된다. 원문 중 '病人仰臥'가 '病흔 사ᄅ미 젓바디여 눕다'로 번역되고 '病兒仰臥'가 '병흔 사ᄅ미 젓바눕다'로 번역된다. 따라서 '젓바디여 눕다'와 '젓바눕다'의 동의성은 명백히 입증된다.

(162) a. 病흔 사ᄅ미 젓바디여 누워 홠시우를 볘오 四肢롤 펴 샹녜 누움 ᄀ르게 ᄒ라
　　(令病人仰臥枕絃放四肢如常臥) <救方上 61b>

(162) b. 졋바누어 세 다숫 버늘 머구머 노기면(仰臥嚼化三五丸) <救方上 51b>

　　 c. 병흔 사ᄅᆞ미 졋바누어 시우를 볘오 네 활기 펴 ᄇᆞ리고 샹녜 눕ᄃᆞ시 ᄒᆞ라

　　　 (슈…病兒仰臥枕絃放四體如常臥法) <救간二 98a>

　　 d. 두 녀기 다 알ᄑᆞ거든 졋바누(7a)으라(兩邊皆疼仰臥) <救간二 7b>

　　 e. 졋바누오미 됴티 아니ᄒᆞ니(不宜仰臥) <救간一 82a>

　　 f. 평상 우희 졋바누워셔(仰上床) <救간二 88a>

<163> 즛두드리다 對 즛딯다

　두 동작동사가 [搗]와 [擣] 즉 '짓두드리다, 짓찧다'의 뜻을 가지고 동의 관계에 있다는 것은 다음 예문들에서 잘 확인된다. 원문 중 '小蒜一升搗'가 '효근 마늘 ᄒᆞᆫ 되를 즛두드리다'로 번역되고 '生葛根搗'가 '늘 츩 불휘 즛딯다'로 번역된다. '搗取汁'이 '즛두드려 ᄧᆞᆫ 즙'으로도 번역되고 '즛디허 ᄧᆞᆫ 즙'으로도 번역된다. 그리고 '擣絞'가 '즛두르려 ᄢᅡ다'로 번역되고 '擣傅'가 '즛디허 브티다'로 번역된다. 따라서 '즛두드리다'와 '즛딯다'의 동의성은 명백히 입증된다.

(163) a. 효근 마늘 ᄒᆞᆫ 되를 즛두드려 ᄧᆞᆫ 즙 서 홉을 다 머그라

　　　 (小蒜一升搗取汁三合頓服) <救간一 107a>

　　 b. 부쳐 즛두드려 ᄧᆞᆫ 즙을 곳굼긔 브스라(蓲搗汁灌鼻中) <救간一 44b>

　　 c. 빗얌딸기를 즛두드려 ᄧᆞᆫ 즙 ᄒᆞᆫ 마를 달혀(蛇莓自然汁擣絞一斗煎)

　　　 <救간一 108a>

　　 d. 므렛 효근 잇글 즛두드려 ᄧᆞᆫ 즙을 머그라(水中細苔擣絞汁服) <救간一 108a>

(163) e. 늘 츩 불휘 즛디허 ᄧᆞᆫ 즙을(生葛根搗取汁) <救간二 93b>

　　 f. 프른 솖 닙 ᄒᆞᆫ 근을 즛디허 ᄧᆞᆫ 즙을(靑松葉一斤搗令汁) <救간一 26b>

　　 g. 즛디허 브티라(擣傅) <救간三 13b>

<164> 지즐이다 對 누르이다

두 동작동사가 [爲…所迮]과 [被壓迮] 즉 '눌리다'의 뜻을 가지고 동의 관계에 있다는 것은 다음 예문들에서 잘 확인된다. 원문 중 '爲木石所迮'이 '나모 돌해 지즐이다'로도 번역되고 '나모 돌해 누르이다'로도 번역된다. 그리고 '被壓迮'이 '지즐이다'로 번역된다. 따라서 '지즐이다'와 '누르이다'의 동의성은 명백히 입증된다. '지즐이다'는 '지즐다'의 피동형이고 '누르이다'는 '누르다'의 피동형이다.

(164) a. 나모 돌해 지즐이며(木石所壓) <救方下 30b>

　　　 b. 나모 돌해 지즐이(80a)니와 물 타 디니와(爲木石所迮或因落馬) <救간一 80b>

　　　 c. 지즐이며 비와 술위예 긔이며(被壓迮舟舡車轢) <救方下 29a>

　　　 d. 지즐이며 비와 술위예 씌이며(被壓笮舟舡車轢) <救간一 79a>

　　　 e. 지즐여 傷ᄒ야 얼읜 피 비 안해 이셔(被壓笮損瘀血在腹中) <救方下 28a>

　　　 f. 지즐여 피 얼의여든 고툐ᄃᆡ(治壓迮瘀血) <救方下 29b>

　　　 g. 둘흔 담 지즐이니오(二曰墻壁壓迮) <救方上 25a>

(164) h. 나모 돌해 누르이니와 물 타 디니와를 고티ᄂᆞ니(治…爲木石所迮或因落馬)
　　　　 <救方下 36a>

<165> 똔다 對 ᄲᅢᆫ다

두 동작동사가 [絞] 즉 '짜다'의 뜻을 가지고 동의 관계에 있다는 것은 다음 예문들에서 잘 확인된다. 원문 '絞汁'이 '汁을 똔다'로도 번역되고 '즈블 ᄲᅢᆫ다'로도 번역된나. 그리고 '絞取自然汁'이 '自然汁을 ᄣᅡ 앗다'로도 번역되고 '自然汁을 ᄲᅢᆫ다'로도 번역된다. 따라서 '똔다'와 'ᄲᅢᆫ다'의 동의성은 명백히 입증된다.

(165) a. 生비로 汁을 ᄣᅡ(以生布絞汁) <救方上 3a>

　　　 b. 프른 뵈를 저져 汁 ᄣᅡ 머그며(取靑布漬絞汁服之) <救方下 5a>

　　　 c. 自然汁을 ᄣᅡ 아ᅀᅡ(絞取自然汁) <救方下 4a>

　　　 d. 물ᄯᅩᆼ올 ᄣᅡ 즙을 取ᄒ야 마시라(馬屎絞取汁飮之) <救方上 24b>

　　　 e. ᄣᅡ 즙의 앗고(絞去滓) <救方下 30a>

  f. 짜 즙을 마시라(絞汁飮之) <救方下 116b>

  g. 汁을 짜(絞取汁) <救方下 61a>

  h. 즙을 짜 머거도 됴ᄒᆞ니라(絞取汁飮之亦良) <救간三 52a>

(165) i. 즈블 빠 머그라(絞汁飮之) <救方上 62b>

  j. 自然汁을 빠 머그라(絞取自然汁服之) <救方上 63a>

  k. 汁 빠(絞取汁) <救方上 16b>

  l. 汁을 빠(挼汁) <救方上 25b>

<166> 줌다 對 불우다

 두 동작동사가 [浸] 즉 '담그다, 적시다'의 뜻을 가지고 동의 관계에 있다는 것은 다음 예문들에서 잘 확인된다. 원문 중 '湯浸'이 '더운 므레 줌다'로도 번역되고 '더운 므레 불우다'로도 번역된다. 따라서 '줌다'와 '불우다'의 동의성은 명백히 입증된다.

(166) a. 슬곳 ᄌᆞᇫ 셜흔 나츨 더운 므레 ᄌᆞ마 거플와 쏟로든 긑과 어우러일 앗고
   (杏仁三十枚湯浸去皮尖雙仁) <救方下 69b>

  b. 슬고 삐 솝 ᄒᆞᆫ 량 더은 므레 ᄌᆞ마 거플와 쏟로든 긑과 어우렁이 앗고
   (杏仁一兩湯浸去皮尖雙仁) <救간二 10b>

(166) c. 슬고 삐 솝 반 량 더운 므레 불워 거플와 쏟로든 긑과 어우렁이 아ᅀᆞ니와
   (杏仁半兩湯浸去皮尖雙仁) <救간六 43b>

<167> 츠다 對 거르다

 두 동작동사가 [羅] 즉 '체로 치다, 거르다'의 뜻을 가지고 동의 관계에 있다는 것은 다음 예문들에서 잘 확인된다. 원문 중 '擣羅'가 '디허 츠다'로도 번역되고 '디허 거르다'로도 번역된다. 그리고 '擣細羅爲散'이 '디허 ᄀᆞᄂᆞ리 처 散 밍ᄀᆞᆯ다'로 번역되고 '擣羅爲末'이 '디허 걸어 ᄀᆞᄅᆞ 밍ᄀᆞᆯ다'로 번역된다. 따라서 '츠다'와 '거르다'의 동

의성은 명백히 입증된다.

(167) a. 牡礪 半 兩과 石膏 흔 分을 디허 츠고(牡礪半兩石膏一分右件藥擣羅)

    <救方上 83b>

    b. 川大黃…桂心…桃仁…디허 ᄀᄂ리 처 散 밍ᄀ오

      (川大黃…桂心…桃仁…右擣細羅爲散) <救方下 19a>

    c. 蒲黃…當歸…桂心…디허 ᄀᄂ리 처 散 밍ᄀ오

      (蒲黃…當歸…桂心…右擣細羅爲散) <救方下 19b>

    d. 石榴ㅅ 곳…石灰…디허 ᄀᄂ리 처 散 밍ᄀ라

      (石榴花…石灰…右件藥擣細羅爲散) <救方上 82b>

    e. 馬齒菜 삐를 디허 ᄀᄂ리 처 散 밍ᄀ오(馬齒菜子擣細羅爲散) <救方下 16b>

    f. 劉寄奴와 廷胡索과 骨碎補 各 흔 兩을 디허 굵게 처 散 밍ᄀ라

      (劉寄奴 廷胡索 骨碎補各一兩右擣麁羅爲散) <救方下 20a>

    g. 쇠 뼈 ᄉ론 ᄌᆞ를 다시곰 처(燒牛骨灰重羅) <救方下 12b>

    h. 다시 디허 기베 처 ᄀᄎ초라(更擣絹羅貯之) <救方上 81b>

(167) i. 川大黃과 側栢 힌 거츨 ᄀ티 ᄂ화 디허 걸어 ᄀᄅ 밍ᄀ오

    (川大黃 栢白皮等分右件藥擣羅爲末) <救方下 10a>

    j. 生地黃汁 세 홉과 川大黃 흔 分을 사ᄒ라 ᄇᆞᅀᅡ 져기 봇가 디허 걸어 ᄀᄅ 밍ᄀᆯ

      오(生地黃汁三合川大黃一分剉碎微炒擣羅爲末) <救方下 20b>

    k. 生地黃汁 서 홉과 大黃 흔 分을 사ᄒ(18b)라 ᄇᆞᅀᅡ 져기 봇가 디허 걸어 ᄀᄅ 밍

      ᄀ니를(生地黃汁三合大黃一分剉碎微炒擣羅爲末) <救方上 19a>

<168> 펴다 對 힐후다

두 동작동사가 [伸] 즉 '펴다'의 뜻을 가지고 동의 관계에 있다는 것은 다음 예문들에서 잘 확인된다. 원문 중 '屈伸'이 '구브며 펴다'로 번역되고 '臂腿屈伸'이 '폴와 구브를 굽힐후다'로 번역된다. 따라서 '펴다'와 '힐후다'의 동의성은 명백히 입증된다. '굽힐후다'는 [屈] 즉 '굽히다'의 뜻을 가진 동작동사 '굽다'와 [伸] 즉 '펴다'의 뜻을 가진 동작동사 '힐후다'의 비통사적 合成으로 '굽-#힐후-+-다'로 분석될 수 있다.

(168) a. 모미 고다 구브며 펴며 두위눕디 몯ᄒ거든(身直不得屈伸又覆者)

　　　〈救간一 28b〉

　　　b. 두 ᄇᆞᆯ흘 길 조치로 펴 노코(伸臂對) 〈救간二 61a〉

　　　c. 모믈 펴 니러 ᄃᆞ니디 아니ᄒᆞ야(不肯舒伸行動) 〈救간七 45b〉

(168) d. ᄑᆞᆯ와 구브를 뿌츠며 굽힐휘 보라(摩捋臂腿屈伸之) 〈救간一 60b〉

〈169〉 플다 對 ᄆᆞᆯ다

　　두 동작동사가 [調]와 [和] 즉 '풀다, 말다'의 뜻을 가지고 동의 관계에 있다는 것
은 다음 예문들에서 잘 확인된다. 원문 중 '熱湯調'가 '더운 므레 플다'로 번역되고
'以熱水調'가 '더운 믈로 ᄆᆞᆯ다'로 번역된다. '水調'가 '므레 플다'로도 번역되고 '므레
ᄆᆞᆯ다'로도 번역된다. '酒調'가 '수레 플다'로도 번역되고 '수레 ᄆᆞᆯ다'로도 번역된다.
그리고 '和水'가 '므레 플다'로 번역되고 '以水和'가 '므레 ᄆᆞᆯ다'로 번역된다. 따라서
'플다'와 'ᄆᆞᆯ다'의 동의성은 명백히 입증된다.

(169) a. 소금 ᄒᆞᆫ 兩ᄋᆞᆯ 더운 므레 프러(用塩一兩熱湯調) 〈救方上 33a〉

　　　b. 더운 수레 프러 먹고(熱酒調下) 〈救方上 88a〉

　　　c. 더운 술로 프러(用熱酒調) 〈救方上 37a〉

　　　d. 더운 수레 두 돈ᄋᆞᆯ 프러 머그라(以暖酒調下二錢) 〈救간二 82b〉

　　　e. 粥 므레 두 돈곰 프러 머그라(以淸粥飮調下二錢) 〈救方上 64a〉

　　　f. 숩앳 거슬 므레 프로ᄃᆡ(用穰水調) 〈救간一 22b〉

　　　g. 반 돈곰 므레 프러 머그라(水調半錢匕服) 〈救간一 113b〉

　　　h. 수레 프러 머기라(酒調服) 〈救간一 111a〉

　　　i. 즙을 므레 프러 머그며(汁和水飮之) 〈救간二 111a〉

　　　j. 믈 져기 ᄒᆞ야 프러(以少水和) 〈救方上 19a〉

　　　k. 汁 내야 술 半 잔애 프러 머그라(汁酒半盞和頓服) 〈救方上 62a〉

　　　l. 즙 ᄧᅡ 수레 프러(取汁酒和) 〈救간二 5b〉

(169) m. 더운 믈로 ᄆᆞ라(以熱水調) <救方下 4b>

　　　n. 므레 ᄆᆞ라 브티라(水調傅之) <救간七 81a>

　　　o. 수레 ᄆᆞ라 ᄇᆞᄅ면(酒調抹) <救간七 72a>

　　　p. 싱앙 즛두드려 ᄦᆞᆫ 즙에 ᄆᆞ라 ᄇᆞᄅ면(生薑自然汁調塗) <救간七 77b>

　　　q. 둘기알 흰 ᄌᆞᅀᆞ애 ᄆᆞ라(用雞子白調) <救간七 73a>

　　　r. 므레 ᄆᆞ라 ᄇᆞᄅ라(以水和塗) <救간七 80b>

　　　s. 초애 ᄆᆞ라(醋和) <救간二 64b>

　　　t. 약애 ᄆᆞ라(和藥) <救간一 25b>

　　　u. ᄢᅮ레 ᄆᆞ라(和蜜) <救간一 79b>

<170> 허여디다 對 곪다

　두 동작동사가 [潰] 즉 '문드러지다, 헐다'의 뜻을 가지고 동의 관계에 있다는 것은 다음 예문들에서 잘 확인된다. 원문 중 '不潰'가 '허여디디 아니ᄒᆞ다'로도 번역되고 '곪디 아니ᄒᆞ다'로도 번역된다. 따라서 '허여디다'와 '곪다'의 동의성은 명백히 입증된다.

　　(170) a. 허여디디 아니ᄒᆞ며 알ᄑᆞ디 아니ᄒᆞᄂᆞ니라(不潰不痛) <救方下 65b>

　　(170) b. 곪디 아니ᄒᆞ며 알ᄑᆞ디 아니ᄒᆞ리라(不潰不痛) <救간六 32b>

　　　c. 힝혀 다 골ᄆᆞ면 즉재 ᄠᅥ디여 고로미 나리라(如已潰卽穿膿出) <救간三 60b>

<171> 헐다 對 ᄒᆞ야디다

　두 동작동사가 [破] 즉 '헐다'의 뜻을 가지고 동의 관계에 있다는 것은 다음 예문들에서 잘 확인된다. 원문 중 '睛…破'가 '눉ᄌᆞᅀᆡ…헐다'로 번역되고 '睛破'가 'ᄌᆞᅀᆡ ᄒᆞ야디다'로 번역된다. '破肉'이 '가치 헐다'로 번역되고 '腦骨破'가 '머릿 ᄲᅧ ᄒᆞ야디다'로 번역된다. 그리고 '未破'가 '허디 아니ᄒᆞ다'로 번역되고 '不破'가 'ᄒᆞ야디디 아니ᄒᆞ다'로 번역된다. 따라서 '헐다'와 'ᄒᆞ야디다'의 동의성은 명백히 입증된다.

(171) a. 눉즈쉬 物에 傷ᄒᆞ야 허닐 고튜딕(治睛爲物所傷損破) <救方下 42b>

    b. 가치 헐에 말라(勿…恐破肉) <救方下 36b>

    c. 허디 아니ᄒᆞᆫ 믈근 기르메 ᄆᆞ라 ᄇᆞᄅᆞ고(未破者淸油調塗) <救方下 12a>

    d. 허닌 ᄆᆞᄅᆞ닐 쎄흐라(破者乾擦) <救方下 12a>

    e. 허닌 ᄆᆞᄅᆞ닐 쎄후미 됴ᄒᆞ니라(破者乾摻神妙) <救方上 7a>

    f. 져기 헐면 더욱 됴ᄒᆞ니라(如少破彌良) <救간七 75b>

(171) g. 거믄 즈쉬 ᄒᆞ야디여도 ᄯᅩ 돋ᄂᆞ니라(黑睛破亦佳) <救方下 42b>

    h. 머릿 쎄 ᄒᆞ야디니와 쎄 것그닐(腦骨破及骨折) <救方下 29b>

    i. 머리 쎠 ᄒᆞ야디니와 쎠 것그닐(腦骨破及骨折) <救간一 79b>

    j. 가슴 빅 ᄒᆞ야디며(胷腹破陷) <救方下 29a> <救간一 79a>

    k. 瘡이 ᄒᆞ야디거든 ᄆᆞᄅᆞᆫ 藥을 비코(如瘡破用乾藥摻之) <救方下 14a>

    l. ᄒᆞ야디디(14a) 아니커든 輕粉을 녀허 믈근 기르메 ᄆᆞ라 브티라

    (如不破入輕粉淸油調傅之) <救方下 14b>

<172> 혀다 對 들이다

두 동작동사가 [牽引] 즉 '끌다, 끌어당기다'의 뜻을 가지고 동의 관계에 있다는 것은 다음 예문들에서 잘 확인된다. 원문 중 '推以牽引'이 '미러 혀다'로도 번역되고 '미러 들이다'로도 번역된다. 따라서 '혀다'와 '들이다'의 동의성은 명백히 입증된다.

(172) a. ᄯᅩ 미러 혀면 나ᄂᆞ니라(又復推以牽引出矣) <救方上 50a>

    b. ᄯᅩ 다시 미러 들이면 나ᄂᆞ니라(又復推以牽引出矣) <救간六 15a>

<173> 혜다 對 혜아리다

두 동작동사가 [量]과 [計] 즉 '헤아리다'의 뜻을 가지고 동의 관계에 있다는 것은 다음 예문들에서 잘 확인된다. 원문 중 '量虛實'이 '虛實을 혜다'로도 번역되고 '긔운이 허커나 실커나 호믈 혜아리다'로도 번역된다. 그리고 '計年遠'이 '히 오라믈 혜다'로 번역된다. 따라서 '혜다'와 '혜아리다'의 동의성은 명백히 입증된다.

(173) a. 虛實을 혜오(量虛實) <救方上 70b>

　　b. 히 오라몰 혜디 아니ᄒ야(不計年遠) <救方下 1b>

　　c. 時節 혜(16b)디 말오(不計時候) <救方下 17a>

　　d. ᄢᅵ니 혜디 말오(不計時候) <救간一 16b> <救간一 95a> <救간二 12a>

　　　　<救간二 49b> <救간七 8b> <救간七 15b>

　　e. ᄢᅵ니 혜디 말오(不計時) <救간一 111b> <救간三 71b> <救간七 10a>

(173) f. 긔운이 허커나 실커나 호몰 혜아려(量虛實) <救간三 71b>

<174> 훙두이다 對 플다

　두 동작동사가 [絞] 즉 '휘정거리다'의 뜻을 가지고 동의 관계에 있다는 것은 다음 예문들에서 잘 확인된다. 원문 중 '熟絞'가 '니기 훙두이다'로도 번역되고 '니기 플다'로도 번역된다. 따라서 '훙두이다'와 '플다'의 동의성은 명백히 입증된다.

(174) a. 니기 훙두여 汁을 取ᄒ야 마시라(熟絞取汁飮之) <救方上 28b>

　　b. 地漿은 ᄯᅡ해 져근 굳 ᄑᆞ고 믈 브ᅀᅥ 니기 훙두윤 므리라 <救方上 9b>

(174) c. 니기 프러 마시라(熟絞取汁飮之) <救간二 40b>

　그리고 '훙두이다'의 분철형인 '훙둥이다'가 다음 예문들에서 발견된다. 원문 중 '地漿'이 '훙둥인 믈'로 번역된다.

(174) d. 딜훍 사홀 ᄑᆞ고 훙둥인 믈 ᄒᆞ 되ᄅᆞᆯ 머그면(服地漿一盞) <救간一 34b>

　　e. 듕ᄒᆞ니란 딜훍 사홀 ᄑᆞ고 믈 브ᅀᅥ 훙둥인 므를 브ᅀᅳ면 ᄭᅵᄂᆞ니

　　　(重者以地漿灌則醒) <救간一 37a>

　　f. 地漿 : 딜훍 사홀 ᄑᆞ고 믈 브ᅀᅥ 훙둥인 믈 <救간一 34b> <救간一 37a>

2. 音韻 交替型

音韻의 교체를 보여 주는 동작동사들이 동의 관계를 가질 수 있다. 이 경우가 음운 교체형이다. 음운 교체에는 母音 交替와 子音 交替가 있다.

2.1. 母音 交替

동의 관계가 모음 교체를 보여 주는 동작동사들 사이에 성립된다. 모음 교체에는 陰母音과 陽母音 간의 교체가 있고 陽母音과 陰母音과의 교체가 있다. 陰母音간의 교체와 陽母音간의 교체가 있다. 그리고 中立母音과 陰母音 간의 교체가 있다.

음모음과 양모음 간의 교체에는 '우~오'의 교체와 '으~ᄋ'의 교체가 있다. 모음 '우~오'의 교체를 보여 주는 동작동사에는 [度] 즉 '견주다'의 뜻을 가진 '견주다'와 '견조다', [曲]과 [屈] 즉 '굽히다'의 뜻을 가진 '구피다'와 '고피다', [搥] 즉 '두드리다, 치다'의 뜻을 가진 '쑤드리다'와 '쏘드리다', [塞]과 [塡] 즉 '메우다, 채우다'의 뜻을 가진 '몃구다'와 '몃고다', [瘦], [羸瘦] 및 [瘦損] 즉 '여의다, 마르다'의 뜻을 가진 '여위다'와 '여외다' 그리고 [破] 즉 '깨뜨리다, 헐게 하다'의 뜻을 가진 '헐우다'와 '헐오다'가 있다.

모음 '으~ᄋ'의 교체를 보여 주는 동작동사에는 [起] 즉 '일으키다'의 뜻을 가진 '니르왇다'와 '니ᄅ왇다', [刺] 즉 '찌르다'의 뜻을 가진 '디르다'와 '디ᄅ다' 그리고 [丸]과 [撚] 즉 '비비다, 문지르다'의 뜻을 가진 '비븨다'와 '비빈다'가 있다.

양모음과 음모음 간의 교체에는 '아~어'의 교체가 있다. 모음 '아~어'의 교체를 보여 주는 동작동사에는 [破] 즉 '부서지다'의 뜻을 가진 '븟아디다'와 '븟어디다'가 있다.

陰母音간의 교체에는 '으~우'의 교체, '우~으'의 교체 그리고 '우~어'의 교체가 있다. 모음 '으~우'의 교체를 보여 주는 동작동사에는 [轉] 즉 '굴리다'의 뜻을 가진 '구으리다'와 '구우리다' 그리고 [展轉] 즉 '구르다'의 뜻을 가진 '그울다'와 '구을다'가 있다. 모음 '우~으'의 교체를 보여 주는 동작동사에는 [反張] 즉 '비틀어지다, 외틀리다'의 뜻을 가진 '두위틀다'와 '두의틀다'가 있다. 모음 '우~어'의 교체를 보여 주는 동작동사에는 [覆]와 [蓋] 즉 '덮다'의 뜻을 가진 '둪다'와 '덮다'가 있다.

陽母音간의 교체에는 'ᄋ~오'의 교체가 있다. 모음 'ᄋ~오'의 교체를 보여 주는 동작동사에는 [溜] 즉 '괴다'의 뜻을 가진 'ㄱ오다'와 '고오다'가 있다.

中立母音과 음모음 간의 교체에는 '이~우'의 교체가 있다. 모음 '이~우'의 교체를 보여 주는 동작동사에는 [候]와 [待] 즉 '기다리다'의 뜻을 가진 '기드리다'와 '기들우다'가 있고 [挼] 즉 '비비다, 문지르다'의 뜻을 가진 '비븨다'와 '부븨다'가 있다.

<1> 견주다 對 견조다

두 동작동사가 [度] 즉 '견주다'의 뜻을 가지고 동의 관계에 있다는 것은 동일 원문의 번역인 다음 예문들에서 잘 확인된다. 원문 중 '度兩肘尖頭'가 '두 불톡 그틀 견주다'로도 번역되고 '두 블득 ㅁ딧 그틀 견조다'로도 번역된다. 따라서 두 동작동사 '견주다'와 '견조다'의 동의성은 명백히 입증된다. 두 동작동사는 제2 음절에서 모음 '우~오'의 교체를 보여 준다.

> (1) a. 노ㅎ로 두 블톡 그틀 견주고(對以繩度兩肘尖頭) <救方上 36a>
>
>   b. 노ㅎ로 두 블독 ㅁ딧 그틀 ㄱ르 견조고(對以繩度兩肘尖頭) <救간二 61a>

<2> 구피다 對 고피다

두 동작동사가 [曲]과 [屈] 즉 '굽히다'의 뜻을 가지고 동의 관계에 있다는 것은 다음 예문들에서 잘 확인된다. 원문 중 '曲腰'가 '허리를 구피다'로도 번역되고 '허릴 고피다'로도 번역된다. 따라서 두 동작동사 '구피다'와 '고피다'의 동의성은 명백히 입증된다. 두 동작동사는 첫 음절에서 모음 '우~오'의 교체를 보여 준다. '구피다'는 '굽다'의 사동형으로 '굽-+-히+-다'로 분석될 수 있고 '고피다'는 '곱다'의 사동형으로 '곱-+-히+-다'로 분석될 수 있다.

> (2) a. 빗 알프거든 모믈 펴 니러 돈니디 아니ㅎ야 허리를 구피고
>
>   (遇腹痛不肯舒伸行動多是曲腰) <救간七 45b>
>
>   b. 병신의 두 허튀를 구펴(屈病人兩脚) <救간一 65a>
>
>   c. 힘센 사름으로 주근 사ㄹ미 두 바룰 구펴(令健夫屈死人兩足) <救간一 69a>
>
>   d. 졈졈 구피며 빗 조쳐 누르라(漸漸强屈之幷按其腹) <救간一 60b>

(2) e. 빈 알파 펴디 몯ᄒ며 ᄃᆞ닐 제 댱샹 허릴 고피며(遇腹痛不肯舒伸行動多是曲腰)
　　　〈救方下 81b〉

〈3〉 쑤드리다 對 쏘드리다

두 동작동사가 [搥] 즉 '두드리다, 치다'의 뜻을 가지고 동의 관계에 있다는 것은
다음 예문들에서 잘 확인된다. 원문 중 '搥四面'이 '네 面을 쑤드리다'로 번역되고 '三
莖搥'가 '세 줄길 쏘드리다'로 번역된다. 따라서 두 동작동사 '쑤드리다'와 '쏘드리다'
의 同義性은 명백히 입증된다. 두 동작동사는 첫 음절에서 모음 '우~오'의 교체를 보
여 준다.

　　(3) a. 네 面을 쑤드려 보ᄃᆞ랍게 ᄒᆞ고(搥四面令軟)〈救方上 48b〉
　　　　b. 羊과 사ᄉᆞ미 히믈 쑤드려(搥羊鹿筋)〈救方下 37a〉
　　　　c. 皂角 ᄒᆞᆫ 편을 쑤드려(皂角一片搥碎)〈救方上 51b〉
　　　　d. 皂莢 사ᄒᆞ라 쑤드려(皂莢剉碎)〈救方上 58a〉
　　　　e. 사ᄒᆞ라 쑤드려 디허(剉碎擣)〈救方上 59a〉

　　(3) f. 皂角 세 줄길 쏘드려 븟아(用皂角三莖搥碎)〈救方上 42a〉

〈4〉 멋구다 對 멋고다

두 동작동사가 [塞]과 [塡] 즉 '메우다, 채우다'의 뜻을 가지고 동의 관계에 있다는
것은 다음 예문들에서 잘 확인된다. 원문 중 '塞瘡口中'이 '瘡口ㅅ 가온ᄃᆡ 멋구다'로
번역되고 '塡車脂'가 '술위통앳 기름을 멋고다'로 번역된다. 따라서 두 동작동사 '멋
구다'와 '멋고다'의 동의성은 명백히 입증된다. 두 동작동사는 제2 음절에서 모음
'우~오'의 교체를 보여 준다.

　　(4) a. 瘡口ㅅ 가온ᄃᆡ ᄀᆞᄃᆞ기 멋구고(塞瘡口中令滿)〈救方下 35b〉
　　　　b. 술위통앳 기름을 멋고ᄃᆡ(塡車脂)〈救간六 26a〉

<5> 여위다 對 여외다

두 동작동사가 [瘦], [嬴瘦] 및 [瘦損] 즉 '여위다, 마르다'의 뜻을 가지고 동의 관계에 있다는 것은 다음 예문들에서 잘 확인된다. 원문 중 '瘦胎'가 '여윈 胎'로 번역되고 '嬴瘦'가 '여위다'로 번역되고 '瘦損'이 '여외다'로 번역된다. 따라서 두 동작동사 '여위다'와 '여외다'의 동의성은 명백히 입증된다. 두 동작동사는 제2 음절에서 모음 '우~오'의 교체를 보여 준다.

> (5) a. 二神湯은 빗그며 거스리 나흐며 여윈 胎를 고티ᄂᆞ니라(二神湯治橫逆生瘦胎)
>
> <救方下 83b>
>
> b. 빅 붇고 여위어든(腹脹嬴瘦) <救간二 84b>

> (5) c. 여외오 힘 업거든(瘦損無力) <救간三 120a>

<6> 헐우다 對 헐오다

두 동작동사가 [破] 즉 '깨뜨리다, 헐게 하다'의 뜻을 가지고 동의 관계에 있다는 것은 다음 예문들에서 잘 확인된다. 원문 중 '針刺破'가 '침으로 ᄣᅥᆯ어 헐우다'로 번역되고 '針破'가 '침으로 헐오다'로 번역된다. 따라서 '헐우다'와 '헐오다'의 동의성은 명백히 입증된다. 두 동작동사 '헐우다'와 '헐오다'는 동작동사 '헐다'의 사동형으로 각각 '헐-+-우+-다'와 '헐-+-오+-다'로 분석될 수 있고 제2 음절에서 모음 '우~오'의 교체를 보여 준다.

> (6) a. 침으로 ᄣᅥᆯ어 헐워 거믄 피 나게 ᄒᆞ고(用針刺破令黑血出) <救간二 76a>
>
> b. 큰 치미어나 져고맛 갈히어나 헐워 피 나게 ᄒᆞ며(可以鈹刀破之出血)
>
> <救간二 90b>

> (6) c. 부리를 침으로 헐오고(針破頭) <救간三 15b>

<7> 니르왇다 對 니ᄅ왇다

두 동작동사가 [起] 즉 '일으키다'의 뜻을 가지고 동의 관계에 있다는 것은 다음 예문들에서 잘 확인된다. 원문 중 '抱起'가 '아나 니르왇다'로도 번역되고 '아나 니ᄅ 왇다'로도 번역된다. 그리고 '起其身'이 '그 모몰 니르왇다'로 번역되고 '起死'가 '주그 닐 니ᄅ왇다'로 번역된다. 따라서 두 동작동사 '니르왇다'와 '니ᄅ왇다'의 동의성은 명백히 입증된다. 두 동작동사는 제2 음절에서 모음 '으~ᄋ'의 교체를 보여 준다.

(7) a. 소ᄂ로 아나 니르왇고(手抱起) <救方上 75a>

　　 b. 셜리 아나 니르왇고(急抱起) <救方上 77a>

　　 c. 아나 니르와다 그르고(抱起解下) <救方上 78a>

　　 d. ᄌᄂᆨᄌᄂᆨ기 그 모믈 아나 니르왇고(款款地抱起其身) <救方上 77a>

　　 e. 힘센 겨집으로 아나 니르왇고(令有力婦人抱起) <救간七 49b>

(7) f. 아나 니ᄅ와다(抱起) <救간一 59b>

　　 g. 진실로 주그닐 니ᄅ와다 도로 살리라(眞能起死回生也) <救간一 66b>

　　 h. 힘 센 겨지브로 아나 니(88b)ᄅ왇고(令有力婦人抱起) <救方下 89a>

<8> 디르다 對 디ᄅ다

두 동작동사가 [刺] 즉 '찌르다'의 뜻을 가지고 동의 관계에 있다는 것은 다음 예 문들에서 잘 확인된다. 원문 중 '人刀刺'가 '갈ᄒ로 디르다'로 번역되고 '刺脚心'이 '밠 바당 디ᄅ다'로 번역된다. 따라서 '디르다'와 '디ᄅ다'의 동의성은 명백히 입증된다. 두 동작동사 '디르다'와 '디ᄅ다'는 제2 음절에서 모음 '으~ᄋ'의 교체를 보여 준다.

(8) a. 갈ᄒ로 디르ᄂᆫ 둧ᄒ야(如人刀刺狀) <救方上 18b>

(8) b. 밠바당 디ᄅ 짜해 ᄇᄅ면(塗脚心刺處) <救方下 82a>

　　 d. 서너 저글 디ᄅ고(刺三五) <救方下 82a>

　　 c. 밠바당 딜오미 더욱 됴ᄒ니라(刺脚心尤妙) <救方下 82a>

   e. 갈ᄒᆞ로 디ᄅᆞᄂᆞᆫ 듯ᄒᆞ야(如人刃刺狀) <救간一 56b>

   f. 혀 아래 두 녁 결 핏주를 ᄣᅵ어(刺舌下兩邊脉) <救간二 90b>

<9> 비븨다 對 비비다

두 동작동사가 [丸]과 [撚] 즉 '비비다, 문지르다'의 뜻을 가지고 동의 관계에 있다는 것은 다음 예문들에서 잘 확인된다. 원문 중 '丸如大豆'가 '콩 낫만 케 비븨다'로 번역되고 '丸如豆大'가 '콩만 케 비비다'로 번역된다. 그리고 '以手指撚'이 '숬가락으로 비비다'로 번역되고 '撚如指大'가 '비비요ᄃᆡ 쿠미 숬가락만 ᄒᆞ다'로 번역된다. 따라서 두 동작동사 '비븨다'와 '비비다'의 동의성은 명백히 입증된다. 두 동작동사는 제2 음절에서 모음 '으~ㅇ'의 교체를 보여 준다.

  (9) a. ᄃᆞᆯ기앐 누른 것만 케 비븨여(丸如雞子黃大) <救方上 52a>

     b. 크게 비븨여(大丸) <救方上 52a>

     c. 콩 낫만 케 비븨여(丸如大豆) <救간七 42a>

     d. 머귀 여름만 케 비븨여(丸如梧桐子大) <救간七 12a> <救간七 13a>
       <救간七 58a>

     e. 머귀 여름만 케 비븨여(爲丸如梧子大) <救간二 87b>

     f. 콩 낫만 케 비븨여(圓如大豆) <救간七 16a>

     g. 녹둣 낫만 케 비븨여(爲圓如菉豆大) <救간二 28a>

     h. 비야미 헝울을…비븨여(蛇蛻皮…揉碎) <救간二 71a>

     i. 죠희롤 크게 비븨여(以大紙撚) <救간七 67a>

     j. 숬가락으로 비븨여(以手指撚之) <救간七 24a>

  (9) k. ᄀᆞ라 콩만 케 비비여(爲末丸如豆大) <救간一 41b>

     l. 비비요ᄃᆡ 쿠미 숬가락만 ᄒᆞ고(撚如指大) <救간三 70b>

     m. 헌 ᄃᆡ 젓거든 ᄆᆞᄅᆞ닐 비(50b)비면(濕乾搽) <救간三 51a>

<10> 븟아디다 對 븟어디다

두 동작동사가 [碎] 즉 '부서지다'의 뜻을 가지고 동의 관계에 있다는 것은 다음 예문들에서 잘 확인된다. 원문 중 '骨碎'가 '쎼 븟아디다'로도 번역되고 '쎼 븟어디다'로도 번역되므로 두 동작동사 '븟아디다'와 '븟어디다'의 동의성은 명백히 입증된다. 두 동작동사는 첫 음절에서 모음 'ᄋᆞ~으'의 교체를 보여 준다.

(10) a. 四肢 쎼 븟아디며(四肢骨碎) <救方下 27b>
　　　 b. 쎼 븟아디며(諸骨碎) <救方下 32a>

(10) c. 쎼 븟어디며(骨碎) <救方下 27b>

그리고 동작동사 '븟어디다'가 [碎] 즉 '부서지다'의 뜻을 가지고 있다는 것은 다음 예문들에서 잘 확인된다. 원문 중 '碎骨'이 '븟어딘 쎼'로 번역된다.

(10) d. 븟어딘 쎼롤 아소디(除碎骨) <救方下 1b>

<11> 구으리다 對 구우리다

두 동작동사가 [轉] 즉 '굴리다'의 뜻을 가지고 동의 관계에 있다는 것은 동일 원문의 번역인 다음 예문들에서 잘 확인된다. 원문 중 '一二百轉'이 '一二百 버늘 구으리다'로도 번역되고 '일ᄉᆡ빅 번을 구우리다'로도 번역된다. 따라서 두 동작동사 '구으리다'와 '구우리다'의 동의성은 명백히 입증된다. 두 동작동사는 제2 음절에서 모음 '으~우'의 교체를 보여 준다.

(11) a. 平흔 싸해 나ᅀᅡ가 一二百 버늘 구으리면(就平地上袞轉一二百轉) <救方上 73b>
　　　 b. 평흔 싸해다가 그우료ᄃᆡ 일ᄉᆡ빅 번을 구우리면(就平地上袞轉一二百轉)
　　　　　<救간一 67a>

<12> 그울다 對 구을다

두 동작동사가 [展轉] 즉 '구르다'의 뜻을 가지고 동의 관계에 있다는 것은 동일 원문의 번역인 다음 예문들에서 잘 확인된다. 원문 중 '展轉在地或起'가 '싸해 그울며 시혹 닐다'로도 번역되고 '구으러 싸해셔 닐다'로도 번역된다. 따라서 두 동작동사 '그울다'와 '구을다'의 동의성은 명백히 입증된다. 두 동작동사는 첫 음절에서 모음 '으~우'의 교체를 보여 주고 제2 음절에서 모음 '우~으'의 교체를 보여 준다.

> (12) a. 시혹 싸해 그울며 시혹 닐며 시혹 업더디여(或展轉在地或起或仆) <救方上 32b>
> b. 구으러 싸해셔 닐락 업더디락 ᄒᆞ야(或展轉在地或起或仆) <救간二 46a>

<13> 두위틀다 對 두의틀다

두 동작동사가 [反張] 즉 '비틀어지다, 외틀리다'의 뜻을 가지고 동의 관계에 있다는 것은 다음 예문들에서 잘 확인된다. 원문 중 '角弓反張'이 '쌜활 두휘틀다'로 번역되고 '身體角弓反張'이 '모미 두의틀다'로 번역된다. 따라서 두 동작동사 '두위틀다'와 '두의틀다'의 동의성은 명백히 입증된다. 두 동작동사는 제2 음절에서 모음 '우~으'의 교체를 보여 준다.

> (13) a. 헌ᄃᆡ ᄇᆞ름 드로므로 소늘 브르쥐며 모미 쌜활 두위트러 가ᄃᆞᆺ ᄒᆞ거든
> (破傷風搐搦角弓反張) <救간六 83a>
> b. 네 활기 고ᄃᆞ며 두위틀어든(四肢强直反張) <救간ㄴ 4a>

> (13) c. 모미 두의틀오 네 활기 몯 쓰며(身體角弓反張四肢不收) <救간一 14a>

<14> 둪다 對 덮다

두 동작동사가 [覆]와 [蓋] 즉 '덮다'의 뜻을 가지고 동의 관계에 있다는 것은 다음 예문들에서 잘 확인된다. 원문 중 '覆死人'이 '주근 사ᄅᆞ믈 둪다'로도 번역되고 '므레 주근 사ᄅᆞ믈 덮다'로도 번역된다. '灰覆'가 '지로 둪다'로 번역되고 '覆灰'가 '지로 덥

다'로 번역된다. 그리고 '蓋井上'이 '우믈 우희 둪다'로도 번역되고 '우믈 우희 덮다'
로도 번역된다. 따라서 두 동작동사 '둪다'와 '덮다'의 동의성은 명백히 입증된다. 두
동작동사는 첫 음절에서 모음 '우~어'의 교체를 보여 준다.

(14) a. 주근 사ᄅᆞᄆᆞᆯ 두푸딕(覆死人) <救方上 72b>

　　 b. 직로 두퍼 ᄉᆞ뭇 젓거든(灰覆濕徹) <救方上 72a>

　　 c. 입과 고홀 둡고(覆口鼻) <救方上 75a>

　　 d. 보ᅀᆞ로 두퍼(用碗覆) <救方上 51b>

　　 e. 사발로 두퍼(用碗覆) <救간六 12a>

　　 f. 우믈 우희 두프면(蓋井上) <救간七 21a> <救간七 51b>

　　 g. 잔애 브ᅀᅥ 둡고(傾於盞內蓋著) <救方上 38a>

(14) h. 새 뵈를 눈 우희 덥고(取新布覆目上) <救方下 37b>

　　 i. 므레 주근 사ᄅᆞ몰 더퍼(覆死人) <救간一 75a>

　　 j. 직로 더퍼 ᄉᆞ뭇 젓거든(覆灰濕徹) <救간一 75b>

　　 k. 우믈 우희 더프면(蓋井上) <救方下 92a>

　　 l. 칙츠기 더퍼(密蓋) <救方下 62a>

　　 m. 믈윗 生肉 니그닌 다 기픠 갈마 칙츠기 덥디 마롤디니

　　　 (凡生肉熟皆不用深藏密蓋) <救方下 61b>

　　 n. 그르세 브ᅀᅥ 더퍼 두고(傾於盞內蓋著) <救간一 53a>

<15> ᄀᆞ오다 對 고오다

두 동작동사가 [溜] 즉 '괴다'의 뜻을 가지고 동의 관계에 있다는 것은 다음 예문
들에서 잘 확인된다. 원문 중 '樹空中水'가 '솝 궁근 남긔 고왓는 믈'로 번역되고 '樹空
中水'의 자석이 '솝 궁근 남긔 ᄀᆞ온 믈'이다. 따라서 두 동작동사 'ᄀᆞ오다'와 '고오다'
의 동의성은 명백히 입증된다. 두 동작동사는 첫 음절에서 모음 '으~오'의 교체를 보
여 준다.

(15) a. 樹空中水 : 솝 궁근 남긔 ᄀᆞ온 믈 <救간六 85b>

　　b. 솝 궁근 남긔 고왓는 믈(樹空中水) <救간六 85b>

<16> 기드리다 對 기들우다

　두 동작동사가 [候]와 [待] 즉 '기다리다'의 뜻을 가지고 동의 관계에 있다는 것은 다음 예문들에서 잘 확인된다. 원문 중 '候…通'이 '通호믈 기드리다'로도 번역되고 '통호믈 기들우다'로도 번역된다. 그리고 '待其氣回方'이 '氣分이 도라오믈 기드리다'로 번역된다. 따라서 두 동작동사 '기드리다'와 '기들우다'의 동의성은 명백히 입증된다. 두 동작동사는 제3 음절에서 모음 '이~우'의 교체를 보여 준다.

　　(16) a. 더운 氣分이 通호믈 기드려(候暖氣通) <救方上 74a>

　　　　　b. 人事 추료믈 기드려(直候醒記人事) <救方上 15b>

　　　　　c. 알폴 더들 기드려(候覺病) <救간六 78a>

　　　　　d. 氣分이 도라오믈 기드려아 소늘 쉬울디니(待其氣回方可放手) <救方上 78a>

　　　　　e. 술 날 ᄀ장 기드료미 됴ᄒ니라(直待生肌爲妙) <救方上 82a>

　　(16) f. 밀 녀허 노곰 기들워(入蠟候消) <救方下 8b>

　　　　　g. 더(76b)운 긔우니 통호믈 기들워(候暖氣通) <救간一 77a>

<17> 비븨다 對 부븨다

　두 동작동사가 [按] 즉 '비비다, 문지르다'의 뜻을 가지고 동의 관계에 있다는 것은 다음 예문들에서 잘 확인된다. 원문 중 '輕按'가 'ᄀ만니 비븨다'로 번역되고 '按爛'이 '니기 부븨다'로 번역된다. 따라서 두 동작동사 '비븨다'와 '부븨다'의 동의성은 명백히 입증된다. 두 동작동사는 첫 음절에서 모음 '이~우'의 교체를 보여 준다.

　　(17) a. 소느로 ᄌ슷 우흘(37a) ᄀ만니 비븨요디(以手當瞼上輕按之) <救方下 37b>

　　　　　b. 두 닐굽 버늘 비븨면(按二七過) <救方下 37b>

　　　　　c. ᄌ조 비븨여(數按) <救方下 37b>

　　　　　d. ᄒ르 걸어 비븨라(可間日按之) <救方下 37b>

e. 죠희룰 크게 비븨여(以大紙撚) ⟨救간七 67a⟩

(17) f. 小薊 니플 니기 부븨여(用小薊葉挼爛) ⟨救方上 87a⟩
　　 g. 돗고마리룰 부븨여(蒼耳挼) ⟨救간六 65a⟩
　　 h. 족 닙 부븨니어나(挼藍靑葉) ⟨救간六 65a⟩

2.2. 子音 交替

　동의 관계가 자음 교체를 보여 주는 동작동사들 사이에 성립된다. 자음 교체에는 'ㄱ~ㅅㄱ'의 교체, 'ㄷ~ㅅㄷ'의 교체, 'ㄷ~ㅶ'의 교체 그리고 'ㄷ~ㅾ'의 교체 그리고 'ㅾ~ㅅㄷ'의 교체가 있다. 'ㅅ~ㅄ'의 교체, 'ㅅ~ㅿ'의 교체, 'ㅆ~ㅅ'의 교체 그리고 'ㅆ~ㅄ'의 교체가 있다.

　자음 'ㄱ~ㅅㄱ'의 교체를 보여 주는 동작동사에는 [轢]과 [輾] 즉 '갈리다, 치이다'의 뜻을 가진 '긔이다'와 '씌이다'가 있다.

　자음 'ㄷ~ㅅㄷ'의 교체를 보여 주는 동작동사에는 [搥] 즉 '두드리다, 치다'의 뜻을 가진 '두드리다'와 '쑤드리다'가 있고 [擣]와 [搗] 즉 '찧다'의 뜻을 가진 '딯다'와 '씽다'가 있다. 자음 'ㄷ~ㅶ'의 교체를 보여 주는 동작동사에는 [開]와 [刺作] 즉 '뚫다'의 뜻을 가진 '듧다'와 '뙲다'가 있다. 자음 'ㄷ~ㅾ'의 교체를 보여 주는 동작동사에는 [刺] 즉 '찌르다'의 뜻을 가진 '디르다'와 '쩌르다'가 있다. 자음 'ㅾ~ㅅㄷ'의 교체를 보여 주는 동작동사에는 [刺] 즉 '찌르다'의 뜻을 가진 '쩌르다'와 '싸르다'가 있다.

　자음 'ㅅ~ㅄ'의 교체를 보여 주는 동작동사에는 [熏]과 [爅] 즉 '쐬다'의 뜻을 가진 '쇠다'와 '쐬다'가 있다. 자음 'ㅅ~ㅿ'의 교체를 보여 주는 동작동사에는 [連] 즉 '잇다, 계속하다'의 뜻을 가진 '닛우다'와 '닝우다'가 있고 [碎]와 [末] 즉 '부수다'의 뜻을 가진 'ㅂ수다'와 'ㅂ△다'가 있다. 자음 'ㅆ~ㅅ'의 교체를 보여 주는 동작동사에는 [熏] 즉 '쐬다'의 뜻을 가진 '쐬다'와 '쇠다'가 있고 [書] 즉 '쓰다'의 뜻을 가진 '쓰다'와 '스다'가 있다. 자음 'ㅆ~ㅄ'의 교체를 보여 주는 동작동사에는 [熏] 즉 '쐬다'의 뜻을 가진 '쐬다'와 '쐬다'가 있다.

<1> 긔싀다 對 쯰이다

두 동작동사가 [轢]과 [輾] 즉 '갈리다, 치이다'의 뜻을 가지고 동의 관계에 있다는 것은 다음 예문들에서 잘 확인된다. 원문 중 '車轢'이 '술위예 긔싀다'로도 번역되고 '술위예 쯰이다'로도 번역된다. 따라서 두 동작동사 '긔싀다'와 '쯰이다'의 동의성은 명백히 입증된다. 두 동작동사는 첫 음절 어두에서 자음 'ㄱ~ㅅ'의 교체를 보여 준다.

(1) a. 빈와 술위예 긔싀며(舟舡車轢) <救方下 29a>
    b. 술위예 긔싀니와(車輾) <救方下 27a>

(1) c. 빈와 술위예 쯰이며((舟船車轢) <救간一 79a>

<2> 두드리다 對 쑤드리다

두 동작동사가 [搥] 즉 '두드리다, 치다'의 뜻을 가지고 동의 관계에 있다는 것은 다음 예문들에서 잘 확인된다. 원문 중 '搥四面'이 '네 면을 두드리다'로도 번역되고 '네 面을 쑤드리다'로도 번역된다. 그리고 '一片搥'가 '혼 편을 두드리다'로도 번역되고 '혼 편을 쑤드리다'로도 번역된다. 따라서 두 동작동사 '두드리다'와 '쑤드리다'의 동의성은 명백히 입증된다. 두 동작동사는 첫 음절에서 자음 'ㄷ~ㅅ'의 교체를 보여 준다.

(2) a. 두드려 부드럽고 믯믯게 흐야(搥令軟滑) <救方下 39a>
    b. 네 면을 두드려 보드랍게 흐고(搥四面令軟) <救간六 16a>
    c. 조각 혼 편을 두드려(皂角一片搥碎) <救간六 11b>
    d. 조각 세 줄기 두드려 브싀(皂角三莖搥碎) <救간二 79a>
    e. 조각 혼 낫 기(60b)리 자만 흐닐 두드려 브싀(皂角一條長尺以上者搥碎)
      <救간三 61a>

(2) f. 네 面을 쑤드려 보드랍게 흐고(搥四面令軟) <救方上 48b>
    g. 皂角 혼 편을 쑤드려(皂角一片搥碎) <救方上 51b>

h. 羊과 사ᄉᆞᄆᆡ 히믈 ᄡᅮ드려(搥羊鹿筋) <救方下 37a>

i. 皀莢 사ᄒᆞ라 ᄡᅮ드려(皀莢剉碎) <救方上 58a>

j. 사ᄒᆞ라 ᄡᅮ드려 디허(剉碎擣) <救方上 59a>

<3> 딯다 對 ᄯᅵᇂ다

두 동작동사가 [擣]와 [搗] 즉 '찧다'의 뜻을 가지고 동의 관계에 있다는 것은 다음 예문들에서 잘 확인된다. 원문 중 '韭根擣'가 '부칫 불휘ᄅᆞᆯ 딯다'로 번역되고 '擣韭'가 '韭菜ᄅᆞᆯ ᄯᅵᇂ다'로 번역된다. 그리고 '韭根搗'가 '염곳 불휘ᄅᆞᆯ 딯다'로 번역되고 '韭菜搗'가 '염교 ᄯᅵᇂ다'로 번역된다. 따라서 두 동작동사 '딯다'와 'ᄯᅵᇂ다'의 동의성은 명백히 입증된다. 두 동작동사는 첫 음절에서 자음 'ㄷ~ㅼ'의 교체를 보여 준다.

(3) a. 부칫 불휘ᄅᆞᆯ 디허 自然汁을 取ᄒᆞ야(用韭根擣取自然汁) <救方上 24a>

b. 부치ᄅᆞᆯ 디허 汁을 取ᄒᆞ야(擣韮取汁) <救方上 25b>

c. ᄂᆞᆯ 昌蒲ㅅ 불휘ᄅᆞᆯ 디허(生昌蒲根擣) <救方上 16b>

d. 清酒 닷 되와 ᄃᆞᆯᄀᆡ 힌 ᄯᅩᇰ ᄒᆞᆫ ᄃᆡ와ᄅᆞᆯ 디코 처(清酒五升雞白屎一升右擣篩) <救方上 5b>

e. 디허 ᄀᆞᆯ이 ᄃᆞ외어든(擣爲散) <救간六 30a>

f. 韮菜ᄅᆞᆯ 디허(搗韮菜) <救方下 42b>

g. 염곳 불휘ᄅᆞᆯ 디어(用韭根搗) <救간一 83a>

h. ᄒᆞᆫᄃᆡ 디허 ᄇᆞᄅᆞ라(同搗塗) <救方下 15a>

i. ᄒᆞᆫᄃᆡ 디허(同搗) <救간一 23b>

(3) j. 韭菜ᄅᆞᆯ ᄯᅵ허 汁을 ᄧᅡ(擣韭絞取汁) <救方下 66b>

k. ᄉᆞᆯ곳 ᄌᆞᅀᆞᄅᆞᆯ 잢간 봇가 ᄯᅵ허 ᄀᆞ라(微熬杏仁擣硏) <救方下 67a>

l. ᄯᅵ허 散 ᄆᆡᇰᄀᆞ라(擣爲散) <救方下 62b>

m. ᄒᆞᆫᄃᆡ ᄯᅵ허(同擣) <救간一 10a>

n. 염교 ᄯᅵ허 ᄧᅳᆫ 즙을 머기라(韭菜搗汁服) <救간一 17a>

o. ᄆᆞᆯᄀᆞᆫ 술 닷 되예 ᄃᆞᆰ의ᄯᅩᇰ ᄒᆞᆫ ᄃᆡ ᄀᆞᆯ히야 ᄒᆞᆫ 되ᄅᆞᆯ ᄯᅵ허 처(清酒五升雞白矢一升搗篩) <救간一 14b>

<4> 듧다 對 뜳다

두 동작동사가 [開]와 [刾作] 즉 '뚫다'의 뜻을 가지고 동의 관계에 있다는 것은 다음 예문들에서 잘 확인된다. 원문 중 '開一孔子'가 '흔 굼글 듧다'로 번역되고 '刾作五十孔'이 '쉰 굼글 뜳다'로 번역된다. 따라서 두 동작동사 '듧다'와 '뜳다'의 동의성은 명백히 입증된다. 두 동작동사는 첫 음절 어두에서 자음 'ㄷ~ㅃㄷ'의 교체를 보여 준다.

    (4) a. 가온디 흔 구무 듧워(中通一竅) <救方上 48b> <救간六 16a>

        b. 더운 제 갓 밧겨 가온디 흔 굼글 듧워(剝取熱皮中心開一孔子) <救간三 41b>

        c. 흔 져근 굼글 듧워(開一小眼) <救간七 75a>

    (4) d. 빈 흔 나출 쉰 굼글(13a) 뜳고(以梨一顆刾作五十孔) <救간二 13b>

<5> 디ᄅ다 對 ᄧᆞᄅ다

두 동작동사가 [刾] 즉 '찌르다'의 뜻을 가지고 동의 관계에 있다는 것은 다음 예문들에서 잘 확인된다. 원문 중 '刾脚心'이 '밠바당 디ᄅ다'로도 번역되고 '밧바당 ᄧᆞᄅ다'로도 번역된다. 그리고 '刾…脈'이 '핏주를 디ᄅ다'로 번역되고 '刾頭上'이 '머리를 ᄧᆞᄅ다'로 번역된다. 따라서 두 동작동사 '디ᄅ다'와 'ᄧᆞᄅ다'의 동의성은 명백히 입증된다. 두 동작동사는 첫 음절에서 자음 'ㄷ~ㅉ'의 교체를 보여 준다.

    (5) a. 밠바당 딜오미 더욱 됴ᄒᆞ니라(刾脚心尤妙) <救方下 82a>

        b. 밠바당 디른 ᄯᅡ해 ᄇᆞᄅ면(塗脚心刾處) <救方下 82a>

        c. 서너 저글 디ᄅ고(刾三五) <救方下 82a>

        d. 혀 아래 두 녁 겯 핏주를 딜어(刾舌下兩邊脈) <救간二 90b>

        e. 갈ᄒᆞ로 디ᄅᄂᆞᆫ 둣ᄒᆞ야(如人刃刾狀) <救간一 56b>

    (5) f. 밧바당을 ᄧᅵᆯ옴도 됴ᄒᆞ니라(刾脚心尤妙) <救간七 46a>

        g. 밧바당 ᄧᆞ른 ᄃᆡ ᄇᆞᄅ면(塗脚心刾處) <救간七 46a>

        h. 세 번 다ᄉᆞᆺ 번만 ᄧᆞᄅ고(刾三五) <救간七 46a>

i. 침으로 머리ᄅᆞᆯ ᄣᅵᆯ어(以針刺頭上) <救간一 21a>

j. ᄃᆞᆯᄀᆡ 벼슬 ᄣᅵᆯ어(雞冠上刺) <救간二 91b>

k. 두 곳굼글 ᄣᅵᆯ오ᄃᆡ(刺兩鼻中) <救간一 83b>

l. 곳 굼긔 네 다ᄉᆞᆺ 촌만 기피 ᄣᅵᆯ어(刺入鼻中深四五寸) <救간一 42a>

<6> ᄣᅵᄅᆞ다 對 ᄯᅵᄅᆞ다

두 동작동사가 [刺] 즉 '찌르다'의 뜻을 가지고 동의 관계에 있다는 것은 다음 예문들에서 잘 확인된다. 원문 중 '刺兩鼻中'이 '두 곳굼글 ᄣᅵᄅᆞ다'로 번역되고 '刺鼻孔'이 '곳굼긔 ᄯᅵᄅᆞ다'로 번역된다. 따라서 두 동작동사 'ᄣᅵᄅᆞ다'와 'ᄯᅵᄅᆞ다'의 동의성은 명백히 입증된다. 두 동작동사는 첫 음절에서 자음 'ᄣ~ᄯ'의 교체를 보여 준다.

(6) a. 두 곳굼글 ᄣᅵᆯ오ᄃᆡ(刺兩鼻中) <救간一 83b>

b. 곳굼긔 네 다ᄉᆞᆺ 촌만 기피 ᄣᅵᆯ어(刺入鼻中深四五寸) <救간一 42a>

c. 밧바당 ᄣᅵᄅᆞᆫ ᄃᆡ ᄇᆞᄅᆞ면(塗脚心刺處) <救간七 46a>

d. 밧바당ᄋᆞᆯ ᄣᅵᆯ옴도 됴ᄒᆞ니라(刺脚心尤妙) <救간七 46a>

e. 침으로 머리ᄅᆞᆯ ᄣᅵᆯ어(以針刺頭上) <救간一 21a>

f. ᄃᆞᆯᄀᆡ 벼슬 ᄣᅵᆯ어(雞冠上刺) <救간二 91b>

g. 세 번 다ᄉᆞᆺ 번만 ᄣᅵᄅᆞ고(刺三五) <救간七 46a>

(6) h. 곳굼긔 ᄯᅵᆯ어 피 나면 됴ᄒᆞ리라(刺鼻孔…出血愈) <救간一 48a>

<7> 쇠다 對 ᄡᅬ다

두 동작동사가 [熏]과 [燻] 즉 '쐬다'의 뜻을 가지고 동의 관계에 있다는 것은 다음 예문들에서 잘 확인된다. 원문 중 '住瘡中熏'이 '헌 가온ᄃᆡ 다혀 쇠다'로 번역되고 '住瘡口熏'이 '믈인 굼긔 다혀 그 ᄂᆡ ᄡᅬ다'로 번역된다. 그리고 '燻瘡口'가 '헌 굼글 쇠다'로도 번역되고 '헌 ᄃᆡ ᄡᅬ다'로 번역된다. 따라서 두 동작동사 '쇠다'외 'ᄡᅬ다'의 동의성은 명백히 입증된다. 두 동작동사는 첫 음절에서 자음 'ㅅ~ㅄ'의 교체를 보여 준다.

(7) a. 대롱애 녀허 헌 가온ᄃᆡ 다혀 쇠면 됴ᄒᆞ니라(內竹筒中注瘡中熏之妙)

　　　〈救方下 63a〉

　　b. 프른 뵈를 ᄉᆞ라 헌 굼글 쇠면 毒氣 즉재 나ᄂᆞ니라(燒靑布以燻瘡口毒卽出)

　　　〈救方下 63b〉

　　c. 産生ᄒᆞᆫ 겨지블 그 우희 안쳐 氣分을 쇠면(令産婦就上坐以氣熏)〈救方下 91a〉

　　d. 녯 漆혼 器具를 ᄉᆞ외 ᄉᆞ론 ᄂᆡ예 ᄂᆞᄎᆞᆯ 다혀 쇠라(舊漆器猛燒煙逼面熏之)

　　　〈救方下 95a〉

　　e. 쇠면 즉자히 ᄭᆡᄂᆞ니라(熏之立醒)〈救方下 95b〉

　　f. 이ᄂᆞᆫ 비야미 毒ᄒᆞᆫ 氣分이 쇠여실ᄉᆞ니(蓋蛇虫毒氣所薰蒸也)〈救方下 48a〉

(7) g. 대롱애 녀허 믈인 굼긔 다혀 그 ᄂᆡ 뾔요미 됴ᄒᆞ니라(內竹筒中注瘡口熏之妙)

　　　〈救간六 30b〉

　　h. 프른 뵈를 블브터 헌 ᄃᆡ 뾔면 독이 즉재 나리라(燒靑布以燻瘡口毒卽出)

　　　〈救간六 33b〉

　　i. 아기 나ᄒᆞᆫ 겨지블 그 우희 안쳐 김을 뾔면(令産婦就上坐以氣熏)〈救간七 52a〉

　　j. 늘근 옷칠ᄒᆞᆫ 그릇 ᄉᆞ외 ᄉᆞ론 ᄂᆡ예 ᄂᆞᄎᆞᆯ 다혀 뾔라(舊漆器猛燒煙逼面熏之)

　　　〈救간七 64b〉

　　k. 뾔면 즉재 ᄭᆡ리라(熏之立醒)〈救간七 65a〉

　　l. 아기 나ᄒᆞᆫ 어미 그 우희 안자 뾔라(産母坐其上熏之)〈救간七 68b〉

　　m. 팅긋 거플와 뎡가와를 달혀 뾔며 싯고(枳殻荊芥煎湯熏洗)〈救간七 69b〉

　　n. 알폰 ᄃᆡ 뾔요ᄃᆡ(熏患處)〈救간七 77a〉

〈8〉 닛우다 對 닝우다

　두 동작동사가 [連] 즉 '잇다, 계속하다'의 뜻을 가지고 동의 관계에 있다는 것은 다음 예문들에서 잘 확인된다. 원문 중 '連進'이 '닛워 먹다'로도 번역되고 '닝워 머기다'로도 번역된다. 따라서 두 동작동사 '닛위다'와 '닝위다'의 동의성은 명백히 입증된다. 두 동작동사는 첫 음절말에서 자음 'ㅅ~ㅿ'의 교체를 보여 준다.

　(8) a. 닛워 두ᅀᅥ 번을 머그라(連進二三服)〈救간二 112b〉

(8) b. 칠긔탕을 닝워 머기면(七氣湯連進) <救간一 39a>

   c. 수레 두 돈곰 프러 닝워 머그라(酒調下二錢連服) <救간三 109a>

   d. 닝워 머고딕(連服) <救간三 18b>

   e. 바미 닝워 머그면(連夜飮) <救간七 85b>

   f. 두 번에 닝워 머기라(併進二服) <救간一 41a>

   g. 흔 되 닷 홉을 세혜 ᄂᆞ화 닝워 머그라(一盞半分三服併進) <救간六 7a>

   h. 서르 닝워 잢간 덥게 ᄒᆞ야(相繼稍熱) <救간七 85b>

<9> ㅂ스다 對 ㅂᅀᆞ다

두 동작동사가 [碎]와 [末] 즉 '부수다'의 뜻을 가지고 동의 관계에 있다는 것은 다음 예문들에서 잘 확인된다. 원문 중 '川大黃…剉碎'가 '川大黃…사ᄒᆞ라 ㅂ스다'로도 번역되고 '川大黃…사ᄒᆞ라 ㅂᅀᆞ다'로도 번역된다. 그리고 '鼠屎末'이 '쥐쏭을 ㅂ스다'로도 번역되고 '쥐쏭을 ㅂᅀᆞ다'로도 번역된다. 따라서 두 동작동사 'ㅂ스다'와 'ㅂᅀᆞ다'의 동의성은 명백히 입증된다. 두 동작동사는 제2 음절에서 자음 'ㅅ~ᅀ'의 교체를 보여 준다.

(9) a. 川大黃 各 세 分을 사ᄒᆞ라 봇아 져기 봇ᄀᆞ닐(川大黃各三分剉碎微炒)

    <救方下 26b>

   b. 牛膝 흔 兩을 움 앗고 아옥 삐 흔 홉과 디허 봇아(牛膝一兩去苗葵子一合右擣碎)

    <救方上 19a>

   c. 쥐쏭을 봇아(鼠屎末) <救方上 19a>

(9) d. 川大黃 흔 兩을 사ᄒᆞ라 봇아 져기 봇ᄀᆞ니와(川大黃一兩剉碎微炒) <救方下 19a>

   e. 川大黃 흔 分을 사ᄒᆞ라 봇아 져기 봇가(川大黃一分剉碎微炒) <救方下 20b>

   f. 川大黃을 사ᄒᆞ라 봇아 져기 봇가(川大黃剉碎微炒) <救方下 41a>

   g. 大黃 흔 分을 사ᄒᆞ(18b)라 봇아 져기 봇가(大黃一分剉碎微炒) <救方下 19a>

   h. 술곳 ᄌᆞᅀ 닷 호블 봇가 검게 ᄒᆞ야 봇아 ᄀᆞ라(熬杏仁五合令黑碎硏)

    <救方下 68a>

   i. 쳔대홣 불휘 반 량 사ᄒᆞ라 ㅂᅀᅡ(川大黃半兩剉碎微炒) <救간七 13b>

 j. 쇠무룹 불휘 혼 량 움 아ᄉ니와 아혹 ᄢᅵ 혼 홉과를 디허 ᄇᅀᅡ

  (牛膝一兩去苗葵子一合擣碎) <救간七 51a>

 k. 쥐똥을 ᄇᅀᅡ(鼠屎末) <救간一 57a>

<10> 쐬다 對 쇠다

 두 동작동사가 [熏] 즉 '쐬다'의 뜻을 가지고 동의 관계에 있다는 것은 다음 예문들에서 잘 확인된다. 원문 중 '熏一二時久'가 '흔두 時刻을 쐬다'로 번역되고 '洺瘡中熏'이 '헌 가온ᄃᆡ 다혀 쇠다'로 번역된다. 따라서 두 동작동사 '쐬다'와 '쇠다'의 동의성은 명백히 입증된다. 두 동작동사는 첫 음절에서 자음 'ㅆ~ㅅ'의 교체를 보여 준다.

 (10) a. 흔두 時刻을 쐬면 ᄳᅧ 저 나ᄂ니라(熏一二時久骨自下) <救方上 52a>

 (10) b. 대롱애 녀허 헌 가온ᄃᆡ 다혀 쇠면 됴ᄒ니라(內竹筒中注瘡中熏之妙)
   <救方下 63a>
  c. 프른 뵈를 ᄉ라 헌 굼글 쇠면 毒氣 즉재 나ᄂ니라(燒青布以燻瘡口毒卽出)
   <救方下 63b>
  d. 이ᄂ 비야미 毒혼 氣分이 쇠여실ᄉ니(蓋蛇虫毒氣所薰蒸也)
   <救方下 48a>

<11> 쓰다 對 스다

 두 동작동사가 [書] 즉 '쓰다'의 뜻을 가지고 동의 관계에 있다는 것은 다음 예문들에서 잘 확인된다. 원문 중 '夫妻名書'가 '남진의 일훔과 겨집의 일훔과를 쓰다'로 번역되고 '父名書'가 '아비 일후믈 스다'로 번역된다. 그리고 '書子出'이 '아ᄃ ᄌᆇ와 날 츌ᄍᆞ를 쓰다'로 번역되고 '書父入'이 '아비 부ᄍᆞ와 들 입ᄍᆞ와 스다'로 번역된다. 따라서 두 동작동사 '쓰다'와 '스다'의 동의성은 명백히 입증된다. 두 동작동사는 첫 음절에서 자음 'ㅆ~ㅅ'의 교체를 보여 준다.

(11) a. 남진의 일홈과 겨집의 일홈과롤 써(夫妻名書) <救간七 31a>

　　b. 흔 딱앤 아두 주쯔와 날 츌쯔롤 써(一片書子出) <救간七 39a>

　　c. 흔 딱애 직 가쯔롤 쓰고 흔 딱앤 날 츌쯔롤 써(一片書可字一片書出字)

　　　　<救간七 32b>

　　d. 쥬사로 아기 윈녁 발 아래 즈믄 쳔쯔롤 쓰(44a)고(朱書兒左足下作千字)

　　　　<救간七 44b>

　　e. 올흔녁 발 아래 무술 리쯔롤 쓰라(右足下作里字) <救간七 44b>

(11) f. 아비 일후믈 아기 밧바당애 스면(父名書兒足下) <救간七 43a>

　　g. 혀에 鬼ㅈ字롤 스고 또 니마회 술디니(於舌上書鬼字又額上亦書之)

　　　　<救方上 16b>

　　h. 혀 우희 귓것 귀쯔롤 스고 또 니마해도 스라(於舌上書鬼字又額上亦書之)

　　　　<救간一 49a>

　　i. 흔 딱앤 아비롤 스고 흔 딱앤 子息을 서(一片書父一片書子) <救方下 86a>

　　j. 흔 딱애 아비 부쯔와 들 입쯔와 스고(一片書父入) <救간七 39a>

　　k. 朱砂로 아기 윈녁 발 아래 千字롤 스고(以朱書兒左足下作千字) <救方下 84b>

　　l. 올흔녁 발 아래 里字롤 스라(右足下作里字) <救方下 84b>

<12> 쐬다 對 뾔다

　두 동작동사가 [熏] 즉 '쐬다'의 뜻을 가지고 동의 관계에 있다는 것은 다음 예문들에서 잘 확인된다. 원문 중 '熏一二時久'가 '흔두 時刻을 쐬다'로도 번역되고 '흔두 시극만 뾔다'로도 번역된다. 따라서 두 동작동사 '쐬다'와 '뾔다'의 동의성은 명백히 입증된다. 두 동작동사는 첫 음절에서 자음 'ㅆ~ㅄ'의 교체를 보여 준다.

(12) a. 흔두 時刻을 쐬면 쩨 저 나ᄂ니라(熏一二時久骨自下) <救方上 52a>

(12) b. 흔두 시극만 뾔면 쩨 절로 ᄂ리리라(熏一二時久骨自下) <救간六 12b>

　　c. 느출 다혀 뾔라(逼面熏之) <救간七 64b>

　　d. 팅즛 거플와 덩가와롤 달혀 뾔며 싯고(枳殼荊芥煎湯熏洗) <救간七 69b>

e. 알픈 딕 쐬요딕(熏患處) <救간七 77a>

f. 아기 나흔 겨지블 그 우희 안쳐 김을 쐬면(令産婦就上坐以氣熏) <救간七 52a>

g. 아기 나흔 어미 그 우희 안자 쐬라(産母坐其上熏之) <救간七 68b>

3. 音韻 脫落型과 音韻 添加型

3.1. 音韻 脫落型

어떤 동작동사가 그것 중의 한 音韻의 탈락에 의해 생긴 동작동사와 동의 관계를 가질 수 있다. 이 경우가 음운 탈락형이다. 음운 탈락에는 母音 탈락과 子音 탈락이 있다.

모음 탈락에는 半母音 [y]의 탈락이 있다. 반모음 [y]의 탈락을 보여 주는 동작동사에는 [引]과 [連] 즉 '잇다, 계속하다'의 뜻을 가진 '닛위다'와 '닛우다'가 있고 [爛]과 [潰] 즉 '문드러지다, 헐다'의 뜻을 가진 '헤여디다'와 '허여디다'가 있다.

자음 탈락에는 'ㄹ' 탈락이 있다. 자음 'ㄹ'의 탈락을 보여 주는 동작동사에는 [至] 즉 '이르다, 도달하다'의 뜻을 가진 '니를다'와 '니르다'가 있다.

<1> 닛위다 對 닛우다

두 동작동사가 [引]과 [連] 즉 '잇다, 계속하다'의 뜻을 가지고 동의 관계에 있다는 것은 다음 예문들에서 잘 확인된다. 원문 중 '引飮'이 '닛위여 먹다'로 번역되고 '連進'이 '닛워 먹다'로 번역된다. 따라서 '닛위다'와 '닛우다'의 동의성은 명백히 입증된다. '닛우다'는 '닛위다'의 제2 음절의 반모음 [y]가 탈락한 것이다.

(1) a. 므를 닛위여 머고딕(引飮) <救간二 54a>

b. 닛워 두어 번을 머그라(連進二三服) <救간二 112b>

<2> 헤여디다 對 허여디다

두 동작동사가 [爛]과 [潰] 즉 '문드러지다, 헐다'의 뜻을 가지고 동의 관계에 있다는 것은 다음 예문들에서 잘 확인된다. 원문 중 '腫爛'이 '브스며 헤여디다'로 번역되고 '不潰'가 '허여디디 아니ᄒᆞ다'로 번역된다. 따라서 '헤여디다'와 '허여디다'의 동의성은 명백히 입증된다. '허여디다'는 '헤여디다'의 첫 음절의 반모음 [y]가 탈락된 것이다.

(2) a. 손밠 언 瘡이 브스며 헤여디닐 고툐ᄃᆡ(治手足凍瘡腫爛) <救方上 6b>
   b. 바리 ᄃᆞ라 헤여디닐 고툐ᄃᆡ(治足上凍爛生瘡) <救方上 7b>

(2) c. 허여디디 아니ᄒᆞ며 알ᄑᆞ디 아니ᄒᆞᄂᆞ니라(不潰不痛) <救方下 65b>

<3> 니를다 對 니르다

두 동작동사가 [至] 즉 '이르다, 도달하다'의 뜻을 가지고 동의 관계에 있다는 것은 다음 예문들에서 잘 확인된다. 원문 중 '至二升'이 '두 되예 니를다'로 번역되고 '至一盞'이 'ᄒᆞᆫ 盞애 니르다'로 번역된다. 따라서 '니를다'와 '니르다'의 동의성은 명백히 입증된다. '니르다'는 '니를다'의 제2 음절말 자음 'ㄹ'이 탈락되어 생긴 것이다.

(3) a. 두 되예 니를거든(至二升) <救方上 31b>

(3) b. ᄒᆞᆫ 盞애 니르거든(至一盞) <救方上 14a>
   c. ᄒᆞᆫ 자내 니르거든(至一盞) <救方上 27a>
   d. ᄒᆞᆫ 盞 반애 니르거든(至一盞半) <救方上 35a>
   e. 다ᄉᆞᆺ 分에 니르거든(至五分) <救方下 18b>

3.2. 音韻 添加型

어떤 동작동사가 그것 중에 한 음운이 첨가되어 만들어진 동작동사와 동의 관계를 가질 수 있다. 이 경우가 음운 첨가형이다. 음운 첨가에는 母音 첨가와 子音 첨가가 있다.

모음 첨가에는 '오'의 첨가와 반모음 [y]의 첨가가 있다. 모음 '오'의 첨가에는 [作] 즉 '쑤다'의 뜻을 가진 '수다'와 '수우다'가 있다.

半母音 [y]의 첨가에는 [揀] 즉 '가리다'의 뜻을 가진 '글ᄒ다'와 '글히다'를 비롯하여 [煖] 즉 '데우다, 따뜻하게 하다'의 뜻을 가진 '더이다'와 '데이다', [燒] 즉 '데다'의 뜻을 가진 '데다'와 '더이다', [經]과 [過] 즉 '지나다'의 뜻을 가진 '디나다'와 '디내다', [拔]과 [取] 즉 '빼다'의 뜻을 가진 '쌔히다'와 '쌔히다', [割]과 [切] 즉 '베다'의 뜻을 가진 '버히다'와 '베히다', [仰臥] 즉 '젖혀 눕히다'의 뜻을 가진 '졋바누이다'와 '졋바뉘이다' 그리고 [揉] 즉 '주무르다'의 뜻을 가진 '주무르다'와 '쥐무르다'가 있다.

자음 첨가에는 'ㄱ' 첨가와 'ㄴ' 첨가가 있다. 자음 'ㄱ'의 첨가에는 [終日]과 [竟日] 즉 '저물다'의 뜻을 가진 '져믈다'와 '졈글다'가 있다. 자음 'ㄴ'의 첨가에는 [收] 즉 '거두다, 저장하다'의 뜻을 가진 'ᄀ초다'와 'ᄀ초다'가 있다.

<1> 수다 對 수우다

두 동작동사가 [作] 즉 '쑤다'의 뜻을 가지고 동의 관계에 있다는 것은 다음 예문들에서 잘 확인된다. 원문 중 '作粥'이 '죽 수다'로도 번역되고 '죽 수우다'로도 번역된다. 따라서 '수다'와 '수우다'의 동의성은 명백히 입증된다. '수우다'는 '수다'에 모음 '우'가 첨가된 것이다.

(1) a. 몬져 흰 ᄡᆞᆯ 서 홉으로 죽 수어 니거 갈 저긔(先以粳米煮作粥臨熟) <救간一 13a>

    b. 열 ᄢᅵ ᄀᆞ라 바톤 즙으로 죽 수어(研濾麻子取汁煮粥) <救간一 11b>

    c. 흰 ᄡᆞᆯ로 후로로케 죽 수어(以白粳米煮稀粥) <救간一 103a>

    d. 바곳 ᄌᆞ맛던 수레 진 굴 으로 플 수어(用浸烏頭酒打麪糊) <救간一 9a>

    e. 초로 순 밀 프레 ᄆᆞ라(以醋麪糊調) <救간七 22b>

(1) f. 죽 수워 머그면(作粥食) ⟨救간七 21b⟩

⟨2⟩ 글ᄒᆞ다 對 글히다

두 동작동사가 [揀] 즉 '가리다'의 뜻을 가지고 동의 관계에 있다는 것은 다음 예문들에서 잘 확인된다. 원문 중 '揀去'가 '글ᄒᆞ야 ᄇᆞ리다'로도 번역되고 '글히야 ᄇᆞ리다'로도 번역된다. 따라서 '글ᄒᆞ다'와 '글히다'의 동의성은 명백히 입증된다. '글히다'는 '글ᄒᆞ다'의 제2 음절에 半母音 [y]가 첨가된 것이다.

(2) a. 五靈脂를 몰애와 돌콰 쇳 ᄇᆞᄉᆞᆯ기 ᄀᆞᆮᄒᆞᆫ 거슬 글ᄒᆞ야 ᄇᆞ리고

(用五靈脂揀去沙石及鐵屑之類) ⟨救方下 89a⟩

(2) b. 오령지를 몰애와 돌콰 쇳 ᄇᆞᄉᆞ라기 ᄀᆞᆮᄒᆞᆫ 거슬 글히야 ᄇᆞ리고

(五靈脂揀去沙石及鐵屑之類) ⟨救간七 50a⟩

c. 그 다ᄉᆞ마머육을 글히야(仍揀取昆布) ⟨救간二 80b⟩

⟨3⟩ 더이다 對 데이다

두 동작동사가 [煖] 즉 '데우다, 따뜻하게 하다'의 뜻을 가지고 동의 관계에 있다는 것은 다음 예문들에서 잘 확인된다. 원문 중 '再煖'이 '다시 더이다'로 번역되고 '和煖'이 '섯거 데이다'로 번역된다. 따라서 두 동작동사 '더이다'와 '데이다'의 동의성은 명백히 입증된다. '데이다'는 '더이다'의 첫 음절에 반모음 [y]가 첨가된 것이다.

(3) a. 츳거든 다시 더이라(冷卽再煖) ⟨救方下 76b⟩

b. 벽돌도 더이며(燒磚石) ⟨救간二 39a⟩

(3) c. 렸근 즙 닷 홉과(100a) 뿔 ᄒᆞᆫ 홉과를 섯거 데여 ᄃᆞ시 ᄒᆞ야

(生藕汁五合蜜一合相和煖令溫) ⟨救간三 100b⟩

d. 거믄 라귀 져즐 밥 우희 데여 셔 홉곰 머고ᄃᆡ(黑驢乳食上暖服三大合)

⟨救간一 95b⟩

e. 生地黃汁 한 中盞을 데여 머그라(生地黃汁一中盞溫暖服之) <救方上 9b>

f. 춤기름을…다숫 번에 는화 데여(眞麻油…分五次盪溫) <救간三 43b>

<4> 데다 對 데이다

두 동작동사가 [燒] 즉 '데다'의 뜻을 가지고 동의 관계에 있다는 것은 다음 예문들에서 잘 확인된다. 원문 중 '火燒'가 '브레 데다'로도 번역되고 '브레 데이다'로도 번역된다. 그리고 '被湯火燒'가 '더운 믈와 브레 데다'로 번역되고 '湯火燒'가 '湯火애 데이다'로 번역된다. 따라서 '데다'와 '데이다'의 동의성은 명백히 입증된다.

(4) a. 더운 믈와 브레 덴 글워레(湯潑火燒詩) <救方下 13a>

b. 브레 데며 더운 므레 데어 섋거든 고툐딕(治火燒湯潑爛熱毒疼悶) <救方下 10b>

c. 브레 데닐 고튜딕(治湯潑火燒) <救方下 13b>

d. 더운 믈와 브레 데닌(被湯火燒者) <救方下 7b>

e. 너무 더워 사르미 데디 아니케 호딕(勿令大熬煿人) <救간一 75b>

(4) f. 브레 데여 닶가와 사룸 아디 몯ᄒᄂ닐 고툐딕(治火燒悶絶不識人) <救方下 9a>

g. 湯火애 데여 셜워 춤디 몯ᄒ릴 고튜딕(治湯火燒痛不可忍) <救方下 15a>

h. 더운 므레 데며 브레 데여 헌딕 알파 닶가오미 긋디 아니ᄒ며

　(被湯沃火燒瘡痛煩悶不止) <救方下 8b>

i. 브레 데여 허디 아니ᄒ닐 고툐딕(治湯火所灼未成瘡者) <救方下 8h>

<5> 디나다 對 디내다

두 동작동사가 [經]과 [過] 즉 '지나다'의 뜻을 가지고 동의 관계에 있다는 것은 다음 예문들에서 잘 확인된다. 원문 중 '經半日'이 '반날만 디나다'로 번역되고 '經日夜'가 '밤나즐 디내다'로 번역된다. 따라서 '디나다'와 '디내다'의 동의성은 명백히 입증된다.

(5) a. 므레 주근 사르미 반날만 디나니어든(溺水死已經半日) <救간一 69b>

　　　b. 열흘를 디나디 아니ᄒ야 둗ᄂ니(不過十日瘥) <救方上 81b>

　　　c. 사ᄋᆯ 디나디 아니ᄒ야셔(不過三日) <救方下 19a>

　　　d. 사ᄋᆯ 디나디 아니ᄒ야(不過三日) <救方下 20b>

　　　e. 세 번 시수믈 디나디 아니ᄒ야 둗ᄂ니라(不過三洗效) <救方上 8a>

　(5) f. 밤나ᄌᆯ 디내요ᄃᆡ(經日夜) <救方上 64a>

<6> ᄲᅡ혀다 對 ᄲᅢ혀다

　두 동작동사가 [拔]과 [取] 즉 '빼다'의 뜻을 가지고 동의 관계에 있다는 것은 다음 예문들에서 잘 확인된다. 원문 중 '拔其髮'이 '머리터릴 ᄲᅡ혀다'로 번역되고 '拔去'가 'ᄲᅢ혀 ᄇ리다'로 번역된다. 그리고 '以鑷子取'가 '죡졉개로 ᄲᅡ혀다'로도 번역되고 '죡졉개로 ᄲᅢ혀다'로도 번역된다. 따라서 'ᄲᅡ혀다'와 'ᄲᅢ혀다'의 동의성은 명백히 입증된다. 'ᄲᅢ혀다'는 'ᄲᅡ혀다'의 첫 음절에 半母音 [y]가 첨가된 것이다.

　(6) a. 소ᄂ로 머리터릴 ᄲᅡ혀며(以手拔其髮) <救方上 77a>

　　　b. 즉재 살 미틀 이어 ᄲᅡ혀면(卽撼箭鏃拔之) <救方下 3a>

　　　c. 죡졉개로 ᄲᅡ혀라(以鑷子取之) <救方下 6a>

　　　d. 집게로 ᄲᅡ혀 내며(用鐵鉗拽出) <救方下 32a>

　(6) e. 불휘 길즈기 나거든 ᄲᅢ혀 ᄇ리고(俟根出稍長然後拔去) <救간三 18a>

　　　f. 죡졉개로 ᄲᅢ혀라(以鑷子取之) <救간一 45b>

<7> 버히다 對 베히다

　두 동작동사가 [割]과 [切] 즉 '베다'의 뜻을 가지고 동의 관계에 있다는 것은 다음 예문들에서 잘 확인된다. 원문 중 '割蛇尾'가 '비야미 ᄭᅩ리를 버히다'로 번역되고 '割雞冠'이 'ᄃᆞᆰ긔 벼슬 베히다'로 번역된다. 그리고 '切去兩頭'가 '두 녁 머리 버혀 ᄇ리다'로 번역되고 '大蒜切'이 '굴근 마ᄂᆞᆯ 베히다'로 번역된다. 따라서 두 동작동사 '버히다'와 '베히다'의 동의성은 명백히 입증된다. '베히다'는 '버히다'의 첫 음절에 반모

음 [y]가 첨가된 것이다.

>　(7) a. 갈호로 빈야미 꼬리를 횟도로 버혀(以刀周匝割蛇尾截) <救方下 79a>
>
>　　　 b. 어시 도틱 꼬릿 그틀 버혀(割母猪尾頭) <救方下 79a>
>
>　　　 c. 암 도틱 꼬릿 그틀 버혀(割母猪尾頭) <救간六 49a>
>
>　　　 d. 알폰 딕 모르거든 갈호로 버혀 허리며(不識痛處或用刀割開) <救方下 32a>
>
>　　　 e. 되야마ᄂᆞ를 두 녁 머리 버혀 ᄇ리고(用獨頭蒜切去兩頭) <救간三 47b>

>　(7) f. 둘기 벼슬 베혀(割雞冠) <救方下 17b>
>
>　　　 g. 굴근 마ᄂᆞ를 베혀(取大蒜切) <救간三 46b>

<8> 졋바누이다 對 졋바뉘이다

　두 동작동사가 [仰臥] 즉 '졎혀 눕히다'의 뜻을 가지고 동의 관계에 있다는 것은 다음 예문들에서 잘 확인된다. 원문 중 '令…人仰臥'가 '사름을 졋바누이다'로 번역되고 '將病人仰臥'가 '병혼 사ᄅᆞ믈 더브러다가 졋바뉘이다'로 번역된다. 따라서 '졋바누이다'와 '졋바뉘이다'의 동의성은 명백히 입증된다. '졋바누이다'의 '누이다'는 '눕다'의 사동형으로 '눕-+-이+-다'로 분석될 수 있다. '졋바뉘이다'는 '졋바누이다'의 제3 음절에 반모음 [y]가 첨가된 것이다.

>　(8) a. 더위면 사름을 졋바누이고(令喝人仰臥) <救간一 33a>

>　(8) b. 산 사ᄅᆞᄆ로 長床 우희 졋바뉘이고(以活人於長板橙上仰臥) <救方上 71a>
>
>　　　 c. 산 사ᄅᆞᆷ을 댱상 우희 올여 졋바뉘이고(以活人於長板凳上仰臥) <救간一 72a>
>
>　　　 d. ᄲᆞᆯ리 병혼 사ᄅᆞ믈 더브러다가 더운 ᄯᅡ해 졋바뉘우고(急將病人仰臥煖處)
>　　　 <救간一 65b>
>
>　　　 e. 주근 사ᄅᆞ믈 그 우희 졋바뉘이고(以死者仰臥其上) <救간一 69a>
>
>　　　 f. 평상 우희 졋바뉘이고(床上仰臥) <救간一 16b>

<9> 주므르다 對 쥐므르다

두 동작동사가 [揉] 즉 '주무르다'의 뜻을 가지고 동의 관계에 있다는 것은 다음 예문들에서 잘 확인된다. 원문 중 '揉其項痕'이 '모깃 허므를 주므르다'로 번역되고 '揉其項'이 '목을 쥐므르다'로 번역된다. 따라서 '주므르다'와 '쥐므르다'의 동의성은 명백히 입증된다. 동작동사 '쥐므르다'는 '주무르다'의 첫 음절에 반모음 [y]가 첨가 된 것이다.

(9) a. 모깃 허므를 주므르며 모글 믄지고(揉其項痕撚正喉) <救方上 78a>

　　b. 혼 사르믄 소느로 목을 쥐믈어 목 무딧 쎠를 뿌처 바르게 ᄒ고

　　(一人以手揉其項撚正喉曨) <救간一 60a>

<10> 져믈다 對 졈글다

두 동작동사가 [終日]과 [竟日] 즉 '저물다'의 뜻을 가지고 동의 관계에 있다는 것 은 다음 예문들에서 잘 확인된다. 원문 중 '終日不止'가 '져므드록 긋디 아니ᄒ다'로 도 번역되고 '졈그드록 긋디 아니ᄒ다'로도 번역된다. 그리고 '竟日爲度'가 '져므드록 ᄒ다'로도 번역되고 '졈그드록 ᄒ다'로도 번역된다. 따라서 '져믈다'와 '졈글다'의 동 의성은 명백히 입증된다. 동작동사 '졈글다'는 '져믈다'의 제2 음절에 자음 'ㄱ'이 첨 가된 것이다.

(10) a. 고해 피 져므드록 긋디 아니ᄒ야(鼻衄終日不止) <救方上 61b>

　　b. 머구머 양지호ᄃᆡ 져므드록 ᄒ라(含漱之竟日爲度) <救方上 66a>

(10) c. 고해 피 나 졈그드록 긋디 아니ᄒ야(鼻衄終日不止) <救간二 92a>

　　d. 머구머 양지호ᄃᆡ 졈그드록 ᄒ라(含漱之竟日爲度) <救간二 118b>

<11> ᄀ초다 對 근초다

두 동작동사가 [收] 즉 '거두다, 저장하다'의 뜻을 가지고 동의 관계에 있다는 것은 다음 예문들에서 잘 확인된다. 원문 중 '入…收'가 '녀허 ᄀ초다'로 번역되고 '洗淨收之'가 '조히 시서 근초아 두다'로 번역된다. 따라서 두 동작동사 'ᄀ초다'와 '근초다'의 동의성은 명백히 입증된다. '근초다'는 'ᄀ초다'의 첫 음절에 자음 'ㄴ'이 첨가된 것이다.

(11) a. 沙합애 녀허 ᄀ초고(入甕合中收) <救方下 8b>
  b. 다시 디허 기베 처 ᄀ초라(更擣絹羅貯之) <救方上 81b>

(11) c. 쓰다가 ᄇ린 톳긔 터리 붇을 조히 시서 근초아 뒷다가(退下兎毫筆洗淨收之)
  <救간七 41b>

4. 表記法 差異

表記의 차이를 보여 주는 동작동사가 동의 관계를 가질 수 있다. 표기의 차이에는 連綴, 分綴 및 重綴이 있다. 表記의 차이를 보여 주는 동작동사에는 [著]과 [入] 즉 '박히다'의 뜻을 가진 '바키다', '박히다' 및 '박키다'가 있다.

<1> 바키다 對 박히다 對 박키다

세 동작동사가 [著]과 [入] 즉 '박히다'의 뜻을 가지고 동의 관계에 있다는 것은 다음 예문들에서 잘 확인된다. 원문 중 '著筋'이 '히메 바키다'로 번역되고 '入肉中'이 '슬해 박히다'로도 번역되고 '슬해 박키다'로도 번역된다. 따라서 '바키다'와 '박히다'와 '박키다'의 동의성은 명백히 입증된다. '바키다'는 동작동사 '박다'의 피동형으로 '박-+-히(피동 접사)+-다'로 분석될 수 있다. '박히다'는 동작동사 '바키다'의 分綴形이고 '박키다'는 '바키다'의 重綴形이다.

    (1) a. 쎠 히메 바(49a)켜 즉재 나ᄂ니라(鯁著筋卽出) <救方上 49b>
        b. 댓 가ᄉ이어나 나못 가ᄉ이어나 ᄉ해 박히니(竹木刺入肉中) <救간六 23a>
        c. 댓 가ᄉ이어나 나못 가ᄉ이어나 ᄉ해 박키니(竹木刺入肉中) <救간 目錄 6a>

5. 合成型과 派生型

5.1. 合成型

단일어인 동작동사가 合成에 의한 동작동사와 동의 관계를 가질 수 있다. 이 경우가 합성형이다. 합성에는 名詞와 동작동사의 합성이 있고 統辭的 合成과 非統辭的 合成이 있다.

명사와 동작동사의 합성에는 [肥] 즉 '살찌다'의 뜻을 가진 '지다'와 '술지다'가 있다.

통사적 합성에는 [折]과 [摧折] 즉 '꺾이다, 부러지다'의 뜻을 가진 '껴다'와 '것거디다'를 비롯하여 [斷] 즉 '끊어지다'의 뜻을 가진 '그처디다'와 '긏다', [蹉] 즉 '어긋나다, 틀리다'의 뜻을 가진 '글희다'와 '글희여디다', [化]와 [消] 즉 '녹다, 녹아 없어지다'의 뜻을 가진 '녹다'와 '노가디다', [起] 즉 '일어나다'의 뜻을 가진 '닐다'와 '니러나다', [爛] 즉 '무르다, 무르게 되다'의 뜻을 가진 '므르다'와 '믈어디다' 그리고 [封]과 [裹] 즉 '매다, 싸매다'의 뜻을 가진 '미다'와 '빠미다'가 있다.

비통사적 합성에는 [沸] 즉 '끓다, 끓어 솟다'의 뜻을 가진 '긇다'와 '솟긇다'를 비롯하여 [覆], [蓋] 및 [蓋覆] 즉 '덮다'의 뜻을 가진 '둪다'와 '둡덮다'가 있고 [湧…出]과 [湧出] 즉 '솟다, 솟아나다'의 뜻을 가진 '솟다'와 '솟나다'가 있다.

통사적 합성과 비통사적 합성이 동의 관계를 가질 수 있다. [碎研] 즉 '부수어 갈다'의 뜻을 가진 동작동사구 '빻아 글다'와 합성 동작동사 'ᄇᅀᅳ글다'가 동의 관계를 가진다.

<1> 지다 對 술지다

동작동사 '지다'와 합성 동작동사 '술지다'가 [肥] 즉 '살찌다'의 뜻을 가지고 동의 관계에 있다는 것은 다음 예문들에서 잘 확인된다. 원문 중 '肥羊'이 '진 羊'으로 번역되고 '肥肉'이 '진 고기'로 번역되고 '肥實'이 '술지고 염글다'로 번역된다. 따라서 '지다'와 '술지다'의 동의성은 명백히 입증된다. '술지다'는 명사 '술'과 동작동사 '지다'의 合成이다.

(1) a. 진 羊의 기름과 고기와…만히 머그면(多食肥羊脂肉) <救方上 51a>

　　b. 샹녜 무른 飮食과 진 기름 긴 거슬 머겨(常令乾食與肥脂之物) <救方上 80a>

　　c. 기름 진 고기를 만히 머거(多食脂肥肉) <救간六 14a>

(1) d. 猪牙皁角 네 나출 술지고 염글오 좀 먹디 아니ᄒᆞ닐(猪牙皁角四介肥實并不蛀者)

　　　<救方上 4b>

　　e. 도틱 엄 ᄀᆞ튼 조각 술지고 염글오 좀 아니 머그니 네 나출

　　(猪牙皁角四介肥實并不蛀者) <救간一 5b>

<2> 겼다 對 것거디다

두 동작동사가 [折]과 [摧折] 즉 '꺾이다, 부러지다'의 뜻을 가지고 동의 관계에 있다는 것은 다음 예문들에서 잘 확인된다. 원문 중 '骨折'이 '뼈 겼다'로 번역되고 '四肢摧折'이 '네 활기 것거디다'로 번역된다. 따라서 '겼다'와 '것거디다'의 동의성은 명백히 입증된다. '것거디다'는 '겼다'의 부사형 '것거'와 '디다'의 합성으로 '겼-+-어# 디-+-다'로 분석될 수 있다.

(2) a. 뼈 것그며(骨折) <救方下 32a>

　　b. 뼈 것그닐(骨折) <救方下 29b> <救간一 79b>

　　c. 뼈와 ᄆᆞ듸왜 傷ᄒᆞ며 것거(骨節傷折) <救方下 33a>

　　d. 밧목 것그며(跗折) <救方下 26a> <救方下 27b>

(2) e. 네 활기 것거디여(四肢摧折) <救方下 29a> <救간一 79a>

<3> 그처디다 對 긏다

두 동작동사가 [斷] 즉 '끊어지다'의 뜻을 가지고 동의 관계에 있다는 것은 다음 예문들에서 잘 확인된다. 원문 중 '슈皮斷'이 '가치 그처디게 ᄒ다'로도 번역되고 '가치 긋게 ᄒ다'로도 번역된다. 따라서 '그처디다'와 '긏다'의 동의성은 명백히 입증된다. '그처디다'는 '긏다'의 부사형과 '디다'의 合成으로 '긏-+-어#디-+다'로 분석된다.

(3) a. 가치 그처디게 ᄒ고(슈皮斷) <救方下 79a>

b. 술히 그처디며 ᄧ야디거든(肌肉斷裂) <救方上 82a>

c. 고기 그처디닐 고툐ᄃᆡ(治…體肉斷) <救方下 36b>

(3) d. 가치 긋게 ᄒ고(슈皮斷) <救간六 49a>

e. 그츤 활시울(斷弓絃) <救간二 97a>

<4> 글희다 對 글희여디다

두 동작동사가 [蹉] 즉 '어긋나다, 틀리다'의 뜻을 가지고 동의 관계에 있다는 것은 다음 예문들에서 잘 확인된다. 원문 중 '頰車蹉'가 '특 글희다'로도 번역되고 '특 글희여디다'로도 번역된다. 따라서 '글희다'와 '글희여디다'의 동의성은 명백히 입증된다. '글희여디다'는 '글희다'의 부사형 '글희여'와 '디다'의 통사적 합성으로 '글희-+-여#디-+-다'로 분석될 수 있다.

(4) a. 하외욤 그르 ᄒ야 특 글희여(失欠頰車蹉) <救方上 79a>

(4) b. 하외욤 그르 ᄒ야 특 글희여디닐 고티ᄂᆞᆫ 法은(治失欠頰車蹉方) <救方上 79b>

c. 하외욤 그르 ᄒ야 특 글희여디여(失欠頰車蹉) <救간三 10a>

<5> 녹다 對 노가디다

두 동작동사가 [化]와 [消] 즉 '녹다, 녹아 없어지다'의 뜻을 가지고 동의 관계에 있다는 것은 다음 예문들에서 잘 확인된다. 원문 중 '其錢卽化'가 '그 돈이 즉재 녹다'로도 번역되고 '그 도니 즉재 노가디다'로도 번역된다. 그리고 '蠟消'가 '미리 녹다'로 번역되고 '其骨…消'가 '그 쎼…노가디다'로 번역된다. 따라서 '녹다'와 '노가디다'의 동의성은 명백히 입증된다. '녹아디다'는 동작동사 '녹다'의 부사형과 동작동사 '디다'의 合成으로 '녹-+-아#디-+-다'로 분석될 수 있다.

> (5) a. 時刻이 올ㅁ면 그 돈이 즉재 녹ᄂ니라(移時其錢卽化) <救方上 53a>
>
> b. 녹거든 추메 솄교딕(化嚥津) <救간二 23b>
>
> c. 미리 녹거든(候蠟消) <救方下 10a>
>
> d. 밀 녀허 노곰 기들워(入蠟候消) <救方下 8b>
>
> e. 밀 탄즈만치 ᄒ 나출 수레 녀허 녹거든 머그라(以蠟如彈丸一枚置酒中消乃飮)
>
> <救간二 57b>
>
> f. 믈 ᄒ 말 반애 글혀 녹거든(以水一斗半煮消) <救간一 44a>
>
> g. 엿 녀허 녹거든(內飴糖消) <救간二 19b>

> (5) h. 이슥고 그 도니 즉재 노가디ᄂ니라(移時其錢卽化) <救간六 19a>
>
> i. 그 쎼 연ᄒ야 노기디리라(其骨輕漸消) <救간六 9b>
>
> j. 므르 시버 ᄉ씨면 즉재 노가디리라(爛嚼嚥之立消) <救간六 7b>

<6> 닐다 對 니러나다

두 동작동사가 [起] 즉 '일어나다'의 뜻을 가지고 동의 관계에 있다는 것은 다음 예문들에서 잘 확인된다. 원문 중 '卽起'가 '즉재 닐다'로도 번역되고 '즉재 니러나다'로도 번역된다. 따라서 '닐다'와 '니러나다'의 동의성은 명백히 입증된다. '니러나다'는 '닐다'의 부사형과 '나다'의 통사적 合成으로 '닐-+-어#나-+-다'로 분석될 수 있다.

(6) a. 즉재 니러 안즈니라(卽起坐) <救方上 36b>

   b. 즉재 니러 앉더라(卽起坐) <救간二 61b>

   c. 즉재 니ᄂ니(卽起) <救方上 23a>

   d. 즉자히 니ᄂ니라(立起) <救方上 40a>

   e. 즉재 닐리라(立起) <救간一 55b>

   f. 시혹 닐며(或起) <救方上 32b>

(6) g. 焰焇ㅣ 니러나거든(覺焰起) <救方上 38a>

   h. 즉재 니러나리니(卽起) <救간一 83b>

<7> 므르다 對 믈어디다

두 동작동사가 [爛] 즉 '무르다, 무르게 되다'의 뜻을 가지고 동의 관계에 있다는 것은 다음 예문들에서 잘 확인된다. 원문 중 '搗爛'이 '디허 므르다'로 번역되고 '赤爛'이 '붉고 믈어디다'로 번역된다. 따라서 '므르다'와 '믈어디다'의 동의성은 명백히 입증된다. '믈어디다'는 '므르다'와 '디다'의 合成으로 '믈-('므르-'의 이형태)+-어#디-+-다'로 분석될 수 있다.

(7) a. 赤葛ㅅ 불휘ᄅᆞᆯ 디허 므르거든(將赤葛根搗爛) <救方下 21b>

   b. 파ᄅᆞᆯ 녀허 ᄀᆞ라 므르거든(下葱白研爛) <救方下 21b>

   c. 므르디 아니ᄒᆞ며 알ᄑᆞ디 아니ᄒᆞ며(不爛止痛) <救方下 15a>

   d. 곳(84a)곳 져기 조쳐 므르게 디허(塩花少許爛搗) <救간三 84b>

(7) e. 湯火애 헌 ᄯᅡ히 붉고 믈어디여(湯火所傷赤爛) <救方下 11b>

<8> 미다 對 ᄡᅡ미다

동작동사 '미다'와 합성 동작동사 'ᄡᅡ미다'가 [封]과 [裹] 즉 '매다, 싸매다'의 뜻을 가지고 동의 관계에 있다는 것은 다음 예문들에서 잘 확인된다. 원문 중 '密封'이 '구디 미다'로도 번역되고 '두터이 ᄡᅡ미다'로도 번역된다. 그리고 '密裹'가 '구디 미다'로

번역되고 '以瓢葉裹'가 '박 니프로 빠미다'로 번역된다. 따라서 '미다'와 '빠미다'의 동의성은 명백히 입증된다. '빠미다'는 동작동사 '빗다'와 동작동사 '미다'의 통사적 합성으로 '빗-+-아#미-+-다'로 분석된다.

(8) a. 죠희로 볏 부릴 구디 미야(以紙密封瓶口) ＜救간七 65a＞

　　b. 글 슨 죠희로 볏 부리를 닐굽 볼 구디 미야(以有字紙七重密封瓶口)
　　　＜救간三 84b＞

　　c. 뎌른 죠희와 오란 죠희로 구디 미야(以有單幷故紙密裹) ＜救간三 35b＞

(8) d. 부리를 두터이 빠미야(密封頭)＜救간二 18b＞

　　e. 쇠비름을 비세 무더 잇는 머릿 띄 섯거 디허 빠미라(馬齒莧和梳垢擣封)
　　　＜救간三 13a＞

　　f. 쇠비름 스론 지를 무근 초애 섯거 빠미면(燒灰和陳醋封) ＜救간三 13a＞

　　g. 블근 푸출 초애 무라 브른 후에 박 니프로 빠미라(赤小豆和醋塗後以瓢葉裹之)
　　　＜救간六 22b＞

＜9＞ 긇다 對 솟긇다

　동작동사 '긇다'와 합성 동작동사 '솟긇다'가 [沸] 즉 '끓다, 끓어 솟다'의 뜻을 가지고 동의 관계에 있다는 것은 다음 예문들에서 잘 확인된다. 원문 중 '煎…沸'가 '달혀 긇다'로도 번역되고 '글혀 솟긇다'로도 번역된다. 그리고 '沸湯'이 '글는 믈'로도 번역되고 '솟글흔 믈'로도 번역된다. 따라서 '긇다'와 '솟긇다'의 동의성은 명백히 입증된다. '솟긇다'는 동작동사 '솟다'와 동작동사 '긇다'의 비통사적 合成으로 '솟-#긇-+-다'로 분석된다.

(9) a. 달혀 흔두 번 글커든(煎一兩沸) ＜救方下 52a＞

　　b. 춤기름 반 잔과 힌 뿔 반 잔과를 달혀 글커든(眞麻油好白蜜各半盞煎沸)
　　　＜救간七 26b＞

　　c. 흔 兩만 글는 므레 둠가(每一兩許沸湯浸) ＜救方上 8a＞

　　d. 글는 믈 서 되예 프러(以沸湯三升和) ＜救方下 61a＞

e. 글ᄂᆞᆫ 믈 두 되예 저져(用沸湯二升漬之) <救方下 29b>

f. 초 ᄒᆞᆫ 되예 녀허 글혀 글호미 긋거든 마시라(內一盞醋中令沸沸止飮之)
<救간二 64b>

g. 술 ᄒᆞᆫ 되예 글효ᄃᆡ 글혀 오ᄅᆞ거든(以酒一升煮沸) <救간二 104a>

(9) h. 술 ᄒᆞᆫ 잔ᄋᆞᆯ 글혀 一百 번 솟글커든(酒一盞煎百沸) <救方上 38b>

i. 힌 羊ᄋᆡ 눈 ᄀᆞᆮᄒᆞᆫ 半夏ᄅᆞᆯ 一百 번 솟글흔 므레 잢간 ᄃᆞ모니
(白羊眼半夏用百沸湯就銚蘸少頃) <救方上 1b>

j. ᄒᆞᆫ 양의 눈 ᄀᆞᄐᆞᆫ ᄢᅴ모롭불휘ᄅᆞᆯ 일빅 번 솟글ᄂᆞᆫ 므레 아니한ᄉᆞᅀᅵ ᄃᆞ모니
(白羊眼半夏用百沸湯就銚蘸少頃) <救간一 2a>

k. 每服 二錢을 一百 번 솟글흔 므레 프러 머기라(每服二錢百沸湯調下)
<救方上 16a>

<10> 둪다 對 둡덮다

동작동사 '둪다'와 합성 동작동사 '둡덮다'가 [覆], [蓋] 및 [蓋覆] 즉 '덮다'의 뜻을 가지고 동의 관계에 있다는 것은 다음 예문들에서 잘 확인된다. 원문 중 '覆死人'이 '주근 사ᄅᆞᄆᆞᆯ 둪다'로 번역되고 '蓋井上'이 '우믈 우희 둪다'로 번역되고 '蓋覆汗出'이 '둡더퍼 ᄯᆞᆷ 나다'로 번역된다. 따라서 '둪다'와 '둡덮다'의 동의성은 명백히 입증된다. '둡덮다'는 동작동사 '둪다'와 동자동사 '덮다'의 비통사적 합성이다.

(10) a. 주근 사ᄅᆞᄆᆞᆯ 두푸ᄃᆡ(覆死人) <救方上 72b>

b. ᄌᆡ로 두퍼 ᄉᆞᄆᆞᆺ 젓거든(灰覆濕徹) <救方上 72a>

c. 입과 고ᄒᆞᆯ 둡고(覆口鼻) <救方上 75a>

d. 보ᅀᆞ로 두퍼(用碗覆) <救方上 51b>

e. 사발로 두퍼(用碗覆) <救간六 12a>

f. 우믈 우희 두프면(蓋井上) <救간七 21a> <救간七 51b>

g. 잔애 브ᅀᅥ 둡고(傾於盞內蓋著) <救方上 38a>

(10) h. 둡더퍼 ᄯᆞᆷ 나면 즉재 됴ᄒᆞ리라(蓋覆汗出卽愈) <救간七 80a>

<11> 솟다 對 솟나다

동작동사가 '솟다'와 합성 동작동사 '솟나다'가 [湧…出]과 [湧出] 즉 '솟다, 솟아나다'의 뜻을 가지고 동의 관계에 있다는 것은 다음 예문들에서 잘 확인된다. 원문 중 '涌血出'이 '피 솟다'로 번역되고 '血湧出'이 '피 솟나다'로 번역된다. 따라서 '솟다'와 '솟나다'의 동의성은 명백히 입증된다. '솟나다'는 비통사적 합성으로 '솟-[湧]#나-[出]+-다'로 분석될 수 있다.

(11) a. 술 醉ᄒᆞ야 니예 피 솟ᄂᆞ닐 고툐딕(治酒醉牙齒涌血出) <救方上 66a>
   b. 피 믈 솟둣 ᄒᆞ야도(血如湧泉) <救간二 112a>

(11) c. 피 솟나 사ᄅᆞᄆᆞᆯ 주기ᄂᆞ니라(血溢出殺人也) <救方上 80a>
   d. 술 취ᄒᆞ야 니예 피 솟나거든(酒醉牙齒血湧出) <救간二 119a>

<12> ᄇᆞᆺ아 ᄀᆞᆯ다 對 ᄇᆞᅀᆞᆯ다

동작동사구 'ᄇᆞᆺ아 ᄀᆞᆯ다'와 합성 동작동사 'ᄇᆞᅀᆞᆯ다'가 [碎硏] 즉 '부수어 갈다'의 뜻을 가지고 동의 관계에 있다는 것은 다음 예문들에서 잘 확인된다. 원문 중 '碎硏成膏'가 'ᄇᆞᆺ아 ᄀᆞ라 골 밍ᄀᆞᆯ다'로도 번역되고 'ᄇᆞᅀᆞ ᄀᆞ라 골 밍ᄀᆞᆯ다'로도 번역된다. 따라서 'ᄇᆞᆺ아 ᄀᆞᆯ다'와 'ᄇᆞᅀᆞᆯ다'의 동의성은 명백히 입증된다. 'ᄇᆞᅀᆞᆯ다'는 어간 'ᄇᆞᅀᆞ-'와 'ᄀᆞᆯ다'의 비통사적 합성으로 'ᄇᆞᅀᆞ-[碎]#ᄀᆞᆯ-[硏]+ 다'로 분석될 수 있다.

(12) a. ᄇᆞᆺ아 ᄀᆞ라 골 밍ᄀᆞ라 브티라(碎硏成膏傅之) <救方下 68a>

(12) b. ᄇᆞᅀᆞ ᄀᆞ라 골 밍ᄀᆞ라 브티라(碎硏成膏傅之) <救간六 41b>
   c. 비마ᄌ ᄢᅵᄅᆞᆯ 거플 앗고 ᄇᆞᅀᆞ ᄀᆞ라(用萆麻子去殼硏碎) <救간一 20b>

5.2. 派生型

基語인 동작동사가 그것에서 파생된 동작동사와 동의 관계를 가질 수도 있고 파생된 동작동사들이 동의 관계를 가질 수 있다. 이 경우가 파생형이다.

기어인 동작동사와 파생된 동작동사 사이의 동의 관계를 보여 주는 것에는 [鯁]과 [硬] 즉 '생선뼈가 목에 걸리다'의 뜻을 가진 '걸다'와 '걸우다', [屈] 즉 '굽히다'의 뜻을 가진 '구피다'와 '굽다', [閉]와 [塞] 즉 '막히다'의 뜻을 가진 '막다'와 '마키다' 그리고 [傷]과 [傷損] 즉 '헐다'의 뜻을 가진 '헐다'와 '헐이다'가 있다.

파생된 동작동사들 간의 동의 관계를 보여 주는 것에는 [澄淸]과 [消去] 즉 '가라앉히다, 가라앉게 하다'의 뜻을 가진 '굴안초다'와 '굴앉게 ᄒ다'를 비롯하여 [生] 즉 '내다, 나게 하다'의 뜻을 가진 '내다'와 '나게 ᄒ다', [入] 즉 '들이다, 들게 하다'의 뜻을 가진 '드리다'와 '들에 ᄒ다', [令…服]과 [令…飮] 즉 '먹이다, 먹게 하다'의 뜻을 가진 '머기다'와 '먹게 ᄒ다', [乾] 즉 '말리다'의 뜻을 가진 '몰오다'와 '몰외다', [殺] 즉 '죽이다, 죽게 하다'의 뜻을 가진 '주기다'와 '죽게 ᄒ다' 그리고 [待冷], [候冷] 및 [冷] 즉 '차게 하다'의 뜻을 가진 '치오다'와 '츠게 ᄒ다'가 있다.

<1> 걸다 對 걸우다

두 동작동사가 [鯁]과 [硬] 즉 '생선뼈가 목에 걸리다'의 뜻을 가지고 동의 관계에 있다는 것은 다음 예문들에서 잘 확인된다. 원문 중 '骨鯁'이 '뼈 걸다'로도 번역되고 '뼈 걸우다'로도 번역된다. 그리고 '骨硬'이 '뼈 걸다'로도 번역되고 '뼈 걸우다'로도 번역된다. 따라서 '걸다'와 '걸우다'의 동의성은 명백히 입증된다.

   (1) a. 뼈 모긔 거닐 고툐딕(治骨鯁入喉) <救方上 47a>

       b. 骨鯁:뼈 목의 거니 <救간六 1a>

       c. 가시 건 딕 다들거든(至鯁處) <救간六 10b>

       d. 뼈 거러(骨硬) <救方上 47b>

   (1) e. 믌고기 먹다가 뼈 걸우닐 고툐딕(治食魚骨鯁) <救方上 49a>

       f. 一切入 뼈 걸우닐 고툐딕(治一切骨鯁) <救方上 51a>

　　g. 여러 가짓 뼈 거우닐 고툐딕(治諸骨鯁) <救方上 51b>

　　h. 鯉魚 뼈 걸우닐 고툐딕(治食鯉魚骨硬) <救方上 48a>

<2> 구피다 對 굽다

두 동작동사가 [屈] 즉 '굽히다'의 뜻을 가지고 동의 관계에 있다는 것은 다음 예문들에서 잘 확인된다. 원문 중 '屈病人兩脚'이 '병신의 두 허튀를 구피다'로 번역되고 '屈伸'이 '구브며 펴다'로 번역된다. 따라서 '구피다'와 '굽다'의 동의성은 명백히 입증된다. '구피다'는 동작동사 '굽다'의 使動形으로 '굽-+-히(사동 접사)+-다'로 분석될 수 있다.

　　(2) a. 병신의 두 허튀를 구펴 산 사르미 엇게 우희 엱고(屈病人兩脚置生人肩上)

　　　　　<救간一 65a>

　　　　b. 힘센 사름으로 주근 사르미 두 바를 구펴 엇게예 연저(令健夫屈死人兩足著肩上)

　　　　　<救간一 69a>

　　　　c. 허리를 구피고(曲腰) <救간七 45b>

　　　　d. 졈졈 구피며 빅 조쳐 누르라(漸漸强屈之幷按其腹) <救간一 60b>

　　(2) e. 모미 고다 구브며 펴며 두위눕디 몯ᄒ거든(身直不得屈伸反覆者) <救간一 28b>

　　　　f. 과골이 허리 알파 굽도 졋도 몯ᄒ거든(卒腰痛不得俛仰) <救간二 43b>

<3> 막다 對 마키다

두 동작동사가 [閉]와 [塞] 즉 '막히다'의 뜻을 가지고 동의 관계에 있다는 것은 다음 예문들에서 잘 확인된다. 원문 중 '氣閉'가 '氣分이 막다'로도 번역되고 '氣分이 마키다'로도 번역된다. 그리고 '氣塞'이 '氣分이 막다'로 번역되고 '痰塞'이 '痰이 마키다'로 번역된다. 따라서 '막다'와 '마키다'의 동의성은 명백히 입증된다. '마키다'는 '막다'의 被動形으로 '막-+-히(피동 접사)+-다'로 분석될 수 있다.

(3) a. 氣分이 마가 通티 몯ᄒᄂ니(氣閉不通)〈救方上 41b〉

    b. 氣分이 마가 通티 몯ᄒᄂ닐 고티ᄂ니(治…氣閉不通)〈救方上 4b〉

    c. 모기 마가 通티 아니ᄒ닐(咽喉閉不通)〈救方上 45b〉

    d. 모기 막고 ᄀ쟝 브ᅀᅥ(喉閉深腫)〈救方上 43b〉

    e. 大便이 막ᄂ니(大便必閉)〈救方下 45b〉

    f. 氣分이 마가 通티 몯ᄒ야(氣塞不通)〈救方上 43a〉

(3) g. 氣分이 마켜(39a) 通티 몯ᄒᆞᆯ시(氣閉不通)〈救方上 39b〉

    h. 痰이 마켜(痰塞)〈救方上 2b〉

<4> 업데우다 對 업데다

두 동작동사가 [令…伏] 즉 '엎치다, 엎드리게 하다'의 뜻을 가지고 동의 관계에 있다는 것은 다음 예문들에서 잘 확인된다. 원문 중 '令溺人伏'이 '므레 ᄣ딘 사ᄅᆞᄆ로 업데우다'로 번역되고 '令死者伏'이 '주근 사ᄅᆞᆷᆯ 업데다'로 번역된다. 따라서 '업데우다'와 '업데다'의 동의성은 명백히 입증된다. '업데우다'는 '업데다'의 使動形이다.

(4) a. 므레 ᄣ딘 사ᄅᆞᄆ로 시르 우희 업데우고(令溺人伏於甄上)〈救方上 71b〉

    b. 므레 ᄣ딘 사ᄅᆞᄆ로 비를 쇠 등 우희 ᄀ라 업데우고

    (令溺水之人將肚橫覆相抵牛背上)〈救方上 71a〉

(4) c. 주근 사ᄅᆞᆷᆯ 시르 우희 업데요디(令死者伏於甄上)〈救간一 72b〉

<5> 헐다 對 헐이다

두 동작동사가 [傷]과 [傷損] 즉 '헐다'의 뜻을 가지고 동의 관계에 있다는 것은 다음 예문들에서 잘 확인된다. 원문 중 '刀傷'이 '갈해 헐다'로 번역되고 '熊虎傷'이 '곰과 버믜게 헐이다'로 번역된다. 그리고 '傷損處'가 '헌 디'로 번역되고 '刀斧傷損'이 '갈과 도치예 헐이다'로 번역된다. 따라서 '헐다'와 '헐이다'의 동의성은 명백히 입증된다.

(5) a. 갈해 헐며(刀傷) <救方上 82a>

   b. 갈 잠개예 허러(刀兵所傷) <救方上 17a>

   c. 헌 짜해 브ᄅ면(塗所傷處) <救方下 3a>

   d. 헌 ᄃᆡ 브티고(傅傷損處) <救方上 82a>

(5) e. 곰과 범과 헐인 들 고툐ᄃᆡ(治熊虎傷) <救方下 65a>

   f. 곰과 버믜게 헐인 ᄃᆡ(熊虎傷) <救간六 33a>

   g. 범과 일히와 헐인 들 고튜ᄃᆡ(治虎狼傷瘡) <救方下 64a>

   h. 범과 일희게 헐인 ᄃᆡ(虎狼傷瘡) <救간六 32b>

   i. 갈과 도치예 헐여 피 나(刀斧傷損出血) <救方上 82b>

<6> ᄀᆞᆯ안초다 對 ᄀᆞᆯ앉게 ᄒᆞ다

동작동사 'ᄀᆞᆯ안초다'와 동작동사구 'ᄀᆞᆯ앉게 ᄒᆞ다'가 [澄淸]과 [消去] 즉 '가라앉히다, 가라앉게 하다'의 뜻을 가지고 동의 관계에 있다는 것은 다음 예문들에서 잘 확인된다. 원문 중 '澄淸稍溫'이 'ᄀᆞᆯ안초아 쟈ᇝ간 ᄃᆞᆺ게 ᄒᆞ다'로 번역되고 '並消去'가 '다 ᄀᆞᆯ앉게 ᄒᆞᄂᆞᆫ 것'으로 번역된다. 따라서 'ᄀᆞᆯ안초다'와 'ᄀᆞᆯ앉게 ᄒᆞ다'의 동의성은 명백히 입증된다. 'ᄀᆞᆯ안초다'는 동작동사 'ᄀᆞᆯ앉다'의 短形 使動이고 'ᄀᆞᆯ앉게 ᄒᆞ다'는 동작동사 'ᄀᆞᆯ앉다'의 長形 使動이다.

(6) a. 누른 조ᄡᆞᆯ 닷 되를 시서 믈 ᄒᆞᆫ 마래 글혀 닷 되 ᄃᆞ외어ᄂᆞᆫ ᄀᆞᆯ안초아 쟈ᇝ간 ᄃᆞᆺ게 ᄃᆞ
    ᄉᆞ게 ᄃᆞᆺ게 ᄒᆞ야 머그라(黃梁米淘五升以水一斗煮取五升澄淸稍溫飮之)
    <救간二 59a>

   b. 이 다 ᄀᆞᆯ앉게 ᄒᆞᄂᆞᆫ 거시라(此並消去) <救간七 78b>

<7> 내다 對 나게 ᄒᆞ다

동작동사 '내다'와 동작동사구 '나게 ᄒᆞ다'가 [生] 즉 '내다, 나게 하다'의 뜻을 가지고 동의 관계에 있다는 것은 다음 예문들에서 잘 확인된다. 원문 중 '出腹內之水'가 '빈 안햇 므를 내다'로도 번역되고 '빈 안햇 므르 나게 ᄒᆞ다'로도 번역된다. 그리고

'出鼻口耳'가 '고콰 입과 귀와롤 내다'로도 번역된다. 따라서 '내다'와 '나게 ᄒ다'의 동의성은 명백히 입증된다. '내다'와 '나게 ᄒ다'는 동작동사 '나다'의 사동형이다.

    (7) a. 녀 빈 안햇 므를 내오(行以出腹內之水) <救方上 71a>

       b. 고콰 입과 귀와롤 내야(出鼻口耳) <救方上 72b>

    (7) c. 녀 빈 안햇 므리 나게 ᄒ고(行以出腹內之水) <救간一 72a>

       d. 고콰 입과 귀와 나게 ᄒ(75a)라(出鼻口耳) <救간一 75b>

<8> 드리다 對 들에 ᄒ다

    동작동사 '드리다'와 동작동사구 '들에 ᄒ다'가 [入] 즉 '들이다, 들게 하다'의 뜻을 가지고 동의 관계에 있다는 것은 다음 예문들에서 잘 확인된다. 원문 중 '吹入鼻中'이 '곳굼긔 부러 드리다'로도 번역되고 '곳굼긔 부러 들에 ᄒ다'로도 번역된다. 그리고 '入大麥麵'이 '보릿 글올 드리다'로 번역되고 '入…口鼻中'이 '입과 고해 들에 ᄒ다'로 번역된다. 따라서 '드리다'와 '들에 ᄒ다'의 동의성은 명백히 입증된다. '드리다'는 '들다'의 短形 使動으로 '들-+-이(사동 접사)+-다'로 분석된다. '들에 ᄒ다'는 '들다'의 長形 使動으로 '들-+-에#ᄒ-+-다'로 분석된다.

    (8) a. 글올 띵ᄀ라 대롱(2b)으로 ᄊ 곳굼긔 부러 드려(爲末揭以管子吹入鼻中)

        <救간一 3a>

       b. 두 귓굼긔 부러 드리면 즉재 살리라(吹入兩耳內卽活矣) <救간一 46a>

       c. 보릿 글올 드려 ᄆ라(入大麥麵調) <救간一 22b>

       d. 젼국 드려 ᄀ라(入豆豉硏) <救간二 116a>

    (8) e. 콩만 케 비비여 곳굼긔 부러 들에 ᄒ라(丸如豆大吹入鼻中) <救간一 41b>

       f. 부러 귀예와 고해 들(60b)에 ᄒ야(吹入耳鼻) <救간一 61a>

       g. 대롱으로 부러 목 안해 들에 호미 됴ᄒ니라(用竹管子吹入喉中爲佳)

        <救간二 74a>

       h. 주근 사ᄅ미 입과 고해 져기 들에 ᄒ야(小入死人口鼻中) <救간一 73b>

i. 고해 브서 들에 ㅎ면 됴ㅎ니라(灌入鼻中差)〈救간二 96a〉

<9> 머기다 對 먹게 ㅎ다

동작동사 '머기다'와 동작동사구 '먹게 ㅎ다'가 [令…服]과 [令…飮] 즉 '먹이다, 먹게 하다'의 뜻을 가지고 동의 관계에 있다는 것은 다음 예문들에서 잘 확인된다. 원문 중 '令産婦服'이 '아기 낟는 어미 머기다'로도 번역되고 '産生ㅎ는 겨지블 먹게 ㅎ다'로도 번역된다. 그리고 '令産母飮'이 '어미를 머기다'로도 번역되고 '나흔 어미로 먹게 ㅎ다'로도 번역된다. 따라서 '머기다'와 '먹게 ㅎ다'의 동의성은 명백히 입증된다. '머기다'는 '먹다'의 短形 使動이고 '먹게 ㅎ다'는 '먹다'의 長形 使動이다.

(9) a. 아기 낟는 어미 머긴 후에 술 ㅎ 머구믈 머기라(令産婦服之後飮酒一呷)
    〈救간七 40a〉
   b. 아기 싯긴 믈 반 잔을 어미를 머기면(洗兒水令産母飮半盞)〈救간七 52a〉

(9) c. 産生ㅎ는 겨지블 먹게 ㅎ 後에 술 ㅎ 머구믈 마시이라(令産婦服之後飮酒一呷)
    〈救方下 86b〉
   d. 아기 시순 므를 나흔 어미로 半 자늘 먹게 ㅎ면(以洗兒水令産母飮半盞)
    〈救方下 92b〉

<10> 물오다 對 물외다

두 동작동사가 [乾] 즉 '말리다'의 뜻을 가지고 동의 관계에 있다는 것은 다음 예문들에서 잘 확인된다. 원문 중 '陰乾'이 'ㄱ늘해 물오다'로도 번역되고 'ㄱ늘해 물외다'로도 번역된다. '焙乾'이 '브레 물오다'로도 번역되고 '브레 물외다'로도 번역된다. '晒乾'이 '벼틔 물오다'로 번역되고 '曝乾'이 '벼틔 물외다'로 번역된다. 그리고 '熬乾'이 '봇가 물오다'로 '蒸乾'이 '뼈 물외다'로 번역된다. 따라서 '물오다'와 '물외다'의 동의성은 명백히 입증된다.

(10) a. 서리 後ㅅ 蓮 닙과 뽕 니플 ㄱ티 ᄂ화 ㄱ늘해 ᄆᆞᆯ와(霜後芙蓉葉桑葉等分陰乾)

    <救方下 12b>

b. 赤馬通 다ᄉᆞᆺ 나ᄎᆞᆯ 브레 ᄆᆞ로고(赤馬通五枚焙乾) <救方下 96a>

c. 半夏…믯믜즌 것(84b) 업게 ᄒᆞ야 브레 ᄆᆞ로고(半夏…去滑焙乾) <救方下 85a>

d. 生白扁豆를 벼틔 ᄆᆞᆯ와(白扁豆生晒乾) <救方下 56a>

e. 大黃ㅅ ᄀᆞᄅᆞ 半 兩ᄋᆞᆯ 술와 醋애 봇가 ᄆᆞ로고(用大黃爲末半兩酒醋熬乾)

    <救方下 88a>

(10) f. 一百 나ᄅᆞᆯ ㄱ늘해 ᄆᆞᆯ외야 藥이 일어든 디허 ᄒᆡ예 ᄆᆞᆯ외야

   (陰乾百日藥成擣之日曝令乾) <救方上 81b>

g. 복셩홧 고즐 ㄱ늘해 ᄆᆞᆯ외오(桃花陰乾) <救간三 8a>

h. ㄱ슰 촌 이스레 뼈딘 가지를 ㄱ늘해 ᄆᆞᆯ외야(秋後冷露茄子裂開者陰乾)

   <救간七 81a>

i. 졀다ᄆᆞᆯ 뽕 다ᄉᆞᆺ 낫 브레 ᄆᆞᆯ외니와(赤馬通五校焙乾) <救간七 65b>

j. 쇠모롭불휘…믯믜즌 것 업게 코 브레 ᄆᆞᆯ외니와(半夏…去滑焙乾) <救간七 44b>

k. 하ᄂᆞᆳᄃᆞ래 ᄒᆞᆫ 나ᄎᆞᆯ 사ᄒᆞ라 ㅂᅡ 새 디새 우희 노하 브레 ᄆᆞᆯ외요ᄃᆡ

   (括蔞一介切碎以 新瓦焙乾) <救간二 33a>

l. 나ᄫᅵᆫ나벼디 사ᄒᆞ라 브레 ᄆᆞᆯ외(8b)야(切作片子焙乾) <救간一 9a>

m. ᄯᅡ해 딘 빗복애 브텃던 뽕을 벼틔 ᄆᆞᆯ외야(墮地臍屎曝乾) <救간二 113b>

n. 복셩화 삐 솝 서 되롤(18b)…벼틔 ᄆᆞᆯ외야(桃仁三升…曝乾) <救간二 19a>

o. 側栢 니플 뼈 ᄆᆞᆯ외오(側栢葉蒸乾) <救方上 59b>

p. 螺螄ㅅ 당아릴 해 ᄆᆞᆯ외요ᄃᆡ(用螺螄殼多乾) <救方下 14a>

<11> 주기다 對 죽게 ᄒᆞ다

동작동사 '주기다'와 동작동사구 '죽게 ᄒᆞ다'가 [殺] 즉 '죽이다, 죽게 하다'의 뜻을 가지고 동의 관계에 있다는 것은 다음 예문들에서 잘 확인된다. 원문 중 '殺人'이 '사ᄅᆞᆯ 주기다'로도 번역되고 '사ᄅᆞᆯ 죽게 ᄒᆞ다'로도 번역된다. 따라서 '주기다'와 '죽게 ᄒᆞ다'의 동의성은 명백히 입증된다. '주기다'는 동작동사 '죽다'의 短形 使動으로 '죽-+-이(사동 접사)+-다'로 분석될 수 있고 '죽게 ᄒᆞ다'는 '죽다'의 長形 使動이다.

(11) a. 能히 사ᄅᆞᄆᆞᆯ 주기ᄂᆞ(45b)니(能殺人) <救方上 46a>

　　b. 믄 가히ᄅᆞᆯ 주겨(殺所咬犬) <救方下 67b> <救간六 40a>

　　c. 能히 사ᄅᆞᄆᆞᆯ 주기ᄂᆞ니라(能斃人也) <救方下 16a>

(11) d. 사ᄅᆞᄆᆞᆯ 수이 죽게 ᄒᆞᄂᆞ니(能殺人) <救간二 76a>

<12> 치오다 對 츠게 ᄒᆞ다

동작동사 '치오다'와 동작동사구 '츠게 ᄒᆞ다'가 [待冷], [候冷] 및 [冷] 즉 '차게 하다'의 뜻을 가지고 동의 관계에 있다는 것은 다음 예문들에서 잘 확인된다. 원문 중 '熟候冷'이 '닉거든 치오다'로도 번역되고 '니겨 츠게 ᄒᆞ다'로도 번역된다. 그리고 '冷服'이 '치와 먹다'로도 번역되고 '츠게 ᄒᆞ야 먹다'로도 번역된다. 따라서 '치오다'와 '츠게 ᄒᆞ다'의 동의성은 명백히 입증된다. '치오다'는 [冷] 즉 '차다'의 뜻을 상태동사 '츠다'의 短形 使動으로 '츠-+-ㅣ(사동 접사)+-오(사동 접사)+-다'로 분석될 수 있다. '츠게 ᄒᆞ다'는 상태동사 '츠다'의 長形 使動이다.

　(12) a. 디투 달횬 汁을 치와 머그라(濃煎汁待冷服) <救方下 85b>

　　　b. ᄒᆞᆫ듸 달혀 져기 두텁거든 치와 헌듸 ᄇᆞᄅᆞ면(合煎稍稠待冷塗瘡上) <救方下 89a>

　　　c. ᄆᆞᆰ근 기름 넉 량을 달혀 닉거든 치와(淸油四兩熬熟候冷) <救간七 40a>

　　　d. 서르 버거 ᄲᆞᆯ리 저어 치와 沙합애 녀허(相次急攪之放冷入甕合中) <救方下 8b>

　　　e. 滓 앗고 치와 브스라(去滓放冷灌服) <救方上 55a>

　　　f. 汁을 取ᄒᆞ야 치와 머그라(汁冷服之) <救方下 56b>

　(12) g. ᄆᆞᆰ근 기름 넉 兩을 달혀 니겨 츠게 ᄒᆞ야(淸油四兩熬熟候冷) <救方下 88b>

　　　h. 믈 내야 츠게 ᄒᆞ야 ᄒᆞᆫ 되ᄅᆞᆯ(12b) 머고ᄃᆡ(取汁冷服一升) <救간三 13a>

② 狀態動詞간의 同義

고유어의 狀態動詞에서 발견되는 동의 관계는 相異型과 相似型으로 나눌 수 있다. 相似型은 음운론적 관점과 형태론적 관점으로 분류될 수 있는데 음운론적 관점에 의하면 音韻 交替와 音韻 脫落이 있고 형태론적 관점에 의하면 派生이 있다.

1. 相異型

서로 다른 형식을 가진 둘 또는 그 이상의 狀態動詞들이 동의 관계를 가질 수 있다. 이 경우가 상이형이다.

고유어의 狀態動詞에서 확인되는 상이형에는 [澁] 즉 '껄끄럽다'의 뜻을 가진 '쩌럽다'와 '싀다'와 '떫다'를 비롯하여 [稀] 즉 '묽다, 멀겋다'의 뜻을 가진 '눅다'와 '후로로ㅎ다', [悶]과 [煩悶] 즉 '답답하다'의 뜻을 가진 '답갑다'와 '답답ㅎ다', [宜]와 [可] 즉 '마땅하다, 좋다'의 뜻을 가진 '맛당ㅎ다'와 '둏다', [軟] 즉 '부드럽다, 물렁물렁하다'의 뜻을 가진 '보드랍다'와 '므르다', [强] 즉 '뻣뻣하다'의 뜻을 가진 '세다'와 '곧다', [良久] 즉 '매우 오래다'의 뜻을 가진 '오라다'와 '이슥ㅎ다', [小] 즉 '작다'의 뜻을 가진 '젹다'와 '횩다' 그리고 [大] 즉 '크다'의 뜻을 가진 '크다'와 '어위다' 등 40 항목이 있다.

⟨1⟩ 쩌럽다 對 싀다 對 떫다

세 상태동사가 [澁] 즉 '껄끄럽다'의 뜻을 가지고 동의 관계에 있다는 것은 다음 예문들에서 잘 확인된다. 원문 중 '澁痛'이 '쩌러워 앓다'로 번역되고 '腫澁'이 '브서 싀다'로 번역된다. 그리고 '眼…澁'이 '누니 싀다'로 번역되고 '眼澁'이 '누니 떫다'로 번역된다. 따라서 '쩌럽다'와 '싀다'와 '떫다'의 동의성은 명백히 입증된다.

   (1) a. 누네 가싀 드러 쩌러워 알하(眯目澁痛) ⟨救方下 37a⟩

      b. 누니 마자 브서 싀여(眼忽被撞打着腫澁) ⟨救方下 41a⟩

      c. 모기 곧고 등이 ᄇᆞ르고 누니(2b) 떫고(項强背拘急眼澁) ⟨救간七 3a⟩

<2> 걸다 對 두텁다

　두 상태동사가 [濃] 즉 '걸다, 진하다'의 뜻을 가지고 동의 관계에 있다는 것은 다음 예문들에서 잘 확인된다. 원문 중 '濃調'가 '걸에 플다'로 번역되고 '濃煎'이 '두텁게 글히다'로 번역된다. 따라서 '걸다'와 '두텁다'의 동의성은 명백히 입증된다.

　　(2) a. 두 服을 지서 井花水에 걸에 프러 머그라(作二服以井花水濃調服) <救方下 51a>
　　　　b. 둘기앐 물근 므레 걸에 ᄆ라(濃調雞子淸) <救方下 13a>
　　　　c. 추미 걸오(痰濃) <救간二 9a>
　　　　d. 건 汁 딩굴오(成濃汁) <救方下 13a>

　　(2) e. 淡竹 니플 두텁게 글혀(以淡竹葉濃煎) <救方上 65a>

<3> 과ᄀᄅ다 對 ᄲᆞᄅ다

　두 상태동사가 [急]과 [卒] 즉 '급하다, 빠르다'의 뜻을 가지고 동의 관계에 있다는 것은 다음 예문들에서 잘 확인된다. 원문 중 '急心痛'이 '과ᄀᄅᆫ 가슴 알힐'로 번역되고 '氣…急'이 '氣分이…ᄲᆞᄅ다'로 번역된다. 따라서 '과ᄀᄅ다'와 'ᄲᆞᄅ다'의 동의성은 명백히 입증된다.

　　(3) a. 과ᄀᄅᆫ 가슴 알힐 조쳐 고티ᄂᆞ니(兼治急心痛) <救方上 37a>
　　　　b. 과ᄀᄅᆫ 가슴 알파(卒心痛) <救方上 27a>

　　(3) c. 氣分이 블와 서르 사화 ᄲᆞᄅ면(氣與火相搏急) <救方上 9a>

<4> 굳다 對 굳ᄇᆞᄅ다

　두 상태동사가 [澁] 즉 '말을 더듬다, 막히다'의 뜻을 가지고 동의 관계에 있다는 것은 다음 예문들에서 잘 확인된다. 원문 중 '語澁'이 '말ᄉᆞ미 굳다'로도 번역되고 '말ᄉᆞ미 굳ᄇᆞᄅ다'로도 번역된다. 그리고 '大便澁'이 '大便 굳다'로 번역되고 '陰莖澁'이

‘슈신이 굳ᄇᆞ르다’로 번역된다. 따라서 ‘굳다’와 ‘굳ᄇᆞ르다’의 동의성은 명백히 입증된다.

   (4) a. 말ᄉᆞ미 굳고(語澁) <救간七 2a> <救간七 2b>
      b. 大便 구더(大便澁) <救方上 70a>
      c. 大便이 구더(大便秘澁) <救方上 69b>
      d. 져근ᄆᆞ리 구더(小便澁) <救간三 101b>

   (4) e. 말ᄉᆞ미 굳ᄇᆞ르며(語澁) <救간一 6b>
      f. 말ᄉᆞ미 굳ᄇᆞ르거든(語澁) <救간一 19b>
      g. ᄇᆡ와 슈신이 굳블라 알ᄑᆞ거든(臍腹及陰莖澁痛) <救간三 113b>

<5> 굳다 對 듣듣ᄒ다

  두 상태동사가 [堅] 즉 ‘굳다, 단단하다’의 뜻을 가지고 동의 관계에 있다는 것은 다음 예문들에서 잘 확인된다. 원문 중 ‘令堅’이 ‘굳게 ᄒ다’로 번역되고 ‘心中堅’이 ‘ᄆᆞᇝ 가온ᄃᆡ 듣듣ᄒ다’로 번역된다. 따라서 ‘굳다’와 ‘듣듣ᄒ다’의 동의성은 명백히 입증된다.

   (5) a. 藥을 굼긔 ᄂᆞ화 녀코 ᄀᆞ두기 다아 굳게 코(分藥於孔中實築令堅) <救方上 81a>
      b. 구두미 잔 ᄀᆞᆮᄒ야(堅牢如杯) <救方上 13a>
      c. 다시 ᄲᅩᆼ 거츠로 얼거 굳게 코(更以桑皮纏之令牢) <救方上 81a>

   (5) d. 가히 고기 먹고 삭디 아니ᄒ야 ᄆᆞᇝ 가온ᄃᆡ 듣듣ᄒ며…시혹 ᄀᆞ장 즈츼리를 고툐
       ᄃᆡ(治食狗肉不消心中堅…或洞下) <救方下 61a>
      e. ᄇᆡ 안콰 녑괘 듣듣ᄒ야 붇거든(腹脇堅脹) <救간七 12b>
      f. 져제 죵긔…듣듣ᄒ고 비치 븕거든(乳癰…但堅紫色) <救간七 72a>
      g. ᄇᆡ 듣듣ᄒ야 부러(臍腹鞭脹) <救간七 12a>

<6> 굳다 對 ᄇᆞᄅ다

두 상태동사가 [繁]과 [拘急] 즉 '굳다'의 뜻을 가지고 동의 관계에 있다는 것은 다음 예문들에서 잘 확인된다. 원문 중 '牙已繁'이 '니 ᄒᆞ마 굳다'로 번역되고 '牙關口繁'이 '어귀와 입괘 ᄇᆞᄅ다'로 번역된다. 따라서 '굳다'와 'ᄇᆞᄅ다'의 동의성은 명백히 입증된다.

(6) a. 니 ᄒᆞ마 구더 藥 머귤 門 업스닐 고티ᄂᆞ니(治…牙已繁無門下藥) <救方上 5a>

(6) b. 어귀와 입괘 ᄇᆞᄅ며(牙關口繁) <救간六 81a>
    c. 모기 세오 어귀 블라 주글 ᄃᆞᆺᄒᆞ거든(項强牙關繁欲死) <救간六 81a>
    d. 이비 블라 입시우리 져거(口繁唇小) <救간三 5a>
    e. 입시울 ᄇᆞᄅ고 ᄂᆞ치 붓거든(唇繁面腫) <救간三 5b>
    f. 五藏을 보차 블라 움즈기디 몯고(攻五藏拘急不得轉側) <救方上 56a>
    g. 모기 곧고 등이 ᄇᆞᄅ고(項强背拘急) <救간七 2b>

<7> 굳ᄇᆞᄅ다 對 저즙다

두 상태동사가 [澁] 과 [蹇澁] 즉 '말을 더듬다, 막히다'의 뜻을 가지고 동의 관계에 있다는 것은 다음 예문들에서 잘 확인된다. 원문 중 '語澁'이 '말ᄉᆞ미 굳ᄇᆞᄅ다'로 번역되고 '言語蹇澁'이 '말ᄉᆞ미 저즙다'로 번역된다. 따라서 '굳ᄇᆞᄅ다'와 '저즙다'의 동의성은 명백히 입증된다.

(7) a. 말ᄉᆞ미 굳ᄇᆞᄅ며(語澁) <救간一 6b>
    b. 말ᄉᆞ미 굳ᄇᆞᄅ거든(語澁) <救간一 19b>

(7) c. ᄇᆞ름 마자 말ᄉᆞ미 저즙고(中風言語蹇澁) <救간一 11b>
    d. ᄇᆞ름 마자…말ᄉᆞ미 저주브며(中風…言語蹇澁) <救간一 11a> <救간一 12a>
    e. ᄇᆞ름 마자…말ᄉᆞ미 저주브며(中風…語言蹇澁) <救간一 8b> <救간一 9b>

<8> 굵다 對 거츨다

두 상태동사가 [麤] 즉 '거츨다'의 뜻을 가지고 동의 관계에 있다는 것은 다음 예문들에서 잘 확인된다. 원문 중 '麤羅'가 '굵게 츠다'로도 번역되고 '거츨게 츠다'로도 번역된다. 따라서 '굵다'와 '거츨다'의 동의성은 명백히 입증된다.

    (8) a. 디허 굵게 처 散 밍ᄀ라(擣麤羅爲散) <救方下 20a>
       b. 디허 굵게 처(擣麤羅) <救간七 14a>
       c. 감초 반 량과롤 디허 굵게 처(甘草半兩搗麤羅) <救간二 118b>
       d. 디허 굵게 처(搗麤羅) <救간七 4a> <救간七 5a>

    (8) e. 디허 거츨에 처 散올 지소ᄃᆡ(擣麤羅爲散) <救간七 14a>

<9> 눅다 對 후로로ᄒ다

두 상태동사가 [稀] 즉 '묽다, 멀겋다'의 뜻을 가지고 동의 관계에 있다는 것은 다음 예문들에서 잘 확인된다. 원문 중 '稀糊'가 '누근 플'로 번역되고 '稀粥'이 '후로로ᄒᆞᆫ 죽'으로 번역된다. 따라서 '눅다'와 '후로로ᄒ다'의 동의성은 명백히 입증된다.

    (9) a. 누근 플 ᄀ티 ᄒ야 머그라(如稀粥啜服) <救方上 59b>
       b. 누근 플 ᄀᆮ거든 머그라(如稀粥啜服) <救간二 112a>
       c. 하눐ᄃ래롤…므레 프로ᄃᆡ 누근 플 ᄀ티 ᄒ야(括蔞…水調如稀糊) <救간一 22b>
       d. 누근 膏롤 밍ᄀ라(成稀膏) <救方下 35a>

    (9) e. 후로로ᄒᆞᆫ 죽을 머기면 ᄯᆞ미나(稀粥飮投之汗出) <救간一 101b>
       f. 후로로ᄒᆞᆫ 죽 므레 글혀(煎稀粥飮) <救간一 104a>
       g. 힌 ᄡᆞᆯ로 후로로케 죽 수어(以白粳米煮稀粥) <救간一 103a>

<10> 답답ᄒ다 對 어즈럽다

두 상태동사가 [煩] 즉 '답답하다'의 뜻을 가지고 동의 관계에 있다는 것은 다음 예문들에서 잘 확인된다. 원문 중 '煩熱'이 '답답ᄒ야 덥달다'로도 번역되고 '어즈러오며 덥달다'로도 번역된다. 그리고 '心煩'이 '므미 답답ᄒ다'로 번역되고 '煩熱'의 자석이 '므미 어즈럽고 덥달다'이다. 따라서 '답답ᄒ다'와 '어즈럽다'의 동의성은 명백히 입증된다.

(10) a. ᄇᆞ름 마자 답답ᄒ야 덥달며(中風煩熱) <救간一 13a>

　　b. 므미 답답ᄒ고 미쳐 귓것 뵈어든(心煩狂見鬼者) <救간一 108b>

　　c. 도와리ᄒ 후에 가슴앳 긔운이 답답ᄒ야 거스리거든(霍亂後胃氣煩逆)
　　　<救간二 60a>

　　d. 큰 병 ᄒ 후에 긔운이 헙헙ᄒ고 답답ᄒ야(大病後虛煩) <救간一 115a>

　　e. 더위며여 답답ᄒ고 갈ᄒ야 ᄉᆞ릐를 몯 ᄎᆞ리거든(中暑煩渴不省人事)
　　　<救간二 46b>

　　f. 답답고 어(14a)즐ᄒ야 주거 가거든(煩亂欲死者) <救간一 14b>

(10) g. 어즈러오며 덥다라 자디 몯ᄒ거든(煩熱少睡) <救간一 113a>

　　h. 煩熱少睡 : 므미 어즈럽고 덥다라 줌 몯 잘 시라 <救간一 112b>

<11> 닶갑다 對 답답ᄒ다

두 상태동사가 [悶], [煩悶] 및 [悶絕] 즉 '답답하다'의 뜻을 가지고 동의 관계에 있다는 것은 다음 예문들에서 잘 확인된다. 원문 중 '氣悶'이 '氣分이 닶갑다'로도 번역되고 '긔운이 답답ᄒ다'로도 번역된다. '心神煩悶'이 '므미 닶갑다'로도 번역되고 '므미 답답ᄒ다'로도 번역된다. 그리고 '悶絕不知人'이 '닶가와 사ᄅᆞ믈 모ᄅᆞ다'로도 번역되고 '답답ᄒ야 사ᄅᆞ믈 모ᄅᆞ다'로도 번역된다. 따라서 '닶갑다'와 '답답ᄒ다'의 동의성은 명백히 입증된다.

(11) a. 氣分이 닶가와 주거 가(氣悶欲絶) <救方上 27a>

　　　b. 모미 어즐코 닶가와(形體昏悶) <救方上 4b>

　　　c. 金瘡이 닶가와 죽ᄂᆞ닐 고튜ᄃᆡ(治…金瘡悶絶) <救方下 23b>

　　　d. ᄆᆞᅀᆞ미 닶가오닐 고티ᄂᆞ니(治…心神煩悶) <救方上 61b>

　　　e. 霍亂ᄒᆞ야 닶가와 턍만ᄒᆞ닐(霍亂煩悶湊滿者) <救方上 33a>

　　　f. 알ᄑᆞ고 닶갑거든(疼痛煩悶) <救方下 19b>

　　　g. ᄀᆞ장 甚ᄒᆞ닌 닶가와 사ᄅᆞᄆᆞᆯ 모(94a)ᄅᆞ고(極甚者令人悶絶不知人) <救方下 94b>

　　　h. 모딘 피…ᄆᆞᅀᆞ매 다딜어 닶가와 사ᄅᆞᄆᆞᆯ 모ᄅᆞ거든(惡血…衝心悶絶不識人)

　　　　 <救方下 91b>

(11) i. 안히 답답ᄒᆞ야 죽ᄂᆞ닐 고툐ᄃᆡ(治…心悶欲死) <救方上 2b>

　　　j. 비 턍만ᄒᆞ고 답답거든(腹滿悶) <救方上 68a>

　　　k. 긔운이 답답ᄒᆞ고 주글 ᄃᆞᆺᄒᆞ야(氣悶欲絶) <救간二 26b>

　　　l. ᄆᆞᅀ(92a)미 답답ᄒᆞ거든(心神煩悶) <救간二 92b>

　　　m. ᄀᆞ장 심ᄒᆞ닌 답답ᄒᆞ야 사ᄅᆞᄆᆞᆯ 모ᄅᆞ고(極甚者令人悶絶不知人) <救간七 64a>

　상태동사 '닶갑다'의 연철형 '답쌉다'가 [煩悶] 즉 '답답하다'의 뜻을 가지고 있다는 것은 다음 예문들에서 잘 확인된다.

　　(11) n. 답싸와 죽ᄂᆞ닐(煩悶欲死) <救方上 17a> <救간一 57b>

　<12> 덥다 對 덥달다

　두 상태동사가 [熱] 즉 '뜨겁다'의 뜻을 가지고 동의 관계에 있다는 것은 다음 예문들에서 잘 확인된다. 원문 중 '所傷…熱'이 '헌 싸히…덥다'로 번역되고 '瘡…熱痛'이 '瘡이…덥다라 앓다'로 번역된다. '喉中熱'이 '목 안히 덥다'로 번역되고 '心熱'이 'ᄆᆞᅀᆞ미 덥달다'로 번역된다. 그리고 '壯熱'이 'ᄀᆞ장 덥다'로도 번역되고 'ᄀᆞ장 덥달다'로도 번역된다. 따라서 '덥다'와 '덥달다'의 동의성은 명백히 입증된다.

(12) a. 湯火애 헌 짜히 븕고 믈어디여 더워(湯火所傷赤爛熱) <救方下 11b>

　　b. 목 안히 더워(喉中熱) <救方上 44b>

　　c. 길햇 더운 흙글 우희여(却掬路上熱土) <救方上 11b>

　　d. 더운 믈 흔 盞애 프러(以熱水一盞調) <救方上 16b>

　　e. 더운 수레 프러 먹고(熱酒調下) <救方上 88a>

　　f. 더운 디새로 눌러 울호딕(用熱瓦子熨) <救方一 22a>

　　g. ᄀᆞ장 더워 거스려 토ᄒᆞ며(壯熱嘔逆) <救간一 102a>

　　h. 머리 알ᄑᆞ고 ᄀᆞ장 더워(頭痛壯熱) <救간一 102b>

(12) i. 瘡이 브스며 덥다라 알ᄂᆞ닐 고튜딕(治…瘡有毒腫熱痛) <救方下 17a>

　　j. 헌딕 독 드러 브어 덥다라 알ᄑᆞ거든(瘡有毒腫熱痛) <救간六 70b>

　　k. ᄆᆞᅀᆞ미 덥다라(心熱) <救간一 95b>

　　l. ᄇᆞ름으로 덥다라 폐예 긔운이 마가(風熱肺壅) <救간二 65b>

　　m. ᄀᆞ장 덥다라 믹이 굵거든(壯熱脉大) <救간一 107a>

　　n. 머리 알ᄑᆞ고 ᄀᆞ장 덥다라(頭痛壯熱) <救간一 107a>

　　o. 어즈러오며 덥다라(煩熱) <救간一 113a>

<13> 덥다 對 ᄃᆞᆺᄒᆞ다

두 상태동사가 [溫]과 [暖] 즉 '따뜻하다'의 뜻을 가지고 동의 관계에 있다는 것은 다음 예문들에서 잘 확인된다. 원문 중 '寒溫'이 '츠며 넙다'로도 번역되고 '츠며 ᄃᆞᆺᄒᆞ다'로도 번역된다. 그리고 '心脇…暖'이 '가슴과 녀비 덥다'로 번역되고 '心…暖'이 '가ᄉᆞ미 ᄃᆞᆺᄒᆞ다'로 번역된다. 따라서 '덥다'와 'ᄃᆞᆺᄒᆞ다'의 동의성은 명백히 입증된다.

(13) a. 츠며 더우믈 맛게(118a) ᄒᆞ야(適寒溫) <救간二 118b>

　　b. 가슴과 녀비 다 더우니라(心脇俱暖) <救方上 15b>

　　c. 더우면 곧 사ᄂᆞ니라(得暖卽活) <救方上 11b>

(13) d. 츠며 ᄃᆞᆺᄒᆞ미 맛갑게 ᄒᆞ야(適寒溫) <救方上 66a>

　　e. ᄒᆞ다가 가ᄉᆞ미 ᄃᆞᆺᄒᆞ면(若心上溫) <救方上 77a>

f. 가ᄉᆞ미 ᄃᆞᆺᄒᆞ니란(心下尙溫者) <救方上 75a>

g. 가ᄉᆞ미(26a) 져기 ᄃᆞᆺᄒᆞ닐 고툐ᄃᆡ(治…心稍暖) <救方上 26b>

<14> 뎌르다 對 젹다

두 상태동사가 [短] 즉 '모자라다, 젹다'의 뜻을 가지고 동의 관계에 있다는 것은 다음 예문들에서 잘 확인된다. 원문 중 '氣短'이 '氣分이 뎌르다'와 '긔운이 뎌르다'로 번역되고 '短氣'가 '긔운이 젹다'로 번역된다. 따라서 '뎌르다'와 '젹다'의 동의성은 명백히 입증된다.

(14) a. 가슴 ᄇᆡ 다 턍만ᄒᆞ야 알ᄑᆞ고 氣分이 뎔어 죽ᄂᆞ니와 시혹 ᄒᆞ마 주그닐 고툐ᄃᆡ
(治心腹俱脹疼痛氣短欲死或已絶者) <救方上 29a>
b. 가슴 ᄇᆡ 다 턍만ᄒᆞ야 알ᄑᆞ고 긔운이 뎔어 (39a) 주글 ᄃᆞᆺ거나 주겄거나 ᄒᆞ거든
(心腹俱脹疼痛氣短欲死或已絶者) <救간二 39b>
c. 氣分이 뎔어 죽ᄂᆞ닐(氣短欲死) <救方上 20b>
d. 氣分을 取ᄒᆞ미 뎌르고 죳다가(取氣短促) <救方上 41b>

(14) e. 가슴 ᄇᆡ 턍만ᄒᆞ야 알파 답답ᄒᆞ고 긔운이 져거(心腹脹痛煩滿短氣) <救간二 57a>

<15> 둏다 對 ᄒᆞ다

두 상태동사가 [可]와 [得] 즉 '좋다, 알맞다'의 뜻을 가지고 동의 관계에 있다는 것은 다음 예문들에서 잘 확인된다. 원문 중 '亦可'가 '쏘 둏다'로도 번역되고 '쏘 ᄒᆞ다'로도 번역된다. 그리고 '亦得'이 '쏘 둏다'로도 번역되고 '쏘 ᄒᆞ다'로도 번역된다. 따라서 '둏다'와 'ᄒᆞ다'의 동의성은 명백히 입증된다.

(15) a. ᄆᆞᆯ근 기르미 쏘 됴ᄒᆞ니라(淸油亦可) <救方下 9a>
b. 졋 汁ᄲᆞᆫ도 쏘 됴ᄒᆞ니라(單乳亦可) <救方下 42a>
c. 춘므레 프러 ᄂᆞ리옴도 쏘 됴ᄒᆞ니라(凉水調下亦可) <救方上 35a>
d. 들기알 ᄆᆞᆯ근 므레도 쏘 됴ᄒᆞ니(用雞子淸亦可) <救方下 11b>

e. 돌아혹 삐 글힌 믈도 됴ᄒᆞ리라(冬葵根煮汁亦可) <救간六 19b>

f. 비를 두려운 나모 우희 걸름도 됴ᄒᆞ니(橫腹圓木上亦可) <救간一 69a>

g. 쥐 머릿 骨髓ㅣ 쏘 됴ᄒᆞ리라(鼠腦亦得) <救方下 5a>

h. 톱도 됴ᄒᆞ니라(或爪亦得) <救간六 3b>

(15) i. 뿔 업서도 쏘 ᄒᆞ리라(無蜜亦可) <救方上 37a>

j. 冬葵根 글휸 汁도 쏘 ᄒᆞ리라(冬葵根煮汁亦可) <救方上 53a>

k. 시혹 밠톱도 쏘 ᄒᆞ리라(或爪亦得) <救方上 49a>

l. ᄃᆞ순 믈도 쏘 ᄒᆞ리라(溫水亦得) <救方上 27b>

m. 수리나 므리나 ᄒᆞ야도 쏘 ᄒᆞ리라(用酒水代之亦得) <救方上 85b>

<17> 두렵다 對 도렫ᄒᆞ다

두 상태동사가 [圓] 즉 '둥글다'의 뜻을 가지고 동의 관계에 있다는 것은 다음 예문들에서 잘 확인된다. 원문 중 '圓木'이 '두려운 나모'로 번역되고 '圓白天南星'이 '도렫고 힌 天南星'으로 번역된다. 따라서 '두렵다'와 '도렫ᄒᆞ다'의 동의성은 명백히 입증된다.

(16) a. 비를 두려운 나모 우희 걸름도 됴ᄒᆞ니(橫腹圓木上亦可) <救간一 69a>

b. 도ᄅᆞᆮ고 힌 天南星을(圓白天南星) <救方上 1b>

<17> 쓰다 對 쓱ᄒᆞ다

두 상태동사가 [慢] 즉 '뭉근하다'의 뜻을 가지고 동의 관계에 있다는 것은 다음 예문들에서 잘 확인된다. 원문 중 '慢火煎'이 '쓴 브레 글히다'로 번역되고 '於慢火上…煎'이 '쓱훈 브레 글히다'로 번역된다. 따라서 '쓰다'와 '쓱ᄒᆞ다'의 동의성은 명백히 입증된다.

(17) a. 쓴 브레 봇가(慢火炒) <救方下 24b>

b. 쓴 브레 달효ᄃᆡ(慢火熬) <救方下 10a>

    c. 쓴 브레 여라믄 소솜 글히고(慢火煎十餘沸) <救간一 19a>

    d. 쓴 브레 드시 ᄒ야(慢火溫) <救간二 23a>

    e. 믈 닷 말로 쓴 브레 글혀(以水五斗慢火煮) <救간六 89b>

    f. 당츄ᄌ를 쓴 브레 구워 닉거든(胡桃慢火煨熟) <救간三 119b>

(17) g. 즈싀 거려 앗고 쓱흔 브레 다시 글혀(濾去滓却於慢火上再煎) <救간六 88a>

<18> 둣ᄒ다 對 드스다

  두 상태동사가 [溫] 즉 '따뜻하다'의 뜻을 가지고 동의 관계에 있다는 것은 다음 예문들에서 잘 확인된다. 원문 중 '心下…溫者'가 '가ᄉ미 둣ᄒ니'로 번역되고 '心下溫者'가 '가ᄉ미 드스니'로 번역된다. 그리고 '溫酒'가 '둣흔 술'로도 번역되고 '드슨 술'로도 번역된다. 따라서 '둣ᄒ다'와 드스다'의 동의성은 명백히 입증된다.

(18) a. 가ᄉ미 둣ᄒ니란(心下尙溫者) <救方上 75a>

    b. ᄒ다가 가ᄉ미 둣ᄒ면(若心上溫) <救方上 77a>

    c. 가ᄉ미 둣ᄒ얏ᄂ닌 다 사롤 거시라(心頭溫者皆可救治) <救간一 41b>

    d. 우믌 미틧 흘글 ᄇ로되 둣거든 굴라(以井底泥塗溫則易之) <救方下 78a>

    e. 둣흔 수레 프러 머그라(溫酒調服之) <救方下 84b>

    f. 비치 븕거든 둣게 ᄒ야 골아(赤色令溫調和) <救方下 21b>

(18) g. 가ᄉ미 드스닌 흘리라도 ᄯ 어루 살리라(心下溫者一日亦可活) <救方上 25b>

    h. 가ᄉ미 드스거든(心頭尙溫) <救간一 70b>

    i. 드슨 수레 흔 分을 프러(以溫酒調一分) <救方上 17b>

    j. 드슨 수레 프러 머그라(溫酒調服之) <救간七 44a>

    k. 드슨 므레 프러(溫水調) <救方上 4b>

<19> 맛당ᄒ다 對 둏다

두 상태동사가 [宜]와 [可] 즉 '마땅하다, 좋다'의 뜻을 가지고 동의 관계에 있다는 것은 다음 예문들에서 잘 확인된다. 원문 중 '宜服'이 '머고미 맛당ᄒ다'로 번역되고 '宜…服'이 '머거도 둏다'로 번역된다. 그리고 '可服'이 '머구미 맛당ᄒ다'로 번역되고 '可發'이 'ᄯᆞᆷ 내요미 둏다'로 번역된다. 따라서 '맛당ᄒ다'와 '둏다'의 동의성은 명백히 입증된다.

> (19) a. 소합향원 머고미 맛(67b)당커니와(宜服和劑方蘇合香圓) <救간一 68a>
>
>   b. 홀리어든 ᄯᆞᆷ 내요미 맛당ᄒ니(一日宜發汗) <救간一 103b>
>
>   c. 닷쇄어든 즈츼요미 맛당ᄒ니라(五日宜下) <救간一 103b>
>
>   d. 壯ᄒ닌 細心散을 머구미 맛당ᄒ고(壯者可服細心散) <救方下 23a>
>
>   e. 늘그니와 弱ᄒ닌 七聖檳榔圓 머구미 맛당ᄒ니(老弱者可服七聖檳榔圓)
>
>   <救方下 23a>
>
>   f. 다 머고미 맛당ᄒ니(皆可服) <救간一 5a>

> (19) g. 더운 므레 머거도 됴ᄒ니(亦宜湯服) <救간一 32b>
>
>   h. 졋바누오미 됴티 아니ᄒ니(不宜仰臥) <救간一 82a>
>
>   i. ᄯᆞᆷ 내요미 ᄯᅩ 됴코(亦可發汗) <救간一 103b>

<20> 믯믯ᄒ다 對 믯믲다

두 상태동사가 [滑] 즉 '미끈미끈하다'의 뜻을 가지고 동의 관계에 있다는 것은 다음 예문들에서 잘 확인된다. 원문 중 '去滑'이 '믯믯ᄒᆫ 것 업게 ᄒ다'로도 번역되고 '믯믜즌 것 업게 ᄒ다'로도 번역된다. 따라서 '믯믯ᄒ다'와 '믯믲다'의 동의성은 명백히 입증된다.

> (20) a. 두드려 부드럽고 믯믯게 ᄒ야(搗令軟滑) <救方下 39a>
>
>   b. ᄲᅴ모롭불휘 혀그니 닙굽 나츨 더운 므레 ᄃᆞᆷ가 믯믯ᄒᆫ 것 업게 코
>
>   (半夏七枚小者湯浸洗去滑) <救간二 82a>

c. 씌모롭불휘 두 돈 반 더운 므레 닐굽 번 시서 믯믯흔 것 업게 호니와룰
(半夏一分湯洗七徧去滑) <救간二 91a>

d. 씌모롭불휘 더운 므레 닐굽 번 시서 믯믯흔 것 아ᄉ니와(半夏湯七徧去滑)
<救간二 21a>

e. 팟 소뱃 믯믯흔 믈와룰(葱涎) <救간三 20a>

(20) f. 半夏 흔 량올 더운 므레 닐굽 저글 시서 믯믜즌 것(84b) 업게 ᄒ야 브레 믈오고
(半夏一兩湯洗七次去滑焙乾) <救方下 85a>

g. 씌모롭불휘 흔 량을 더운 므레 닐굽 번 시서 믯믜즌 것 업게 코 브레 믈외니와
(半夏一兩湯洗七次去滑焙乾) <救간七 44b>

h. 씌모롭불휘룰 더운 므레 시서 믯믜즌 것 업게 ᄒ요니와(半夏湯洗去滑)
<救간一 7b>

<21> 묽다 對 슴슴ᄒ다

두 상태동사가 [淡] 즉 '묽다, 심심하다'의 뜻을 가지고 동의 관계에 있다는 것은 다음 예문들에서 잘 확인된다. 원문 중 '淡酒'가 '믈근 술'로 번역되고 '淡豆豉'가 '슴슴흔 젼국'으로 번역된다. 따라서 '묽다'와 '슴슴ᄒ다'의 동의성은 명백히 입증된다.

(21) a. 세 환곰 믈근 더운 수레 슴끼고(三丸淡酒湯呑下) <救간七 48b>
b. 뿔 글힌 믈근 믈 큰 흔 되예 달혀(淡漿水一大盞煎) <救간二 106b>
c. 싱앙 글힌 믈근 므레 머고ᄃᆡ(用淡薑湯下) <救간二 37a>

(21) d. 슴슴흔 젼국 스믈 흔 낫과(淡豆豉二十粒) <救간三 64b>

<22> 묽다 對 후루루ᄒ다

두 상태동사가 [薄] 즉 '묽다, 멀겋다'의 뜻을 가지고 동의 관계에 있다는 것은 다음 예문들에서 잘 확인된다. 원문 중 '薄粥飮'이 '믈근 죽믈'로 번역되고 '薄粥'이 '후루루흔 粥'으로 번역된다. 따라서 '묽다'와 '후루루ᄒ다'의 동의성은 명백히 입증된다.

(22) a. 믈근 쥭므레 프러 머그라(薄粥飮調服) <救간七 58a>

　　　b. 믈근 소곰 므를 글혀(煎薄塩湯) <救간二 30b>

　　　c. 추미 믈 ᄀ니(痰薄) <救간二 9a>

(22) d. 후루루ᄒᆫ 粥 ᄀᆮ거든 츠며 더우미 맛게 ᄒ야 다 머그라(如薄粥適寒溫頓飮之)

　　　　<救方下 54a>

<23> 보ᄃ랍다 對 므르다

　두 상태동사가 [軟] 즉 '부드럽다, 물렁물렁하다'의 뜻을 가지고 동의 관계에 있다
는 것은 다음 예문들에서 잘 확인된다. 원문 중 '令軟'이 '보ᄃ랍게 ᄒ다'로 번역되고
'軟飯'이 '므른 밥'으로 번역된다. 따라서 '보ᄃ랍다'와 '므르다'의 동의성은 명백히
입증된다.

(23) a. 네 面을 쑤드려 보ᄃ랍게 ᄒ고(搥四面令軟) <救方上 48b>

　　　b. 네 면을 두드려 보ᄃ랍게 ᄒ고(搥四面令軟) <救간六 16a>

　　　c. 보ᄃ라온 주머니예 녀허(盛著練囊中) <救간七 72b>

　　　d. 보ᄃ라온 헌거스로 스서 ᄆᆮ거든(將絹帛拭乾) <救간三 28a>

(23) e. 므른 바배 ᄆ라 풋만 케 비븨여(以軟飯和丸如小豆大) <救간七 15b>

<24> 샐록다 對 샐록ᄒ다

　두 상태동사가 [尖] 즉 '뾰족하다'의 뜻을 가지고 동의 관계에 있다는 것은 다음
예문들에서 잘 확인된다. 원문 중 '皮尖'이 '거플와 샐로든 귿'으로 번역되고 '稻尖'이
'우켓 샐록ᄒ 부리'로 번역된다. 따라서 '샐록다'와 '샐록ᄒ다'의 동의성은 명백히 입
증된다.

(24) a. 슬곳 ᄌᆞᇫ 셜흔 나출 더운 므레 ᄌᆞ마 거플와 ᄲᆞ로ᄃᆞᆫ 근과 어우러일 앗고

　　(杏仁三十枚湯浸去皮尖雙仁) <救方下 69b>

　　 b. 슬고 삐 숍 ᄒᆞᆫ 량 더은 므레 ᄌᆞ마 거플와 ᄲᆞ로ᄃᆞᆫ 근과 어우렁이 앗고

　　(杏仁一兩湯浸去皮尖雙仁) <救간二 10b>

　　 c. 슬고 삐 숍 반 량 더운 므레 ᄃᆞ마 거플와 ᄲᆞ로ᄃᆞᆫ 근과 어우렁이 앗고

　　(杏仁半兩湯浸去皮尖雙仁) <救간二 12a>

　　 d. 슬고 삐 숍 반 량 더운 므레 불워 거플와 ᄲᆞ로ᄃᆞᆫ 근과 어우렁이 아ᅀᆞ니와

　　(杏仁半兩湯浸去皮尖雙仁) <救간六 43b>

　　 e. 슬고 삐 숍 닐굽 낫 거플와 ᄲᆞ로ᄃᆞᆫ 글 아ᅀᆞ니와(杏仁七介去皮尖) <救간二 14a>

(24) f. 우켓 ᄲᆞ론흔 부리로 밧바당을 ᄠᅵᆯ옴도 됴ᄒᆞ니라(用稻尖刺脚心尤妙)

　　　<救간七 46a>

　　 g. 기블(45b) ᄲᆞ론게 비븨여(用小絹針) <救간七 46a>

<25> 뷔다 對 궁글다

　두 상태동사가 [空] 즉 '비다'의 뜻을 가지고 동의 관계에 있다는 것은 다음 예문들에서 잘 확인된다. 원문 중 '空冷屋室'이 '뷘 ᄎᆞᆫ 房'으로 번역되고 '樹空'이 '숍 궁근 나모'로 번역된다. 따라서 '뷔다'와 '궁글다'의 동의성은 명백히 입증된다.

(25) a. 시혹 뷘 ᄎᆞᆫ 房의 놀어나(或遊空冷屋室) <救方上 15a>

　　 b. 여러 히 뷘 지븻 쥐(18a) 굼긧 ᄒᆞᆰ 흔 무저글(用多年空屋下鼠穴中土一塊)

　　　<救간七 18b>

　　 c. 多年空屋下鼠穴中土: 여러 히 뷘 지븻 쥐 굼긧 ᄒᆞᆰ <救간七 18a>

(25) d. 숍 궁근 남긔 고왓ᄂᆞᆫ 므레(樹空中水) <救간六 85b>

　　 e. 樹空中水: 숍 궁근 남긔 ᄀᆞ온 믈 <救간六 85b>

<26> 브르돋다 對 머훗머훗ᄒ다

　두 상태동사가 [臍] 즉 '볼록하다'의 뜻을 가지고 동의 관계에 있다는 것은 다음 예문들에서 잘 확인된다. 원문 중 '附子…去皮臍'가 '부ᄌ…거플와 브르도든 것 앗다'로도 번역되고 '부ᄌ…거플와 머훗머훗ᄒ 것 앗다'로도 번역된다. 그리고 '川烏…去皮臍'가 '쳔오와…거플와 브르도든 것 앗다'로 번역되고 '川烏頭…去皮臍'가 '쳔오두…거플와 머훗머훗ᄒ 것 앗다'로 번역된다. 따라서 '브르돋다'와 '머훗머훗ᄒ다'의 동의성은 명백히 입증된다.

　　(26) a. 부ᄌ 므긔 닐굽 돈만 ᄒ닐…거플와 브르도든 것 앗고(附子重七錢許…去皮臍)
　　　　　<救간一 53b>
　　　　b. 부ᄌ…거플와 브르도든 것 업게 코(附子…去皮臍) <救간二 42b>
　　　　c. 큰 부ᄌ ᄒ 나출 거플와 브르도든 것 앗고(大附子一枚生去皮臍) <救간一 4b>
　　　　d. 큰 부ᄌ…거플와 브르도든 것 앗고(大附子…去皮臍) <救간七 48b>
　　　　e. 쳔오와 부ᄌ와 ᄂ룰 거플와 브르도든 것 아ᅀ니(川烏生去皮臍附子生去皮臍)
　　　　　<救간一 40a>
　　　　f. 부ᄌ…것과 브르도든 것 앗고(附子…去皮臍) <救간一 40b>

　　(26) g. 부ᄌ ᄒ 낫…거플와 머훗머훗ᄒ 것(48b) 앗고(附子一枚…去皮臍) <救간二 49a>
　　　　h. 쳔오두…거플와 머훗머훗ᄒ 것 앗고(川烏頭…去皮臍) <救간二 1b>

<27> ᄲᆞᄅ다 對 봅바티다

　두 상태동사가 [急] 즉 '빠르다, 급하다'의 뜻을 가지고 동의 관계에 있다는 것은 다음 예문들에서 잘 확인된다. 원문 중 '氣…急'이 '氣分이 ᄲᆞᄅ다'로 번역되고 '氣急'이 '긔운이 봅바티다'로 번역된다. 따라서 'ᄲᆞᄅ다'와 '봅바티다'의 동의성은 명백히 입증된다.

　　(27) a. 氣分이 블와 서르 사화 ᄲᆞᄅ면(氣與火相搏急) <救方上 9a>
　　　　b. 긔운이 봅(62b)바티면 즉재 살리라(氣急卽活) <救간一 63a>

<28> 사오납다 對 협협ᄒ다

두 상태동사가 [虛] 즉 '약하다, 허하다'의 뜻을 가지고 동의 관계에 있다는 것은
다음 예문들에서 잘 확인된다. 원문 중 '虛實'이 '긔운이…사오나옴 됴홈'으로 번역되
고 '虛煩'이 '긔운이 협협ᄒ고 답답ᄒ다'로 번역된다. 따라서 '사오납다'와 '협협ᄒ다'
의 동의성은 명백히 입증된다.

> (28) a. 믈읫 ᄇ름 마즌(4b) 사ᄅ미 긔운이 닝ᄒ며 셜ᄒ며 긔운 사오나옴 됴호ᄆᆯ 혜디 말
>   오(凡中風無問冷熱虛實) <救간一 5a>
>   b. 큰 병 ᄒ 후에 긔운이 협협ᄒ고 답답ᄒ야(大病後虛煩) <救간一 115a>

<29> 서늘ᄒ다 對 ᄎᆺᄎᆺᄒ다

두 상태동사가 [凉] 즉 '서늘하다'의 뜻을 가지고 동의 관계에 있다는 것은 다음
예문들에서 잘 확인된다. 원문 중 '逐凉'이 '서늘ᄒ ᄃᆡ 좇다'로 번역되고 '心凉'이 'ᄆ
ᅀᆞ미 ᄎᆺᄎᆺᄒ다'로 번역된다. 따라서 '서늘ᄒ다'와 'ᄎᆺᄎᆺᄒ다'의 동의성은 명백히 입
증된다.

> (29) a. 서늘ᄒ 듸 조차 니기 조오다가(逐凉睡熟) <救方下 78b>
>   b. 서늘ᄒ 짜해 줌 자다가(逐凉睡熟) <救간六 48b>

> (29) c. ᄌ션히 ᄆᆞᅀᆞ미 ᄎᆺᄎᆺᄒ리니(自然心凉) <救간三 27a>

<30> 세다 對 곧다

두 상태동사가 [强] 즉 '뻣뻣하다'의 뜻을 가지고 동의 관계에 있다는 것은 다음
예문들에서 잘 확인된다. 원문 중 '項强'이 '모기 세다'로도 번역되고 '모기 곧다'로도
번역된다. 그리고 '四肢强直'이 '네 활기 세오 곧다'로도 번역되고 '네 활기 곧다'로도
번역된다. 따라서 '세다'와 '곧다'의 동의성은 명백히 입증된다.

(30) a. 모기 세오 어귀 볼라 주글 듯ᄒ거든(項强牙關緊欲死) <救간六 81a>

　　b. 四肢 세오 고ᄃ닐 고티며(治…四肢强直) <救方上 6a>

　　c. 네 활기 세오 곧거든(四肢强直) <救간六 81a>

(30) d. 모기 곧고 둥이 ᄇᄅ고(項强背拘急) <救간七 2b>

　　e. 네 활기 고ᄃ며 두위틀어든(四肢强直反張) <救간七 4a>

<31> 세다 對 세윌다

　두 상태동사가 [硬]과 [强] 즉 '뻣뻣하다'의 뜻을 가지고 동의 관계에 있다는 것은 다음 예문들에서 잘 확인된다. 원문 중 '舌…硬腫'이 '혀…세며 붓다'로 번역되고 '舌…腫硬'이 '혀…브서 세윌다'로 번역된다. 그리고 '四肢强直'이 '四肢 세오 곧다'로 번역되고 '手足强直'이 '손바리 세윌다'로 번역된다. 따라서 '세다'와 '세윌다'의 동의성은 명백히 입증된다.

(31) a. 혀 과ᄀ리 세며 브서(舌忽然硬腫) <救간二 89b>

　　b. 四肢 세오 고ᄃ닐 고티며(治…四肢强直) <救方上 6a>

　　c. 네 활기 세오 곧거든(四肢强直) <救간六 81a>

　　d. 中風ᄒ야 말 몯고 혀 세닐 고툐ᄃᆡ(治中風不語舌强) <救方上 3a>

　　e. 어귀 세어 혀를 놀이디 몯ᄒ거든(牙車急舌不得轉) <救간一 24b>

(31) f. 혀 忽然히 브서 세윌고 답답ᄒ거든(舌忽腫硬塞悶) <救方上 44a>

　　g. 손바리 세윌고(手足强直) <救간一 64b>

　　h. 어귀 세워드며(牙關緊急) <救간一 38b>

　　i. ᄒ(77a)다가 세윌거든 졈졈 구피고(若已僵漸强屈之) <救方上 77b>

<32> 세윌다 對 굳ᄇᄅ다

　두 상태동사가 [緊急] 즉 '굳다, 뻣뻣하다'의 뜻을 가지고 동의 관계에 있다는 것은 다음 예문들에서 잘 확인된다. 원문 중 '牙關緊急'이 '어귀 세윌다'로도 번역되고 '어

귀 굳ᄇᆞ르다'로도 번역된다. 따라서 '세다'와 '세월다'의 동의성은 명백히 입증된다.

> (32) a. 니 세워드며(牙關緊急) <救方上 12a>
>   b. 어귀 세워드며(牙關緊急) <救간一 38b>

> (32) c. 어귀 굳ᄇᆞ르고(牙關緊急) <救간一 7b>
>   d. 어귀 굳볼라(牙關緊急) <救간一 8a>

<33> 아니한덛 ᄒᆞ다 對 이슥ᄒᆞ다

상태동사구 '아니한덛 ᄒᆞ다'와 상태동사 '이슥ᄒᆞ다'가 [須臾] 즉 '오래지 아니하다'의 뜻을 가지고 동의 관계에 있다는 것은 다음 예문들에서 잘 확인된다. 원문 중 '須臾…進'이 '아니한덛 ᄒᆞ야 먹다'로도 번역되고 '이슥ᄒᆞ야 머기다'로도 번역된다. 따라서 '아니한덛 ᄒᆞ다'와 '이슥ᄒᆞ다'의 동의성은 명백히 입증된다.

> (33) a. 아니한덛 ᄒᆞ야 ᄯᅩ 흔 적 먹고(須臾又進一服) <救方下 88b>
>   b. 아니한덛 ᄒᆞ고 ᄯᅩ 두 저글 머그면(須臾又進二服) <救方下 88a>

> (33) c. 이슥ᄒᆞ야 ᄯᅩ 흔 번 머겨(須臾又進一服) <救간七 49b>
>   d. 공심에 흔 번 먹고 이슥ᄒᆞ야 다시 머그라(空腹一服有頃再服) <救간三 63a>

<34> 알ᄑᆞ다 對 알히다

두 상태동사가 [痛]과 [疼痛] 즉 '아프다'의 뜻을 가지고 동의 관계에 있다는 것은 다음 예문들에서 잘 확인된다. 원문 중 '心痛'이 '가슴 알ᄑᆞ다'로도 번역되고 '가슴 알히다'로도 번역된다. '腹痛'이 '비 알ᄑᆞ다'로도 번역되고 '비 알히다'로도 번역된다. 그리고 '心腹…疼痛'이 '가슴 비 알ᄑᆞ다'로 번역되고 '出血疼痛'이 '피 나고 알히다'로 번역된다. 따라서 '알ᄑᆞ다'와 '알히다'의 동의성은 명백히 입증된다.

(34) a. 과ᄀᆞ른 가슴 알파(卒心痛) <救方上 27a>

　　　 b. 아홉 가짓 가슴 알프거든(九種心痛) <救간二 34a>

　　　 c. ᄇᆡ 알파(腹痛) <救方上 36b>

　　　 d. ᄇᆡ 알프거든(腹痛) <救간二 40a>

　　　 e. 빗기슭 알파(小腹痛) <救方上 69a>

　　　 f. 가슴 ᄇᆡ 다 턍만ᄒᆞ야 알프고(心腹俱脹疼痛) <救方上 29a>

　　　 g. 가슴 ᄇᆡ 煩滿ᄒᆞ야 알파(心腹煩滿疼痛) <救方上 29b>

　　　 h. 알파 죽ᄂᆞ닐(疼痛欲死者) <救方上 29b>

(34) i. 과ᄀᆞ른 가슴 알힐 조쳐 고티ᄂᆞ니(兼治急心痛) <救方上 37a>

　　　 j. 아홉 가짓 가슴 알힐 고툐ᄃᆡ(治九種心痛) <救方上 30a>

　　　 k. ᄇᆡ 알힐 고툐ᄃᆡ(治腹痛) <救方上 28b>

　　　 l. 湯火애 헌 ᄯᅡ히 븕고 믈어디여 더워 알효믈 고티ᄂᆞ니(治湯火所傷赤爛熱痛)

　　　　 <救方下 11b>

　　　 m. 피 나고 알히ᄂᆞ닐 고툐ᄃᆡ(治…出血疼痛) <救方上 7a>

<35> 어즐ᄒᆞ다 對 아득ᄒᆞ다

　두 상태동사가 [昏], [昏迷] 및 [昏魅] 즉 '어찔하다, 어지럽다'의 뜻을 가지고 동의 관계에 있다는 것은 다음 예문들에서 잘 확인된다. 원문 중 '中風…昏'이 '中風ᄒᆞ야 어즐ᄒᆞ다'와 'ᄇᆞ름 마자 어즐ᄒᆞ다'로 번역되고 '神昏'이 '精神이 아득ᄒᆞ다'로 번역된다. 그리고 '仆倒昏迷'가 '업더디여 어즐ᄒᆞ다'로 번역되고 '魘昏魅'가 'ᄀᆞ오눌여 아득ᄒᆞ다'로 번역된다. 따라서 '어즐ᄒᆞ다'와 '아득ᄒᆞ다'의 동의성은 명백히 입증된다.

(35) a. 中風ᄒᆞ야 忽然히 어즐ᄒᆞ야(中風忽然昏) <救方上 4b>

　　　 b. ᄇᆞ름 마자 어즐ᄒᆞ며(風昏) <救方上 2b>

　　　 c. 中暑ᄒᆞ야 어즐커든(中暑發昏) <救方上 10b>

　　　 d. 모미 어즐코 닶가와(形體昏悶) <救方上 4b>

　　　 e. ᄇᆞ름 마자 믄득 어즐ᄒᆞ야(中風忽然昏) <救간一 5b>

　　　 f. 더위드려 어즐커든(中暑發昏) <救간一 37b>

g. 뎡죵이 나 어즐ᄒ야(丁瘡發昏) <救간三 24a>

h. 믄득 업더디여 어즐ᄒ야(忽然仆倒昏迷) <救方上 12a> <救간一 38b>

(35) i. 이비 미좃고 精神이 아득ᄒ고 氣分이 ᄎᄂ니(口噤神昏氣冷) <救方下 94b>

j. 이비 미좃고 정신이 아득ᄒ고 긔운이 ᄎᄂ니(口噤神昏氣冷) <救간七 64a>

k. 믄득 ᄀ오눌여 아득ᄒ야 ᄭ이디 몯ᄒ거든(卒魘昏魅不覺) <救간一 83b>

l. 아득ᄒ야 ᄉᆞᆷ의 모ᄅ거든(昏塞不知人) <救간一 4b>

<36> 오라다 對 이슥ᄒ다

두 상태동사가 [良久] 즉 '매우 오래다'의 뜻을 가지고 동의 관계에 있다는 것은 다음 예문들에서 잘 확인된다. 원문 중 '良久當語'가 '오라면 반ᄃ기 말ᄒ다'로 번역되고 '良久再服'이 '이슥ᄒ야 다시 먹다'로 번역된다. 따라서 '오라다'와 '이슥ᄒ다'의 동의성은 명백히 입증된다.

(36) a. 오라면 반ᄃ기 말ᄒ리라(良久當語) <救方上 3a>

b. 빗복의 브텨 오라면 누리라(貼臍良久卽通) <救간三 84b>

c. 오라면 보리라(良久卽通) <救간三 65a>

(36) d. 두 돈을 프러 먹고 이슥ᄒ야 다시 머그라(調二錢服良久再服差) <救간二 92b>

e. 이슥ᄒ야 다시 머그면(良久再服) <救간六 44a>

f. 이슥ᄒ야 더운 차ᄅᆞᆯ 머그라(良久熱茶服) <救간三 93a>

g. 이슥ᄒ야 후로로ᄒᆞᆫ 쥭을 머기면(良久稀粥飮投之) <救간一 101b>

h. 블 믈리고 이(21b)슥ᄒ야 술로 ᄶᅥ 헌 것 우희 ᄇᆞᆯ라(去火良久用匙攤在一片帛上)
　<救간一 22a>

i. 이슥ᄒ야 다시 머그라(有頃再服) <救간三 63a>

<37> 우묵다 對 오목ᄒ다

두 상태동사가 [陷] 즉 '우묵하다, 오목하다'의 뜻을 가지고 동의 관계에 있다는 것은 다음 예문들에서 잘 확인된다. 원문 중 '大節陷'이 '큰 ᄆᆞ딧 우무근 ᄃᆡ'로도 번역되고 '큰 ᄆᆞ딧 오목흔 ᄃᆡ'로도 번역된다. 따라서 '우묵다'와 '오목ᄒ다'의 동의성은 명백히 입증된다.

> (37) a. 네 활기옛 큰 ᄆᆞ딧 우무근 ᄃᆡ와(四肢大節陷) <救方上 76a>
>   b. 네 활기 큰 ᄆᆞ딧 오목흔 ᄃᆡ와(四肢大節陷) <救간一 63a>

<38> 젹다 對 횩다

두 상태동사가 [小] 즉 '작다'의 뜻을 가지고 동의 관계에 있다는 것은 다음 예문들에서 잘 확인된다. 원문 중 '小馬'가 '져근 ᄆᆞᆯ'로 번역되고 '小楡葉'이 '효근 느릅나못 닙'으로 번역된다. 그리고 '小竹管'이 '져근 대롱'으로 번역되고 '小石'이 '효근 돌ㅎ'로 번역된다. 따라서 '젹다'와 '횩다'의 동의성은 명백히 입증된다.

> (38) a. 져근 ᄆᆞ리어든(小馬) <救方下 17b> <救간六 71b>
>   b. 싱앙ᄋᆞᆯ 져근 숝가락 기리 ᄀᆞ티 두 치만 갓가(生薑削如小指長二寸)
>   <救간三 71b>
>   c. 져근 대롱애 藥ᄋᆞᆯ 녀허(用小竹管納藥) <救方上 41b>
>   d. 져근 대롱ᄋᆞ로 부러(以小竹管子吹) <救方上 44b>
>   e. 져근 통을 조히 싯고(淨洗小桶) <救간七 68a>
>   f. 믈 ᄒᆞᆫ 져근 盞과 아ᄒᆡ 오좀 ᄒᆞᆫ 져근 盞과 ᄒᆞᄃᆡ 달혀
>   (以水一小盞童子小便一小盞同煎) <救方下 20a>
>   g. 져근 彈子만 ᄒᆞ닐 머구머시면(如小彈子大含之) <救方上 50b>
>   h. 져근 탄ᄌᆞ만 케 ᄒᆞ야 머구머 이시면(如小彈子大含之) <救간六 14a>
>   i. 馬牙硝 흔 져근 무저글 머구머(含馬牙硝一小塊子) <救方上 46a>
>   j. 져근 瘡은(小瘡) <救方上 82a>
>   k. 이비 블라 입시우리 져거(口緊脣小) <救간三 5a>

l. 모 나며 두렫ㅎ며 크며 져고믈 브스름 크기만 ㅎ야(方圓大小如瘡腫大)

　　〈救간三 35b〉

(38) m. 효근 마놄 汁을 귓 굼긔 처디라(用小蒜汁滴耳中) 〈救方下 44a〉

　　n. 효근 마늘 흔 되룰 즛두드려(小蒜一升搗) 〈救간一 107a〉

　　o. 효근 느릅나못 닙 가시 잇ᄂ닐 조히 시서(用小楡葉有刺者洗淨) 〈救간三 27b〉

　　p. 효근 돌홀(小石) 〈救간三 109a〉

　　q. 효근 여러 가짓 단독이(少小諸種丹毒) 〈救간三 55a〉

　　r. 므렛 효근 잇글 즛두드려(水中細苔搗) 〈救간一 108a〉

　　s. ᄂ치 혹게 허러(面上細瘡) 〈救간三 8a〉

　　t. 小蒜 : 효근 마늘 〈救간一 107a〉

　　u. 水中細苔 : 므렛 효근 잇 〈救간一 108a〉

<39> 크다 對 굵다

두 상태동사가 [大] 즉 '크다, 굵다'의 뜻을 가지고 동의 관계에 있다는 것은 다음 예문들에서 잘 확인된다. 원문 중 '大蒜硏'이 '큰 마ᄂ룰 골다'로 번역되고 '硏大蒜'이 '굴근 마ᄂ룰 골다'로 번역된다. 그리고 '大附子'가 '큰 부ᄌ'로 번역되고 '大半夏'가 '굴근 쇠모롭 불휘'로 번역된다. 따라서 '크다'와 '굵다'의 동의성은 명백히 입증된다.

(39) a. 큰 마ᄂ룰 ᄀ라(大蒜硏) 〈救方上 63a〉

　　b. 큰 부ᄌ 흔 나츨(大附子一枚) 〈救간一 4b〉 〈救간七 48b〉

　　c. 닉예 그스린 미홧 여름 크니 두 낫 두드리니와(大烏梅二介拋) 〈救간二 14a〉

　　d. 모 나며 두렫ㅎ며 크며 져고믈 브스름 크기만 ㅎ야(方圓大小如瘡腫大)

　　　〈救간三 35b〉

(39) e. 굴근 마ᄂ룰 ᄀ라(硏大蒜) 〈救간二 100b〉

　　f. 굴근 마ᄂ룰 베혀(取大蒜切) 〈救간三 46a〉

　　g. 굴근 쇠모롭 불휘 세 낫(大半夏三介) 〈救간二 14a〉

　　h. 굴근 두야머주저깃 불휘 흔 나츨(用大天南星一箇) 〈救간三 50b〉

i. 밐이 굵거든(脈大) <救간一 107a>

<40> 크다 對 어위다

두 상태동사가 [大] 즉 '크다'의 뜻을 가지고 동의 관계에 있다는 것은 다음 예문들에서 잘 확인된다. 원문 중 '大蒜'이 '큰 마늘'로 번역되고 '大口'가 '부리 어위다'로 번역된다. 따라서 '크다'와 '어위다'의 동의성은 명백히 입증된다.

(40) a. 큰 마느를 ᄀ라(大蒜硏) <救方上 63a>

  b. 큰 부즈 흔 나출(大附子一枚) <救간一 4b> <救간七 48b>

  c. 닉예 그스린 미홧 여름 크니 두 낫 두드리니와(大烏梅二介擣) <救간二 14a>

(40) d. 초 두 되를 부리 어윈 병의 녀코(醋二升置於大口甁中) <救간六 24b>

2. 音韻 交替型

音韻의 교체를 보여 주는 상태동사들이 동의 관계를 가질 수 있다. 이 경우가 음운 교체형이다. 음운 교체에는 母音 교체가 있다.

동의 관계가 모음 교체를 보여 주는 상태동사들 사이에 성립된다. 모음 교체에는 陰母音과 陽母音 간의 교체가 있고 양모음과 음모음 간의 교체가 있고 陽母音 간의 교체가 있다. 陰母音과 陽母音 간의 교체에는 '우~오'의 교체가 있다. 모음 '우~오'의 교체를 보여 주는 상태동사에는 [香] 즉 '향기롭다, 고소하다'의 뜻을 가진 '구스다'와 '고스다'를 비롯하여 [宛宛]과 [窊] 즉 '우묵하다, 오목하다'의 뜻을 가진 '우묵ᄒ다'와 '오목ᄒ다'가 있고 [稀] 즉 '묽다, 멀겋다'의 뜻을 가진 '후루루ᄒ다'와 '후로로ᄒ다'가 있다.

양모음과 음모음 같의 교체에는 '오~우'의 교체와 '오~어'의 교체가 있다. 모음 '오~우'의 교체를 보여 주는 상태동사에는 [圓] 즉 '둥글다'의 뜻을 가진 '도렫ᄒ다'와 '두렫ᄒ다'가 있고 [軟] 즉 '보드랍다, 부드럽다'의 뜻을 가진 '보드랍다'와 '부드럽다'가 있다. 모음 '오~어'의 교체를 보여 주는 상태동사에는 [小] 즉 '작다'의 뜻을 가진 '혹다'와 '혁다'가 있다.

陽母音간의 교체에는 '오~아'의 교체가 있다. 모음 '오~아'의 교체를 보여 주는 상태동사에는 [小] 즉 '작다'의 뜻을 가진 '혹다'와 '략다'가 있다.

<1> 구스다 對 고스다

두 상태동사가 [香] 즉 '향기롭다, 고소하다'의 뜻을 가지고 동의 관계에 있다는 것은 다음 예문들에서 잘 확인된다. 원문 중 '香物'이 '구슨 것'으로 번역되고 '香一兩'이 '고스니 흔 량'으로 번역된다. 그리고 '炒香'이 '구스게 볶다'로 번역되고 '炒슉香'이 '고스게 볶다'로 번역된다. 따라서 두 상태동사 '구스다'와 '고스다'의 동의성은 명백히 입증된다. 두 상태동사는 첫 음절에서 모음 '우~오'의 교체를 보여 주고 제2 음절에서 모음 '으~ㅇ'의 교체를 보여 준다.

> (1) a. 도틱 기름과 구슨 것과롤 구어 귓 구뭇 ㄱ새 노하 두면(炙猪脂香物安耳孔邊)
>   <救方下 43b>
>   b. 회홧 고졸 구스게 니기 봇가(槐花炒香熟) <救간一 16b>
>   c. 예춋 삐 흔 량을 구스게 봇가(用酸棗仁—兩炒香) <救간一 116a>

> (1) d. 쁜 우엉 삐 죠히 실오 봇가 고스니 흔 량과(惡實隔紙炒香一兩) <救간二 67b>
>   e. 회홧 고졸 디새 우희 고스게 봇가(槐花瓦上炒슉香) <救간二 88a>
>   f. 춤뻬롤 고스게 봇가 흔딕 디허(熬胡麻슉香同擣) <救간二 42b>

<2> 우묵ㅎ다 對 오목ㅎ다

두 상태동사가 [宛宛]과 [窊] 즉 '우묵하다, 오목하다'의 뜻을 가지고 동의 관계에 있다는 것은 다음 예문들에서 잘 확인된다. 원문 중 '炙…宛宛中'이 '우묵흔 딜 쓰다'로도 번역되고 '오목흔 딜 쓰다'로도 번역된다. 따라서 두 상태동사 '우묵ㅎ다'와 '오목ㅎ다'의 동의성은 명백히 입증된다. 두 상태동사는 첫 음절과 제2 음절에서 모음 '우~오'의 교체를 보여 준다.

(2) a. 목 뒷 髮際ㅅ 두 힘 스싯 우묵흔 딜 쓰라(灸項後髮際兩筋間宛宛中)
　　　〈救方上 61b〉

(2) b. 목 뒷 발젯 두 힘 스싯 오목흔 딜 쓰라(灸項後髮際兩筋間宛宛中) 〈救간二 102b〉
　　　c. 슈신 우희 오목흔 딕 세 붓글 쓰고(灸陰莖上宛宛中三壯) 〈救간一 99a〉
　　　d. 곳 오목흔 딕 브티라(貼鼻窊中) 〈救간二 100a〉
　　　e. 옷 스이예 잇는 반대좀을 귀 아래 오목흔 딕 뿌초딕(取衣中白魚摩耳下穴口)
　　　　〈救간一 19b〉
　　　f. 고 아래 입시울 우희 오목흔 딜 닐굽 붓글 쓰고(灸鼻人中七壯) 〈救간一 55a〉

〈3〉 후루루흐다 對 후로로흐다

　두 상태동사가 [稀] 즉 '묽다, 멀겋다'의 뜻을 가지고 동의 관계에 있다는 것은 다음 예문들에서 잘 확인된다. 원문 중 '稀粥'이 '후루루흔 죽'으로 번역되고 '稀粥飮'이 '후로로흔 죽 믈'로 번역된다. 따라서 두 상태동사 '후루루흐다'와 '후로로흐다'의 동의성은 명백히 입증된다. 두 상태동사는 제2 음절과 제3 음절에서 모음 '우~오'의 교체를 보여 준다.

　(3) a. 후루루흔 粥 굳거든 츠며 더우미 맛게 흐야 다 머그라(如薄粥適寒溫頓飮之)
　　　　〈救方下 54a〉
　　　b. 후루루흔 죽에 두어 마시면(置稀粥中飮之) 〈救간二 85a〉

　(3) c. 후로로흔 죽 므레 글혀(煎稀粥飮) 〈救간一 104a〉
　　　d. 후로로흔 죽을 머기면 쭈미 나(稀粥飮投之汗出) 〈救간一 101b〉
　　　e. 흰 뽈로 후로로케 죽 수어(以白粳米煎稀粥) 〈救간一 103a〉

〈4〉 도렫흐다 對 두렫흐다

　두 상태동사가 [圓] 즉 '둥글다'의 뜻을 가지고 동의 관계에 있다는 것은 다음 예문들에서 잘 확인된다. 원문 중 '圓白'이 '도렫고 희다'로도 번역되고 '두렫고 희다'로도 번역된다. 따라서 두 상태동사 '도렫ᄒ다'와 '두렫ᄒ다'의 동의성은 명백히 입증된다. 두 상태동사는 첫 음절에서 모음 '오~우'의 교체를 보여 준다.

    (4) a. 도렫고 흰 天南星을(圓白天南星) <救方上 1b>

    (4) b. 두렫고 흰 두야머주저깃 불휘를(圓白天南星) <救간一 2a>
       c. 圓白天南星 : 두렫고 흰 두야머주저깃 불휘 <救간一 1b>

    <5> 보ᄃ랍다 對 부드럽다

  두 상태동사가 [軟] 즉 '보드랍다, 부드럽다'의 뜻을 가지고 동의 관계에 있다는 것은 다음 예문들에서 잘 확인된다. 원문 중 '令軟'이 '보ᄃ랍게 ᄒ다'로 번역되고 '令軟滑'이 '부드럽고 믯믯게 ᄒ다'로 번역된다. 따라서 두 상태동사 '보ᄃ랍다'와 '부드럽다'의 동의성은 명백히 입증된다. 두 상태동사는 첫 음절에서 모음 '오~우'의 교체를, 제2 음절에서 모음 'ᄋ~으'의 교체를 그리고 제3 음절에서 모음 '아~어'의 교체를 보여 준다.

    (5) a. 네 面을 ᄯᅮ드려 보ᄃ랍게 ᄒ고(搥四面令軟) <救方上 48b>
       b. 네 면을 두드려 보ᄃ랍게 ᄒ고(搥四面令軟) <救간六 16a>
       c. 보ᄃ라온 주머니예 녀허(盛著練囊中) <救간七 72b>
       d. 보ᄃ라온 헌거스로 스서 ᄆᆞᆯ거든(將絹帛拭乾) <救간三 28a>

    (5) e. 두드려 부드럽고 믯믯게 ᄒ야(搥令軟滑) <救方下 39a>

    <6> 횩다 對 혁다

  두 상태동사가 [小] 즉 '작다'의 뜻을 가지고 동의 관계에 있다는 것은 다음 예문들에서 잘 확인된다. 원문 중 '小蒜'이 '횩근 마ᄂᆞᆯ'로 번역되고 '小者'가 '혁그니'로 번역된다. 따라서 두 상태동사 '횩다'와 '혁다'의 동의성은 명백히 입증된다. '혁그니'는 '혁-[小]+-은(관형사형 어미)#이[者]'로 분석될 수 있다. 두 상태동사는 첫 음절에

서 모음 '오~어'의 교체를 보여 준다.

    (6) a. 효근 마뇺 汁을 귓 굼긔 처디라(用小蒜汁滴耳中) <救方下 44a>

       b. 효근 마늘 흔 되룰 즛두드려(小蒜一升搗) <救간一 107a>

       c. 小蒜 : 효근 마늘 <救간一 107a>

       d. 효근 느릅나못 닙 가시 잇ᄂᆞ닐 조히 시서(用小楡葉有刺者洗淨) <救간三 27b>

       e. 효근 돌홀(小石) <救간三 109a>

       f. 효근 여러 가짓 단독이(少小諸種丹毒) <救간三 55a>

    (6) g. 쇠모롭 불휘 혀그니 닐굽 나츨(半夏七枚小者) <救간二 82a>

<7> 혹다 對 햑다

  두 상태동사가 [小] 즉 '작다'의 뜻을 가지고 동의 관계에 있다는 것은 다음 예문들에서 잘 확인된다. 원문 중 '小蒜'이 '효근 마늘'로 번역되고 '小…粟米'가 '햑근 조쌀'로 번역된다. 그리고 '小梔子'가 '효근 지지 삐'로도 번역되고 '햑근 지지 삐'로도 번역된다. 따라서 두 상태동사 '혹다'와 '햑다'의 동의성은 명백히 입증된다. 두 상태동사는 첫 음절에서 모음 '오~아'의 교체를 보여 준다.

    (7) a. 효근 마뇺 汁을 귓 굼긔 처디라(用小蒜汁滴耳中) <救方下 44a>

       b. 효근 마늘 흔 되룰 즛두느려(小蒜一刀搗) <救간一 107a>

       c. 小蒜 : 효근 마늘 <救간一 107a>

       d. 효근 느릅나못 닙 가시 잇ᄂᆞ닐 조히 시서(用小楡葉有刺者洗淨) <救간三 27b>

       e. 효근 돌홀(小石) <救간三 109a>

       f. 효근 지지 삐 반 량과(小梔子…半兩) <救간三 92a>

       g. 小梔子 : 효근 지지 삐 <救간三 91a>

       h. 효근 여러 가짓 단독이(少小諸種丹毒) <救간三 55a>

    (7) i. 거믜 삿기 헌ᄃᆡ셔 햑근 조쌀 곤ᄒᆞ니 절로 다 나니(蜘蛛兒於瘡中小如粟米自出盡)

        <救方下 77b>

    j. 햐근 지지 삐 흔 나출(小梔子一介) <救간二 101b>

    k. 小梔子 : 햐근 지지 삐 <救간二 101b>

3. 音韻 脫落型

어떤 상태동사가 그것 중의 한 音韻의 탈락에 의해 생긴 상태동사와 동의 관계를 가질 수 있다. 이 경우가 음운 탈락형이다. 음운 탈락에는 모음 '♀'의 탈락과 半母音 [y]의 탈락이 있다.

모음 '♀'의 탈락을 보여 주는 상태동사에는 [如] 즉 '같다'의 뜻을 가진 '곧ᄒ다'와 '곹다'가 있다. 반모음 [y]의 탈락을 보여 주는 상태동사에는 [小] 즉 '작다'의 뜻을 가진 '횩다'와 '혹다'가 있다.

<1> 곧ᄒ다 對 곹다

두 상태동사가 [如] 즉 '같다'의 뜻을 가지고 동의 관계에 있다는 것은 다음 예문들에서 잘 확인된다. 원문 중 '如黍米大'가 '기장ᄡᆞᆯ 곧ᄒ다'로도 번역되고 '기장ᄡᆞᆯ만 곹다'로도 번역된다. 따라서 '곧ᄒ다'와 '곹다'의 동의성은 명백히 입증된다. 상태동사 '곹다'는 '곧ᄒ다'의 제2 음절의 모음 '♀'가 탈락한 것이다.

    (1) a. 힌 거시 기장ᄡᆞᆯ 곧ᄒ니 잇ᄂᆞ니(有白如黍米大) <救方上 18a>

        b. 구두미 잔 곧ᄒ야(堅牢如杯) <救方上 13a>

        c. 正히 주그니 곧ᄒ니(正如死) <救方上 39b>

        d. 알 누른 것 곹거든(如卵黃) <救方下 24a>

        e. 누근 플 곹거든(如稀糊) <救간二 112a>

        f. 믄득 주그니 곧(16a)ᄒ닐 고툐ᄃᆡ(治…有似卒死) <救方上 16b>

        g. 미쳐 나ᄃᆞ로미 경간흔 사ᄅᆞᆷ 곧ᄒ야(狂奔走狀似癲癎) <救간一 112a>

        h. 이 證이 尸厥와 곧ᄒ니(比證與尸厥同) <救方上 15b>

(1) i. 힌 거시 기장뿔만 ▽ᄐ니 잇거든(有白如黍米大) <救간一 47b>

　　 j. 뎨습탕 ▽ᄐ닐 ᄒ라(如…除濕湯) <救간一 67b>

　　 k. 도틱 엄 ▽튼 조각(猪牙皂角) <救간一 5b> <救간二 7a>

<2> 횩다 對 혹다

두 상태동사가 [小] 즉 '작다'의 뜻을 가지고 동의 관계에 있다는 것은 다음 예문들에서 잘 확인된다. 원문 중 '小蒜'이 '횩근 마늘'로도 번역되고 '혹근 마늘'로도 번역된다. 그리고 '小石'이 '횩근 돌ᄒ'로 번역되고 '石沙'가 '혹근 돌ᄒ'로 번역된다. 따라서 '횩다'와 '혹다'의 동의성은 명백히 입증된다. 상태동사 '혹다'는 '횩다'의 어간 '횩-'의 반모음 [y]가 탈락된 것이다.

(2) a. 횩근 마ᄂᆞᆳ 汁을 귓 굼긔 처디라(用小蒜汁滴耳中) <救方下 44a>

　　 b. 횩근 마늘 ᄒ 되를 즛두드려(小蒜一升搗) <救간一 107a>

　　 c. 小蒜 : 횩근 마늘 <救간一 107a>

　　 d. 횩근 느릅나못 닙 가시 잇ᄂᆞ닐 조히 시서(用小楡葉有刺者洗淨) <救간三 27b>

　　 e. 횩근 돌홀(小石) <救간三 109a>

　　 f. 횩근 여러 가짓 단독이(少小諸種丹毒) <救간三 55a>

(2) g. 혹근 마늘 ᄒ 되를 사ᄒ라(小蒜一升咬咀) <救方上 33b>

　　 h. 혹근 돌홀 봇가 븕게 ᄒ야(將石沙炒令赤色) <救力上 33a>

4. 合成型과 派生型

4.1. 合成型

單一 상태동사와 合成 상태동사가 동의 관계를 가질 수 있다. [渴] 즉 '(목이) 마르다'의 뜻을 가진 'ᄆᆞᆯ다'와 '목ᄆᆞᆯ다'가 동의 관계를 가진다.

<1> ᄆᆞᆯ다 對 목ᄆᆞᆯ다

단일 상태동사 'ᄆᆞᆯ다'와 합성 상태동사 '목ᄆᆞᆯ다'가 [渴] 즉 '(목이) 마르다'의 뜻을 가지고 동의 관계에 있다는 것은 다음 예문들에서 잘 확인된다. 원문 중 '渴甚'이 '모기 ᄀᆞ장 ᄆᆞᆯ다'로 번역되고 '無水渴'이 '믈 업고 목ᄆᆞᆯ다'로 번역된다. 따라서 'ᄆᆞᆯ다'와 '목ᄆᆞᆯ다'의 동의성은 명백히 입증된다. '목ᄆᆞᆯ다'는 명사 '목'과 상태동사 'ᄆᆞᆯ다'의 合成이다.

> (1) a. 도와리ᄒᆞ야 모기 ᄀᆞ장 ᄆᆞᆯ거든(霍亂渴甚) <救간二 58b>
> b. 길헤 가다가 과ᄀᆞ리 믈 업고 목ᄆᆞᆯ거든(路中倉卒無水渴) <救간一 35b>

4.2. 派生型

基語인 상태동사가 그것에서 파생된 상태동사와 동의 관계를 가질 수 있다. 이 경우가 派生型이다. 파생에는 [黃] 즉 '누르다'의 뜻을 가진 '누르다'와 '누러ᄒᆞ다', [赤]과 [紅] 즉 '붉다'의 뜻을 가진 '붉다'와 '블거ᄒᆞ다' 그리고 [靑] 즉 '푸르다'의 뜻을 가진 '프르다'와 '프러ᄒᆞ다'가 있다.

<1> 누르다 對 누러ᄒᆞ다

두 상태동사가 [黃] 즉 '누르다'의 뜻을 가지고 동의 관계에 있다는 것은 다음 예문들에서 잘 확인된다. 원문 중 '黃泥'가 '누른 ᄒᆞᆰ'으로 번역되고 '黃土'가 '누런 ᄒᆞᆰ'

으로 번역된다. 그리고 '黃粱米'가 '누른 조뿔'로 번역되고 '心黃'이 '누런 고기양'으로 번역된다. 따라서 '누르다'와 '누러ᄒᆞ다'의 동의성은 명백히 입증된다. '누러ᄒᆞ다'는 상태동사 '누르다'에서 파생된 것으로 '누르-+-어#ᄒᆞ-+-다'로 분석될 수 있다.

(1) a. 오란 브석 니마 우횟 누른 흘ᄀᆞᆯ(舊竈門上黃泥) <救간二 100b>

　　b. 누른 조뿔 닷 되를 시서(黃粱米淘五升) <救간二 59a>

　　c. 누른 하ᄂᆞᆯᄃᆞ래 ᄒᆞᆫ두 낫(黃栝蔞一二箇) <救간七 78a>

　　d. 발 누른 ᄃᆞᆰ은(黃脚雞) <救간一 92a>

　　e. 누른 므를 내오(出黃水) <救간一 71a>

　　f. 누른 쇠졋 두 되와(黃牛乳二大盞) <救간三 38a>

　　g. 누른 비쳇 치를 터리 앗고 ᄀᆞ라(黃色者去毛碾) <救간七 24a>

　　h. 누르고 ᄆᆞᆯ곤 갓플을 노겨(黃明膠洋) <救간二 93b>

　　i. ᄉᆞᆯ고 ᄢᅵ 솝 두 닐굽 나출…누르게 봇가(杏仁二七枚…炒黃) <救간三 77a>

　　j. 구워 누르거든(炮黃) <救간二 92b>

(1) k. 가마 밑 마촘 아랫 누런 ᄒᆞᆰ과를(竈下黃上) <救간一 25a>

　　l. 팟 누런 고기양으로(葱心黃) <救간一 48a>

　　m. 竈下黃上 : 가마 밑 마촘 아랫 누런 ᄒᆞᆰ <救간一 25a>

　　n. 葱心黃 : 팟 누런 고기양 <救간一 48a>

<2> 붉다 對 블거ᄒᆞ다

두 상태동사가 [赤]과 [紅] 즉 '붉다'의 뜻을 가지고 동의 관계에 있다는 것은 다음 예문들에서 잘 확인된다. 원문 중 '微赤'이 '젹간 붉다'로도 번역되고 '젹간 블거ᄒᆞ다'로도 번역된다. '炒赤'이 '붉게 봇다'로 번역되고 '炙微赤'이 '젹간 블거케 굽다'로 번역된다. 그리고 '燒紅'이 '브레 녀허 붉다'로 번역되고 '紅者'가 '블거ᄒᆞ니'로 번역된다. 따라서 '붉다'와 '블거ᄒᆞ다'의 동의성은 명백히 입증된다. '블거ᄒᆞ다'는 상태동사 '붉다'에서 파생된 것으로 '붉-+-어#ᄒᆞ-+-다'로 분석될 수 있다.

(2) a. 대황 닷 량을 사ᄒ라 봇가 잢간 븕거든(大黃五兩剉炒微赤) <救간一 111b>

   b. 모들 스라 븕게 ᄒ야(燒釘令赤) <救方上 66b>

   c. 록둣 ᄀᆞᆯ을 븕게 봇가 내야 노하 화독 업게 ᄒ고(菉豆粉炒赤放下出火毒)

     <救간三 34a>

   d. 룡의 쎠 ᄒᆞᆫ 량 븕게 스로니와ᄅᆞᆯ(龍骨一兩燒赤) <救간二 115b>

   e. 져근믈 비치 블거 피 ᄀᆞᆮ거든(小便色赤如血) <救간三 98a>

   f. 블거 덥달오 알ᄑᆞ거든(赤熱腫痛) <救간三 46b>

   g. 블근 ᄑᆞᆾ ᄀᆞ라(赤小豆末) <救간三 53a>

   h. 불휘 블근 뎡죵애(赤根丁) <救간三 21a>

   i. 브레 녀허 븕거든(燒紅) <救간三 2b>

(2) j. 브스르미…처서믜 괴특ᄒ야 잢간 블거ᄒ거든(癰腫…初起微赤) <救간三 28b>

   k. 감초 두 돈 반 잢간 블거케 구워 사ᄒ로니와ᄅᆞᆯ(甘草一分炙微赤剉) <救간三 79a>

   l. 오도 블거ᄒ니ᄅᆞᆯ 하나 져그나 ᄂᆞ로니 시버(梔子將紅者不拘多少細嚼)

     <救간六 8a>

<3> 프르다 對 프러ᄒ다

  두 상태동사가 [靑] 즉 '푸르다'의 뜻을 가지고 동의 관계에 있다는 것은 다음 예문들에서 잘 확인된다. 원문 중 '色靑'이 '비치 프르다'로 번역되고 '蒼朮'의 자석에서 '비치 프러ᄒ다'가 발견된다. 따라서 '프르다'와 '프러ᄒ다'의 동의성은 명백히 입증된다. '프러ᄒ다'는 상태동사 '프르다'에서 파생된 것으로 '프르-+-어#ᄒ-+-다'로 분석될 수 있다.

(3) a. ᄂᆞᆺ 비치 프르고(面色靑) <救간一 26b>

   b. 프르니 업거든(如無靑者) <救간二 115b>

   c. 머리 프른 올히(靑頭甲鳥) <救간三 105a>

   d. 프른 대(靑竹) <救간一 81a>

   e. 프른 댓 거플 ᄒᆞᆫ 되ᄅᆞᆯ(靑竹皮一升) <救간七 9a>

   f. 프른 댓 닙 ᄒᆞᆫ 줌과ᄅᆞᆯ(靑竹葉一把) <救간三 61a>

    g. 프른 솞 닙 혼 근을(靑松葉一斤) <救간一 26b>

    h. 프른 돈 두 나출(靑錢二文) <救간二 35a>

(3) i. 蒼朮 : 삽듓 불휘니 비치 퍼러ᄒ고 ᄆ듸 기니 <救간一 8a> <救간一 101a>

    j. 蒼朮 : 샵듓 불휘니 비치 퍼러코 ᄆ듸 기니 <救간一 1b>

3 動作動詞와 狀態動詞 간의 同義

동작동사와 상태동사가 동의 관계를 가질 수 있다. 동작동사와 상태동사 간에 동의 관계를 보여 주는 것에는 [老] 즉 '묵다, 늙다'의 뜻을 가진 '묵다'와 '늙다', [陳]과 [舊] 즉 '묵다, 오래 되다'의 뜻을 가진 '묵다'와 '오라다' 그리고 [腐] 즉 '썩다, 구리다, 나쁜 냄새가 나다'의 뜻을 가진 '석다'와 '구리다'가 있다. 상태동사와 동작동사 간에 동의 관계를 보여 주는 것에는 [利] 즉 '통하다, 훤하다'의 뜻을 가진 '훤ᄒ다'와 '뵈다'가 있다.

<1> 묵다 對 늙다

동작동사 '묵다'와 상태동사 '늙다'가 [老] 즉 '묵다, 늙다'의 뜻을 가지고 동의 관계에 있다는 것은 다음 예문들에서 잘 확인된다. 원문 중 '老生薑'이 '무근 싱앙'으로도 번역되고 '늘근 生薑'으로도 번역된다. 따라서 '묵다'와 '늙다'의 동의성은 명백히 입증된다.

(1) a. 또 무근 싱앙을 니예 뿌츠라(或老生薑擦其齒) <救간一 72a>

    b. 됫고마릿 불휘와 무근 싱앙 혼 무적과롤 혼듸 ᄆ르ᄀ라

       (蒼耳根老生薑一塊同研爛) <救간二 77b>

    c. 무근 ᄡᆞᆯ 글흔 므레 프러(以陳米飮調下) <救方上 60a>

    d. 무근 귨 거(17b)플(陳橘皮) <救간七 18a>

(1) e. 시혹 늘근 生薑이나 그 니예 뿌츠라(或老生薑擦其齒) <救方上 71a>

<3> 묵다 對 오라다

동작동사 '묵다'와 상태동사 '오라다'가 [陳]과 [舊] 즉 '묵다, 오래 되다'의 뜻을 가지고 동의 관계에 있다는 것은 다음 예문들에서 잘 확인된다. 원문 중 '陳壁土'가 '무근 ᄇᆞᄅ맷 흙'으로도 번역되고 'ᄇᆞ롬앳 오란 흙'으로도 번역된다. 그리고 '舊酒'가 '무근 술'로 번역되고 '舊木梳'가 '오란 얼에빗'으로 번역된다. 따라서 '묵다'와 '오라다'의 동의성은 명백히 입증된다.

    (2) a. 무근 ᄇᆞᄅ맷 흙 ᄀᆞᄅᆞ로(用陳壁土末) <救方上 73b>

        b. 三年 무근 쟝(三年陳醬) <救方上 3a>

        c. 무근 쟝즙(陳醬汁) <救간七 5b>

        d. 무근 ᄡᆞᆯ ᄀᆞᆯ흔 므레 프러(以陳米飮調下) <救方上 60a>

        e. 무근 고깃 毒을 고티ᄂᆞ니라(治陳肉毒) <救方下 60b>

        f. 무근 ᄀᆞᆲ 거(17b)플(陳橘皮) <救간七 18a>

        g. 무근 초애 섯거(和陳醋) <救간三 13a>

        h. 됴흔 무근 술 흔 잔애 글혀(用好舊酒一大盞煎) <救方上 38a>

        i. 됴흔 무근 술 흔 되예 글혀(用好舊酒一大盞煎) <救간一 53a>

    (2) j. ᄇᆞ롬앳 오란 흙을 ᄇᆞ(67a)사 ᄀᆞ리 두외어든(有用陳壁土末) <救간一 67b>

        k. 오란 얼에빗(舊木梳) <救간二 50b>

        l. 오란 돈(古老錢) <救간三 2b>

<3> 석다 對 구리다

동작동사 '석다'와 상태동사 '구리다'가 [腐] 즉 '썩다, 구리다, 나쁜 냄새가 나다'의 뜻을 가지고 동의 관계에 있다는 것은 다음 예문들에서 잘 확인된다. 원문 중 '牙疳蝕損…腐…爛'이 '감창이 머거…서그며…즛므르다'로 번역되고 '牙疳蝕損腐爛'이 '감창이 헐에 머거 구리고 즛므르다'로 번역된다. 따라서 '석다'와 '구리다'의 동의성

은 명백히 입증된다.

(3) a. 수읈 毒氣이 사ᄅᆞ미 챵ᄌᆞ롤 섯게 홀가 저헤니(恐酒毒腐人腸) <救方下 77b>

　　b. 샐리 니예 모딘 감창이 머거 입시울와 혀(49b)왜 슬히 서그며 니 쌔디며 내 나고
　　　 즛므르거든(走馬惡證牙疳蝕損唇舌肉腐牙落臭爛) <救간三 50a>

　　c. 밤나못 서근 거(4a)프를 ᄀᆞᄂᆞ리 ᄀᆞ라(栗木朽皮細末) <救간三 4b>

(3) d. 샐리 니예 감창이 헐에 머거 구리고 슷므르거든(走馬牙疳蝕損腐爛)
　　　 <救간三 49a>

<4> 훤ᄒᆞ다 對 뵈다

상태동사 '훤ᄒᆞ다'와 동작동사 '뵈다'가 [利] 즉 '통하다, 훤하다'의 뜻을 가지고 동
의 관계에 있다는 것은 다음 예문들에서 잘 확인된다. 원문 중 '大小便…利'가 '大小
便이 훤ᄒᆞ다'로 번역되고 '小腸…利'가 '져근ᄆᆞ리 뵈다'로 번역된다. 따라서 '훤ᄒᆞ다'
와 '뵈다'의 동의성은 명백히 입증된다.

(4) a. 大小便이 훤티 몯ᄒᆞ닐 고툐딕(治…大小便不利) <救方下 28a>

　　b. 가ᄉᆞ미 훤티 아니ᄒᆞ고 답답ᄒᆞ야(胷膈不利煩滿) <救간二 81a>

　　c. 가ᄉᆞ미 훤티 몯ᄒᆞ거든(胸膈不利) <救간二 81a>

　　d. 가ᄉᆞᆷ과 목패 훤티 아(81b)니ᄒᆞ며(胷膈咽喉不利) <救간二 82a>

　　e. ᄌᆞ션히 장뷔 훤ᄒᆞ리라(自然臟腑流利) <救간三 64a>

(4) f. 져근ᄆᆞ리 절로 뵈리라(小腸自利) <救간三 76b>

　　g. 져근ᄆᆞ리 ᄌᆞ조 뵈여(小便多數) <救간三 120a>

제3절 副詞類에서의 同義

고유어의 副詞類에서 발견되는 동의 관계는 相異型과 相似型으로 나눌 수 있다. 相似型은 음운론적 관점과 형태론적 관점에서 분류될 수 있는데 음운론적 관점에 의하면 音韻 交替와 音韻 脫落이 있고 형태론적 관점에 의하면 派生이 있다.

1. 相異型

서로 다른 形式을 가진 둘 또는 그 이상의 副詞類들이 동의 관계를 가질 수 있다. 이 경우가 相異型이다.

고유어의 副詞類에서 확인되는 상이형에는 [逆]과 [倒] 즉 '거꾸로'의 뜻을 가진 '거스리'와 '갓고로'를 비롯하여 [細] 즉 '가늘게'의 뜻을 가진 'ㄱㄴ리'와 'ㄴ로니', [溫溫] 즉 '따뜻이, 따뜻하게'의 뜻을 가진 'ᄃ시'와 '닷ᄃ시', [爛] 즉 '문드러지게, 무르게'의 뜻을 가진 '므르'와 '니기', [必] 즉 '반드시'의 뜻을 가진 '반ᄃ기'와 '딛더디', [良久] 즉 '오래, 한참 지나서'의 뜻을 가진 '오래'와 '이슥고', [自] 즉 '저절로, 스스로'의 뜻을 가진 '제'와 '절로' 그리고 [已] 즉 '벌써, 이미'의 뜻을 가진 'ᄒ마'와 '불셔' 등 70 항목이 있다.

<1> 거스리 對 갓고로

두 부사가 [逆]과 [倒] 즉 '거꾸로'의 뜻을 가지고 동의 관계에 있다는 것은 다음 예문들에서 잘 확인된다. 원문 중 '逆生'이 '거스리 낳다'로도 번역되고 'ᄀ고로 나다'로도 번역된다. 그리고 '倒脫'이 '거스리 밧기다'로 번역되고 '倒産'이 'ᄀ고로 낳다'로 번역된다. 따라서 '거스리'와 '갓고로'의 동의성은 명백히 입증된다. 부사 '거스리'는 [逆] 즉 '거스르다'의 뜻을 가진 동작동사 '거슬다'에서 파생된 것으로 '거슬-+-이'로 분석될 수 있다.

    (1) a. ᄀ로ᄃ 거스리 낳ᄂ다 ᄒᄂ니(謂之逆生) <救方下 81b>
       b. 빗그며 거스리 나ᄒ며(橫逆生) <救方下 83b>

　　c. 빗그며 거스리 낟ᄂᆞ닐 고툐ᄃᆡ(治橫逆産) <救方下 87b>

　　d. 胎衣 거스리 올아(胎衣逆上) <救方下 88a>

　　e. 뒤조치 거스리 올아(胎衣逆上) <救간七 48a>

　　f. 그 가출 자바 거스리 밧기면(乃將皮倒脫) <救간六 49a>

(1) g. 닐오ᄃᆡ 갓고로 나ᄂᆞ다 ᄒᆞᄂᆞ니(謂之逆生) <救간七 45b>

　　h. 아기ᄅᆞᆯ 믄득 몯 나ᄒᆞ며 ᄀᆞᄅᆞ 나ᄒᆞ며 갓고로 나ᄒᆞ며(産難橫生倒産) <救간七 26b>

　　i. 難産附橫生逆産 : 아기 믄득 몯 난ᄂᆞ니와 ᄀᆞᄅᆞ 난ᄂᆞ니와 ᄀᆞᆺ고로 난ᄂᆞ니(25b) 조찻
　　ᄂᆞ니라 <救간七 26a>

<3> 곧 對 믄득

　두 부사가 [便] 즉 '곧, 문득'의 뜻을 가지고 동의 관계에 있다는 것은 다음 예문들에서 잘 확인된다. 원문 중 '便…灸'가 '곧 ᄢᅬ다'로도 번역되고 '믄득 ᄢᅬ다'로도 번역된다. 따라서 '곧'과 '믄득'의 동의성은 명백히 입증된다.

(2) a. 곧 블로 그 모믈 ᄢᅬ(8b)면(便將火灸其身) <救方上 9a>

　　b. 모긔 들면 곧 살리라(令得入咽中便活) <救간一 62a>

　　c. 사가 ᄂᆞ리거나 ᄒᆞ면 곧 ᄭᅴ리라(或化下便醒) <救간一 11a>

　　d. 춘 추미 ᄒᆞᆫ두 되만 나면 곧 숨숨ᄒᆞᄂᆞ니라(冷涎出一二升便得醒醒) <救간一 6a>

(2) e. 믄득 블로 그 모믈 ᄢᅬ면(便將火灸其身) <救간一 88a>

　　f. 믄득 이 약을 머기면(便進此藥) <救간一 3b>

<3> 곧 對 즉재

　두 부사가 [卽] 즉 '곧, 즉시'의 뜻을 가지고 동의 관계에 있다는 것은 다음 예문들에서 잘 확인된다. 원문 중 '卽活'이 '곧 살다'로도 번역되고 '즉재 살다'로도 번역된다. '卽醒'이 '곧 ᄭᅴ다'로도 번역되고 '즉재 ᄭᅴ다'로도 번역된다. 그리고 '卽差'가 '곧 둏다'로도 번역되고 '즉재 둏다'로도 번역된다. 따라서 '곧'과 '즉재'의 동의성은 명백

히 입증된다.

    (3) a. 곧 사ᄂᆞ니라(卽活) <救方上 71a>

       b. 곧 사ᄂᆞ니(卽活) <救方上 8b>

       c. 곧 ᄭᆡᄂᆞ니라(卽醒) <救方上 4a>

       d. 곧 能히 말ᄒᆞᄂᆞ니라(卽能語) <救方上 20b>

       e. 가시 흘러 나면 곧 됴ᄒᆞ리라(流出眯物卽差) <救方下 38b>

       f. 곧 나리라(卽出) <救方下 38a>

       g. 곳굼긔 마ᄀᆞ면 곧 긋ᄂᆞ니라(塞鼻中卽止) <救方上 64a>

       h. 주겟던 사ᄅᆞ미 곧 숨쉬ᄂᆞ니(死人卽噎) <救方下 75b>

    (3) i. 므리 나면 즉재 사ᄂᆞ니라(水出卽活) <救方上 72b>

       j. 즉재 ᄭᆡᄂᆞ니라(卽醒) <救方上 3b>

       k. 즉재 能히 말ᄒᆞᄂᆞ니라(卽能迴語) <救方上 26a>

       l. 즉재 됴ᄒᆞ리(76b)라(卽差) <救간二 77a>

       m. 눖 가온ᄃᆡ 브스면 즉재 나리라(注目中卽出) <救方下 39b>

       n. 그 피 즉재 긋ᄂᆞ니라(其血卽止) <救方上 65b>

       o. 곳굼글 마ᄀᆞ면 즉재 그츠니라(塞鼻中卽止) <救간二 96a>

   <4> 과ᄀᆞᆯ이 對 가그기

   두 부사가 [急] 즉 '갑자기'의 뜻을 가지고 동의 관계에 있다는 것은 다음 예문들에서 잘 확인된다. 원문 중 '急…痺'가 '과ᄀᆞᆯ이 븟다'로 번역되고 '急喚'이 '가그기 브르다'로 번역된다. 따라서 '과ᄀᆞᆯ이'와 '가그기'의 동의성은 명백히 입증된다.

    (4) a. 과(3a)ᄀᆞᆯ이 모기 브ᅀᅥ(急喉痺) <救方上 3a>

       b. 과ᄀᆞᆯ이 모기 브ᅀᅥ(急喉痺) <救간二 66b>

       c. 과ᄀᆞᆯ이 빈 알픈 絞腸沙ᄅᆞᆯ 고툐(37a)ᄃᆡ(治急肚痛絞腸沙) <救方上 37b>

    (4) d. 가그기 브르디 마롤디니(不…急喚) <救간一 82b>

<5> 과글이/과ᄀ리 對 가ᄆ기

두 부사가 [卒]과 [暴] 즉 '갑자기'의 뜻을 가지고 동의 관계에 있다는 것은 다음 예문들에서 잘 확인된다. 원문 중 '卒死'가 '과글이 죽다'로도 번역되고 '과ᄀ리 죽다'로도 번역되며 '가ᄆ기 죽다'로도 번역된다. 그리고 '暴腫'이 '과글이 붓다'로 번역되고 '暴虛'가 '가ᄆ기 뷔다'로 번역된다. 따라서 '과글이/과ᄀ리'와 '가ᄆ기'의 동의성은 명백히 입증된다. 부사 '과글이/과ᄀ리'는 [卒] 즉 '급하다'의 뜻을 가진 상태동사 '과ᄀᄅ다'에서 파생된 것으로 '과글-+-이/과ᄀᄅ-+-ㅣ'로 분석될 수 있다. '가ᄆ기'는 [急] 즉 '급하다'의 뜻을 가진 상태동사 '가ᄀ호다'에서 파생된 것으로 '가ᄀ-+-이'로 분석될 수 있다.

> (5) a. 과글이 주그니와 中惡ᄒ니와 尸厥ᄒ니를(卒死中惡及尸厥) <救方上 25b>
>
>   b. 과글이 죽고 壯히 熱ᄒ닐(卒死而壯熱者) <救方上 26a>
>
>   c. 一切 과글이 주그닐 고툐ᄃᆡ(治一切卒死) <救方上 26b>
>
>   d. 과글이 中惡ᄒ야(卒中惡) <救方上 30a>
>
>   e. 과ᄀ리 주거 믹 업스닐(卒死無脉) <救간一 43a>
>
>   f. 과ᄀ리 ᄇᄅᆷ 마자(卒中風) <救간一 4b>
>
>   g. 과글이 가ᄉᆞᆷ 알파 ᄎᆞᆷ디 몯거든(暴心痛不可忍) <救간二 28a>
>
>   h. 혜 과글이 붓거든(舌暴腫) <救간二 91a>

> (5) i. 가ᄆ기 주거 脉 업스닐 고툐ᄃᆡ(治卒死無脉) <救方上 21b>
>
>   j. 가ᄆ기 ᄇᆡ야미 가마 프디 아니ᄒ거든 고튜ᄃᆡ(治卒爲蛇繞不解) <救方下 79b>
>
>   k. 血氣 가ᄆ기 뷔여(氣血暴虛) <救方下 94a>
>
>   l. 혈긔 가ᄆ기 뷔여(氣血暴虛) <救간七 63b>

<6> 구디 對 두터이

두 부사가 [密] 즉 '굳게, 단단히 붙여'의 뜻을 가지고 동의 관계에 있다는 것은 다음 예문들에서 잘 확인된다. 원문 중 '密封'이 '구디 ᄆᆡ다'로도 번역되고 '두터이 ᄡᆞᄆᆡ다'로도 번역된다. 따라서 '구디'와 '두터이'의 동의성은 명백히 입증된다.

(6) a. 죠히로 볏 부릴 구디 미야(以紙密封瓶口) <救간七 65a>

　b. 글 슨 죠히로 볏 부리를 닐굽 볼 구디 미야(以有字紙七重密封瓶口) <救간三 84b>

　c. 녀른 죠히와 오란 죠히로 구디 미야(以油單并故紙密裹) <救간 三 35b>

(6) d. 부리를 두터이 빠미야(密封頭) <救간二 18b>

<7> 구디 對 딘즈기

두 부사가 [緊] 즉 '굳게, 단단히'의 뜻을 가지고 동의 관계에 있다는 것은 다음 예문들에서 잘 확인된다. 원문 중 '緊塞'이 '구디 막다'로 번역되고 '挽…緊'이 '딘즈기 잡다'로 번역된다. 따라서 '구디'와 '딘즈기'의 동의성은 명백히 입증된다.

(7) a. 오스로 두 거슬 구디 마고미 됴ᄒ니(以衣物緊塞二物爲妙) <救方上 77a>
　b. 밋굼글 구디 막고(緊塞穀道) <救方上 78a>
　c. 죠히로 볏 부릴 구디 미야(以紙密封瓶口) <救간七 65a>

(7) d. 소느로 그 뎡바기옛 머리터럭을 딘즈기 자바 노티 말오
　(以手少挽其頂髮常常緊勿放之) <救간一 60a>

<8> 구디 對 미이

두 부사가 [緊] 즉 '굳게, 매우'의 뜻을 가지고 동의 관계에 있다는 것은 다음 예문들에서 잘 확인된다. 원문 중 '緊塞'이 '구디 막다'로 번역되고 '緊…掩'이 '미이 막다'로 번역된다. 따라서 '구디'와 '미이'의 동의성은 명백히 입증된다.

(8) a. 오스로 두 거슬 구디 마고미 됴ᄒ니(以衣物緊塞二物爲妙) <救方上 77a>
　b. 밋굼글 구디 막고(緊塞穀道) <救方上 78a>
　c. 두 그틀 구디 자바(緊捉兩頭) <救간六 67b>

(8) d. 밀이 소느로 가슴과 녑과룰 뭋고(緊以手擦胷脇) <救方上 77a>

　　e. 밀이 두 소느로 그 이블 마가(緊用兩手掩其口) <救方上 77b>

　　f. 밀이 두 소느로 그 입을 마가(緊用兩手掩其口) <救간一 62b>

<9> 구디 對 스외

두 부사가 [密] 즉 '굳게, 단단히 붙여'의 뜻을 가지고 동의 관계에 있다는 것은 다음 예문들에서 잘 확인된다. 원문 중 '密封'이 '구디 막다'로도 번역되고 '스외 미다'로도 번역된다. 따라서 '구디'와 '스외'의 동의성은 명백히 입증된다.

(9) a. 죠히로 병 부릴 구디 미야(以紙密封瓶口) <救간七 65a>

　　b. 글 슨 죠히로 병 부리를 닐굽 볼 구디 미야(以有字紙七重密封瓶口)

　　　<救간三 84b>

　　c. 더른 죠히와 오란 죠히로 구디 미야(以油單并故紙密裹) <救간三 35b>

(9) d. 죠히로 瓶入 이플 스외 마가(以紙密封瓶口) <救方下 95b>

<10> 그르 對 몰라

부사 '그르'와 부사어 '몰라'가 [誤] 즉 '잘못, 그릇'의 뜻을 가지고 동의 관계에 있다는 것은 다음 예문들에서 잘 확인된다. 원문 중 '誤吞'이 '그르 숨씨다'로도 번역되고 '몰라 숨씨다'로도 번역된다. 따라서 '그르'와 '몰라'의 동의성은 명백히 입증된다. 부사어 '몰라'는 동작동사 '모른다'의 부사형이다.

(10) a. 낙술 그르 숨씨닐 고툐딕(治誤吞鈎) <救方上 50a>

　　b. 돈 그르 숨씨닐 고툐딕(治誤吞錢) <救方上 50b>

　　c. 바늘와 몯과 낛과 고깃쎠와 雜거슬 그르 숨씨닐 고툐딕

　　　(治誤吞針釘鉤子魚骨雜物) <救方上 51a>

　　d. 그르 겨집과 사괴면(誤與婦人交) <救方上 54b>

(10) e. 낙슬 몰라 슴쪄(誤呑鉤) <救간方 15a>

　　 f. 바느룰 몰라 슴쪄든(誤呑釘) <救간方 13a>

<11> ᄀᄂ리 對 ᄂ로니

　두 부사가 [細] 즉 '가늘게'의 뜻을 가지고 동의 관계에 있다는 것은 다음 예문들에서 잘 확인된다. 원문 중 '細硏'이 'ᄀᄂ리 굴다'로도 번역되고 'ᄂ로니 두드리다'로도 번역된다. 그리고 '細作'이 'ᄀᄂ리 밍굴다'로 번역되고 '細嚼'이 'ᄂ로니 십다'로 번역된다. 따라서 'ᄀᄂ리'와 'ᄂ로니'의 동의성은 명백히 입증된다. 'ᄀᄂ리'는 상태 동사 'ᄀᄂᆯ다'에서 파생된 부사이고 'ᄂ로니'는 상태동사 'ᄂ론ᄒ다'에서 파생된 부사이다.

(11) a. ᄀ장 됴흔 朱砂룰 ᄀᄂ리 ᄀ라(上好朱砂細硏) <救方上 16b>

　　 b. 雄黃 흔 兩을 ᄀᄂ리 紛 ᄀ티 ᄀ라(雄黃一兩細硏如紛) <救方上 17a>

　　 c. 거믄 쇠 똥을 ᄉ라 ᄀᄂ리 ᄀ라(烏牛糞燒灰細硏) <救方下 9a>

　　 d. 츩 불휘 놀 세 斤을 ᄀᄂ리 사ᄒ라 ᄀ라(葛根生者三斤剉細硏) <救方下 4a>

　　 e. 藥을 다 ᄀᄂ리 사ᄒ라(右件藥並細剉) <救方下 9b>

　　 f. ᄀᄂ리 사ᄒ라 마고 브튜리니(細剉以封之) <救方下 16b>

　　 g. ᄀᄂ리 실 밍ᄀ라 호고(細作線縫之) <救方下 16b>

　　 h. ᄀᄂ리 처(細羅) <救方下 16b>

(11) i. ᄂ로니 훍 ᄀ티 두드려(細硏如泥) <救간一 3b>

　　 j. 石菖蒲룰 ᄂ로니 십고(細嚼石菖蒲) <救方上 28b>

　　 k. 굴근 마늘 두어 알(10b)흘 ᄂ로니 십고(大蒜三兩瓣細嚼) <救方上 11a>

　　 l. 丁香 닐굽 나출 ᄂ로니 십고(丁香七枚細爵) <救方上 35a>

　　 m. 풋굴 ᄂ로니 시버(用赤小豆細嚼) <救方下 21b>

　　 n. 白梅룰 ᄂ로니 시버(用白梅細嚼) <救方下 6a>

　　 o. 조흘 ᄂ로니 시버(用粟細嚼) <救方下 17b>

<12> ᄀᆞ장 對 너무

두 부사가 [大]와 [太] 즉 '심하게, 너무'의 뜻을 가지고 동의 관계에 있다는 것은 다음 예문들에서 잘 확인된다. 원문 중 '大渴'이 'ᄀᆞ장 목ᄆᆞ르다'로 번역되고 '大吐'가 '너무 吐ᄒᆞ다'로 번역된다. 그리고 '大痛'이 'ᄀᆞ장 알프다'로 번역되고 '太稀'가 '너무 젹다'로 번역된다. 따라서 'ᄀᆞ장'과 '너무'의 동의성은 명백히 입증된다.

(12) a. ᄀᆞ장 목ᄆᆞ라(大渴) <救方上 34a>

　　　b. 수를 마셔 댱샹 ᄀᆞ장 醉케 ᄒᆞ면(飮酒常令大醉) <救方下 64a>

　　　c. 이 藥이 ᄀᆞ장 神驗ᄒᆞ니라(此藥大驗) <救方上 81b>

　　　d. 傷處ㅣ ᄀᆞ장 알프며(傷處大痛) <救方下 23a>

　　　e. ᄀᆞ장 더이 ᄒᆞ야(大溫) <救方下 33b>

(12) f. 너무 吐호미 몯ᄒᆞ리라(不可大吐) <救方上 4b>

　　　g. 너무 토티 아니케 ᄒᆞ라(不可大吐) <救간一 6a>

　　　h. 너무 吐티 아니케 코(不大嘔吐) <救方上 4b>

　　　i. 너무 怒커나(大怒) <救方上 31a>

　　　j. 너무 젹게 마롤디니(不可太稀) <救方上 58b>

<13> ᄀᆞ장 對 히

두 부사가 [大]와 [甚] 즉 '몹시, 심히'의 뜻을 가지고 동의 관계에 있다는 것은 다음 예문들에서 잘 확인된다. 원문 중 '大渴'이 'ᄀᆞ장 목ᄆᆞ르다'로 번역되고 '大吐'가 '히 吐ᄒᆞ다'로 번역된다. 그리고 '令大熱'이 'ᄀᆞ장 덥게 ᄒᆞ다'로도 번역되고 '히 덥게 ᄒᆞ다'로도 번역된다. 따라서 'ᄀᆞ장'과 '히'의 동의성은 명백히 입증된다.

(13) a. ᄀᆞ장 목ᄆᆞ라(大渴) <救方上 34a>

　　　b. 수를 마셔 댱샹 ᄀᆞ장 醉케 ᄒᆞ면(飮酒常令大醉) <救方下 64a>

　　　c. 믹이 ᄲᅮ처 ᄀᆞ장 덥게 ᄒᆞ라(用力摩之令大熱) <救간二 6a>

　　　d. 이 藥이 ᄀᆞ장 神驗ᄒᆞ니라(此藥大驗) <救方上 81b>

   e. 傷處ㅣ ᄀ장 알ᄑ며(傷處大痛) <救方下 23a>

   f. ᄀ장 더이 ᄒ야(大溫) <救方下 33b>

(13) g. 그 證이 하 吐커나 하 즈천 後에(其證或因大吐大瀉之後) <救方上 54b>

   h. 하 덥게 ᄒ야 가치 헐에 말라(勿令大熱恐破肉) <救方下 36b>

<14> ᄀᆺ 對 새

두 부사가 [新] 즉 '갓, 새로'의 뜻을 가지고 동의 관계에 있다는 것은 다음 예문들에서 잘 확인된다. 원문 중 '新汲水'가 'ᄀᆺ 기룬 믈'로도 번역되고 '새 기른 믈'로도 번역된다. 그리고 '新摘'이 'ᄀᆺ 키다'로 번역되고 '新熟'이 '새 닉다'로 번역된다. 따라서 'ᄀᆺ'과 '새'의 동의성은 명백히 입증된다.

(14) a. ᄀᆺ 기룬 므레 프러 머그며(新汲水調下) <救方上 19a>

   b. ᄀᆺ 기룬 므리 더 됴ᄒ니라(用新汲水尤佳) <救方上 28a>

   c. ᄀᆺ 기룬 믈로 ᄂ리오ᄃᆡ(新汲水送下) <救方上 35a>

   d. ᄀᆺ 기른 井花水예 프러 머기고(新汲井花水調灌) <救方上 22a>

   e. ᄀᆺ 기론 므레 프러 머그면(新汲水調服) <救간一 37a>

   f. ᄀᆺ 기론 므레 녀코(投新汲水) <救간二 110b>

   g. 傷寒이 ᄀᆺ 됴커든(傷寒新瘥) <救方上 54b>

   h. ᄀᆺ 키욘 파롤(取葱新摘者) <救方下 35b>

   i. ᄀᆺ 난 숭아지 플 먹디 아니ᄒ야셔(新生犢子未食草) <救간二 113b>

   j. ᄀᆺ 눈 ᄆᆯ종을 브스름 우희 둗거이 ᄇᆞ로ᄃᆡ(新馬糞厚塗腫上) <救간三 35a>

(14) k. 새 기룬 므레 ᄭᅮᆯ 漿(8b)水ᄅᆞᆯ 프러 머그라(取新汲水調蜜漿飲之) <救方下 9a>

   l. 새 기룬 므레 ᄆᆞ라(新汲井調) <救方下 35a>

   m. 새 기론 우믌 므레 ᄆᆞ라 ᄇᆞᄅᆞ라(新汲井水調抹) <救方下 11b>

   n. 새 니근 수를 지가이 조쳐(以新熟酒連糟) <救方下 34b>

<15> 너무 對 만히

두 부사가 [大] 즉 '너무, 많이'의 뜻을 가지고 동의 관계에 있다는 것은 다음 예문들에서 잘 확인된다. 원문 중 '大吐'가 '너무 吐ᄒ다'로도 번역되고 '만히 토ᄒ다'로도 번역된다. 따라서 '너무'와 '만히'의 동의성은 명백히 입증된다. '너무'는 동작동사 '넘다'에서 파생된 부사로 '넘-+-우'로 분석될 수 있고 '만히'는 상태동사 '만ᄒ다'에서 파생된 부사로 '만ᄒ-+-ㅣ(사동 접사)'로 분석될 수 있다.

(15) a. 너무 吐호미 몯ᄒ리라(不可大吐) <救方上 4b>

 b. 너무 토티 아니케 ᄒ라(不可大吐) <救간一 6a>

 c. 너무 吐티 아니케 코(不大嘔吐) <救方上 4b>

 d. 너무 怒커나(大怒) <救方上 31a>

(15) e. 즉재 만히 토흔 후에(卽大吐後) <救간一 110b>

 f. ᄯ오 피 만히 나ᄂ니란(若大衄者) <救간二 99a>

 g. 즉재 만히 보리라(卽大通) <救간三 70a>

<16> 너무 對 하

두 부사가 [大] 즉 '너무, 심하게'의 뜻을 가지고 동의 관계에 있다는 것은 다음 예문들에서 잘 확인된다. 원문 중 '大吐'가 '너무 吐ᄒ디'로도 번역되고 '하 吐ᄒ다'로도 번역된다. 그리고 '勿令大熱'이 '너무 덥게 말다'로 번역되고 '令大熱'이 '하 덥게 ᄒ다'로 번역된다. 따라서 '너무'와 '하'의 동의성은 명백히 입증된다.

(16) a. 너무 吐호미 몯ᄒ리라(不可大吐) <救方上 4b>

 b. 너무 토티 아니케 ᄒ라(不可大吐) <救간一 6a>

 c. 너무 吐티 아니케 코(不大嘔吐) <救方上 4b>

 d. 너무 덥게 말라 슬히 헐가 저헤니(勿令大熱恐破肉) <救간一 80b>

 e. 너무 怒커나(大怒) <救方上 31a>

(16) f. 그 證이 하 吐커나 하 즈친 後에(其證或因大吐大瀉之後) <救方上 54b>

    g. 하 덥게 ᄒ야 가치 헐에 말라(勿令大熱恐破肉) <救方下 36b>

<17> 다 對 글

두 부사가 [並] 즉 '다, 모두'의 뜻을 가지고 동의 관계에 있다는 것은 다음 예문들에서 잘 확인된다. 원문 중 '並無'가 '다 없다'로도 번역되고 '글 없다'로도 번역된다. 따라서 '다'와 '글'의 동의성은 명백히 입증된다.

(17) a. 아래로 낛 줄와 미느리 뻐여 나 다 헌 듸 업더라(向下裏定鉤線鬚而出並無所損)

      <救간六 16b>

    b. 단긔ᄒ야 절로 쏨 나ᄂ닌 다 머골디니(短氣悸乏或復自汗並宜服之)

      <救간一 115a>

(17) c. 아래로 낙 줄와 낛 미느를 쯔려 나 글 헌 듸 업더라

    (向下裏定鉤線鬚而出並無所損) <救方上 48b>

<18> 다 對 믄득

두 부사가 [頓] 즉 '다'의 뜻을 가지고 동의 관계에 있다는 것은 다음 예문들에서 잘 확인된다. 원문 중 '頓服'이 '다 먹다'로도 번역되고 '믄득 먹다'로도 번역된다. 따라서 '다'와 '믄득'의 동의성은 명백히 입증된다.

(18) a. 흔 되를 取ᄒ야 다 머그라(取一升頓服) <救方上 33b>

    b. 强ᄒ닌 다 먹고(强者頓服) <救方上 30a>

    c. 半 되를 다 머그라(半升頓服) <救方下 52b>

    d. 다 먹고(頓服) <救方下 52b>

    e. 우러(27b)난 므를 다 머그라(取汁頓服) <救간一 28a>

    f. 츠며 더우미 맛게 ᄒ야 다 머그라(適寒溫頓飲之) <救方下 54a>

(18) g. 훈 되 드외어든 믄득 머그라(取一升頓服) <救간二 34a>

　　　h. 믄득 머거(頓服) <救간七 23a>

　　　i. 믄득 머그라(頓服) <救간七 34b>

　　　j. 믄득 머그면(頓服之) <救간七 36b>

그리고 '頓服'이 '즉재 다 먹다'로도 번역되고 '믄득 다 먹다'로도 번역되고 '훈 번
에 믄득 먹다'로도 번역된다는 것은 다음 예문들에서 잘 확인된다.

(18) k. 츠며 더우미 맛거든 즉재 다 먹고 쑴 내라(令相得適寒溫頓服取汗)

　　　　<救간一 107b>

　　　l. 믄득 다 몬 먹거든(不能頓服) <救간七 20a>

　　　m. 얼운은 훈 번에 믄득 먹고(强者頓服) <救간二 31b>

<19> 다시 對 거듭

두 부사가 [再]와 [至再] 즉 '다시, 거듭'의 뜻을 가지고 동의 관계에 있다는 것은
다음 예문들에서 잘 확인된다. 원문 중 '再服'이 '다시 먹다'로 번역되고 '至再服'이
'거듭 먹다'로 번역된다. 따라서 '다시'와 '거듭'의 동의성은 명백히 입증된다.

(19) a, 오래 토티 아니커든 다시 머그라(良久不吐再服) <救간二 32a>

　　　b. 됴티 아니커든 다시 머그라(未差再服) <救간 · 85b>

　　　c. 듕ᄒ니는 다시 머그라(甚者再服) <救간二 109a>

(19) d. 엿 홉이 드외어든 머고ᄃᆡ 거듭 머그라(取六合飮之至再服) <救간二 5a>

<20> 다시 對 ᄯᅩ

두 부사가 [更], [再] 및 [復] 즉 '다시, 또'의 뜻을 가지고 동의 관계에 있다는 것은
다음 예문들에서 잘 확인된다. 원문 중 '更…覆'가 '다시 덮다'로도 번역되고 'ᄯᅩ 둪
다'로도 번역된다. '再服'이 '다시 먹다'로도 번역되고 'ᄯᅩ 먹다'로도 번역된다. 그리

고 '復炒'가 '다시 봄다'로 번역되고 '復煮'가 '坯 글히다'로 번역된다. 따라서 '다시'와 '坯'의 동의성은 명백히 입증된다.

(20) a. 桔梗ㅅ ▽ᄅ 흔 兩과 射香ㅅ ▽ᄅ 흔 分을 다시 ▽라 고르게 ᄒ야

　　(桔梗末一兩射香一分右二味更研令勻) <救方上 26b>

　b. 다시 화로앳 더운 지를 빗복 아라 우희 더프면(更以爐中煖灰覆臍上下則)

　　<救간一 67b>

　c. 다시 귓 굼긔 부러 드리면(更吹入耳中內) <救간一 46a>

　d. 다시 이흐름너출와 활셕과로 조쳐 쓰면(更以木通滑石佐之) <救간三 76a>

　e. 됴티 아니커든 다시 머그라(未差再服) <救方上 23a> <救간一 85b>

　f. 흔 둙곳 젹거든 다시 밍글라(一雞少則再作) <救方下 29b> <救간一 79b>

　g. 다시 죠희 젼을 ᄉ라(再燒紙錢) <救方上 74b>

　h. 터리 다시 나ᄂ니라(毛髮再生) <救方下 12b>

　i. ᄂ치 ᄇᄅ고 ᄆᄅ거든 다시 ᄇᄅ라(以塗其面乾復塗之) <救方上 26a>

　j. 다시 이 法 ▽티 ᄒ요ᄃ(復爲之如此法) <救方下 37b>

　k. 다시 봇가 울ᄒ라(復炒慰之) <救간二 45a>

(20) l. 坯 火爐앳 더운 지로 빗복 아라 우희 두프면(更以爐中煖灰覆臍上下則)

　　<救方上 73b>

　m. 坯 두 사ᄅ미 붇줄으로 귓 굼글 불에 호미(更令兩人以筆管吹其耳中)

　　<救方上 77b>

　n. 坯 뿔 흔 술 녀허(更入蜜一匙) <救간二 24a>

　o. 됴티 아니커든 坯 머그라(不差再服之) <救간二 53b>

　p. 坯 믈 서 되룰 ▽장 글히고(復煮三升極) <救간一 107b>

<21> 당다이 對 반ᄃ기 對 모로매

세 부사가 [當] 즉 '반드시'의 뜻을 가지고 동의 관계에 있다는 것은 다음 예문들에서 잘 확인된다. 원문 중 '當吐'가 '당다이 吐ᄒ다'로도 번역되고 '반ᄃ기 吐ᄒ다'로도 번역된다. 그리고 '當疾出'이 '모로매 ᄲᆯ리 내다'로 번역된다. 따라서 '당다이', '반

드기' 및 '모로매'의 동의성은 명백히 입증된다.

(21) a. 당다이 터러글 吐ᄒ리라(當吐毛) <救方下 64a>

　　b. ᄒ다가 이 양ᄌ로 고티면 病이 당다이 됴티 몯ᄒ리니(若作此治之病必難愈)

　　　　<救方下 94b>

(21) c. 반ᄃ기 므를 吐ᄒ리니(當吐水) <救方上 72a>

　　d. 반ᄃ기 말ᄒ리라(當語) <救方上 3a>

　　e. 그 사ᄅ미 반ᄃ기 ᄀ장 목ᄆᆞᆯ라 ᄒᄂ니(其人當苦渴) <救方上 80a>

　　f. 반ᄃ기 汁이 나리니(當用有汁出) <救方上 84a>

　　g. 쇠 할ᄒ면 반ᄃ기 돋ᄂ니라(牛舐必瘥) <救方上 24b> <救간一 24a>

(21) h. 모로매 그 솞가라글 ᄲᆞ리 내욜디니(當疾出其指) <救方上 79a>

　　i. 모로매 곪게 홀디니(必須出膿) <救간三 58a>

<22> 더 對 더욱

두 부사가 [尤] 즉 '더, 더욱'의 뜻을 가지고 동의 관계에 있다는 것은 다음 예문들에서 잘 확인된다. 원문 중 '用新汲水尤佳'와 '得新汲水尤佳'의 '尤佳'가 '더 둏다'로도 번역되고 '더욱 둏다'로도 번역된다. 따라서 '더'와 '더욱'의 동의성은 명백히 입증된다.

(22) a. ᄀᆺ 기룬 므리 더 됴ᄒ니라(用新汲水尤佳) <救方上 28a>

　　b. 더 됴ᄒ니(尤妙) <救方上 77b>

　　c. 사ᄉ믜 ᄀᆺ 도다 난 털 조ᄎᆞ ᄲᆞ리 더 됴ᄒ니라(鹿茸尤佳) <救간二 43b>

(22) d. 거믄 羊의 ᄯᅩᆼ이 더욱 됴ᄒ니라(烏羊屎尤佳) <救方下 6b>

　　e. ᄀᆺ 기론 므를 머기면 더욱 됴ᄒ니라(得新汲水尤佳) <救간二　29b>

　　f. 잘 제 머고미 더욱 됴ᄒ니라(臨睡服尤佳) <救方二 14b>

<23> 두터이 對 둗거이

　두 부사가 [厚] 즉 '두껍게, 두터이'의 뜻을 가지고 동의 관계에 있다는 것은 다음 예문들에서 잘 확인된다. 원문 중 '厚傅'가 '두터이 ᄇᆞᄅ다'로도 번역되고 '둗거이 브티다'로도 번역된다. '厚塗'가 '두터이 ᄇᆞᄅ다'로도 번역되고 '둗거이 ᄇᆞᄅ다'로도 번역된다. 그리고 '厚裹'가 '두터이 ᄡᅡ다'로 번역되고 '厚封'이 '둗거이 브티다'로 번역된다. 따라서 '두터이'와 '둗거이'의 동의성은 명백히 입증된다. '두터이'는 상태동사 '두텁다'에서 파생된 부사이고 '둗거이'는 상태동사 '둗겁다'에서 파생된 부사이다.

　　　(23) a. 瘡의 두터이 ᄇᆞᄅ고(厚傅瘡上) <救方上 84b>

　　　　　　b. 거믄 양의 ᄶᅩᆼ을 므레 ᄆᆞ라 두터이 브티면(烏羊糞水和厚傅之) <救간六 28b>

　　　　　　c. 마ᄂᆞᆯ 디허 두터이 브툐ᄃᆡ(擣蒜厚傅之) <救간三 51b>

　　　　　　d. 그 우희 두터이 ᄇᆞᄅ면(厚塗其上) <救方下 6b>

　　　　　　e. 목 아래 두터이 ᄇᆞᄅ라(厚塗項下) <救간二 67a>

　　　　　　f. 황벽피 ᄒᆞᆫ 량 디흔 ᄀᆞᆯ을…두터이 ᄇᆞᆯ로ᄃᆡ(黃蘗一兩搗末…厚塗) <救간七 75b>

　　　　　　g. 오ᄉᆞ로 두터이 ᄡᅡ(厚裹衣物) <救方上 78a>

　　　　　　h. 오ᄉᆞ로 두터이 ᄡᅡ(厚裹衣) <救간一 59b>

　　　(23) i. 헌 ᄃᆡ 둗거이 브툐ᄃᆡ(厚傅損處) <救方下 35a>

　　　　　　j. 헌 ᄯᅡ해 둗거이 브티면 즉재 둗ᄂᆞ니라(厚封損處立差) <救方下 29b>

　　　　　　k. 헌 ᄃᆡ 둗거이 브(79b)티면 즉재 됴ᄒᆞ리라(厚封損處立差) <救간一 80a>

　　　　　　l. 브ᅀᅳ름 우희 둗거이 ᄇᆞᆯ로ᄃᆡ(厚塗腫上) <救간三 35a>

<24> 두터이 對 디투

　두 부사가 [濃] 즉 '짙게, 진하게'의 뜻을 가지고 동의 관계에 있다는 것은 다음 예문들에서 잘 확인된다. 원문 중 '濃煎'이 '두터이 글히다'로도 번역되고 '디투 달히다'로도 번역된다. '濃煮'가 '두터이 글히다'로도 번역되고 '디투 글히다'로도 번역된다. 그리고 '濃硏'이 '두터이 ᄀᆞᆯ다'로 번역되고 '濃調'가 '디투 플다'로 번역된다. 따라서 '두터이'와 '디투'의 동의성은 명백히 입증된다. '두터이'는 상태동사 '두텁다'에서 파

생된 부사로 '두텉+-이'로 분석되고 '디투'는 상태동사 '딜다'에서 파생된 부사로 '딜+-우'로 분석된다.

(24) a. 貫衆을 두터이 글혀(貫衆不以多少濃煎) <救方上 48a>

　　 b. 부글 두터이 글혀(濃煎艾湯) <救方上 50b>

　　 c. 댓 닙과 댓 가출 두터이 글혀(以竹葉竹皮濃煎) <救方上 65b>

　　 d. 댓 거프를 取ᄒ야 두터이 즈블 글혀(取竹筎濃煮汁) <救方上 66a>

　　 e. 엿귀를 두터이 글혀 汁을 取(9a)ᄒ야(濃煮蓼取汁) <救方上 9b>

　　 f. 됴훈 墨을 두터이 ᄀ라(濃研好墨) <救方上 64a>

(24) g. 회초밋 불휘를 하나 져그나 디투 달혀(貫衆不以多少濃煎) <救간六 7a>

　　 h. 디투 달힌 뿍 므를(濃煎艾湯) <救간六 19b>

　　 i. 댓 닙과 거프를 디투 달혀(以竹葉竹皮濃煎) <救간二 117b>

　　 j. 소옴댓 니플 디투 글혀(淡竹葉濃煎) <救간二 117a>

　　 k. 디투 글힌 소곰 므를(濃煎鹽湯) <救간二 50a>

　　 l. 료화 디투 글힌 즙(濃煮蓼取汁) <救간二 34a>

　　 m. 콩 디투 글힌 므를 머거도(濃煮大豆汁含) <救간一 17b>

　　 n. 뭇방하 디투 글힌 즙을(濃煮雞蘇汁) <救간二 106a>

　　 o. 디투 프로니 반 잔만 ᄒ닐(濃調約半許) <救간二 104b>

부사 '틉투비'가 [濃] 즉 '짙게, 진하게'의 뜻을 가지고 부시 '두터이'와 동의 관계를 가진다는 것은 다음 예문들에서 잘 확인된다. '틉투비'는 唯一例이다.

(24) p. 가짓 불휘를 틉투비 글혀 싯고(落蘇根卽茄子也濃煎湯洗了) <救方上 8a>

<25> 두터이 對 므르

두 부사가 [濃] 즉 '짙게, 진하게'의 뜻을 가지고 동의 관계에 있다는 것은 동일 원문의 번역인 다음 예문들에서 잘 확인된다. 원문 중 '濃研'이 '두터이 굴다'로도 번역되고 '므르 굴다'로도 번역된다. 따라서 '두터이'와 '므르'의 동의성은 명백히 입증된

다. '두터이'는 상태동사 '두텁다'에서 파생된 부사로 '두텁-+-이'로 분석되고 '므르'
는 상태동사 '므르다'에서 파생된 부사로 '므르-+-∅'로 분석된다.

<blockquote>

(25) a. 됴흔 墨을 두터이 フ라(濃硏好墨) <救方上 64a>

　　 b. 됴흔 먹을 므르 フ라(濃硏好墨) <救간二 102b>

</blockquote>

<26> 두텁게 對 디투

　부사어 '두텁게'와 부사 '디투'가 [濃] 즉 '짙게, 진하게'의 뜻을 가지고 동의 관계
에 있다는 것은 다음 예문들에서 잘 확인된다. 원문 중 '濃煎'이 '두텁게 글히다'로 번
역되고 '디투 달히다'로도 번역된다. 따라서 '두텁게'와 '디투'의 동의성은 명백히 입
증된다. '두텁게'는 상태동사 '두텁다'의 부사형으로 '두텁-[濃]+-게'로 분석된다.

<blockquote>

(26) a. 淡竹 니플 두텁게 글혀(淡竹葉濃煎) <救方上 65a>

　　 b. 소옴댓 니플 디투 달혀(淡竹葉濃煎) <救간二 117a>

</blockquote>

<27> 디투 對 걸에

　부사 '디투'와 부사어 '걸에'가 [濃] 즉 '짙게, 걸게'의 뜻을 가지고 동의 관계에 있
다는 것은 다음 예문들에서 잘 확인된다. 원문 중 '濃調'가 '디투 플다'로도 번역되고
'걸에 플다'로도 번역된다. 따라서 '디투'와 '걸에'의 동의성은 명백히 입증된다. '걸
에'는 [濃]의 뜻을 가진 상태동사 '걸다'의 부사형으로 '걸-+-에'로 분석된다.

<blockquote>

(27) a. 디투 프로니 반 잔만 흐닐(濃調約半許) <救간二 104b>

　　 b. 회초밋 불휘롤 하나 져그나 디투 달혀(貫衆不以多少濃煎) <救간六 7a>

　　 c. 디투 달힌 뿍 므롤(濃煎艾湯) <救간六 19b>

　　 d. 댓 닙과 거프를 디투 달혀(以竹葉竹皮濃煎) <救간二 117b>

　　 e. 디투 글힌 소곰 므를(濃煎鹽湯) <救간二 50a>

　　 f. 료화 디투 글힌 즙(濃煮蓼取汁) <救간二 34a>

　　 g. 콩 디투 글힌 므를 머거도(濃煮大豆汁含) <救간一 17b>

</blockquote>

h. 믓방하 디투 글힌 즙을(濃煮雞蘇汁) <救간二 106a>

(27) i. 두 服을 지어 井花水에 걸에 프러 머그라(作二服以井花水濃調服) <救方下 51a>

   j. 둘기알 믈근 므레 걸에 무라(濃調雞子淸) <救方下 13a>

<28> 드시 對 덥게

부사 '드시'와 부사어 '덥게'가 [溫]과 [煖] 즉 '따뜻이, 따뜻하게'의 뜻을 가지고 동의 관계에 있다는 것은 다음 예문들에서 잘 확인된다. 원문 중 '溫服'이 '드시 ᄒ야 먹다'로 번역되고 '溫…飮'이 '덥게 ᄒ고 먹다'로 번역된다. 그리고 '煖進'이 '드시 ᄒ야 먹다'로 번역되고 '煖服'이 '덥게 ᄒ야 먹다'로 번역된다. 따라서 '드시'와 '덥게'의 동의성은 명백히 입증된다. '드시'는[溫]과 [煖] 즉 '따뜻하다'의 뜻을 가진 상태동사 '둣ᄒ다'에서 파생된 부사이고 '덥게'는 [溫]과 [煖]의 뜻을 가진 상태동사 '덥다'의 부사형이다.

(28) a. 즛의 앗고 드시 ᄒ야 머그라(去滓溫服) <救方上 14a>

   b. 늘 기름 반 홉을 드시 ᄒ야 머그면(生油半合溫服) <救간二 29a>

   c. 뾔며 드시 시스라(熏溫洗) <救간七 69a>

   d. 렸근 즙 닷 홉과(100a) 뿔 ᄒ 홉과를 섯거 데여 드시 ᄒ야

      (生藕汁五合蜜一合相和煖令溫) <救간三 100b>

   e. ᄒ다가 몬져 그 ᄆᆞᆷ 뿍으란 드시 이니ᄒ고(若不先溫其心) <救간一 88a>

   f. 드시 ᄒ야 다 머기라(煖過頓飮之) <救方上 27a>

   g. 져기 드시 ᄒ야 머그라(微煖進之) <救간七 60b>

   h. 드시 ᄒ야 고르게 저어 머그라(煖過攪勻服之) <救간七 62b>

(28) i. 술 ᄒ 되어나 두 되어나 덥게 ᄒ고…머그라(溫酒一二升…飮) <救간二 57a>

   j. 빗복 가온디 덥게 ᄒ면 즉재 됴ᄒ리라(臍中溫卽愈) <救간一 33b>

   k. 부들마치 우휫 누른 글을 믈근 수레 녀허 덥게 ᄒ야 머그라(蒲黃投淸酒煖服)

      <救간七 38a>

   l. 덥게 ᄒ야 믄득 머그라(煖過頓飮之) <救간二 26b>

m. 사름으로 가슴믈 구러 덥게 호딕(使人嘘其心令煖) <救간一 34a>

<29> 드시 對 둣드시

두 부사가 [溫溫]과 [溫] 즉 '따뜻이, 따뜻하게'의 뜻을 가지고 동의 관계에 있다는 것은 다음 예문들에서 잘 확인된다. 원문 중 '溫溫頻服'이 '드시 ᄒ야 ᄌ조 먹다'로도 번역되고 '둣드시 ᄒ야 ᄌ조 먹다'로도 번역된다. 그리고 '溫洗'가 '드시 싯다'로 번역된다. 따라서 '드시'와 '둣드시'의 동의성은 명백히 입증된다. '드시'는 [溫] 즉 '따뜻하다'의 뜻을 가진 상태동사 '둣ᄒ다'에서 파생된 부사이다.

(29) a. ᄌ의 앗고 드시 ᄒ야 ᄌ조 머그라(去滓溫溫頻服) <救간二 1b>

　　　b. 뙤며 드시 시스라(熏溫洗) <救간七 69a>

　　　c. 럈근 즙 닷 홉과(100a) 뿔 흔 홉과를 섯거 데여 드시 ᄒ야

　　　　(生藕汁五合蜜一合相和煖令溫) <救간三 100b>

　　　d. ᄒ다가 몬져 그 ᄆ슴뽁으란 드시 아니ᄒ고(若不先溫其心) <救간一 88a>

　　　e. 즛의 앗고 드시 ᄒ야 머그라(去滓溫服) <救方上 14a>

　　　f. 드시 ᄒ야 다 머기라(煖過頓飲之) <救方上 27a>

　　　g. 져기 드시 ᄒ야 머그라(微煖進之) <救간七 60b>

(29) h. ᄌ의 앗고 둣드시 ᄒ야 ᄌ조 머그라(去滓溫溫頻服) <救간三 94b>

　　　i. 서 홉곰 둣드시 ᄒ야 머그라(三合溫溫服之) <救간三 94b>

　　　j. ᄌ의 앗고 빅번 ᄀ론 굴을 둣드시 ᄒ야 둠가시라(去滓下白礬末溫溫浸之)

　　　　<救간六 54a>

<30> 만히 對 ᄀ장

두 부사가 [惡] 즉 '많이, 매우'의 뜻을 가지고 동의 관계에 있다는 것은 다음 예문들에서 잘 확인된다. 원문 중 '惡瘡'이 '만히 헐다'로도 번역되고 'ᄀ장 헐다'로도 번역된다. 따라서 '만히'와 'ᄀ장'의 동의성은 명백히 입증된다.

(30) a. 느치 풍독으로 만히 헐어든(面上風毒惡瘡) <救간三 7a>

　　b. 즉재 만히 토흔 후에(卽大吐後) <救간一 110b>

(30) c. 느치 셜독으로 ᄀ장 헐어든(面上有熱毒惡瘡) <救간三 7b>

<31> 모로매 對 반ᄃ기

　두 부사가 [當] 즉 '반드시'의 뜻을 가지고 동의 관계에 있다는 것은 다음 예문들에서 잘 확인된다. 원문 중 '當疾出'이 '모로매 ᄲᆞᆯ리 내다'로 번역되고 '當吐水'가 '반ᄃ기 므를 吐ᄒᆞ다'로 번역된다. 따라서 '모로매'와 '반ᄃ기'의 동의성은 명백히 입증된다.

　　(31) a. 모로매 그 솞가라ᄀᆞᆯ ᄲᆞᆯ리 내욜디니(當疾出其指) <救方上 79a>

　　　　b. 모로매 ᄎᆞ마(須忍之) <救方上 80a>

　　　　c. 모로매 臟府 마즌 짜 알픈 ᄃᆡᆯ 무로리니(須問臟府所打處疼痛) <救方下 23a>

　　　　d. 모로매 더운 패 춤 조ᄎᆞᆫ닐 얼거 ᄢᅵ리면(須用熱葱連涎纏裹) <救方下 35b>

　　　　e. 모로매 곫게 홀디니(必須出膿) <救간三 58a>

　　(31) f. 그 사ᄅᆞ미 반ᄃ기 ᄀ장 목믈라 ᄒᆞᄂᆞ니(其人當苦渴) <救方上 80a>

　　　　g. 오라면 반ᄃ기 말ᄒᆞ리라(良久當語) <救方上 3a>

　　　　h. 반ᄃ기 므를 吐ᄒᆞ리니(當吐水) <救方上 72a>

　　　　i. 반ᄃ기 汁이 나리니(當用有汁出) <救方上 84a>

　　　　j. 쇠 할ᄒᆞ면 반ᄃ기 둗ᄂᆞ니라(牛舐必瘥) <救方上 24b> <救간一 43a>

<32> 므르 對 니기

　두 부사가 [爛] 즉 '문드르지게, 무르게'의 뜻을 가지고 동의 관계에 있다는 것은 다음 예문들에서 잘 확인된다. 원문 중 '爛硏'이 '므르 골다'로도 번역되고 '니기 골다'로도 번역된다. 그리고 '爛擣'가 '므르 딯다'로도 번역되고 '니기 딯다'로도 번역된다. 따라서 '므르'와 '니기'의 동의성은 명백히 입증된다. 부사 '므르'는 상태동사 '므

르다'에서 파생된 것으로 '므르-+ ∅'로 분석될 수 있다. 부사 '니기'는 동작동사 '닉다'에서 파생된 것으로 '닉-+ -이'로 분석될 수 있다.

(32) a. 杏仁을 므르 ᄀ라(以杏仁爛研) <救方下 40b>

　　　b. 거믄 콩을 므르 ᄀ라(用黑豆爛研) <救方下 6b>

　　　c. 길헷 더운 흙과 마놀와ᄅᆞᆯ 굳게 ᄂᆞᆫ화 므르 ᄀ라(道上熱土大蒜略等多少爛研)
　　　　 <救간一 33a>

　　　d. 豆腐ᄅᆞᆯ 므르 ᄀ라(豆腐擂爛) <救方下 22a>

　　　e. ᄀ티 ᄂᆞᆫ화 므르 ᄀ라(等分擂爛) <救方下 21a>

　　　f. 車前 니플 므르 디허(車前葉爛擣) <救方上 85a>

　　　g. 줄기와 닙과ᄅᆞᆯ 므르 디허(莖葉爛擣) <救方上 83b>

　　　h. 雙杏仁을 므르 디허(用雙杏仁擣爛) <救方下 7a>

　　　i. 白茅ㅅ 불휘ᄅᆞᆯ 므르 디허(爛擣白茅根) <救方下 6a>

　　　j. 므르 디허 믈인 ᄃᆡ 브툐미 됴ᄒᆞ니라(爛擣傅螫處良) <救간六 53a>

　　　k. 地黃을 므르 시버(嚼爛地黃) <救方下 6a>

　　　l. 밤을 므르 시버(爛嚼栗子黃) <救간六 25a>

(32) m. 니기 ᄀ라 믄 ᄧᅡ해 브튜미 됴ᄒᆞ니라(爛研傅被咬處良) <救方下 70a>

　　　n. 니기 디허 손 ᄧᅡ해 브튜미 됴ᄒᆞ니라(爛擣傅螫處良) <救方上 74a>

　　　o. 小薊 니플 니기 부븨여(用小薊葉挼爛) <救方上 87a>

　　　p. ᄀ장 니기 ᄒᆞ고(令極爛) <救方上 81a>

<33> 므르 對 ᄂᆞ로니

두 부사가 [爛]과 [細] 즉 '문드르지게, 무르게'의 뜻을 가지고 동의 관계에 있다는 것은 다음 예문들에서 잘 확인된다. 원문 중 '爛研'이 '므르 ᄀᆞᆯ다'로도 번역되고 'ᄂᆞ로니 ᄀᆞᆯ다'로도 번역된다. 그리고 '嚼爛'이 '므르 십다'로 번역되고 '細嚼'이 'ᄂᆞ로니 십다'로 번역된다. 따라서 '므르'와 'ᄂᆞ로니'의 동의성은 명백히 입증된다. '므르'는 상태동사 '므르다'에서 파생된 부사이고 'ᄂᆞ로니'는 상태동사 'ᄂᆞ론ᄒᆞ다'에서 파생된 부사이다.

(33) a. 杏仁을 므르 ᄀᆞ라(以杏仁爛研) <救方下 40b>

    b. 거믄 콩을 므르 ᄀᆞ라(用黑豆爛研) <救方下 6b>

    c. 거믄 콩을 므르 ᄀᆞ라(黑豆爛研) <救간六 25b>

    d. 길헷 더운 ᄒᆞᆰ과 마늘와ᄅᆞᆯ 굳게 ᄂᆞ화 므르 ᄀᆞ라(道上熱土大蒜略等多少爛研)

        <救간一 33a>

    e. 地黃을 므르 시버(嚼爛地黃) <救方下 6a>

    f. 디황을 므르 시버(嚼爛地黃) <救간六 25b>

    g. 밤을 므르 시버(爛嚼栗子黃) <救간六 25a>

(33) h. 길헷 더운 ᄒᆞᆰ과 굴근 마늘와 等分ᄒᆞ야 ᄂᆞ로니 ᄀᆞ라(用路上熱土大蒜等分爛研)

        <救方上 11a>

    i. ᄂᆞ로니 ᄒᆞᆰ ᄀᆞ티 두드려(細研如泥) <救간一 3b>

    j. 石菖蒲ᄅᆞᆯ ᄂᆞ로니 십고(細嚼石菖蒲) <救方上 28b>

    k. 돌 서리예 난 숑의맛불휘ᄅᆞᆯ ᄂᆞ로니 십고(細嚼石菖蒲) <救간二 40a>

    l. 굴근 마늘 두서 알(10b)ᄒᆞᆯ ᄂᆞ로니 십고(大蒜三兩瓣細嚼) <救方上 11a>

    m. 丁香 닐굽 나ᄎᆞᆯ ᄂᆞ로니 십고(丁香七枚細嚼) <救方上 35a>

    n. ᄑᆞᆺ글 ᄂᆞ로니 시버(用赤小豆細嚼) <救方下 21b>

    o. 붇곳 불휘와 닙과ᄅᆞᆯ ᄂᆞ로니 시버(馬藺根葉細嚼) <救간二 47a>

<34> 므리므리예 對 잇다감

  두 부사가 [時時]와 [時] 즉 '때때로, 이따금'의 뜻을 가지고 동의 관계에 있다는 것은 다음 예문들에서 잘 확인된다. 원문 중 '時時衝'이 '므리므리예 다디르다'로 번역되고 '時時呷'이 '잇다감 숨끼다'로 번역된다. 그리고 '時發'이 '잇다감 發ᄒᆞ다'로 번역된다. 따라서 '므리므리예'와 '잇다감'의 동의성은 명백히 입증된다.

    (34) a. 므리므리예 ᄆᆞᅀᆞ매 다딜어(時時衝心) <救方下 91b>

    (34) b. 잇다감 ᄒᆞᆫ두 머굼곰 숨끼라(時時呷一兩口) <救간一 97b>

        c. 잇다감 發ᄒᆞ며 잇다감 그처 發ᄒᆞ면(時發時止發) <救方上 13a>

d. 허므리 가싀디 아니코 잇다감 ᄇ랍거든(瘢痕不滅時復痒不止) <救간六 93b>

<35> 믄득 對 가ᄆ기

　두 부사가 [卒]과 [疾] 즉 ‘갑자기, 빨리’의 뜻을 가지고 동의 관계에 있다는 것은 다음 예문들에서 잘 확인된다. 원문 중 ‘卒死’가 ‘믄득 죽다’로도 번역되고 ‘가ᄆ기 죽다’로도 번역된다. 그리고 ‘疾打破’가 ‘믄득 ᄲᅡ려 ᄇ리다’로도 번역되고 ‘가ᄆ기 텨 ᄲᅡ려 ᄇ리다’로도 번역된다. 따라서 ‘믄득’과 ‘가ᄆ기’의 동의성은 명백히 입증된다.

(35) a. 믈읫 믄득 주구미(凡卒死) <救方上 20a>
　　　b. 믄득 客忤ᄒ야 믄득 주그니 ᄀᆞᆮ(16a)ᄒ닐 고툐티(治卒客忤有似卒死)
　　　　<救方上 16b>
　　　c. 길헤셔 믄득 죽거든(途中卒死者) <救간一 36b>
　　　d. 모딘 긔운 마자 옷긔 드러 믄득 죽거든(中惡客忤卒死者) <救간一 50a>
　　　e. 믄득 옷긔 드러 말 몯ᄒ거든(卒客忤不能言) <救간一 51b>
　　　f. 믄득 中風ᄒ니 고티는 法은(治卒中法) <救方上 1b>
　　　g. 믄득 귓것 틴 病을 어더(卒得鬼擊之病) <救方上 18b>
　　　h. 믄득 ᄀᆞ오눌여 아ᄃᆞᆨ하여 싣디 몯ᄒ거든(卒魔昏魅不覺) <救간一 83b>
　　　i. 사ᄅᆞ미 믄득 실을 ᄲᅡ려 ᄇ리면 싀리라(使人疾打破甌則瘉) <救간一 84b>
　　　j. 믄득 시서 ᄇ리라(便急洗去) <救간一 22b>

(35) k. 가ᄆ기 주거 脉 업스닐 고툐디(治卒死無脉) <救方上 24b>
　　　l. 가ᄆ기 ᄇ야미 가마 프디 아니ᄒ거든 고튜디(治卒爲蛇繞不解) <救方下 79b>
　　　m. 또 딜 실을 ᄂᆞ치 업고 가ᄆ기 텨 ᄲᅡ려 ᄇ리라(又瓦甌覆面疾打破) <救간一 98b>

<36> 믄득 對 과ᄀᆞ리

　두 부사가 [卒] 즉 ‘갑자기’의 뜻을 가지고 동의 관계에 있다는 것은 다음 예문들에서 잘 확인된다. 원문 중 ‘卒死’가 ‘믄득 죽다’로도 번역되고 ‘과ᄀᆞ리 죽다’로도 번역된다. ‘卒客忤’가 ‘믄득 客忤ᄒ다’로도 번역되고 ‘과ᄀᆞ리 客忤ᄒ다’로도 번역된다.

그리고 '卒魘'이 '믄득 ㄱ오누르이다'로도 번역되고 '과글이 ㄱ오눌이다'로도 번역된다. 따라서 '믄득'과 '과글이'의 동의성은 명백히 입증된다.

    (36) a. 믄득 주구미(卒死) <救方上 20a>

        b. 믄득 주그닐(卒死者) <救方上 19b>

        c. 믄득 客忤ᄒ야 믄득 주그니 ᄀᆞᆮ(16b)ᄒᆞ닐 고툐ᄃᆡ(治卒客忤有似卒死)

           <救方上 16b>

        d. 믄득 ㄱ오누르여(卒魘) <救方上 23a>

        e. 믄득 中風ᄒ야(卒中風) <救方上 3b>

        f. 믄득 귓것 틴 病을 어더(卒得鬼擊之病) <救方上 18b>

    (36) g. 과글이 죽고 壯히 熱ᄒ닐(卒死而壯熱者) <救方上 26a>

        h. 과글이 주구ᄃᆡ(卒死) <救方上 40a>

        i. 과글이 客忤ᄒ야 말 몯ᄒ거든(卒客忤不能言) <救方上 26b>

        j. 과글이 ㄱ오눌엿거든(卒魘) <救方上 23a>

        k. 과글이 中惡ᄒ야(卒中惡) <救方上 30a>

<37> 믄득 對 즉재

  두 부사가 [立] 즉 '곧, 즉시'의 뜻을 가지고 동의 관계에 있다는 것은 다음 예문들에서 잘 확인된다. 원문 중 '立止'가 '믄득 긎다'로도 번역되고 '즉재 긎다'로두 번역된다. 그리고 '立出'이 '믄득 나다'로도 번역되고 '즉재 나다'로도 번역된다. 따라서 '믄득'과 '즉재'의 동의성은 명백히 입증된다.

    (37) a. 알포미 믄득 긎ᄂᆞ니라(疼痛立止) <救方下 10b>

        b. 굼벙이ᄅᆞᆯ ᄀᆞ라 가식 우희 브티면 믄득 나ᄂᆞ니라(以蟒蠐硏爛傅之刺上立出)

           <救方下 6a>

        c. 白茅ㅅ 불휘ᄅᆞᆯ 므르 디허 ᄇᆞᄅᆞ면 믄득 나ᄂᆞ니라(爛搗白茅根敷之立出)

           <救方下 6a>

        d. 즉재 살 미틀 이어 ᄲᅡ혀면 믄득 나ᄂᆞ니(卽撼箭鏃拔之立出) <救方下 3a>

344 救急方諺解와 救急簡易方의 同義語 研究

(37) e. 알포미 즉재 긋ᄂᆞ니라(其痛立止) <救方下 10b>

　　f. 굼벙이ᄅᆞᆯ ᄀᆞ라 가시 든 우희 브티면 즉재 나리라(蟭蟖研傅之刺上立出)

　　　<救간六　25a>

　　g. ᄲᅥᆺ 불휘ᄅᆞᆯ 므르 디허 브티면 즉재 나리라(爛搗白茅根傅之立出) <救간六 25b>

　　h. 즉재 됴ᄒᆞ며(立愈) <救方下 13a>

<38> 뭇 對 ᄀᆞ장

두 부사가 [最]와 [甚] 즉 '가장'의 뜻을 가지고 동의 관계에 있다는 것은 다음 예
문들에서 잘 확인된다. 원문 중 '最效'가 '뭇 됴다'로도 번역되고 'ᄀᆞ장 됴다'로도 번
역된다. 그리고 '甚良'이 '뭇 됴다'로도 번역되고 'ᄀᆞ장 됴다'로도 번역된다. 따라서
'뭇'과 'ᄀᆞ장'의 동의성은 명백히 입증된다.

　　(38) a. 그 부릴 어더 머그면 뭇 됴ᄒᆞ니라(得吞其嗉最效) <救方上 53a>
　　　　b. 거믄 ᄑᆞᆺ 글횬 汁을 머구미 뭇 됴ᄒᆞ니라(取黑豆煮汁服之甚良) <救方下 70a>

　　(38) c. 그 산멱을 어더 ᄉᆞᆷ교미 ᄀᆞ장 됴ᄒᆞ니라(得吞其嗉最效) <救간六 2b>
　　　　d. 거믄 콩 글힌 믈 머고미 ᄀᆞ장 됴ᄒᆞ니라(黑豆煮汁服之甚良) <救간六 39b>

한편 '甚'이 『구급방언해』와 『구급간이방』에서 모두 부사 'ᄀᆞ장'으로 번역된다는
것은 동일 원문의 번역인 다음 예문들에서 잘 확인된다. 원문 중 '甚妙'가 두 문헌에
서 'ᄀᆞ장 됴다'로 번역된다.

　　(38) e. 괴 ᄯᅩᆼ을 믄 ᄯᅡ해 ᄲᅮ추미 ᄀᆞ장 됴ᄒᆞ니라(用猫糞搽咬處甚妙) <救方下 64b>
　　　　f. 괴 ᄯᅩᆼ을 믈인 ᄃᆡ ᄇᆞᆯ로미 ᄀᆞ장 됴ᄒᆞ니라(猫糞搽咬處甚妙) <救간六 76a>

그리고 '上'과 '大'가 부사 'ᄀᆞ장'으로 번역된다는 것은 다음 예문들에서 잘 확인된
다. 원문 중 '上好'가 'ᄀᆞ장 됴다'로 번역되고 '大渴'이 'ᄀᆞ장 목ᄆᆞᄅᆞ다'로 번역된다.

(38) g. ᄀ장 됴흔 朱砂를 ᄀᆞᄂᆞ리 ᄀᆞ라(以上好朱砂細硏) <救方上 16b>

　　 h. ᄀ장 됴한 지남셕을(上好磁石) <救간六 13b>

　　 i. ᄀ장 목물라 믈 하 머그면 사름 주기ᄂᆞ니(大渴多飮則殺人) <救方上 34a>

<39> 미이 對 ᄉᆞ외

두 부사가 [猛] 즉 '심하게'의 뜻을 가지고 동의 관계에 있다는 것은 다음 예문들
에서 잘 확인된다. 원문 중 '猛噀'이 '미이 쑴다'로 번역되고 '猛燒'가 'ᄉᆞ외 슬다'로 번
역된다. 따라서 '미이'와 'ᄉᆞ외'의 동의성은 명백히 입증된다.

(39) a. 井花水로 그 ᄂᆞ치 미이 쌕ᄆᆞ라(以井花水猛噀其面) <救方上 60b>

　　 b. 미이 숨쇼딕(猛嚥呑之) <救方上 52a>

　　 c. 傷處ㅣ ᄀ장 미이 알ᄑᆞ디 아니ᄒᆞ면(傷處不甚猛痛里) <救方下 23a>

(39) d. 녯 漆혼 器具를 ᄉᆞ외 ᄉᆞ론 닉예 ᄂᆞ출 다혀 쇠라(用舊漆器猛燒煙逼面熏之)

　　　 <救方下 95a>

　　 e. 늘근 옷칠흔 그릇 ᄉᆞ외 ᄉᆞ론 닉예 ᄂᆞ출 디혀 쐬라(舊漆器猛燒烟逼面熏之)

　　　 <救간七 64b>

　　 f. ᄆᆡ양 소ᄂᆞ로 독을 ᄆᆞᆫ져 ᄉᆞ외 덥디 아니케 ᄒᆞ라(常以手候瓷勿今甚熱)

　　　 <救간一 73b>

　　 g. 츤 긔운 ᄉᆞ외 드러(中寒) <救간一 32a>

<40> 반ᄃᆞ기 對 덛더디

두 부사가 [必] 즉 '반드시'의 뜻을 가지고 동의 관계에 있다는 것은 다음 예문들
에서 잘 확인된다. 원문 중 '必瘥'가 '반ᄃᆞ기 둏다'로 번역되고 '必致殺人'이 '덛더디
사ᄅᆞ믈 죽게 ᄒᆞ다'로 번역된다. 따라서 '반ᄃᆞ기'와 '덛더디'의 동의성은 명백히 입증
된다.

(40) a. 쇠 할ㅎ면 반ᄃ기 됻ᄂ니라(牛舐必瘥) <救方上 24b>

　　 b. 쇠 할ㅎ면 반ᄃ기 됻ᄂ니라(牛舐必瘥) <救간一 43a>

(40) c. 이 毒氣를 時急히 고티디 아니ㅎ면 덛더니 사ᄅᆞ믈 죽게 ㅎᄂ니

　　 (此毒不急療必致殺人) <救方下 71a>

<41> 반ᄃ기 對 일뎡

　두 부사가 [必] 즉 '반드시'의 뜻을 가지고 동의 관계에 있다는 것은 다음 예문들에서 잘 확인된다. 원문 중 '必瘥'가 '반ᄃ기 됻다'로 번역되고 '必愈'가 '일뎡 됻다'로 번역된다. 따라서 두 부사 '반ᄃ기'와 '일뎡'의 동의성은 명백히 입증된다. 두 부사는 동작동사 '됻다'와 共起 관계에 있다.

(41) a. 쇠 할ㅎ면 반ᄃ기 됻ᄂ니라(牛舐必瘥) <救方上 24b>

　　 b. 쇠 할ㅎ면 반ᄃ기 됻ᄂ니라(牛舐必瘥) <救간一 43a>

(41) c. 병이 듕ㅎ닌 닷 되 지히 머그면 일뎡 됴ㅎ리라(重者服及五升必愈)

　　 <救간一 97b>

<42> 버거 對 벅조차

　두 부사가 [次] 즉 '다음으로'의 뜻을 가지고 동의 관계에 있다는 것은 다음 예문들에서 잘 확인된다. 원문 중 '次漸入'이 '버거 졈졈 녛다'로 번역되고 '次頓服'이 '벅조차 다 먹다'로 번역된다. 따라서 '버거'와 '벅조차'의 동의성은 명백히 입증된다. 부사 '버거'는 [次] 즉 '버금가다, 다음가다'의 뜻을 가진 동작동사 '벅다'에서 파생된 것으로 '벅-+-어'로 분석될 수 있다.

(42) a. 버거 졈졈 됴ᄒᆞᆫ 술 ᄒᆞᆫ 되를 녀코(次漸入無灰酒一升) <救간一 19a>

　　 b. 버거 더운 거스로 울ㅎ고(次以熱物熨之) <救간三 66b>

　　 c. 버거 날회야 됴리ㅎ고(次緩而調理) <救간一 6a>

d. 버거 빙랑 글힌 믈 흔 잔을 머그라(次煎檳榔湯一盞投之) <救간二 22b>

(42) e. 두 번에 ㄴ화 두시 ㅎ야 흔 번 먹고 벅조차 다 머그라(分溫二服相次頓服)
    <救간三 83b>

<43> 샹녜 對 댱샹 對 미양

세 부사가 [常] 즉 '늘, 항상'의 뜻을 가지고 동의 관계에 있다는 것은 다음 예문들에서 잘 확인된다. 원문 중 '常令大醉'가 '샹녜 ㄱ장 취ㅎ다'로도 번역되고 '댱샹 ㄱ장 醉케 ㅎ다'로도 번역된다. 그리고 '常…勿甚熱'이 '미양…수외 덥디 아니케 ㅎ다'로 번역된다. 따라서 '샹녜'와 '댱샹'과 '미양'의 동의성은 명백히 입증된다.

(43) a. 샹녜 자다가 믄득 죽ㄴ니(常寢臥忽絶) <救方上 20a>
    b. 샹녜 ㅁ른 飮食과 진 기름긴 거슬 머겨(常令乾食與肥脂之物) <救方上 80a>
    c. 샹녜 술 머거 ㄱ장 취ㅎ면(飮酒常令大醉) <救간六 31b>
    d. 샹녜도 이리 ㅎ야 머그라(常作飮服) <救간二 12b>
    e. 샹녜 누을 제(凡常臥) <救간一 82a>
    f. 내 샹녜 뻐 ㅎ니 ㄱ장 됴타(余常用大效) <救간一 27a>

(43) g. 수를 마셔 댱샹 ㄱ장 醉케 ㅎ면(飮酒常令大醉) <救方下 64a>

(43) h. 미양 소ㄴ로 독을 ㅁ뎌 수외 덥디 아니케 ㅎ라(常以手候瓮勿甚熱)
    <救간一 73b>

<44> 시혹 對 쏘

두 부사가 [或] 즉 '또, 혹'의 뜻을 가지고 동의 관계에 있다는 것은 다음 예문들에서 잘 확인된다. 언문 중 '或入'이 '시혹 더드리다'로도 번역되고 '쏘 더드리다'로도 번역된다. 그리고 '或…佳'가 '시혹 둏다'로도 번역되고 '쏘 둏다'로도 번역된다. 따라서 '시혹'과 '쏘'의 동의성은 명백히 입증된다.

(44) a. 시혹 피를 吐ᄒ며 시혹 고해 피 내며(或即吐血或鼻中出血) <救方上 18b>

b. 시혹 피를 토ᄒ며 시혹 고히 피 내며(或即吐血或鼻中出血) <救간一 56b>

c. 시혹 小木香을 더드리ᄂᆞ니라(或入小木香) <救方上 14a>

d. 시혹 염곳 즈블 ᄀᆞ라(或研砒韭汁) <救方上 19b>

e. 시혹 水精도 ᄯᅩ 됴ᄒ니(或水精珠亦佳) <救方上 50a>

f. 시혹 쇠 빈혀를 ᄉᆞ라(或燒鐵簪) <救方上 67b>

g. 시혹 늘근 生薑이나 그 니예 뿟츠라(或老生薑擦其齒) <救方上 71a>

(44) h. ᄯᅩ 목향을 더드리ᄂᆞ니라(或入小木香) <救간一 40a>

i. ᄯᅩ 염곳 즈블 ᄀᆞ라(或研韭汁) <救간一 50b>

j. ᄯᅩ 슈청 구슬도 됴ᄒ니(或水精珠亦佳) <救간六 15a>

k. ᄯᅩ 쇠 빈혀를 달와(或燒鐵簪) <救간二 120b>

l. ᄯᅩ 무근 싱앙을 니예 뿟츠라(或老生薑擦其齒) <救간一 72a>

m. ᄯᅩ ᄀᆞᄅᆞᆯ 밍(28a)ᄀᆞ라(或作爲散) <救간二 28b>

<45> ᄉᆞ외 對 딘즈기

두 부사가 [緊] 즉 '굳게, 단단히'의 뜻을 가지고 있다는 것은 다음 예문들에서 잘 확인된다. 원문 중 '緊縛定'이 'ᄉᆞ외 미다'로 번역되고 '挽…緊'이 '딘즈기 잡다'로 번역된다. 따라서 'ᄉᆞ외'와 '딘즈기'의 동의성은 명백히 입증된다.

(45) a. 깁 씨로 ᄉᆞ외 미야(以絹帶子緊縛定) <救方下 35b>

b. 소ᄂᆞ로 그 뎡바기옛 머리터럭을 딘즈기 자바 노티 말오

(以手少挽其頂髮常常緊勿放之) <救간一 60a>

<46> 슌지 對 오히려

두 부사가 [猶] 즉 '오히려'의 뜻을 가지고 동의 관계에 있다는 것은 다음 예문들에서 잘 확인된다. 원문 중 '猶動'이 '슌지 動ᄒ다'로 번역되고 '猶出'이 '오히려 나다'로 번역된다. 따라서 '슌지'와 '오히려'의 동의성은 명백히 입증된다.

(46) a. 脉이 순지 動ㅎㄴ니(脉猶動) <救方上 40a>

　　　b. 순지 됴티 아니커든(猶不差) <救方上 36a>

(46) c. 헌듸 ㅎ마 암ㄱ라도 오히려 나리라(瘡已合猶出也) <救간六 26b>

<47> 아니 對 몯

두 부사가 [不] 즉 '아니, 못'의 뜻을 가지고 동의 관계에 있다는 것은 다음 예문들
에서 잘 확인된다. 원문 중 '不治'가 '아니 고티다'로도 번역되고 '몯 고티다'로도 번
역된다. 따라서 '아니'와 '몯'의 동의성은 명백히 입증된다.

　　(47) a. 아니 고티리 업스니(無不治之) <救方下 36a>

　　　　b. 아니 됴ㅎ리 업스리라(無不愈者) <救간二 116a>

　　　　c. 아니 살 리 업스니(無不治者) <救간一 61a>

　　(47) d. 몯 고티리 업스니(無不治之) <救간一 80b>

　　　　e. 몯 고티ㄴ닐(所不治) <救간二 54b>

　　　　f. 네 활기롤 몯 쓰며(四肢不收) <救간一 5b>

<48> 아니한스이 對 져근덛

두 부사가 [須臾] 즉 '잠깐, 잠시'의 뜻을 가지고 동의 관계에 있다는 것은 다음 예
문들에서 잘 확인된다. 원문 중 '須臾不治'가 '아니한스이 고티디 아니ㅎ다'로 번역되
고 '須臾不療'가 '져근덛 아니 고티다'로 번역된다. 따라서 '아니한스이'와 '져근덛'의
동의성은 명백히 입증된다. 부사 '아니한스이'는 부사 '아니'와 상태동사 '하다'의 관
현상형 '한'과 명사 '스이'의 合成이다. 부사 '져근덛'은 상태동사 '젹다'의 관형사형
'져근'과 명사 '덛'의 合成이다.

　　(48) a. 아니한스이 고티디 아니ㅎ면(須臾不治) <救간七 48a>

　　　　b. 아니한스이 두모니(蘸少頃) <救간一 2a>

350 救急方諺解와 救急簡易方의 同義語 研究

(48) c. 모(90a)기 마가 져근덛 아니 고티면(塞喉須臾不療) <救간二 90b>

　　 d. 져근덛 고티디 아니ᄒ면(須臾不救) <救간七 45b>

　　 e. 져근덛 춤 나면(片時涎出) <救간二 77b>

<49> 오래 對 이슥고

두 부사가 [良久] 즉 ‘오래, 한참 지나서’의 뜻을 가지고 동의 관계에 있다는 것은
다음 예문들에서 잘 확인된다. 원문 중 ‘良久…吐’가 ‘오래 토ᄒ다’로 번역되고 ‘良久
消差’가 ‘이슥고 ᄂ자 둏다’로 번역된다. 따라서 ‘오래’와 ‘이슥고’의 동의성은 명백히
입증된다.

(49) a. 오래 토티 아니커든(良久不吐) <救간二 32a>

　　 b. 오래옷 아니 나면(若良久不下) <救간七 28b>

　　 c. 오래 이시면 즉재 들리라(良久卽入) <救간七 66a>

　　 d. 쏘 고 아래 입시울 우희 오목ᄒ 듸 숏톱으로 오래 뗼어시며(又去爪刺人中良久)
　　　　 <救간一 55a>

　　 e. 오래 됴티 아티커든(久不差) <救간二 35a>

　　 f. 오래 씀 나디 아니ᄒ며(久不得汗) <救간一 112a>

　　 g. 오래 ᄆᄅ 도틱 똥(久乾猪糞) <救간二 47b>

(49) h. 혀 안팟 겨틔 ᄇᄅ면 이슥고 ᄂ자 됴ᄒ리라(表裏塗舌良久消差)<救간二 89b>

　　 i. 이슥고 말ᄒ리라(良久當語) <救간一 18b>

　　 j. 이슥고 믈근 고히 흐르리라(良久取下淸涕) <救간二 8a>

<50> 외오 對 왼녁으로

부사 ‘외오’와 부사어 ‘왼녁으로’가 [左] 즉 ‘왼쪽으로’의 뜻을 가지고 동의 관계에
있다는 것은 다음 예문들에서 잘 확인된다. 원문 중 ‘左撚’이 ‘외오 쏘다’로 번역되고
‘向左’와 ‘左喎’가 ‘왼녁으로 기울다’로 번역된다. 따라서 ‘외오’와 ‘왼녁으로’의 동의
성은 명백히 입증된다. 부사 ‘외오’는 [左] 즉 ‘왼쪽이다, 그르다’의 뜻을 가진 상태동

사 '외다'에서 파생된 것으로 '외-+-오(부사 형성 접미사)'로 분석될 수 있다. 부사어 '왼녁으로'는 명사 '왼녁'과 조사 '-으로'의 결합이다.

(50) a. 외오 곧 죠히 노흐로 숏 네 가라글 미오(以左撚紙索子繫手四指) <救方上 61a>

(50) b. 이비 왼녁으로 기울어든 올흔녁(19b) 오목흔 딕 뭊고(口向左摩右穴)
　　　　<救간一 20b>
　　c. 왼녁으로 기울어든 즉(23a)재 올흔녁의 불라(向左卽於右邊塗之) <救간一 23b>
　　d. 왼녁으로 기울어든 올흔녁의 ᄇᄅ고(左喎塗右) <救간一 27b>
　　e. 왼녁으로 기울어든 올흔녁의 브티고(左喎搨右) <救간一 27a>
　　f. 왼녁으로 기울어든 올흔녁 숏바당애 불라(左歪塗右手心) <救간一 20b>

<51> 이슥고 對 아니한더데

부사 '이슥고'와 부사어 '아니한더데'가 [須臾] 즉 '잠깐, 잠시'의 뜻을 가지고 동의 관계에 있다는 것은 다음 예문들에서 잘 확인된다. 원문 중 '須臾…進'이 '이슥고 머기다'로도 번역되고 '아니한더데 먹다'로도 번역된다. 따라서 '이슥고'와 '아니한더데'의 동의성은 명백히 입증된다. '아니한더데'는 명사 '아니한덛'과 조사 '-에'의 결합이다.

(51) a. 이슥고 ᄯᅩ 흔 服을 머기고(須臾又進一服) <救方上 55a>
　　b. 이슥고 므리 나ᄂ니라(須臾水出) <救方上 72b>
　　c. 이슥고 즉재 살리라(須臾卽活) <救간一 46a>

(51) d. 아니한더데 ᄯᅩ 두 번을 머그면(須臾又進二服) <救간七 48a>
　　e. 아니한더데 ᄂ리ᄂ니라(須臾卽下) <救方下 91a>
　　f. 아니한더데 나리라(須臾卽下) <救간七 51b>

<52> 이슥고 對 아니한亽싀

두 부사가 [須臾]와 [少頃] 즉 '잠깐, 잠시'의 뜻을 가지고 동의 관계에 있다는 것은 다음 예문들에서 잘 확인된다. 원문 중 '須臾…出'이 '이슥고 나다'로 번역되고 '須臾…治'가 '아니한亽싀 고티다'로 번역된다. 그리고 '少頃…吐'가 '이슥고 토한다'로 번역되고 '蘸少頃'이 '아니한亽싀 둠다'로 번역된다. 따라서 '이슥고'와 '아니한亽싀'의 동의성은 명백히 입증된다.

(52) a. 이슥고 쏘 흔 服을 머기고(須臾又進一服) <救方上 55a>

　　 b. 이슥고 므리 나ᄂ니라(須臾水出) <救方上 72b>

　　 c. 이슥고 즉재 살리라(須臾卽活) <救간一 46a>

　　 d. 이슥고 알포미 긋거든(須臾痛止) <救간二 30b>

　　 e. 이슥고 모기 통커든(須臾喉通) <救간二 66b>

　　 f. 이슥고 뼈디여(須臾便破) <救간二 67a>

　　 g. 이슥고 토커나 즈츼어나 ᄒ면(少頃當吐下) <救간二 52b>

　　 h. 이슥고 모기 통ᄒ(71b)리라(少頃當通) <救간二 72a>

(52) i. 아니한亽싀 고티디 아니ᄒ면(須臾不治) <救간七 48a>

　　 j. 아니한亽싀 두모니(蘸少頃) <救간一 2a>

<53> 잇다감 對 닝워

부사 '잇다감'과 부사어 '닝워'가 [時時] 즉 '때때로, 이따금, 잇달아'의 뜻을 가지고 동의 관계에 있다는 것은 다음 예문들에서 잘 확인된다. 원문 중 '時時哯'이 '잇다감 숨씨다'로 번역되고 '時時…服'이 '닝워 먹다'로 번역된다. 따라서 '잇다감'과 '닝워'의 동의성은 명백히 입증된다. 부사어 '닝워'는 동작동사 '닝우다'의 부사형으로 '닝우 −+−어'로 분석된다.

(53) a. 잇다감 흔두 머굼곰 숨씨라(時時哯一兩口) <救간一 97b>

　　 b. 잇다감 發ᄒ며 잇다감 그처 發ᄒ면(時發時止發) <救方上 13a>

c. 허므리 가싀디 아니코 잇다감 ᄇ랍거든(瘢痕不滅時復痒不止) <救간六 93b>

(53) d. 닝워 ᄃ시 ᄒ야 머고ᄃᆡ(時時溫服) <救간七 78a>

<54> 잢간 對 아니한ᄉᆞᅀᅵ

두 부사가 [少頃], [暫] 및 [須臾] 즉 '잠깐, 잠시'의 뜻을 가지고 동의 관계에 있다는 것은 다음 예문들에서 잘 확인된다. 원문 중 '蘸少頃'이 '잢간 ᄃᆞᆷ다'로도 번역되고 '아니한ᄉᆞᅀᅵ ᄃᆞᆷ다'로도 번역된다. 그리고 '暫止'가 '잢간 머즉ᄒ다'로 번역되고 '須臾不治'가 '아니한ᄉᆞᅀᅵ 고티디 아니ᄒ다'로 번역된다. 따라서 '잢간'과 '아니한ᄉᆞᅀᅵ'의 동의성은 명백히 입증된다.

(54) a. 힌 羊이 눈 ᄀᆮᄒᆞᆫ 半夏ᄅᆞᆯ 一百 번 솟글흔 므레 잢간 ᄃᆞ모니
   (白羊眼半夏用百沸湯就銚蘸少頃) <救方上 1b>
   b. 잢간 머즉ᄒᄂᆞ니란(暫止者) <救간二 9b>
   c. 잢간 머즉ᄒ니란(暫止者) <救간二 9a>

(54) d. 힌 양의 눈 ᄀᆮ튼 ᄭᅴ모롭불휘ᄅᆞᆯ 일빅 번 솟글는 므레 아니한ᄉᆞᅀᅵ ᄃᆞ모니
   (白羊眼半夏用百沸湯就銚蘸少頃) <救간一 2a>
   e. 아니한ᄉᆞᅀᅵ 고티디 아니ᄒ면(須臾不治) <救간七 48a>

<55> 제 對 절로

두 부사가 [自] 즉 '저절로, 스스로'의 뜻을 가지고 동의 관계에 있다는 것은 다음 예문들에서 잘 확인된다. 원문 중 '其剌自出'이 '가시 제 나다'로도 번역되고 '그 가시 절로 나다'로도 번역된다. '其針自出'이 '바ᄂᆞ리 제 나다'로도 번역되고 '그 바ᄂᆞ리 절로 나다'로도 번역된다. 그리고 '自下'가 '제 ᄂᆞ리다'로 번역되고 '自開'가 '절로 열리다'로 번역된다. 따라서 '제'와 '절로'의 동의성은 명백히 입증된다. 부사 '제'의 성조는 上聲이다.

(55) a. 가시 제 나ᄂᆞ니(其刺自出) <救方下 6b>

　　b. 살 미티 漸漸 제 나ᄂᆞ니라(其箭鏃漸漸自出) <救方下 3b>

　　c. 바ᄂᆞ리 제 나ᄂᆞ니라(其針自出) <救方下 7a>

　　d. 그 낙시 제 ᄂᆞ려(其釣自下) <救方上 48b> <救간六 16a>

(55) e. 절로 다 나니(自出盡) <救方下 77b>

　　f. 절로 ᄢᅴ려 나ᄂᆞ니라(自裏出) <救方上 51a>

　　g. 그 가시 절로 나리라(其刺自出) <救간六 23b>

　　h. 그 바ᄂᆞ리 절로 나리라(其針自出) <救간六 21b>

　　i. ᄌᆞ조 ᄲᅦ븨여 덥게 ᄒᆞ면 니 절로 열리라(頻擦令熱牙自開) <救方上 5a>

　　j. 그 氣分이 절로 긋ᄂᆞ니(其氣自止) <救方上 12b>

　　k. 절로 눗ᄂᆞ니라(自消) <救方上 58b>

<56> 져기 對 잢간

　두 부사가 [稍]와 [微] 즉 '조금'의 뜻을 가지고 동의 관계에 있다는 것은 다음 예문들에서 잘 확인된다. 원문 중 '稍熱'이 '져기 덥게 ᄒᆞ다'로도 번역되고 '잢간 덥게 ᄒᆞ다'로도 번역된다. 그리고 '微黃'이 '져기 노ᄅᆞ게 하다'로 번역되고 '令微黃'이 '잢간 노ᄅᆞ게 ᄒᆞ다'로 번역된다. 따라서 '져기'와 '잢간'의 동의성은 명백히 입증된다.

(56) a. 서르 닛우 져기 덥게 ᄒᆞ야(相繼稍熱) <救方上 47a>

　　b. 져기 더(27a)우닐 머그라(稍熱服之) <救方上 27b>

　　c. 져기 덥게 ᄒᆞ야 머기라(稍熱服) <救方上 56b>

　　d. 져기 두텁거든(稍稠) <救方上 89a>

　　e. 봇가 져기 노ᄅᆞ게 코(炒微黃) <救方上 85b>

　　f. 瘡이 져기 ᄇᆞ랍거든 춤고(瘡微痒且忍) <救方下 3a>

(56) g. 서르 닛워 잢간 덥게 ᄒᆞ야(相繼稍熱) <救간二 76b>

　　h. 잢간 덥게 ᄒᆞ야 머그라(稍熱服之) <救간二 27a>

　　i. 봇가 잢간 노ᄅᆞ게 ᄒᆞ고(炒令微黃) <救方上 85b>

j. 잢간 봇고(微炒) <救方上 85b>

k. 잢간 시버(微嚼) <救方上 52a>

<57> 져기 對 져고매

두 부사가 [少許] 즉 '조금'의 뜻을 가지고 동의 관계에 있다는 것은 다음 예문들에서 잘 확인된다. 원문 중 '入…少許'가 '져기 녛다'로도 번역되고 '져고매 녛다'로도 번역된다. '以少許吹'가 '져기 불다'로도 번역되고 '져고매 불다'로도 번역된다. 그리고 '硏…少許'가 '져기 글다'로 번역되고 '少許硏碎'가 '져고매 글다'로 번역된다. 따라서 '져기'와 '져고매'의 동의성은 명백히 입증된다.

(57) a. 소곰 져기 녀허(入塩少許) <救方上 65b>

　　　 b. 뿴 醋를 져기 녀허(入米醋少許) <救方下 21b>

　　　 c. 져기 혀 아래 녀흐라(以少許著舌下) <救方上 43a>

　　　 d. 져기 고해 불라(以少許吹鼻中) <救方上 19a>

　　　 e. 皁角을 져기 곳 굼긔 부러 녀흐라(皁角少許吹入鼻) <救方上 47b>

　　　 f. 腦子를 져기 各別히 マ라(別硏碎腦子少許) <救方上 25a>

　　　 g. 졋가락 그테 져기(42b) 무텨(以筯頭點少許) <救方上 43a>

　　　 h. 소오매 져기 띄려(緜裹少許) <救方上 47a>

　　　 i. 뿔로 비즌 됴흔 초를 져기 섯거(以釀米醋少許和) <救간三 63b>

(57) j. 沒藥ㅅ マ른와 차 져고매 조쳐(同沒藥末茶少許) <救方下 71b>

　　　 k. 술 져고매 녀허(入酒少許) <救간二 101a>

　　　 l. 져고매 혀 아래 녀흐라(以少許著舌下) <救간二 74b>

　　　 m. 져고매 고해 불면(以少許吹鼻中) <救간二 98a>

　　　 n. 빅번을 져고매 マ라(百礬少許硏碎) <救간二 68b>

　　　 o. 져고매 졋웃 그테 무텨 브은 디 딕고(少許筯頭點在腫處) <救간二 67a>

　　　 p. 댓진을 져고매 머거도 됴흐리라(飮竹瀝少許亦差) <救간二 58a>

<58> 져기 對 적적

두 부사가 [少許] 즉 '조금'의 뜻을 가지고 동의 관계에 있다는 것은 다음 예문들에서 잘 확인된다. 원문 중 '以少許摻'이 '져기 ㅂㄹ다'로도 번역되고 '적적 ㅂㄹ다'로도 번역된다. '取少許'가 '져기 取ᄒ다'로도 번역되고 '적적'으로도 번역된다. 그리고 '摻少許'가 '져기 빛다'로 번역되고 '少許摻'이 '적적 빛다'로 번역된다. 따라서 '져기'와 '적적'의 동의성은 명백히 입증된다.

> (58) a. 져기 피 나ᄂ(67a) 듼 ㅂㄹ고(以少許摻患處) <救方上 67b>
> b. 미샹 쓸 제 져기 取ᄒ야(每用時取少許) <救方下 2a>
> c. 소곰 져기 녀허(入塩少許) <救方上 65b>
> d. ᄡᆞᆯ 醋를 져기 녀허(入米醋少許) <救方下 21b>
> e. 져기 혀 아래 녀흐라(以少許著舌下) <救方上 43a>
> f. 皁角을 져기 곳 굼긔 부러 녀흐라(皁角少許吹入鼻) <救方上 47b>
> g. 腦子를 져기 各別히 ᄀ라(別硏腦子少許) <救方上 25a>
> h. 소오매 져기 ᄢᅵ려(綿裹少許) <救方上 47a>
> i. 젓가락 그테 져기(42b) 무텨(以筋頭點少許) <救方上 43a>
> j. 져기 혀 우희 셰ᄒ라(摻少許於舌上) <救간三 1b>

> (58) k. 적적 피 나ᄂ 듼 ㅂㄹ고(以少許摻患處) <救간二 120b>
> l. 쓸 제 적적(每用時取少許) <救간六 23b>
> m. 적적 혀 우희 셰허(每用少許摻於舌上) <救간三 4a>
> n. 샤옹이 열 가라깃 손토블 各各 적적 버혀(取夫十指甲各少許) <救方下 84a>
> o. 적적 주어 머기면(少少與服) <救方上 3a>

<59> 적적 對 져고매

두 부사가 [少許] 즉 '조금'의 뜻을 가지고 동의 관계에 있다는 것은 다음 예문들에서 잘 확인된다. 원문 중 '取…少許'가 '적적 버히다'로도 번역되고 '져고매 버히다'로도 번역된다. 그리고 '以少許摻'이 '적적 ㅂㄹ다'로 번역되고 '以少許著'이 '져고매 넣

다'로 번역된다. 따라서 '젹젹'과 '져고매'의 동의성은 명백히 입증된다.

    (59) a. 샤옹이 열 가라깃 손토볼 各各 젹젹 버혀(取夫十指甲各少許) <救方下 84a>

        b. 젹젹 피 나는 뒤 브르고(以少許摻患處) <救간二 120b>

        c. 쓸 제 젹젹(每用時取少許) <救간六 23b>

        d. 젹젹 주어 머기면(少少與服) <救方上 3a>

    (59) e. 沒藥ㅅ ᄀᆞᄅᆞ와 차 져고매 조쳐(同沒藥末茶少許) <救方下 71b>

        f. 제 남진의 열 숟가락 손토볼 각각 져고매 버혀(取夫十指甲各少許)

           <救간七 44a>

        g. 져고매 혀 아래 녀흐라(以少許著舌下) <救간二 74b>

        h. 져고매 고해 불면(以少許吹鼻中) <救간二 98a>

        i. 술 져고매 녀허(入酒少許) <救간二 101a>

        j. 댓진을 져고매 머거도 됴ᄒᆞ리라(飮竹瀝少許亦差) <救간二 58a>

        k. 빅번을 져고매 ᄀᆞ라(白礬少許硏碎) <救간二 68b>

<60> ᄌᆞᄂᆞ기 對 날혹ᄌᆞᄂᆞ기

    두 부사가 [徐徐]와 [緩緩] 즉 '천천히'의 뜻을 가지고 동의 관계에 있다는 것은 다음 예문들에서 잘 확인된다. 원문 중 '徐徐牽'이 'ᄌᆞᄂᆞ기 잇그다'로도 번역되고 '날혹ᄌᆞᄂᆞ기 잇그다'로도 번역된다. '徐徐引'이 'ᄌᆞᄂᆞ기 둥기다'로도 번역되고 '날혹ᄌᆞᄂᆞ기 들이다'로도 번역된다. 그리고 '徐徐解'가 'ᄌᆞᄂᆞ기 그르다'로 번역되고 '緩緩解'가 '날혹ᄌᆞᄂᆞ기 그르다'로 번역된다. 따라서 'ᄌᆞᄂᆞ기'와 '날혹ᄌᆞᄂᆞ기'의 동의성은 명백히 입증된다. 'ᄌᆞᄂᆞ기'는 상태동사 'ᄌᆞᄂᆞᄌᆞᄂᆞᄒᆞ다'에서 파생된 부사이고 '날혹ᄌᆞᄂᆞ기'는 상태동사 '날혹ᄌᆞᄂᆞ ᄒᆞ다'에서 파생된 부사이다.

    (60) a. ᄌᆞᄂᆞ기 쇼룰 잇거든(徐徐牽牛) <救方上 71a>

        b. ᄌᆞᄂᆞ기 둥기면(徐徐引之) <救方上 49a>

        c. 그 物이 븓거든 ᄌᆞᄂᆞ기 긍어 내면(使其物粘之徐徐引出) <救方下 45a>

        d. ᄌᆞᄂᆞ기 이베 붓고(徐徐灌口) <救方上 10a>

    e. ᄌᆞ녹ᄌᆞ느기 글오ᄃᆡ(徐徐解之) <救方上 75a>

(60) f. 날혹ᄌᆞ느기 쇼ᄅᆞᆯ 잇거(71b)든(徐徐牽牛) <救간一 72a>

    g. 날혹ᄌᆞ느기 ᄃᆞᆯ이면(徐徐引之) <救간六 10b>

    h. 머리ᄅᆞᆯ 드리디게 ᄒᆞ야 날혹ᄌᆞ느기 음즈겨 ᄃᆞᆫ뇨ᄃᆡ(令頭垂下徐徐行動)

      <救간一 65a>

    i. 두 번에 ᄂᆞ화 날혹ᄌᆞ느기 먹고(分再服徐徐服之) <救간一 105b>

    j. 날호ᄌᆞ느기 글어 ᄂᆞ리와(緩緩解下) <救간一 59b>

<61> ᄌᆞ조 對 ᄌᆞ로

    두 부사가 [頻]과 [數] 즉 '자주'의 뜻을 가지고 동의 관계에 있다는 것은 다음 예 문들에서 잘 확인된다. 원문 중 '頻擦'이 'ᄌᆞ조 셰븨다'로 번역되고 '頻服'이 'ᄌᆞ조 먹 다'로 번역되고 '頻…숨'이 'ᄌᆞ로 머굼다'로 번역된다. 그리고 '數易'이 'ᄌᆞ조 ᄀᆞᆯ다'로 번역된다. 따라서 'ᄌᆞ조'와 'ᄌᆞ로'의 동의성은 명백히 입증된다. 부사 'ᄌᆞ조'는 [頻]과 [數] 즉 '잦다'의 뜻을 가진 상태동사 '줓다'에서 파생된 것이다.

(61) a. ᄌᆞ조 셰븨면 절로 열리라(頻擦自開) <救方上 2a>

    b. ᄌᆞ조 慰ᄒᆞ면(頻慰) <救方上 58b>

    c. ᄌᆞ조 눈 가온ᄃᆡ 디그라(頻點目中) <救方下 40b>

    d. ᄌᆞ조 머그라(頻服之) <救간二 50a>

    e. ᄌᆞ조 혀 아래 노하(頻放舌下) <救간二 86b>

    f. ᄌᆞ조 디그라(頻頻點之) <救方下 40b>

    g. ᄌᆞ조 비븨여(數挼) <救方下 37b>

    h. ᄌᆞ조 ᄀᆞᆯ면 됴ᄒᆞ리라(數易之差) <救간二 98b>

(61) i. ᄌᆞ로 싱앙 글힌 므리어나 계피 글힌 므리어나 쥭 므리어나 머구머

    (頻以薑湯或桂湯及粥飲含) <救간一 61a>

    j. ᄌᆞ로 움즈기고(數數動之) <救간一 60a>

    k. 슈은으로 ᄌᆞ조 스서 덥게 ᄒᆞ면(水銀數數拭之令熱) <救간六 86a>

<62> 칙치기 對 구디

두 부사가 [密] 즉 '빽빽이, 빈틈 없이'의 뜻을 가지고 동의 관계에 있다는 것은 다음 예문들에서 잘 확인된다. 원문 중 '密蓋'가 '칙치기 덮다'로 번역되고 '密泥'가 '구디 브르다'로 번역된다. 따라서 '칙치기'와 '구디'의 동의성은 명백히 입증된다. 부사 '칙치기'는 [密] 즉 '빽빽하다'의 뜻을 가진 상태동사 '칙칙ᄒ다'에서 파생된 것으로 '칙칙-+-이'로 분석될 수 있다. 부사 '구디'는 상태동사 '굳다'에서 파생된 것으로 '굳-+-이'로 분석될 수 있다.

> (62) a. 믈읫 生肉 니그닌 다 기피 갈마 칙치기 덥디 마롤디니
>
>   (凡生肉熟皆不用深藏密蓋) <救方下 61b>
>
>   b. 칙츠기 더퍼(密蓋) <救方下 62a>

> (62) c. 삼 조쳐 石灰를 디허 구디 븐라(用麻擣石灰密泥) <救方上 81a>

<63> 해 對 만히

두 부사가 [多] 즉 '많이'의 뜻을 가지고 동의 관계에 있다는 것은 다음 예문들에서 잘 확인된다. 원문 중 '多飮'이 '해 머기다'로도 번역되고 '만히 먹다'로도 번역된다. 그리고 '多乾'이 '해 믈이다'로 번역되고 '多熬'가 '만히 븕다'로 번역된다. 따라서 '해'와 '만히'의 동의성은 명백히 입증된다. 부사 '해'는 상태동사 '하다'에서 파생된 것이고 부사 '만히'는 상태동사 '만ᄒ다'에서 파생된 것이다.

> (63) a. 粥을 해 머기디 마롤디니(不得多飮粥) <救方上 80a>
>
>   b. 螺蛳ㅅ 당아릴 해 믈외요딕(用螺蛳殼多乾) <救方下 14a>
>
>   c. 해…氣分이 거스러 우흐로 올오매 나(多生於…逆氣上行) <救方上 12a>
>
>   d. 여러 가짓 거시 해 나ᄂ니(多生種類不同) <救方下 48a>
>
>   e. 사ᄅ미 해 과ᄀ리 기춤ᄒ야(人多暴嗽) <救간二 14b>
>
>   f. 고로미 해 나거든(膿來多) <救간三 29b>

(63) g. 만히 머그면(多食) <救方上 51a>

　　h. 만히 머거(多食) <救간六 14a>

　　i. 지를 만히 봇가(多熬灰) <救方上 8b>

　　j. 만히 구어(多煨) <救方下 35b>

　　k. 사름을 만히 주기리라(多殺人) <救간一 82b>

　　l. 만히 토ᄒ며(多吐) <救간二 38a>

　　m. 소옴을 만히 실의 뼈(多用縣絮於甑中蒸) <救간一 66a>

<64> 훤히 對 훤훠니

두 부사가 [快] 즉 '시원하게'의 뜻을 가지고 동의 관계에 있다는 것은 다음 예문들에서 잘 확인된다. 원문 중 '小便通快'가 '져근믈 훤히 보다'로 번역되고 '快利'가 '훤훠니 보다'로 번역된다. 따라서 '훤히'와 '훤훠니'의 동의성은 명백히 입증된다.

(64) a. 소곰 두 되를 소티 봇가…비 아랠 울호ᄃᆡ 져근믈 훤히 보도록 ᄒ라

　　　(塩二升鍋中炒…熨臍下以小便通快爲度) <救간三 89a>

(64) b. 곱 ᄀᆞᄐᆞᆫ 림지레 비 아래 막딜여 답답ᄒ야 훤훠니 몯 보거든

　　　(膏淋臍下妨悶不得快利) <救方三 118a>

<65> 횟두루 對 엔두루

두 부사가 [圍] 즉 '빙 둘러'의 뜻을 가지고 동의 관계에 있다는 것은 다음 예문들에서 잘 확인된다. 원문 중 '畵圈圍'가 '횟두루 그리다'로 번역되고 '圍塗'가 '엔두루 ᄇᆞᄅᆞ다'로 번역된다. 따라서 '횟두루'와 '엔두루'의 동의성은 명백히 입증된다.

(65) a. 범 호ᄍᆞ ᄒ나홀 스고 밧긔 횟두루 그리면(書一虎字外畵圈圍之) <救간六 45b>

　　b. 갈ᄒ로 ᄇᆡ야미 꼬리를 횟두루 어혀(以刀周匝割蛇尾截) <救간六 49a>

(65) c. 됴흔 먹을 ᄀᆞ라 엔두루 ᄇᆞᄅᆞ면(仍磨好墨圍塗) <救간三 30a>

<66> 히즈 對 기우리혀

부사 '히즈'와 부사어 '기우리혀'가 [側] 즉 '옆으로, 기울여'의 뜻을 가지고 동의 관계에 있다는 것은 다음 예문들에서 잘 확인된다. 원문 중 '側臥'가 '히즈 눕다'로 번역되고 '側著'이 '기우리혀 놓다'로 번역된다. 따라서 '히즈'와 '기우리혀'의 동의성은 명백히 입증된다. 부사어 '기우리혀'는 [側] 즉 '기울이다'의 뜻을 가진 동작동사 '기우리혀다'의 부사형으로 '기우리혀-+ ∅(보조적 연결어미 '-어')'으로 분석될 수 있다.

(66) a. 올흔녀기 알프거든 올흔녁으로 히즈 눕고(右痛右側臥) <救간二 7a>

　　 b. 왼녀기 알프거든 왼녁으로 히즈 눕고(左痛左側臥) <救간七 7a>

(66) c. 실을 지 우희 기우리혀 노코(以甌側著灰上) <救간一 72b>

<67> ᄒ다가 對 힝혀

두 부사가 [若]과 [如] 즉 '만일'의 뜻을 가지고 동의 관계에 있다는 것은 다음 예문들에서 잘 확인된다. 원문 중 '若…在手中'이 'ᄒ다가 소내 잇다'로도 번역되고 '힝혀 소내 잇다'로도 번역된다. 그리고 '如醒'이 'ᄒ다가 씨다'로 번역되고 '如…潰'가 '힝혀 곪다'로 번역된다. 따라서 'ᄒ다가'와 '힝혀'의 동의성은 명백히 입증된다.

(67) a. ᄒ다가 긔히 소내 잇ᄂᆞ닌 ᄃᆞᆼ기디 말오(若線猶在手中者莫引之) <救方上 50a>

　　 b. ᄒ다가 가시 잇거든(若有眯者) <救方下 37b>

　　 c. ᄒ다가 ᄌᆞ조 비븨여 누니 알프거든(若數按目痛) <救方下 37b>

　　 d. ᄒ다가 쇼 업거든(若無牛) <救方上 71a>

　　 e. ᄒ다가 쇠 업거든(若無牛) <救간一72a>

　　 f. ᄒ다가 쇼변이 통티 아니커든(若小便不通) <救간一51b>

　　 g. ᄒ다가 ᄯᆞᆷ 나디 아니커든(若不汗) <救간一 58a>

　　 h. ᄒ다가 겨지비어든(若婦人) <救간一 55a>

　　 i. ᄒ다가 씨어든(如醒) <救方上 71a>

　　 j. ᄒ다가 시르와(68b) 독이 업거든(如無甑瓮) <救간一 69a>

　　k. ᄒᆞ다가 소옴곳 업거든(如無緜絮) <救간一 71a>

　　l. ᄒᆞ다가 십디 몯게 ᄃᆞ외옛거든(如不能嚼) <救간一 35b>

　　m. ᄒᆞ다가 다시 시급히 ᄃᆞ외어든(如更急則) <救간二 72a>

(67) n. 힝혀 긴히 소내 잇거든 들이디 말오(若線猶在手中者莫引之) <救간六 14b>

　　o. 힝혀 금이어나 은이어나 숨ᄭᅧ ᄇᆡ 안해 잇거든(若呑金銀物在腹中) <救간六 17b>

　　p. 힝혀 나디 아니커든 다시 ᄇᆞᄅᆞ라(若不出重塗) <救간六 27b>

　　q. 힝혀 다 골ᄆᆞ면 즉재 ᄠᅥ디여 고로미 나리라(如已潰卽穿膿出) <救간三 60b>

<68> ᄒᆞ마 對 ᄇᆞᆯ셔

　두 부사가 [已] 즉 '벌써, 이미'의 뜻을 가지고 동의 관계에 있다는 것은 다음 예문들에서 잘 확인된다. 원문 중 '已死'가 'ᄒᆞ마 죽다'로 번역되고 '已成'이 'ᄇᆞᆯ셔 ᄃᆞ외다'로 번역된다. 따라서 'ᄒᆞ마'와 'ᄇᆞᆯ셔'의 동의성은 명백히 입증된다. 두 부사 'ᄒᆞ마'와 'ᄇᆞᆯ셔'의 빈도수를 비교해 보면 'ᄒᆞ마'가 압도적으로 우세하다.

　(68) a. ᄒᆞ마 죽거든(已死) <救方上 36a>

　　b. ᄒᆞ마 주그니란 곳굼긔 녀흐라(已死者內鼻孔) <救간一 49b>

　　c. ᄒᆞ마 주거 말 몯ᄒᆞᄂᆞ니도 살며(已死不能言者亦活) <救간一 80b>

　　d. ᄒᆞ마 주구닐 고툐ᄃᆡ(治…已絶者) <救方上 29a>

　　e. 니 ᄒᆞ마 구더(牙已繁) <救方上 5a>

　　f. ᄒᆞ마 數百人을 디내요니(已試數百人) <救方上 36b>

　　g. ᄒᆞ마 어즐ᄒᆞ야 답답(35a)ᄒᆞ거든(如已迷悶) <救간一 35b>

　(68) h. ᄇᆞᆯ셔 브스르미 ᄃᆞ외얏거든(如已成瘡) <救간七 78b>

<69> 흔ᄃᆡ 對 조쳐

　부사 '흔ᄃᆡ'와 부사어 '조쳐'가 [同], [合] 및 [幷] 즉 '함께, 합쳐'의 뜻을 가지고 동의 관계에 있다는 것은 다음 예문들에서 잘 확인된다. 원문 중 '同煎'이 '흔ᄃᆡ 달히다'

로도 번역되고 '조쳐 글히다'로도 번역된다. '合擣'가 '흔듸 딯다'로 번역되고 '合…杵'가 '조쳐 딯다'로 번역된다. 그리고 '幷…和'가 '흔듸 플다'로 번역되고 '幷…擦'이 '조쳐 니예 쫓다'로 번역된다. 따라서 '흔듸'와 '조쳐'의 동의성은 명백히 입증된다. 부사어 '조쳐'는 [兼] 즉 '겸하다'의 뜻을 가진 동작동사 '조치다'의 부사형으로 '조치-+-어'로 분석될 수 있다.

(69) a. 믈 두 큰 잔 흔듸 달혀(以水二大盞同煎) <救方下 17a>

　　 b. 믈 흔 져근 盞과 아히 오좀 흔 져근 盞과 흔듸 달혀

　　　 (以水一小盞童子小便一小盞同煎) <救方下 20a>

　　 c. 소곰 흔 져봄과 초 흔 잔과 흔듸 달혀(同煎塩一撮醋一盃) <救간二 56b>

　　 d. 흔듸 열 스믈 소솜 글혀(同煎一二十沸) <救간一 3b>

　　 e. 흔듸 디허 ㅂ르라(同搗塗) <救方下 15a>

　　 f. 흔듸 디허(同搗) <救간一 23b>

　　 g. 흔듸 씨허(同擣) <救간一 10a>

　　 h. 흔듸 ㄱ라(同硏) <救方上 83a><救方下 3a>

　　 i. 흔듸 ㄱ노리 ㄱ라(同細硏) <救간二 63b>

　　 j. 흔듸 수레 프러 먹고(同…酒調服) <救方下 23b>

　　 k. 더운 므레 흔듸 녀허(同泡湯) <救方下 41b>

　　 l. 흔듸 봇가 디허(同炒擣) <救간二 22a>

　　 m. 흔듸 글혀 두 홉을 머그라(合煎服二合) <救간二 13a>

　　 n. 흔듸 디허(合擣) <救간二 19b><救간二 20a>

　　 o. 흔듸 섯거(合和) <救간一 14b>

　　 p. 술와 흔듸 프러(幷酒和) <救간一 45a>

(69) q. 싱앙 세 편과 대초 흔 낫 조쳐 달혀(入薑錢三片大棗一枚同煎) <救간二 102b>

　　 r. 싱앙 세 편 조쳐 달혀(生薑三片同煎) <救간七 17a>

　　 s. 추쳣 닙 네 닐굽과 싱앙 두 닐굽 편 조쳐 녀허 글혀

　　　 (入紫蘇葉四七葉生薑錢二七片同煮) <救간一 103a>

　　 t. 놀 파 두 촌만 ᄒ닐 시버 춤 조쳐 ᄉ끼면 어루 믈 두 되 머곰만 ᄒ리라

　　　 (嚼生葱二寸許津同嚥下可抵水二升) <救간一 35b>

u. 烏雞 혼 나츨 짓 조쳐 一千 二百 버늘 디코(烏雞一隻合毛杵一千二百下)

    <救方上 29a>

v. 오계 혼나홀 짓 조쳐 일쳔 싀빅 번을 디코(烏雞一隻合毛杵一千二百下)

    <救간一 79a>

w. 그스려 믈외욘 미홧 여름 술 조쳐 ᄌᆞ조 니예 샏츠면(幷烏梅肉頻擦)

    <救간一 3a>

x. 졈졈 구피며 빗 조쳐 누르라(漸漸强屈之幷按其臍) <救간一 60b>

<70> 혼ᄃᆡ 對 혼게

두 부사가 [同]과 [合] 즉 '함께'의 뜻을 가지고 동의 관계에 있다는 것은 다음 예
문들에서 잘 확인된다. 원문 중 '同煎'이 '혼ᄃᆡ 달히다'로도 번역되고 '혼게 달히다'로
도 번역된다. 그리고 '合煎'이 '혼ᄃᆡ 글히다'로 번역되고 '合…煮' 가 '혼게 글히다'로
번역된다. 따라서 '혼ᄃᆡ'와 '혼게'의 동의성은 명백히 입증된다.

(70) a. 믈 두 큰 잔 혼ᄃᆡ 달혀(以水二大盞同煎) <救方下 17a>

    b. 믈 혼 져근 盞과 아히 오좀 혼 져근 盞과 혼ᄃᆡ 달혀

      (以水一小盞童子小便一小盞同煎) <救方下 20a>

    c. 소곰 혼 져봄과 초 혼 잔과 혼ᄃᆡ 달혀(塩一撮醋一盃同煎) <救간二 56b>

    d. 혼ᄃᆡ 열 스믈 소솜 글혀(同煎一二十沸) <救간一 3b>

    e. 혼ᄃᆡ 디허 ᄇᆞᄅᆞ라(同搗塗) <救方下 15a>

    f. 혼ᄃᆡ 디허(同搗) <救간一 23b>

    g. 혼ᄃᆡ ᄀᆞ라(同硏) <救方上 83a> <救方下 3a>

    h. 혼ᄃᆡ ᄀᆞᄂᆞ리 ᄀᆞ라(同細硏) <救간二 63b>

    i. 혼ᄃᆡ 수레 프러 먹고(同…酒調服) <救方下 23b>

    j. 더운 므레 혼ᄃᆡ 녀허(同泡湯) <救方下 41b>

    k. 혼ᄃᆡ 봇가 디허(同炒搗) <救간二 22a>

    l. 혼ᄃᆡ 글혀 두 홉을 머그라(合煎服二合) <救간二 13a>

    m. 혼ᄃᆡ 디허(合搗) <救간二 19b> <救간二 20a>

    n. 혼ᄃᆡ 섯거(合和) <救간一 14b>

(70) o. 믈 두 잔 半과 술 半 잔과 흔게 달혀(水二盞半酒半盞同煎) <救方下 33b>

　　 p. 댓진 흔게 글혀(合竹瀝煮) <救간一 26a>

2. 音韻 交替型

音韻의 교체를 보여 주는 부사들이 동의 관계를 가질 수 있다. 이 경우가 음운 교체형이다. 음운 교체에는 母音 交替와 子音 交替가 있다.

동의 관계가 모음 교체를 보여 주는 부사들 사이에 성립된다. 모음 교체에는 陽母音과 陰母音 간의 교체가 있고 음모음과 양모음 간의 교체가 있고 陽母音간의 교체가 있다.

양모음과 음모음 간의 교체에는 'ᄋ~으'의 교체, '아~어'의 교체 및 '오~우'의 교체가 있다. 음모음과 양모음 간의 교체에는 '우~오'의 교체 및 '어~오'의 교체가 있다. 양모음간의 교체에는 'ᄋ~오'의 교체가 있다.

모음 'ᄋ~으'의 교체를 보여 주는 부사에는 [忽]과 [暴] 즉 '갑자기'의 뜻을 가진 '과글이'와 '과글이'가 있고 모음 '아~어'의 교체를 보여 주는 부사에는 [卽] 즉 '곧, 즉시'의 뜻을 가진 '즉재'와 '즉제'가 있고 모음 '오~우'의 교체를 보여 주는 부사에는 [周帀] 즉 '빙 둘러'의 뜻을 가진 '횟도로'와 '횟두루'가 있다. 모음 '우~오'의 교체를 보여 주는 부사에는 [可] 즉 '가히'의 뜻을 가진 '어루'와 '어로'가 있고 [圍] 즉 '빙 둘러'의 뜻을 가진 '횟두루'와 '횟두로'가 있다. 모음 '어~오'의 교체를 보여 주는 부사에는 [少許] 즉 '조금'의 뜻을 가진 '져고매'와 '죠고매'가 있다. 모음 'ᄋ~오'의 교체를 보여 주는 부사에는 [倒] 즉 '거꾸로'의 뜻을 가진 '갓ᄀ로'와 '갓고로'가 있다.

동의 관계가 자음 교체를 보여 주는 부사들 사이에 성립된다. 자음 교체에는 'ㄱ~ㅅ'의 교체가 있다. 자음 'ㄱ~ㅅ'의 교체를 보여 주는 부사에는 [許] 즉 '남짓이'의 뜻을 가진 '남즈기'와 '남즈시'가 있고 [當]과 [必] 즉 '반드시'의 뜻을 가진 '반ᄃ기'와 '반ᄃ시'가 있다.

<1> 과글이 對 과글이

두 부사가 [忽]과 [暴] 즉 '갑자기'의 뜻을 가지고 동의 관계에 있다는 것은 다음 예문들에서 잘 확인된다. 원문 중 '忽脹'이 '과글이 붇다'로도 번역되고 '과글이 부러 나다'로도 번역된다. 그리고 '暴下血'이 '과글이 下血ᄒᆞ다'로 번역되고 '暴腫'이 '과글이 붓다'로 번역된다. 따라서 두 부사 '과글이'와 '과글이'의 동의성은 명백히 입증된다. 두 부사는 제2 음절에서 모음 'ᄋᆞ~으'의 교체를 보여 준다.

    (1) a. 혀 과글이 부러(舌忽脹) <救간二 91b>

       b. 과글이 下血ᄒᆞ릴 고툐ᄃᆡ(治暴下血) <救方上 62b>

       c. 과글이 놀란 다시니(暴驚所致) <救方上 60b>

    (1) d. 혀 과글이 부러나(舌忽脹) <救方上 46b>

       e. 목져지 과글이 브스닐 교툐ᄃᆡ(治懸癰暴腫) <救方上 42b>

<2> 즉재 對 즉제

두 부사가 [卽] 즉 '곧, 즉시'의 뜻을 가지고 동의 관계에 있다는 것은 다음 예문들에서 잘 확인되다. 원문 중 '卽差'가 '즉재 둏다'로도 번역되고 '즉제 둏다'로도 번역된다. 따라서 두 부사 '즉재'와 '즉제'의 동의성은 명백히 입증된다. 두 부사는 제2 음절에서 모음 '아~어'의 교체를 보여 준다.

    (2) a. 므리 나면 즉재 사ᄂᆞ니라(水出卽活) <救方上 72b>

       b. 즉재 ᄭᆡᄂᆞ니라(卽醒) <救方上 3b>

       c. 즉재 能히 말ᄒᆞᄂᆞ니라(卽能廻語) <救方上 26a>

       d. 즉재 됴ᄒᆞ리(76b)라(卽差) <救간二 77a>

    (2) e. 혀 아라 우희 ᄇᆞᄅᆞ면 즉제 됴ᄒᆞ리라(塗舌上下卽差) <救간二 90b>

<3> 횟도로 對 횟두루

두 부사가 [周匝] 즉 '빙 둘러'의 뜻을 가지고 동의 관계에 있다는 것은 다음 예문들에서 잘 확인된다. 원문 중 '周匝割'이 '횟도로 버히다'로도 번역되고 '횟두루 어히다'로도 번역된다. 따라서 두 부사 '횟도로'와 '횟두루'의 동의성은 명백히 입증된다. 두 부사는 첫 음절, 제2 음절 및 제3 음절에서 모음 '오~우'의 교체를 보여 준다.

(3) a. 갈흐로 비야미 꼬리를 횟도로 버혀(以刀周匝割蛇尾截) <救方下 79a>

(3) b. 갈흐로 버야미 꼬리를 횟두루 어혀(以刀周匝割蛇尾截) <救간六 49a>
      c. 범 호쯧 흐나흘 스고 밧긔 횟두루 그리면(書一虎字外畫圈圍之) <救간六 45b>

<4> 두루 對 두로

두 부사가 [令遍]과 [注] 즉 '두루'의 뜻을 가지고 동의 관계에 있다는 것은 다음 예문들에서 잘 확인된다. 원문 중 '令遍熱'이 '두루 덥게 흐다'로 번역되고 '走注'가 '두로 둔니다'로 번역된다. 따라서 두 부사 '두루'와 '두로'의 동의성은 명백히 입증된다. 두 부사는 제2 음절에서 모음 '우~오'의 교체를 보여 준다. 두 부사는 동작동사 '두르다'에서 파생된 것으로 '두루'는 '둘- +-우 (부사형성접미사)'로 분석되고 '두로'는 '둘-+-오 (부사형성접미사)'로 분석된다.

(4) a. 굴근 마ᄂᆞᆯ 밠바다애 쎄븨여 두루 덥게 흐면(用大蒜磨脚心令遍熱)
      <救方上 32b>
      b. 마ᄂᆞᆯ 밧바당애 쎄븨여 두루 덥게 흐면(大蒜磨脚心令遍熱) <救간二 62b>
      c. 白虎風 : 두루 슬슈셔 알호미라 <救간一 88a>
      d. 白虎風 : 두루 슬슈셔 알픈 병 <救간 目錄 1b>

(4) e. 력절픐 병이 두로 둔녀 ᄇᆞ랍고 알프거든 (歷節白虎風走注癢痛) <救간一 92a>
      f. 빅호픐 병이 두로 둔녀 알파 흔 고디 아니어든(白虎風痛走不定) <救간一 90a>

<5> 어루 對 어로

두 부사가 [可] 즉 '가히'의 뜻을 가지고 동의 관계에 있다는 것은 다음 예문들에서 잘 확인된다. 원문 중 '可活'이 '어루 살다'로도 번역되고 '어로 살다'로도 번역된다. 따라서 두 부사 '어루'와 '어로'의 동의성은 명백히 입증된다. 두 부사는 제2 음절에서 모음 '우~오'의 교체를 보여 준다.

(5) a. 가스미 드스닌 홀리라도 쏘 어루 살리라(心下溫者一日亦可活) <救方上 25b>

　　 b. 비록 차도 어루 救ᄒ려니와(雖已冷必可救) <救方上 77a>

　　 c. 다 어루 글혀 머귤디니라(皆可煮服) <救方上 32a>

　　 d. 어루 ᄃᆞᆺ 수를 머기며(可與溫酒服) <救方上 8b>

　　 e. 始作애 다 어루 이룰 쓰리라(初作皆可用此) <救方上 2a>

　　 f. 잇사ᄋ래도 어루 불리라(三兩日猶可吹之) <救方上 23a>

　　 g. 가스미 드스닌 어루 사ᄅᆞ려니와 ᄎᆞ닌 사ᄅᆞ디 몯ᄒ리라

　　　 (心頭煖溫者可救冷者不可活矣) <救간一 64a>

　　 h. 춤 조쳐 숨씨면 어루 믈 두 되 머곰만 ᄒ리라(津同嚥下可抵水二升)

　　　 <救간一 35b>

(5) i. 머리를 울월에 ᄒ야도 어로 살리라(令頭仰亦可活) <救간一 71a>

　　 j. 믄득 이 약을 머기면 어로 ᄇᆞᄅᆞ미 업스며 긔운이 편안ᄒ리니

　　　 (便進此藥可使風退氣和) <救간一 3b>

<6> 횟두루 對 횟두로

두 부사가 [圍] 즉 '빙 둘러'의 뜻을 가지고 동의 관계에 있다는 것은 다음 예문들에서 잘 확인된다. 원문 중 '畫圈圍'가 '횟두루 그리다'로 번역되고 '塞…四圍'가 '횟두로 막다'로 번역된다. 따라서 두 부사 '횟두루'와 '횟두로'의 동의성은 명백히 입증된다. 두 부사는 제3 음절에서 모음 '우~오'의 교체를 보여 준다.

(6) a. 범 호쯩 ᄒ나흘 스고 밧긔 횟두루 그리면(書一虎字外畵圈圍之) <救간六 45b>

   b. 갈ᄒ로 ᄇ야미 ᄭ리를 횟두루 어혀(以刀周匝割蛇尾截) <救간六 49a>

(6) c. 할오ᄉ로 입과 귀와 횟두로 막고(用絲衣塞口耳四圍) <救간一 65b>

   d. ᄌ를 ᄀ쉬 횟두로 ᄭ라 두면(以灰圍四方) <救간一 44b>

   e. 할니블로 머리와 ᄂ과 몸과 손바를 횟두로 ᄡ고(用絲衾包頭面身體手足)

     <救간一65b>

<7> 져고매 對 죠고매

두 부사가 [少許] 즉 '조금'의 뜻을 가지고 동의 관계에 있다는 것은 다음 예문들에서 잘 확인된다. 원문 중 '以小許吹'가 '져고매 불다'로 번역되고 '少許吹'가 '죠고매 불다'로 번역된다. 따라서 두 부사 '져고매'와 '죠고매'의 동의성은 명백히 입증된다. 두 부사는 첫 음절에서 모음 '어~오'의 교체를 보여 준다.

(7) a. 沒藥ㅅ ᄀ를와 차 져고매 조쳐(同沒藥末茶少許) <救方下 71b>

   b. 가마 미틧 거믜영을 ᄀ느리 ᄀ라 져고매 고해 불면(釜底墨細研以少許吹鼻中)

     <救간二 98a>

   c. 술 져고매 녀허(入酒少許) <救간二 101a>

   d. 져고매 혀 아래 녀흐라(以少許著舌下) <救간二 74b>

   e. 빅번을 져고매 ᄀ라(白礬少許研碎) <救간二 68b>

   f. 져고매 졋옷 그테 무텨 브은 ᄃ 딕고(少許筋頭點在腫處) <救간二 67a>

   g. 댓진을 져고매 머거도 됴ᄒ리라(飮竹瀝少許亦差) <救간二 58a>

(7) h. 조협 ᄀ를 죠고매 고해 부러(皁角少許吹入鼻) <救간六 1b>

<8> 갓ᄀ로 對 갓고로

두 부사가 [倒] 즉 '거꾸로'의 뜻을 가지고 동의 관계에 있다는 것은 다음 예문들에서 잘 확인된다. 원문 중 '倒生'이 '갓ᄀ로 낳다'로 번역되고 '倒産'이 '갓고로 낳다'

로 번역된다. 따라서 두 부사 '갓ㄱ로'와 '갓고로'의 동의성은 명백히 입증된다. 두 부사는 제2 음절에서 모음 'ㅇ~오'의 교체를 보여 준다. 부사 '갓ㄱ로'는 [倒] 즉 '거꾸로 되다'의 뜻을 가진 동작동사 '갓굴다'에서 파생된 것으로 '갓굴-+-오(부사 형성 접미사)'로 분석될 수 있다.

(8) a. 빗그며 갓ㄱ로 나하(橫倒生) <救方下 84a>

　　 b. 빗그며 갓ㄱ로 나ᄒ며(橫倒生) <救方下 85a>

　　 c. 빗그며 갓ㄱ로 나며(橫倒生) <救方下 84b>

(8) d. 아기를 믄득 몯 나ᄒ며 ㄱᄅ 나ᄒ며 갓고로 나ᄒ며(産難橫生倒産) <救간七 26a>

　　 e. 닐오딕 갓고로 나ᄂ다 ᄒᄂ니(謂之逆生) <救간七 45b>

　　 f. 難産附橫生逆産 : 아기 믄득 몯 난ᄂ니 ㄱᄅ 난ᄂ니와 갓고로 난ᄂ니(25b) 조찻ᄂ니라 <救간七 26a>

<9> 남ᄌ기 對 남ᄌ시

　두 부사가 [許] 즉 '남짓이'의 뜻을 가지고 동의 관계에 있다는 것은 다음 예문들에서 잘 확인된다. 원문 중 '三錢許'가 '세 돈 남ᄌ기'로 번역되고 '半錢許'가 '半 돈 남ᄌ시'로 번역된다. 따라서 두 부사 '남ᄌ기'와 '남ᄌ시'의 동의성은 명백히 입증된다. 두 부사는 제3 음절에서 자음 'ㄱ~ㅅ'의 교체를 보여 준다. '남ᄌ기'는 상태동사 '남즉ᄒ다'에서 파생된 부사로 '남즉-+-이'로 분석될 수 있다. '남ᄌ시'는 상태동사 '남즛ᄒ다'에서 파생된 부사로 '남즛-+-이'로 분석될 수 있다.

(9) a. 세 돈 남ᄌ기 머기면(三錢許與服) <救方上 60a>

　　 b. 一百 숨 남ᄌ기 ᄒ고(百餘息) <救方上 25a>

(9) c. 半 돈 남ᄌ시 입 안해 녀허서(每以半錢許入口中) <救方上 45a>

　　 d. 반 돈곰 이베 녀허셔(每以半錢許入口中) <救간二 75a>

<10> 반득기 對 반득시

두 부사가 [當]과 [必] 즉 '반드시'의 뜻을 가지고 동의 관계에 있다는 것은 다음 예문들에서 잘 확인된다. 원문 중 '當語'가 '반득기 말ᄒ다'로 번역되고 '當得快利'가 '반득시 훤히 즈츼다'로 번역된다. 그리고 '必瘥'가 '반득기 둏다'로 번역된다. 따라서 두 부사 '반득기'와 '반득시'의 동의성은 명백히 입증된다. 두 부사는 제3 음절에서 자음 'ㄱ~ㅅ'의 교체를 보여 준다.

> (10) a. 그 사ᄅ미 반득기 ᄀ장 목믈라 ᄒᄂ니(其人當苦渴) <救方上 80a>
>
>   b. 오라면 반득기 말ᄒ리라 (良久當語) <救方上 3a>
>
>   c. 반득기 므를 吐ᄒ리니(當吐水) <救方上 72a>
>
>   d. 반득기 汁이 나리니(當用有汁出) <救方上 84a>
>
>   e. 쇠 할ᄒ면 반득기 됻ᄂ니라(牛舐必瘥) <救方上 24b>
>
>   f. 쇠 할ᄒ면 반득기 됻ᄂ니라(牛舐必瘥) <救간一 43a>

> (10) g. 반득시 훤히 즈츼여 됴ᄒ리라(當得快利爲效) <救간三 38a>

3. 音韻 脫落型

어떤 부사가 ᄀ섯 중의 한 음운의 탈락으로 생긴 부사와 동의 관계를 가질 수 있는데 이 경우가 音韻 脫落型이다. 음운 탈락에는 모음 탈락과 자음 탈락이 있다. 모음 탈락에는 반모음 [y]의 탈락이 있고 자음 탈락에는 'ㅎ'의 탈락이 있다. 반모음 [y]의 탈락에는 [各] 즉 '제각기, 각각'의 뜻을 가진 '제여곰'과 '저여곰'이 있다. 자음 'ㅎ'의 탈락에는 [卽]과 [立] 즉 '곧, 즉시'의 뜻을 가진 '즉자히'와 '즉재'가 있다.

<1> 제여곰 對 저여곰

두 부사가 [各] 즉 '제각기, 각각'의 뜻을 가지고 동의 관계에 있다는 것은 다음 예

문들에서 잘 확인된다. 원문 중 ‘各抄’가 ‘제여곰 집다’로 번역되고 ‘各執’이 ‘저여곰 잡다’로 번역된다. 따라서 ‘제여곰’과 ‘저여곰’의 동의성은 명백히 입증된다. ‘저여곰’은 부사 ‘제여곰’의 첫 음절의 반모음 [y]가 탈락된 것이다.

(1) a. 제여곰 ᄀ라 쁠 저긔 제여곰 젹젹 지버(別硏臨用時各抄小許) <救간三 18a>

(1) b. 네 사ᄅ미 저여곰 자바 힘뻐 부러(用四人各執一筒用力吹) <救간一 60b>
    c. 리튱과 소합원과를 저여곰 환 밍ᄀ라(調理中蘇合各爲圓) <救간二 16a>

<2> 즉자히 對 즉재

두 부사가 [卽]과 [立] 즉 ‘곧, 즉시’의 뜻을 가지고 동의 관계에 있다는 것은 다음 예문들에서 잘 확인된다. 원문 중 ‘卽活’과 ‘立活’이 ‘즉자히 살다’로도 번역되고 ‘즉재 살다’로도 번역된다. ‘卽出’이 ‘즉자히 나다’로도 번역되고 ‘즉재 나다’로도 번역된다. 그리고 ‘立起’가 ‘즉자히 닐다’로도 번역되고 ‘즉재 닐다’로도 번역된다. 따라서 두 부사 ‘즉자히’와 ‘즉재’의 동의성은 명백히 입증된다. 부사 ‘즉재’는 ‘즉자히’의 자음 ‘ㅎ’ 탈락으로 생긴 語形이다.

(2) a. 므리 다 나면 즉자히 사ᄂ니라(吐水出盡卽活) <救方上 74b>
    b. 氣分이 急ᄒ면 즉자히 사ᄂ니라(氣急卽活) <救方上 77b>
    c. 즉자히 사ᄂ니라(立活) <救方上 76a>
    d. 누엣 ᄯᅩᆼ ᄒᆞᆫ 나출 숪기면 즉자히 나리라(以蠶沙一粒吞下卽出) <救方下 42a>
    e. ᄂ리디 아니ᄒ면 즉자히 나ᄂ니라(不下卽出) <救方上 52b>
    f. 즉자히 나ᄂ니라(立出) <救方下 87a> <救方下 92a>
    g. 胎衣 즉자히 ᄂ리ᄂ니라(衣卽下) <救方下 92a>
    h. 니예 다ᄃᆞᆯ게 ᄒ면 즉자히 니ᄂ니라(至齒立起) <救方上 40a>
    i. 즉자히 됻ᄂ니라(立效) <救方上 37a>
    j. 즉자히 오ᄉ로 두 귀 막고(卽以衣物兩耳) <救方上 77a>
    k. 大凡ᄒᆞᆫ디 닶가와 ᄒ거든 즉자히 ᄲᅮ므라(凡悶卽潠之) <救方下 93b>

(2) l. 므리 나면 즉재 사ᄂᆞ니라(水出卽活) 〈救方上 72b〉

    m. 긔우니 붑(62b)바티면 즉재 살리라(氣急卽活) 〈救간一 63a〉

    n. 즉재 살리라(立活) 〈救간一 62b〉

    o. 눉 가온듸 브스면 즉재 나리라(注目中卽出) 〈救方下 39b〉

    p. 두 보ᅀᆞ롤 머그면 즉재 ᄂᆞ리ᄂᆞ니라(服二椀卽下) 〈救方下 89b〉

    q. ᄀᆞᄂᆞᆫ 대로 두 곳굼긔 불면 즉재 니ᄂᆞ니(用細竹管吹兩鼻中卽起) 〈救方上 23a〉

    r. 니예 다들게(55a) ᄒᆞ면 즉재 닐리라(至齒立起) 〈救간一 55b〉

    s. 즉재 됴ᄒᆞ리(76b)라(卽差) 〈救간二 77a〉

    t. 즉재 ᄭᆡᄂᆞ니라(卽醒) 〈救方上 3b〉

    u. 즉재 能히 말ᄒᆞᄂᆞ니라(卽能廻語) 〈救方上 26a〉

    v. 미온 醋롤 머그머 ᄂᆞ치 ᄲᅳᄆᆞ면 즉재 돋ᄂᆞ니(含釀醋㳂面卽愈) 〈救方下 93b〉

    w. 뒤조치 즉재 나리라(衣卽下) 〈救간七 54b〉

    x. 즉재 나리라(立出) 〈救간七 51b〉

4. 派生型

동일한 語根에서 派生된 두 부사가 동의 관계를 가질 수 있고, 부사와 부사어가 동의 관계를 가질 수 있다. 이 경우가 派生型이다.

두 부사가 동의 관계를 가지는 것에는 [新] 즉 '새로, 새롭게'의 뜻을 가진 '새'와 '새로'가 있고 [多] 즉 '많이'의 뜻을 가진 '해'와 '하'가 있다.

부사와 부사어 사이에 형성되는 동의 관계에는 [細] 즉 '가늘게'의 뜻을 가진 'ᄀᆞᄂᆞ리'와 'ᄀᆞᄂᆞᆯ에'가 있고 [等] 즉 '같게'의 뜻을 가진 'ᄀᆞ티'와 'ᄀᆞᆮ게'가 있고 [熟] 즉 '익게'의 뜻을 가진 '니기'와 '닉게'가 있고 [暖] 즉 '따뜻하게'의 뜻을 가진 '더이'와 '덥게'가 있고 [濃] 즉 '짙게, 진하게'의 뜻을 가진 '두터이'와 '두텁게'가 있고 [溫] 즉 '따뜻이, 따뜻하게'의 뜻을 가진 'ᄃᆞ시'와 'ᄃᆞᆺ게'가 있다. 그리고 [塞]과 [閉] 즉 '막히어, 막히고'의 뜻을 가진 '마고'와 '막고'가 있고 [薄] 즉 '엷게'의 뜻을 가진 '열이'와 '엷게'가 있고 [須臾] 즉 '잠깐, 오래지 않아'의 뜻을 가진 '이슥고'와 '이슥ᄒᆞ야'가 있다.

<1> 새 對 새로

두 부사가 [新] 즉 '새로, 새롭게'의 뜻을 가지고 동의 관계에 있다는 것은 다음 예문들에서 잘 확인된다. 원문 중 '新汲水'가 '새 기른 믈'로도 번역되고 '새로 기론 믈'로도 번역된다. 그리고 '新熟'이 '새 닉다'로 번역되고 '新生'이 '새로 돋다'로 번역된다. 따라서 '새'와 '새로'의 동의성은 명백히 입증된다.

    (1) a. 새 기른 므레 뿔 漿(8b)水를 프러 머그라(取新汲水調蜜漿飲之) <救方下 9a>

       b. 새 기룬 므레 무라(新汲水調) <救方下 35a>

       c. 새 기론 우믌 므레 무라 브르라(新汲井水調抹) <救方下 11b>

       d. 새 니근 수를 지가이 조쳐(以新熟酒連糟) <救方下 34b>

    (1) e. 새로 기론 믈 닷 홉애 서 돈을 프러 머그면(新汲水中一盞調三錢飲之)

          <救간二 108a>

       f. 그 힛 방소앳 새로 도든 회화나못 가지 흔 줌을 두 귿 버혀 브리고

         (當太歲上新生槐枝一握去兩頭) <救간二 34a>

       g. 新汲水: 새로 기론 믈 <救간二 108a>

       h. 新生槐枝: 새로 도든 회홧 가지 <救간二 34a>

<2> 해 對 하

두 부사가 [多] 즉 '많이'의 뜻을 가지고 동의 관계에 있다는 것은 다음 예문들에서 잘 확인된다. 원문 중 '多飲'이 '해 머기다'로도 번역되고 '하 먹다'로도 번역된다. 따라서 '해'와 '하'의 동의성은 명백히 입증된다.

    (2) a. 粥을 해 머기디 마롤디니(不得多飲粥) <救方上 80a>

       b. 螺螄ㅅ 당아릴 해 물외요디(用螺螄殼多乾) <救方下 14a>

       c. 여러 가짓 거시 해 나ᄂ니(多生種類不同) <救方下 48a>

       d. 해…氣分이 거스러 우흐로 올오매 나(多生於…逆氣上行) <救方上 12a>

(2) e. ᄀᆞ장 목ᄆᆞ라 ᄒᆞ 머그면 사ᄅᆞᆷ 주기ᄂᆞ니(大渴多飮則殺人) ＜救方上 34a＞

    f. 즈츼요믈 하 ᄒᆞ야ᄃᆞᆫ 그치라(若利多則止之) ＜救方上 39b＞

＜3＞ ᄀᆞᄂᆞ리 對 ᄀᆞᄂᆞᆯ에

부사 'ᄀᆞᄂᆞ리'와 부사어 'ᄀᆞᄂᆞᆯ에'가 [細] 즉 '가늘게'의 뜻을 가지고 동의 관계에 있다는 것은 다음 예문들에서 잘 확인된다. 원문 중 '搗細羅'가 '디허 ᄀᆞᄂᆞ리 츠다'로도 번역되고 '디허 ᄀᆞᄂᆞᆯ에 츠다'로도 번역된다. '細研'과 '細末'이 'ᄀᆞᄂᆞ리 ᄀᆞᆯ다'로도 번역되고 'ᄀᆞᄂᆞᆯ에 ᄀᆞᆯ다'로도 번역된다. 그리고 '令…細'가 'ᄀᆞᄂᆞ리 ᄒᆞ다'로도 번역되고 'ᄀᆞᄂᆞᆯ에 ᄒᆞ다'로도 번역된다. 따라서 'ᄀᆞᄂᆞ리'와 'ᄀᆞᄂᆞᆯ에'의 동의성은 명백히 입증된다. 부사 'ᄀᆞᄂᆞ리'는 'ᄀᆞᄂᆞᆯ-+-이'로 분석될 수 있고 부사어 'ᄀᆞᄂᆞᆯ에'는 'ᄀᆞᄂᆞᆯ-+-에'로 분석될 수 있다.

(3) a. 烏賊魚 ᄲᅧ를 디허 ᄀᆞᄂᆞ리 처(烏賊魚骨搗細羅) ＜救方上 64a＞

    b. ᄀᆞ장 ᄀᆞᄂᆞ리 ᄒᆞ야(令極細) ＜救方上 82b＞

    c. ᄀᆞᄂᆞ리 ᄒᆞ라(令極細) ＜救간七 24a＞

    d. 버믜 ᄲᅧ나 시혹 슬긔 ᄲᅧ나 디허 ᄀᆞᄂᆞ리 처(以虎骨或狸骨擣細羅) ＜救方上 49b＞

    e. 쥐ᄎᆞ밋 불휘를 디허 ᄀᆞᄂᆞ리 처(土瓜根擣細羅) ＜救간七 36a＞

    f. 디허 ᄀᆞᄂᆞ리 처(擣細羅) ＜救간七 56b＞ ＜救간七 57b＞ ＜救간七 8b＞

    g. 겺위 ᄯᅩᆼ을 하나 져그나 ᄀᆞᄂᆞ리 ᄀᆞ라(地龍糞不限多少細研) ＜救간二 108a＞

    h. 황단을 하나 져그나 ᄀᆞᄂᆞ리 ᄀᆞ라(黃丹不以多少細研) ＜救간二 110b＞

    i. ᄀᆞᄂᆞ리 분 ᄀᆞ티 ᄀᆞ라(細研如粉) ＜救간二 112a＞

    j. ᄀᆞᄂᆞ리 ᄀᆞ라(細末) ＜救간二 111b＞

(3) k. 미긔치를 디허 ᄀᆞᄂᆞᆯ에 처(烏賊魚骨搗細羅) ＜救간三 113b＞

    l. ᄀᆞ장 ᄀᆞᄂᆞᆯ에 ᄒᆞ야(令極細) ＜救方下 3a＞

    m. ᄯᅩ 나잘만 커든 ᄀᆞᄂᆞᆯ에 ᄀᆞ라(又半日許細研) ＜救간一 112b＞

    n. 대왐풀 불휘를 ᄀᆞᄂᆞᆯ에 ᄀᆞ라(白芨細末) ＜救간三 18b＞

    o. ᄀᆞᄂᆞᆯ에 ᄀᆞ라(細末) ＜救간三 60a＞

<4> ᄀ티 對 ᄀᆮ게

부사 'ᄀ티'와 부사어 'ᄀᆮ게'가 [等] 즉 '같게'의 뜻을 가지고 동의 관계에 있다는 것은 다음 예문들에서 잘 확인된다. 원문 중 '等分'이 'ᄀ티 ᄂᆞ호다'로도 번역되고 'ᄀᆮ게 ᄂᆞ호다'로 번역된다. 따라서 'ᄀ티'와 'ᄀᆮ게'의 동의성은 명백히 입증된다.

(4) a. 蓮 닙과 뽕 니플 ᄀ티 ᄂᆞ화(芙蓉葉桑葉等分) <救方下 12b>

b. 赤石脂와 寒水石과 大黃을 各 ᄀ티 ᄂᆞ화(赤石脂 寒水石 大黃各等分)

<救方下 11b>

c. 川大黃과 側栢 힌 거츨 ᄀ티 ᄂᆞ화(川大黃 栢白皮等分) <救方下 10a>

(4) d. 셰신 불휘와 계핏 ᄀᆞᄅᆞᆯ ᄀᆮ게 ᄂᆞ화(細辛 桂末等分) <救간一 51a>

e. 각각 ᄀᆮ게 ᄂᆞ화(各等分) <救간二 120b>

f. ᄀᆮ게 ᄂᆞ화 ᄀᆞ라(等分研) <救간二 8a>

<5> 누르 對 눋게

부사 '누르'와 부사어 '눋게'가 [焦] 즉 '눋게, 눋도록'의 뜻을 가지고 동의 관계에 있다는 것은 다음 예문들에서 잘 확인된다. 원문 중 '炒…令焦'가 '누르 봇다'로 번역되고 '炒焦'가 '눋게 봇다'로 번역된다. 따라서 '누르'와 '눋게'의 동의성은 명백히 입증된다. 부사어 '눋게'는 [焦] 즉 '눋다'의 뜻을 가진 '눋다'의 부사형으로 '눋-+-게'로 분석된다.

(5) a. 콩 서 되를 누르 봇가(炒大豆三升令焦) <救간一 27b>

b. 거믄 콩 흔 홉을 닉(4a) 나게 누르 봇가(用黑豆一合炒令烟出) <救간七 4b>

(5) c. ᄎᆞᆯ 반 되를 눋게 봇가(糯米半升炒焦) <救간二 73a>

d. 숫브레 뾔여 눋게 ᄒᆞ야(於炭火上炙令焦燥) <救간一 81b>

<6> 니기 對 닉게

부사 '니기'와 부사어 '닉게'가 [熟] 즉 '익게'의 뜻을 가지고 동의 관계에 있다는 것은 다음 예문들에서 잘 확인된다. 원문 중 '炒香熟'이 '구스게 니기 봇다'로 번역되고 '炒熟'이 '닉게 봇다'로 번역된다. 그리고 '擣令熟'이 '니기 딯다'로도 번역되고 '디허 닉게 ᄒ다'로도 번역된다. 따라서 '니기'와 '닉게'의 동의성은 명백히 입증된다. 부사 '니기'는 '닉-+-이(부사 형성 접미사)'로 분석되고 부사어 '닉게'는 '닉-+-게(보조적 연결어미)'로 분석된다.

(6) a. 회홧 고즐 구스게 니기 봇가(槐花炒香熟) <救간一 16b>

　　 b. 버듨 불휘 웃거플 밧겨 니기 디허 봇가(柳根削取上皮擣令熟熬) <救간七 72a>

　　 c. 몬져 슬고 삐 니기 디흔 후에(先擣熟杏仁後) <救간七 15b>

　　 d. 니기 프러 마시라(熟絞取汁飲之) <救간二 40b>

(6)　e. 독홠 불휘 ᄒ 량 ᄇᆞ슈씨ᄒᆞ니와 거믄 콩 두(16a) 홉 닉게 봇그니와ᄅᆞᆯ 술 두 되예글혀(獨活一兩搗碎黑豆二合炒熟以酒二大盞煎) <救간一 16b>

　　 f. 디허 닉게 ᄒ야 죠ᄒᆡ 우희 ᄇᆞᄅᆞ고(擣令熟塗在紙上) <救간二 7b>

<7> 더이 對 덥게

부사 '더이'와 부사어 '덥게'가 [暖] 즉 '따뜻하게'의 뜻을 가지고 동의 관계에 있다는 것은 다음 예문들에서 잘 확인된다. 원문 중 '暖覆'가 '더이 덮다'로 번역되고 '令暖'이 '덥게 ᄒ다'로 번역된다. 따라서 '더이'와 '덥게'의 동의성은 명백히 입증된다. '더이'는 상태동사 '덥다'에서 파생된 부사로 '덥-+-이(부사 형성 접미사)'로 분석될 수 있고 '덥-+-이>더ᄫᅵ>더이'의 변화를 겪었다. '덥게'는 '덥-+-게'로 분석될 수 있다.

(7) a. 더이 어퍼 ᄯ[illegible]af 내라(暖覆取汗) <救간一 106a>

(7) b. 박쇼 달힌 므레 냇는 거슬 둠가 덥게 ᄒ면(朴硝煎湯浸腸令暖) <救간七 68a>

　　 c. 져기 덥게 ᄒ야(微暖) <救간二 95b>

　　 d. 덥게 ᄒ야 둠가시라(暖漬之) <救간二 55a>

<8> 두터이 對 두텁게

부사 '두터이'와 부사어 '두텁게'가 [濃] 즉 '짇게, 진하게'의 뜻을 가지고 동의 관계에 있다는 것은 다음 예문들에서 잘 확인된다. 원문 중 '濃煎'이 '두터이 글히다'로도 번역되고 '두텁게 글히다'로도 번역된다. 따라서 '두터이'와 '두텁게'의 동의성은 명백히 입증된다. 부사 '두터이'는 상태동사 '두텁다'에서 파생된 것으로 '두텁-+-이'로 분석된다. 부사어 '두텁게'는 '두텁-+-게'로 분석된다.

(8) a. 貫衆을 두터이 글혀(貫衆不以多少濃煎) <救方上 48a>

　　 b. ᄡᅮᆨ글 두터이 글혀(濃煎艾湯) <救方上 50b>

　　 c. 엿귀를 두터이 글혀 汁을 取(9a)ᄒ야(濃煮蓼取汁) <救方上 9b>

　　 d. 됴흔 墨을 두터이 ᄀᆞ라(濃研好墨) <救方上 64a>

(8) e. 淡竹 니플 두텁게 글혀(淡竹葉濃煎) <救方上 65a>

　　 f. 覆盆子ㅅ 불휘를 조히 시서 초로 딜 湯礶에 즙이 두텁게 글히고

　　　 (用覆盆子根取淨洗釅醋瓦礶煎濃汁) <救方上 52a>

<9> 드시 對 둣게

부사 '드시'와 부사어 '둣게'가 [溫] 즉 '따뜻이, 따뜻하게'의 뜻을 가지고 동의 관계에 있다는 것은 다음 예문들에서 잘 확인된다. 원문 중 '令溫'이 '드시 ᄒ다'로도 번역되고 '둣게 ᄒ다'로도 번역된다. 그리고 '不溫其心'이 '그 ᄆᆞᅀᆞᆷᄯᅩ란 드시 아니ᄒ다'로도 번역되고 '그 ᄆᆞᅀᆞ믈 둣게 아니ᄒ다'로도 번역된다. 따라서 '드시'와 '둣게'의 동의성은 명백히 입증된다. '드시'는 [溫] 즉 '따뜻하다'의 뜻을 가진 상태동사 '둣ᄒ다'에서 파생된 부사로 '둣-+-이'로 분석된다. 부사어 '둣게'는 상태동사 '둣ᄒ다'의 부사형으로 '둣ᄒ-+-게'로 분석된다.

(9) a. 렷근 즙 닷 홉과(100a) 뿔 흔 홉과를 섯거 데여 ᄃ시 ᄒ야

　　(生藕汁五合蜜一合相和煖令溫) <救간三 100b>

　b. 뾔며 ᄃ시 시스라(熏溫洗) <救간七 69a>

　c. ᄒ다가 몬져 그 믐속으란 ᄃ시 아니ᄒ고 믄득 블로 그 모ᄆᆞᆯ 뾔면

　　(若不先溫其心便將火炙其身) <救간一 88a>

　d. 즛의 앗고 ᄃ시 ᄒ야 머그라(去滓溫服) <救方上 14a>

(9) e. 블 우희 봇고ᄃᆡ 비치 븕거든 듯게 ᄒ야(火上炒赤色令溫) <救方下 21b>

　f. ᄒ다가 그 ᄆᆞᄉᆞᆷᄅᆞᆯ 듯게 아니코 곧 블로 그 모ᄆᆞᆯ 뾔(8b)면

　　(若不先溫其心便將火炙其身) <救方上 9a>

<10> 마고 對 막고

부사 '마고'와 부사어 '막고'가 [塞]과 [閉] 즉 '막히어, 막히고'의 뜻을 가지고 동의
관계에 있다는 것은 다음 예문들에서 잘 확인된다. 원문 중 '喉中…塞腫疼'이 '목 안
히 마고 븟다'로 번역되고 '鼻塞'이 '고히 막고'로 번역된다. 그리고 '喉閉'가 '모기 마
고 븟다'로도 번역되고 '모기 막고'로도 번역된다. 따라서 '마고'와 '막고'의 동의성은
명백히 입증된다. '마고'는 '막-＋-오(부사 형성 접미사)'로 분석될 수 있고 '막고'는
'막-＋-고(대등적 연결어미)'로 분석될 수 있다.

(10) a. 목 안히 더워 마고 브스닐 고티ᄂᆞ니(治喉中熱塞腫疼) <救方上 44b>

　b. 모기 마(41b)고 븟기든(咽塞) <救方上 42a>

　c. 모기 과골이 마고 브ᅀᅥ(喉閉) <救간二 78b>

(10) d. 고히 막고(鼻塞) <救간二 4b> <救간二 14b>

　e. 모기 막고 ᄀᆞ장 브ᅀᅥ(喉閉深腫) <救方上 43b>

　f. 모기 막고 브ᅀᅥ 알파(閉腫痛) <救간二 78a>

　g. 모기 막고(咽喉閉塞) <救方上 45b>

<11> 열이 對 엷게

부사 '열이'와 부사어 '엷게'가 [薄] 즉 '엷게'의 뜻을 가지고 동의 관계에 있다는 것은 다음 예문들에서 잘 확인된다. 원문 중 '薄切'이 '열이 버히다'로도 번역되고 '엷게 버히다'로도 번역된다. 따라서 '열이'와 '엷게'의 동의성은 명백히 입증된다. 부사 '열이'는 상태동사 '엷다'에서 파생된 부사로서 '엷- +-이'로 분석될 수 있다. 부사어 '엷게'는 상태동사 '엷다'의 부사형으로 '엷- +-게'로 분석될 수 있다.

(11) a. 흔 알힌 마ᄂᆞᆯ 열이 버혀(取獨顆蒜薄切) <救方下 75b>

(11) b. 되야마늘 엷게 버혀(獨顆蒜薄切) <救간六 57a>
　　　c. 부ᄌ 죠히예 ᄡᅡ ᄆᆞᆯ 저져 노을압지예 구어 것과 브르도든 것 앗고 엷게 사ᄒᆞ로니 흔 량반과(附子炮去皮臍薄切片一兩半) <救간一 40b>

<12> 이슥고 對 이슥ᄒᆞ야

부사 '이슥고'와 부사어 '이슥ᄒᆞ야'가 [須臾] 즉 '잠깐, 오래지 않아'의 뜻을 가지고 동의 관계에 있다는 것은 다음 예문들에서 잘 확인된다. 원문 중 '須臾又進'이 '이슥고 ᄯᅩ 머기다'로도 번역되고 '이슥ᄒᆞ야 ᄯᅩ 머기다'로도 번역된다. 따라서 '이슥고'와 '이슥ᄒᆞ야'의 동의성은 명백히 입증된다. 부사어 '이슥ᄒᆞ야'는 상태동사 '이슥ᄒᆞ다'의 부사형이다.

(12) a. 이슥고 ᄯᅩ 흔 服을 머기고(須臾又進一服) <救方上 55a>
　　　b. 이슥고 므리 나ᄂᆞ니라(須臾水出) <救方上 72b>
　　　c. 이슥고 즉재 살리라(須臾卽活) <救간一 46a>
　　　d. 이슥고 알포미 긋거든(須臾痛止) <救간二 30b>
　　　e. 이슥고 모기 퉁커든(須臾喉通) <救간二 66b>
　　　f. 이슥고 뼈디여(須臾便破) <救간二 67a>
　　　g. 이슥고 아니 나거든 다시 머그라(須臾不生再服之) <救간七 29b>
　　　h. 이슥고 토커나 즈츼어나 ᄒᆞ면(少頃當吐下) <救간二 52b>

i. 이슥고 모기 통ᄒ(71b)리라(少頃當通) <救간二 72a>

(12) j. 이슥ᄒ야 ᄯᅩ ᄒᆞᆫ 번 머겨(須臾又進一服) <救간七 49b>

k. 이슥ᄒ야 알포미 우션커든(須臾痛緩) <救간六 52a>

제4절 冠形詞類에서의 同義

고유어의 관형사류에서 확인되는 동의 관계는 크게 셋으로 나누어 고찰할 수 있다. 첫째는 冠形詞간의 동의이고 둘째는 冠形詞와 冠形語 간의 동의이고 셋째는 冠形語간의 동의이다.

1. 冠形詞간의 同義

고유어의 관형사 사이에 성립되는 동의에는 [一切] 즉 '모든'의 뜻을 가진 '대도ᄒᆞᆫ'과 '믈읫'을 비롯하여 [諸] 즉 '여러'의 뜻을 가진 '여러'와 '녀나ᄆᆞᆫ', [諸] 즉 '여러'의 뜻을 가진 '여러'와 '믈읫' 그리고 [小] 즉 '작은, 조그만'의 뜻을 가진 '져고맛'과 '죠고맛'이 있다.

<1> 대도ᄒᆞᆫ 對 믈읫

두 관형사가 [一切] 즉 '모든'의 뜻을 가지고 동의 관계에 있다는 것은 다음 예문들에서 잘 확인된다. 원문 중 '一切瘡'이 '대도ᄒᆞᆫ 브스름'과 '대도ᄒᆞᆫ 헌ᄃᆡ'로 번역되고 '一切毒物'이 '믈읫 有毒ᄒᆞᆫ 것'으로 번역된다. 따라서 '대도ᄒᆞᆫ'과 '믈읫'의 동의성은 명백히 입증된다.

(1) a. 등윗 브스름과 대도흔 브스르미 나(發背癰疽一切瘡) <救간三 44b>

    b. 대도흔 모딘 일홈 업슨 브스름과(一切惡腫無名) <救간三 45a>

    c. 대도흔 모딘 브스름과(一切腫毒) <救간三 42b>

    d. 대도흔 헌듸 암근 후에(一切瘡差後) <救간六 93b>

    e. 대도흔 단독이 두루 둔녀 븟거든(一切丹毒流腫) <救간三 51b>

    f. 대도흔 머리 알픗 병에 약 머거 됴티 아니커든(一切頭疼服藥不效者) <救간二 6a>

    g. 대도흔 가슴 알픈 병에(一切心痛) <救간二 32b>

    h. 대도흔 브룸앗 병을 다 고티ᄂ니라(應一切風疾悉皆治愈) <救간一 6b>

(1) i. 믈읫 有毒흔 것 머굼과 房事 잇부믈 조심하고(忌食一切毒物及房事勞倦)

    <救方下 73a>

<2> 여러 對 녀나믄

두 관형사가 [諸] 즉 '여러'의 뜻을 가지고 동의 관계에 있다는 것은 다음 예문들에서 잘 확인된다. 원문 중 '諸藥'이 '여러 藥'으로도 번역되고 '녀나믄 약'으로도 번역된다. 따라서 '여러'와 '녀나믄'의 동의성은 명백히 입증된다.

(2) a. 여러 藥이 고티디 몯ᄒᄂ닐(治…諸藥不效) <救方上 63a>

    b. 여러 기픈 고대 이셔(在…諸隱處) <救方下 5a>

    c. 여러 法으로 고티디 몯ᄒ거든(諸術不治) <救方上 17a>

(2) d. 녀나믄 약으로 됴히오듸 몯ᄒᄂ는 브룸 마(28a)존 병을(諸藥不能瘥者)

    <救간一 28b>

<3> 여러 對 믈읫

두 관형사가 [諸] 즉 '여러'의 뜻을 가지고 동의 관계에 있다는 것은 다음 예문들에서 잘 확인된다. 원문 중 '諸藥'이 '여러 藥'으로 번역되고 '諸毒'이 '믈읫 毒'으로 번역된다. 따라서 '여러'와 '믈읫'의 동의성은 명백히 입증된다.

(3) a. 여러 藥이 고티디 몯ᄒᄂ닐 고티ᄂ니(治…諸藥不效) 〈救方上 63a〉

　　 b. 여러 기픈 고대 이셔(在…諸隱處) 〈救方下 5a〉

　　 c. 여러 法으로 고티디 몯ᄒ거든(諸術不治) 〈救方上 17a〉

(3) d. 믈읫 毒을 고됴딕(解諸毒) 〈救方下 52b〉

〈4〉 져고맛 對 죠고맛

　두 관형사가 [小] 즉 '작은, 조그만'의 뜻을 가지고 동의 관계에 있다는 것은 다음 예문들에서 잘 확인된다. 원문 중 '小坑'이 '져고맛 굼'으로 번역되고 '小孔'이 '죠고맛 구무'로 번역된다. 따라서 두 관형사 '져고맛'과 '죠고맛'의 동의성은 명백히 입증된다. 두 관형사는 첫 음절에서 모음 '어~오'의 교체를 보여 준다.

(4) a. 짜해 ᄒ 져고맛 구들 ᄑ고(掘地上作一小坑) 〈救方上 28b〉 〈救간二 40b〉

　　 b. 져고맛 대롱 세흘 병ᄒ 사ᄅ미 입과 두 귀예 다히고

　　　 (小竹管三莖揷入病人口中及兩耳) 〈救간一 65b〉

　　 c. 즉재 져고맛 대롱애 녀허 브스라(卽以小竹筒灌之) 〈救간二 70b〉

　　 d. 져고맛 대항애 죠희 녀허 ᄉ로오(以小長罐燒灰紙納於其中) 〈救간七 71b〉

(4) e. 죠고맛 굼글 ᄢ라(一小孔) 〈救간六 69b〉

2. 冠形詞와 冠形語 간의 同義

　고유어의 관형사와 관형어 사이에 성립되는 동의에는 [舊] 즉 '옛, 낡은'의 뜻을 가진 '녯'과 '늘근'을 비롯하여 [他] 즉 '다른'의 뜻을 가진 '다른'과 '녀느', [五] 즉 '다섯, 닷'의 뜻을 가진 '다숫'과 '닷', [三] 즉 '세, 서'의 뜻을 가진 '세'와 '서' 그리고 [小]와 [微] 즉 '작은'의 뜻을 가진 '져고맛'과 '져근'이 있다.

<1> 녯 對 늘근

관형사 '녯'과 관형어 '늘근'이 [舊] 즉 '옛, 낡은'의 뜻을 가지고 동의 관계에 있다는 것은 다음 예문들에서 잘 확인된다. 원문 중 '舊漆器'가 '녯 漆혼 器具'로도 번역되고 '늘근 옷칠혼 그릇'으로도 번역된다. 따라서 '녯'과 '늘근'의 동의성은 명백히 입증된다. 관형어 '늘근'은 상태동사 '늙다'의 관형사형으로 '늙-+-은'으로 분석된다.

> (1) a. 녯 漆혼 器具를 수의 수론 늬예 느출 다혀 쇠라(用舊漆器猛燒煙逼面熏之)
> <救方下 95a>
> b. 늘근 옷칠혼 그릇 수의 수론 늬예 느출 다혀 뾔라(舊漆器猛燒煙逼面熏之)
> <救간七 64b>

<2> 다른 對 녀느

상태동사 '다르다'의 관형사형 '다른'과 관형사 '녀느'가 [他] 즉 '다른'의 뜻을 가지고 동의 관계에 있다는 것은 다음 예문들에서 잘 확인된다. 원문 중 '他藥'이 '다른 藥'으로도 번역되고 '녀느 약'으로도 번역된다. 따라서 '다른'과 '녀느'의 동의성은 명백히 입증된다.

> (2) a. 다른 藥이 고티디 몯ᄒᄂ닌(他藥不能治之者) <救方上 63b>
> b. 다른 그르세 다마(貯於別器中) <救方下 38b>

> (2) c. 녀느 약으로 수이 고티디 몯ᄒᄂ닐(他藥不能治之者) <救간二 116b>

<3> 다ᄉᆞᆺ 對 닷

수사 '다ᄉᆞᆺ'과 관형사 '닷'이 [五] 즉 '다섯, 닷'의 뜻을 가지고 동의 관계에 있다는 것은 다음 예문들에서 잘 확인된다. 원문 중 '豉五合'이 '전국 다ᄉᆞᆺ 홉'으로도 번역되고 '전국 닷 홉'으로도 번역된다. 그리고 '三五錢'이 '세 돈이어나 다ᄉᆞᆺ 돈'으로 번역되고 '䃮丹五錢'이 '황단 닷 돈'으로 번역된다. 따라서 '다ᄉᆞᆺ'과 '닷'의 동의성은 명백히 입증된다.

   (3) a. 梔子 열네 낫과 젼국 다숫 호블 믈 두 잔으로 몬져 젼국 글혀

       (取梔子十四枚豉五合以水二盞先煮豉) 〈救方上 29a〉

     b. 세 돈이어나 다숫 돈이어나 수레 프러(33a) 머그라(三五錢酒調服) 〈救간二 33b〉

     c. 모랏 불휘 흔 량과 부즈 다숫 돈과룰 디허(牡丹四分附子三分搗) 〈救간二 44a〉

   (3) d. 지지 삐 열네 낫과 젼국 닷 홉과룰 믈 두 되예 몬져 젼국 글혀

       (取梔子十四枚豉五合以水二盞先煮豉) 〈救간二 39b〉

     e. 술 닷 홉을(酒五合) 〈救간一 17b〉

     f. 싱앙즙 닷 홉과(生薑汁五合) 〈救간二 66a〉

     g. 믈 닷 홉애(用水五合) 〈救간一 114a〉

     h. 초 닷 홉애(苦酒五合) 〈救간二 35a〉

     i. 져므니란 닷 홉곰 머기면 됴ᄒ리라(小服五合差) 〈救간一 14b〉

     j. 황단 닷 돈 ᄀᄂ리 ᄀ로니와(虢丹五錢細硏) 〈救간一 96b〉

     k. 오미ᄌ와 감초 각 닷 돈과(五味子 甘草各五錢) 〈救간二 25b〉

〈4〉 세 對 서

  수사 '세'와 관형사 '서'가 [三] 즉 '세, 서'의 뜻을 가지고 동의 관계에 있다는 것은 다음 예문들에서 잘 확인된다. 원문 중 '飮三合'이 '세 호블 머기다'로도 번역되고 '서 홉을 머기다'로도 번역된다. '三錢水二盞'이 '세 돈곰 ᄒ야 믈 두 되예'로도 번역되고 '서 돈곰 ᄒ야 믈 두 되예'로도 번역된다. 그리고 '三錢匕'가 '세 돈'으로도 번역되고 '서 돈'으로도 번역된다. 따라서 '세'와 '서'의 동의성은 명백히 입증된다. '세'와 '서' 는 의존명사 '돈'과 共起한다.

   (4) a. 아기 시순 므를 세 호블 머규미 됴ᄒ나(以洗兒水飮三合良) 〈救方下 95a〉

     b. 흔 복애 세 돈곰 ᄒ야 믈 두 되예(每服三錢水二盞) 〈救간一 6b〉

     c. 듕ᄒ니란 세 돈을 ᄃ슨 므레 프러 이베 브어(重者三錢匕溫水調灌下)

       〈救간一 6a〉

　　d. 세 돈을 수레 프러 머그라(酒調三錢匕服) <救간二 31a>

　　e. 세 돈이어나 다숫 돈이어나 수레 프러(33a) 머그라(三五錢酒調服) <救간二 33b>

(4) f. 아기 시슨 믈 서 홉을 머교미 됴ᄒ니라(洗兒水三合良) <救간七 64a>

　　g. 서 돈곰 ᄒ야 믈 두 되예(每服三錢水二盞) <救간一 40a>

　　h. 서 돈곰 ᄒ야 믈 ᄒᆞᆫ 되예(每服三錢水一盞) <救간一 40b>

　　i. ᄒᆞᆫ 복애 서 돈 남죽게 밍ᄀᆞ라(每服三錢) <救간一 101a>

　　j. 믈 닷 홉애 ᄀᆞᄅ 서 돈을 녀허 글혀(用水五合末三錢煎) <救간一 114a>

　　k. 서 돈을 프러 머그라(三錢調下) <救간一 112b>

　　l. 서 돈곰 믈 ᄒᆞᆫ 되예 달혀(每服三錢匕水一盞煎) <救간二 67b>

<5> 져고맛 對 져근

　관형사 '져고맛'과 관형어 '져근'이 [小]와 [微] 즉 '작은'의 뜻을 가지고 동의 관계에 있다는 것은 다음 예문들에서 잘 확인된다. 원문 중 '小竹管'이 '져고맛 대롱'으로도 번역되고 '져근 대롱'으로도 번역된다. 그리고 '小竹筒'이 '져고맛 대롱'으로 번역되고 '小竹筒'의 자석이 '져근 대롱'이다. 따라서 '져고맛'과 '져근'의 동의성은 명백히 입증된다. 관형어 '져근'은 상태동사 '젹다'의 관형사형으로 '젹-+-은'으로 분석된다.

(5) a. 버거 두 춘 기리만 ᄒᆞᆫ 져고맛 대롱 세흘(次用二寸長小竹管三莖) <救간一 65b>

　　b. 즉재 져고맛 대롱애 녀허 브스라(卽以小竹筒灌之) <救간二 70b>

　　c. 져고맛 대항애 죠히 녀허 슬오(以小長罐燒灰紙納於其中) <救간七 71b>

　　d. ᄯᅡ해 ᄒᆞᆫ 져고맛 구들 ᄑᆞ고(掘地上作一小坑) <救方上 28b> <救간二 40b>

　　e. 져고맛 브레 봇가(微火炒) <救간一 28b>

(5) f. 모로매 져근 대롱을 ᄲᅩ로디 갓가(尤須尖削小竹管) <救간一 66a>

　　g. 져근 대롱으로 부러 모기 들에 ᄒᆞ라(以小管子吹入喉) <救간二 75a>

　　h. 싱ᄋᆞᆼ을 져근 숨가락 기리 ᄀᆞ티 두 치만 갓가(生薑削如小指長二寸) <救간三 71b>

　　i. 馬牙硝 ᄒᆞᆫ 져근 무저글 머구미(含馬牙硝一小塊子) <救方上 46a>

j. 마아쇼 흘 져근 무저글 머구미(含馬牙硝一小塊子) <救간二 76a>

k. 져근 무리어든(小馬) <救方下 17b>

l. 져근 통을 조히 싯고(淨洗小桶) <救간七 68a>

m. 小竹筒 : 져근 대롱 <救간二 70a>

3. 冠形語간의 同義

고유어의 관형어 사이에 성립되는 동의에는 [餘] 즉 '남은'의 뜻을 가진 '나믄'과 '다른'이 있다.

<1> 나믄 對 다른

동작동사 '남다'의 관형사형 '나믄'과 상태동사 '다ᄅᆞ다'의 관형사형 '다른'이 [餘] 즉 '남은'의 뜻을 가지고 동의 관계에 있다는 것은 다음 예문들에서 잘 확인된다. 원문 중 '所餘骨'이 '나믄 뼈'로 번역되고 '餘物'이 '다른 믈'로 번역된다. 따라서 '나믄'과 '다른'의 동의성은 명백히 입증된다.

(1) a. 나믄 뼈를(仍取所餘骨) <救方上 52b>

　　 b. 나믄 뼈롤 가져다가(仍取所餘骨) <救간六 3a>

(1) c. 다른 믈 먹디 마롤디니라(莫飮餘物也) <救方上 34a>

救急方諺解와 救急簡易方의 同義語 研究

제3장
固有語와 漢字語 간의 同義

『구급방언해』와 『구급간이방』에서 固有語와 漢字語가 어떤 양상의 동의 관계를 형성하고 있는지를 名詞類, 動詞類, 副詞類 및 冠形詞에서 고찰해 보고자 한다.

제1절 名詞類에서의 同義

명사류에서 확인되는 고유어와 한자어 간의 동의에서 固有語가 單一語 명사일 수도 있고 合成 명사와 명사구일 수도 있다.

1. 固有語가 單一語인 경우

명사류에서 확인되는 고유어와 한자어 간의 동의에서 고유어가 單一語 명사인 경우에는 [便毒] 즉 '가래톳'의 뜻을 가진 '가릿톳'과 '便毒'을 비롯하여 [午時] 즉 '낮, 正午'의 뜻을 가진 '낮'과 '午時', [時候] 즉 '때'의 뜻을 가진 '빼'와 '時節', [大蒜] 즉 '마늘'의 뜻을 가진 '마늘'과 '大蒜', [針] 즉 '바늘'의 뜻을 가진 '바늘'과 '針', [大麻] 즉 '삼, 大麻'의 뜻을 가진 '삼'과 '大麻' 그리고 [子] 즉 '아기'의 뜻을 가진 '아기'와 '子息' 등 200여 항목이 있다.

<1> 가룻톳 對 便毒

고유어 '가룻톳'과 한자어 '便毒'이 [便毒] 즉 '가래톳'의 뜻을 가지고 동의 관계에 있다는 것은 다음 예문들에서 잘 확인된다. 원문 중 '便毒初發'이 '가룻토시 굿 나다'로 번역되고 '便毒'의 자석이 '가룻톳'이다. 따라서 '가룻톳'과 '便毒'의 동의성은 명백히 입증된다.

(1) a. 가룻토시 굿 나거든(便毒初發) <救간三 55b>
   b. 가룻토시 브어 알프거든(便毒腫痛) <救간三 60a>
   c. 가룻토시어나 여러 가짓 브스르미 나거(60a)든(便毒諸般腫毒) <救간三 60b>
   d. 브스름과 가룻톳과 나거든(癰疽便毒等) <救간三 60b>

(1) e. 便毒 : 가룻톳 <救간 目錄 3b> <救간三 55b>

<2> 가마오디 對 鸕鷀

고유어 '가마오디'와 한자어 '鸕鷀'가 [鸕鷀] 즉 '가마우지'의 뜻을 가지고 동의 관계에 있다는 것은 다음 예문들에서 잘 확인된다. 원문 중 '鸕鷀骨'이 '가마오딕 쎠'로도 번역되고 '鸕鷀 쎠'로도 번역된다. 그리고 '鸕鷀'의 자석이 '가마오디'이다. 따라서 '가마오디'와 '鸕鷀'의 동의성은 명백히 입증된다.

(2) a. 가마오딕 쎠를 굴을 밍ᄀ라(鸕鷀骨爲末) <救간六 2b>
   b. 이브로 가마오디 가마오디 ᄒ야 니르면(口稱鸕鷀鸕鷀) <救간六 2b>
   c. 가마오딕 쫑을 흔 술만 머그라(鸕鷀屎服方寸匕) <救간六 2a>
   d. 가마오디는 믌고기 가시 건 딕룰 고티고(鸕鷀治魚鯁) <救간六 1a>

(2) e. 鸕鷀 쎠를 細末ᄒ야(用鸕鷀骨爲末) <救方上 53a>
   f. 이베 鸕鷀 鸕鷀ᄒ야 念ᄒ면(口念鸕鷀鸕鷀) <救方上 47b>
   g. 鸕鷀는 가마오디라 <救方上 47b>

<3> 가마조싀 對 龍葵

고유어 '가마조싀'와 한자어 '龍葵'가 [龍葵] 즉 '까마종이'의 뜻을 가지고 동의 관계에 있다는 것은 다음 예문들에서 잘 확인된다. 원문 중 '龍葵根'이 '가마조싯 불휘'로도 번역되고 '龍葵 불휘'로도 번역된다. 그리고 '龍葵根'의 자석이 '가마조싯 불휘'이다. 따라서 '가마조싀'와 '龍葵'의 동의성은 명백히 입증된다.

    (3) a. 가마조싯 불휘 흔 줌 조히 시서 밧긴 거플와(龍葵根一把淨洗取皮) <救간六 23b>
        b. 龍葵根 : 가마조싯 불휘 <救간六 23a>

    (3) c. 龍葵 불휘 흔 줌 조히 시서 겁질 밧기니와(龍葵根一把淨洗去皮) <救方下 2a>

<4> 가슴 對 胃脘

고유어 '가슴'과 한자어 '胃脘'이 [胃]와 [胃脘] 즉 '밥통, 위'의 뜻을 가지고 동의 관계에 있다는 것은 다음 예문들에서 잘 확인된다. 원문 중 '胃氣'가 '가슴앳 긔운'으로 번역되고 '入胃脘'이 '胃脘애 들다'로 번역된다. 그리고 '胃脘'의 자석이 '가슴'이다. 따라서 '가슴'과 '胃脘'의 동의성은 명백히 입증된다.

    (4) a. 가슴앳 긔운이 답답ᄒᆞ야 거스리거든(胃氣煩逆) <救간二 60a>
        b. 胃脘ᄋᆞᆫ 기ᄉᆞ미리 <救方上 6a>

    (4) c. ᄒᆞ야딘 피 胃脘애 드러(敗血流入胃脘) <救方下 22a>
        d. 胃脘애 痰이 담겨(胃脘停痰) <救方上 6a>

<5> 가슴 對 肺

고유어 '가슴'과 한자어 '肺'가 [肺] 즉 '허파, 肺'의 뜻을 가지고 동의 관계에 있다는 것은 다음 예문들에서 잘 확인된다. 원문 중 '肺癰'이 '가ᄉᆞ미 막다'로도 번역되고 '폐예 긔운이 막다'로도 번역된다. 그리고 '在肺'가 '肺예 잇다'로 번역된다. 따라서

‘가슴’과 ‘肺’의 동의성은 명백히 입증된다.

    (5) a. 가슴미 마가(肺壅) <救간二 11a>

        b. 가슴미 막고(肺壅) <救간二 9b>

    (5) c. 그 몰 보는 그튼 肺예 잇느니(其末在肺) <救간三 75b>

        d. 비와 폐와 긔운이 마가 셜ᄒᆞ야(脾肺壅熱) <救간二 67b>

        e. ᄇᆞ룸으로 덥다라 폐예 긔운이 마가(風熱肺壅) <救간二 65b>

        f. 폣 긔운이 차(肺寒) <救간二 11b>

    <6> 가지 對 落蘇

    고유어 ‘가지’와 한자어 ‘落蘇’가 [落蘇]와 [茄子] 즉 ‘가지’의 뜻을 가지고 동의 관계에 있다는 것은 다음 예문들에서 잘 확인된다. 원문 중 ‘落蘇根’이 ‘가짓 불휘’로 번역되고 ‘茄子莖葉’이 ‘가짓 줄기와 닙’으로 번역된다. 그리고 ‘落蘇根’의 주석에서 ‘落蘇根’과 ‘茄子’가 동의어이다. 따라서 ‘가지’와 ‘落蘇’의 동의성은 명백히 입증된다.

    (6) a. 가짓 불휘를 틈투비 글혀 싯고(落蘇根濃煎湯洗了) <救方上 8a>

        b. 가짓 줄기와 닙 이우닐 글혀 시스라(茄子莖葉枯煮洗之) <救方上 8a>

        c. ᄀᆞᅀᆞᆶ 춘 이스레 ᄠᅥ딘 가지를 ᄀᆞᄂᆞᆯ해 ᄆᆞᆯ외야(秋後冷露茄子裂開者陰乾)

          <救간七 81a>

        d. 가짓 고고리를 닉 우희 ᄡᅬ여 ᄆᆞᆯ거든(茄蔕以火烟上熏乾) <救간三 114b>

    (6) d. 落蘇根卽茄子也 <救方上 8a>

    <7> 가퇴 對 牙

    고유어 ‘가퇴’와 한자어 ‘牙’가 [牙] 즉 ‘돌쇠뇌의 시위를 매는 곳’의 뜻을 가지고 동의 관계에 있다는 것은 다음 예문들에서 잘 확인된다. 원문 중 ‘弩牙’가 ‘쇠놋 가퇴’로도 번역되고 ‘弩ㅅ 牙’로도 번역된다. 따라서 ‘가퇴’와 ‘牙’의 동의성은 명백히 입증

된다.

> (7) a. 쇠놋 긴흘 허리예 미며 쇠놋 가퇴를 스라(弓弩絃縛腰及燒弩牙) <救간七 46a>
> b. 활와 弩ㅅ 시울로 허리를 미오 弩ㅅ 牙를 스라(弓弩絃縛腰及燒弩牙)
> <救方下 86a>

<8> 강아지 對 狗子

고유어 '강아지'와 한자어 '狗子'가 [狗子]와 [犬子] 즉 '강아지'의 뜻을 가지고 동의 관계에 있다는 것은 다음 예문들에서 잘 확인된다. 원문 중 '抱狗子若雞'가 '강아지와 닭과를 안다'로 번역되고 '狗子'의 자석이 '강아지'이다. 그리고 '犬子'가 '강아지'로 번역된다. 따라서 '강아지'와 '狗子'의 동의성은 명백히 입증된다.

> (8) a. 강아지와 닭과를 아나 가슴 우희 다혀(抱狗子若雞着心上) <救方上 10a>
> b. 강아지어나 닭이어나 가슴매 다혀(抱狗子若雞着心上) <救간一 35a>
> c. 강아질 吐ㅎㄴ니라(吐出犬子) <救方下 67b>

> (8) d. 狗子 : 강아지 <救간一 34b>

<9> 개나리 對 百合

고유어 '개나리'와 한자어 '百合'이 [百合] 즉 '개나리'의 뜻을 가지고 동의 관계에 있다는 것은 다음 예문들에서 잘 확인된다. 원문 중 '擣百合根'이 '개나릿 불휘를 딯다'로 번역되고 '百合水浸'이 '百合 므레 저지다'로 번역된다. 그리고 '百合根'의 자석이 '개나릿 불휘'이다. 따라서 '개나리'와 '百合'의 동의성은 명백히 입증된다.

> (9) a. 개나릿 불휘를 디허 브티라(擣百合根傅之) <救간三 31b>
> b. 개나릿 불휘를 디허(百合擣) <救간二 111a>

(9) c. 百合 므레(22a) 저지니와 京芥穗를 フ티 눈화(百合水浸京芥穗右各等分)

　　　〈救方下 22b〉

　　d. 百合根 : 개나릿 불휘 〈救간三 31b〉

　　e. 百合 : 개나릿 불휘 〈救간二 111a〉

<10> 개옴 對 榛子

　고유어 '개옴'과 한자어 '榛子'가 [榛子] 즉 '개암, 개암나무의 열매'의 뜻을 가지고 동의 관계에 있다는 것은 다음 예문들에서 잘 확인된다. 원문 중 '榛子'가 '개옴'으로 번역되고 '榛子'의 자석이 '개옴'이다. 따라서 '개옴'과 '榛子'의 동의성은 명백히 입증된다.

　　(10) a. 개옴을 시버 머그라(嚼下榛子) 〈救간二 83b〉

　　　　b. 榛子 : 개옴 〈救간二 83b〉

<11> 거머리 對 水蛭

　고유어 '거머리'와 한자어 '水蛭'이 [水蛭] 즉 '거머리'의 뜻을 가지고 동의 관계에 있다는 것은 다음 예문들에서 잘 확인된다. 원문 중 '水蛭燒'가 '거머리를 슬다'로 번역되고 '水蛭'의 자석이 '거머리'이다. 따라서 '거머리'와 '水蛭'의 동의성은 명백히 입증된다.

　　(11) a. 거머리를 스라 직 드외어든(水蛭燒作灰) 〈救간七 63a〉

　　　　b. 水蛭 : 거머리 〈救간七 62b〉

<12> 거믜 對 蜘蛛

　고유어 '거믜'와 한자어 '蜘蛛'가 [蜘蛛] 즉 '거믜'의 뜻을 가지고 동의 관계에 있다는 것은 다음 예문들에서 잘 확인된다. 원문 중 '蜘蛛咬'가 '거믜 믈다'로 번역되고 '大蜘蛛'가 '큰 거믜'로 번역되고 '蜘蛛'의 자석이 '거믜'이다. 따라서 '거믜'와 '蜘蛛'의

동의성은 명백히 입증된다.

(12) a. 거믜 므러 모매 ᄀᄃ기 시리 나거든 고툐ᄃᆡ(治蜘蛛咬徧身生絲) <救方下 77a>

b. 거믜 므러 모매 ᄀᄃ기 헐어든 고툐ᄃᆡ(治蜘蛛咬徧身成瘡) <救方下 77b>

c. 거믜 므러든(蜘蛛咬) <救方下 81a>

d. 거믜 삿기 헌ᄃᆡ셔 햐ᄀᆞᆫ 조쌀 ᄀᆞᆮᄒᆞ니 절로 다 나니

(蜘蛛兒於瘡中小如粟米自出盡) <救方下 77b>

e. 큰 거믜 ᄒᆞᆫ 나츨 저즌 죠히로 ᄡᅳ고(用大蜘蛛一枚濕紙裹) <救간三 48b>

f. 거믜 ᄒᆞᆫ 나츨 지네 믄 ᄃᆡ 노하(蜘蛛一枚咬處安) <救간六 59b>

g. 거믜 죽고(蜘蛛死) <救간六 59b>

(12) h. 蜘蛛 : 거믜 <救간三 48b> <救간六 59b>

<13> 거적 對 藁薦

고유어 '거적'과 한자어 '藁薦'이 [藁薦] 즉 '거적, 깔 것'의 뜻을 가지고 동의 관계에 있다는 것은 다음 예문들에서 잘 확인된다. 원문 중 '藁薦裹之'가 '거저기어나 주그닐 ᄡᅡ다'로 번역되고 '藁薦'의 자석이 '거적'이다. 따라서 '거적'과 '藁薦'의 동의성은 명백히 입증된다.

(13) a. 시욱이거나 ᄯᅩ 거저기어나 주그닐 ᄡᅡ(氈單或藁薦裹之) <救간一 87a>

b. 저거긔 안자 여러 나ᄅᆞᆯ 나티 몯ᄒᆞ야(坐草數日不産) <救간七 28a>

(13) c. 藁薦 : 거적 <救간一 87a>

<14> 거믜영 對 黑煤

고유어 '거믜영'과 한자어 '黑煤'가 [黑煤] 즉 '검댕'의 뜻을 가지고 동의 관계에 있다는 것은 다음 예문들에서 잘 확인된다. 원문 중 '鏊子底黑煤'가 '새용 미틧 거믜영'으로 번역되고 '黑煤'의 자석이 '거믜영'이다. 따라서 '거믜영'과 '黑煤'의 동의성은 명

백히 입증된다.

> (14) a. 새용 미틧 거믜영의 기르믈 져기 드려(鐺子底黑煤於小油中) <救간三 6b>
> b. 鐺子底黑煤 : 새용 미틧 거믜영 <救간三 6b>

<16> 건춤 對 痰

고유어 '건춤'과 한자어 '痰'이 [痰] 즉 '가래, 담'의 뜻을 가지고 동의 관계에 있다는 있다는 것은 다음 예문들에서 잘 확인된다. 원문 중 '隨痰出'이 '건춤 조차 나다'로도 번역되고 '痰 조차 나다'로도 번역된다. 그리고 '消痰'이 '건춤을 삭게 ᄒ다'로도 번역되고 '痰을 노기다'로도 번역된다. 따라서 '건춤'과 '痰'의 동의성은 명백히 입증된다.

> (15) a. 오라면 건춤 조차 나리라(久之隨痰出) <救간六 6a>
> b. 건춤을 삭게 ᄒ고(消痰) <救간一 5a>
> c. 건춤 토ᄒ리라(吐黏痰) <救간一 94a>

> (15) e. 오라면 痰 조차 나ᄂ니라(久之隨痰出) <救方上 47a>
> f. 痰을 노기ᄂ니라(消痰) <救方上 44a>

<16> 것 對 物

고유어 '것'과 한자어 '物'이 [物] 즉 '물건'의 뜻을 가지고 동의 관계에 있다는 것은 다음 예문들에서 잘 확인된다. 원문 중 '諸物'이 '여러 가짓 것'으로 번역되고 '一切物'이 '一切ㅅ 物'로 번역된다. 그리고 '雜物'이 '雜 것'으로 번역되고 '物落'이 '物이 디다'로 번역된다. 따라서 '것'과 '物'의 동의성은 명백히 입증된다.

> (16) a. 기르마와 여러 가짓 거세(馬鞍及諸物) <救方下 36b>
> b. 雜 거시 누네 드러(雜物眯目) <救方下 39a>
> c. 더운 것과 더운 므레 ᄒ야디여(熱物湯破) <救方下 10b>

d. 믈읫 有毒혼 것 머굼과 房事 잇부믈 조심ᄒ고(忌食一切有毒物及房事勞倦)
   <救方下 73a>

e. 몰애와 여러 가짓 거시 슈신으로 나리니(砂石諸物從莖中出) <救간三 113b>

f. 버거 더운 거스로 울ᄒ로(次以熱物熨之) <救간三 68b>

g. 온 가짓 거시 모기 걸어든(百物入咽) <救간六 10a>

(16) h. 一切ㅅ 物이 누네 드러(一切物眯目中) <救方下 38b>

   i. 物이 누네 디여(物落眼內) <救方下 38a>

   j. 누니 物에 傷ᄒ거든 고툐ᄃᆡ(治眼爲他物所傷) <救方下 40a>

   k. 누니 物에 傷커나(眼爲物所傷) <救方下 40a>

   l. 다른 믈 먹디 마롤디니라(莫飮餘物也) <救方上 34a>

<17> 것위 對 地龍

고유어 ‘것위’와 한자어 ‘地龍’이 [地龍] 즉 ‘지렁이’의 뜻을 가지고 동의 관계에 있다는 것은 다음 예문들에서 잘 확인된다. 원문 중 ‘乾地龍’이 ‘ᄆᆞᄅᆞᆫ 것위’로도 번역되고 ‘ᄆᆞᄅᆞᆫ 地龍’으로도 번역된다. 그리고 ‘地龍糞’이 ‘것위 ᄯᅩᆼ’으로 번역되고 ‘地龍糞’의 자석이 ‘것위 ᄯᅩᆼ’이다. 따라서 ‘것위’와 ‘地龍’의 동의성은 명백히 입증된다.

(17) a. ᄆᆞᄅᆞᆫ 것위 ᄀᆞ론 ᄀᆞᄅᆞ 혼 돈과(乾地龍末一錢) <救간二 116b>

   b. 산 것위를 ᄲᅮ츠면 즉재 됴ᄒ리라(生地龍挼之卽愈) <救간六 61b>

   c. 것위 두 량 ᄌᆞᆻ간 봇그니와(地龍二兩微炒) <救간一 89b>

   d. 것위 다ᄉᆞᆺ 낫과(地龍五枚) <救간六 53a>

   e. 것위 ᄯᅩᆼ을 하나 져그나 ᄀᆞᄂᆞ리 ᄀᆞ라(地龍糞不限多少細硏) <救간二 108a>

   f. 것위 ᄯᅩᆼ을 므레 ᄆᆞ라 ᄇᆞᄅᆞ라(地龍糞水和塗之) <救간三 51b>

   g. 것위 ᄯᅩᆼ을 믈인 ᄃᆡ ᄲᅡ 미면(地龍糞封之) <救간六 44b>

(17) h. ᄆᆞᄅᆞᆫ 地龍ㅅ ᄀᆞᄅᆞ 혼 돈과(乾地龍末一錢) <救方上 65a>

   i. 乾地龍末 : ᄆᆞᄅᆞᆫ 것위 ᄀᆞ론 ᄀᆞᄅᆞ <救간二 116b>

   j. 地龍糞 : 것위 ᄯᅩᆼ <救간二 108a> <救간三 51b> <救간六 44a>

<18> 계로기 對 薺苨

고유어 '계로기'와 한자어 '薺苨'가 [薺苨] 즉 '게로기, 모싯대'의 뜻을 가지고 동의 관계에 있다는 것은 다음 예문들에서 잘 확인된다. 원문 중 '生薺苨根擣'가 '계로깃 불휘를 딯다'로 번역되고 '薺苨根'의 자석이 '계로깃 불휘'이다. 따라서 '계로기'와 '薺苨'의 동의성은 명백히 입증된다.

(18) a. 계로깃 불휘를 디허 똔 즙을 브로디(生薺苨根擣絞取汁塗之) <救간三 22a>

     b. 薺苨根 : 계로깃 불휘 <救간三 22a>

<19> 계ᄌᆞ 對 芥子

고유어 '계ᄌᆞ'와 한자어 '芥子'가 [芥子] 즉 '겨자, 겨자 씨'의 뜻을 가지고 동의 관계에 있다는 것은 다음 예문들에서 잘 확인된다. 원문 중 '芥子一升'이 '계ᄌᆞ 흔 되'로 번역되고 '芥子'의 자석이 '계ᄌᆞ'이다. 따라서 '계ᄌᆞ'와 '芥子'의 동의성은 명백히 입증된다.

(19) a. 계ᄌᆞ 흔 되를 초 서 되예 글혀(芥子一升酢三升煮) <救간一 15a>

     b. 회화 여름 두 닐굽 낫과 계ᄌᆞ 두 닐굽 낫과를 ᄀᆞ라(槐子二七枚芥子二七枚爲末)

       <救간七 38b>

     c. 계ᄌᆞ를 ᄀᆞ라(芥菜子爲末) <救간一 92a>

     d. 소곰과 쟝과 싱앙과 초와 계ᄌᆞ와 다숫 가짓 마시 맛게 ᄒᆞ야(五味調和)

       <救간一 111a>

(19) e. 芥子 : 계ᄌᆞ <救간一 15a> <救간一 38a>

     f. 芥菜子 : 계ᄌᆞ <救간一 91b>

<20> 고지 對 面脂

고유어 '고지'와 한자어 '面脂'가 [面脂] 즉 '얼굴에 바르는 기름'의 뜻을 가지고 동의 관계에 있다는 것은 다음 예문들에서 잘 확인된다. 원문 중 '面脂調'가 '고지예 믈다'로 번역되고 '面脂'의 자석이 '고지'이다. 따라서 '고지'와 '面脂'의 동의성은 명백히 입증된다.

(20) a. 글을 딩ㄱ라 고지예 무라 ㅂ르라(爲末面脂調傅) <救간三 7b>

　　　 b. 面脂 : 고지 <救간三 7b>

<21> 고쵸 對 胡椒

고유어 '고쵸'와 한자어 '胡椒'가 [胡椒] 즉 '후추, 후추나무의 열매'의 뜻을 가지고 동의 관계에 있다는 것은 다음 예문들에서 잘 확인된다. 원문 중 '胡椒…菉豆'가 '고쵸…록두'로 번역되고 '菉豆 胡椒'가 '菉豆와 胡椒'로 번역된다. 그리고 '胡椒蒜'이 '고쵀어나 마늘'로도 번역되고 '胡椒와 마늘'로도 번역된다. 따라서 '고쵸'와 '胡椒'의 동의성은 명백히 입증된다.

(21) a. 고쵸 닐굽 낫과 록두 세 닐굽 낫과롤 ㄱ라(胡椒七粒菉豆三七粒爲末)

　　　 <救간二 56b>

　　　 b. 고쵀어나 바ᄂ리어나(胡椒蒜) <救간六 63a>

　　　 c. 고쵸 마슨 아홉 낫과 유향 흔 돈과롤 ㄱ라(胡椒四十九粒乳香一錢爲末)

　　　 <救간二 32b>

　　　 d. 고쵸롤 ㄱ라 수레 머그라(用胡椒硏酒服之) <救간一 32b>

　　　 e. 고쵸 흔 낫곰 녀코(內椒一粒) <救간二 13b>

　　　 f. 고쵸 이빅 낫 디흔 ㄱ르와(椒二百粒搗末) <救간二 19b>

(21) g. 菉豆와 胡椒와 各 닐굽 닐굽 나츨 디허(菉豆 胡椒各七七粒右擣) <救方上 35b>

　　　 h. 胡椒와 마늘와 生薑과롤 다 ㄱ라(用胡椒蒜薑皆可硏) <救方下 80b>

　　　 i. 胡椒 : 고쵸 <救간一 32a> <救간二 32b> <救간二 56a>

j. 椒 : 고쵸 <救간二 13a> <救간二 19b>

<23> 골 對 膏

고유어 '골'과 한자어 '膏'가 [膏] 즉 '고약'의 뜻을 가지고 동의 관계에 있다는 것은 다음 예문들에서 잘 확인된다. 원문 중 '爲膏'와 '成膏'가 '골 딩글다'로 번역되고 '生肌膏'가 '술 내사는 膏'로 번역된다. 따라서 '골'과 '膏'의 동의성은 명백히 입증된다.

(22) a. 生(72a)麻油에 젼구굴 ᄀ라 골 딩ᄀ로ᄃᆡ(用生麻油硏豆豉爲膏) <救方下 72b>

    b. 마ᄂᆞᆯ 대엿 나출 거플 밧기고 젼구글 드려 ᄀ라 골 딩ᄀ라

      (用蒜五六枚去皮入豆豉爲膏) <救方上 62b>

    c. 마ᄂᆞᆯ 대엿 나출 거플 밧기고 젼국 드려 ᄀ라 골 딩ᄀ라

      (蒜五六枚去皮入豆豉爲膏) <救간二 116a>

    d. 골 딩ᄀ라 헌ᄃᆡ 브티면(爲膏以敷瘡上) <救간三 20a>

    e. 골 딩ᄀ라 ᄇᆞᄅ고(爲膏塗上) <救간六 21b>

    f. 煉혼 도틱 곱을 노겨 골 딩ᄀ라(用煉了猪膏調成膏) <救方上 84a>

    g. ᄎᆞᆸ발 반 되롤…골 딩ᄀ라 목 우희 브툐ᄃᆡ(糯米三升…成膏貼喉上) <救간二 73a>

    h. 골 딩ᄀ라 ᄀ라 뵈 우희 ᄇᆞᆯ라 브스름 우희 브툐ᄃᆡ(作膏塗布上貼之)

      <救간三 31b>

(22) i. 샬리 술 내사는 膏로 브티면(速以生肌膏貼之) <救方下 3a>

    j. 술 내사는 膏는 太乙膏類라(生肌膏太乙膏之類) <救方下 3a>

<23> 골 對 燈心草

고유어 '골'과 한자어 '燈心草'가 [燈心草] 즉 '왕골, 골풀'의 뜻을 가지고 동의 관계에 있다는 것은 다음 예문들에서 잘 확인된다. 원문 중 '燈心草根及苗'가 '곬 불휘와 움'으로 번역되고 '燈心草根'의 자석이 '곬 불휘'이다. 따라서 '골'과 '燈心草'의 동의성은 명백히 입증된다.

(23) a. 곬 불휘와 움과 ㄴ롤 글혀 머그라(燈心草根及苗生煮服之) <救간三 106b>

　　 b. 燈心草根及苗 : 곬 불휘와 움 <救간三 106b>

<24> 골왕이 對 大螺

고유어 '골왕이'와 한자어 '大螺'가 [大螺] 즉 '소라'의 뜻을 가지고 동의 관계에 있다는 것은 다음 예문들에서 잘 확인된다. 원문 중 '生大螺'가 '늘 골왕이'로 번역되고 '生大螺'의 자석이 '늘 골왕이'이다. 따라서 '골왕이'와 '大螺'의 동의성은 명백히 입증된다.

(24) a. 늘 골왕이 흔두 나츨(生大螺一二枚) <救간三 70a>

　　 b. 生大螺 : 늘 골왕이 <救간三 69b>

<25> 꽈리 對 酸漿

고유어 '꽈리'와 한자어 '酸漿'이 [酸漿] 즉 '꽈리'의 뜻을 가지고 동의 관계에 있다는 것은 다음 예문들에서 잘 확인된다. 원문 중 '酸漿草'가 '꽈리 나모'로도 번역되고 '酸漿草'로도 번역된다. 그리고 '酸漿皮'의 자석이 '꽈릿 거플'이고 '酸漿'의 자석이 '꽈리'이다. 따라서 '꽈리'와 '酸漿'의 동의성은 명백히 입증된다.

(25) a. 꽈리 나모 흔 줌을 ㄹ라(酸漿草一握硏) <救간三 82b>

　　 b. 꽈릿 거플을 믈 져기 조쳐(酸漿皮和水少許) <救간七 34b>

　　 c. 酸漿草 : 꽈리 나모 <救간三 82b>

　　 d. 酸漿皮 : 꽈릿 거플 <救간七 34a>

(25) e. 酸漿草를 드려 自然汁을 싸 머그라(酸漿草絞取自然汁服之) <救方上 63a>

　　 f. 酸漿은 꽈리라 <救方上 63a>

<26> 괴 對 猫兒

고유어 '괴'와 한자어 '猫兒'가 [猫兒]와 [猫] 즉 '고양이'의 뜻을 가지고 동의 관계
에 있다는 것은 다음 예문들에서 잘 확인된다. 원문 중 '猫兒鬚'가 '괴 입거웃'으로 번
역되고 '猫兒鬚'의 자석이 '괴 입거웃'이다. '黑猫兒糞'이 '거믄 괴 쫑'으로 번역되고
'黑猫兒糞'의 자석이 '거믄 괴 쫑'이다. 그리고 '猫糞'이 '괴 쫑'으로 번역되고 '猫糞'의
자석이 '괴 쏭'이다. 따라서 '괴'와 '猫兒'의 동의성은 명백히 입증된다.

> (26) a. 괴 입거웃 ᄒᆞᆫ 낫 ᄉᆞ론 ᄌᆡ를 브티라(猫兒鬚一根燒灰傅之) <救方下 64b>
>
> b. 괴 입거웃 ᄒᆞᆫ 낫 ᄉᆞ론 ᄌᆡ를 ᄇᆞᄅᆞ라(猫兒鬚一根燒灰傅之) <救간六 76a>
>
> c. 거믄 괴 쫑 ᄒᆞᆫ 량 봇그니와 황단 두 량과를 섯거(黑猫兒糞炒一兩黃丹二兩相和)
>
> > <救간一 93b>
>
> d. 괴 쫑을 믄 ᄣᅡ해 ᄲᅮ추미 ᄀᆞ장 됴ᄒᆞ니라(猫糞搽咬處甚妙) <救方下 64b>
>
> e. 괴 쫑을 믈인 ᄃᆡ ᄇᆞ로미 ᄀᆞ장 됴ᄒᆞ니라(猫糞搽咬處甚妙) <救간六 76a>

> (26) f. 猫兒鬚 : 괴 입거웃 <救간六 76a>
>
> g. 黑猫兒糞 : 거믄 괴 쫑 <救간一 92b>
>
> h. 猫糞 : 괴 쫑 <救간六 76a>

<27> 구무 對 竅

고유어 '구무'와 한자어 '竅'가 [竅] 즉 '구멍'의 뜻을 가지고 동의 관계에 있다는
것은 다음 예문들에서 잘 확인된다. 원문 중 '通一竅'가 'ᄒᆞᆫ 굼글 듧다'로 번역되고
'關竅…通'이 '關과 竅왜… 通ᄒᆞ다'로 번역된다. 따라서 '구무'와 '竅'의 동의성은 명백
히 입증된다.

> (27) a. 가온딕 ᄒᆞᆫ 굼글 들워(中通一竅) <救方上 48b>
>
> b. 가온딕 ᄒᆞᆫ 굼글 두라(中留一竅) <救方下 25b>
>
> c. 아홉 구무와 솑가락 밧가락 ᄢᅵ메 피 나거(114b)든(九竅四肢指歧間出血)
>
> > <救간二 115a>

d. 아홉 굼긔 피 나미라(九竅出血) <救간二 113a>

e. 죠고매 굼글 두어 모딘 긔운을 내요듸(留一小竅出毒氣) <救간三 37a>

(27) f. 關과 竅왜 다 通티 몯홀식(關竅皆不通) <救方下 23a>

<28> 구슬 對 珠璫

고유어 '구슬'과 한자어 '珠璫'이 [珠璫] 즉 '구슬'의 뜻을 가지고 동의 관계에 있다
는 것은 다음 예문들에서 잘 확인된다. 원문 중 '珠璫'이 '구슬'로 번역되고 '珠璫'의
자석이 '구슬'이다. 따라서 '구슬'과 '珠璫'의 동의성은 명백히 입증된다.

(28) a. 구스리나 율믜나 긴헤 뻬어(以珠璫若薏苡子輩穿貫著線) <救方上 50a>

　　b. 구스리어나 율밋 여름 트(14b)렛 거슬 들워 긴헤 뻬여

　　　(以珠璫若薏苡子輩穿貫著線) <救간六 15a>

　　c. 琥珀 구스를 긴헤 뻬여(琥珀珠著線貫之) <救方上 50a>

　　d. 호박 구스를 긴헤 뻬여(琥珀珠著線貫之) <救간六 15a>

(28) e. 珠璫 : 구슬 <救간六 14b>

<29> 뿔 對 蜜

고유어 '뿔'과 한자어 '蜜'이 [蜜] 즉 '꿀'의 뜻을 가지고 동의 관계에 있다는 것은
다음 예문들에서 잘 확인된다. 원문 중 '和蜜'이 '뿌레 믈다'로 번역되고 '好蜜'이 '됴
흔 밀'로 번역된다. 그리고 '蜜三合'이 '뿔 서 홉'으로 번역되고 '蜜'의 자석이 '뿔'이
다. 따라서 '뿔'과 '밀'의 동의성은 명백히 입증된다.

(29) a. 뿔 흔 分과 믈 두 分을 마쇼미(以蜜一分水二分飮之) <救方上 28a>

　　b. 팟 미틀 ᄀᄂ리 ᄀ라 뿌레 ᄆ라(葱白細硏和蜜) <救方下 29b>

　　c. 뿌레 梧桐子만 丸을 지어(蜜丸如桐子大) <救方下 47a>

    d. 팟 믿 흰 디를 ᄀᄂ리 ᄀ라 뿔레 ᄆ라(葱白細硏和蜜) <救간一 79b>

    e. 싱앙 즙 닷 홉과 뿔 서 홉과를 섯거(生薑汁五合 蜜三合相和) <救간二 66a>

    f. 달힌 뿌레 환을 머귀 여름마곰 닝ᄀ라(煉蜜和丸如梧桐子大) <救간二 10a>

(29) g. 됴ᄒᆞᆫ 밀로 눈 네 시우레 디그라(以好蜜注四眥頭) <救方上 37b>

    h. 蜜 : 뿔 <救간一 79b> <救간二 66a>

<30> 굼벙이 對 蠐螬

  고유어 '굼벙이'와 한자어 '蠐螬'가 [蠐螬] 즉 '굼벵이'의 뜻을 가지고 동의 관계에 있다는 것은 다음 예문들에서 잘 확인된다. 원문 중 '以蠐螬硏'이 '굼벙이를 ᄀᆯ다'로 번역되고 '蠐螬'의 자석이 '굼벙이'이다. 그리고 '生蠐螬'가 '산굼벙이'로 번역되고 '生蠐螬'의 자석이 '산 굼벙이'이다. 따라서 '굼벙이'와 '蠐螬'의 동의성은 명백히 입증된다.

(30) a. 굼벙이를 ᄀ라 가싀 우희 브티면(以蠐螬硏爛傅之刺上) <救方下 6a>

    b. 굼벙이를 ᄀ라 가싀 든 우희 브티면(蠐螬硏傅之刺上) <救간六 25a>

    c. 산 굼버이를 그 우희 노하 비븨면(將蠐螬於布上摩之) <救方下 37b>

    d. 솓 미틧 거믜영과(44b) 산 굼벙이와를 ᄀᆮ게 ᄂ화(百草霜生蠐螬等分)

       <救간三 45a>

    e. 굼벙의 부리를 헌 굼긔 다히고(蠐螬虫口穩於破瘡口上) <救간六 80b>

(30) f. 蠐螬 : 굼벙이 <救간六 25a>

    g. 生蠐螬 : 산 굼벙이 <救간三 44b>

    h. 蠐螬虫 : 굼벙이 <救간六 80b>

<31> 그릇 對 器具

  고유어 '그릇'과 한자어 '器具'가 [器] 즉 '그릇, 器具'의 뜻을 가지고 동의 관계에 있다는 것은 다음 예문들에서 잘 확인된다. 원문 중 '舊漆器'가 '늘근 옷칠흔 그릇'으로도 번역되고 '녯 漆혼 器具'로도 번역된다. 따라서 '그릇'과 '器具'의 동의성은 명백

히 입증된다.

    (31) a. 늘근 옷칠흔 그릇 ᄉ외 ᄉ론 ᄂᆡ예 ᄂᆞᆾᄋᆞᆯ 다혀 ᄢᅱ라(舊漆器猛燒煙逼面熏之)
        <救간七 64b>
      b. 녯 漆혼 器具ᄅᆞᆯ ᄉ외 ᄉ론 ᄂᆡ예 ᄂᆞᆾᄋᆞᆯ 다혀 쇠라(用舊漆器猛燒煙逼面熏之)
        <救方下 95a>

<32> 그릇 對 壜

    고유어 '그릇'과 한자어 '壜'이 [壜] 즉 '술병, 술단지'의 뜻을 가지고 동의 관계에 있다는 것은 다음 예문들에서 잘 확인된다. 원문 중 '壜口'가 '그릇 부리'로도 번역되고 '壜 입'으로도 번역된다. 그리고 '壜內'가 '그릇 안ㅎ'으로도 번역되고 '壜 안ㅎ'으로도 번역된다. 따라서 '그릇'과 '壜'의 동의성은 명백히 입증된다.

    (32) a. 그릇 부리ᄅᆞᆯ 므레 주근 사ᄅᆞ믜 ᄂᆞᆺ과 빅예 업프라(以壜口覆溺水人面上或臍上)
        <救간一 75a>
      b. 다시 죠희젼을 그 그릇 안해 ᄉ라(再燒紙錢於壜內) <救간一 75a>
      c. 그(74b) 그릇 안해 ᄉ라(燒放壜中) <救간一 75a>

    (32) d. 壜 이브로 므레 ᄲᅡ딘 사ᄅᆞ믜 ᄂᆞ치나 시혹 빗복 우희 두퍼
      (以壜口覆溺水人面上或臍上) <救方上 74b>
      e. 다시 죠희젼을 ᄉ라 壜 안해 녀허(再燒紙錢於壜內) <救方上 74b>
      f. 壜 안해 녀코(放壜中) <救方上 74b>

    그리고 '딜그릇'과 '壜'이 [壜] 즉 '질그릇'의 뜻을 가지고 동의 관계에 있다는 것은 다음 예문들에서 잘 확인된다. 원문 중 '酒壜'이 '술 담는 딜그릇'으로도 번역되고 '酒壜'으로도 번역된다. 그리고 '酒壜'의 자석이 '술 담는 딜그릇'이다. 따라서 '딜그릇'과 '壜'의 동의성은 명백히 입증된다.

    (32) g. 술 담는 딜그릇 ᄒᆞ나히(酒壜一箇) <救간一 74b>

h. 酒墰 : 술 담ᄂᆞᆫ 딜그릇 〈救간一 74b〉

(32) i. 酒墰 ᄒᆞᆫ 나츠로(以酒墰一介) 〈救方上 74b〉

〈33〉 그릇 對 잔

고유어 '그릇'과 한자어 '잔'(盞)이 [盞] 즉 '잔'의 뜻을 가지고 동의 관계에 있다는 것은 다음 예문들에서 잘 확인된다. 원문 중 '傾於盞內'가 '그르세 븟다'로도 번역되고 '잔애 븟다'로도 번역된다. 따라서 '그릇'과 '잔'의 동의성은 명백히 입증된다.

(33) a. 그르세 브ᅀᅥ 더퍼 두고(傾於盞內蓋著) 〈救간一 53a〉

b. 벌에와 ᄀᆞ린 거시 그르세 디여(虫翳膜隨落盞中) 〈救方下 41b〉

(33) c. 잔애 브ᅀᅥ 둡고(傾於盞內蓋著) 〈救方上 38a〉

d. 沙잔애 담고(磁盞盛) 〈救方上 46b〉

e. 디황즙 ᄒᆞᆫ 잔을 머그라(地黃汁一盞服之) 〈救간一 34a〉

f. 술 반 잔애 프러(酒半盞和) 〈救간一 61b〉

〈34〉 ᄢᅵ니 對 時刻

고유어 'ᄢᅵ니'와 한자어 '時刻'이 [時] 즉 '때, 시각'의 뜻을 가지고 동의 관계에 있다는 것은 다음 예문들에서 잘 확인된다. 원문 중 '計時'가 'ᄢᅵ니 혜다'로도 번역되고 '時刻 혜다'로도 번역되므로 'ᄢᅵ니'와 '時刻'의 동의성은 명백히 입증된다.

(34) a. ᄢᅵ니 혜디 마오(不計時) 〈救간二 113a〉

b. ᄢᅵ니 혜디 말오(不計時) 〈救간三 71b〉 〈救간一 111b〉 〈救간三 86b〉
〈救간七 10b〉

(34) c. 時刻 혜디 말오(不計時) 〈救方上 64a〉

d. 時刻 혜디 마라 더으면 더러 머그라(不計時加減服之) 〈救方上 70b〉

    e. 時刻에 븓들이디 말라(不拘時) <救方上 57a>

    f. 흔 時刻올 추무면(强忍一時) <救方下 14b>

    g. 흔두 時刻을 쐬면(熏一二時) <救方上 52a>

<35> 때니 對 時節

    고유어 '때니'와 한자어 '時節'이 [時候] 즉 '때'의 뜻을 가지고 동의 관계에 있다는 것은 다음 예문들에서 잘 확인된다. 원문 중 '計時候'가 '때니 혜다'로도 번역되고 '時節 혜다'로도 번역된다. 따라서 '때니'와 '時節'의 동의성은 명백히 입증된다.

    (35) a. 때니 혜디 말오(不計時候) <救간一 18b> <救간一 89a> <救간二 12a>
        <救간二 49b> <救간六 73a> <救간七 14b>

       b. 때니 혜디 마오(不計時候) <救간二 80b> <救간二 99b> <救간二 108a>
        <救간七 65b> <救간七 83b>

    (35) c. 時節 혜디 말오(不計時候) <救方上 56b> <救方上 82b> <救方上 84a>
        <救方下 26b>

       d. 時節 혜디 마오(不計時候) <救方上 39b> <救方上 86b> <救方下 17a>
        <救方下 41a>

<36> 김 對 氣分

    고유어 '김'과 한자어 '氣分'이 [氣] 즉 '김'의 뜻을 가지고 동의 관계에 있다는 것은 다음 예문들에서 잘 확인된다. 원문 중 '氣熏'이 '김을 쐬다'로도 번역되고 '氣分을 쇠다'로도 번역된다. 그리고 '泄氣'가 '기미 나다'로도 번역되고 '氣分이 수몯다'로도 번역된다. 따라서 '김'과 '氣分'의 동의성은 명백히 입증된다.

    (36) a. 아기 나흔 겨지블 그 우희 안쳐 김을 쐬면(令産婦就上坐以氣熏) <救간七 51b>
        b. 기미 나디 몯게 후고(勿令泄氣) <救간七 65a>

(36) c. 産生흔 겨지블 그 우희 안쳐 氣分을 쇠면(令産婦就上坐以氣熏) <救方下 91a>

d. 氣分이 스뭇디 아니케 ᄒᆞ고(勿令泄氣) <救方下 95b>

<37> ᄀᆞᄅᆞ 對 粉

고유어 'ᄀᆞᄅᆞ'와 한자어 '粉'이 [粉] 즉 '가루'의 뜻을 가지고 동의 관계에 있다는 것은 다음 예문들에서 잘 확인된다. 원문 중 '糯米粉'이 'ᄎᆞᆸᄡᆞᆯ ᄀᆞᄅᆞ'로 번역되고 '硏如粉'이 '粉 ᄀᆞ티 ᄀᆞᆯ다'로 번역된다. 따라서 'ᄀᆞᄅᆞ'와 '粉'의 동의성은 명백히 입증된다.

(37) a. ᄎᆞᆸᄡᆞᆯ ᄀᆞᆯ을 섯거(以糯米粉和) <救간七 7a>

b. ᄎᆞᆷ 불휘 ᄆᆞᆯ외야 ᄀᆞ론 ᄀᆞᄅᆞ 넉 량애 섯거 고르게 ᄒᆞ야(葛粉四兩…拌令匀)

<救간一 12b>

c. 糯米粉 : ᄎᆞᆸᄡᆞᆯ ᄀᆞᄅᆞ <救간七 7a>

d. 葛粉 : ᄎᆞᆷ 불휘 ᄆᆞᆯ외야 ᄀᆞ론 ᄀᆞᄅᆞ <救간一 12a>

(37) e. 雄黃 흔 兩을 ᄀᆞᄂᆞ리 粉 ᄀᆞ티 ᄀᆞ라(雄黃一兩細硏如粉) <救方上 17a>

f. 셕우황 흔 량을 ᄀᆞᄂᆞ리 분 ᄀᆞ티 ᄀᆞ라(雄黃一兩細硏如粉) <救간一 57b>

g. ᄀᆞᄂᆞ리 분 ᄀᆞ티 ᄀᆞ라(細硏如粉) <救간一 53a>

h. ᄀᆞᄂᆞ리 ᄀᆞ라 분 ᄀᆞ티 ᄒᆞ야(細硏如粉) <救간二 112b>

<38> ᄀᆞᄅᆞ 對 散

고유어 'ᄀᆞᄅᆞ'와 한자어 '散'이 [散] 즉 '가루, 가루약'의 뜻을 가지고 동의 관계에 있다는 것은 다음 예문들에서 잘 확인된다. 원문 중 '擣爲散'이 '디허 ᄀᆞᆯ을 ᄆᆡᇰᄀᆞᆯ다'와 '디허 ᄀᆞᆯ이 ᄃᆞ외다'로도 번역되고 '디허 散 ᄆᆡᇰᄀᆞᆯ다'로도 번역된다. 따라서 'ᄀᆞᄅᆞ'와 '散'의 동의성은 명백히 입증된다.

(38) a. 견우ᄌᆞ를 ᄂᆞᆯ 반 니기 반을 디허 ᄀᆞᆯ을 ᄆᆡᇰᄀᆞ라(牽牛子半生半熟擣爲散)

<救간三 71a>

　　　b. 디허 처 골을 밍フ라(擣羅爲散) <救간二 70b>

　　　c. 디허 フᄂ리 처 골을 밍フ라(擣細羅爲散) <救간二 42a> <救간二 40b>

　　　d. 골을 밍(28a)フ라(作散) <救간二 28b>

　　　e. 츩 불휘를 디투 글혀 여라믄 번 싯고 쏘 디허 골이 두외어든

　　　　(濃煮葛根汁洗十徧及擣爲散) <救간六 30a>

　　　f. 흔듸 디허 처 골이 두외어든(都搗篩爲散) <救간二 10b>

(38) g. 츩 불휘 디투 글횬 汁으로 여라믄 저글 싯고 쏘 디허 散 밍フ라

　　　　(濃煮葛根汁洗十徧及擣爲散) <救方下 62b>

　　　h. 延胡索을 디허 フᄂ리 처 散 밍フ라(延胡索擣細羅爲散) <救方下 26a>

　　　i. 디허 麁케 처 散 밍フ라(擣麁羅爲散) <救方上 56a>

　　　j. 散 밍フ라 봇근 生薑과(爲散以炒生姜) <救方下 85a>

<40> 낫 對 午時

　고유어 '낫'와 한자어 '午時'가 [午時] 즉 '낮, 正午'의 뜻을 가지고 동의 관계에 있
다는 것은 다음 예문들에서 잘 확인된다. 원문 중 '午時切'이 '나직 사ᄒ다'로 번역되
고 '至⋯午時'가 '午時예 니르리'로 번역된다. 따라서 '낫'과 '午時'의 동의성은 명백히
입증된다.

　(39) a. 바ᄅ 나직 사ᄒ라 디허(日正午時切碓擣) <救方上 81a>

　　　b. 九月 九日 午時예(81a) 니르리(至九月九日午時) <救方上 81b>

<40> 노야기 對 香薷

　고유어 '노야기'와 한자어 '香薷'가 [香薷] 즉 '노야기'의 뜻을 가지고 동의 관계에
있다는 것은 다음 예문들에서 잘 확인된다. 원문 중 '香薷各一升'이 '노야기와 각 ᄒ
되'로 번역되고 '香薷'의 자석이 '노야기'이다. 따라서 '노야기'와 '香薷'의 동의성은
명백히 입증된다.

(40) a. 빅변두와 노야기와 각 혼 되룰 믈 엿 되예 글혀(萹豆香薷各一升以水六升煮)

　　　　　<救간二 60a>

　　　b. 香薷 : 노야기 <救간二 60a>

<41> 눈비엿 對 益母草

고유어 '눈비엿'과 한자어 '益母草'가 [益母草] 즉 '암눈비앗, 익모초'의 뜻을 가지고 동의 관계에 있다는 것은 다음 예문들에서 잘 확인된다. 원문 중 '益母草細切'이 '눈비여술 ᄀᄂ리 사흘다'로 번역되고 '益母草細末'이 '益母草룰 細末ᄒ다'로 번역된다. 따라서 '눈비엿'과 '益母草'의 동의성은 명백히 입증된다.

　　(41) a. 눈비여술 ᄀᄂ리 사ᄒ라(取益母草細切) <救간六 72b>

　　　　b. 눈비여슬 디허 므를 ᄣ<ᅡ(擣益母草絞取汁) <救간三 41a>

　　　　c. 눈비여슬 디허 ᄣ<ᅡ(益母草擣絞取汁) <救간三 94b>

　　　　d. 눈비엿 줄기와 닙과룰 므르 디허(益母草莖葉爛擣) <救간三 22a>

　　(41) e. 益母草룰 細末ᄒ야(益母草細末) <救方下 17b>

　　　　f. 益母草 : 눈비엿 <救간六 72b> <救간三 40b> <救간三 94b> <救간三 22a>

<42> 눈비엿 對 茺蔚子

고유어 '눈비엿'과 한자어 '茺蔚子'가 [茺蔚子] 즉 '益母草'의 뜻을 가지고 동의 관계에 있다는 것은 다음 예문들에서 잘 확인된다. 원문 중 '茺蔚子苗'가 '눈비엿 움'으로 번역되고 '茺蔚子苗'의 자석이 '눈비엿 움'이다. 따라서 '눈비엿'와 '茺蔚子'의 동의성은 명백히 입증된다.

　　(42) a. 눈비엿 움을 디허(擣茺蔚子苗) <救간七 77b>

　　　　b. 茺蔚子苗 : 눈비엿 움 <救간七 77b>

<43> 니 對 牙齒

고유어 '니'와 한자어 '牙齒'가 [牙齒] 즉 '이, 어금니와 이'의 뜻을 가지고 동의 관계에 있다는 것은 다음 예문들에서 잘 확인된다. 원문 중 '馬牙齒擣'가 '물 니를 딯다'로 번역되고 '馬牙齒'의 자석이 '물 니'이다. 따라서 '니'와 '牙齒'의 동의성은 명백히 입증된다.

> (43) a. 물 니를 디허 フ라(馬牙齒擣末) <救간三 21a>
>   b. 馬牙齒 : 물 니 <救간三 20b>

<44> 니마 對 문

고유어 '니마'와 한자어 '문'(門)이 [門]과 [戶] 즉 '문'의 뜻을 가지고 동의 관계에 있다는 것은 다음 예문들에서 잘 확인된다. 원문 중 '竈門'이 '브석 니마'로 번역되고 '當戶'가 '문 바릭'로 번역된다. 따라서 '니마'와 '문'의 동의성은 명백히 입증된다.

> (44) a. 오란 브석 니마 우흿 누른 흘글 フ라(舊竈門上黃泥爲末) <救간二 100b>
>   b. 竈門上黃泥 : 브석 니마 우흿 누른 흙 <救간二 100b>

> (44) c. 병흔 사르물 문 바릭 안쵸딕(令病人當戶以坐) <救간二 29a>

<45> 니발 對 大米

고유어 '니발'와 한자어 '大米'가 [大米]과 [白粒] 즉 '입쌀, 멥쌀, 메벼에서 나온 끈기 없는 쌀, 白米'의 뜻을 가지고 동의 관계에 있다는 것은 다음 예문들에서 잘 확인된다. 원문 중 '大米炒'가 '니뿔를 봈다'로 번역되고 '白粒'이 '니발만 ㅎ니'로 번역되고 '大米'의 자석이 '니발'이다. 따라서 '니발'과 '大米'의 동의성은 명백히 입증된다. 고유어 '니발'은 [糯米] 즉 '찹쌀'의 뜻을 가진 '츳발'과 의미상 대립 관계에 있다.

(45) a. 니뿔롤 봇가 덥게 ᄒ야(用大米炒熱) <救간一 86a>

　　b. 등의 브스르미 처엄 나 니뿔만 ᄒ니와 블거 븓거든(初覺背有點白粒亦赤腫)

　　　　<救간三 48a>

(45) c. 大米 : 니뿔 <救간一 86a>

<46> 니싀 對 野紅花

고유어 '니싀'와 한자어 '野紅花'가 [野紅花] 즉 '잇, 잇꽃'의 뜻을 가지고 동의 관계
에 있다는 것은 다음 예문들에서 잘 확인된다. 원문 중 '野紅花苗根'이 '니싓 움과 불
휘'로 번역되고 '野紅花'의 자석이 '니싀'이다. 따라서 '니싀'와 '野紅花'의 동의성은
명백히 입증된다.

(46) a. 니싓 움과 불휘와롤 즛두드려 똔 즙을 머그며(用野紅花苗根絞汁飮)

　　　　<救간一 113a>

　　b. 니싓 곳 ᄒ 량(紅花一兩) <救간七 52a>

(46) c. 野紅花 : 니싀 <救간一 113a>

　　d. 紅花 : 니싓 곳 <救간七 52a>

<47> 늘 對 生ᄒ니

고유어 '늘'과 한자어 '生ᄒ니'가 [生] 즉 '날것'의 뜻을 가지고 동의 관계에 있다는
것은 다음 예문들에서 잘 확인된다. 원문 중 '生去皮臍'가 'ᄂ롤 것과 빗보굴 앗다'로
도 번역되고 '生ᄒ닐 것과 빗복과 앗다'로도 번역된다. 그리고 '甘草一兩生'이 '감초
ᄒ 량 늘'로도 번역되고 '甘草 ᄒ 兩을 生ᄒ니'로도 번역된다. 따라서 '늘'과 '生ᄒ니'
의 동의성은 명백히 입증된다. '生ᄒ니'는 명사구로서 '生ᄒ-+-ㄴ#이(의존명사)'로
분석될 수 있다.

(47) a. 附子 ᄂᆞᆯ 것과 빗보ᄀᆞᆯ 앗고(附子生去皮臍) <救方上 5b>

　　b. 쳔오와 부ᄌᆞ와 거플와 브르도든 것 아ᅀᆞ니(川鳥生去皮臍 附子生去皮臍)
　　　 <救간一 40a>

　　c. 츩 불휘 늘 세 斤을 ᄀᆞᄂᆞ리 사ᄒᆞ라 ᄀᆞ라(葛根生者三斤剉細研) <救方下 4a>

　　d. 蜻(2b)蛉 세 낫 ᄂᆞᆯ 섯거(蜻蛉三枚生用) <救方下 3a>

　　e. 牽牛子ᄅᆞᆯ 半만 ᄂᆞ리오 半만 니그닐 디허(牽牛子半生半熟擣) <救方上 70a>

　　f. 감초 ᄒᆞᆫ 량 늘 ᄀᆞ로니와ᄅᆞᆯ(甘草一兩生末) <救간二 74a>

　　g. 블근 ᄑᆞᆺ 늘 닙굽 나ᄎᆞᆯ 머그라(赤小豆生呑七枚) <救간七 28b>

　　h. 반으란 봇고 반으란 ᄂᆞᆯ ᄀᆞᄂᆞ리 ᄀᆞ라(一半炒一半生爲細末) <救간七 50a>

(47) i. 川鳥 生ᄒᆞ닐 것과 빗복과 앗고 附子 生ᄒᆞ닐 것과 빗복 아ᅀᆞ니
　　　(川鳥生去皮臍 附子生去皮臍) <救方上 14a>

　　j. 甘草 ᄒᆞᆫ 兩을 生ᄒᆞ닐 細末ᄒᆞ야(甘草一兩生末) <救方上 42b>

　　k. 白礬 生ᄒᆞ닐 ᄀᆞ라(白礬生研) <救方上 43a>

　　l. 半으란 봇고 반으란 生ᄒᆞ닐 ᄀᆞᄂᆞ리 ᄀᆞᄅᆞ 밍ᄀᆞ라(一半炒一半生爲細末)
　　　 <救方下 89a>

<48> 다목 對 蘇枋木

고유어 '다목'과 한자어 '蘇枋木'이 [蘇枋木] 즉 '다목, 丹木'의 뜻을 가지고 동의 관계에 있다는 것은 다음 예문들에서 잘 확인된다. 원문 중 '蘇枋木剉'가 '다목 사ᄒᆞ다'로 번역되고 '蘇枋木'의 자석이 '다목'이다. 따라서 '다목'과 '蘇枋木'의 동의성은 명백히 입증된다.

(48) a. 다목 석 兩을 사ᄒᆞ라 ᄇᆞ아(用蘇木三兩剉碎) <救方下 96b>

　　b. 다목 사ᄒᆞ라 달힌 건 므를(蘇枋木剉煎濃汁) <救간七 79b>

(48) c. 蘇枋木 : 다목 <救간七 79b>

<49> 뼈 對 時節

고유어 '뼈'와 한자어 '時節'이 [時候] 즉 '때'의 뜻을 가지고 동의 관계에 있다는 것은 다음 예문들에서 잘 확인된다. 원문 중 '計時候'가 '뼈 혜다'로도 번역되고 '時節 혜다'로도 번역된다. 따라서 '뼈'와 '時節'의 동의성은 명백히 입증된다.

(49) a. 뼈 혜디 말오(不計時候) <救方下 91b>

(49) b. 時節 혜디 마오(不計時候) <救方上 86b>
    c. 時節 혜디 말오(不計時候) <救方上 56a> <救方上 82b> <救方上 84a>

<50> 대초 對 大棗

고유어 '대초'와 한자어 '大棗'가 [棗]와 [大棗] 즉 '대추'의 뜻을 가지고 동의 관계에 있다는 것은 다음 예문들에서 잘 확인된다. 원문 중 '棗一枚'가 '대초 흔 낫'으로도 번역되고 '大棗 흔 낫'으로도 번역된다. '棗核'이 '대초 삐'로도 번역되고 '大棗ㅅ 즈ᅀᆞ'로도 번역된다. '棗'의 자석이 '대초'이다. 그리고 '大棗一枚'가 '대초 흔 낫'으로 번역된다. 따라서 '대초'와 '大棗'의 동의성은 명백히 입증된다.

(50) a. 믈 두 되예 싱앙 닐굽 편과 대초 흔 낫과 흔듸 글효니
    (水二盞生薑七片棗一枚同煎) <救간一 40a>
    b. 믈 흔 되 반애 싱앙 세 편과 대초 흔 낫과롤 조쳐 달히니
    (重水二盞半薑三片棗一枚煎) <救간一 101a>
    c. 대초 삐마곰 환 딩ᄀ라(和丸如棗核大) <救간一 74b>
    d. 대초 두 닐굽 나출 ᄉ라(燒棗二七枚) <救간七 9b>
    e. 당츄즛 ᄉᆞᆯ홀 대촛 안해 녀허(以胡桃肉放入棗內) <救간二 36b>
    f. 싱앙 세 편과 대초 흔 낫 조쳐 달혀(入薑錢三片大棗一枚同煎) <救간一 102b>
    g. 대촛 즈ᅀᆞ ᄉ론 ᄀᆞᆯ을 머그라(大棗核燒末服之) <救간六 28a>
    h. 棗 : 대초 <救간七 9b> <救간二 7b> <救간二 19b>

(50) i. 믈 두 盞과 生薑 닐굽 片과 大棗 흔 낫과 흔듸 글혀(水二盞生薑七片棗一枚同煎)
　　　〈救方上 14a〉

　　j. 大棗ㅅ 즈슨만 흐닐 フ라(如棗核大磨) 〈救方上 53b〉

　　k. 大棗ㅅ 즈슨만 흐닐 왼녁 볼히 드라 두면(如棗核大繫於左臂) 〈救方上 23b〉

　　l. 大棗ㅅ 즈슨 킈만 흐닐 솜기면(如棗核大吞之) 〈救方下 60a〉

　　m. 大棗ㅅ 킈만 흐닐 머그라(如棗大服之) 〈救方下 93b〉

　　n. 大棗湯애 프러 머그라(棗湯調服) 〈救方上 19b〉

〈51〉 대초 對 棗子

　고유어 ‘대초’와 한자어 ‘棗子’가 [棗子] 즉 ‘대추’의 뜻을 가지고 동의 관계에 있다는 것은 다음 예문들에서 잘 확인된다. 원문 중 ‘棗子一枚’가 ‘대초 흔 낯’으로 번역되고 ‘棗子’의 자석이 ‘대초’이다. 따라서 ‘대초’와 ‘棗子’의 동의성은 명백히 입증된다.

　(51) a. 대초 흔 나츨 삐 앗고(棗子一枚去心) 〈救간二 36b〉
　　　d. 棗子 : 대초 〈救간二 36a〉

〈52〉 댓무수 對 蘿蔔

　고유어 ‘댓무수’와 한자어 ‘蘿蔔’이 [蘿蔔] 즉 ‘무’의 뜻을 가지고 동의 관계에 있다는 것은 다음 예문들에서 잘 확인된다. 원문 중 ‘以蘿蔔子研’이 ‘댓무수 삐를 굴다’로 번역되고 ‘蘿蔔子’의 자석이 ‘댓무수 삐’이다. 그리고 ‘以生蘿蔔汁…吹入鼻’가 ‘날 댓무수 즛두드려 똔 즙을 … 고해 드리불다’로 번역되고 ‘生蘿蔔汁’의 자석이 ‘늘 댓무수 즙’이다. 따라서 ‘댓무수’와 ‘蘿蔔’의 동의성은 명백히 입증된다.

　(52) a. 댓무수 삐를 フ장 フ누리 フ라(以蘿蔔子研極細末) 〈救간一 37a〉
　　　b. 놀 댓무수 즛두드려 똔 즙을 붇ㅈ룻대로 고해 드리불면
　　　　(以生蘿蔔汁用筆管吹入鼻) 〈救간一 3a〉
　　　c. 댓무수 믿 디투 달힌 므를 머그라(蘿蔔濃煎湯飲之) 〈救간二 82b〉
　　　d. 대무수 믿 세 낫 사ㅎ로니와룰(蘿蔔三箇切作片) 〈救간二 88b〉

(52) e. 蘿蔔子 : 댓무수 삐 <救간一 36b>

　　f. 生蘿蔔汁 : 늘 댓무수 즙 <救간二 2b>

　　g. 蘿蔔 : 댓무수 밑 <救간二 82b> <救간二 88b>

<53> 더덕 對 沙蔘

고유어 '더덕'과 한자어 '沙蔘'이 [沙蔘] 즉 '더덕'의 뜻을 가지고 동의 관계에 있다는 것은 다음 예문들에서 잘 확인된다. 원문 중 '沙蔘擣'가 '더덕을 딯다'로 번역되고 '沙蔘'의 자석이 '더덕'이다. 따라서 '더덕'과 '沙蔘'의 동의성은 명백히 입증된다.

(53) a. 더덕을 디허 브티라(沙蔘擣傅) <救간三 30b>

　　b. 沙蔘 : 더덕 <救간三 30b>

<54> 뎡가 對 荊芥

고유어 '뎡가'와 한자어 '荊芥'가 [荊芥] 즉 '정가, 형개'의 뜻을 가지고 동의 관계에 있다는 것은 다음 예문들에서 잘 확인된다. 원문 중 '荊芥一握'이 '뎡가 혼 줌'으로도 번역되고 '荊芥 혼 우훔'으로도 번역된다. '荊芥一兩'이 '뎡가 혼 량'으로 번역되고 '無荊芥'가 '荊芥 없다'로 번역된다. 그리고 '荊芥穗'가 '뎡갓 이삭'으로 번역되고 '荊芥穗'의 자석이 '뎡갓 이삭'이다. 따라서 '뎡가'와 '荊芥'의 동의성은 명백히 입증된다.

(54) a. 뎡가 혼 줌을 ᄉᆞ라(荊芥一握燒) <救간二 112a>

　　b. 독활 두 량과 뎡가 혼 량과를 디허 처 ᄀᆞ리 두외어든

　　　(獨活二兩荊芥一兩擣羅爲末) <救간一 19a>

　　c. 뎡가와 팟 밑과 찻 닙 됴ᄒᆞ니와를 므레 달혀(荊芥葱頭細茶葉好者水煎)

　　　<救간三 36b>

　　d. 팅즛 거플와 뎡가와를 달혀 ᄢᅵ며 싯고(枳殼荊芥煎湯熏洗) <救간七 69b>

　　e. 뎡갓 닙 디허 ᄣᅡ 즙(擣荊芥葉汁) <救간二 113b>

　　f. 뎡갓 줄기와 닙과를 글혀 먹고(煮荊芥莖葉飮之) <救간三 13b>

　　g. 뎡갓 이삭 반 량과 도랏 ᄆᆞᄅᆞ니 두 량과(荊芥穗半兩桔梗二兩) <救간二 65b>

h. 뎡갓 이삭 반 량과롤(荊芥穗半兩) <救간二 67b>

(54) i. 荊芥 흔 우훔믈 스라(用荊芥一握燒) <救方上 60a>

j. 荊芥 업거든(無荊芥) <救方上 60a>

k. 荊芥 : 뎡가 <救간二 112a> <救간一 18b> <救간三 36b> <救간七 69a>

　　<救간三 13b>

l. 荊芥穗 : 뎡갓 이삭 <救간二 65a> <救간二 67a>

<55> 도랏 對 桔梗

　고유어 '도랏'과 한자어 '桔梗'이 [桔梗] 즉 '도라지'의 뜻을 가지고 동의 관계에 있다는 것은 다음 예문들에서 잘 확인된다. 원문 중 '桔梗末'이 '도랏 フ론 フ르'로도 번역되고 '桔梗ㅅ フ르'로도 번역된다. 그리고 '桔梗'이 '도랏'으로도 번역되고 '桔梗'으로도 번역된다. 따라서 '도랏'과 '桔梗'의 동의성은 명백히 입증된다.

(55) a. 도랏 フ론 フ(51b)르 흔 량과(桔梗末一兩) <救간一 52a>

b. 도랏 フ르니 두 량과 감초 브레 뽀니 흔 량과롤 사흐라

　(桔梗二兩甘草灸一兩蟲末) <救간二 65b>

c. 도랏 フ르니 잢간 봇그니와 감초 잢간 브레 쬐야 사흐로니와 각 두 량을 굵게 디

　허처(桔梗微炒甘草微灸到各二兩蟲擣篩) <救간二 72b>

d. 桔梗末 : 노랏 フ론 フ르 <救긴　51b>

e. 桔梗 : 도랏 <救간二 65a> <救간二 72a>

(55) f. 桔梗ㅅ フ르 흔 兩과(桔梗末一兩) <救方上 26b>

g. 桔梗ㅅ 毒을 흰 粥으로 고티라(桔梗毒白粥解之) <救方下 46b>

h. 桔梗과 薄荷ㅅ 닙과(桔梗 薄荷葉) <救方上 44a>

<56> 도로래 對 螻蛄

고유어 '도로래'와 한자어 '螻蛄'가 [螻蛄] 즉 '땅강아지'의 뜻을 가지고 동의 관계에 있다는 것은 다음 예문들에서 잘 확인된다. 원문 중 '螻蛄活者一枚'가 '산 도로래 혼 낯'으로 번역되고 '螻蛄'의 자석이 '도로래'이다. 따라서 '도로래'와 '螻蛄'의 동의성은 명백히 입증된다.

   (56) a. 산 도로래 혼 나츨 ㄱ라(螻蛄活者一枚生研) <救간三 83a>
        b. 螻蛄 : 도로래 <救간三 82b>

<57> 도와리 對 霍亂

고유어 '도와리'와 한자어 '霍亂'이 [霍亂] 즉 '곽란'의 뜻을 가지고 동의 관계에 있다는 것은 다음 예문들에서 잘 확인된다. 원문 중 '霍亂'이 '도와리'로 번역되고 '成霍亂'이 '霍亂이 두외다'로 번역된다. 따라서 '도와리'와 '霍亂'의 동의성은 명백히 입증된다.

   (57) a. 도와리예 빅변두와 노야기와 각 혼 되룰 믈 엿 되예 글혀
         (霍亂 藊豆 香薷各一升以水六升煮) <救간二 60a>
        b. 霍亂 : 도와리 <救간 目錄 2a>

   (57) c. 霍亂이 두외야(遂成霍亂) <救方上 31a>
        d. 일후미 乾霍亂이니(名乾霍亂) <救方上 33a>

<58> 돈 對 錢

고유어 '돈'과 한자어 '錢'이 [錢] 즉 '한 돈중'의 뜻을 가지고 동의 관계에 있다는 것은 다음 예문들에서 잘 확인된다. 원문 중 '每服三錢'이 '每服 세 돈'으로도 번역되고 '每服 三錢'으로도 번역된다. 그리고 '每服二錢'이 '혼 服애 두 돈'으로도 번역되고 '每服 二錢'으로도 번역된다. 따라서 '돈'과 '錢'의 동의성은 명백히 입증된다.

(58) a. 每服 세 돈애 믈 흔 盞 半ᄋ로(每服三錢水一盞半) <救方上 5b>

　　 b. 每服 세 돈에 믈 흔 大잔으로(每服三錢水一大盞) <救方上 13a>

　　 c. 每服 네 돈애 믈 흔 큰 盞으로(每服四錢水一大盞) <救方上 6a>

　　 d. 흔 服애 두 돈곰(每服二錢) <救方上 26b> <救方上 27b>

　　 e. ᄃᆞᄉᆞᆫ 수레 흔 돈만 프러 머그면(以溫酒調下一錢) <救간二 92b>

　　 f. 술윗 바회예 무든 ᄒᆞᆰ 닷 돈을(車輪上五錢) <救간一 36b>

(58) g. 每服 三錢에 믈 두 盞과(每服三錢水二盞)

　　　 <救方上 14a>

　　 h. 每服 (15b) 二錢을 井花水예 프러 브스라(每服二錢井水調服灌之)

　　　 <救方上 16a>

　　 i. 每服 一錢을(每服一錢) <救方上 13b>

<59> 돌아혹 對 冬葵

　고유어 '돌아혹'과 한자어 '冬葵'가 [冬葵] 즉 '野生 아욱, 동규'의 뜻을 가지고 동의 관계에 있다는 것은 다음 예문들에서 잘 확인된다. 원문 중 '冬葵根'이 '돌아혹 불휘'로도 번역되고 '冬葵根'으로도 번역된다. 그리고 '冬葵子'가 '돌아혹 삐'로 번역되고 '冬葵子'의 자석이 '돌아혹 삐'이다. 따라서 '돌아혹'과 '冬葵'의 동의성은 명백히 입증된다.

(59) a. 늘 돌아혹 불휘 두 근을 시서(生冬葵根洗二斤) <救간七 11a>

　　 b. 늘 돌아혹 불휘를 조히 시서(生冬葵根淨洗) <救간三 62b>

　　 c. 돌아혹 삐 글힌 믈도 됴ᄒᆞ리라(冬葵根煮汁亦可) <救간六 19b>

　　 d. 돌아혹 삐를 ᄀᆞᄅᆞᆯ 밍ᄀᆞ라(冬葵子爲末) <救간三 59a>

　　 e. 돌아(10b)혹 삐 두 량 잢간 봇그니와(冬葵子二兩微炒) <救간七 11a>

(59) f. 冬葵根 글흔 汁도 ᄯᅩ ᄒᆞ리라(冬葵根煮汁亦可) <救方上 53a>

　　 g. 冬葵根 : 돌아혹 불휘 <救간七 11a> <救간六 19a>

　　 h. 生冬葵根 : 늘돌아혹 불휘 <救간三 62b>

i. 冬葵子 : 돌아혹 삐 <救간三 59a> <救간七 10b>

<60> 동화 對 冬瓜

고유어 '동화'와 한자어 '冬瓜'가 [冬瓜] 즉 '동아, 동과'의 뜻을 가지고 동의 관계에 있다는 것은 다음 예문들에서 잘 확인된다. 원문 중 '冬瓜子煎湯'이 '동화 삐 글힌 믈'로도 번역되고 '冬瓜 삐 글흔 믈'로도 번역된다. 그리고 '冬瓜皮'가 '동홧 거플'로 번역되고 '冬瓜皮'의 자석이 '동홧 거플'이다. 따라서 '동화'와 '冬瓜'의 동의성은 명백히 입증된다.

(60) a. 동화 삐 글힌 므레 프러 머기라(冬瓜子煎湯調下) <救간一 39b>

　　　 b. 동화 삐 두 량과를 디허(冬瓜子擣) <救간三 77b>

　　　 c. 동홧 거플 ᄀ라 똔 즙에(冬瓜皮硏取汁) <救간七 72b>

　　　 d. 동화를 머리 버히고(取冬瓜截去頭) <救간三 44a>

(60) e. 冬瓜 삐 글흔 므레 프러 머기라(冬瓜子煎湯調下) <救方上 13b>

　　　 f. 므른 마늘 달힌 汁과 冬瓜汁과를 머그면(煮乾蒜汁 冬瓜汁右服之) <救方下 58a>

　　　 g. 冬瓜子煎湯: 동화 삐 글힌 믈 <救간一 39a>

　　　 h. 冬瓜子 : 동화 삐 <救간三 77b>

　　　 i. 冬瓜皮 : 동홧 거플 <救간 七 72b>

<61> 되 對 盞

고유어 '되'와 한자어 '盞'이 [盞] 즉 '잔'의 뜻을 가지고 동의 관계에 있다는 것은 다음 예문들에서 잘 확인된다. 원문 중 '三大盞'이 '큰 서 되'로도 번역되고 '세 큰 盞'으로도 번역된다. 그리고 '淸蜜二盞'이 '뿔 두 되'로도 번역되고 '淸蜜 두 잔'으로도 번역된다. 따라서 '되'와 '盞'의 동의성은 명백히 입증된다.

(61) a. 믈 큰 서 되예 달혀(以水三大盞煎) <救간二 55b>

　　　 b. 믈 흔 되 닷 홉과(水一盞半) <救간一 2b>

c. 흔 되 반이어든(至一盞半) <救간二 55b>

d. 흔 되어든(至一盞) <救간七 43b>

e. 믈 두 큰 되예 달혀(以水二大盞煎) <救간二 27a>

f. 뿔 두 되룰 머그라(服淸蜜二盞) <救方六 20a>

(61) g. 믈 세 큰 盞애 글혀(以水三大盞煎) <救方上 35a>

h. 믈 흔 盞 半과(水一盞半) <救方上 1b>

i. 흔 盞 半애 니르거든(至一盞半) <救方上 35a>

j. 흔 자니 드외어든(至一盞) <救方下 84a>

k. 믈 두 큰 잔애 글혀(以水二大盞煎) <救方上 27a>

l. 淸蜜 두 잔올 머그라(服淸蜜二盞) <救方上 50b>

<62> 되야마늘 對 獨顆蒜

고유어 '되야마늘'과 한자어 '獨顆蒜'이 [獨顆蒜] 즉 '외톨 마늘'의 뜻을 가지고 동의 관계에 있다는 것은 다음 예문들에서 잘 확인된다. 원문 중 '獨顆蒜一枚'가 '되야마늘 흔 낮'으로 번역되고 '獨顆蒜'의 자석이 '되야마늘'이다. 따라서 '되야마늘'과 '獨顆蒜'의 동의성은 명백히 입증된다.

(62) a. 되야마늘 흔 나출 두 녁 그틀 갓가 ᄇ료듸(獨顆蒜一枚削去兩頭) <救간二 69b>

b. 되야마늘 엷게 버혀(獨顆蒜薄切) <救간六 57a>

c. 되야마늘 흔 낫과(獨顆大蒜一枚) <救간三 84a>

d. 되야마ᄂ룰 두 녁 머리 버혀 ᄇ리고(用獨頭蒜切去兩頭) <救간三 47b>

e. 되야(4a)마ᄂ리 ᄀ장 됴ᄒ니라(獨顆者最良) <救간六 4b>

(62) f. 獨顆蒜 : 되야마늘 <救간二 69a>

g. 獨顆大蒜 : 되야마늘 <救간三 84a>

h. 獨頭蒜 : 되야마늘 <救간三 46a>

i. 獨顆者 : 되야마늘 <救간六 4a>

그리고 '獨顆蒜'이 『구급방언해』에서 '흔 알힌 마늘'로 번역된다는 것은 다음 예문 들에서 잘 확인된다.

(62) j. 흔 알힌 마ᄂᆞᆯ 열이 버혀(取獨顆蒜薄切) <救方下 75a>

<63> 되야마늘 對 獨蒜

고유어 '되야마늘'과 한자어 '獨蒜'이 [獨蒜] 즉 '외톨 마늘'의 뜻을 가지고 동의 관계에 있다는 것은 다음 예문들에서 잘 확인된다. 원문 중 '獨蒜一箇'가 '되야마늘 흔 낯'으로 번역되고 '獨蒜'의 자석이 '되야마늘'이다. 따라서 '되야마늘'과 '獨蒜'의 동의 성은 명백히 입증된다.

(63) a. 되야마늘 흔 나출 찻 글이 ᄀᆞ라(獨蒜一箇末茶搵) <救간三 12a>
    b. 되야마늘 흔 낫과룰(獨蒜一顆) <救간三 63b>

(63) c. 獨蒜 : 되야마늘 <救간三 11b> <救간三 63a>

그리고 '小蒜'이 『구급방언해』에서 '되야마늘'로 번역된다는 것은 다음 예문들에 서 잘 확인된다.

(63) d. 되야마늘 먹고 汁과 줌의와룰 우희 브티라(服小蒜汁滓傅上) <救方下 81a>

<64> 두야머주저기 對 南星

고유어 '두야머주저기'와 한자어 '南星'이 [南星] 즉 '두여머조자기'의 뜻을 가지고 동의 관계에 있다는 것은 다음 예문들에서 잘 확인된다. 원문 중 '南星細辛末'이 '두 야머주저기와 셰신 ᄀᆞ르'로도 번역되고 '南星과 細辛ㅅ ᄀᆞ르'로도 번역된다. 따라서 '두야머주저기'와 '南星'의 동의성은 명백히 입증된다.

(64) a. 두야머주저기와 셰신 ᄀᆞᆯ을 무텨(點南星細辛末) <救간一 3a>

　　　b. 셰신이어나 두야머주저기어나 ᄭᅴ모로비어나 ᄀᆞᆯ을 ᄆᆡᆼ ᄀᆞ라

　　　(細辛或生南星半夏爲末) <救간一 2b>

　　　c. 빼혀 잇든 두야머주저기를 도로 마초아(以剜下南星片掩了) <救간三 50b>

(64) d. 南星과 細辛ㅅ ᄀᆞᆯ을 무텨(點南星細辛末) <救方上 2a>

　　　e. 細辛이나 生南星이나 半夏를 ᄀᆞᄅ 밍ᄀᆞ라(細辛或生南星半夏爲末) <救方上 2a>

<65> 두터비 對 蝦蟆

　고유어 '두터비'와 한자어 '蝦蟆'가 [蝦蟆] 즉 '두꺼비'의 뜻을 가지고 동의 관계에 있다는 것은 다음 예문들에서 잘 확인된다. 원문 중 '蝦蟆灰'가 '두터비 ᄉᆞ론 지'로 번역되고 '蝦蟆'의 자석이 '두터비'이다. 따라서 '두터비'와 '蝦蟆'의 동의성은 명백히 입증된다.

(65) a. 두터비 ᄉᆞ론 지를 粥 므레 머그라(蝦蟇灰粥飮服之) <救方下 67b>

　　　b. 두터비 ᄉᆞ론 지를 쥭 므레 머그라(蝦蟆灰粥飮服之) <救간六 36a>

　　　c. 두터비 ᄒᆞ나홀 ᄉᆞ라(蝦蟆一個燒) <救간一 111a>

　　　d. 두터비 ᄒᆞᆫ 낫(蝦蟆一枚) <救간七 74a>

(65) e. 蝦蟆灰 : 두디비 ᄉᆞ론 지 <救간六 36a>

　　　f. 蝦蟆 : 두터비 <救간一 111a> <救간七 74a>

<66> 뒤조치 對 胎衣

　고유어 '뒤조치'와 한자어 '胎衣'가 [胎衣]와 [胞衣] 즉 '胎의 껍질, 태아를 싸고 있는 막과 태반'의 뜻을 가지고 동의 관계에 있다는 것은 다음 예문들에서 잘 확인된다. 원문 중 '胎衣不下'가 '뒤조치 나디 아니ᄒᆞ다'로도 번역되고 '胎衣 ᄂᆞ리디 아니ᄒᆞ다'로도 번역된다. '胎衣逆上'이 '뒤조치 거스리 오ᄅᆞ다'로도 번역되고 '胎衣 거스리 오ᄅᆞ다'로도 번역된다. 그리고 '胞衣不出'이 '胎衣 나디 아니ᄒᆞ다'로 번역되고 '胞衣不

下'의 자석이 '뒤조치 몯 낟ᄂ니'이다. 따라서 '뒤조치'와 '胎衣'의 동의성은 명백히 입증된다.

  (66) a. 뒤조치 나디 아니커나(或胎衣不下) <救간七 27b>
    b. 뒤조치 즉재 나(48b)리니(胎衣立下) <救간七 49a>
    c. 뒤조치 거스리 올아 가ᄉ매 다와뎌(胎衣逆上衝心) <救간七 48a>
    d. 胞衣不下 : 뒤조치 몯 낟ᄂ니 <救간七 47b>

  (66) e. 胎衣 ᄂ리디 아니커나(或胎衣不下) <救方下 87a>
    f. 胎衣 ᄂ리다 아니ᄒ거든(胎衣不下) <救方下 92a>
    g. 胎衣 즉재 ᄂ리ᄂ니(胎衣立下) <救方下 88a>
    h. 胎衣 거스리 올아 ᄆᅀᆞ매 다와티ᄂ니(胎衣逆上衝心) <救方下 88a>
    i. 胎衣 나디 아니ᄒ야(胞衣不出) <救方下 90b>
    j. 胎衣 나디 아니커든(胞衣不出) <救方下 92b>

<68> 드렁허리 對 鱓魚

 고유어 '드렁허리'와 한자어 '鱓魚'가 [鱓魚] 즉 '두렁허리'의 뜻을 가지고 동의 관계에 있다는 것은 다음 예문들에서 잘 확인된다. 원문 중 '鱓魚皮燒'가 '드렁허리 가출 슬다'로 번역되고 '鱓魚'의 자석이 '드렁허리'이다. 따라서 '드렁허리'와 '鱓魚'의 동의성은 명백히 입증된다.

  (67) a. 드렁허리 가출 ᄉ라 지ᄅᆞᆯ 디허(鱓魚皮燒灰擣) <救간七 74b>
    b. 鱓魚 : 드렁허리 <救간七 74b>

<68> 디새 對 瓦子

 고유어 '디새'와 한자어 '瓦子'가 [瓦子]와 [瓦] 즉 '기와'의 뜻을 가지고 동의 관계에 있다는 것은 다음 예문들에서 잘 확인된다. 원문 중 '熱瓦子'가 '더운 디새'로 번역되고 '熱瓦子'의 자석이 '더운 디새'이다. 그리고 '屋上熱瓦'가 '집 우횟 더운 디새'로

번역되고 '屋上瓦'의 자석이 '집 우횟 더운 디새'이다. 따라서 '디새'와 '瓦子'의 동의
성은 명백히 입증된다.

(68) a. 더운 디새로 눌러 울호딕(用熱瓦子熨) <救간一 22a>

　　　b. 집 우횟 南녁 マ샛 디새롤 덥게 ㅎ야(屋上南畔瓦熱) <救方上 10b>

　　　c. 집 우횟 더운 디새로 가슴 아래 울ㅎ라(取屋上熱瓦熨心下) <救간一 37a>

　　　d. 회홧고즐 디새 우희 고스게 봇가(槐花瓦上炒令香) <救간二 88a>

(68) e. 熱瓦子 : 더운 디새 <救간一 21b>

　　　f. 屋上熱瓦 : 집 우횟 더운 디새 <救간一 37a>

<69> ᄃ래 對 獼猴桃

고유어 'ᄃ래'와 한자어 '獼猴桃'가 [獼猴桃] 즉 '다래'의 뜻을 가지고 동의 관계에
있다는 것은 다음 예문들에서 잘 확인된다. 원문 중 '獼猴桃'가 'ᄃ래'로 번역되고 '獼
猴桃'의 자석이 'ᄃ래'이다. 따라서 'ᄃ래'와 '獼猴桃'의 동의성은 명백히 입증된다.

(69) a. ᄃ래룰 너출 조쳐 즛디허 뿐 즙을 머그라(獼猴桃幷藤汁服) <救간三 109b>
　　　b. 獼猴桃 : ᄃ래 <救간三 109b>

<70> 들팡이 對 蝸牛

고유어 '들팡이'와 한자어 '蝸牛'가 [蝸牛] 즉 '달팽이'의 뜻을 가지고 동의 관계에
있다는 것은 다음 예문들에서 잘 확인된다. 원문 중 '蝸牛捼'가 '들팡이룰 소ᄂ로 누
르다'로 번역되고 '蝸牛'의 자석이 '들팡이'이다. 따라서 '들팡이'와 '蝸牛'의 동의성은
명백히 입증된다.

(70) a. 들팡이룰 소ᄂ로 눌러 므를 ᄧᅡ(蝸牛捼取汁) <救간六 60a>
　　　b. 들팡이와 マ는 밄マ르와롤 マ라(用蝸牛飛麪研) <救간三 9b>

(70) c. 蝸牛 : 둘팡이 <救간六 60a> <救간三 9a>

<71> 딕골 對 骨髓

　고유어 ‘딕골’와 한자어 ‘骨髓’가 [腦] 즉 ‘뇌, 머리통’의 뜻을 가지고 동의 관계에 있다는 것은 다음 예문들에서 잘 확인된다. 원문 중 ‘髑髏骨’이 ‘주근 사ᄅᆞ미 머릿 딕골’로 번역되고 ‘取腦’가 ‘骨髓를 내다’로 번역된다. 그리고 ‘腦’의 자석이 ‘골슈’이다. 따라서 ‘딕골’과 ‘骨髓’의 동의성은 명백히 입증된다. [腦]의 뜻을 가진 ‘딕골’은『南明集諺解』(1482)의 ‘온 즘싱이 듣고 딕고리 다 ᄧᅥ려디ᄂᆞ니(百獸ㅣ 聞之코 皆腦裂ᄒᆞᄂᆞ니) <上 47b>’에서 발견된다.

(71) a. 주근 사ᄅᆞ미 머릿 딕고를 지 두(44b)외에 ᄉᆞ라(以髑髏骨燒灰) <救간六 45a>
　　　b. 髑髏骨 : 사ᄅᆞ미 머릿 딕골 <救간六 44b>

(71) c. 믄 가히를 주겨 骨(67b)髓를 내야 브티면(殺所咬犬取腦傅之) <救方下 68a>
　　　d. 쥐 머릿 骨髓ㅣ ᄯᅩ 됴ᄒᆞ니라(鼠腦亦得) <救方下 5a>
　　　e. 톳긔 머릿 骨髓를 내야(兎腦髓取) <救方上 6b>
　　　f. 믄 가히를 주겨 머리옛 골슈 내야 브ᄅᆞ면(殺所咬犬取腦傅之) <救간六 40a>
　　　g. 쥐 간과 머리옛 골슈를(22a) 브ᄅᆞ면 절로 나리라(鼠肝及腦塗之自出)
　　　　 <救간六 22b>
　　　h. 흰 둘기 며늘톱과 머릿 골슈 ᄉᆞ론 지를 수레 프러 머그라
　　　　(白雞距及腦燒灰酒服之) <救간七 30b>
　　　i. 腦 : 골슈 <救간六 22a>
　　　j. 白雞距及腦 : 흰 ᄃᆞᆰ의 며늘톱과 머릿 골슈 <救간七 30b>

<72> 로새 對 碙砂

　고유어 ‘로새’와 한자어 ‘碙砂’가 [碙砂] 즉 ‘요사’의 뜻을 가지고 동의 관계에 있다는 것은 다음 예문들에서 잘 확인된다. 원문 중 ‘碙砂 馬牙硝’가 ‘로새와 마아쇼’로도 번역되고 ‘碙砂와 馬牙硝’로도 번역된다. 그리고 ‘碙砂半錢’이 ‘로새 반 돈’으로도 번

역되고 '硇砂 半 돈'으로도 번역된다. 따라서 '로새'와 '硇砂'의 동의성은 명백히 입증된다.

    (72) a. 로새와 마아쇼와롤 궁게 눈화(硇砂 馬牙硝等分) <救간二 75b>

        b. 로새 반 돈을 소오매 빠(硇砂半錢以縣裹) <救간二 64a>

        c. 硇砂 : 로새 <救간二 75b> <救간二 64a>

    (72) d. 硇砂와 馬牙硝와 等分ᄒ야(硇砂 馬牙硝等分) <救方上 45b>

        e. 硇砂 半 돈을 이베 시버(以硇砂半錢口中咀嚼) <救方上 49b>

        f. 망사 반 돈을 이베 시버(硇砂半錢口中咀嚼) <救간六 7a>

        g. 硇砂롤 굴오(硇砂研) <救方上 57b>

<73> 마늘 對 大蒜

고유어 '마늘'과 한자어 '大蒜'이 [大蒜] 즉 '마늘'의 뜻을 가지고 동의 관계에 있다는 것은 다음 예문들에서 잘 확인된다. 원문 중 '道上熱土 大蒜'이 '길헷 더운 흙과 마늘'로 번역되고 '大蒜'의 자석이 '마늘'이다. 그리고 '削大蒜'이 '마ᄂᆞ롤 갔다'로 번역되고 '大蒜'의 자석이 '마늘'이다. 따라서 '마늘'과 '大蒜'의 동의성은 명백히 입증된다.

    (73) a. 길헷 너운 흙과 마늘외롤 궁게 눈화(道卜熱十 大蒜略等) <救간一 33a>

        b. 마늘 큰 흔 알홀 십고(嚼大蒜一大辦) <救간一 35b>

        c. 마ᄂᆞ롤 밧바당애 쎄븨여(大蒜磨脚心) <救간二 62b>

        d. 마ᄂᆞ롤 갓가 고해 녀흐라(削大蒜內鼻) <救간二 83b>

    (73) e. 大蒜 : 마늘 <救간一 32b> <救간一 35b> <救간二 62b> <救간二 83b>

<74> 만두라미 對 雞冠花

고유어 '만두라미'와 한자어 '雞冠花'가 [雞冠花] 즉 '맨드라미'의 뜻을 가지고 동의 관계에 있다는 것은 다음 예문들에서 잘 확인된다. 원문 중 '雞冠花子'가 '만두라미 삐'로 번역되고 '雞冠花子'의 자석이 '만두라미 삐'이다. 따라서 '만두라미'와 '雞冠花'의 동의성은 명백히 입증된다.

   (74) a. 만두라미 삐를 그라(雞冠花子爲末) <救간二 110a>
        b. 雞冠花子 : 만두라미 삐 <救간二 110a>

고유어 '흰 만두라미'와 한자어 '靑箱草'가 [靑箱草] 즉 '흰 맨드라미'의 뜻을 가지고 동의 관계에 있다는 것은 다음 예문들에서 잘 확인된다. 원문 중 '靑箱草…細剉'가 '흰 만두라미를 그느리 사흘다'로 번역되고 '靑箱草'의 자석이 '흰 만두라미'이다. 따라서 '흰 만두라미'와 '靑箱草'의 동의성은 명백히 입증된다.

   (74) c. 흰 만두라미를 하나 져그(95b)나 그느리 사흐라(靑箱草不限多少細剉)
        <救간二 96a>
        d. 靑箱草 : 흰 만두라미 <救간二 96b>

<75> 머귀 對 梧桐

고유어 '머귀'와 한자어 '梧桐'이 [梧桐]과 [梧] 그릭고 [桐] 즉 '머귀나무, 梧桐'의 뜻을 가지고 동의 관계에 있다는 것은 다음 예문들에서 잘 확인된다. 원문 중 '梧桐子'가 '머귀 여름'으로도 번역되고 '梧桐子'로도 번역된다. '梧子'가 '머귀 여름'으로도 번역되고 '梧桐子'로도 번역된다. 그리고 '桐子'가 '머귀 여름'으로도 번역되고 '梧桐子'로도 번역된다. 따라서 '머귀'와 '梧桐'의 동의성은 명백히 입증된다.

   (75) a. 달힌 뿌레 그라 머귀 여름만 케 비븨여(煉蜜和丸如梧桐子大) <救간七 12a>
        <救간 七 13a>
        b. 환 지소딕 머귀 여름만 케 ᄒ야(爲丸如梧桐子大) <救간七 48b>

　　c. 뿔로 머귀 여름마곰 환 딩ᄀ라(蜜爲圓如梧桐子大) <救간一 96a>

　　d. 뿌레 ᄆ라 머귀 여름만 케 비븨여(蜜丸梧子大) <救간二 120a>

　　e. 골 딩ᄀ라 머귀 여름만 케 비븨여(爲膏如桐子大) <救간二 116a>

(75) f. 煉혼 뿔로 梧桐子만 케 丸 딩ᄀ라(煉蜜丸如梧桐子大) <救方上 58a>

　　g. 丸 딩ᄀ로ᄃᆡ 梧桐子만 ᄒ야(爲丸如梧桐子大) <救方下 88a>

　　h. 뿔로 梧桐子만케 丸 딩ᄀ라(蜜丸梧子大) <救方上 67a>

　　i. 골 딩ᄀ라 梧桐子만 케 ᄒ야(爲膏如桐子大) <救方上 62b>

<76> 먹 對 墨

　　고유어 '먹'과 한자어 '墨'이 [墨] 즉 '먹'의 뜻을 가지고 동의 관계에 있다는 것은 다음 예문들에서 잘 확인된다. 원문 중 '好墨'이 '됴혼 먹'으로도 번역되고 '됴혼 墨'으로도 번역된다. 그리고 '香墨'이 '됴혼 먹'으로 번역되고 '香墨'의 자석이 '됴혼 먹'이다. 따라서 '먹'과 '墨'의 동의성은 명백히 입증된다.

(76) a. 됴혼 먹을 므르 ᄀ라(濃硏好墨) <救간二 102b>

　　b. 됴혼 먹을 ᄀ라 엔두루 ᄇᄅ면(仍磨好墨圍塗) <救간三 30a>

　　c. 셔류황 ᄒ 량 반과 됴혼 먹 ᄒ 량 반과ᄅᆯ ᄒᆞᄃᆡ 분 ᄀ티 ᄀ라

　　　(硫黃一兩半香墨一兩半同硏如粉) <救간六 87a>

　　d. 먹 세 츤만 ᄀ라(墨三寸爲末) <救간七 55a>

(76) e. 됴혼 墨을 두터이 ᄀ라(濃硏好墨) <救方上 64a>

　　f. 好墨 : 됴혼 먹 <救간三 29b>

　　g. 香墨 : 됴혼 먹 <救간六 87a>

<77> 멍덕딸기 對 覆盆子

　　고유어 '멍덕딸기'와 한자어 '覆盆子'가 [覆盆子] 즉 '멍석딸기, 복분자'의 뜻을 가지고 동의 관계에 있다는 것은 다음 예문들에서 잘 확인된다. 원문 중 '覆盆子根'이

‘멍덕딸깃 불휘’로도 번역되고 ‘覆盆子ㅅ 불휘’로도 번역된다. 따라서 ‘멍덕딸기’와 ‘覆盆子’의 동의성은 명백히 입증된다.

> (77) a. 멍덕딸깃 불휘를 조히 시서(覆盆子根取淨洗) <救간六 12a>
>   b. 覆盆子根 : 멍덕딸기 불휘 <救간六 12a>

> (77) c. 覆盆子ㅅ 불휘를 조히 시서(用覆盆子根取淨洗) <救方上 52a>

<79> 명마기 對 胡鷰/胡燕

고유어 ‘명마기’와 한자어 ‘胡鷰/胡燕’이 [胡鷰] 즉 ‘명매기, 칼새, 호연’의 뜻을 가지고 동의 관계에 있다는 것은 다음 예문들에서 잘 확인된다. 원문 중 ‘胡鷰屎’가 ‘명마기 똥’으로 번역되고 ‘胡鷰屎’의 자석이 ‘명마기 똥’이다. 그리고 ‘胡燕窠’가 ‘명마기 집’으로 번역되고 ‘胡燕窠’의 자석이 ‘명마기 집’이다. 따라서 ‘명마기’와 ‘胡鷰/胡燕’의 동의성은 명백히 입증된다.

> (78) a. 명마긔 똥올 뿌레 무라(胡鷰屎蜜和) <救方上 70a>
>   b. 뿌레 명마기 똥올 무라(蜜和胡鷰屎)<救간三 68a>
>   c. 명마기 집과 쥐 몃 낸 흙과를 골게 눈화(胡燕窠鼠坌土各等分) <救간三 25b>

> (78) d. 胡鷰屎 : 명마기 똥 <救간三 68a>
>   e. 胡燕窠 : 명마기 집 <救간三 25a>

<79> 모과 對 木瓜

고유어 ‘모과’와 한자어 ‘木瓜’가 [木瓜] 즉 ‘모과’의 뜻을 가지고 동의 관계에 있다는 것은 다음 예문들에서 잘 확인된다. 원문 중 ‘煎木瓜湯’이 ‘모과 달힌 믈’로 번역되고 ‘煎木瓜湯’의 자석이 ‘모과 달힌 믈’이다. 따라서 ‘모과’와 ‘木瓜’의 동의성은 명백히 입증된다.

(79) a. 모과 달힌 므레 프러 머그라(煎木瓜湯調下) <救간二 56b>

    b. 煎木瓜湯 : 모과 달힌 믈 <救간二 56a>

<80> 뫼 對 山

고유어 '뫼'와 한자어 '山'이 [山] 즉 '메, 山'의 뜻을 가지고 동의 관계에 있다는 것은 다음 예문들에서 잘 확인된다. 원문 중 '山谷閒'이 '묏 곬 스싀'로 번역되고 '山中樹菌'이 '山中엣 남긧 버슷'으로 번역된다. 따라서 '뫼'와 '山'의 동의성은 명백히 입증된다.

(80) a. 묏 곬 스싀예 여러 가짓 거시 해 나느니(山谷閒多生種類不同) <救方下 48a>

    b. 山中엣 남긧 버스세 毒 마즈닐 고튜딕(治山中樹菌中毒) <救方下 47b>

<81> 믈 對 汁

고유어 '믈'과 한자어 '汁'이 [汁] 즉 '즙'의 뜻을 가지고 동의 관계에 있다는 것은 다음 예문들에서 잘 확인된다. 원문 중 '煮汁'이 '술믄 믈'로도 번역되고 '글휸 汁'으로도 번역된다. 그리고 '取汁'이 '므를 뿌다'로도 번역되고 '汁을 取ᄒᆞ다'로도 번역된다. 따라서 '믈'과 '汁'의 동의성은 명백히 입증된다.

(81) a. 블근 ᄑᆞᆺ 半 되 술믄 므를 덥게 ᄒᆞ야(赤小豆半升煮汁熱) <救方上 6b>

    b. 돌아혹 ᄲᅵ 글힌 믈도 됴ᄒᆞ리라(冬葵根煮汁亦可) <救간六 19b>

    c. 들팡이를 소ᄂᆞ로 눌러 므를 ᄧᅡ(蝸牛捺取汁) <救간六 60a>

    d. 됫고마리를 부븨여 므를 ᄧᅡ(蒼耳挼取汁) <救간六 65a>

    e. 짓믈로 시스라(以灰汁洗之) <救方下 8b>

    f. 족 닙 ᄀᆞ론 므를 이베 브스면(藍靑汁灌之) <救간一 62a>

    g. 숭연먹 ᄀᆞ론 므를 머그면(松烟墨汁服之) <救간二 108b>

    h. 쳔황련 달힌 므를 어미를 머기라(川黃連煎汁令母呷之) <救간七 18b>

(81) i. 冬葵根 글횬 汁도 또 ᄒ리라(冬葵根煮汁亦可) <救方上 53a>

　　　j. 汁을 取ᄒ야(取汁) <救方上 25b>

　　　k. 둘팡이ᄅᆞᆯ 눌러 汁 내야(取蝸牛捼取汁) <救方下 77a>

　　　l. 括蔞ᄅᆞᆯ 汁 아싸(括蔞取汁) <救方下 5a>

　　　m. 生뵈로 汁을 ᄧᅡ(以生布絞汁) <救方上 3a>

　　　n. 반ᄃ기 汁이 나리니(當有汁出) <救方上 84a>

　　　o. 불휫 흰 거쥣 汁은(根白皮汁) <救方下 75a>

　　　p. 족을 ᄀᆞ라 즈블 取ᄒ야 브ᄉ라(以藍研取汁灌之) <救方上 79a>

　　　q. 빈나못 닙 글힌 즙을 머그라(梨葉煮汁服) <救간二 55b>

　　　r. 료화 디투 글힌 즙 서 되ᄅᆞᆯ 머그면(濃煮蓼取汁三升飮之) <救간一 34a>

　　　s. ᄃᆞᄉᆞᆫ 즙을 머기면(取汁溫服) <救간七 49a>

<82> 미긔치 對 烏賊魚骨

　고유어 '미긔치'와 한자어 '烏賊魚骨'이 '오징어 뼈'의 뜻을 가지고 동의 관계에 있
다는 것은 다음 예문들에서 잘 확인된다. 원문 중 '烏賊魚骨搗'가 '미긔치ᄅᆞᆯ 딯다'와
'烏賊魚 ᄲᅧ를 딯다'로 번역되고 '烏賊魚骨'의 자석이 '미긔치'이다. 따라서 '미긔치'와
'烏賊魚骨'의 동의성은 명백히 입증된다.

(82) a. 미긔치ᄅᆞᆯ 디허 ᄀᆞᄂᆞᆯ에 처(烏賊魚骨搗細羅) <救간三 113b>

　　　b. 미긔치 거플 아ᄉᆞ니 ᄒᆞᆫ 량과(烏賊魚骨去皮甲一兩) <救간七 58a>

　　　c. 미긔치와 부들마치 우흿 누른 ᄀᆞᄅᆞ와ᄅᆞᆯ(89b) ᄀᆞᆮ게 ᄂᆞ화 디허 처
　　　　(烏賊魚骨 蒲黃等分搗羅) <救간二 90a>

(82) d. 烏賊魚 ᄲᅧ를 디허 ᄀᆞᄂᆞ리 처(烏賊魚骨搗細羅) <救方上 64a>

　　　e. 烏賊魚骨：미긔치 <救간三 113b> <救간七 58a> <救간二 89b>

<83> 밀 對 蠟

고유어 '밀'과 한자어 '蠟'이 [蠟] 즉 '밀, 밀랍(蜜蠟), 꿀벌의 집을 끓여서 짜낸 기름'의 뜻을 가지고 동의 관계에 있다는 것은 다음 예문들에서 잘 확인된다. 원문 중 '消蠟'이 '미를 노기다'로 번역되고 '蠟'의 자석이 '밀'이다. 그리고 '加黃蠟'이 '누른 미를 조쳐 넣다'로 번역되고 '蠟'의 자석이 '밀'이다. 따라서 '밀'과 '蠟'의 동의성은 명백히 입증된다.

(83) a. 미를 노겨 므레 프러 브티라(消蠟和水傅之) <救方上 79b> <救간三 10b>

　　　b. 소틱 밀 반 량 노기고(於鐺中鎔蠟半兩) <救간二 12a>

　　　c. 브레 미를 노겨 믈인 굼긔 브스라(火炙蠟以灌瘡中) <救간六 43a>

　　　d. 밀 탄ᄌ만치 흔 나츨 수레 녀허(以蠟如彈丸一枚置酒) <救간二 57b>

　　　e. 누른 미를 져기 조쳐 녀흐라(加黃蠟少許) <救간三 45b>

　　　f. 밀 드린 조히 우희 ᄇᆞ라(塗於蠟紙上) <救간二 45a>

　　　g. 밀옷 업거든(無蠟) <救간二 57b>

(83) h. 蠟 : 밀 <救간三 10b> <救간二 11b> <救간六 43a> <救간二 57b> <救간三 45a>
　　　　<救간二 45a>

<84> 밀 對 小麥

고유어 '밀'과 한자어 '小麥'이 [小麥] 즉 '밀, 소맥'의 뜻을 가지고 동의 관계에 있다는 것은 다음 예문들에서 잘 확인된다. 원문 중 '小麥爛熟'이 '밀히 므르 닉다'로 번역되고 '小麥'의 자석이 '밀'이다. 따라서 '밀'과 '小麥'의 동의성은 명백히 입증된다.

(84) a. 밀흘 봇고딕(小麥炒) <救方下 12a>

　　　b. 밀흘 풋과 섯거(小麥合小豆) <救方下 92b>

　　　c. 밀 두 홉과를 믈 서 되예 달혀 밀히 므르 니글 만ᄒᆞ야

　　　　(小麥二合水三大盞煎候小麥爛熟) <救간二 80b>

　　　d. 밀흐로 밥 지어 머그라(用小麥作飯食之) <救간一 113a>

    e. 밀 두 닐굽 나출 머그라(小麥二七介呑之) <救간七 31a>

    f. 싱앙 반 량 사ᄒᆞ로니와 밀 두 홉과를 믈 흔 되 닷 홉애 달혀

       (小麥二合…生薑半兩切以水大盞半煎) <救간三 88a>

(84) g. 小麥 : 밀 <救간二 80a> <救간一 113a> <救간七 30b> <救간三 87b>

<85> 밋구무 對 항문

  고유어 '밋구무'와 한자어 '항문'(肛門)이 [肛門], [下部], [大孔] 및 [穀道] 즉 '항문'의 뜻을 가지고 동의 관계에 있다는 것은 다음 예문들에서 잘 확인된다. 원문 중 '吹肛門內'가 '항문 안해 부러 넣다'로 번역된다. '納下部中'이 '밋굼긔 넣다'로 번역되고 '納下部'가 '항문에 넣다'로 번역된다. '吹入下部中'이 '밋굼긔 부러 드리다'로 번역되고 '吹入…下部中'이 '항문에 부러 넣다'로 번역된다. '納大孔中'이 '밋굼긔 넣다'로 번역되고 '內大孔中'이 '항문애 넣다'로 번역된다. 그리고 '塞穀道'가 '밋굼글 막다'로 번역되고 '納穀道'가 '항문애 넣다'로 번역된다. 따라서 '밋구무'와 '항문'의 동의성은 명백히 입증된다.

(85) a. 밋굼긔 녀흐면(納下部中) <救方上 72b>

    b. 밋구무와 곳 굼긔 녀흐면(納於下部中及鼻中) <救方上 26b>

    c. 밋굼긔 부러 드(71b)리면(吹入下部中) <救方上 72a>

    d. 陰囊 아래 밋굼그로셔 흔 寸을 百壯 을 쓰라(灸陰囊下去下部一寸百壯)

      <救方上 40a>

    e. 밋굼긔 녀흐면 즉재 通ᄒᆞᄂᆞ니라(納大孔中卽通) <救方上 70a>

    f. 밋굼글 구디 막고(緊塞穀道) <救方上 78a>

(85) g. 항문 안해 흔 치만 부러 녀흐면(吹肛門內深寸) <救간三 68b>

    h. 항문에 녀흐면(納下部) <救간三 70b>

    i. 두 곳 구무와 항문에 부러 녀코(吹入兩鼻孔中及下部中) <救간一 45b>

    j. 대롱을 항문에 다히고(竹管吹下部) <救간一 46b>

    k. 항문을 ᄃᆞ므면 즉재 보리라(蘸下部卽通) <救간三 65b>

l. 음낭 아래 항문으로셔 흔 촌만 일빅 붓글 쓰라(灸陰囊下去下部一寸百壯)

  <救간— 55a>

m. 항문에 녀흐면 즉재 보리라(內大孔中卽通) <救간三 68a>

n. 항문에 녀코 불면(吹下孔中) <救간— 72b>

o. 항문애 녀코(納穀道) <救간— 66a>

<86> 밑 對 항문

고유어 '밑'과 한자어 '항문'(肛門)이 [糞門]과 [下部] 즉 '항문'의 뜻을 가지고 동의 관계에 있다는 것은 다음 예문들에서 잘 확인된다. 원문 중 '抵足糞門'이 '미틔 다완다'로 번역되고 '於…糞門內'가 '항문과애 다히다'로 번역된다. 그리고 '眼看下部'가 '미틀 보다'로 번역되고 '納下部'가 '항문에 넣다'로 번역된다. 따라서 '밑'과 '항문'의 동의성은 명백히 입증된다.

(86) a. 오수로 두터이 빠 미틔 다완고(厚裹衣抵足糞門) <救간— 59b>

    b. 오수로 바롤 빠 미틔 다와다(裹衣抵住糞門) <救간— 60a>

    c. 옷 밧고 미틀 보면 느리디 아니ᄒ면(解衣帶眼看下部不下) <救方上 52b>

    d. 옷과 씌와롤 밧고 미틀 보면 느리디 아니(3a)ᄒ야(解衣帶眼看下部不下)

      <救간六 3b>

(86) e. 내롱으로 입괴 귀와 고콰 빗복과 항문과애 다히고(用竹管各於口耳鼻臍糞門內)

      <救 간— 69b>

    f. 덩 지서 항문에 녀흐면(爲挺子於糞門內塞之) <救간三 80a>

    g. 항문에 녀흐면 즉재 보리라(納下部立通) <救간三 70b>

    h. 항문에 녀흐면 즉재 보리라(內下部立通) <救간三 71b>

    i. 항문에 녀흐면 즉재 보리라(內下部卽通) <救간三 73a>

    j. 두 곳 구무와 항문에 부러 녀코(吹入兩鼻孔中及下部中) <救간— 45b>

    k. 대롱을 항문에 다히고(竹管吹下部) <救간— 46b>

    l. 항문에 브스라(灌下部) <救간三 72a>

    m. 음낭 아래 항문으로셔 흔 촌만 일빅 붓글 쓰라(灸陰囊下去下部一寸百壯)

<救간一 55a>

<87> 믈물옺 對 慈菰

고유어 '믈물옺'과 한자어 '慈菰'가 [慈菰] 즉 '말무릇'의 뜻을 가지고 동의 관계에 있다는 것은 다음 예문들에서 잘 확인된다. 원문 중 '慈菰擣'가 '믈물오줄 딯다'로 번역되고 '慈菰搗'가 '慈菰를 딯다'로 번역된다. 따라서 '믈물옺'과 '慈菰'의 동의성은 명백히 입증된다.

    (87) a. 믈물오줄 디허(慈菰擣) <救간六 19a>

    (87) b. 慈菰룰 디허(用慈菰搗) <救方上 53a>
        c. 慈菰 : 믈물옺 <救간六 19a>

<88> 바늘 對 針

고유어 '바늘'과 한자어 '針'이 [針] 즉 '바늘,침'의 뜻을 가지고 동의 관계에 있다는 것은 다음 예문들에서 잘 확인된다. 원문 중 '呑針'이 '바늘 숨끼다'로 번역되고 '用針刺破'가 '針으로 헐다'로 번역된다. 그리고 '以針決'이 '바늘로 ᄣᆞ다'로도 번역되고 '침으로 ᄣᆞ다'로도 번역된다. 따라서 '바늘'과 '針'의 동의성은 명백히 입증된다.

    (88) a. 바늘 숨끼닐 고툐딕(治誤呑針) <救方上 50b>
        b. 바늘로 ᄣᅡ 아ᄉᆞᆯ디니라(以針決去之) <救方上 18a>
        c. 바ᄂᆞ리 제 나ᄂᆞ니라(針自出) <救方上 53b>
        d. 바늘 쇠 대나못 가시 슬해 드러(針鐵竹木刺入肉) <救方下 6b>
        e. 바ᄂᆞ를 몰라 숨쪄든(誤呑針) <救간六 13b>

    (88) f. 針으로 허러(用針刺破) <救方上 46b>
        g. 침으로 ᄣᅡ ᄇ리라(以針決去之) <救간一 47b>
        h. 침으로 머리를 ᄲᅵᆯ어(以針刺頭上) <救간一 21a>

    i. 침으로 뻘어(用針刺破) <救간二 76a>

    j. 서모난 침으로 뎡죵을 딜어(三稜針刺瘡) <救간三 18a>

<89> 반대좀 對 白魚

고유어 '반대좀'과 한자어 '白魚'가 [白魚] 즉 '반대좀, 白魚'의 뜻을 가지고 동의 관계에 있다는 것은 다음 예문들에서 잘 확인된다. '반대좀'은 '반대좀과에 속하는 곤충의 총칭'으로 책이나 옷을 해친다. 원문 중 '書中白魚'가 '冊앳 반대좀'으로 번역되고 '衣中白魚'가 '옷 ᄉᆞᅀᅵ옛 반대좀'으로 번역된다. 그리고 '衣中白魚'의 자석이 '옷 ᄉᆞᅀᅵ옛 반대좀'이다. 따라서 '반대좀'과 '白魚'의 동의성은 명백히 입증된다.

(89) a. 冊앳 반대조믈 졋 汁과 조쳐 ᄀᆞ라(用書中白魚以乳汁和硏) <救方下 38a>

    b. 옷 ᄉᆞ이예 잇ᄂᆞᆫ 반대좀을(取衣中白魚) <救간一 19b>

    c. 옷 소뱃 반대좀 두 닐굽 낫과(衣白魚二七枚) <救간六 93a>

(89) d. 衣中白魚 : 옷 ᄉᆞᅀᅵ옛 반대좀 <救간一 19b>

    e. 衣白魚 : 옷 소뱃 반대좀 <救간六 93a>

<90> 반쵸 對 芭蕉

고유어 '반쵸'와 한자어 '芭蕉'가 [芭蕉] 즉 '파초'의 뜻을 가지고 동의 관계에 있다는 것은 다음 예문들에서 잘 확인된다. 원문 중 '芭蕉根'이 '반촛 불휘'로도 번역되고 '芭蕉ㅅ 불휘'로도 번역된다. 따라서 '반쵸'와 '芭蕉'의 동의성은 명백히 입증된다.

(90) a. 반촛 불휘를 즛두드려 즙을 ᄧᅡ(芭蕉根取汁) <救간三 53b>

    b. 한렷 여름 ᄒᆞᆫ 량과 반촛 불휘 ᄒᆞᆫ(115a) 량과를 ᄀᆞᄂᆞᆯ에 사ᄒᆞ라

      (旱蓮子一兩芭蕉根一兩細剉) <救간三 115b>

    c. 반쵸 즛디허 ᄧᅩᆫ 즙을 잇다감 ᄒᆞᆫ두 머굼곰 숨끼라(芭蕉自然汁時時呷一兩口)

      <救간一 97b>

(90) d. 芭蕉ㅅ 불휘와 닙과를 ᄀ라(芭蕉根葉研) <救方下 50a>

    e. 芭蕉ㅅ 불휘와 生薑을 ᄀ티 눈화(芭蕉根 生姜等分) <救方下 21a>

    f. 芭蕉根 : 반춋 불휘 <救간三 53b> <救간三 115a>

    g. 芭蕉 : 반쵸 <救간一 97b>

<91> 밤 對 栗子

고유어 '밤'과 한자어 '栗子'가 [栗子] 즉 '밤'의 뜻을 가지고 동의 관계에 있다는 것은 다음 예문들에서 잘 확인된다. 원문 중 '嚼栗子'가 '바믈 십다'로 번역되고 '栗子'의 자석이 '밤'이다. 따라서 '밤'과 '栗子'의 동의성은 명백히 입증된다.

(91) a. 바믈 시버 ᄇᄅ면 즉재 됻ᄂ니라(嚼栗子塗之卽差) <救方下 63a>

    b. 밤을 시버 ᄇᄅ면 됴ᄒ니라(嚼栗子塗之良) <救간六 31a>

(91) c. 栗子 : 밤 <救간六 31a>

<92> 밥 對 음식

고유어 '밥'과 한자어 '음식'(飮食)이 [食] 즉 '밥, 음식'의 뜻을 가지고 동의 관계에 있다는 것은 다음 예문들에서 잘 확인된다. 원문 중 '下食'이 '바비 ᄂ리다'로도 번역되고 '음식이 ᄂ리다'로도 번역된다. 따라서 '밥'과 '음식'의 동의성은 명백히 입증된다.

(92) a. 바비 ᄂ리디 아니ᄒ야(不下食) <救간二 80b>

    b. 바비 ᄂ리디 아니커든(不下食) <救간二 80a> <救간二 84b>

(92) c. 음식이 ᄂ리디 몯거든(不下食) <救간二 68a>

    d. 음식을 ᄂ리오디 몯ᄒ거든(不下食) <救간一 106b>

<93> 번 對 服

고유어 '번'과 한자어 '服'이 [服] 즉 '번'의 뜻을 가지고 동의 관계에 있다는 것은 다음 예문들에서 잘 확인된다. 원문 중 '日三服'이 'ㅎㄹ 세 번'으로 번역되고 '分爲三服'이 '세 服애 ㄴ호다'로 번역된다. '作二服'이 '두 버네 먹다'로 번역되고 '過二服'이 '두 服애 넘다'로 번역된다. 그리고 '一服令盡'이 'ㅎ 버네 다 먹다'로 번역되고 '進一服'이 'ㅎ 服을 머기다'로 번역된다. 따라서 '번'과 '服'의 동의성은 명백히 입증된다.

    (93) a. ㅎㄹ 세 번곰 머그면(服日三服) <救方上 17b>

        b. 드시 ᄒ야 두 버네 머그라(溫作二服) <救方上 50b>

        c. ᄒ 버네 다 머구ᄃ(一服令盡) <救方下 34a>

        d. ᄌ싀 앗고 세 번째 ㄴ화(去滓分爲三服) <救간二 27a>

        e. 두 번 너무 먹디 아니ᄒ야셔(不過二服) <救간二 112a>

        f. 닛워 두서 번을 머그라(連進二三服) <救간二 112b>

        g. ㅎㄹ 세 번곰 머그라(飮日三服) <救간二 23a>

    (93) h. ᄌ의 앗고 세 服애 ㄴ화(去滓分爲三服) <救方上 27a>

        i. 두 服애 넘디 아니ᄒ야셔(不過二服) <救方上 59b>

        j. ᄒ 服을 머기고(進一服) <救方上 55a>

        k. 닛우 두서 服을 머기라(連進二三服) <救方上 60b>

        l. 세 복애 ㄴ화(分作二服) <救간一 53a>

        m. 대도히 사ᄒ라 두 복애 ㄴ화 밍ᄀ라(剉散分作二服) <救간一 2b>

        n. ᄌ조 두서 복을 누ᄃ록 머그라(頻進數服以通爲度) <救간三 86a>

<94> 보리 對 大麥

고유어 '보리'와 한자어 '大麥'이 [大麥] 즉 '보리'의 뜻을 가지고 동의 관계에 있다는 것은 다음 예문들에서 잘 확인된다. 원문 중 '大麥三兩'이 '보리 석 량'으로 번역되고 '大麥'의 자석이 '보리'이다. 따라서 '보리'와 '大麥'의 동의성은 명백히 입증된다.

(94) a. 보리 석 량올 믈 두 되예 달혀(大麥三兩以水二大盞煎) <救간三 102a>

   b. 보리 닉게 봇그니 아홉 량과 감초 눌 석 량과롤 흔듸 ᄀ라

     (大麥炒熟九兩甘草生用三兩同爲末) <救간三 35b>

   c. 보릿 굴올 드려(入大麥麪) <救간一 22b>

(94) d. 大麥 : 보리 <救간三 102a> <救간三 35a>

<95> 보ᅀᆞ 對 沙鉢

고유어 '보ᅀᆞ'와 한자어 '沙鉢'이 [碗]과 [椀] 즉 '주발'의 뜻을 가지고 동의 관계에 있다는 것은 다음 예문들에서 잘 확인된다. 원문 중 '酒一碗'이 '술 흔 보ᅀᆞ'로 번역되고 '數碗'이 '두ᅀᅥ 沙鉢'로 번역된다. 그리고 '水四椀'이 '믈 네 보ᅀᆞ'로도 번역되고 '믈 네 사발'로도 번역된다. 따라서 '보ᅀᆞ'와 '沙鉢'의 동의성은 명백히 입증된다.

(95) a. 술 흔 보ᅀᆞ애 글혀(酒一碗煎) <救方下 30b>

   b. 흔 보ᅀᆞ롤 다 머그라(頓服一碗) <救方上 37a>

   c. 보ᅀᆞ로 두퍼(用碗覆) <救方上 51b>

   d. 믉ᄀ 기름 흔 보ᅀᆞ롤 먹고(服淸油一碗) <救간六 32a>

   e. 믈 네 보ᅀᆞ애 흔 보ᅀᅴ 두외에 글혀 브ᅀ라(水四椀煎一椀灌服) <救方上 42a>

   f. 믈 두 보ᅀᆞ로 글혀(水二椀煎) <救方上 54b>

   g. 두 보ᅀᆞ롤 머그면 즉재 ᄂ리ᄂ니라(服二椀卽下) <救方下 89b>

(95) h. 샐리 두ᅀᅥ 沙鉢 올 머그면(速飮數碗) <救方下 21a>

   i. 사발로 두퍼(用碗覆) <救간六 12a>

   j. 믈 네 사발애 달혀 흔 사바리어든 이베 브ᅀ라(水四椀煎一椀灌服) <救간二 79a>

   k. 사탕믈 흔 사바롤 머그라(服糖水一椀) <救간六 31a>

   l. 탁쥬 네 사바래(白酒四椀) <救간三 29a>

   m. 봇ᄀ 소곰 두 사바롤 죠희예 ᄡ고(炒塩二椀紙包) <救간二 62b>

   n. 두 사바롤 머그면 즉재 나리라(服二椀卽下) <救간七 50b>

<96> 뵈ᄧᅡᆼ이 對 車前

고유어 '뵈ᄧᅡᆼ이'와 한자어 '車前'이 [車前] 즉 '질경이'의 뜻을 가지고 동의 관계에 있다는 것은 다음 예문들에서 잘 확인된다. 원문 중 '車前子末'이 '뵈ᄧᅡᆼ이 ᄡᅵ ᄀᆞ론 ᄀᆞᄅᆞ'로도 번역되고 '車前子ㅅ ᄀᆞᄅᆞ'로도 번역된다. '車前子…擣'가 '뵈ᄧᅡᆼ이 ᄡᅵ 딯다'로도 번역되고 '車前子 딯다'로도 번역된다. 그리고 '車前葉'이 '뵈ᄧᅡᆼ잇 닙'으로 번역되고 '車前葉'의 자석이 '뵈ᄧᅡᆼ잇 닙'이다. 따라서 '뵈ᄧᅡᆼ이'와 '車前'의 동의성은 명백히 입증된다.

(96) a. 뵈ᄧᅡᆼ이 ᄡᅵ ᄀᆞ론 ᄀᆞᄅᆞ와 쇠귀 안해 ᄢᅵ와ᄅᆞᆯ ᄀᆞᆮ게 ᄂᆞᆫ화(車前子末牛耳中垢等分) <救간 二 97b>

b. 뵈ᄧᅡᆼ이 ᄡᅵ ᄒᆞᆫ 량 디허(車前子一兩擣) <救간七 76b>

c. 뵈ᄧᅡᆼ이 ᄡᅵ도 ᄯᅩ 됴ᄒᆞ니(車前子亦好) <救간七 43b>

d. 뵈ᄧᅡᆼ이 ᄡᅵᄅᆞᆯ ᄀᆞ라(車前子末) <救간三 79b>

e. 뵈ᄧᅡᆼ잇 닙 ᄒᆞᆫ 줌을 즛ᄀᆞ라 ᄧᅩᆫ 즙과(車前葉一握研絞取汁) <救간三 104a>

f. 뵈ᄧᅡᆼ잇 불휘와 닙과 ᄡᅵ와ᄅᆞᆯ 달혀(煮車前根葉子) <救간三 95a>

g. 활셕 ᄀᆞᄅᆞ ᄒᆞᆫ 되ᄅᆞᆯ 뵈ᄧᅡᆼ이 즛디허 ᄧᅩᆫ ᄆᆞ레 프러(滑石末一升以車前汁和) <救간三 79b>

(96) h. 兎絲子ㅣ어나 車前(82a)子ㅅ ᄀᆞᆯᄋᆞᆯ 수레 프러(兎絲子或車前子末酒調) <救方下 82b>

i. 車前子(58b)ᄅᆞᆯ 디허 細末ᄒᆞ야(車前子不拘多少擣羅爲末) <救方下 59a>

j. 車前子末 : 뵈ᄧᅡᆼ이 ᄡᅵ ᄀᆞ론 ᄀᆞᄅᆞ(救간二 97a>

k. 車前子 : 뵈ᄧᅡᆼ이 ᄡᅵ <救간七 76b> <救간七 43a> <救간三 79b>

l. 車前葉 : 뵈ᄧᅡᆼ잇 닙 <救간三 104a>

m. 車前根葉子 : 뵈ᄧᅡᆼ잇 불휘와 닙과 ᄡᅵ <救간三 95a>

n. 車前汁 : 뵈ᄧᅡᆼ이 즛디허 ᄧᅩᆫ 믈 <救간三 79a>

<97> 부들 對 菖蒲

고유어 '부들'과 한자어 '菖蒲'가 [蒲]와 [菖蒲] 즉 '부들, 창포'의 뜻을 가지고 동의 관계에 있다는 것은 다음 예문들에서 잘 확인된다. 원문 중 '蒲席'이 '부들 지즑'으로 번역되고 '菖蒲屑'이 '菖蒲ㅅ ᄀᆞᄅᆞ'로 번역된다. 따라서 '부들'과 '菖蒲'의 동의성은 명백히 입증된다.

(97) a. 헌 부들 지즑 흔 우후믈 ᄀᆞᄂᆞ리 사ᄒᆞ라(敗蒲席一握細剉) <救方上 34a>

(97) b. 菖蒲ㅅ ᄀᆞᆯ올 두 곳굼긔 녀코 불오(菖蒲屑納鼻兩孔中吹之) <救方上 40b>
    c. 菖蒲ㅅ ᄀᆞᆯ올 두 곳굼긔 불오(以菖蒲末吹兩鼻中) <救方上 23a>
    d. 大戟毒ᄋᆞᆫ 菖蒲로 고티ᄂᆞ니라(大戟毒蒲解之) <救方下 55a>

<98> 부루 對 萵苣

고유어 '부루'와 한자어 '萵苣'가 [萵苣] 즉 '상추'의 뜻을 가지고 동의 관계에 있다는 것은 다음 예문들에서 잘 확인된다. 원문 중 '萵苣切'이 '부루 사흘다'로 번역되고 '萵苣根'이 '부룻 불휘'로 번역되고 '萵苣根'의 자석이 '부룻 불휘'이다. 그리고 '萵苣子'가 '부룻 ᄢᅵ'로 번역되고 '萵苣子'의 자석이 '부룻 ᄢᅵ'이다. 따라서 '부루'와 '萵苣'의 동의성은 명백히 입증된다.

(98) a. 부루 사ᄒᆞ로니 半 斤과(萵苣切半斤) <救方上 58a>
    b. 漿水와 부룻 불휘를…글혀(漿水萵苣根煎) <救方下 75a>
    c. 발 글힌 믈와 부룻 불휘와ᄅᆞᆯ…글혀(漿水萵苣根煎) <救간六 48a>
    d. 부룻 ᄢᅵ ᄀᆞ로(83b)니 두 돈 반과(萵苣子末一分) <救간七 84a>
    e. 부룻 대를 흙 ᄀᆞ티 디허(萵苣擣如泥) <救간三 81a>
    f. 부룻 대 세 나치나 다ᄉᆞᆺ 나치나(萵苣三五枚) <救간七 82a>

(98) g. 萵苣根 : 부룻 불휘 <救간六 47b>
    h. 萵苣子 : 부룻 ᄢᅵ <救간七 83b>

i. 萵苣 : 부룻대 <救간三 81a> <救간七 82a>

<99> 부치 對 韭菜

고유어 '부치'와 한자어 '韭菜'가 [韭] 즉 '부추,구채'의 뜻을 가지고 동의 관계에 있다는 것은 다음 예문들에서 잘 확인된다. 원문 중 '韭葉'이 '부칫 닢'으로도 번역되고 '韭菜ㅅ 닢'으로도 번역된다. 그리고 '韭根擣'가 '부칫 불휘를 딯다'로 번역되고 '擣韭'가 '韭菜를 쭈드리다'로 번역된다. 따라서 '부치'와 '韭菜'의 동의성은 명백히 입증된다.

(99) a. 쏘 부칫 니플 디허(更以韭葉擣) <救方上 24a>

　　　 b. 쏘 부칫 닙 디허 뽄 즙을 곳 굼긔 브스라(更以韭葉取自然汁灌鼻孔中)

　　　　 <救간 83a>

　　　 c. 겨스렌 부칫 불휘를 디허(冬月用韭根擣) <救方上 24a>

(99) d. 韭菜ㅅ 니플 사ᄒ라(韭葉切) <救方下 95b>

　　　 e. 韭菜를(61a) 쭈드려 汁을 머기면(擣韭汁服之) <救方下 61b>

　　　 f. 韭菜를 찌허 汁을 짜(擣韭絞取汁) <救方下 66b>

<100> 부치 對 薤菜

고유어 '부치'와 한자어 '薤菜'가 [薤] 즉 '염교, 해채'의 뜻을 가지고 동의 관계에 있다는 것은 다음 예문들에서 잘 확인된다. 원문 중 '薤葉'이 '부칫 닙'으로 번역되고 '薤白'이 '薤菜ㅅ 밑'으로 번역된다. 따라서 '부치'와 '薤菜'의 동의성은 명백히 입증된다.

(100) a. 혼 부칫 닙만 혼 듸(一薤葉許) <救方上 22a>

　　　 b. 부칫 닙 너비만(42a) 혼 듸(一薤葉許) <救간一 42b>

　　　 c. 부칫 밑 흰 듸룰 달혀(煮薤白) <救간六 11a>

　　　 d. 부칫 밑 흰 듸 반 근 거웃 앗고 사ᄒ로니(薤白半斤去鬚切) <救간三 120a>

　　　 e. 부칫 즙을 ᄇᄅ며(薤汁傅) <救간六 45a>

　　　 f. 부치 즛두드려 뽄 즙을 곳굼긔 브스라(薤搗汁灌鼻中) <救간一 44b>

(100) g. 薤菜ㅅ 미틀 뿔와 ᄒᆞᆫ딕 디허 ᄇᆞᄅ라(用薤白與蜜同搗塗) <救方下 15a>

　　　h. 薤白 : 부칫 밑 흰 딕 <救간六 10b>

<101> 북령 對 茯笭

고유어 '북령'과 한자어 '茯笭'이 [茯笭] 즉 '복령'의 뜻을 가지고 동의 관계에 있다는 것은 다음 예문들에서 잘 확인된다. 원문 중 '白茯笭'이 '흰 북령'으로도 번역되고 '白茯笭'으로도 번역된다. 그리고 '赤茯笭'이 '블근 북령'으로도 번역되고 '赤茯笭'으로도 번역된다. 따라서 '북령'과 '茯笭'의 동의성은 명백히 입증된다.

(101) a. 몬져 흰 북령 ᄒᆞᆫ 돈을 십고(先嚼白茯笭一錢重) <救간六 6a>

　　　b. 아혹 씨 ᄒᆞᆫ 량과 블근 북령 ᄒᆞᆫ 량과 셕듁화 여름 ᄒᆞᆫ 량과ᄅᆞᆯ 디허

　　　　(葵子 赤茯笭 蘬麥各一兩擣) <救간七 14b>

　　　c. 북령과 후박 브레 쬐니와(茯笭 厚朴炙) <救간七 7b>

　　　d. 감초 네 돈 브레 쬐요니와 북령 닐굽 돈 반과ᄅᆞᆯ 사ᄒᆞ라

　　　　(甘草炙四錢茯笭三分㕮咀) <救간一 115b>

(101) e. 몬져 白茯笭 ᄒᆞᆫ 돈을 십고(先嚼白茯笭一錢重) <救方上 47b>

　　　f. 赤茯笭을 거믄 것 밧기고(赤茯笭去黑皮) <救方上 68b>

<102> 불 對 外腎

고유어 '불'과 한자어 '外腎'이 [陰]과 [外腎] 즉 '자지, 陰莖'의 뜻을 가지고 동의 관계에 있다는 것은 다음 예문들에서 잘 확인된다. 원문 중 '陰卵'이 '불알ㅎ'로 번역되고 '外腎搐縮'이 '外腎이 움치들다'로 번역된다. 그리고 '陰囊'의 자석이 '외신 알'이다. 따라서 '불'과 '外腎'의 동의성은 명백히 입증된다.

(102) a. ᄆᆞ리 사ᄅᆞᄆᆡ 불알홀 므러(馬咬人陰卵) <救方下 16b>

(102) b. 그르 겨집과 사괴면…外腎이 움치들오(誤與婦人交…外腎搐縮) <救方上 54b>

　　　c. 陰囊腫 : 외신 알 브은 병 <救간 目錄 9b>

<103> 불휘 對 근

고유어 '불휘'와 한자어 '근'(根)이 [根] 즉 '뿌리'의 뜻을 가지고 동의 관계에 있다는 것은 다음 예문들에서 잘 확인된다. 원문 중 '蘘荷根擣'가 '蘘荷ㅅ 불휘를 딯다'로 번역되고 '蘘荷根…擣'가 '양핫 근 딯다'로 번역된다. 그리고 '蘘荷根'의 자석이 '양핫 근'이다. 따라서 '불휘'와 '근'의 동의성은 명백히 입증된다.

(103) a. 힌 蘘荷ㅅ 불휘를 디허 汁을 取ᄒ야(白蘘荷根擣絞取汁) <救方下 39b>

　　　b. 셕류나못 불휘 아랫 겨위똥을 하나 져그나 ᄀᄂ리 ᄀ라

　　　　(石榴樹根下地龍糞不限多少細研) <救간二 108a>

(103) c. 동녁으로 향혼 양핫 근 혼 줌 디허 똔 즙을(東向蘘荷根一把擣絞取汁)

　　　　<救간二 104b>

　　　d. 양핫 근 두 량을 ᄀ라(用蘘荷根二兩研) <救간二 89a>

　　　e. 양핫 근을 즙 짜 머그면(蘘荷根汁服之) <救간二 84b>

　　　f. 蘘荷根 : 양핫 근 <救간二 104b> <救간二 89a>

　　　g. 蘘荷根汁 : 양핫 근 즙 <救간二 84a>

　　　h. 련 근 즛 두드려 똔 즙이나(或藕汁) <救간二 100a>

　　　i. 藕汁 : 련 근 즙 <救간二 100a>

<104> 붉 對 壯

고유어 '붉'과 한자어 '壯'이 [壯] 즉 '뜸질'의 뜻을 가지고 동의 관계에 있다는 것은 다음 예문들에서 잘 확인된다. 원문 중 '灸…一壯'이 '흔 붓글 쓰다'로도 번역되고 '흔 壯을 쓰다'로도 번역된다. 그리고 '灸三五壯'이 '세 붓기어나 다슷 붓기어나 쓰다'로도 번역되고 '세 다슷 壯을 쓰다'로도 번역된다. 따라서 '붉'과 '壯'의 동의성은 명백히 입증된다.

(104) a. 솝톱 아래 흔 붓글 쓰면(灸…爪下一壯) <救간二 41b>

　　　 b. 각(41a) 흔 붓글 쓰며(灸…各一壯) <救간二 41b>

　　　 c. 세 붓기어나 다숫 붓기(77a)어나 쓰면(灸三五壯) <救간一 77b>

　　　 d. 빗보글 一百 붓글 쓰라(灸臍中百壯) <救方上 19b>

　　　 e. 졋 아래 흔 치만 흔 딕 닐굽 붓글 쓰면(灸乳下一寸七壯) <救간二 41a>

(104) f. 솝톱 아래 흔 壯을 쓰면(灸…爪下一壯) <救方上 29b>

　　　 g. 各 흔 壯을 쓰라(灸…各一壯) <救方上 29b>

　　　 h. 세 다숫 壯을 쓰면(灸三五壯) <救方上 74a>

　　　 i. 百壯을 쑤딕(灸之百壯) <救方上 36b>

<105> 브스름 對 죵긔

　고유어 '브스름'과 한자어 '죵긔'(腫氣)가 [腫]과 [瘡] 즉 '부스럼, 종기'의 뜻을 가지고 동의 관계에 있다는 것은 다음 예문들에서 잘 확인된다. 원문 중 '毒腫'이 '모딘 브스름'으로 번역되고 '顋頰腫'이 '쌤애 난 죵긔'로 번역된다. '背腫'이 '등의 브스름'으로 번역되고 '背腫'의 자석이 '등의 난 죵긔'이다. 그리고 '發…瘡'이 '브스름 나다'로 번역되고 '瘡…差'가 '죵긔…둏다'로 번역된다. 따라서 '브스름'과 '죵긔'의 동의성은 명백히 입증된다.

(105) a. 브스르미 즉재 업스리라(腫立散) <救간三 37a>

　　　 b. 여러 가짓 모딘 브스름이어든(諸毒腫) <救간三 25b>

　　　 c. 대도흔 모딘 일홈 업슨 브스름과(一切惡腫無名) <救간三 45a>

　　　 d. 등의 브스름과 져젯 브스름과 모딘 브스름이어든(發背腫毒乳癰惡瘡)

　　　　 <救간三 26b>

　　　 e. 브스름 우(25b)희 브텨 미요딕(封腫上) <救간三 26a>

　　　 f. 굿 눈 물똥을 브스름 우희 둗거이 불로딕(新馬糞厚塗腫上) <救간三 35a>

　　　 g. 등의 브스름 나(發背瘡) <救간三 38b>

　　　 h. 그 브스르미 절로 뻐디며(其瘡自穿) <救간七 78b>

(105) i. 쌤애 난 죵긔예(顋頰腫) <救간三 96b>

　　　j. 쌤애 죵긔 나거든(腮腫) <救간三 9a>

　　　k. 背腫 : 등의 난 죵긔 <救간三 24a>

　　　l. 죵긔 오래 됴티 아니ᄒᆞ야(瘡久不差) <救간七 71b>

<106> 브ᄉ름 對 瘡

고유어 '브ᄉ름'과 한자어 '瘡'이 [瘡] 즉 '부스럼, 종기'의 뜻을 가지고 동의 관계에 있다는 것은 다음 예문들에서 잘 확인된다. 원문 중 '發背瘡'이 '등의 브ᄉ름이 나다'로 번역되고 '瘡破'가 '瘡이 ᄒᆞ야디다'로 번역된다. '洗瘡'이 '브ᄉ르믈 싯다'로 번역되고 '治…瘡'이 '瘡을 고티다'로 번역된다. '塗傅瘡上'이 '브ᄉ름 우희 ᄇᆞᄅᆞ다'로 번역되고 '傅瘡'이 '瘡의 브티다'로 번역된다. 그리고 '毒瘡'이 '모딘 브ᄉ름'으로도 번역되고 '모딘 瘡'으로도 번역된다. 따라서 '브ᄉ름'과 '瘡'의 동의성은 명백히 입증된다.

(106) a. 등의 브ᄉ름이 나(發背瘡) <救간三 38b>

　　　b. 가온ᄃᆡ ᄇᆞᄅᆞ면 브ᄉ름이 펴디리니(塗當心則瘡便走散) <救간三 34a>

　　　c. 볼셔 브ᄉ름이 두외얏거든(如已成瘡) <救간七 78b>

　　　d. 등의 브ᄉ름과 모딘 브ᄉ름 날 저긔(癰疽發背毒瘡發作) <救간三 43b>

　　　e. 브ᄉ르믈 시서 조케 ᄒᆞ고 ᄒᆞᆫ 환을 브ᄉ륨 부리예 녀코

　　　　(洗瘡令淨安一丸於瘡口內) <救간三 39a>

　　　f. 브ᄉ르믈 싯고(洗瘡) <救간三 28a>

　　　g. 므를 내야 브ᄉ름 우희 ᄇᆞᄅᆞ면(取汁塗傅瘡上) <救간三 b>

　　　h. 브ᄉ름 우희 어프면(合瘡上) <救간三 44a>

　　　i. 브ᄉ륨 ᄉ면을 시서(洗瘡四面) <救간三 39a>

(106) j. 瘡이 ᄒᆞ야디거든(如瘡破) <救方下 14a>

　　　k. 瘡이 져기 ᄇᆞ랍거든 춤고(瘡微痒且忍) <救方下 3a>

　　　l. 다 모딘 瘡이 두외ᄂᆞ니(皆爲毒瘡) <救方下 16a>

　　　m. 더운 믈와 브레 술인 瘡을 고툐ᄃᆡ(治湯火燒瘡) <救方下 8a>

　　　n. 매 마즌 瘡을 고튜ᄃᆡ(治杖瘡) <救方下 21b>

o. 므레 모라 瘡의 브티라(以水調傅瘡) <救方下 18a>

<107> 블 對 焙籠

고유어 '블'과 한자어 '焙籠'이 [焙] 즉 '배롱(焙籠), 젖은 옷 따위를 얹어 말리는 제구'의 뜻을 가지고 동의 관계에 있다는 것은 다음 예문들에서 잘 확인된다. 원문 중 '焙乾'이 '브레 믈외다'로도 번역되고 '비롱애 믈외다'로도 번역된다. 따라서 '블'과 '焙籠'의 동의성은 명백히 입증된다.

(107) a. 赤馬通 다숫 나출 브레 믈오고(赤馬通五枚焙乾) <救方下 96a>

b. 졀다물 똥 다숫 낫 브레 믈외니와(赤馬通五枚焙乾) <救간七 65b>

c. 半夏…밋믜즌 것(84b) 업게 ᄒ야 브레 믈오고(半夏…去滑焙乾) <救方下 85a>

d. 씌모롭불휘…밋믜즌 것 업게 코 브레 믈외니와(半夏…去滑焙乾)

　　<救간七 44b>

e. 하ᄂᆞᆳᄃᆞ래 ᄒᆞᆫ 나출 사ᄒᆞ라 ᄇᆞᅀᅡ 새 디새 우희 노하 브레 믈외요ᄃᆡ

　　(括蔞一介切碎以新瓦焙乾) <救간二 33a>

f. 쳥피를 브레 믈외야 ᄀᆞ라(靑皮焙乾爲末) <救간七 81a>

g. 오계 똥을 디새 우희 노하 블로 믈외야(烏骨雞糞瓦上焙乾) <救간二 33a>

(107) h. 白殭蚕ᄋᆞᆯ 焙籠애 믈외야(用白殭蠶焙) <救方上 3b>

i. 곱도숏 불휘를 비롱애 믈외야(茜草焙乾) <救간三 28a>

<108> 븕 對 壯

고유어 '븕'과 한자어 '壯'이 [壯] 즉 '뜸질'의 뜻을 가지고 동의 관계에 있다는 것은 다음 예문들에서 잘 확인된다. 원문 중 '灸…七壯'이 '닐굽 븟글 쓰다'로도 번역되고 '닐굽 壯을 쓰다'로도 번역된다. 따라서 '븕'과 '壯'의 동의성은 명백히 입증된다.

(108) a. 빗복 우(18b) 一寸을 닐굽 븟글 쓰라(灸臍上一寸七壯) <救方上 19a>

b. 빗복 우희 ᄒᆞᆫ 촌만 닐굽 븟글 쓰고(灸臍上一寸七壯) <救간一 112a>

    c. 각 닐굽 붓글 쓰라(灸…各七壯) <救간一 63a>

    d. 빗복 아랫 一寸을 세 붓글 쓰고(灸臍下一寸三壯) <救方上 18b>

(108) e. 各 닐굽 壯을 쓰라(灸…各七壯) <救方上 76a>

    f. 七壯을 쓰라(灸…七壯) <救方上 3a>

<110> ᄇᄅᆷ 對 壁

고유어 'ᄇᄅᆷ'과 한자어 '壁'이 [壁] 즉 '벽(壁)'의 뜻을 가지고 동의 관계에 있다는 것은 다음 예문들에서 잘 확인된다. 원문 중 '壁土'가 'ᄇᄅ맷 흙'으로 번역되고 '壁土'의 자석이 'ᄇᄅ맷 흙'이다. 따라서 'ᄇᄅᆷ'과 '壁'의 동의성은 명백히 입증된다.

(109) a. 또 무근 ᄇᄅ맷 흙 ᄀᆞᄅᆞ로(亦用陳壁土末) <救方上 73b>

    b. ᄇᄅᆷ 미틧 누른 흙 ᄒᆞᆫ 돈을 므레 프러 머그면(以水服壁低黃土一錢)

        <救方下 58b>

    c. 또 ᄇᄅ맷 오란 흙을 ᄇ(67a)ᅀᅡ ᄀᆞ리 두외어든(亦有用陳壁土末) <救간一 67a>

    d. 몬져 ᄇᄅ맷 흙 ᄒᆞᆫ 둡을 브스텨(仍先打壁土一堵) <救간一 69a>

    e. 여러 ᄒᆡ 닉예 그은 ᄇᄅ맷 흙과(多年烟熏壁土) <救간三 32a>

(109) f. 壁土 : ᄇᄅ맷 흙 <救간一 68a>

    g. 陳壁土 : 오란 ᄇᄅ맷 흙 <救간一 66b>

    h. 多年烟熏壁土 : 여러 ᄒᆡ 닉예 그은 ᄇᄅ맷 흙 <救간三 32a>

<110> 붉쥐 對 蝙蝠

고유어 '붉쥐'와 한자어 '蝙蝠'이 [蝙蝠] 즉 '박쥐'의 뜻을 가지고 동의 관계에 있다는 것은 다음 예문들에서 잘 확인된다. 원문 중 '蝙蝠糞'이 '붉쥐 쫑'으로 번역되고 '蝙蝠糞'의 자석이 '붉쥐 쫑'이다. 따라서 '붉쥐'와 '蝙蝠'의 동의성은 명백히 입증된다.

(110) a. 붉쥐 똥을 늘 기르메 ㄱ라 ㅂㄹ라(蝙蝠糞生油硏塗之) <救간六 68a>

   b. 蝙蝠糞 : 붉쥐 똥 <救간六 68a>

<111> 사름 對 匠人

고유어 '사름'과 한자어 '匠人'이 [匠人] 즉 '장인, 匠色'의 뜻을 가지고 동의 관계에 있다는 것은 다음 예문들에서 잘 확인된다. 원문 중 '巧匠'이 '공교흔 사름'으로도 번역되고 '工巧흔 匠人'으로도 번역된다. 따라서 '사름'과 '匠人'의 동의성은 명백히 입증된다.

   (111) a. 공교흔 사르미 모기 건 낙술 아소딕(巧匠取喉鉤) <救간六 16a>

   b. 工巧흔 匠人이 아히 모기 건 낙술 아소딕(巧匠取喉鉤) <救方上 48b>

<112> 산미ㅈ 對 郁李

고유어 '산미ㅈ'와 한자어 '郁李'가 [郁李] 즉 '산매자, 郁李'의 뜻을 가지고 동의 관계에 있다는 것은 다음 예문들에서 잘 확인된다. 원문 중 '郁李根皮'가 '산미줏 불횟 거플'로 번역되고 '郁李根皮'의 자석이 '산미줏 불횟 거플'이다. 그리고 '郁李仁'이 '산미ㅈ 삐'로 번역되고 '郁李仁'의 자석이 '산미ㅈ 삐'이다. 따라서 '산미ㅈ'와 '郁李'의 동의성은 명백히 입증된다.

   (112) a. 산미줏 불횟 거프를 디투 달혀 머그면(郁李根皮濃煎服) <救간三 113b>

   b. 산미줏 삐 숩 셜흔 나출 더운 므레 불워(郁李仁三十箇湯浸) <救간三 66a>

   c. 산미ㅈ 삐 세 닐굽 나출 ㄴ론케 십고(郁李人三七枚爛嚼) <救간二 30b>

   (112) d. 郁李根皮 : 산미줏 불횟 거플 <救간三 113a>

   e. 郁李仁 : 산미줏 삐 <救간三 65b>

   f. 郁李人 : 산미ㅈ 삐 <救간二 30a>

<113> 삼 對 大麻

고유어 '삼'과 한자어 '大麻'가 [大麻] 즉 '삼, 大麻'의 뜻을 가지고 동의 관계에 있다는 것은 다음 예문들에서 잘 확인된다. 원문 중 '大麻子'가 '삼 삐'로도 번역되고 '大麻子'로도 번역된다. 그리고 '大麻根三莖'이 '삷 불휘 세 줄기'로도 번역되고 '大麻根'의 자석이 '삷 불휘'이다. 따라서 '삼'과 '大麻'의 동의성은 명백히 입증된다.

(113) a. 삼 삐 혼 량과(大麻子一兩) <救간三 103b>

　　　 b. 삷 불휘 세 줄기롤 믈 혼 되예 달혀(大麻根三莖以水一升煎) <救간七 34a>

　　　 c. 삷 불휘 세 줄기롤 므레 달혀(大麻根三莖水煎) <救간七 54a>

　　　 d. 삼 닙 닷 량 사흐로니와(大麻葉五兩判) <救간六 104a>

(113) e. 大麻子 서 되룰 디허(大麻子三升搗) <救方下 3b>

　　　 f. 大麻仁과 大黃을 사흐라(大麻仁 大黃判) <救方上 68b>

　　　 g. 大麻子 : 삼 삐 <救간三 103b>

　　　 h. 大麻根 : 삷 불휘 <救간七 34a> <救간七 54a>

　　　 i. 大麻葉 : 삼 닙 <救간六 53b>

<114> 새 對 雀兒

고유어 '새'와 한자이 '雀兒'가 [雀兒] 즉 '새'의 뜻을 가지고 동의 관계에 있다는 것은 다음 예문들에서 잘 확인된다. 원문 중 '雀兒糞'이 '새 쫑'으로 번역되고 '雀兒糞'의 자석이 '새 쫑'이다. 따라서 '새'과 '雀兒'의 동의성은 명백히 입증된다.

(114) a. 새 머릿 骨髓로 브르면(以雀兒腦髓塗之) <救方上 8a>

　　　 b. 새 쫑 반 량을 フ라(雀兒糞半兩爲末) <救간七 80a>

(114) c. 雀兒糞 : 새 쫑 <救간七 79b>

<115> 새삼 對 兎絲

고유어 '새삼'과 한자어 '兎絲'가 [兎絲, 菟絲] 즉 '새삼'의 뜻을 가지고 동의 관계에 있다는 것은 다음 예문들에서 잘 확인된다. 원문 중 '菟絲子'가 '새삼 여름'으로 번역되고 '兎絲子'가 '兎絲子'로 번역된다. 따라서 '새삼'과 '兎絲'의 동의성은 명백히 입증된다.

(115) a. 새삼 여름을 ᄀ라(菟絲子末) <救간七 43a>
       b. 菟絲子 : 새삼 여름 <救간七 43a>

(115) c. 兎絲子ㅣ어나 車前(82a)子ㅅ ᄀᆞᆯᄋᆞᆯ 수레 프러(用兎絲子或車前子末酒調)
       <救方下 82b>

<116> 새용 對 鏊子

고유어 '새용'과 한자어 '鏊子'가 [鏊子] 즉 '새용, 놋쇠로 만든 작은 솥'의 뜻을 가지고 동의 관계에 있다는 것은 다음 예문들에서 잘 확인된다. 원문 중 '鏊子底'가 '새용 밑'으로 번역되고 '鏊子底'의 자석이 '새용 밑'이다. 그리고 '銚內'가 '새용 안ㅎ'으로 번역된다. 따라서 '새용'과 '鏊子'의 동의성은 명백히 입증된다.

(116) a. 새용 미틧 거믜영의 기르믈 져기 드려(鏊子底黑煤於小油中) <救간三 6b>
       b. 鏊子底黑煤 : 새용 미틧 거믜영 <救간三 6b>

<117> 새용 對 銚兒

고유어 '새용'과 한자어 '銚兒'가 [銚] 즉 '새용, 놋쇠로 만든 작은 솥'의 뜻을 가지고 동의 관계에 있다는 것은 다음 예문들에서 잘 확인된다. 원문 중 '銚內炒'가 '새용 안해 볶다'로 번역되고 '於…銚內…炒'가 '銚兒애 볶다'로 번역된다. 따라서 '새용'과 '銚兒'의 동의성은 명백히 입증된다.

(117) a. 새용 안해 봇가 검게 ᄒ고(銚內炒令焦黑) <救方上 51b>

　　　 b. 새용 안해 봇가 거머커든(銚內炒令焦黑) <救간六 12a>

(117) c. 새 쇠 銚兒애 慢火로 봇고ᄃᆡ(於新鐵銚內慢火炒) <救方下 35a>

<118> 셔류황 對 硫黃

고유어 '셔류황'과 한자어 '硫黃'이 [硫黃] 즉 '유황'의 뜻을 가지고 동의 관계에 있다는 것은 다음 예문들에서 잘 확인된다. 원문 중 '硫黃一兩'이 '셔류황 ᄒᆞᆫ 량'으로도 번역되고 '硫黃 ᄒᆞᆫ 兩'으로도 번역된다. 그리고 '硫黃'의 자석이 '셔류황'이다. 따라서 '셔류황'과 '硫黃'의 동의성은 명백히 입증된다.

(118) a. 염소 반 량과 셔류황 ᄒᆞᆫ 량을 ᄀᆞᄂᆞ리 분 ᄀᆞ티 ᄀᆞ라(焰硝半兩硫黃一兩細硏如粉)

　　　　 <救간一 53a>

　　　 b. 싱앙즙 두 홉과 셔류황 반 량과ᄅᆞᆯ 섯거(生薑汁二合硫黃半兩相和)

　　　　 <救간六 53a>

　　　 c. 셔류황을 ᄀᆞᄂᆞ리 ᄀᆞ라 브티고 그 우희 죠희 브텨(硫黃硏細貼以紙花貼)

　　　　 <救간六 22a>

(118) d. 焰硝 半 兩과 硫黃 ᄒᆞᆫ 兩을 ᄀᆞᄂᆞ리 粉 ᄀᆞ티 ᄀᆞ라

　　　　 (焰硝半兩硫黃一兩右細硏如粉) <救方上 38a>

　　　 e. 生薑汁 두 홉과 硫黃 半 兩을 섯거(生薑汁二合硫黃半兩右相和) <救方下 74a>

　　　 f. 硫黃 : 셔류황 <救간一 52b> <救간六 52b> <救간六 22a>

<119> 셕우황 對 雄黃

고유어 '셕우황'과 한자어 '雄黃'이 [雄黃] 즉 '석웅황(石雄黃)'의 뜻을 가지고 동의 관계에 있다는 것은 다음 예문들에서 잘 확인된다. 원문 중 '雄黃一兩'이 '셕우황 ᄒᆞᆫ 량'으로도 번역되고 '雄黃 ᄒᆞᆫ 兩'으로도 번역된다. '雄黃一塊'가 '셕우황 ᄒᆞᆫ 무적'으로

도 번역되고 '雄黃 흔 무적'으로도 번역된다. 그리고 '雄黃'의 자석이 '셕우황'이다. 따라서 '셕우황'과 '雄黃'의 동의성은 명백히 입증된다.

(119) a. 셕우황 흔 량을 ᄀᆞᄂᆞ리 분 ᄀᆞ티 ᄀᆞ라(雄黃一兩細硏如粉) 〈救간一 57b〉

      b. 셕우황 흔 무저글 ᄀᆞᆺ 기론 므레 ᄀᆞ라(雄黃一塊新汲水磨) 〈救간二 79b〉

      c. 셕우황을 ᄀᆞᄂᆞ리 ᄀᆞ라(雄黃細硏) 〈救간一 84a〉

      d. 셕우황 반 량 ᄀᆞᄂᆞ리 ᄀᆞ로니와(雄黃半兩細硏) 〈救간二 32a〉

      e. 셕우황을 ᄀᆞ라(雄黃爲末) 〈救간六 50a〉

      f. 셕우황 ᄀᆞᆯ을 고해 ᄇᆞᄅᆞ라(以雄黃抹鼻) 〈救간一 85a〉

(119) g. 雄黃 흔 兩을 ᄀᆞᄂᆞ리 粉 ᄀᆞ티 ᄀᆞ라(雄黃一兩細硏如粉) 〈救方上 17a〉

      h. 雄黃 흔 무저글 새 므레 ᄀᆞ라(雄黃一塊新汲水磨) 〈救方上 45a〉

      i. 雄黃 흔 무저기(雄黃一塊) 〈救方上 41b〉

      j. 雄黃을 ᄀᆞᄂᆞ리 ᄀᆞ라(以雄黃細硏) 〈救方上 23a〉

      k. 雄黃 흔 分을 各別히 ᄀᆞ오(雄黃一分別硏) 〈救方上 43a〉

      l. 雄黃 업거든(無雄黃) 〈救方上 16a〉

     m. 雄黃 : 셕우황 〈救간一 84a〉〈救간一 57a〉〈救간二 79b〉〈救간二 32a〉

          〈救간六 50a〉〈救간一 85a〉

〈120〉 소곰 對 食鹽

고유어 '소곰'과 한자어 '食鹽'이 [食鹽] 즉 '소금'의 뜻을 가지고 동의 관계에 있다는 것은 다음 예문들에서 잘 확인된다. 원문 중 '食鹽大把'가 '소금 큰 흔 줌'으로 번역되고 '食鹽'의 자석이 '소곰'이다. 따라서 '소곰'과 '食鹽'의 동의성은 명백히 입증된다.

(120) a. 소곰 큰 흔 줌을 믈 조쳐 만히 머그라(用食鹽大把多飮水送下) 〈救간一 32a〉

      b. 食鹽 : 소곰 〈救간一 32a〉

<121> 소곰 對 戎塩

고유어 '소곰'과 한자어 '戎塩'이 [戎塩] 즉 '소금, 맛이 단 소금'의 뜻을 가지고 동의 관계에 있다는 것은 다음 예문들에서 잘 확인된다. 원문 중 '戎塩 黃芩'이 '소곰과 솝서근 픐불휘'로도 번역되고 '戎塩과 黃芩'으로도 번역된다. 따라서 '소곰'과 '戎塩'의 동의성은 명백히 입증된다.

   (121) a. 소곰과 솝서근 픐불휘와(戎塩 黃芩) <救간二 120a>
         b. 소고매 물외욘 梅實을 ᄉ라(用乾塩梅燒作灰) <救方上 84b>

   (121) c. 戎塩과 黃芩(66b)과(戎塩 黃芩) <救方上 67a>
         d. 戎塩 : 소곰 <救간二 119b>

<122> 소곰 對 晉塩

고유어 '소곰'과 한자어 '晉塩'이 [晉塩] 즉 '소금'의 뜻을 가지고 동의 관계에 있다는 것은 다음 예문들에서 잘 확인된다. 원문 중 '晉塩 葛根'이 '소곰과 츪 불휘'로 번역되고 '晉塩'의 자석이 '소곰'이다. 따라서 '소곰'과 '晉塩'의 동의성은 명백히 입증된다.

   (122) a. 소곰과 츪 불휘와 묏지지 ᄢᅧ와를 ᄀ게 ᄂ화(晉塩 葛根 山梔子等分)
         <救간二 24b>
         b. 晉塩 : 소곰 <救간二 24b>

<123> 속새 對 木賊

고유어 '속새'와 한자어 '木賊'이 [木賊] 즉 '속새'의 뜻을 가지고 동의 관계에 있다는 것은 다음 예문들에서 잘 확인된다. 원문 중 '木賊三兩'이 '속새 세 兩'으로 번역되고 '木賊草'가 '속새'로 번역되고 '木賊草'의 자석이 '속새'이다. 따라서 '속새'와 '木賊'의 동의성은 명백히 입증된다.

(123) a. 속새 세 兩과 麻黃 무딕 아사 흔 兩과(木賊三兩麻黃去節一兩) <救方上 88a>

    b. 속새를 글을 밍ㄱ라(木賊草爲末) <救간六 18a>

(123) c. 木賊草 : 속새 <救간六 18a>

<124> 쇠 對 鐵

고유어 '쇠'와 한자어 '鐵'이 [鐵] 즉 '쇠, 鐵'의 뜻을 가지고 동의 관계에 있다는 것은 다음 예문들에서 잘 확인된다. 원문 중 '燒鐵'이 '쇠를 달오다'로도 번역되고 '鐵을 슬다'로도 번역된다. 그리고 '針鐵'이 '바늘 쇠'로 번역된다. 따라서 '쇠'와 '鐵'의 동의성은 명백히 입증된다.

(124) a. 쇠 빈혀를 스라(燒鐵簪) <救方上 67b>

    b. 쇠를 글혀 딛게 ㅎ야(煮鐵令濃) <救方下 63a>

    c. 바늘 쇠 대나못 가시 슬해 드러(針鐵竹木刺入肉) <救方下 6b>

    d. 쇠를 달(120a)와 지지라(燒鐵烙之) <救간二 120b>

    e. 감초를 쇠그릇 뵈디 마오(甘草不用鐵器) <救간七 23a>

(124) f. 鐵을 스라 지지라(燒鐵烙之) <救方上 67a>

<125> 쇠노 對 弩

고유어 '쇠노'와 한자어 '弩'가 [弩] 즉 '쇠뇌, 여러 개의 화살을 쏘아 한꺼번에 나가게 하는 활의 한 가지'의 뜻을 가지고 동의 관계에 있다는 것은 다음 예문들에서 잘 확인된다. 원문 중 '弩牙'가 '쇠놋 가퇴'로도 번역되고 '弩ㅅ 牙'로도 번역된다. 그리고 '弩弦'이 '쇠놋 긴ㅎ'으로 번역되고 '弩絃'이 '弩ㅅ 시울'로 번역된다. 따라서 '쇠노'와 '弩'의 동의성은 명백히 입증된다.

(125) a. 쇠놋 긴흘 허리예 미며 쇠놋 가퇴를 스라(弓弩弦縛腰及燒弩牙) <救간七 46b>

    b. 弓弩弦 : 쇠놋 긴 <救간七 46a>

(125) c. 활와 弩ㅅ 시울로 허리를 미오 弩ㅅ 牙를 스라(弓弩絃縛腰及燒弩牙)
　　　　〈救方下 86a〉

<126> 쇠록이 對 飛鴟

고유어 '쇠록이'와 한자어 '飛鴟'가 [飛鴟] 즉 '소리개'의 뜻을 가지고 동의 관계에 있다는 것은 다음 예문들에서 잘 확인된다. 원문 중 '飛鴟頭'가 '쇠록의 머리'로 번역되고 '飛鴟頭'의 자석이 '쇠록이 머리'이다. 따라서 '쇠록이'와 '飛鴟'의 동의성은 명백히 입증된다.

(126) a. 쇠록의 머리 흔 낫 스론 지와(飛鴟頭一枚燒灰) 〈救간一 96b〉
　　　 b. 飛鴟頭 : 쇠록이 머리 〈救간一 96a〉

<127> 쇠비름 對 馬齒莧

고유어 '쇠비름'과 한자어 '馬齒莧'이 [馬齒莧] 즉 '쇠비름'의 뜻을 가지고 동의 관계에 있다는 것은 다음 예문들에서 잘 확인된다. 원문 중 '馬齒莧煮'가 '쇠비름 글히다'로 번역되고 '以馬齒莧擣'가 '馬齒莧을 딯다'로 번역된다. 그리고 '馬齒莧'의 자석이 '쇠비름'이다. 따라서 '쇠비름'과 '馬齒莧'의 동의성은 명백히 입증된다.

(127) a. 쇠비름 글힌 블로 입시우믈 시스라(馬齒莧煮汁洗緊唇) 〈救간三 5a〉
　　　 b. 쇠비름을 비세 무더 잇는 머릿 삐 섯거(馬齒莧和梳垢) 〈救간三 13a〉

(127) c. 馬齒莧을 디허 汁 아사(以馬齒莧擣取汁) 〈救方上 86b〉
　　　 d. 馬齒莧 : 쇠비(4b)름 〈救간三 5a〉
　　　 e. 馬齒莧 : 쇠비름 〈救간三 13a〉

<128> 숑의마 對 菖蒲

고유어 '숑의마'와 한자어 '菖蒲'가 [菖蒲] 즉 '창포'의 뜻을 가지고 동의 관계에 있다는 것은 다음 예문들에서 잘 확인된다. 원문 중 '菖蒲湯'이 '숑의마 글힌 믈'로 번역되고 '菖蒲湯'의 자석이 '숑의마 날힌 믈'이다. 따라서 '숑의마'와 '菖蒲'의 동의성은 명백히 입증된다.

> (128) a. 스믈 낫곰 숑의마 글힌 므레 머그며(二十圓菖蒲湯下) <救간二 28a>
>   b. 菖蒲湯 : 숑의마 날힌 믈 <救간二 28a>

<129> 숨 對 氣分

고유어 '숨'과 한자어 '氣分'이 [氣] 즉 '숨, 숨쉴 때 나오는 기운'의 뜻을 가지고 동의 관계에 있다는 것은 다음 예문들에서 잘 확인된다. 원문 중 '氣閉'가 '수미 막다'로도 번역되고 '氣分이 막다'로도 번역된다. 따라서 '숨'과 '氣分'의 동의성은 명백히 입증된다.

> (129) a. 수미 마가 통티 몯거든(氣閉不通) <救간二 78a>
>   b. 숨 몯 쉬어든(不得氣息) <救간一 81a>

> (129) c. 氣分이 마가 通티 몯ᄒᄂ니(氣閉不通) <救方上 41b>
>   d. 氣分이 마켜(39a) 通티 몯홀식(氣閉不通) <救方上 39b>
>   e. 긔운이 마가 통티 아니커든(氣閉不通) <救간一 54a>

<130> 숨 對 긔운

고유어 '숨'과 한자어 '긔운'(氣運)이 [氣] 즉 '기운'의 뜻을 가지고 동의 관계에 있다는 것은 다음 예문들에서 잘 확인된다. 원문 중 '氣閉不通'이 '수미 마가 통티 몯ᄒ다'로도 번역되고 '긔운이 마가 통티 몯ᄒ다'로도 번역된다. 따라서 '숨'과 '긔운'의 동의성은 명백히 입증된다.

(130) a. 즉재 수미 마가 통티 몯거든(卽時氣閉不通) <救간二 78a>

(130) b. 긔운이 마가 통티 몯ᄒ거든(氣閉不通) <救간一 5b>

　　　 c. 긔우니 마가 통티 아니커든(氣閉不通) <救간一 54a>

　　　 d. 긔우니 수이 통티 몯ᄒ거든(氣不能通) <救간一 65a>

　　　 e. 긔운이 통커든 말라(氣通乃止) <救간一 36a>

　　　 f. 긔우니 통ᄒ면(氣通) <救간一 88a>

　　　 g. 아라 우흐로 긔우니 통케 ᄒ라(令上下氣相通) <救간一 69b>

　　　 h. 더운 긔운으로 통ᄒ야 ᄃᄉ게 ᄒ고(令煖氣通溫) <救간一 86b>

　　　 i. 더(76b)운 긔우니 통호ᄆᆯ 기들워(候煖氣通) <救간一 77a>

<131> 숨 對 천

　고유어 '숨'과 한자어 '천'(喘)이 [喘] 즉 '숨'의 뜻을 가지고 동의 관계에 있다는 것은 다음 예문들에서 잘 확인된다. 원문 중 '喘急'이 '숨이 죻다'로 번역되고 '痰喘'이 '춤 긔운으로 천만 ᄒ다'로 번역된다. 따라서 '숨'과 '천'의 동의성은 명백히 입증된다.

(131) a. 빅 턍만ᄒ고 수미 ᄌᄌ닐 고티ᄂᆫ 法은(治…腹腸喘急方) <救方上 67b>

　　　 b. 추미 걸며 수미 죳거(14b)든(痰稠喘急) <救간二 15a>

　　　 c. 빅 턍만ᄒ고 숨 ᄌᄌ닐(腹腸喘急) <救간三 66a>

(131) d. 춤 긔운으로 천만 커든(痰喘) <救간二 15a>

<132> 븟돌ㅎ 對 礪石

　고유어 '븟돌ㅎ'과 한자어 '礪石'이 [礪石] 즉 '숫돌'의 뜻을 가지고 동의 관계에 있다는 것은 다음 예문들에서 잘 확인된다. 원문 중 '礪石燒赤'이 '븟돌홀 븕게 슬다'로 번역되고 '礪石'의 자석이 '븟돌'이다.

    (132) a. 붓돌흘 붉게 소라 녀흔 수를 머그라(礪石燒赤投酒飮之) <救간三 110a>

         b. 礪石 : 붓돌

<133> 숫 對 木炭

고유어 '숫'과 한자어 '木炭'이 [木炭] 즉 '숯'의 뜻을 가지고 동의 관계에 있다는 것은 다음 예문들에서 잘 확인된다. 원문 중 '木炭爲細末'이 '숫글 細末ᄒ다'와 '수글 ᄀᄂ리 글다'로 번역되고 '木炭'의 자석이 '숫'이다. 따라서 '숫'과 '木炭'의 동의성은 명백히 입증된다.

    (133) a. 숫글 細末ᄒ야(木炭爲細末) <救方上 51a>

         b. 숫글 ᄀᄂ리 ᄀ라(木炭爲細末) <救간六 14b>

         c. 블 퓌엿ᄂ 숫글 ᄀ라(末火炭) <救간六 18b>

         d. 숫글 업게 코(去炭) <救간二 29b>

         e. 숫 ᄉ론 지 닷 되와(炭灰五升) <救간一 90a>

    (133) f. 木炭 : 숫 <救간六 14a>

         g. 炭灰 : 숫 ᄉ론 지 <救간一 90a>

<134> 쉿무수 對 蔓菁

고유어 '쉿무수'와 한자어 '蔓菁'이 [蔓菁] 즉 '순무, 무'의 뜻을 가지고 동의 관계에 있다는 것은 다음 예문들에서 잘 확인된다. 원문 중 '蔓菁根幷葉'이 '쉿무수 미틀 닙 조치다'로 번역되고 '蔓菁根幷葉'의 자석이 '쉿무수 믿과 닙'이다. 그리고 '服蔓菁汁'이 '쉿무수 즙 먹다'로 번역되고 '蔓菁汁'의 자석이 '쉿무수 즙'이다. 따라서 '쉿무수'와 '蔓菁'의 동의성은 명백히 입증된다

    (134) a. 쉿무수 미틀 닙 조쳐 조히 글히야(蔓菁根幷葉淨擇) <救간七 73b>

         b. 쉿무수 즙 머고미 ᄯ 됴ᄒ니라(服蔓菁汁亦佳) <救간六 37b>

         c. 쉿무수 삐 닷 홉과를(蔓菁子五合) <救간三 117a>

    d. 쉿무수 삐로 똔 기름 흔 홉을 공심에 머그면(蔓菁子油一合空腹服之)

      <救간三 64a>

   (134) e. 蔓菁根幷葉 : 쉿무수 믿과 닙 <救간七 73a>

      f. 蔓菁汁 : 쉿무수 즙 <救간六 37b>

      g. 蔓菁子 : 쉿무수 삐 <救간三 116b>

      h. 蔓菁子油 : 쉿무수 삣 기름 <救간三 64a>

<135> 쉿무수 對 蕪菁

   고유어 '쉿무수'와 한자어 '蕪菁'이 [蕪菁] 즉 '순무'의 뜻을 가지고 동의 관계에 있다는 것은 다음 예문들에서 잘 확인된다. 원문 중 '蕪菁子'가 '쉿무수 삐'로 번역되고 '蕪菁子'의 자석이 '쉿무수 삐'이다. 따라서 '쉿무수'와 '蕪菁'의 동의성은 명백히 입증된다.

   (135) a. 쉿무수 삐 닐굽 홉을 ᄀ라(蕪菁子七合爲末) <救간七 15a>

      b. 蕪菁子 : 쉿무수 삐 <救간七 15a>

<136> 슈신 對 陰

   고유어 '슈신'과 한자어 '陰'이 [陰] 즉 '지지, 陰莖'의 뜻을 가지고 동의 관계에 있다는 것은 다음 예문들에서 잘 확인된다. 원문 중 '陰毛'가 '슈신앳 터리'로 번역되고 '陰縮'이 '陰이 움처들다'로 번역된다. 그리고 '陰縮'의 자석이 '슈신이 움처드는 병'이다. 따라서 '슈신'과 '陰'의 동의성은 명백히 입증된다.

   (136) a. 제 남진의 슈신앳 터리 두 닐굽 나출 ᄉ라(取夫陰毛二七莖燒) <救간七 42a>

      b. 陰縮 : 슈신이 움처드는 병 <救간 目錄 4a>

   (136) c. 陰이 움처들오(陰縮) <救方上 56a>

<137> 슈신 對 陰莖

　고유어 '슈신'과 한자어 '陰莖'이 [莖]과 [陰莖] 즉 '음경'의 뜻을 가지고 동의 관계에 있다는 것은 다음 예문들에서 잘 확인된다. 원문 중 '從莖中出'이 '슈신으로 나다'로 번역되고 '莖中'이 '陰莖ㅅ 솝'으로 번역된다. 그리고 '陰莖頭'가 '슈신 머리'로 번역된다. 따라서 '슈신'과 '陰莖'의 동의성은 명백히 입증된다.

> (137) a. 슈신이 알프거든(莖中急痛) <救간三 117a>
>
> 　　　 b. 몰애와 여러 가짓 거시 슈신으로 나리니(砂石諸物從莖中出) <救간三 113b>
>
> 　　　 c. 빈와 슈신이 굳블라 알프거든(臍腹及陰莖澁痛) <救간三 113b>
>
> 　　　 d. 슈신 머리를 세 붓글 쓰라(灸陰莖頭三壯) <救간一 99a>
>
> 　　　 e. 슈신 우희 오목흔 딘 세 붓글 쓰고(灸陰莖上宛宛中三壯) <救간一 99a>
>
> 　　　 f. 슈신이 붓거든(陰腎腫) <救간三 108b>

> (137) g. 陰莖ㅅ 소비 알파(莖中痛) <救方上 69b>

<138> 슉링 對 漿

　고유어 '슉링'과 한자어 '漿'이 [漿] 즉 '미음, 쌀 끓인 물'의 뜻을 가지고 동의 관계에 있다는 것은 다음 예문들에서 잘 확인된다. 원문 중 '溫漿'이 '두순 슉링'으로 번역되고 '作漿'이 '漿을 짓다'로 번역된다. 따라서 '슉링'과 '漿'의 동의성은 명백히 입증된다.

> (138) a. 두순 슉(107b)링애 두 돈만 프러 머그라(以溫漿調下二錢) <救간二 108a>
>
> 　　　 b. 溫漿 : 두순 슉링 <救간二 107b>

> (138) c. 믈(49b)로 漿을 지서(用水作漿) <救方下 50a>

<139> 쓸게 對 膽

고유어 '쓸게'와 한자어 '膽'이 [膽] 즉 '쓸개, 膽'의 뜻을 가지고 동의 관계에 있다는 것은 다음 예문들에서 잘 확인된다. 원문 중 '雄鷄膽'이 '수톩의 쓸게'로 번역되고 '鷄膽'이 '들기 膽'으로 번역된다. 그리고 '猪膽'이 '도틱 쓸게'로 번역되고 '猪膽'의 자석이 '도틱 쓸게'이다. 따라서 '쓸게'와 '膽'의 동의성은 명백히 입증된다.

(139) a. 들기 똥 힌 딕 흔 량 짒간 봇그니와 수톩의 쓸게 반 량 ᄆᆞᄅᆞ니와를 흔딕 ᄀᆞ늘에
　　　　ᄀᆞ라(鷄粉白一兩微炒 雄鷄膽半兩乾者同硏令細) <救간三 111b>
　　 b. 싱앙 즛두드려 똔 즙과 도틱 쓸게와를 디허(生薑汁 猪膽搗) <救간三 30a>
　　 c. 도틱 쓸게 두 낫 똔 즙에 녀허(入猪膽汁兩枚) <救간三 70b>
　　 d. 도틱 쓸게 들기 알만 크니를 더운 수레 녀허(猪膽大如鷄子者內熱酒中)
　　　　<救간三 91a>

(139) e. 羊膽 두 낫과 들기 膽 두 낫과 鯉魚膽 두 낫과를 허러
　　　　(羊膽三枚鷄膽二枚鯉魚膽二枚右摘破) <救方下 40a>
　　 f. 雄鷄膽 : 수톩의 쓸게 <救간三 111b>
　　 g. 猪膽 : 도틱 쓸게 <救간三 29b> <救간三 70a> <救간三 90b>

<140> 싀화 對 苦苣

고유어 '싀화'와 한자어 '苦苣'가 [苦苣] 즉 '싀화'의 뜻을 가지고 동의 관계에 있다는 것은 다음 예문들에서 잘 확인된다. 원문 중 '苦苣莖葉'이 '싀홧 줄기와 닙'으로 번역되고 '苦苣'의 자석이 '싀화'이다. 그리고 '苦苣根'이 '싀홧 불휘'로 번역되고 '苦苣根'의 자석이 '싀홧 불휘'이다. 따라서 '싀화'와 '苦苣'의 동의성은 명백히 입증된다.

(140) a. 싀홧 줄기와 닙과를 즛두드려 브티라(碎苦苣莖葉傅) <救간六 51b>
　　 b. 싀홧 불휘 ᄂᆞᆯ 디허(用苦苣根生擣) <救간二 60a>

(140) c. 苦苣 : 싀화 <救간六 51b>

d. 苦苣根 : 싀홧 불휘 <救간二 60a>

<142> 시욱 對 氈單

고유어 '시욱'과 한자어 '氈單'이 [氈單] 즉 '모전(毛氈), 털로 짠 모직물'의 뜻을 가지고 동의 관계에 있다는 것은 다음 예문들에서 잘 확인된다. 원문 중 '氈單或藁薦'이 '시욱이어나 쏘 거저기어나'로 번역되고 '氈單'의 자석이 '시욱'이다. 따라서 '시욱'과 '氈單'의 동의성은 명백히 입증된다.

(141) a. 거믄 시우글 스라 지 밍ᄀ라(取黑氈燒爲末) <救方上 82a>

b. 시욱이어나 쏘 거저기어나 주그닐 ᄢᅡ(氈單或藁薦裹之) <救간一 87a>

(141) c. 氈單 : 시욱 <救간一 87a>

<142> 신 對 훠

고유어 '신'과 한자어 '훠'(靴)가 [鞋]와 [靴] 즉 '신'의 뜻을 가지고 동의 관계에 있다는 것은 다음 예문들에서 잘 확인된다. 원문 중 '鞋底'가 '신챵'으로 번역되고 '夫靴'가 '제 남진의 훠'로 번역된다. 따라서 '신'과 '훠'의 동의성은 명백히 입증된다.

(142) a. 아기 낟는 어믜 신챵을 브레 ᄢᅬ여(用産母鞋底火炙) <救方下 89a>

b. 아기 낟는 어믜 신챵을 브레 ᄢᅬ야(産母鞋底火炙) <救간七 49b>

(142) c. 믈 서 되로 제 남진의 훠를 시서(水三升洗夫靴) <救간七 7a>

d. 夫靴 : 남진의 훠 <救간七 7a>

<143> 심 對 人參

　고유어 '심'과 한자어 '人參'이 [人參] 즉 '인삼'의 뜻을 가지고 동의 관계에 있다는 것은 다음 예문들에서 잘 확인된다. 원문 중 '人參一兩'이 '심 혼 량'으로도 번역되고 '人參 혼 兩'으로도 번역된다. 그리고 '人參桂心'이 '심과 계핏 솝'으로도 번역되고 '人參과 桂心'으로도 번역된다. 따라서 '심'과 '人參'의 동의성은 명백히 입증된다. 고유어 '심'은 『구급간이방』(1489)에 처음으로 등장한다.

　　(143) a. 심 혼 량을 머리 업게 ᄒ니와(人參一兩去蘆頭) <救간六 23b>

　　　　　 b. 심 혼 량을 디허 굵게 처(人參一兩麤擣篩) <救간二 58b>

　　　　　 c. 심과 계핏 솝과(人參桂心) <救간二 120a>

　　　　　 d. 심 브레 ᄆᆯ외요니와 각 혼 량을(人參焙乾各一兩) <救간二 111b>

　　　　　 e. 심과 무근 귨 거(17b)플(人參陳橘皮) <救간七 18a>

　　　　　 f. 심 글힌 므레(人參湯) <救간一 97a>

　　(143) g. 人參 혼 兩 머리 버히니와(人參一兩去蘆) <救方下 2a>

　　　　　 h. 人參을 머리 버히고(人參去蘆) <救方上 13a>

　　　　　 i. 人參과 桂心과(人參桂心) <救方上 67a>

　　　　　 j. 人參을 焙乾ᄒ니 各 혼 兩을(人參焙乾各一兩) <救方上 59b>

　　　　　 k. 人參과 乾薑과 白朮와 甘草를(人參乾薑白朮甘草) <救方上 6a>

　　　　　 l. 신숨 패녹산(人參敗毒散) <救간一 100a>

　　　　　 m. 화졔방애 화개산과 신숨 관화고와를 머고미 맛당ᄒ니라

　　　　　　 (宜服和劑方華蓋散人參款花膏) <救간七 16b>

<144> 심황 對 鬱金

　고유어 '심황'과 한자어 '鬱金'이 [鬱金] 즉 '심황, 울금'의 뜻을 가지고 동의 관계에 있다는 것은 다음 예문들에서 잘 확인된다. '심황'은 '생강과에 속하는 다년초'이다. 원문 중 '鬱金白芷'가 '심황과 구리댓 불휘'로도 번역되고 '鬱金과 白芷'로도 번역된다. 그리고 '鬱金…擣'가 '심황 딯다'로 번역되고 '鬱金燒'가 '鬱金을 슬다'로 번역된

다. 따라서 '심황'과 '鬱金'의 동의성은 명백히 입증된다.

> (144) a. 심황과 구리댓 불휘와 세신 불휘와 각각 곧게 논화(鬱金 白芷 細辛各等分)
>
>   <救간二 117b>
>
>   b. 심황 혼 나츨 디허(鬱金一箇擣) <救간三 97a>
>
>   c. 회화 봇그니 혼 량과 심황 사호로니 혼량과롤 디허 처
>
>   (槐花炒鬱金剉各一兩擣羅) <救간 三 94a>
>
>   d. 심황フ로니롤(鬱金末) <救간二 109a>

> (144) e. 鬱金과 白芷와 細辛을 等分ᄒ야(鬱金 白芷 細辛各等分) <救方上 65b>
>
>   f. 鬱金을 ᄉ로딕(用鬱金燒) <救方下 90a>
>
>   g. 鬱金 : 심황 <救간二 117a> <救간三 96b> <救간三 93b>
>
>   h. 鬱金末 : 심황 フ릭 <救간二 108b>

<145> 슬옷외 對 羊蹄

고유어 '슬옷외'와 한자어 '羊蹄'가 [羊蹄] 즉 '소루쟁이, 참소리쟁이'의 뜻을 가지고 동의 관계에 있다는 것은 다음 예문들에서 잘 확인된다. 원문 중 '羊蹄獨根者'가 '슬옷외 불휘'로 번역되고 '羊蹄獨根者'의 자석이 '슬옷외 불휘'이다. 따라서 '슬옷외'와 '羊蹄'의 동의성은 명백히 입증된다.

> (145) a. 슬옷외 불휘롤 ᄇ룸과 희와 겨집과 둙과 가히와 뵈디 마오
>
>   (羊蹄獨根者勿見風日婦人雞犬) <救간二 70a>
>
>   b. 羊蹄獨根者 : 슬옷외 불휘 <救간二 69b>

<146> 싱앙 對 生薑

고유어 '싱앙'과 한자어 '生薑'이 [生薑] 즉 '새앙, 생강'의 뜻을 가지고 동의 관계에 있다는 것은 다음 예문들에서 잘 확인된다. 원문 중 '老生薑'이 '무근 싱앙'으로도 번역되고 '늘근 生薑'으로도 번역된다. 그리고 '生薑自然汁'이 '싱앙즙'으로도 번역되고

‘生薑 自然汁’으로도 번역된다. 따라서 ‘싱앙’과 ‘生薑’의 동의성은 명백히 입증된다.

    (146) a. 쏘 무근 싱앙을 니예 뿌츠라(或老生薑擦其齒) <救간一 72a>

        b. 믈 혼 되 닷 홉과 싱앙 두터운 닐굽 편 조쳐 글효니 바니어든

          (水一盞半生薑七厚片煎取其半) <救간一 2b>

        c. 싱앙즙 닷 홉을(生薑自然汁半盞) <救간一 54a>

        d. 싱앙 석 량 디허 쫀 즙에(生薑三兩擣取汁) <救간二 20a>

    (146) e. 시혹 늘근 生薑이나 그 니예 뿌츠라(或老生薑擦其齒) <救方上 71a>

        f. 믈 혼 盞 半과 生薑(1b) 혀 半을 取ᄒᆞ야(水一盞半生薑七厚片煎取其半)

          <救方上 2a>

        g. 生薑 自然汁 半 잔을(生薑自然汁半盞) <救方上 38b>

        h. 生薑汁 두 홉과 硫黃 半 兩을 섯거(生薑汁二合硫黃半兩右相和) <救方下 74a>

<148> 싱피 對 肺

    고유어 ‘싱피’와 한자어 ‘肺’가 [肺] 즉 ‘폐’의 뜻을 가지고 동의 관계에 있다는 것은 다음 예문들에서 잘 확인된다. 원문 중 ‘在肺’가 ‘肺에 잇다’로 번역되고 ‘肺’의 자석이 ‘싱피’이다. 따라서 ‘싱피’와 ‘肺’의 동의성은 명백히 입증된다.

    (147) a. 肺ᄂᆞᆫ 싱피라 <救간三 75b>

    (147) b. 그 몬 보ᄂᆞᆫ 그튼 肺예 잇ᄂᆞ니(其末在肺) <救간三 75b>

        c. 비와 폐와 긔운이 마가 셜ᄒᆞ야(脾肺壅熱) <救간二 67b>

        d. ᄇᆞ롬으로 덥다라 폐예 긔운이 마가(風熱肺壅) <救간二 65b>

<148> 아기 對 子息

    고유어 ‘아기’와 한자어 ‘子息’이 [子] 즉 ‘아기’의 뜻을 가지고 동의 관계에 있다는 것은 다음 예문들에서 잘 확인된다. 원문 중 ‘子母’가 ‘아기와 어미’로도 번역되고 ‘子

息과 어미'로도 번역된다. 따라서 '아기'와 '자식'의 동의성은 명백히 입증된다.

(148) a. 아기와 어미와 다 죽ᄂᆞ니(子母俱亡) <救간七 45b>

　　　　b. 아기와 어미왜 다 살리라(子母俱活) <救간七 46a>

(148) c. 子息과 어미왜 다 죽ᄂᆞ니(子母俱亡) <救方下 81b>

　　　　d. 子息과 어미왜 다 사ᄂᆞ니라(子母俱活) <救方下 82a>

　　　　e. 어미 ᄒᆞ마 주거 子息이 아니 나릴 고툐ᄃᆡ(治母已死子不出者) <救方下 82b>

　　　　f. 子息이 즉재 나ᄂᆞ니라(子卽出) <救方下 82b>

　　　　g. 어미는 죽고 ᄌᆞ식은 몯 낫거든(母已死子不出者) <救간七 40b>

　　　　h. ᄌᆞ시기 비 안해셔 주거(子死腹中) <救간七 19a>

<149> 아ᄌᆞ 對 訶梨勒

　고유어 '아ᄌᆞ'와 한자어 '訶梨勒'이 [訶梨勒] 즉 '가려륵(訶黎勒), 가자(訶子)'의 뜻을 가지고 동의 관계에 있다는 것은 다음 예문들에서 잘 확인된다. 원문 중 '訶梨勒生去核'이 '아ᄌᆞ ᄂᆞ를 ᄢᅵ 앗다'로 번역되고 '訶子肉'이 '아ᄌᆞᆺ 술ᄒ'로 번역되고 '訶梨勒'의 자석이 '아ᄌᆞ'이다. 따라서 '아ᄌᆞ'와 '訶梨勒'의 동의성은 명백히 입증된다.

(149) a. 아ᄌᆞ ᄂᆞ를 ᄢᅵ 앗고 ᄒᆞᆫ 나출 ᄎᆞ텨(訶梨勒生去核一枚拍破) <救간二 22b>

　　　　b. 아ᄌᆞᆺ 술콰 우비ᄌᆞ와를 ᄀᆞᆲ게 ᄂᆞ화(訶子肉 五倍子各等分) <救간三 5a>

(149) c. 訶梨勒 : 아ᄌᆞ <救간二 22b>

<150> 아ᄎᆞᆷ 對 平明

　고유어 '아ᄎᆞᆷ'과 한자어 '平明'이 [平旦] 즉 '아침, 새벽'의 뜻을 가지고 동의 관계에 있다는 것은 다음 예문들에서 잘 확인된다. 원문 중 '平旦'이 '아ᄎᆞᆷ'으로도 번역되고 '平明'으로도 번역된다. 따라서 '아ᄎᆞᆷ'과 '平旦'의 동의성은 명백히 입증된다.

(150) a. 샹녜 아ᄎ미 날 아니 도둔 제(恒以平旦日未出時) <救方下 37b>

　　　b. 아ᄎ미 이슬 조쳐 ᄣᅡ(平旦承露採取) <救간三 34b>

　　　c. 아ᄎ미 소느로 염곳 그텟 이스를 ᄇᆞᆯ로미 ᄀᆞ장 됴ᄒ니라

　　　　(平旦以手掉取韭頭露塗之極效) <救간六 84b>

(150) d. 五月 五日 平明에(五月五日平旦) <救方上 81a>

<151> 아혹 對 葵菜

고유어 '아혹'과 한자어 '葵菜'가 [葵菜] 즉 '아욱'의 뜻을 가지고 동의 관계에 있다는 것은 다음 예문들에서 잘 확인된다. 원문 중 '煮葵菜'가 '아혹 글히다'로 번역되고 '葵菜'의 자석이 '아혹'이다. 따라서 '아혹'과 '葵菜'의 동의성은 명백히 입증된다.

(151) a. 아혹 글힌 므를 ᄎ게 ᄒᆞ야(煮葵菜汁冷) <救간六 18b>
　　　b. 煮葵菜汁 : 아혹 글힌 믈 <救간六 18b>

<152> 양 對 증

고유어 '양'과 한자어 '증'(證)이 [狀] 즉 '모양, 병의 상태'의 뜻을 가지고 동의 관계에 있다는 것은 다음 예문들에서 잘 확인된다. 원문 중 '其狀'이 '그 양'으로도 번역되고 '그 증'으로도 번역된다. 따라서 '양'과 '증'의 동의성은 명백히 입증된다.

(152) a. 손바리 뷔트라 그 양이 中風과 다ᄅᆞ디 아니ᄒᆞ니(手足拘攣其狀與中風無異)
　　　　<救方上 12a>

(152) b. 손바리 거두주혀 그 증이 ᄇᆞ롬 마ᄌᆞ니와 다ᄅᆞ디 아니호ᄃᆡ
　　　　(手足拘攣其狀與中風無異) <救간一 38b>
　　　c. 氣中흔 證은(氣中證候者) <救方上 12a>
　　　d. 긔듕흔 증은(氣中證候者) <救간一 38b>
　　　e. 이 證이 잇거든(有此證) <救方下 23a>

<153> 양고미 對 鶯粟

고유어 '양고미'와 한자어 '鶯粟'가 [鶯粟] 즉 '양귀비'의 뜻을 가지고 동의 관계에 있다는 것은 다음 예문들에서 잘 확인된다. 원문 중 '鶯粟殼'이 '양고밋 당아리'로 번역되고 '鶯粟殼'의 자석이 '양고밋 당아리'이다. 따라서 '양고미'와 '鶯粟'의 동의성은 명백히 입증된다.

> (153) a. 양고밋 당아리 ᄒᆞᆫ 낫 솝과 고고리 아ᅀᆞ니와(鶯粟殼一介穰幷蔕) <救간二 14a>
>
> b. 鶯粟殼 : 양고밋 당아리 <救간二 13b>

<154> 어르러지 對 癲風

고유어 '어르러지'와 한자어 '癲風'이 [癲風] 즉 '어루러기, 癲風'의 뜻을 가지고 동의 관계에 있다는 것은 다음 예문들에서 잘 확인된다. 원문 중 '白癲風徧身'이 '힌 어르러지 모매 퍼디다'로 번역되고 '白癲風'의 자석이 '힌 어르러지'이다. 따라서 '어르러지'과 '癲風'의 동의성은 명백히 입증된다.

> (154) a. 힌 어르러지 모매 퍼디여 어르눅도 ᄇᆞ랍거든(白癲風徧身斑點瘙痒)
>
>   <救간六 84b>
>
> b. 블근 어르러지예 셕우황 닐굽 돈 반과…빅번 ᄒᆞᆫ 량과ᄅᆞᆯ 흔듸 ᄀᆞ라
>
>   (紫癜風雄黃七錢半…白礬一兩都研) <救간六 89a>
>
> c. 여러 가짓 어르러지예 도틱 엄 ᄀᆞ튼 조각(91a)을 하나 져그나 숫브레 ᄉᆞ라
>
>   (諸般癜風用猪牙皂角不以多少用炭火上燒) <救간六 91b>
>
> d. 초애 ᄀᆞ라 어르러지예 쎄븨라(醋磨擦癜風處) <救간六 90a>
>
> e. 블근 어르러지 힌 어르러지예 빅부ᄌᆞ와 셔류황과ᄅᆞᆯ ᄀᆞᄂᆞ리 ᄀᆞ라
>
>   (紫白癜 白附子硫黃細末) <救간六 90b>
>
> f. ᄉᆡᆼ뵈로 어르러지ᄅᆞᆯ ᄲᅳ처 져기 헐어든(以生布搭癜上微傷) <救간六 87a>
>
> (154) g. 紫白癜風 : 블근 어르러지와 힌 어르러지 <救간 目錄 7a>
>
> h. 白癜風附紫癜風 : 힌 어르러지 블근 어르러지 <救간六 84a>

<155> 얼에빗 對 木梳

고유어 '얼에빗'과 한자어 '木梳'가 [木梳] 즉 '얼레빗'의 뜻을 가지고 동의 관계에 있다는 것은 다음 예문들에서 잘 확인된다. 원문 중 '油木梳'가 '기름 무든 얼에빗'으로 번역되고 '木梳'의 자석이 '얼에빗'이다. 그리고 '舊木梳'가 '오란 얼에빗'으로 번역되고 '舊木梳'의 자석이 '오란 얼에빗'이다. 따라서 '얼에빗'과 '木梳'의 동의성은 명백히 입증된다.

(155) a. 기름 무든 얼에비술 브레 뙤야(油木梳火上炙) <救간六 66a>
b. 오란 얼에빗 져그니 흔 나출 스라(舊木梳一枚小者燒) <救간二 50b>

(155) c. 木梳 : 얼에빗 <救간六 66a>
d. 舊木梳 : 오란 얼에빗 <救간二 50b>

<156> 열 對 大麻

고유어 '열'과 한자어 '大麻'가 [大麻] 즉 '삼'의 뜻을 가지고 동의 관계에 있다는 것은 다음 예문들에서 잘 확인된다. 원문 중 '大麻仁'이 '열 삐'로도 번역되고 '大麻仁'으로도 번역된다. 그리고 '搗大麻子'가 '열 삐를 딯다'로 번역되고 '大麻子…搗'가 '大麻子 딯다'로 번역된다. 따라서 '열'과 '大麻'의 동의성은 명백히 입증된다.

(156) a. 열 삐 흔 되와(大麻仁一升) <救方上 86a>
b. 열 삐 닫 ᄀ로니 흔 량(大麻仁別研各一兩) <救간七 13a>
c. 열 삐를 디허 브레 무라(搗大麻子水和) <救간三 55a>
d. 열 삐를 ᄆ르 ᄀ라(大麻子爛研) <救간三 69b>

(156) e. 大麻仁과 大黃을 사ᄒ라(大麻仁 大黃剉) <救方上 68b>
f. 大麻子 서 되를 디허(大麻子三升搗) <救方下 3b>
g. 大麻仁 : 열 삐 <救간七 12b>
h. 大麻子 : 열 삐 <救간三 69b> <救간三 55a>

<157> 염교 對 韭菜/韮菜

고유어 '염교'와 한자어 '韭菜'가 [韭菜], [韮菜] 및 [韭] 즉 '부추'의 뜻을 가지고 동의 관계에 있다는 것은 다음 예문들에서 잘 확인된다. 원문 중 '韭菜搗'가 '염교 찧다'로 번역되고 '搗韮菜'가 '韮菜를 딯다'로 번역된다. '韭葉切'이 '염곳 니플 사홀다'로도 번역되고 '韭菜ㅅ 니플 사홀다'로도 번역된다. '韭根'이 '염곳 불휘'로도 번역되고 '韭菜ㅅ 불휘'로도 번역된다. 그리고 '搗韭'가 '염교 딯다'로도 번역되고 '韭菜를 찧다'로도 번역된다. 따라서 '염교'와 '韭菜/韮菜'의 동의성은 명백히 입증된다.

(157) a. 염교 찌허 뽄 즙을 머기라(韭菜搗汁服) <救간一 17a>

b. 염곳 즈블 ㄱ라(硏韭汁) <救方上 19b>

c. 염곳 니플 사ᄒ라(韭葉切) <救간七 65a>

d. 염곳 불휘와 늘근 빗 둘콰ᄅᆞᆯ(韭根故梳二枚) <救간六 35b>

e. 솔고 쎄 솝 ᄒᆞ 량과 염곳 불휘 ᄒᆞ 량과ᄅᆞᆯ 섯거(杏仁一兩韭根一兩相和)
   <救간六 38b>

f. 염곳 불휘ᄅᆞᆯ 디허(用韭根搗) <救간一 83a>

g. 염교 디허 뽄 즙(搗韭絞取汁) <救간六 35b>

(157) h. 韮菜ᄅᆞᆯ 디허(搗韮菜) <救方下 42b>

i. 韭菜ㅅ 니플 사ᄒ라(韭葉切) <救方下 95b>

j. 韭(67a)菜ㅅ 불휘와 늘근 빗 두 나츨(用韭根故梳二枚) <救方下 67b>

k. 솔곳 ᄌᆞ슈와 韭菜ㅅ 불휘 各(69b) ᄒᆞᆫ 兩을 서르 섯거(杏仁 韭根各一兩相和)
   <救方下 70a>

l. 韭菜ᄅᆞᆯ 찌허 汁을 ᄣᅡ(搗韭絞取汁) <救方下 66b>

m. 韭菜ᄅᆞᆯ(61a) 쭈드려 汁을 머기면(搗韭汁服之) <救方下 61b>

<158> 엿 對 飴糖

고유어 '엿'과 한자어 '飴糖'이 [飴糖] 즉 '엿'의 뜻을 가지고 동의 관계에 있다는 것은 다음 예문들에서 잘 확인된다. 원문 중 '飴糖丸'이 '엿슬 환 밍글다'로 번역되고

‘飴糖’의 자석이 ‘엿’이다. 따라서 ‘엿’과 ‘飴糖’의 동의성은 명백히 입증된다.

> (158) a. 여슬 환 밍그로딕(飴糖丸) <救간六 5b>
>
> b. 엿 혼(10b) 량 녀허(內飴糖一兩) <救간二 11a>
>
> c. 엿 녀허 녹거든(內飴糖消) <救간二 19b>
>
> d. 엿 엿 량과(飴糖六兩) <救간二 19a>

> (158) e. 飴糖 : 엿 <救간六 5a> <救간二 10a> <救간二 19a>

고유어 ‘엿’이 한자어 ‘膠飴’와 [膠飴] 즉 ‘엿’의 뜻을 가지고 동의 관계에 있다는 것은 다음 예문들에서 잘 확인된다.

> (158) f. 무른 싱앙…엿 혼 근과를 섯거(乾薑…膠飴一斤拌) <救간二 23a>
>
> g. 膠飴 : 엿 <救간二 23a>

<159> 엿귀 對 료화

고유어 ‘엿귀’와 한자어 ‘료화’(蓼花)가 [蓼] 즉 ‘여뀌, 요화’의 뜻을 가지고 동의 관계에 있다는 것은 다음 예문들에서 잘 확인된다. 원문 중 ‘濃煮蓼’가 ‘엿귀를 두터이 글히다’로도 번역되고 ‘료화 디투 글히다’로도 번역된다. 따라서 ‘엿귀’와 ‘료화’의 동의성은 명백히 입증된다.

> (159) a. 엿귀를 두터이 글혀 汁을 取(9a)ᄒ야(濃煮蓼取汁) <救方上 9b>
>
> b. 블근 엿귓 줄기와 닙과를 ᄀᄂ리 사ᄒ라(赤蓼莖葉細切) <救方上 32a>

> (159) c. 료화 디투 글힌 즙(濃煮蓼取汁) <救간一 34a>

<160> 영싱 對 薄荷

고유어 '영싱'과 한자어 '薄荷'가 [薄荷] 즉 '영생이, 박하'의 뜻을 가지고 동의 관계
에 있다는 것은 다음 예문들에서 잘 확인된다. 원문 중 '薄荷汁'이 '영싱 ㄱ론 즙'으로
도 번역되고 '薄荷ㅅ 汁'으로도 번역된다. 따라서 '영싱'과 '薄荷'의 동의성은 명백히
입증된다.

(160) a. 영싱 ㄱ론 즙을 ㅂㄹ라(研薄荷汁塗之) <救간六 75a>
   b. 研薄荷汁 : 영싱 ㄱ론 즙 <救간六 75a>

(160) c. 薄荷ㅅ 汁을 ㅂㄹ라(用薄荷汁塗之) <救方下 65a>

<161> 예초 對 酸棗

고유어 '예초'와 한자어 '酸棗'가 [酸棗] 즉 '멧대추'의 뜻을 가지고 동의 관계에 있
다는 것은 다음 예문들에서 잘 확인된다. 원문 중 '酸棗燒灰'가 '예초 스론 직'로 번역
되고 '酸棗燒'가 '酸棗를 슬다'로 번역된다. 그리고 '酸棗仁'이 '예촛 삐'로 번역되고 '酸
棗仁'의 자석이 '예촛 삐'이다. 따라서 '예초'와 '酸棗'의 동의성은 명백히 입증된다.

(161) a. 예초 스히디 아니케 스론 직를(酸棗燒灰存性) <救간六 21a>
   b. 예촛 삐와 느릅나못 힌 거플와를 ᄀ게 ᄂ화(用酸棗仁 楡白皮等分)
     <救간一 114b>
   c. 예촛 삐 ᄒᆞᆫ 량을 구스게 봇가(用酸棗仁一兩炒香) <救간一 116a>
   d. 예촛 삐 즙을 녀혀(下酸棗人汁) <救간一 13a>
   e. 예초 삐 솝(酸棗人) <救간一 13a>

(161) f. 酸棗를 스로디(酸棗燒) <救方下 7b>
   g. 酸棗 : 예초 <救간六 20b>
   h. 酸棗仁 : 예촛 삐 <救간一 114a> <救간一 115b>
   i. 酸棗人 : 예초 삐 솝 <救간一 12b>

<162> 오도 對 椹子

고유어 '오도'와 한자어 '椹子'가 [椹子] 즉 '오디'의 뜻을 가지고 동의 관계에 있다는 것은 다음 예문들에서 잘 확인된다. 원문 중 '椹子將紅者'가 '오도 블거ᄒᆞ니'로 번역되고 '椹子'의 자석이 '오도'이다. 따라서 '오도'와 '椹子'의 동의성은 명백히 입증된다.

(162) a. 오도 블거ᄒᆞ니를 하나 져그나 ᄂᆞ로니 시버(椹子將紅者不拘多少細嚼)
    <救간六 8a>
  b. 놀 오도옷 업거든(8a) 블거ᄒᆞ니를 ᄀᆞ늘해 믈외야(如無新者只欲紅陰乾)
    <救간六 8b>

(162) c. 椹子 : 오도 <救간六 8a>

<163> 오좀 對 小便

고유어 '오좀'과 한자어 '小便'이 [小便] 즉 '오줌, 小便'의 뜻을 가지고 동의 관계에 있다는 것은 다음 예문들에서 잘 확인된다. 원문 중 '童子小便'이 '아히 오좀'으로도 번역되고 '아히 小便'으로도 번역된다. 그리고 '小便灌'이 '오좀을 쓰리다'로도 번역되고 '小便으로 쓰리다'로도 번역된다. 따라서 '오좀'과 '小便'의 동의성은 명백히 입증된다.

(163) a. 아히 오좀 ᄒᆞᆫ 中잔ᄋᆞ로 글혀(用童子小便一中盞煎) <救方上 85b>
  b. 아히 오좀 ᄒᆞᆫ 져근 盞과(童子小便一小盞) <救方下 20b>
  c. 순아히 오좀 져고매와 됴ᄒᆞᆫ 초 죠고매와애 ᄆᆞ라(童子小便好醋各一茶脚許調)
    <救간七 37a>
  d. 새 오좀 ᄒᆞᆫ두 자늘 머그면(新小便一兩盞飮) <救方下 9a>
  e. ᄀᆞᆺ 눈 오좀과 사ᄅᆞ미 ᄯᅩ올 섯거(右用新小便和人糞) <救方下 52b>
  f. 오조매 ᄃᆞᆷᄀᆞ며 시스라(以小便浸洗之) <救方下 8b>
  g. 오좀을 ᄂᆞ치 쓰리면(小便灌其面) <救간一 44a>

　　h. 손아히 오좀 반 되를 글혀(童子小便半升煮) 〈救간二 117b〉

(163) i. 아히 小便 半 되를 글혀(童子小便半升煮) 〈救方上 65b〉

　　　 j. 아히 小便과 醋와 各各 젹젹 ᄒ야(童子小便醋各少許調) 〈救方下 83b〉

　　　 k. ᄒ다가 밧바 小便 업거든(如卒無小便) 〈救方上 85b〉

　　　 l. 小便으로 ᄂ치 쓰리면(小便灌其面) 〈救方上 26a〉

　　　 m. 小便 두서 잔을 머그면(取小便服三兩盞) 〈救方上 83a〉

　　　 n. 小便에 下血이 긋디 아니커든(小便下血不止) 〈救方上 63a〉

　　　 o. 소변이 통티 아니커든(小便不通) 〈救간一 51b〉

〈164〉 온 對 一百

　　고유어 '온'과 한자어 '一百'이 [百] 즉 '百, 一百'의 뜻을 가지고 동의 관계에 있다는 것은 다음 예문들에서 잘 확인된다. 원문 중 '百藥'이 '온 藥'으로 번역되고 '百骨節'이 '온 ᄆ듸'로 번역된다. 그리고 '百日'이 '一百 날'로 번역되고 '百壯'이 '一百 붊'으로 번역된다. 따라서 '온'과 '一百'의 동의성은 명백히 입증된다.

(164) a. 온 藥을 뻐도 됴티 아니ᄒ닐 고툐ᄃᆡ(治…百藥試之不効) 〈救方下 41b〉

　　　 b. 온 ᄆ듸 알파 참디 몯ᄒ거든(百骨節疼痛不可忍) 〈救간一 88b〉

　　　 c. 온 가짓 즁싱이 간 먹고 毒 마즈닐 고튜ᄃᆡ(治百獸肝中毒) 〈救方下 6b〉

　　　 d. 온 가짓 벌에 귀에 드닐 고튜ᄃᆡ(治百虫入耳) 〈救方下 42b〉

　　　 e. 온 가짓 藥毒을 고툐ᄃᆡ(解百藥毒) 〈救方下 55b〉

　　　 f. 온 가짓 거시 모기 걸어든(百物入咽) 〈救간六 10a〉

(164) g. 一百 ᄂ를 ᄀ늘해 믈외야(陰乾百日) 〈救方上 26b〉

　　　 h. 一百 숨 남즈기 ᄒ고(百餘息) 〈救方上 25a〉

　　　 i. 빗보글 一百 붓글 쓰라(灸臍中百壯) 〈救方下 19b〉

　　　 j. 음낭 아래 항문으로셔 ᄒ 촌만 일빅 붓글 쓰라(灸陰囊下去下部一寸百壯)

　　　　 〈救간一 55a〉

<165> 옷 對 듕의

고유어 '옷'과 한자어 '듕의'(中衣)가 [衣] 즉 '袴衣, 여름에 바지 대신으로 입는 홑옷'의 뜻을 가지고 동의 관계에 있다는 것은 다음 예문들에서 잘 확인된다. 원문 중 '月經衣'가 '月經흔 옷'으로도 번역되고 '월경ᄒᆞ야실 젯 듕의'로도 번역된다. 따라서 '옷'과 '듕의'의 동의성은 명백히 입증된다.

(165) a. 月經흔 옷 ᄉᆞ론 ᄀᆞᄅᆞᆯ 수레 方寸만 수를 머구듸(月經衣燒末酒服方寸匕)
　　　　<救方下 64a>

(165) b. 겨집의 월경ᄒᆞ야실 젯 듕의ᄅᆞᆯ ᄉᆞ라(燒婦人月經衣) <救간一 109a>
　　　c. 月經衣 : 월경ᄒᆞ야실 젯 듕의 <救간一 108b>

<166> 요목 對 已用草

고유어 '요목'과 한자어 '已用草'가 [已用草]의 뜻을 가지고 동의 관계에 있다는 것은 다음 예문들에서 잘 확인된다. 원문 중 '厠前已用草'가 '뒷간앳 요목'으로 번역되고 '厠前已用草'의 자석이 '뒷간앳 요목'이다. 따라서 '요목'과 '已用草'의 동의성은 명백히 입증된다.

(166) a. 뒷간앳 요목 두 닐곱 낫 ᄉᆞ론 ᄀᆞᆯ을 므레 프러 머그라
　　　　(厠前已用草二七枚燒作屑水調服之) <救간七 32b>
　　　b. 厠前已用草 : 뒷간앳 요목 <救간七 32b>

<167> 웅에 對 鱓魚

고유어 '웅에'와 한자어 '鱓魚'가 [鱓魚] 즉 '두렁허리'의 뜻을 가지고 동의 관계에 있다는 것은 다음 예문들에서 잘 확인된다. 원문 중 '大鱓魚一條'가 '큰 웅에 ᄒᆞ나ᄒᆞ'로 번역되고 '大鱓魚'의 자석이 '큰 웅에'이다. 따라서 '웅에'와 '鱓魚'의 동의성은 명백히 입증된다.

(167) a. 큰 웅에 ᄒᆞ나홀 침으로 머리를 ᄣᅰ어(大鱔魚一條以針刺頭上) <救간一 21a>

    b. 大鱔魚 : 큰 웅에 <救간一 21a>

<168> 우웡 對 牛蒡

고유어 '우웡'과 한자어 '牛蒡'이 [牛蒡] 즉 '우엉'의 뜻을 가지고 동의 관계에 있다는 것은 다음 예문들에서 잘 확인된다. 원문 중 '生牛蒡根'이 '늘 우웡 불휘'로 번역되고 '牛蒡根'의 자석이 '우윓 불휘'이다. 그리고 '牛蒡子'가 '우웡 삐'로 번역되고 '牛蒡子'의 자석이 '우윓 삐'이다. 따라서 '우웡'과 '牛蒡'의 동의성은 명백히 입증된다.

(168) a. 늘 우윓 불휘 디허 똔 즙 닷 홉을 공심에 머고ᄃᆡ 두 번에 ᄂᆞ화 머그라

    (生牛蒡根搗取汁五大合空腹分爲兩服服) <救간一 106a>

    b. 우윓 삐 석 량 디호니와(牛蒡子三兩搗碎) <救간二 63b>

    c. 우윓 불휘와 줄기와를 즛두드려 즙 ᄣᅡ(芋蒡根莖取汁) <救간二 5b>

(168) d. 牛蒡根 : 우윓 불휘 <救간一 105b>

    e. 牛蒡子 : 우윓 삐 <救간二 63a>

<169> 율믜 對 薏苡

고유어 '율믜'와 한자어 '薏苡'가 [薏苡] 즉 '율무'의 뜻을 가지고 동의 관계에 있다는 것은 다음 예문들에서 잘 확인된다. 원문 중 '薏苡子輩'가 '율믯 여름 트렛 것'으로 번역되고 '薏苡子'의 자석이 '율믯 여름'이다. 그리고 '薏苡人'이 '율믜 삐'로 번역되고 '薏苡人'의 자석이 '율믜 삐'이다. 따라서 '율믜'와 '薏苡'의 동의성은 명백히 입증된다.

(169) a. 구스리나 율믜나 긴헤 ᄣᅦ어(以珠瑠若薏苡子輩穿貫著線) <救方上 50a>

    b. 구스리어나 율믯 여름 트(14b)렛 거슬 들워 긴헤 ᄣᅦ여

    (以珠瑠若薏苡子輩穿貫著線) <救간六 15a>

    c. 율믜 삐 닐굽 나츨 므레 ᄉᆞᆷ기면(薏苡人七枚以水呑之) <救간二 65a>

    d. 율믜 뿔 서 홉과 돌열 삐 반 되를 믈 서 되예 マ라

    (薏苡人三合冬麻子半升水三升硏) <救간一 11b>

(169) e. 薏苡子 : 율믯 여름 <救간六 14b>

    f. 薏苡人 : 율믜 삐 <救간二 65a>

    g. 薏苡人 : 율믜 뿔 <救간一 11b>

<170> 읫 對 苔蘚

고유어 '읫'과 한자어 '苔蘚'이 [苔蘚]과 [苔] 즉 '이끼'의 뜻을 가지고 동의 관계에 있다는 것은 다음 예문들에서 잘 확인된다. 원문 중 '苔蘚納'이 '잇글 넣다'로 번역되고 '苔蘚'의 자석이 '잇'이다. 따라서 '읫'과 '苔蘚'의 동의성은 명백히 입증된다.

(170) a. 잇글 고해 녀흐라(苔蘚納鼻中) <救간二 101a>

    b. 므렛 효근 잇글 즛두드려(水中細苔擣) <救간一 108a>

(170) c. 苔蘚 : 잇 <救간二 101a>

<171> 잎 對 門

고유어 '잎'과 한자어 '門'이 [戸]와 [門] 즉 '문'의 뜻을 가지고 동의 관계에 있다는 것은 다음 예문들에서 잘 확인된다. 원문 중 '當戸'의 '戸'가 '잎'으로도 번역되고 '문'으로도 번역된다. 그리고 '門下藥'이 '藥 머귤 門'으로 번역된다. 따라서 '잎'과 '문'의 동의성은 명백히 입증된다.

(171) a. 病人으로 이페 안치고(令病人當戸坐) <救方上 28a>

(171) b. 병혼 사르믈 문 바르 안쵸디(令病人當戸以坐) <救간二 29a>

    c. 中風호야 니 호마 구더 藥 머귤 門 업스닐 고티ᄂ니(治中風牙已緊無門下藥)

      <救方上 5a>

    d. 門 젼 아랫 흘글 세 숫가락으로 지버(門限裏土三指撮) <救간七 32a>

    e. 門限裏土 : 門 젼 아랫 흙 <救간七 32a>

<173> 전국 對 豆豉 ...

<172> 전국 對 豆豉

고유어 '전국'과 한자어 '豆豉'가 [豆豉] 즉 '콩으로 만든 食品, 콩메주 따위'의 뜻을 가지고 동의 관계에 있다는 것은 다음 예문들에서 잘 확인된다. 원문 중 '硏豆豉'가 '젼구글 골다'로 번역되고 '淡豆豉'가 '슴슴ᄒᆞᆫ 젼국'으로 번역된다. 그리고 '豆豉'의 자석이 '젼국'이다. 따라서 '젼국'과 '豆豉'의 동의성은 명백히 입증된다.

(172) a. 마ᄂᆞᆯ 대엿 나츨 거플 밧기고 젼구글 드려 ᄀᆞ라(用蒜五六枚去皮入豆豉硏)

    <救方上 62b>

    b. 生(72a)麻油에 젼구글 ᄀᆞ라 골 밍ᄀᆞ로ᄃᆡ(用生麻油硏豆豉爲膏) <救方下 72b>

    c. 마ᄂᆞᆯ 다엿 나츨 거플 밧기고 젼국 드려 ᄀᆞ라(蒜五六枚去皮入豆豉硏)

    <救간二 116a>

    d. 늘 춤기름에 젼극을 ᄀᆞ라 골 밍ᄀᆞ로ᄃᆡ(生麻油硏豆豉爲膏) <救간六 41a>

    e. 슴슴ᄒᆞᆫ 젼국 스믈 ᄒᆞᆫ 낫과(淡豆豉二十粒) <救간三 64b>

    f. 젼국을 디투 글혀(豆豉煮取濃汁) <救간一 18a>

(172) g. 豆豉 : 젼국 <救간二 116a> <救간六 41a> <救간三 64b> <救간一 18a>

<173> 전국 對 쟝

고유어 '젼국'과 한자어 '쟝'(醬)이 [豉] 즉 '된장'의 뜻을 가지고 동의 관계에 있다는 것은 다음 예문들에서 잘 확인된다. 원문 중 '豉汁'이 '젼국 즙'으로도 번역되고 '쟛 국'으로도 번역된다. 따라서 '젼국'과 '쟝'의 동의성은 명백히 입증된다.

(173) a. 젼국 서 되ᄅᆞᆯ 글는 믈 두 되예 저져(豉三升用沸湯二升漬之) <救方下 29b>

    b. 달힌 젼국 즙 ᄒᆞᆫ 되예 달혀(以煎了豉汁一大盞同煎) <救간二 99b>

    c. 젼국 반 되ᄅᆞᆯ 믈 두 되예 달혀(豉半升以水二大盞煎) <救간二 76b>

　　　d. 몬져 젼국과 파를 봇가(先熬豉葱) <救간一 105b>

　　　e. 파와 젼국과 글힌 므레 프러 머그면(煮葱豉湯和服之) <救간七 24b>

　　　f. 젼국을 디허 처(豉擣羅) <救간三 52b>

　　　g. 煮葱豉湯 : 파와 젼국과 글힌 믈 <救간七 24b>

　　　h. 豉 : 젼국 <救간三 52a>

(173) i. 쟔 국의 달혀(以豉汁煮) <救간三 85b>

　　　j. 쟔 국의 글혀(於豉汁中煮) <救간一 12b> <救간三 119b>

<174> 졀다믈 對 赤馬

　고유어 '졀다믈'과 한자어 '赤馬'가 [赤馬] 즉 '붉은 빛깔의 말, 절따말'의 뜻을 가지고 동의 관계에 있다는 것은 다음 예문들에서 잘 확인된다. 원문 중 '赤馬通'이 '졀다믈 똥'으로도 번역되고 '赤馬通'으로도 번역된다. 그리고 '赤馬皮'가 '졀다믈 갗'으로 번역되고 '赤馬皮'의 자석이 '졀다믈 갓'이다. 따라서 '졀다믈'과 '赤馬'의 동의성은 명백히 입증된다.

(174) a. 졀다믈 똥 다숫 낫 브레 물외니와(赤馬通五枚焙乾) <救간七 65b>

　　　b. 졀다믈 똥을 소옴애 빠(赤馬通以綿裹) <救간二 99a>

　　　c. 졀다믈 똥 스론 지를 ㄱ노리 ㄱ라(赤馬糞燒灰細末) <救간二 102a>

　　　d. 졀다믈 가출 아기 나홀 제 실오(赤馬皮臨産鋪之) <救간七 36a>

(174) e. 赤馬通 다숫 나출 브레 물오고(赤馬通五枚焙乾) <救方下 96a>

　　　f. 赤馬通 : 졀다믈 똥 <救간七 65a> <救간七 62b> <救간二 98b>

　　　g. 赤馬糞 : 졀다믈 똥 <救간二 102a>

　　　h. 赤馬皮 : 졀다믈 갓 <救간七 36a>

<175> 졋 對 乳汁

고유어 ‘졋’과 한자어 ‘乳汁’이 [乳汁] 즉 ‘졋’의 뜻을 가지고 동의 관계에 있다는 것은 다음 예문들에서 잘 확인된다. 원문 중 ‘和人乳汁’이 ‘사르미 져제 셧다’로 번역되고 ‘人乳汁’의 자석이 ‘사르미 졋’이다. 그리고 ‘下乳汁’이 ‘져지 나다’로 번역되고 ‘乳汁不下’의 자석이 ‘졋 아니 나ᄂ니’이다. 따라서 ‘졋’과 ‘乳汁’의 동의성은 명백히 입증된다.

(175) a. 사르미(17b) 져제 셧거(和人乳汁) <救간一 18a>

b. 사르미 졋 닷 홉애 ᄀ라 프러(人乳汁五合相和硏) <救간一 18b>

c. 져지 나 다숫 아히라도 머기리라(下乳汁可乳五兒) <救간七 84b>

d. 아기 나흔 후에 져지 나디 아니커든(産後無乳汁) <救간七 82a>

(175) e. 人乳汁 : 사르미 졋 <救간一 17b> <救간一 18a>

f. 乳汁不下 : 졋 아니 나ᄂ니 <救간七 82a> <救간 目錄 8a>

<176> 조각 對 片

고유어 ‘조각’과 한자어 ‘片’이 [片] 즉 ‘조각, 片’의 뜻을 가지고 동의 관계에 있다는 것은 다음 예문들에서 잘 확인된다. 원문 중 ‘切作八片’이 ‘여듧 조각애 사흘다’로 번역되고 ‘作八片’이 ‘여듧 片 밍글다’로 번역된다. 따라서 ‘조각’과 ‘片’의 동의성은 명백히 입증된다.

(176) a. 큰 부ᄌ 흔 나출 거플와 브르도든 것 앗고 여듧 조각애 사ᄒ라

(大附子一枚生去皮臍切作八片) <救간一 4b>

b. 그 다ᄉ마머육을 굴히야 세 조각이어나 두 조각이어나 그치디 마오(80b) 머구머 (揀取昆布不住含三兩片子) <救간二 81a>

(176) c. 附子 흔 낫 므긔 열 돈 남ᄌ흐닐 사ᄒ라 여듧 片 밍글오

(附子一枚重十錢許到作八片) <救方上 54b>

　　d. 生薑 세 片 녀허(入生薑三片) <救方上 13a>

　　e. 가히 고기 온 편이 다 나(狗肉完片皆出) <救方下 61a>

　　f. 믈 흔 되 닷 홉과 싱앙 두터운 닐굽 편 조쳐 글효니(水一盞半生薑七厚片煎)

　　　　<救간 一 2b>

　　g. 갓플 두 편 브레 뾔요니와(阿膠二片炙) <救간二 14a>

<178> 조기 對 石首魚

　고유어 '조기'와 한자어 '石首魚'가 [石首魚] 즉 '조기'의 뜻을 가지고 동의 관계에
있다는 것은 다음 예문들에서 잘 확인된다. 원문 중 '石首魚頭'가 '조기 머리'로 번역
되고 '石首魚'의 자석이 '조기'이다. 따라서 '조기'와 '石首魚'의 동의성은 명백히 입증
된다.

　　(177) a. 조기 머리옛 돌흘 글을 밍フ라(石首魚頭石爲末) <救간三 76b>

　　　　　b. 조기 머리옛 바독 フ튼 돌흘 フ늘에 フ라(石首魚頭中有石如碁子磨細)

　　　　　　　<救간三 112b>

　　(177) c. 石首魚 : 조기 <救간三 112a>

　　　　　d. 石首魚頭石 : 조기 머리옛 돌 <救간三 76b>

<178> 조방이 對 薊

　고유어 '조방이'과 한자어 '薊'가 [薊] 즉 '조뱅이'의 뜻을 가지고 동의 관계에 있다
는 것은 다음 예문들에서 잘 확인된다. 원문 중 '乾薊'가 'ᄆᆞᄅᆞᆫ 조방이'로도 번역되고
'ᄆᆞᄅᆞᆫ 薊'로도 번역된다. 따라서 '조방이'와 '薊'의 동의성은 명백히 입증된다.

　　(178) a. 프르니 업거든 ᄆᆞᄅᆞᆫ 조방이를 フ라(如無青者以乾薊末) <救간二 115b>

　　　　　b. ᄒᆞ다가 프르니 업거든 ᄆᆞᄅᆞᆫ 薊를 細末ᄒᆞ야(如無青者以乾薊末) <救方上 62a>

<179> 조방이 對 小薊

고유어 '조방이'와 한자어 '小薊'가 [小薊] 즉 '조뱅이, 조방가새'의 뜻을 가지고 동의 관계에 있다는 것은 다음 예문들에서 잘 확인된다. 원문 중 '小薊一握'이 '조방이 흔 줌'으로도 번역되고 '小薊 흔 우훔'으로도 번역된다. 그리고 '小薊'의 자석이 '조방이'이다. 따라서 '조방이'와 '小薊'의 동의성은 명백히 입증된다.

> (179) a. 조방이 흔 주믈 디허(小薊一握搗) <救간二 115b>
>
> b. 무른 조방이를 ㄱ라(以乾薊末) <救간二 115b>

> (179) c. 小薊 흔 우후믈 디허(小薊一握搗) <救方上 62a>
>
> d. 小薊 니플 니기 부븨여(用小薊葉挼爛) <救方上 87a>
>
> e. 小薊 : 조방이 <救간二 115b>

<180> 족 對 청딕

고유어 '족'과 한자어 '청딕'(青黛)가 [藍]과 [青黛] 즉 '쪽'의 뜻을 가지고 동의 관계에 있다는 것은 다음 예문들에서 잘 확인된다. 원문 중 '青藍'이 '프른 족'으로 번역되고 '藍汁'이 '청딕를 즙 ㄸ다'로 번역된다. 그리고 '以青黛別爲衣'가 '青黛로 各別히 옷 니피다'로 번역된다. 따라서 '족'과 '청딕'의 동의성은 명백히 입증된다.

> (180) a. 프른 족 없거든(無青藍) <救方下 49b>
>
> b. 족을 ㄱ라 즈블 取ᄒ야 브스라(以藍研取汁灌之) <救方上 79a>
>
> c. 족 닙 ㄱ론 므를 이베 브스면(藍青汁灌之) <救간一 62a>
>
> d. 족 닙 부븨니어나(挼藍青葉) <救간六 65a>
>
> e. 藍青 : 족 닙 <救간一 62a>
>
> f. 藍青葉 : 족 닙 <救간六 65a>

(180) g. 쳥디롤 즙 짜 머그라(藍汁服之) <救간二 84a>

　　　h. 쳥딧 즈싀 큰 반 수를 ㄱ 기론 믈 흔 잔애 고르게 프러 믄득 머그라

　　　　(以藍靛半大匙　以新汲水一盞調令勻頓服) <救간一 106b>

　　　i. 藍汁：쳥딧 즙 <救간二 84a>

　　　j. 藍靛：쳥딧 즈싀 <救간一 106a>

　　　k. 뿌레 梧桐子만 丸올 지어 靑黛로 各別히 옷 니펴(蜜丸如桐子大以靑黛別爲衣)

　　　　<救方下 47a>

　　　l. 쳥디 두 돈과 샤향 져기 조쳐 ㄱ늘에 ㄱ라(靑黛二錢麝香少許細末)

　　　　<救간三 49b>

<181> 죠피 對 川椒

고유어 '죠피'와 한자어 '川椒'가 [椒]와 [川椒] 즉 '죠피'의 뜻을 가지고 동의 관계
에 있다는 것은 다음 예문들에서 잘 확인된다. 원문 중 '生椒葉'이 '늘 죠핏 닢'으로
번역되고 '生椒三兩'이 '生흔 川椒 석 량'으로 번역된다. 그리고 '生椒'의 자석이 '늘
죠피'와 '늘 쳔쵸'이다. 따라서 '죠피'와 '川椒'의 동의성은 명백히 입증된다.

(181) a. 늘 죠핏 니플 디허 브티라(生椒葉擣傅) <救간三 28b>

　　　b. 사ᄉ미 늘 고기와 늘 죠피와 흔디 디허(生鹿肉幷生椒同擣) <救간一 23b>

　　　c. 늘 죠피 여름 두어 나출 녀허(內生椒三兩枚) <救간六 48b>

　　　d. 죠핏 여름 너 량을 봇가(川椒四兩炒) <救간二 33b>

　　　e. 生椒葉：늘 죠핏 닙 <救간三 38a>

　　　f. 生椒：늘 죠피 <救간六 48b>

(181) g. 生흔 川椒 석 량 눈 아소니와(生椒三兩去目) <救方下 76a>

　　　h. 川椒 눈 아소니와(椒去目) <救方下 76a>

　　　i. 川椒 흔 호블(椒一合) <救方下 76a>

　　　j. 늘 쳔쵸 석 량 눈 아ᄉ니와(生椒三兩去目) <救간六 56a>

　　　k. 生椒：늘 쳔쵸 <救간六 56a>

　　　l. 川椒：죠핏 여름 <救간二 33b>

486 救急方諺解와 救急簡易方의 同義語 研究

그리고 '椒'가 '젼초'로 번역된다는 것은 다음 예문들에서 잘 확인된다. 원문 중 '合口椒'가 '입 마고믄 젼초'로 번역된다.

(181) m. 입 마고믄 젼쵸 두 兩과(合口椒二兩) <救方下 74a>

     n. 부리 병으디 아니흔 젼쵸 두 량과(合口椒二兩) <救간六 53a>

     o. 合口椒 : 부리 병으디 아니흔 젼초 <救간六 52b>

<182> 죠히 對 紙花

고유어 '죠히'와 한자어 '紙花'가 [紙花] 즉 '종이'의 뜻을 가지고 동의 관계에 있다는 것은 다음 예문들에서 잘 확인된다. 원문 중 '貼以紙花'가 '죠히예 브티다'로 번역되고 '紙花'의 자석이 '죠히'이다. 따라서 '죠히'와 '紙花'의 동의성은 명백히 입증된다.

(182) a. 流黃을 ᄀᄂ리 ᄀ라 죠히예 브텨(用流黃硏細貼以紙花) <救方下 7a>

     b. 셔류황을 ᄀᄂ리 ᄀ라 브티고 그 우희 죠히 브텨(硫黃硏細貼以紙花貼)

       <救간六 22a>

     c. 죠히예 불라(用紙花) <救간二 100a>

     d. 죠히 우희 불라(攤紙花子上) <救간二 6b>

     e. 죠히예 빳고(紙包) <救方上 34b> <救간二 62b>

(182) f. 紙花 : 죠히 <救간六 22a>

<183> 즈믄 對 一千

고유어 '즈믄'과 한자어 '一千'이 [千] 즉 '일천'의 뜻을 가지고 동의 관계에 있다는 것은 다음 예문들에서 잘 확인된다. 원문 중 '千字'가 '즈믄 쳔쯧'로 번역되고 '千遍'이 '一千 번'으로 번역된다. 따라서 '즈믄'과 '一千'의 동의성은 명백히 입증된다.

(183) a. 쥬사로 아기 왼녁 발 아래 즈믄 쳔쯧롤 쓰(44a)고(朱書兒左足下作千字)

     <救간七 44b>

(183) b. 一千 버늘 저어 머구듸(揚之千遍乃飮之) <救方上 5b>

　　　 c. 일쳔 번을 저어 머교듸(揚之千遍乃飮之) <救간一 14b>

　　　 d. 朱砂로 아기 왼녁 발 아래 千字롤 스고(以朱書兒左足下作千字) <救方下 84b>

<184> 즈싀 對 滓

　고유어 ‘즈싀’와 한자어 ‘滓’가 [滓] 즉 ‘찌꺼기’의 뜻을 가지고 동의 관계에 있다는 것은 다음 예문들에서 잘 확인된다. 원문 중 ‘去滓’가 ‘즈싀 앗다’로도 번역되고 ‘滓 앗다’로도 번역된다. 따라서 ‘즈싀’와 ‘滓’의 동의성은 명백히 입증된다.

　(184) a. 즈싀 (8a) 앗고 버거 밀 녀허(去滓次入蠟) <救方下 8b>

　　　 b. 즈싀 앗고 ᄃᆞᄉᆞ닐 세 번에 ᄂᆞ화 머그라(去滓分溫三服) <救간二 55b>

　　　 c. 즈싀 앗고 두 번에 ᄂᆞ화(去滓分爲二服) <救간二 76b>

　(184) d. 滓 앗고 ᄃᆞ시 ᄒᆞ야 세 버네 머그라(去滓分溫三服) <救方上 35a>

　　　 e. 滓 앗고 두 服애 ᄂᆞ화(去滓分爲二服) <救方上 46b>

　　　 f. 滓 조쳐 다 머기라(合滓倂服) <救方上 55a>

<185> 즛의 對 滓

　고유어 ‘즛의’와 힌지어 ‘滓’가 [滓] 즉 ‘찌꺼기’의 뜻을 가지고 동의 관계에 있따는 것은 다음 예문들에서 잘 확인된다. 원문 중 ‘去滓’가 ‘즛의 앗다’로도 번역되고 ‘滓 앗다’로도 번역된다. 따라서 ‘즛의’와 ‘滓’의 동의성은 명백히 입증된다.

　(185) a. 즛의 앗고 세 服애 ᄂᆞ화(去滓分溫三服) <救方上 27a>

　　　 b. 즛의 앗고 다 머그라(去滓頓服) <救方上 17a>

　　　 c. 즛의 앗고 보ᄉᆞ롤 다 머그라(去滓頓服一碗) <救方上 37a>

　　　 d. 즛의 앗고 ᄃᆞᄉᆞ닐 머그라(去滓溫服) <救方上 6a>

　　　 e. 즛의 앗고 져기 덥게 ᄒᆞ야(去滓稍熱) <救方上 13a>

(185) f. 滓 앗고 두 服애 난화(去滓分爲二服) <救方上 46b>

    g. 滓 앗고 梔子 녀허(去滓入梔子) <救方上 29a>

    h. 滓 조쳐 다 머기라(合滓倂服) <救方上 55a>

    i. 도시 ᄒ야 滓 조쳐 머구딕(溫溫和滓服) <救方上 85b>

<187> 지네 對 蜈蚣

  고유어 '지네'와 한자어 '蜈蚣'이 [蜈蚣] 즉 '지네'의 뜻을 가지고 동의 관계에 있다는 것은 다음 예문들에서 잘 확인된다. 원문 중 '蜈蚣一枚'가 '지네 ᄒ 낮'으로 번역되고 '蜈蚣'의 자석이 '지네'이다. 그리고 '蜈蚣咬'가 '지네 믄 딕'로 번역되고 '蜈蚣咬'의 자석이 '지네 믈이니'이다. 따라서 '지네'와 '蜈蚣'의 동의성은 명백히 입증된다.

(186) a. 것위 다ᄉ 낫과 지네 ᄒ 나치(地龍五枚蜈蚣一枚) <救方下 74a>

    b. 것위 다ᄉ 낫과 수릿날 자ᄇ 발 블근 지네(53a) ᄒ 낫과를 섯거

      (地龍五枚蜈蚣一枚端午日收赤足者相和) <救간六 53b>

    c. 지네 믄 딜 고툐딕(治蜈蚣咬) <救方下 76b>

    d. 지네 믄 딕 고티(75a)ᄂ니라(治蜈蚣咬) <救方下 75b>

    e. 지네와 여러 가짓 毒ᄒ 벌에 헐인(8b) 딜 고튜딕(治蜈蚣諸毒虫傷)

      <救方下 81a>

    f. 지네와 蝎의 헐인 딜(蜈蚣蝎傷) <救方下 80b>

    g. 지네 믈인 딕(蜈蚣咬) <救간六 59b>

    h. 지네와 비얌과 젼갈와 믈여 헌 딕(蜈蚣蛇蝎傷) <救간六 59a>

(186) i. 蜈蚣 : 지네 <救간六 53a>

    j. 蜈蚣咬 : 지네 믈이니 <救간 目錄 6b> <救간六 59a>

<187> 지지 對 梔子

  고유어 '지지'와 한자어 '梔子'가 [梔子] 즉 '치자나무'의 뜻을 가지고 동의 관계에 있다는 것은 다음 예문들에서 잘 확인된다. 원문 중 '梔子仁'이 '지지 ᄡ'로도 번역되

고 '梔子仁'으로도 번역된다. 따라서 '지지'와 '梔子'의 동의성은 명백히 입증된다.

    (187) a. 지지 ᄢᅵ를 디허 처(梔子仁搗羅) <救간三 52b>
        b. 梔子仁 : 지짓 ᄢᅵ <救간三 52b>

    (187) c. 梔子仁과 黃連 各 ᄒᆞᆫ 分 터리 아ᅀᆞ니와(梔子仁 黃連各一分去鬚) <救方下 9b>

<189> 지최 對 紫草

  고유어 '지최'와 한자어 '紫草'가 [紫草] 즉 '지치, 芝草'의 뜻을 가지고 동의 관계에 있다는 것은 다음 예문들에서 잘 확인된다. 원문 중 '浸紫草'가 '지최를 담가 두다'로 번역되고 '紫草'의 자석이 '지최'이다. 따라서 '지최'와 '紫草'의 동의성은 명백히 입증된다.

    (188) a. 기르메 지최를 담가 두고셔 ᄇᆞᄅᆞ라(油浸紫草塗之) <救간六 58a>
        b. 지최 ᄒᆞᆫ 량을 사ᄒᆞ라 디허(紫草一兩剉擣) <救간三 102b>

    (188) c. 紫草 : 지최 <救간六 58a> <救간三 102b>

<189> 지 對 灰土

  고유어 '지'와 한자어 '灰土'가 [灰土] 즉 '재'의 뜻을 가지고 동의 관계에 있다는 것은 다음 예문들에서 잘 확인된다. 원문 중 '熬熱灰土'가 '봇근 더운 지'로 번역되고 '熬灰土'의 자석이 '봇근 지'이다. 따라서 '지'와 '灰土'의 동의성은 명백히 입증된다.

    (189) a. 더운 흙과 봇근 더운 지로(以熱土及熬熱灰土) <救方上 9a>
        b. 더운 흙과 지를 봇가(以熱土及熬灰土) <救간一 33b>

    (189) c. 熬灰土 : 봇근 지 <救간一 33b>

<190> 챵ᄌ 對 腸

고유어 '챵ᄌ'와 한자어 '腸'이 [腸] 즉 '창자, 腸'의 뜻을 가지고 동의 관계에 있다는 것은 다음 예문들에서 잘 확인된다. 원문 중 '人腸'이 '사ᄅᆞ미 챵ᄌ'로 번역되고 '其腸'이 '그 腸'으로 번역된다. 따라서 '챵ᄌ'와 '腸'의 동의성은 명백히 입증된다.

(190) a. 수욼 毒氣 이 사ᄅᆞ미 챵ᄌ를 석게 홀가 저헤니(恐酒毒氣腐人腸) <救方下 77b>

    b. 金瘡이 챵지 나거든(金瘡腸出隨) <救方上 87b>

    c. ᄆᆞᄅᆞᆫ ᄯᅩᆼ이 챵ᄌ애 막딜여(乾糞塞腸) <救간三 73b>

    d. 창지 뷔트리혀 거두쥐ᄂᆞᆫ 둣ᄒᆞ야 빗 안해 이쇼ᄆᆞᆫ(其腸絞縮在腹) <救간二 46a>

(190) e. 그 腸이 비예 뷔트러 움주쥐여 잇ᄂᆞ(32b)니(其腸絞縮在腹) <救方上 33a>

<191> 처섬 對 始作

고유어 '처섬'과 한자어 '始作'이 [初]와 [始] 즉 '처음, 시작'의 뜻을 가지고 동의 관계에 있다는 것은 다음 예문들에게 잘 확인된다. 원문 중 '初服'이 '처서미 먹다'로 번역되고 '初作…用'이 '始作애…쓰다'로 번역된다. 따라서 '처섬'과 '始作'의 동의성은 명백히 입증된다.

(191) a. 처서메 갓간도 츤 것과 우(7b)믈 아랫 ᄒᆞᆰ과 ᄭᅮᆯ와로 브ᄅᆞ디 마롤디니

    (初愼勿以冷物及以井下泥及蜜塗搨之) <救方下 8a>

    b. 처서미 반 되를 먹고(初服半升) <救간一 26b>

    c. 처서믜 머리 아프고(初覺頭痛) <救간一 103b>

    d. 처서믜 츤 믈 마쇼믈 因커나(始因飲冷) <救方上 31a>

(191) e. 始作애 다 어루 이를 쓰리라(初作皆可用此) <救方上 2a>

<192> 청갈외 對 斑猫

고유어 '청갈외'와 한자어 '斑猫'가 [斑猫] 즉 '가뢰, 반묘'의 뜻을 가지고 동의 관계에 있다는 것은 다음 예문들에서 잘 확인된다. 원문 중 '斑猫⋯去豆足翅'가 '청갈외⋯머리와 발와 ᄂᆞ래와 앗다'로도 번역되고 '斑猫⋯머리와 발와 늘개와 아ᅀᅡ ᄇ리다'로도 번역된다. 따라서 '청갈외'과 '斑猫'의 동의성은 명백히 입증된다.

> (192) a. 청갈외 다ᄉᆞᆺ 나츨 머리와 발와 ᄂᆞ래와 앗고(斑猫五箇去豆足翅) <救간六 37a>
>
> b. 청갈외 닐굽 낫 ᄂᆞ래 아ᅀᆞ니와(斑猫七介去翅) <救간六 38a>
>
> c. 청갈외 흔 나츨 소ᄂᆞ로 ᄲᅢ혀 두고(斑猫一枚捻破) <救간三 17a>
>
> d. 斑猫 : 청갈외 <救간六 37a> <救간六 38a> <救간三 16b>

> (192) e. 斑猫 닐굽 나츨 머리와 발와 늘개와 아ᅀᅡ ᄇ리고(用斑猫七箇去豆足翅)
>
>   <救方下 71a>
>
> f. 斑猫 닐굽 나츨 머리와 발와 늘개 아ᅀᅡ ᄇ리고(用斑猫七箇去豆足翅)
>
>   <救方下 72a>
>
> g. 斑猫ㅅ ᄀᆞᄅᆞ 섯거(和斑猫末) <救方下 72a>

<193> 춤 對 痰

고유어 '춤'과 한자어 '痰'이 [痰] 즉 '가래, 담'의 뜻을 가지고 동의 관계에 있다는 것은 다음 예문들에서 잘 확인된다. 원문 중 '痰盛'이 '춤 하다'로도 번역되고 '痰 盛ᄒᆞ다'로도 번역된다. 그리고 '痰壅'이 '추미 막딜이다'로도 번역되고 '痰이 마키다'로도 번역된다. 따라서 '춤'과 '痰'의 동의성은 명백히 입증된다.

> (193) a. 춤 하니란(痰盛者) <救간一 2b>
>
> b. 추미 하고 욕욕ᄒᆞ거든(痰盛嘔逆) <救간七 16b>
>
> c. 추미 올아 다와티ᄂᆞᆫ 다시니(因痰壅) <救간一 3b>
>
> d. 가ᄉᆞ매 추미 막딜여 잇거든(心胸痰壅) <救간二 53a>
>
> e. 추미 걸며 수미 ᄌᆞᆺ거(14b)든(痰稠喘急) <救간二 15a>

    f. 추미 물 ᄀ니(痰薄) <救간二 9a>

    g. ᄇᆞᄅᆞᆷ 긔운엣 춤을 내조차(逐出風痰) <救간二 16b>

(193) h. 痰 盛ᄒ니란(痰盛者) <救方上 2a>

    i. 痰이 마켜ᄶᅥ든(痰壅) <救方上 3b>

    j. 痰이 마켜(痰塞) <救方上 2b>

    k. 痰이 슬어나(化痰) <救方上 4a>

    l. 痰을 노기ᄂᆞ니라(消痰) <救方上 44b>

<194> 치 對 寸

고유어 '치'와 한자어 '寸'이 [寸] 즉 '치(길이의 단위), 寸'의 뜻을 가지고 동의 관계에 있다는 것은 다음 예문들에서 잘 확인된다. 원문 중 '乳下一寸'이 '졋 아래 ᄒᆞᆫ 치만 ᄒᆞᆫ ᄃᆡ'로도 번역되고 '졋 아래 ᄒᆞᆫ 寸'으로도 번역된다. 그리고 '半寸厚薄'이 '두틔 반 치'로 번역되고 '厚五寸'이 '두틔 다ᄉᆞᆺ 寸'으로 번역된다. 따라서 '치'와 '寸'의 동의성은 명백히 입증된다.

(194) a. 졋 아래 ᄒᆞᆫ 치만 ᄒᆞᆫ ᄃᆡ 닐굽 붓글 ᄡᅳ면(灸乳下一寸七壯) <救간二 41a>

    b. 가온ᄃᆡᄅᆞᆯ 두틔 반 치만 케 ᄒᆞ야(取中間半寸厚薄) <救간三 47b>

    c. 사ᄉᆞ미 ᄲᅳᆯ 기리 여슷 치만 ᄒᆞ니ᄅᆞᆯ ᄉᆞ라 디흔 ᄀᆞᄅᆞᆯ(鹿角長六寸燒擣末)

       <救간二 43b>

    d. 프른 대로 밍ᄀᆞ론 산 마ᄉᆞᆫ 아홉 낫 기리 네 치 너비 ᄒᆞᆫ 분

      (靑竹簨子四十九長四寸闊一分) <救간二 87b>

    e. 싱앙을 져근 숏가락 기리 ᄀᆞ티 두 치만 갓가(生薑削如小指長二寸)

       <救간三 71b>

(194) f. 졋 아래 ᄒᆞᆫ 寸을 七壯을 ᄡᅳ면(灸乳下一寸七壯) <救方上 29b>

    g. ᄯᅡ해 ᄭᆞ로ᄃᆡ 두틔 다ᄉᆞᆺ 寸이에 코(布地令厚五寸) <救方上 71b>

    h. 生薑 두 닐굽 寸도 ᄯᅩ 됴ᄒᆞ니(生薑二七寸亦好) <救方上 55b>

    i. 빗복 아래 ᄒᆞᆫ 촌만 세 붓글 ᄡᅳ라(灸臍下一寸三壯) <救간一 58a>

    j. 블근 깁 두 촌과ᄅᆞᆯ ᄒᆞᆫᄃᆡ ᄉᆞ라(絳緋二寸合燒) <救간三 20b>

<195> 츳쇠 對 紫蘇

고유어 '츳쇠'와 한자어 '紫蘇'가 [紫蘇] 즉 '차조기'의 뜻을 가지고 동의 관계에 있다는 것은 다음 예문들에서 잘 확인된다. 원문 중 '浸紫蘇'가 '츳쇠를 돔가 두다'로 번역되고 '紫蘇'의 자석이 '츳쇠'이다. 그리고 '紫蘇葉四七葉'이 '츳쇳 닙 네 닐굽'으로 번역되고 '紫蘇葉'의 자석이 '츳쇳 닙'이다. 따라서 '츳쇠'와 '紫蘇'의 동의성은 명백히 입증된다.

(195) a. 춤기르메 츳쇠를 돔가 두고셔 브르라(香油浸紫蘇塗之) <救간六 58b>

b. 츳쇠 혼 량과(紫蘇一兩) <救간二 14a>

c. 츳쇳 닙 네 닐굽과 싱앙 두 닐굽 편 조쳐 녀허

(入紫蘇葉四七葉生薑錢二七片同) <救간一 103a>

d. 츳쇠 삐 혼 되와 귨 거플 혼 량과(紫蘇子一升橘皮一兩) <救간二 12b>

e. 므른 츳쇳 닙 넉 량과 무근 귨 거플 넉 량과를 술 넉 되예 달혀

(乾蘇葉三兩陳橘皮三兩酒四升煮) <救간二 17b>

(195) f. 紫蘇 : 츳쇠 <救간六 58a> <救간二 13b>

g. 紫蘇葉 : 츳쇳 닙 <救간一 102b>

h. 紫蘇子 : 츳쇠 삐 <救간二 12a>

i. 乾蘇葉 : 므른 츳쇳 닙 <救간二 17b>

<196> 츳발 對 糯米

고유어 '츳발'과 한자어 '糯米'가 [糯米] 즉 '찹쌀'의 뜻을 가지고 동의 관계에 있다는 것은 다음 예문들에서 잘 확인된다. 원문 중 '糯米⋯炒'가 '츳발 봇다'로 번역되고 '糯米'의 자석이 '츳발'이다. 그리고 '糯米粉'이 '츳밠 ᄀᆞ른'로 번역되고 '糯米粉'의 자석이 '츳밠 ᄀᆞ른'이다. 따라서 '츳발'과 '糯米'의 동의성은 명백히 입증된다.

(196) a. 츳발 혼 호블 봇고딕(糯米一合右炒) <救方下 11a>

b. 츳ᄡᆞᆯ를 하나 져그나 닉게 봇가(糯米不拘多少炒熟) <救간三 36a>

   c. 츳발 혼 져봄 누르게 봇ㄱ니와를 ᄀ라(糯米一撮炒黃爲末) <救간六 38a>

   d. 츳ᄡ를 ᄀ라(硏糯米) <救간二 58b>

   e. 츳ᄡ 골을 섯거(以糯米粉和) <救간七 7a>

   f. 츳발 썩 혼 편을(純糯米糍一片) <救간三 118b>

   g. 츳발 죽에 혼 환을 노겨 머고딕(以糯米粥化一丸服之) <救간二 106b>

(196) h. 糯米 : 츳발 <救간二 58b> <救간三 36a> <救간六 38a>

   i. 糯米粉 : 츳ᄡ ᄀ르 <救간七 6b>

   j. 糯米糍 : 츳발 썩 <救간三 118b>

<197> 콩 對 大豆

고유어 '콩'과 한자어 '大豆'가 [大豆] 즉 '콩'의 뜻을 가지고 동의 관계에 있다는 것은 다음 예문들에서 잘 확인된다. 원문 중 '生大豆'가 '늘 콩'으로 번역되고 '生大豆'의 자석이 '늘 콩'이다. 그리고 '蒸大豆'가 '콩을 ᄣᅵ다'로 번역되고 '大豆'의 자석이 '콩'이다. 따라서 '콩'과 '大豆'의 동의성은 명백히 입증된다.

(197) a. 늘 콩 실을 수레 프로딕(生大豆屑酒和) <救方上 33b>

   b. 늘콩 골을 수레 혼 수를 프러 머그라(生大豆屑酒和服方寸匕) <救간二 62a>

   c. 늘 콩 혼 되와(生大豆一升) <救간二 87b>

   d. 콩을 ᄣᅵ거나(蒸大豆) <救간二 27b>

   e. 콩 반 되를 믈 두 되예 달혀(大豆半升水二升煮) <救간一 113b>

   f. 콩 서 되를 누르 봇가(炒大豆三升令焦) <救간一 27b>

   g. 콩 혼 홉을 믈 큰 혼 되예 달혀(大豆一合以水一大盞煮) <救간二 68b>

   h. 콩 두 닐굽 나츨(大豆二七粒) <救간一 45a>

   i. 쇠똥윗 콩 혼 나츨 ᄲᅡ혀(牛糞中大豆一枚擘) <救간七 39a>

   j. 콩 디투 글힌 므를 머거도 됴ᄒᆞ니라(濃煮大豆汁含亦佳) <救간一 17b>

   k. 콩 디투 글힌 므레 둠가시면 됴ᄒᆞ리라(濃煮大豆汁漬取瘥) <救간六 29b>

   l. 콩 닐굽 나츨 머그라(呑大豆七枚) <救간七 30b>

   m. 고미 열 콩 낫만 ᄒᆞ니를 ᄀᆞᄂᆞ리 ᄀᆞ라(熊膽如大豆許細硏) <救간二 38b>

　　(197) n. 生大豆 : 놀 콩 <救간二 62a> <救간二 87b>

　　　　o. 大豆 : 콩 <救간二 27b> <救간二 113b> <救간一 27b> <救간二 68a>

　　　　　<救간一 45a>

　　　　p. 牛糞中大豆 : 쇠똥읫 콩 <救간七 38b>

　　　　q. 大豆汁 : 콩 글힌 믈 <救간一 17b> <救간六 29b>

<200> 콩퐃 對 腎

　고유어 ‘콩퐃’과 한자어 ‘腎’이 [腎] 즉 ‘콩팥, 신장’의 뜻을 가지고 동의 관계에 있다는 것은 다음 예문들에서 잘 확인된다. 원문 중 ‘在腎’이 ‘腎에 잇다’로 번역되고 ‘腎’의 자석이 ‘콩퐃’이다. 따라서 ‘콩퐃’과 ‘腎’의 동의성은 명백히 입증된다.

　(198) a. 腎은 비 안 오장앗 콩퐃치라 <救간三 75b>

　(198) b. 져근믈 보디 몯ᄒᆞᄂᆞᆫ 근원은 腎에 잇ᄂᆞ니(水道不行其本在腎) <救간三 75b>
　　　　c. 신긔 셜ᄒᆞ야 오좀빼 굳블라(腎熱脬囊澁) <救간三 98a>

<199> 톱 對 鋸子

　고유어 ‘톱’과 한자어 ‘鋸子’가 [鋸子] 즉 ‘톱’의 뜻을 가지고 동의 관계에 있다는 것은 다음 예문들에서 잘 확인된다. 원문 중 ‘舊鋸子’가 ‘오란 톱’으로 번역되고 ‘鋸子’의 자석이 ‘톱’이다. 따라서 ‘톱’과 ‘鋸子’의 동의성은 명백히 입증된다.

　(199) a. 오란 토블 블게 ᄉ라(舊鋸子燒赤) <救간六 20b>
　　　　b. 舊鋸子 : 오란 톱 <救간六 20b>

<200> 틔알 對 紫苑

　고유어 ‘틔알’과 한자어 ‘紫苑’이 [紫苑] 즉 ‘紫色의 꽃이 무리지어 피는 것’의 뜻을 가지고 동의 관계에 있다는 것은 다음 예문들에서 잘 확인된다. 원문 중 ‘紫苑根一莖’

이 '틴앐 불휘 흔 줄기'로 번역되고 '紫苑根'의 자석이 '틴알 불휘'이다. 따라서 '틴알'과 '紫苑'의 동의성은 명백히 입증된다.

> (200) a. 틴앐 불휘 흔 줄기를 조히 시서(紫苑根一莖淨洗) <救간二 78b>
>
> b. 紫苑根 : 틴알 불휘 <救간二 78b>

<201> 편시 對 餛飩

고유어 '편시'와 한자어 '餛飩'이 [餛飩] 즉 '떡'의 뜻을 가지고 동의 관계에 있다는 것은 다음 예문들에서 잘 확인된다. 원문 중 '作餛飩'이 '편시를 밍굴다'로 번역되고 '餛飩'의 자석이 '편시'이다. 따라서 '편시'와 '餛飩'의 동의성은 명백히 입증된다.

> (201) a. 가츨복성홧 곳 ᄆᆞᄅᆞ디 아니ᄒᆞ니 흔 량과 밇ᄀᆞᄅ 석(73b) 량을 섯거 편시를 밍ᄀᆞ라(毛桃花一兩濕者麵三兩和麮作餛飩) <救간三 74a>
>
> b. 餛飩 : 편시 <救간三 73b>

<202> ᄑᆞᇧ 對 小豆

고유어 'ᄑᆞᇧ'과 한자어 '小豆'가 [小豆] 즉 '팥'의 뜻을 가지고 동의 관계에 있다는 것은 다음 예문들에서 잘 확인된다. 원문 중 '無赤小豆'가 '블근 ᄑᆞᇧ기 없다'로 번역되고 '赤小豆一升'이 '赤小豆 흔 되'로 번역된다. 따라서 'ᄑᆞᇧ'과 '小豆'의 동의성은 명백히 입증된다.

> (202) a. 블근 ᄑᆞᇧ기 업거든(無赤小豆) <救方下 88b>
>
> b. ᄑᆞᆺ글 ᄂᆞ로니 시버(用赤小豆細嚼) <救方下 21b>
>
> c. 블근 ᄑᆞᇧ 半 되 술믄 므를 덥게 ᄒᆞ야(赤小豆半升煮汁熱) <救方上 6b>
>
> d. ᄑᆞᇧ 닐굽 나츨 ᄉᆞᆷ끼고(呑小豆七枚) <救간七 54b>

> (202) e. 赤小豆 흔 되를 디허(用赤小豆一升搗) <救方上 62b>
>
> f. 赤小豆 : 블근 ᄑᆞᇧ <救간三 53a> <救간二 116a> <救간七 28a>

<203> 풋 對 小豆

　고유어 '풋'과 한자어 '小豆'가 [小豆] 즉 '팥'의 뜻을 가지고 동의 관계에 있다는 것은 다음 예문들에서 잘 확인된다. 원문 중 '赤小豆一升'이 '블근 풋 혼 되'로도 번역되고 '赤小豆 혼 되'로도 번역된다. '赤小豆末'이 '블근 파츨 굴다'로 번역되고 '赤小豆'의 자석이 '블근 풋'이다. 그리고 '合小豆'가 '풋과 섯다'로 번역되고 '小豆'의 자석이 '풋'이다. 따라서 '풋'과 '小豆'의 동의성은 명백히 입증된다.

　　(203) a. 블근 풋 혼 되룰 봇가(用赤小豆一升炒) <救方下 88b>

　　　　　 b. 블근 풋 혼 되룰 봇가(用赤小豆一升炒) <救간七 49a>

　　　　　 c. 블근 풋 혼 되룰 디허(赤小豆一升搗) <救간二 116a>

　　　　　 d. 블근 파츨 マ라(赤小豆末) <救간三 53a>

　　　　　 e. 블근 파츨 マ라(用赤小豆末) <救간三 9a>

　　　　　 f. 밀과 풋과 섯거 디투 글혀(小麥合小豆煮令濃) <救간七 52a>

　　(203) g. 赤小豆혼 되룰 디허(赤小豆一升搗) <救方上 62b>

　　　　　 h. 赤小豆 : 블근 풋 <救간七 49a> <救간二 116a> <救간三 53a>

　　　　　 i. 小豆 : 풋 <救간七 52a>

<204> 한삼 對 葎草

　고유어 '한삼'과 한자어 '葎草'가 [葎草] 즉 '한삼, 한삼 덩굴'의 뜻을 가지고 동의 관계에 있다는 것은 다음 예문들에서 잘 확인된다. 원문 중 '葎草汁'이 '한삼 즛디허 뽄 즙'으로 번역되고 '葎草汁'의 자석이 '한삼 즛디허 뽄 즙'이다. 따라서 '한삼'과 '葎草'의 동의성은 명백히 입증된다.

　　(204) a. 한삼 즛디허 뽄 즙과 초와 각 서 홉을 섯거(葎草汁 醋슙三合相和)

　　　　　　 <救간三 118a>

　　　　　 b. 葎草汁 : 한삼 즛디허 뽄 즙 <救간三 117b>

<205> 헝울 對 蛻皮

고유어 '헝울'과 한자어 '蛻皮'가 [蛻皮] 즉 '허물, 매미와 뱀 등이 벗은 허물'의 뜻을 가지고 동의 관계에 있다는 것은 다음 예문들에서 잘 확인된다. 원문 중 '蛇蛻皮煮湯'이 '빈야미 헝울 글힌 믈'로 번역되고 '蛇蛻皮'의 자석이 '빈야미 헝울'이다. 따라서 '헝울'과 '蛻皮'의 동의성은 명백히 입증된다.

(205) a. 빈야미 헝울 글힌 믈로 두어 번을 시스라(蛇蛻皮煮湯洗三兩度) <救간六 58a>

　　　 b. 빈야미 헝울을 … 비븨여 바라(蛇蛻皮…揉碎) <救간二 71a>

　　　 c. 미야미 헝울을 하나 져그나 굴을 밍ᄀᆞ라(蟬蛻不以多少爲末) <救간六 78a>

　　　 d. 미야미 헝울와(蟬蛻) <救간三 17b>

(205) e. 蛇蛻皮 : 빈야미 헝울 <救간六 58a> <救간二 71a>

　　　 f. 蟬蛻 : 미야미 헝울 <救간六 78a> <救간三 17b>

<206> 회화 對 槐花

고유어 '회화'와 한자어 '槐花'가 [槐]와 [槐花] 즉 '홰나무 꽃'의 뜻을 가지고 동의 관계에 있다는 것은 다음 예문들에서 잘 확인된다. 원문 중 '槐子'가 '회홧 삐'와 '회화 삐'로도 번역되고 '槐花 삐'로도 번역된다. 그리고 '槐花炒'가 '회화 봇다'로 번역되고 '槐花'의 지석이 '회화'이다. 따라서 '회화'와 '槐花'의 동의성은 명백히 입증된다.

(206) a. 회홧 삐옷 업거든(無槐子) <救간七 45b>

　　　 b. 회화 삐 두 닐굽 나출(用槐子二七粒) <救간七 45b>

　　　 c. 회화 봇그니 ᄒᆞᆫ 량과 심황 사ᄒᆞ로니 ᄒᆞᆫ 량과ᄅᆞᆯ 디허 처

　　　　 (槐花炒鬱金剉各一兩擣羅) <救간三 94a>

(206) d. 槐花 삐 업거든(無槐子) <救方下 82a>

　　　 e. 槐花 삐 두 닐굽 나출(用槐子二七粒) <救方下 81b>

　　　 f. 槐花 : 회화 <救간三 93b>

2. 固有語가 合成名詞와 名詞句인 경우

명사류에서 확인되는 고유어와 한자어 간의 동의에서 고유어가 合成名詞와 名詞句일 수 있다. 이 동의 관계는 150여 항목이 있다.

고유어가 合成名詞인 경우에는 [毛桃] 즉 '털 복숭아'의 뜻을 가진 '가출복셩화'와 '毛桃'를 비롯하여 [阿膠] 즉 '갓플, 아교'의 뜻을 가진 '갓플'과 '阿膠', [紅花] 즉 '잇꽃'의 뜻을 가진 '니싯곳'과 '紅花', [陰卵] 즉 '불알'의 뜻을 가진 '불알ㅎ'과 '음란(陰卵)', [淡竹] 즉 '솜대, 淡竹'의 뜻을 가진 '소옴대'와 '淡竹', [犢子] 즉 '송아지'의 뜻을 가진 '숑아지'와 '犢子', [小便] 즉 '오줌, 小便'의 뜻을 가진 '져근믈'과 '小便', [麻油] 즉 '참기름'의 뜻을 가진 '춤기름'과 '麻油' 그리고 [瘡] 즉 '헌데, 상처'의 뜻을 가진 '헌듸'와 '瘡' 등이 있다.

고유어가 名詞句인 경우에는 [伏龍肝] 즉 '가마 밑의 흙'의 뜻을 가진 '가마 미틧 흙'과 '伏龍肝'을 비롯하여 [地骨] 즉 '구기자나무 뿌리'의 뜻을 가진 '구긧 불휘'와 '地骨', [四肢]의 뜻을 가진 '네 활개'와 '四肢', [淳酒] 즉 '불순물이 없는 술'의 뜻을 가진 '됴흔 술'과 '濁酒', [慢火] 즉 '뭉근하게 타는 불'의 뜻을 가진 '쓴 블'과 '慢火', [露蜂房] 즉 '말벌의 집, 말벌이 지은 집'의 뜻을 가진 '믈버리 집'과 '露蜂房', [附子] 즉 '바곳 뿌리'의 뜻을 가진 '바곳 불휘'와 '附子', [蒲黃] 즉 '부들꽃 위의 누른 가루'의 뜻을 가진 '부들마치 우희 누른 ㄱ르'와 '蒲黃', [百草霜] 즉 '솥 밑의 검댕'의 뜻을 가진 '솓미틧 거믜영'과 '百草霜', [井花水] 즉 '우물 가운데의 물'의 뜻을 가진 '우믌 가온딧 믈'과 '井花水', [梔子] 즉 '치자나무의 씨'의 뜻을 가진 '지지 삐'와 '梔子' 그리고 [芍藥] 즉 '함박꽃 뿌리, 작약'의 뜻을 가진 '힘박곳 불휘'와 '芍藥' 등이 있다.

<1> 가마 미틧 흙 對 伏龍肝

고유어 '가마 미틧 흙'과 한자어 '伏龍肝'이 [伏龍肝] 즉 '가마 밑의 흙'의 뜻을 가지고 동의 관계에 있다는 것은 다음 예문들에서 잘 확인된다. 원문 중 '伏龍肝'이 '가마 미틧 흙'으로 번역되고 '伏龍肝'의 자석이 '가마 미틧 흙'이다. 따라서 '가마 미틧 흙'과 '伏龍肝'의 동의성은 명백히 입증된다. 고유어 명사구 '가마 미틧 흙'은 명사 '가마'와 명사 '밑'과 명사 '흙'의 결합이다.

(1) a. 가마 미틧 홀굴 수레 프러 브티라(伏龍肝和酒傅之) <救方下 65b>
　　 b. 가마 미틧 흙 서 돈을 ᄀ라 수레 프러 머그면(伏龍肝三錢末以酒調服之)
　　　 <救간七 21a>

(1) c. 伏龍肝 : 가마 미틧 흙 <救간七 21a>

그리고 '伏龍肝'이 '가마 미틧 검듸영'으로 번역된다는 것은 다음 예문들에서 잘 확인된다.

(1) d. 가마 미틧 검듸영을 ᄀ라 밍ᄀ라(伏龍肝爲末) <救方下 50b>

<2> 가마 미틧 흙 對 釜底土

고유어 '가마 미틧 흙'과 한자어 '釜底土'가 [釜底土] 즉 '가마 밑의 흙'의 뜻을 가지고 동의 관계에 있다는 것은 다음 예문들에서 잘 확인된다. 원문 중 '釜底土'가 '가마 미틧 흙'으로 번역되고 '釜底土'의 자석이 '가마 미틧 흙'이다. 따라서 '가마 미틧 흙'과 '釜底土'의 동의성은 명백히 입증된다. 고유어 명사구 '가마 미틧 흙'은 [釜] 즉 '가마'의 뜻을 가진 명사 '가마'와 [底] 즉 '밑'의 뜻을 가진 명사 '밑'과 [土] 즉 '흙'의 뜻을 가진 명사 '흙'의 결합이다.

(2) a. 가마 미틧 흙 ᄒ 량과(釜底土一兩) <救간七 75b>
　　 b. 釜底土 : 가마 미틧 흙 <救간七 75b>

<3> 가마 밑 마촘 아랫 흙 對 伏龍肝

고유어 '가마 밑 마촘 아랫 흙'과 한자어 '伏龍肝'이 [伏龍肝] 즉 '가마 밑 볼록한 곳의 아래에 있는 흙'의 뜻을 가지고 동의 관계에 있다는 것은 다음 예문들에서 잘 확인된다. 원문 중 '伏龍肝和酒'가 '가마 밑 마촘 아랫 흙을 수레 플다'로 번역되고 '伏龍肝'의 자석이 '가마 밑 마촘 아랫 흙'이다. 따라서 '가마 밑 마촘 아랫 흙'과 '伏龍肝'의 동의성은 명백히 입증된다.

(3) a. 가마 밑 마촘 아랫 흙을 수레 프러 브르라(伏龍肝和酒傳之) <救간六 33a>

　　 b. 가마 밑 마촘 아(85b)랫 흙을 フ라 곳굼긔 불라(伏龍肝爲末吹鼻中)

　　　 <救간一 86a>

　　 c. 가마 밑 마촘 아랫 흙 두 량을(伏龍肝二兩) <救간二 105a>

　　 d. 머리터리 스론 직 반 량과 가마 밑 마촘 아랫 흙 흔 량과를 섯거

　　　 (亂髮灰半兩伏龍肝一兩相和) <救간二 95a>

　　 e. 가마 밑 마촘 아랫 흙 두 량을 フ라(伏龍肝二兩末) <救간三 31b>

　　 f. 가마 밑 마촘 아랫 흙 반 량과(伏龍肝半兩) <救간二 22a>

(3) g. 伏龍肝 : 가마 밑 마촘 아랫 흙 <救간六 33a> <救간一 85b> <救간二 105a>

　　　 <救간二 95a> <救간三 31a> <救간二 22a>

그리고 '釜月下土'와 '竈心土'가 '가마 밑 마촘 아랫 흙'으로 번역된다는 것은 다음 예문들에서 잘 확인된다.

(3) h. 가마 밑 마촘 아랫 흙(17b) 두 돈 반과(釜月下土一分) <救간二 18a>

　　 i. 가마 밑 마촘 아랫 흙을 하나 져그나 フ라(竈心土不拘多少研) <救간二 59b>

　　 j. 釜月下土 : 가마 밑 마촘 아랫 흙 <救간二 17b>

　　 k. 竈心土 : 가마 밑 마촘 아랫 흙 <救간二 59a>

<4> 가야믜멋 對 蟻垤土

고유어 '가야믜멋'과 한자어 '蟻垤土'가 [蟻垤土] 즉 '개밋둑'의 뜻을 가지고 동의 관계에 있다는 것은 다음 예문들에서 잘 확인된다. 원문 중 '蟻垤土'가 '가야믜멋'으로 번역되고 '蟻垤土'의 자석이 '가야믜멋'이다. 따라서 '가야믜멋'과 '蟻垤土'의 동의성은 명백히 입증된다. 고유어 '가야믜멋'은 [蟻] 즉 '개미'를 뜻하는 명사 '가야미'와 [垤土] 즉 '둑'을 뜻하는 명사 '멋'의 合成으로 '가야미+-의#멋'으로 분석될 수 있다.

　　(4) a. 가야미며슬 봇가(熬蟻垤土) <救간七 20b>
　　　　b. 蟻垤土 : 가야미몃 <救간七 20b>

　명사 '몃'의 존재는 다음 예문들에서 잘 확인된다. 원문 중 '新坌土'가 '새로 몃 낸 흙'으로 번역되고 '坌土'가 '몃 낸 흙'으로 번역된다.

　　(4) c. 쥐 새로 몃 낸 흙을 손아히 오좀애 무라 브티라(鼠新坌土以小兒尿和傅之)
　　　　　<救간三 14a>
　　　　d. 명마기 집과 쥐 몃 낸 흙과롤 곧게 느화(胡燕窠 鼠坌土各等分) <救간三 25b>
　　　　e. 鼠新坌土 : 쥐 새로 몃 낸 흙 <救간三 14a>
　　　　f. 鼠坌土(25a) : 쥐 몃 낸 흙 <救간三 25b>

<5> 가출복성화 對 毛桃

　고유어 '가출복성화'와 한자어 '毛桃'가 [毛桃] 즉 '털 복숭아'의 뜻을 가지고 동의 관계에 있다는 것은 다음 예문들에서 잘 확인된다. 원문 중 '毛桃花'가 '가출복성홧 곳'으로 번역되고 '毛桃花'의 자석이 '가출복성홧 곳'이다. 따라서 '가출복성화'와 '毛桃'의 동의성은 명백히 입증된다. 고유어 '가출복성화'는 [毛] 즉 '털'의 뜻을 가진 명사 '가출'과 [桃] 즉 '복숭아'의 뜻을 가진 '복성화'의 合成이다.

　　(5) a. 가출복성홧 곳 무르디 아니ᄒᆞ니 ᄒᆞᆫ 량과 밀ᄀᆞᄅ 석(73b) 량을 섯거 편시롤 밍ᄀᆞ라
　　　　 (毛桃花一兩濕者麵三兩和勻作餛飩) <救간三 74a>
　　　　b. 毛桃花 : 가출복성홧 곳 <救간三 73b>

<6> 가힛톳 불휘 對 白斂

　고유어 '가힛톳 불휘'와 한자어 '白斂'이 [白斂] 즉 '가위톱 뿌리, 白斂'의 뜻을 가지고 동의 관계에 있다는 것은 다음 예문들에서 잘 확인된다. 원문 중 '白斂一兩'이 '가힛톳 불휘 ᄒᆞᆫ 량'으로도 번역되고 '白斂 ᄒᆞᆫ 량'으로도 번역된다. 따라서 '가힛톳 불휘'와 '白斂'의 동의성은 명백히 입증된다.

(6) a. 가히톳 불휘 흔 량(白斂一兩) <救간七 44b>

　　b. 白斂 : 가히톳 불휘 <救간七 44b>

(6) c. 白斂 흔 량(白斂一兩) <救方下 85a>

　　d. 白斂 두 分과 牡丹皮 세 分을 細末ᄒ야(白斂二分牧丹皮三分右爲細末)

　　　　<救간下 5b>

<7> 감덧 불휘 對 虎杖

　고유어 '감덧 불휘'와 한자어 '虎杖'이 [虎杖] 즉 '감제 풀 뿌리'의 뜻을 가지고 동의 관계에 있다는 것은 다음 예문들에서 잘 확인된다. 원문 중 '虎杖'가 '감덧 불휘'로 번역되고 '虎杖'의 자석이 '감덧 불휘'이다. 따라서 '감덧 불휘'와 '虎杖'의 동의성은 명백히 입증된다.

　　(7) a. 감덧 불휘를 하나 져그나 ᄀᆞ릴 밍ᄀᆞ라(虎杖不計多少爲末) <救간三 107a>
　　　　b. 虎杖 : 감덧 불휘 <救간三 106b>

<8> 갓플 對 阿膠

　고유어 '갓플'과 한자어 '阿膠'가 [阿膠]와 [膠] 즉 '갓풀, 아교'의 뜻을 가지고 동의 관계에 있나는 것은 다음 예문들에서 잘 확인된다. 원문 중 '阿膠'가 '갓플'로도 번역되고 '阿膠'로도 번역된다. '明阿膠'가 '믈ᄀ 갓플'로 번역되고 '明阿膠'의 자석이 '믈ᄀ 갓플'이다. 그리고 '黃明膠'가 '누르고 믈ᄀ 갓플'로 번역되고 '黃明膠'의 자석이 '누르고 믈ᄀ 갓플'이다. 따라서 '갓플'과 '阿膠'의 동의성은 명백히 입증된다. 고유어 '갓플'은 [皮] 즉 '가죽'의 뜻을 가진 명사 '갓'과 [膠] 즉 '풀'의 뜻을 가진 명사 '플'의 合成이다.

　　(8) a. 갓플 두 편 브레 뾔요니와(阿膠二片炙) <救간二 14a>
　　　　b. 갓플 반 량 디허(阿膠半兩搗) <救간七 3a>
　　　　c. 갓플 봇가 ᄆᆞᄅ니와(阿膠炙令燥) <救간七 57b>

d. ᄀ장 믈ᄀᆫ 갓플 봇ᄀ(73a)니 두 돈과 ᄭᅮᆯ 두 술와ᄅᆞᆯ 드려

　(入透明阿膠炒二錢蜜二匙)<救간三 73b>

e. 누르고 믈ᄀᆫ 갓플을 노겨(黃明膠烊) <救간二 93b>

f. 쇠 갓프를 ᄉᆞ라 ᄀᆞᄂᆞ리 ᄀ라(牛皮膠燒細研) <救方上 7a>

g. 쇠 갓플 ᄒᆞᆫ 량(牛皮膠一兩) <救간二 99b>

(8) h. 阿膠를 수희에 봇고니와(阿膠蚌粉炒) <救方上 62a>

　i. 阿膠 : 갓플 <救간二 13b> <救간七 2b> <救간七 57b>

　j. 明阿膠 : 믈ᄀᆫ 갓플 <救간三 73a>

　k. 黃明膠 : 누르고 믈ᄀᆫ 갓플 <救간二 93b>

<9> 고기부레 對 魚膠

　고유어 '고기부레'와 한자어 '魚膠'가 [魚膠] 와 [鰾] 즉 '고기의 부레'의 뜻을 가지고 동의 관계에 있다는 것은 다음 예문들에서 잘 확인된다. 원문 중 '魚膠燒'가 '고기부레 슬다'로 번역되고 '魚膠'의 자석이 '고기부레'이다. 따라서 '고기부레'와 '魚膠'의 동의성은 명백히 입증된다. 고유어 '고기부레'는 [魚] 즉 '물고기'의 뜻을 가진 명사 '고기'와 [膠] 즉 '부레'의 뜻을 가진 명사 '부레'의 合成으로 '고기+-의#부레'로 분석될 수 있다.

(9) a. 고기부레 ᄒᆞᆫ 량 닐굽 돈 반을 수히디 아니케 ᄉᆞ라(魚膠燒七分留性) <救간六 82a>

　b. 고기부레를 하나 져그나 두 디새 마고 어픈 안해 숫블로 ᄉᆞ라

　(鰾不以多少於一仰一合瓦內炭火燒) <救간六 79a>

(9) c. 魚膠 : 고기부레 <救간六 82a>

　d. 鰾 : 고기부레 <救간六 79a>

<10> 고 아래 입시울 우희 오목흔 뒤 對 人中

고유어 명사구 '고 아래 입시울 우희 오목흔 뒤'와 한자어 '人中'이 [鼻人中] 즉 '고 밑과 윗입술 사이의 우묵한 곳'의 뜻을 가지고 동의 관계에 있다는 것은 다음 예문들에서 잘 확인된다. 원문 중 '灸鼻人中'이 '고 아래 입시울 우희 오목흔 딀 쓰다'로도 번역되고 '人中을 쓰다'로도 번역된다. 따라서 '고 아래 입시울 우희 오목흔 뒤'와 '人中'의 동의성은 명백히 입증된다.

> (10) a. 고 아래 입시울 우희 오목흔 딀 닐굽 붓글 쓰고(灸鼻人中七壯) <救간一 55a>
>   b. 人中을 七壯을 쓰고(灸鼻人中七壯) <救方上 40a>

<11> 고 아래 입시울 우희 오목흔 뒤 對 싄듕혈

고유어 명사구 '고 아래 입시울 우희 오목흔 뒤'와 한자어 '싄듕혈(人中穴)'이 [人中穴] 즉 '고 밑과 윗입술 사이의 우묵한 곳'의 뜻을 가지고 동의 관계에 있다는 것은 다음 예문들에서 잘 확인된다. 원문 중 '人中穴'이 '고 아래 입시울 우희 오목흔 뒤'로도 번역되고 '싄듕혈'로도 번역된다. 그리고 '싄듕혈'의 자석이 '고 아래 입시울 우희 오목흔 뒤'이다. 따라서 '고 아래 입시울 우희 오목흔 뒤'와 '싄듕혈'의 동의성은 명백히 입증된다.

> (11) a. 셜리 고 아래 입시울 우희 오목흔 뒤와 두 발 엄지 가락 안녁 ᄀ슷로
>   (急於人中穴及兩脚大母趾內) <救간一 77a>
>   b. 고 아래 입시울 우희 오목흔 뒤 침 주고 쓰면 살리라(卽於鼻下人中穴針灸遂活)
>   <救간一 63b>

> (11) c. 셜리 싄듕혈와 두 발 엄지가락 톱 뒤흐로셔(急於人中穴及兩脚大母指甲)
>   <救간一 42a>
>   d. 人中穴을 針ᄒ고 쓰면 사ᄂ니라(卽於鼻下人中穴針灸遂活) <救方上 78b>
>   e. 싄듕혈은 고 아래 입시울 우희 오목흔 뒤라(救간二 42a)

<13> 곡식에 몯내 염근 것 對 穀賊

고유어 '곡식에 몯내 염근 것'과 한자어 '穀賊'이 [穀賊] 즉 '곡식에 끝내 여물지 않은 것'의 뜻을 가지고 동의 관계에 있다는 것은 다음 예문들에서 잘 확인된다. 원문 중 '咽喉生穀賊'이 '곡식에 몯내 염근 거슬 머거 모기 부르터 나다'로도 번역되고 '모기 穀賊이 나다'로도 번역된다. 그리고 '穀賊'의 자석이 '곡식에 몯내 염근 것'이고 '穀食에 몯내 핀 이사기 굳고 씨쌀흔 것'이다. 따라서 '곡식에 몯내 염근 것'과 '穀賊'의 동의성은 명백히 입증된다.

> (12) a. 곡식에 몯내 염근 거슬 머거 모기 부르터 나거든 섈리 고티디 아니ᄒ면 쏘 사ᄅ
> ᄆᆯ 수이 죽게 ᄒᄂ니(咽喉生穀賊若不急治亦能殺人) <救간一 96a>
> b. 穀賊 : 곡식에 몯내 염근 거시라 <救간一 96a>

> (12) c. 모기 穀賊이 나거든 時急히 고티디 아니ᄒ면 쏘 能히 사ᄅ믈 주기ᄂ(45b)니
> (咽喉生穀賊若不急治亦能殺人) <救方上 46a>
> d. 穀賊은 穀食에 몯내 핀 이사기 굳고 씨쌀흔 거시니 <救方上 46a>

<13> 골속 對 燈心

고유어 '골속'과 한자어 '燈心'이 [燈心] 즉 '골풀의 속'의 뜻을 가지고 동의 관계에 있다는 것은 다음 예문들에서 잘 확인된다. 원문 중 '燈心'이 '골속'으로 번역되고 '燈心'의 자석이 '골속'이다. 따라서 '골속'과 '燈心'의 동의성은 명백히 입증된다. 고유어 '골속'은 명사 '골'(뜻은 '골풀'임)과 [心] 즉 '속'의 뜻을 가진 명사 '속'의 合成이다.

> (13) a. 골속을 등잔 브레 ᄉ라 ᄀ라(燈心燈上燒灰爲末) <救간二 110a>
> b. 燈心 : 골속 <救간二 110a>

<14> 골솝 對 燈心

고유어 '골솝'과 한자어 '燈心'이 [燈心] 즉 '골풀의 속'의 뜻을 가지고 동의 관계에 있다는 것은 다음 예문들에서 잘 확인된다. 원문 중 '燈心'이 '골솝'으로 번역되고 '燈心'의 자석이 '골솝'이다. 따라서 '골솝'과 '燈心'의 동의성은 명백히 입증된다. 고유어 '골솝'은 명사 '골'(뜻은 '골풀'임)과 [心] 즉 '속'의 뜻을 가진 명사 '솝'의 合成이다.

(14) a. 골솝 쉰 낫과(燈心五十莖) <救간三 92a>

　　　 b. 돌아홉 삐 각 반 량과 골솝 사ᄒᆞ로니 흔 줌과롤 굵게 디허

　　　 (冬葵子各半兩燈心切一握麁擣) <救간三 93b>

(14) c. 燈心 : 골솝 <救간三 92a> <救간三 93a>

<15> 곱도숑 불휘 對 茜根

고유어 '곱도숑 불휘'와 한자어 '茜根'이 [茜根] 즉 '꼭두서니 뿌리'의 뜻을 가지고 동의 관계에 있다는 것은 다음 예문들에서 잘 확인된다. 원문 중 '茜根'이 '곱도숑 불휘'로도 번역되고 '茜根'으로도 번역된다. 그리고 '茜根'의 자석이 '곱도숑 불휘'이다. 따라서 '곱도숑 불휘'와 '茜根'의 동의성은 명백히 입증된다. 고유어 '곱도숑 불휘'는 [茜] 즉 '꼭두서니'의 뜻을 가진 명사 '곱도숑'과 [根] 즉 '뿌리'의 뜻을 가진 명사 '불휘'의 合成이다.

(15) a. 곱도숑 불휘 흔 량을(茜根一兩) <救간二 106b>

(15) b. 茜(61b)根과 黃芩과 側栢 닙과(茜根 黃芩 側栢葉) <救方上 62a>
　　　 c. 茜根 : 곱도숑 불휘 <救간二 106b>

<16> 곱도숈 불휘 對 茜草

고유어 '곱도숈 불휘'와 한자어 '茜草'가 [茜草] '즉 꼭두서니 뿌리'의 뜻을 가지고 동의 관계에 있다는 것은 다음 예문들에서 잘 확인된다. 원문 중 '茜草'가 '곱도숈 불휘'로 번역되고 '茜草'의 자석이 '곱도숈 불휘'이다. 따라서 '곱도숈 불휘'와 '茜草'의 동의성은 명백히 입증된다.

(16) a. 곱도숈 불휘를 비룡애 물외야(茜草焙乾) <救간三 28a>
     b. 茜草 : 곱도숈 불휘 <救간三 28a>

<17> 구긧 불휘 對 地骨

고유어 '구긧 불휘'와 한자어 '地骨'이 [地骨] 즉 '구기자나무 뿌리'의 뜻을 가지고 동의 관계에 있다는 것은 다음 예문들에서 잘 확인된다. 원문 중 '地骨皮'가 '구긧 불휘 거플'로도 번역되고 '地骨皮'로도 번역된다. 따라서 '구긧 불휘'와 '地骨'의 동의성은 명백히 입증된다.

(17) a. 구긧 불휘 거프를 ᄒ나 져그나 ᄀᆞᄂᆞ리 ᄀᆞ라(地骨皮不拘多少爲末) <救간六 71a>
     b. 地骨皮를 하나 져그나 細末ᄒ야(地骨皮不拘多少爲末)<救方下 18a>

<18> 구듨곬 對 竈突

고유어 '구듨곬'과 한자어 '竈突'이 [竈突] 즉 '굴뚝'의 뜻을 가지고 동의 관계에 있다는 것은 다음 예문들에서 잘 확인된다. 원문 중 '竈突中墨'이 '구듨골샛 거믜영'으로 번역되고 '竈突中墨'의 자석이 '구듨골샛 거믜영'이다. 따라서 '구듨곬'과 '竈突'의 동의성은 명백히 입증된다. 고유어 '구듨곬'은 '구들+-ㅅ#곬'로 분석될 수 있다.

(18) a. 구듨골샛 거믜영을 ᄀᆞ라(末竈突中墨) <救간七 20b>
     b. 브석 구듨골샛 거믜영 ᄒ 량과(竈突內煤一兩) <救간六 77a>

(18) c. 竈突中墨 : 구듨골샛 거믜영 <救간七 20b>
　　 d. 竈突內煤 : 브석 구듨골샛 거믜영 <救간六 76b>

<19> 구리댓 불휘 對 白芷

　고유어 '구리댓 불휘'와 한자어 '白芷'가 [白芷] 즉 '구리때 뿌리, 백지'의 뜻을 가지고 동의 관계에 있다는 것은 다음 예문들에서 잘 확인된다. 원문 중 '白芷'가 '구리댓 불휘'로도 번역되고 '白芷'로도 번역된다. 따라서 '구리댓 불휘'와 '白芷'의 동의성은 명백히 입증된다.

　　(19) a. 심황과 구리댓 불휘와 세신 불휘와 각각 근게 ᄂᆞ화(鬱金 白芷 細辛各等分)
　　　　　 <救간二 117b>
　　　　 b. 대홧 불휘와 구리댓 불휘와 각 네 돈을(用大黃 白芷各四錢) <救간三 26b>
　　　　 c. 구리댓 불휘 반량과(白芷半兩) <救간二 4b>
　　　　 d. 패모와 구리댓 불휘와 ᄀᆞ라(貝母 白芷末) <救간三 57a>
　　　　 e. 구리댓 불휘와 승암촛 불휘 각 ᄒᆞᆫ 량애 녀허 달혀 구리댓 불휫 비치 누르거든
　　　　　 (內白芷 當歸各一兩煎白芷色黃) <救간六 92a>

　　(19) f. 鬱金과 白芷와 細辛을 等分ᄒᆞ야(鬱金 白芷 細辛各等分) <救方上 65b>
　　　　 g. 白芷 ᄒᆞᆫ 分과 누른 밀 半 兩과(白芷一分黃蠟半兩) <救方下 9b>
　　　　 h. 白芷 : 구리댓 불휘 <救간二 117a> <救간三 26a> <救간二 4a> <救간三 56b>
　　　　　 <救간六 91b>

<20> 구리댓 불휘 對 香白芷

　고유어 '구리댓 불휘'와 한자어 '香白芷'가 [香白芷] 즉 '구리때 뿌리, 향백지'의 뜻을 가지고 동의 관계에 있다는 것은 다음 예문들에서 잘 확인된다. 원문 중 '香白芷'가 '구리댓 불휘'로도 번역되고 '香白芷'로도 번역된다. 따라서 '구리댓 불휘'와 '香白芷'의 동의성은 명백히 입증된다.

(20) a. 손 미틧 거믜영과 구리댓 불휘와롤 ᄀᆞᆮ게 ᄂᆞ화(百草霜 香白芷 等分)
　　　 〈救간七 37a〉

　　 b. 구리댓 불휘와 힌 바곳 불휘와롤 ᄀᆞᆮ게 ᄂᆞ화(香白芷 白附子各等分) 〈救간二 7a〉

　　 c. 구리댓 불휘와(香白芷) 〈救간一 7b〉

(20) d. 百草霜과 香白芷롤 ᄀᆞ티 ᄂᆞ화(百草霜 香白芷等分) 〈救方下 83b〉

　　 e. 香白芷 : 구리댓 불휘 〈救간二 6b〉 〈救간一 7a〉

〈21〉 ᄭᅮᆯ벌 對 蜜蜂

고유어 ‘ᄭᅮᆯ벌’과 한자어 ‘蜜蜂’이 [蜜蜂] 즉 ‘꿀벌’의 뜻을 가지고 동의 관계에 있다
는 것은 다음 예문들에서 잘 확인된다. 원문 중 ‘蜜蜂陰乾’이 ‘ᄭᅮᆯ버를 ᄀᆞ늘해 ᄆᆞ외다’
로 번역되고 ‘蜜蜂’의 자석이 ‘ᄭᅮᆯ벌’이다. 따라서 ‘ᄭᅮᆯ벌’과 ‘蜜蜂’의 동의성은 명백히
입증된다. 고유어 ‘ᄭᅮᆯ벌’은 [蜜] 즉 ‘꿀’의 뜻을 가진 명사 ‘ᄭᅮᆯ’과 [蜂] 즉 ‘벌’의 뜻을
가진 명사 ‘벌’의 合成이다.

(21) a. ᄭᅮᆯ버를 ᄀᆞ늘해 ᄆᆞ외야 ᄀᆞᄅᆞ를 밍ᄀᆞ라(蜜蜂陰乾爲末) 〈救간六 92b〉
　　 b. 蜜蜂 : ᄭᅮᆯ벌 〈救간六 92b〉

〈22〉 굸죠개 對 牡蠣

고유어 ‘굸죠개’와 한자어 ‘牡蠣’가 [牡蠣] 즉 ‘굴조개’의 뜻을 가지고 동의 관계에
있다는 것은 다음 예문들에서 잘 확인된다. 원문 중 ‘牡蠣粉’이 ‘굸죠개 분’으로도 번
역되고 ‘牡蠣粉’으로도 번역된다. 그리고 ‘牡蠣’의 자석이 ‘굸죠개’이다. 따라서 ‘굸죠
개’와 ‘牡蠣’의 동의성은 명백히 입증된다. 고유어 ‘굸죠개’는 명사 ‘굴’과 명사 ‘죠개’
의 合成이다.

(22) a. 빅교향과 굸죠개 분과 각각 ᄀᆞᆮ게 ᄂᆞ화(白膠香 牡蠣粉各等分) 〈救간二 120b〉
　　 b. 효근 지지와 대황 불휘와 굸죠개와를 ᄀᆞᆮ게 ᄂᆞ화(山梔 大黃 牡蠣等分)
　　　 〈救간三 56b〉

　　　c. 굸(57a)죠개 혼 량 ᄉ로니와(牡蠣—兩燒) <救간七 56a>

　　　d. 굸죠갯 글을 헌ᄃᆡ 브티고(牡蠣取末粉傅瘡口) <救간六 81b>

(22) e. 白膠香과 牡蠣粉을 各 等分ᄒ야(白膠香 牡蠣粉各等分) <救方上 67a>

　　　f. 牡蠣 : 굸죠개 <救간三 56a> <救간七 55b> <救간六 81b>

<23> 궁궁잇 불휘 對 芎藭

　고유어 ‘궁궁잇 불휘’와 한자어 ‘芎藭’이 [芎藭] 즉 ‘궁궁이 뿌리’의 뜻을 가지고 동의 관계에 있다는 것은 다음 예문들에서 잘 확인된다. 원문 중 ‘芎藭當歸’가 ‘궁궁잇 불휘와 숭암촛 불휘’로도 번역되고 ‘芎藭과 當歸’로도 번역된다. 따라서 ‘궁궁잇 불휘’와 ‘芎藭’의 동의성은 명백히 입증된다.

(23) a. 궁궁잇 불휘와 숭암촛 불휘와(芎藭 當歸) <救간七 7b>

　　　b. 궁궁잇 불휘와 숭암촛 불휘 사ᄒ라 믈외요니와 각 흔량을 디허 처

　　　　(芎藭 當歸切焙各一兩擣羅) <救간七 10a>

　　　c. 숭암촛 불휘 혼 량과 궁궁잇 불휘 혼 량 닷 돈과를 믈 엿 되예 달혀

　　　　(當歸四分芎藭六分以水六升煎) <救간七 39b>

　　　d. 계피 갓근 솝과 궁궁잇 불휘 각 두 량과(桂心 芎藭各二兩) <救간一 26a>

(23) e. 芎藭과 當歸와(芎藭 當歸) <救方下 22a>

　　　f. 當歸와 芎藭과(當歸 芎藭) <救方下 27a>

　　　g. 芎藭과 檳榔 各 혼 兩과(芎藭 檳榔各一兩) <救方下 26a>

　　　h. 芎藭 : 궁궁잇 불휘 <救간七 7b> <救간七 9b> <救간七 39b> <救간一 25b>

<24> 귀청 對 耳中塞

　고유어 ‘귀청’와 한자어 ‘耳中塞’이 [耳中塞] 즉 ‘귀청, 고막’의 뜻을 가지고 동의 관계에 있다는 것은 다음 예문들에서 잘 확인된다. 원문 중 ‘犢子耳中塞’이 ‘쇠야지 귀청’으로 번역되고 ‘犢子耳中塞’의 자석이 ‘쇠야지 귀청’이다. 따라서 ‘귀청’과 ‘耳中塞’

의 동의성은 명백히 입증된다. 고유어 '귀청'은 [耳] 즉 '귀'의 뜻을 가진 명사 '귀'와 [膜]의 뜻을 가진 명사 '청'의 합성이다.

> (24) a. 쇠야지 귀청을 내야 브스름 우희 브티면(犢子耳中塞摻於瘡上) <救간三 31b>
>
> b. 犢子耳中塞 : 쇠야지 귀청 <救간三 31b>

<25> 귓것 對 鬼

고유어 '귓것'과 한자어 '鬼'가 [鬼] 즉 '귀신'의 뜻을 가지고 동의 관계에 있다는 것은 다음 예문들에서 잘 확인된다. 원문 중 '鬼擊'가 '귓것 티다'로 번역된다. 그리고 '書鬼字'가 '귓것 귀짜를 스다'로도 번역되고 '鬼ㅈ 字를 스다'로도 번역된다. 따라서 '귓것'과 '鬼'의 동의성은 명백히 입증된다. '귓것'은 명사 '鬼'와 명사 '것'의 合成으로 '鬼+-ㅅ(속격 조사)#것'으로 분석될 수 있지만 正音 表記만 있으므로 고유어로 다루었다.

> (25) a. 귓것 티닐 고툐딕(治鬼擊) <救方上 22b>
>
> b. 믄득 귓것 틴 病을 어더(卒得鬼擊之病) <救方上 18b>
>
> c. 이 귓거시 눌로미니(此乃鬼魘也) <救方上 21b>
>
> d. 모딘 귓거싀 氣分을 마시거나 ᄒ야(吸著惡鬼氣) <救方上 15b>
>
> e. 혀 우희 귓것 귀쯔를 스고(於舌上書鬼字) <救간一 49a>

> (25) f. 혀에 鬼ㅈ 字를 스고(於舌上書鬼字) <救方上 16b>

'鬼物'과 '鬼神'이 '귓것'으로 번역된다는 것은 다음 예문들에서 잘 확인된다. '鬼物'의 번역인 '귓것'에서 '귓것'이 명사 '鬼'와 [物] 즉 '것'의 뜻을 가진 명사 '것'의 合成이라는 것을 알 수 있다.

> (25) g. 누네 귓것 보며(眼見鬼物) <救方上 15b>
>
> h. 귓거시 누르며 툐ᄆᆞᆯ 아라(覺鬼物魘打) <救方上 21b>
>
> i. 귓거시 텨(鬼神所擊) <救方上 17a>

    j. 귓거싀게 티여(鬼神所擊) <救간― 55b>

<26> 쇠모롭 불휘 對 半夏

고유어 '쇠모롭 불휘'와 한자어 '半夏'가 [半夏] 즉 '끼무릇 뿌리'의 뜻을 가지고 동의 관계에 있다는 것은 다음 예문들에서 잘 확인된다. 원문 중 '乾薑半夏'가 'ᄆᆞᄅᆞᆫ 싱 앙과 쇠모롭 불휘'로도 번역되고 '乾薑과 半夏'로도 번역된다. 그리고 '半夏末'이 '쇠 모롭 불휘 ᄀᆞ론 ᄀᆞᄅᆞ'로도 번역되고 '半夏ㅅ ᄀᆞᄅᆞ'로도 번역된다. 따라서 '쇠모롭 불 휘'와 '半夏'의 동의성은 명백히 입증된다.

    (26) a. 힌 양의 눈 ᄀᆞᄐᆞᆫ 쇠모롭 불휘를(白羊眼半夏) <救간― 1b>

        b. ᄆᆞᄅᆞᆫ 싱앙과 쇠모롭 불휘와를 ᄀᆞᆮ게 ᄂᆞᆫ화(乾薑半夏等分) <救간二 74b>

        c. ᄯᅩ 쇠모롭 불휘 ᄀᆞ론 ᄀᆞᆯ을 곳 굼긔 불오(更以半夏末吹入鼻中) <救간― 83a>

        d. 쇠모롭 불휘 ᄀᆞ론 ᄀᆞᄅᆞ(半夏末) <救간― 47b>

        e. 쇠모롭 불휘 ᄒᆞᆫ 량을(半夏―兩) <救간七 44b>

    (26) f. 힌 羊의 눈 ᄀᆞᆮᄒᆞᆫ 半夏를(白羊眼半夏) <救간― 1b>

        g. 乾薑과 半夏를 等分ᄒᆞ야(乾薑半夏等分) <救方上 43a>

        h. ᄯᅩ 半夏ㅅ ᄀᆞᆯ을 곳 굼긔 불오(更以半夏末吹入鼻中) <救方上 24a>

        i. 半夏末을 (半夏末) <救方上 18a>

        j. 半夏 : 쇠보돕 불휘 <救간七 44b>

<27> 기장ᄡᆞᆯ 對 黍米

고유어 '기장ᄡᆞᆯ'과 한자어 '黍米'가 [黍米] 즉 '기장쌀'의 뜻을 가지고 동의 관계에 있다는 것은 다음 예문들에서 잘 확인된다. 원문 중 '黍米二合'이 '기장ᄡᆞᆯ 두 홉'으로 번역되고 '黍米'의 자석이 '기장ᄡᆞᆯ'이다. 그리고 '黍米淘汁'이 '기장ᄡᆞᆯ 시슨 믈'로 번역 되고 '黍米淘汁'의 자석이 '기장ᄡᆞᆯ 시슨 믈'이다. 따라서 '기장ᄡᆞᆯ'과 '黍米'의 동의성은 명백히 입증된다. 고유어 '기장ᄡᆞᆯ'은 [黍] 즉 '기장'의 뜻을 가진 명사 '기장'과 [米] 즉 '쌀'의 뜻을 가진 명사 'ᄡᆞᆯ'의 合成이다.

(27) a. 기장뿔 두 홉을 므레 조히 시서(黍米二合水淘淨) <救간二 53b>

    b. 기장뿔 시슨 므를 드시 ᄒ야(黍米淘汁溫) <救간二 35b>

    c. 힌 거시 기장뿔 ᄀᆮᄒ니 잇ᄂ니(有白如黍米大) <救方上 18a>

    d. 힌 거시 기장뿔만 ᄀᄐ니 잇거든(有白如黍米大) <救간一 47b>

    e. 쥐똥을 붓아 기장뿔만 머구듸(鼠屎末服如黍米) <救方上 19a>

    f. 쥐똥을 부ᄉ아 기장뿔만 머고듸(鼠屎末服如黍米) <救간一 57a>

    g. 기장뿔와 누르글 ᄀ티 ᄂ화(取黍米麵等分) <救方下 10a>

(27) h. 黍米 : 기장뿔 <救간二 53b>

    i. 黍米淘汁 : 기장뿔 시슨 믈 <救간二 35b>

<28> ᄀ래나모 對 楸木

고유어 'ᄀ래나모'와 한자어 '楸木'이 [楸木] 즉 '가래나무'의 뜻을 가지고 동의관계에 있다는 것은 다음 예문들에서 잘 확인된다. 원문 중 '楸木白皮'가 'ᄀ래ᄂ모 ᄉ잇 거플'로 번역되고 '楸木白皮'의 자석이 'ᄀ래나모 힌 거플'이다. 따라서 'ᄀ래나모'와 '楸木'의 동의성은 명백히 입증된다. 고유어 'ᄀ래나모'는 [楸子] 즉 '가래'의 뜻을 가진 명사 'ᄀ래'와 [木] 즉 '나무'의 뜻을 가진 명사 '나모'의 合成이다.

    (28) a. ᄀ래나모 ᄉ싯 거플 닷 근을 ᄀᄂ리 사ᄒ라(楸木白皮五升細剉) <救간六 88a>

      b. 楸木白皮 : ᄀ래나모 힌 거플 <救간六 87b>

<29> ᄀᆞᆺ곶 對 塩花

고유어 'ᄀᆞᆺ곶'과 한자어 '塩花'가 [塩花] 즉 '염화. 꽃과 같은 모양에 結晶된 소금'의 뜻을 가지고 동의 관계에 있다는 것은 다음 예문들에서 잘 확인된다. 원문 중 '塩花一兩'이 'ᄀᆞᆺ곶 ᄒ 량'으로 번역되고 '塩花'의 자석이 'ᄀᆞᆺ곶'이다. 따라서 'ᄀᆞᆺ곶'과 '塩花'의 동의성은 명백히 입증된다. 고유어 'ᄀᆞᆺ곶'은 [塩] 즉 '소금'의 뜻을 가진 명사 'ᄀᆞᆮ'과 [花] 즉 '꽃'의 뜻을 가진 명사 '곶'의 합성으로 'ᄀᆞᆮ[塩]+-ㅅ#곶[花]'으로 분석될 수 있다.

(29) a. 빅번 흔 량 ᄉ론 지와 굸곳 흔 향과룰 흔디 ᄀᄂ리 ᄀ라

　　　(白礬一兩燒灰 塩花一兩同細研) <救간二 63b>

　　b. 塩花 : 굸곳 <救간二 63b>

<31> 네 활개 對 四肢

　고유어 '네 활개'와 한자어 '四肢'가 [四肢]의 뜻을 가지고 동의 관계에 있다는 것은 다음 예문들에서 잘 확인된다. 원문 중 '四肢不收'가 '네 활개를 거두디 몯ᄒ다'로 번역되고 '四肢逆冷'이 '四肢 ᄎ다'로 번역된다. 따라서 '네 활개'와 '四肢'의 동의성은 명백히 입증된다.

　(30) a. 네 활개룰 거두디 몯ᄒ며(四肢不收) <救方上 4b>

　　b. 네 활개룰 거두디 몯ᄒ야(四肢不收) <救方上 5a>

　(30) c. 四肢 ᄎᄂ니(四肢逆冷) <救方上 31a>

　　d. 四肢 ᄎ고(四肢逆冷) <救方上 38a>

　　e. 病흔 사르미…四肢룰 펴 샹녜 누움 ᄀ게 ᄒ라(令病人…放四肢如常臥)

　　　　<救方上 61b>

　　f. 사르미 아홉 구무와 四肢ㅅ 가락 ᄉ싀예 다 피 나믄

　　　(人有九竅四肢指岐間皆出血) <救方上 60b>

<31> 누르고 믈ᄀ 갓플 對 黃明膠

　고유어 '누르고 믈ᄀ 갓플'과 한자어 '黃明膠'가 [黃明膠] 즉 '누르고 맑은 갓풀'의 뜻을 가지고 동의 관계에 있다는 것은 다음 예문들에서 잘 확인된다. 원문 중 '黃明膠'가 '누르고 믈ᄀ 갓풀'로도 번역되고 '黃明膠'로도 번역된다. 그리고 '黃明膠'의 자석이 '누르고 믈ᄀ 갓플'이다. 따라서 '누르고 믈ᄀ 갓플'과 '黃明膠'의 동의성은 명백히 입증된다.

(31) a. 아혹 삐 두 홉과 누르고 믈근 갓플와 활셕 ᄀᆞᄅᆞ와 각 ᄒᆞᆫ 량을

　　(葵子二合黃明膠 滑石末各一兩) <救간七 43b>

　　b. 누르고 믈근 갓플 노겨(黃明膠洋) <救간二 93b>

(31) c. 아옥 삐 두 홉과 黃明膠와 滑石ㅅ ᄀᆞᄅᆞ 各 ᄒᆞᆫ 兩을

　　(葵子二合黃明膠 滑石末各一兩) <救方下 84a>

　　d. 黃明膠 : 누르고 믈근 갓플 <救간七 43b> <救간二 93b>

<32> 누에나비 對 蠶蛾

고유어 '누에나비'와 한자어 '蠶蛾'가 [蠶蛾] 즉 '누에나방'의 뜻을 가지고 동의 관계에 있다는 것은 다음 예문들에서 잘 확인된다. 원문 중 '晚蠶蛾'가 '도나기 누에나비'로 번역되고 '晚蠶蛾'의 자석이 '도나기 누에나비'이다. 따라서 '누에나비'와 '蠶蛾'의 동의성은 명백히 입증된다. 고유어 '누에나비'는 [蠶] 즉 '누에'의 뜻을 가진 명사 '누에'와 [蛾] 즉 '나방'의 뜻을 가진 명사 '나비'의 合成이다.

　　(32) a. 도나기 누에나비를 봇가(晚蠶蛾炒) <救간三 114a>
　　　　b. 晚蠶蛾 : 도나기 누에나비 <救간三 114a>

<33> 누엣 쏭/누에 쏭 對 蠶沙

고유어 '누엣 쏭/누에 쏭'과 한자어 '蠶沙'가 [蠶沙] 즉 '누에 똥'의 뜻을 가지고 동의 관계에 있다는 것은 다음 예문들에서 잘 확인된다. 원문 중 '蠶沙一粒'이 '누엣 쏭 ᄒᆞᆫ 낫'으로 번역되고 '蠶沙一升'이 '누에 쏭 ᄒᆞᆫ 되'로 번역되고 '蠶沙'의 자석이 '누에 쏭'이다. 따라서 '누엣 쏭/누에 쏭'과 '蠶沙'의 동의성은 명백히 입증된다. 고유어 '누엣 쏭'은 [蠶] 즉 '누에'의 뜻을 가진 명사 '누에'와 [沙] 즉 '똥'의 뜻을 가진 명사 '쏭'의 合成으로 '누에+-ㅅ#쏭'으로 분석될 수 있다.

　　(33) a. 누엣 쏭 ᄒᆞᆫ 나츨 ᄉᆞᆷ기면 즉자히 나리라(以蠶沙一粒呑下卽出) <救方下 42a>
　　　　b. 누에 쏭 ᄒᆞᆫ 되를 우믌 므레 달혀(蠶沙一升井水煎) <救간三 53b>

    c. 누에 똥도 봇그며(熬蠶沙) <救간二 39a>

(33) d. 蠶沙 : 누에 똥 <救간三 53b> <救간二 38b>

<34> 누에삐 對 蠶子

　고유어 '누에삐'와 한자어 '蠶子'가 '누에씨, 종자로 쓸 누에의 알'의 뜻을 가지고 동의 관계에 있다는 것은 다음 예문들에서 잘 확인된다. 원문 중 '收蠶子的舊紙'가 '누에삐 낸 죠희'로 번역되고 '去蠶子'가 '누에삐를 업게 ᄒ다'로 번역되고 '收蠶子'의 자석이 '누에삐 내다'이다. 따라서 '누에삐'와 '蠶子'의 동의성은 명백히 입증된다. 고유어 '누에삐'는 [蠶] 즉 '누에'의 뜻을 가진 명사 '누에'와 [子] 즉 '씨'의 뜻을 가진 명사 '삐'의 合成이다.

(34) a. 누에삐 난 죠희 ᄒᆫ 張을 누에삐를 조히 업게 ᄒ고
　　　(用收蠶子的舊紙一幅務要去蠶子潔淨) <救方上 37a>
　　b. 누에삐 낸 죠희 ᄒᆫ 댱을 누에삐를 조히 업게 ᄒ고
　　　(收蠶子的舊紙一幅務要去蠶子潔淨) <救간二 48a>

(34) c. 收蠶子的舊紙 : 누에삐 낸 죠희 <救간二 47b>

<35> 느릅나모 對 楡樹

　고유어 '느릅나모'와 한자어 '楡樹'가 [楡樹]와 [楡] 즉 '느릅나무'의 뜻을 가지고 동의 관계에 있다는 것은 다음 예문들에서 잘 확인된다. 원문 중 '楡樹皮'가 '느릅나못 거플'로 번역되고 '楡白皮'가 '느릅나못 ᄒᆫ 거플'로 번역되고 '楡白皮'의 자석이 '느릅나못 힌 거플'이다. 따라서 '느릅나모'와 '楡樹'의 동의성은 명백히 입증된다.

(35) a. 느릅나못 거프를 스히디 아니케 ᄉ라(楡樹皮燒灰存性) <救간六 91b>
　　b. 느릅나못 ᄒᆫ 거프를 ᄀᄂᆞᆯ해 ᄆᆞᆯ외야(用楡白皮陰乾) <救간三 114a>
　　c. 느릅나못 힌 거플와(楡白皮) <救간三 25b>

      d. 느릅나못 넉 량 사(98a)ᄒ로니와 (楡白皮四兩剉) <救간三 98b>

      e. 느릅나못(54b) 불휫 흰 거프를 ᄀ라(楡根白皮爲末) <救간三 55a>

  (35) f. 楡樹皮 : 느릅나못 거플 <救간六 91a>

      g. 楡白皮 : 느릅나못 흰 거플 <救간一 114a> <救간三 25a> <救간三 98a>

      h. 楡根白皮 : 느릅나못 불휫 흰 거플 <救간三 54b>

<36> 니싯곳 對 紅藍花

  고유어 '니싯곳'과 한자어 '紅藍花'가 [紅藍花] 즉 '잇꽃'의 뜻을 가지고 동의 관계에 있다는 것은 다음 예문들에서 잘 확인된다. 원문 중 '紅藍花三兩'이 '니싯곳 석 량'으로 번역되고 '紅藍花'의 자석이 '니싯곳'이다. 따라서 '니싯곳'과 '紅藍花'의 동의성은 명백히 입증된다. '니싯곳'은 명사 '니싀'와 [花] 즉 '꽃'의 뜻을 가진 명사 '곳'의 合成으로 '니싀+-ㅅ#곳'으로 분석될 수 있다.

  (36) a. 니싯곳 석 량과 숫 ᄉ론 지 닷 되와ᄅᆞᆯ 섯거 저어 봇고ᄃᆡ

      (紅藍花三兩炭灰五升攪和熬) <救간一 90a>

     b. 紅藍花 : 니싯곳 <救간一 90a>

<37> 니싯곳 對 紅花

  고유어 '니싯곳'과 한자어 '紅花'가 [紅花] 즉 '잇꽃'의 뜻을 가지고 동의 관계에 있다는 것은 다음 예문들에서 잘 확인된다. 원문 중 '紅花一兩'이 '니싯곳 흔 량'으로도 번역되고 '紅花 흔 兩'으로도 번역된다. 그리고 '紅花'의 자석이 '니싯곳'이다. 따라서 '니싯곳'과 '紅花'의 동의성은 명백히 입증된다. '니싯곳'은 명사 '니싀'와 [花] 즉 '꽃'의 뜻을 가진 명사 '곳'의 合成으로 '니싀+-ㅅ#곳'으로 분석될 수 있다.

  (37) a. 니싯곳 흔 량 므레 디투 글혀 즙을 머그라(紅花一兩水煮濃汁服) <救간七 52a>

     b. 紅花 : 니싯곳 <救간七 52a>

(37) c. 紅花 혼 兩올 므레 디투 글혀 汁을 머그라(紅花一兩水煮濃汁服) <救方下 93a>

<38> 닉예 그스린 미실 對 烏梅

고유어 '닉예 그스린 미실'과 한자어 '烏梅'가 [烏梅] 즉 '연기에 그슬린 梅實'의 뜻을 가지고 동의 관계에 있다는 것은 다음 예문들에서 잘 확인된다. 원문 중 '烏梅'가 '닉예 그스린 미실'로 번역되고 '烏梅'의 자석이 '닉예 그스린 미실'이다. 따라서 '닉예 그스린 미실'과 '烏梅'의 동의성은 명백히 입증된다. '미실'은 한자어 '梅實'이나 고유어로 다루었다.

(38) a. 닉예 그스린 미실와 감초와 져기 녀허(加烏梅 甘草少許) <救간二 24b>
     b. 닉예 그스린 미실 서너 나출(烏梅三四箇) <救간三 19b>
     c. 닉예 그스린 미실(烏梅肉) <救간二 24a>

(38) d. 烏梅 : 닉예 그스린 미실 <救간二 24b> <救간三 19b>
     e. 烏梅肉 : 닉예 그스린 미실 <救간三 23b>

그리고 '烏梅'가 '닉예 그스린 미홧 여름'과 '미홧 여름 닉예 그스려 물외요니'로 번역된다는 것은 다음 예문들에서 잘 확인된다.

(38) f. 닉예 그스린 미홧 여름 크니 두 낫 두드리니와(大烏梅二介拉) <救간一 14a>
     g. 烏梅 : 닉예 그스린 미홧 여름 <救간二 13b>

(38) h. 미홧 여름 닉예 그스려 물외요니롤(烏梅) <救간二 109b>
     i. 烏梅 : 미홧 여름 닉예 그스려 물외요니 <救간二 109a>

<39> 다스마 머육 對 昆布

고유어 '다스마 머육'과 한자어 '昆布'가 [昆布] 즉 '다시마 미역'의 뜻을 가지고 동의 관계에 있다는 것은 다음 예문들에서 잘 확인된다. 원문 중 '昆布二兩'이 '다스마

머육 두 량'으로 번역되고 '昆布'의 자석이 '다ᄉ마 머육'이다. 따라서 '다ᄉ마 머육'
과 '昆布'의 동의성은 명백히 입증된다.

> (39) a. 다ᄉ마 머육 두 량을 시서 ᄲᆞᆫ 맛 업게 ᄒᆞ고(昆布二兩洗去鹹味) <救간二 80b>
> 　　　b. 그 다ᄉ마 머육을 글희야(仍揀取昆布) <救간二 80b>

> (39) c. 昆布 : 다ᄉ마 머육 <救간二 80a>

<40> 당의아지 집 對 螵蛸

　　고유어 '당의아지 집'과 한자어 '螵蛸'가 [螵蛸] 즉 '사마귀의 알집'의 뜻을 가지고
동의 관계에 있다는 것은 다음 예문들에서 잘 확인된다. 원문 중 '桑螵蛸'가 '쇙남긧
당의아지 집'으로 번역되고 '螵蛸'의 자석이 '당의아지 집'이다. 따라서 '당의아지 집'
과 '螵蛸'의 동의성은 명백히 입증된다. 고유어 '당의아지 집'은 '사마귀'를 뜻하는 명
사 '당의아지'와 명사 '집'의 合成으로 '당의아지+-의(속격 조사)#집'으로 분석될 수
있다.

> (40) a. 쇙남긧 당의아지 집을 초애 달혀(桑螵蛸用醋煎) <救간六 9a>
> 　　　b. 桑螵蛸 : 남긧 당의아지 집 <救간六 8b>

<41> 대ᄲᅳ리 對 地膚

　　고유어 '대ᄲᅳ리'와 한자어 '地膚'가 [地膚] 즉 '대싸리'의 뜻을 가지고 동의 관계에
있다는 것은 다음 예문들에서 잘 확인된다. 원문 중 '地膚子'가 '대ᄲᅳ리 ᄡᅵ'로 번역되
고 '地膚子'의 자석이 '대ᄲᅳ리 ᄡᅵ'이다. 따라서 '대ᄲᅳ리'와 '地膚'의 동의성은 명백히
입증된다. 고유어 '대ᄲᅳ리'는 명사 '대'와 명사 'ᄲᅳ리'의 합성이다.

> (41) a. 대ᄲᅳ리 ᄡᅵ어나 ᄯᅩ 닙과 줄기어나 닷 량곰 ᄒᆞ야(地膚子或莖葉五兩)
> 　　　　<救간三 108a>
> 　　　b. 地膚子 : 대ᄲᅳ릿 ᄡᅵ <救간三 107b>

<42> 대왐픐 불휘 對 白芨

고유어 '대왐픐 불휘'와 한자어 '白芨'이 [白芨] 즉 '대황풀의 뿌리'의 뜻을 가지고 동의 관계에 있다는 것은 다음 예문들에서 잘 확인된다. 원문 중 '白芨細末'이 '대왐픐 불휘를 ᄀ늘에 골다'로 번역되고 '白芨'의 자석이 '대황픐 불휘'이다. 따라서 '대황픐 불휘'와 '白芨'의 동의성은 명백히 입증된다. 고유어 '대왐픐 불휘'는 명사 '대왐플'과 명사 '불휘'의 合成으로 '대왐플+-ㅅ#불휘'로 분석될 수 있다.

  (42) a. 대왐픐 불휘를 ᄀ늘에 ᄀ라(白芨細末) <救간三 18b>

    b. 대왐픐 불휘를 하나 져그나 ᄀ라(白芨不拘多少爲末) <救간二 99b>

    c. 대왐픐 불휘 ᄀ라(白芨硏) <救간二 109a>

  (42) d. 白芨 : 대왐픐 불휘 <救간三 18b> <救간二 99b> <救간二 109a>

<43> 댓진 對 竹瀝

고유어 '댓진'과 한자어 '竹瀝'이 [竹瀝] 즉 '댓진'의 뜻을 가지고 동의 관계에 있다는 것은 다음 예문들에서 잘 확인된다. 원문 중 '飮竹瀝'이 '댓진을 먹다'로 번역되고 '竹瀝'의 자석이 '댓진'이다. 따라서 '댓진'과 '竹瀝'의 동의성은 명백히 입증된다. 고유어 '댓진'은 [竹]을 뜻하는 명사 '대'와 [瀝] 즉 '풀이나 나무 등에서 분비되는 끈끈한 물질'을 뜻하는 명사 '진'의 合成으로 '대ㅣ ㅅ#진'으로 분석될 수 있다.

  (43) a. 龍腦 牛黃 각 두 分과 朱砂 六分과를 細末ᄒ야 댓지네 골오 프러

    (腦子 牛黃各二分朱砂六分右細末取竹瀝油勻調) <救方上 2b>

    b. 댓진을 져고매 머거도 됴ᄒ리라(飮竹瀝少許亦差) <救간二 58a>

    c. 댓진과 싱디황 즛(24b)디허 쫀 즙 각 ᄒᆞ 되와를 ᄒᆞᄃᆡ 글혀

    (竹瀝 生地黃汁各一升合煎) <救간一 25a>

    d. 댓진 닷 홉과 가시나모 진 서홉과를(竹瀝五合荊瀝三合) <救간七 3a>

    e. 가시나모 진 서홉과 댓진 닷홉과(荊瀝三合竹瀝五合) <救간七 5a>

    f. 댓진 서 되와(竹瀝三升) <救간一 26a>

g. 댓진 두 홉과(竹瀝二合) <救간七 1b> <救간七 2a>

(43) h. 竹瀝 : 댓진 <救간二 58a> <救간一 24b> <救간七 2b> <救간七 5a>
　　　　 <救간一 25b> <救간七 1b> <救간七 2a>

<45> 도틱기름 對 猪膏

　고유어 '도틱기름'과 한자어 '猪膏'가 [猪膏] 즉 '돼지기름'의 뜻을 가지고 동의 관계에 있다는 것은 다음 예문들에서 잘 확인된다. 원문 중 '猪膏煎'이 '도틱기르매 煎호다'로 번역되고 '取猪膏…煮沸'가 '猪膏롤…글히다'로 번역된다. 따라서 '도틱기름'과 '猪膏'의 동의성은 명백히 입증된다. 고유어 '도틱기름'은 [猪] 즉 '돼지'의 뜻을 가진 명사 '돝'과 [膏] 즉 '기름'의 뜻을 가진 명사 '기름'의 合成으로 '돝+-의#기름'으로 분석될 수 있다.

(44) a. 쥐 흔 나츨 도틱기르매 煎호야 브티라(鼠一枚猪膏煎傳之) <救方下 68b>
　　　b. 쥐 흔 나츨 도틱기름에 달혀 브티라(鼠一枚猪膏煎傳之) <救간六 42a>
　　　c. 도틱기르믈 둘기알 소뱃 누른 ᄌᅀᅳ만 케 호야 ᄉᆞᆷ교ᄃᆡ(呑猪膏如雞子黃)
　　　　 <救간六 5b>

(44) d. 猪膏롤 둘기알만 호닐 醋 흔 호배 글혀(猪膏如雞子大以醋一合煮沸)
　　　　 <救方上 25b>
　　　e. 猪膏 : 도틱기름 <救간六 5b>

<45> 도틱기름 對 猪脂

　고유어 '도틱기름'과 한자어 '猪脂'가 [猪脂] 즉 '돼지기름'의 뜻을 가지고 동의 관계에 있다는 것은 다음 예문들에서 잘 확인된다. 원문 중 '猪脂一斤'이 '도틱기름 흔 근'으로 번역되고 '猪脂'의 자석이 '도틱기름'이다. 따라서 '도틱기름'과 '猪脂'의 동의성은 명백히 입증된다. 고유어 '도틱기름'은 [猪] 즉 '돼지'의 뜻을 가진 명사 '돝'과 [脂] 즉 '기름'의 뜻을 가진 명사 '기름'의 合成으로 '돝+-의#기름'으로 분석될

수 있다.

(45) a. 도틱기름 흔 근을 믈 두 되예 세 소솜 글혀 머그면

   (猪脂一斤以水二升煮三沸飮汁) <救간三 62a>

   b. 도틱기르믈 브스름 우희 블로믈(猪脂傅上) <救간三 31a>

   c. 도틱기르메 므라도 됴ᄒ니라(猪脂亦可) <救간三 7b>

   d. 도틱기르메 사ᄉ미 쓸 ᄉ론 ᄌᆡ를 섯거 ᄇᆞᄅ면(猪脂和鹿角灰塗之) <救간六 56b>

   e. 도틱기르메 므라(和猪脂) <救간六 27b>

   f. 도틱기름에 골오 섯거(以猪脂調令勻) <救간六 89a>

   g. 도틱기름 서 근을(以猪脂三斤) <救간六 91b>

   h. 섯ᄃ래 자본 도틱기르메 므라(以臘月猪脂調) <救간三 7b>

   i. 섯ᄃ래 자본 도틱기르메 므라(以臘月猪脂和) <救간三 34b>

   j. 섯ᄃ래 자본 도틱기르메 므라(和臘月猪脂) <救간三 15a>

(45) k. 猪脂 : 도틱기름 <救간三 62a> <救간三 31a> <救간三 7b> <救간六 56b>

   <救간六 27b> <救간六 89a>

   l. 臘月猪脂 : 섯ᄃ래 자본 도틱기름 <救간三 7a> <救간三 34b> <救간三 15a>

<46> 됴흔 술 對 醇酒

고유이 '됴흔 술'괴 한자어 '醇酒'가 [醇酒] 즉 '불순물이 없는 술, 淳酒'의 뜻을 가지고 동의 관계에 있다는 것은 다음 예문들에서 잘 확인된다. 원문 중 '醇酒二升'이 '됴흔 술 두 되'로 번역되고 '醇酒'의 자석이 '됴흔 술'이다. 따라서 '됴흔 술'과 '醇酒'의 동의성은 명백히 입증된다.

(46) a. 됴흔 술 두 되와 힌 뿔와(醇酒二升白蜜) <救간七 28a>

   b. 됴흔 수를 두 곳(56b)굼긔 부러 녀흐라(以醇酒吹內鼻中) <救간一 57a>

(46) c. 醇酒 : 됴흔 술 <救간七 27b> <救간一 56b>

<47> 됴흔 술 對 濁酒

고유어 '됴흔 술'과 한자어 '濁酒'가 [淳酒] 즉 '불순물이 없는 술, 醇酒'의 뜻을 가지고 동의 관계에 있다는 것은 다음 예문들에서 잘 확인된다. 원문 중 '以淳酒吹內'이 '됴흔 술로 부러 넣다'로 번역되고 '淳酒二升'이 '濁酒 두 되'로 번역된다. 따라서 '됴흔 술'과 '濁酒'의 동의성은 명백히 입증된다.

> (47) a. 됴흔 술로 두 곳굼긔 부러 녀흐라(以淳酒吹內鼻中) <救方上 19a>
> b. 듯순 됴흔 수레 듬가 머그라(以溫無灰白酒浸汁服) <救간二 77b>

> (47) c. 濁酒 두 되와 힌 뿔와(淳酒二升白蜜) <救方下 87a>
> d. 탁쥬 네 사바래(白酒四椀) <救간三 29a>

<48> 두루믜나싀 對 葶藶

고유어 '두루믜나싀'와 한자어 '葶藶'이 [葶藶] 즉 '두루미냉이'의 뜻을 가지고 동의 관계에 있다는 것은 다음 예문들에서 잘 확인된다. 원문 중 '甜葶藶'이 '돈 두루믜나싀'로 번역되고 '甜葶藶'의 자석이 '돈 두루믜나싀'이다. 그리고 '葶藶子'가 '두루믜나싀 삐'로 번역되고 '葶藶子'의 자석이 '두루믜나싀 삐'이다. 따라서 '두루믜나싀'와 '葶藶'의 동의성은 명백히 입증된다. 고유어 '두루믜나싀'는 명사 '두루미'와 명사 '나싀'의 合成으로 '두루미+-의#나싀'로 분석될 수 있다.

> (48) a. 돈 두루믜나싀와 구릿댓 불휘와(甜葶藶 香白芷) <救간一 7b>
> b. 두루믜나싀와 뽕나(75b)못 거플와 쓰미 맛당ᄒ니(合用葶藶桑皮) <救간三 76a>
> c. 두루믜나싀 삐 흔 홉을 죠히 우희 ᄭᆞ간 봇가(葶藶子一合隔紙微炒) <救간三 81b>
> d. 돈 두루믜나싀 삐 반 량 사ᄒ니와(甜葶藶半兩剉) <救간三 79a>
> e. 두 가짓 약은 견우 쇠귀ᄂᆞ 물와 두루믜나싀 뽕나못 거를왜라 <救간三 76a>

> (48) f. 甜葶藶 : 돈 두루믜나싀 <救간一 7a>
> g. 甜葶藶 : 돈 두루믜나싀 삐 <救간三 79a>

  h. 葦蘺 : 두루믜나시 <救간三 75a>

  i. 葦蘺子 : 두루믜나시 삐 <救간三 81a>

<49> 두야머주저깃 불휘 對 天南星

 고유어 '두야머주저깃 불휘'와 한자어 '天南星'이 [天南星] 즉 '두여머조자기 뿌리, 天南星'의 뜻을 가지고 동의 관계에 있다는 것은 다음 예문들에서 잘 확인된다. 원문 중 '白天南星'이 '힌 두야머주저깃 불휘'로도 번역되고 '힌 天南星'으로도 번역된다. 그리고 '天南星防風'이 '두야머주저깃 불휘와 방풍 불휘'로도 번역되고 '天南星과 防風'으로도 번역된다. 따라서 '두야머주저깃 불휘'와 '天南星'의 동의성은 명백히 입증된다.

(49) a. 두렫고 힌 두야머주저깃 불휘룰(圓白天南星) <救간一 2a>

  b. 두야머주저깃 불휘와 방풍 불휘와룰 곧게 눈화(天南星防風等分) <救간六 42a>

  c. 두야머주저깃 불휘 하나 져그나 굴올 밍ㄱ라(天南星不以多少爲末)

   <救간一 24a>

  d. 부ᄌ 흔 량과 두야머주저깃 불휘 두 돈 반을 다 죠희예 빠 믈 저져 구으니와

   (生附子一兩天南星二錢半並炮) <救간一 6b>

  e. 두야머주저깃 불휘 죠희예 빠 믈 저져 브레 구으니와 각 반 량을 디허 처

   (天南星炮各半兩擣羅) <救간二 70b>

  f. 굴근 두야머주저깃 불휘 흔 나츨 뻬혀 고기양 앗고(用大天南星一箇剜去心)

   <救간三 50b>

(49) g. 도렫고 힌 天南星을(圓白天南星) <救方上 1b>

  h. 天南星과 防風을 곧게 눈호아(天南星 防風右等分) <救方下 73a>

  i. 圓白天南星 : 두렫고 힌 두야머주저깃 불휘 <救간一 1b>

  j. 天南星 : 두야머주저깃 불휘 <救간六 42a> <救간一 24a> <救간一 6b>

   <救간二 70a>

  k. 大天南星 : 굴근 두야머주저깃 불휘 <救간三 50a>

526 救急方諺解와 救急簡易方의 同義語 硏究

<50> 쓴 블 對 慢火

고유어 '쓴 블'과 한자어 '慢火'가 [慢火] 즉 '뭉근하게 타는 불'의 뜻을 가지고 동의 관계에 있다는 것은 다음 예문들에서 잘 확인된다. 원문 중 '慢火炒'가 '쓴 브레 봇다'로도 번역되고 '慢火로 봇다'로도 번역된다. 따라서 '쓴 블'과 '慢火'의 동의성은 명백히 입증된다. 고유어 명사구 '쓴 블'은 [慢] 즉 '뭉근하다'의 뜻을 가진 상태동사 '쓰다'의 관형사형 '쓴'과 [火] 즉 '불'의 뜻을 가진 명사 '블'의 결합이다.

(50) a. 쓴 브레 봇가(慢火炒) <救方下 24b>

　　 b. 쓴 브레 달효딕(慢火熬) <救方下 10a>

　　 c. 쓴 브레 여라믄 소솜 글히고(慢火煎十餘沸) <救간一 19a>

　　 d. 쓴 브레 드시 ᄒᆞ야(慢火溫) <救간二 23a>

　　 e. 믈 닷 말로 쓴 브레 글혀(以水五斗慢火煮) <救간六 89b>

　　 f. 당츄ᄌᆞᆯ 쓴 브레 구워 닉거든(胡桃慢火煨熟) <救간三 119b>

(50) g. 慢火로 봇고딕(慢火炒) <救方下 35a>

<51> 딜시르 對 瓦甌

고유어 '딜시르'와 한자어 '瓦甌'이 [瓦甌] 즉 '질시루, 질흙으로 만든 시루'의 뜻을 가지고 동의 관계에 있다는 것은 다음 예문들에서 잘 확인된다. 원문 중 '瓦甌覆面'이 '딜실을 ᄂᆞ치 엎다'로 번역되고 '瓦甌'의 자석이 '딜시르'이다. 따라서 '딜시르'와 '瓦甌'의 동의성은 명백히 입증된다. 고유어 '딜시르'는 [瓦]의 뜻을 가진 '딜'과 [甌] 즉 '시루'의 뜻을 가진 '시르'의 合成이다.

(51) a. 딜실을 ᄂᆞ치 업고(瓦甌覆面) <救간一 98a>

　　 b. 딜실을 병흔 사ᄅᆞ미 ᄂᆞ치 업고(瓦甌覆病人面上) <救간一 84b>

(51) c. 瓦甌 : 딜시르 <救간一 98a> <救간一 84b>

<52> 둔너삷 불휘 對 黃耆

고유어 '둔너삷 불휘'와 한자어 '黃耆'가 [黃耆] 즉 '단너삼 뿌리, 황기'의 뜻을 가지고 동의 관계에 있다는 것은 다음 예문들에서 잘 확인된다. 원문 중 '黃耆末'이 '둔너삷 불휘 ᄀ론 ᄀᄅ'로 번역되고 '黃耆'의 자석이 '둔너삷 불휘'이다. 따라서 '둔너삷 불휘'와 '黃耆'의 동의성은 명백히 입증된다.

> (52) a. 믈 ᄒᆞ 되예 둔너삷 불휘 ᄀ론 ᄀᄅ 두 돈을 달혀(用水一大盞煎黃耆末二錢煎)
>   <救간一 94a>
> b. 샹녜 둔너삷 불휘 드려 순 ᄡᆞᆯ 죽을 머고미 됴ᄒᆞ니라(常須喫黃耆米粥甚妙)
>   <救간三 36a>

> (52) c. 黃耆末 : 둔너삷 불휘 <救간一 93a>
> d. 黃耆 : 둔너삷 불휘 <救간三 35b>

<53> 둘기믿가비 對 雞腸

고유어 '둘기믿가비'와 한자어 '雞腸'이 [雞腸] 즉 '달기씨깨비, 닭의 장풀'의 뜻을 가지고 동의 관계에 있다는 것은 다음 예문들에서 잘 확인된다. 원문 중 '雞腸葉'이 '둘기믿가빗 닙'으로 번역되고 '雞腸葉'의 자석이 '둘기믿가빗 닙'이다. 그리고 '雞腸一斤'이 '둘기믿가비 ᄒᆞᆫ 근'으로 번역되고 '雞腸'의 자석이 '둘기믿가비'이다. 따라서 '둘기믿가비'와 '雞腸'의 동의성은 명백히 입증된다.

> (53) a. 둘기믿가빗 닙 ᄒᆞᆫ 근을 ᄀᄂᆞᆯ에 사ᄒᆞ라 쟝국의 달혀(雞腸葉一斤細切以豉汁煮)
>   <救간三 85b>
> b. 둘기믿가비 ᄒᆞᆫ 근을 쟝국의 글혀(雞腸一斤於豉汁中煮) <救간三 119b>
> c. 둘기믿가비 닷 량을 믈 두 되예 달혀(雞腸草五兩以水二大盞煮) <救간三 103a>

> (53) d. 雞腸葉 : 둘기믿가빗 닙 <救간三 85a>
> e. 雞腸 : 둘기믿가비 <救간三 119b>

　　f. 雞腸草 : 들기믿가비 <救간三 103a>

<54> 들기알 對 鷄卵

　　고유어 '들기알'과 한자어 '鷄卵'이 [鷄卵] 즉 '달걀'의 뜻을 가지고 동의 관계에 있다는 것은 다음 예문들에서 잘 확인된다. 원문 중 '鷄卵黃一枚'가 '들기알 훈 나츨 소뱃 누른 믈'로 번역되고 '鷄卵黃'의 자석이 '들기알 소뱃 누른 믈'이다. 따라서 '들기알'과 '鷄卵'의 동의성은 명백히 입증된다. 고유어 '들기알'은 [鷄] 즉 '닭'의 뜻을 가진 명사 '둙'과 [卵] 즉 '알'을 뜻하는 명사 '알'의 合成으로 '둙+-이#알'로 분석 될 수 있다.

　　(54) a. 들기알 훈 나츨 소뱃 누른 므를 머고디(鷄卵黃一枚服之) <救간三 85a>
　　　　　b. 鷄卵黃 : 들기알 소뱃 누른 믈 <救간三 85a>

<55> 들기알ㅎ 對 雞子/鷄子

　　고유어 '들기알ㅎ'과 한자어 '雞子/鷄子'가 [雞子/鷄子] 즉 '달걀'의 뜻을 가지고 동의 관계에 있다는 것은 다음 예문들에서 잘 확인된다. 원문 중 '破雞子'가 '들기알홀 쁘리다'로 번역되고 '雞子'의 자석이 '들기알'이다. 그리고 '鷄子…鼓'가 '들기알홀 두드리다'로 번역되고 '鷄子'의 자석이 '들기알'이다. 따라서 '들기알ㅎ'과 '雞子/鷄子'의 동의성은 명백히 입증된다. 고유어 '들기알ㅎ'은 [雞] 즉 '닭'의 뜻을 가진 명사 '둙'과 [子] 즉 '알'을 뜻하는 명사 '알ㅎ'의 合成으로 '둙+-이#알ㅎ'로 분석 될 수 있다.

　　(55) a. 들기알홀 쁘려(破雞子) <救方下 10b>
　　　　　b. 들기앐 그틀 허러(取雞子打破頭) <救方下 75b>
　　　　　c. 猪膏룰 들기알만 ᄒ닐 醋 훈 호배 글혀(猪膏如雞子以醋一合煮沸)
　　　　　　 <救方上 25b>
　　　　　d. 들기알 훈 나츨 수레 두마(雞子一枚酒浸) <救간六 94b>
　　　　　e. 들기알 훈 나츨(雞子一枚) <救간七 52b>
　　　　　f. 들기알 늘 훈 나츨 쁘려(破生雞子一枚) <救간七 9a>

g. 又 나흔 둘기알 두 나출 ᄲᅳ려(新生雞子二枚破) <救간七 6b>

h. 둘기알홀 ᄀ만ᄀ마니 두드려(雞子輕鼓) <救간六 69b>

i. 둘기알 다솟 나치어나 닐굽 나치어나 니기 술마(雞子五七枚熟煮) <救간六 95a>

(55) j. 雞子 : 둘기알 <救간六 94a> <救간七 52b> <救간七 9a>

k. 新生雞子 : 又 나흔 둘기알 <救간七 6b>

l. 鷄子 : 둘기알 <救간六 69a> <救간六 94b>

<56> 둙의알 對 雞子

고유어 '둙의알'과 한자어 '雞子'가 [雞子] 즉 '달걀'의 뜻을 가지고 동의 관계에 있다는 것은 다음 예문들에서 잘 확인된다. 원문 중 '雞子一枚'가 '둙의알 ᄒ 낯'으로 번역되고 '雞子'의 자석이 '둙의알'이다. 따라서 '둙의알'과 '雞子'의 동의성은 명백히 입증된다. 고유어 '둙의알'은 명사 '둙'과 명사 '알'의 合成으로 '둙+-의#알'로 분석될 수 있다.

(56) a. 둙의알 ᄒ 나출 촌 믈 반 되예 저서 섯고(雞子一枚著冷水半升攪與和)

　　　 <救간一 107b>

b. 둙의알 머리를 ᄲᅳ려(破雞子頭) <救간六 51b>

c. 둙의알 소뱃 힌 므레 섯거 브티라(雞子白傅之) <救간一 92a>

d. 도틱기름 둙의알만 ᄒ닐 머그면(服猪脂如雞子大) <救간一 85h>

e. 디흔 뿍 둙의알만 뭉긔니 세흘 믈 닷 되예 글혀(艾如雞子大三枚以水五升煮)

　　　 <救간一 56a>

f. 프른 대…허튼(81a) 머리터럭 둙의알만 뭉긔요니 각 두 나출 숫브레 쬐여

　　　(靑竹…亂髮各如雞子人二枚於炭火上炙) <救간一 81b>

(56) g. 雞子 : 둙의알 <救간一 107b>

h. 雞子頭 : 둙의알 <救간六 51a>

i. 雞子白 : 둙의알 소뱃 힌 믈 <救간一 91b>

<57> 마쇼 對 牛馬

고유어 '마쇼'와 한자어 '牛馬'가 [牛馬] 즉 '마소, 말과 소'의 뜻을 가지고 동의 관계에 있다는 것은 다음 예문들에서 잘 확인된다. 원문 중 '牛馬矢傅'가 'ᄆᆞ쇼 ᄯᅩᆼ ᄇᆞᄅ다'로 번역되고 '牛馬矢'의 자석이 'ᄆᆞ쇼 ᄯᅩᆼ'이다. 따라서 'ᄆᆞ쇼'와 '牛馬'의 동의성은 명백히 입증된다. 고유어 'ᄆᆞ쇼'는 [馬] 즉 '말'을 뜻하는 명사 'ᄆᆞᆯ'과 [牛] 즉 '소'를 뜻하는 '쇼'의 合成이다.

(57) a. ᄆᆞ쇼 ᄯᅩᆼ ᄇᆞ로미 다 됴ᄒᆞ니(牛馬矢傅並佳) <救간七 78b>
　　　 b. ᄆᆞ쇼 ᄯᅩᆼ을 ᄧᅡ 즙 내야 머그라(牛馬屎絞取汁飮之) <救간一 43b>

(57) c. 牛馬矢 : ᄆᆞ쇼 ᄯᅩᆼ <救간七 78b>

<58> 머군 것 對 음식

고유어 '머군 것'과 한자어 '음식'(飮食)이 [飮食] 즉 '음식'의 뜻을 가지고 동의 관계에 있다는 것은 다음 예문들에서 잘 확인된다. 원문 중 '飮食…下'가 '머군 거시 ᄂᆞ리다'로 번역되고 '飮食…通'이 '음식을 먹다'로 번역된다. 따라서 '머군 것'과 '음식'의 동의성은 명백히 입증된다. 고유어 '머군 것'은 명사구로서 '먹-+-우-+-ㄴ#것'으로 분석될 수 있다.

(58) a. 머군 거시 ᄂᆞ리디 아니커든(飮食不下) <救간二 85b>

(58) b. 음식을 먹디 몯ᄒᆞ야(飮食不通) <救간二 78b>
　　　 c. 음식을 몯 먹거든(飮食不通) <救간二 64b>

<59> 며늘톱 對 懸蹄

고유어 '며늘톱'과 한자어 '懸蹄'가 [懸蹄] 즉 '며느리발톱, 소 말 등의 다리 뒤쪽에 있는 발가락'의 뜻을 가지고 동의 관계에 있다는 것은 다음 예문들에서 잘 확인된다.

원문 중 '猪懸蹄'가 '도틱 며늘톱'으로 번역되고 '猪懸蹄'의 자석이 '도틱 며늘톱'이다. 따라서 '며늘톱'과 '懸蹄'의 동의성은 명백히 입증된다. 고유어 '며늘톱'은 명사 '며늘'과 명사 '톱'의 합성이다.

> (59) a. 도틱 며늘톱을 조히 시서(猪懸蹄淨洗) <救간三 33b>
>
>　　　b. 도틱 며늘톱과(猪懸蹄) <救간三 36b>
>
>　　　c. 흰 둘기 며늘톱과 머릿 골슈 ᄉ론 직롤 수레 프러 머그라(白雞距及腦燒灰服之)
>　　　　 <救간七 30b>

> (59) d. 猪懸蹄 : 도틱 며늘톱 <救간三 33b> <救간三 36b>
>
>　　　e. 白雞距及腦 : 흰 둘기 며늘톱과 머릿 골슈 <救간七 30b>

<60> 묏돝 對 野猪

고유어 '묏돝'과 한자어 '野猪'가 [野猪] 즉 '멧돼지'의 뜻을 가지고 동의 관계에 있다는 것은 다음 예문들에서 잘 확인된다. 원문 중 '野猪脂'가 '묏도틱 기름'으로 번역되고 '野猪脂'의 자석이 '묏도틱 기름'이다. 따라서 '묏돝'과 '野猪'의 동의성은 명백히 입증된다. 고유어 '묏돝'은 [野] 즉 '들'의 뜻을 가진 명사 '뫼'와 [猪] 즉 '돼지'의 뜻을 가진 명사 '돝'의 合成으로 '뫼+-ㅅ#돝'으로 분석될 수 있다.

> (60) a. 묏도틱 기름을(84a) 수레 프러 머기년(野猪脂酒服) <救간七 84b>
>
>　　　b. 野猪脂 : 묏도틱 기름 <救간七 84b>

<61> 믌고기 對 生鮮

고유어 '믌고기'와 한자어 '生鮮'이 [魚] 즉 '물고기, 생선'의 뜻을 가지고 동의 관계에 있다는 것은 다음 예문들에서 잘 확인된다. 원문 중 '諸魚'가 '여러 가짓 믌고기'로 번역되고 '魚羹'이 '生鮮湯'으로 번역된다. 따라서 '믌고기'와 '生鮮'의 동의성은 명백히 입증된다. 고유어 '믌고기'는 명사 '믈'과 명사 '고기'의 合成으로 '믈+-ㅅ#고기'로 분석된다.

(61) a. 여러 가짓 믌고기 먹고(食諸魚) <救方下 57b>

   b. 믌고기 뼈에 샹커든 믌고기 탕으로 ᄂᆞ리오라(如被魚骨所傷以魚羹汁化下)
      <救간六 11b>

   c. 믌고기 가시 건 뒤롤 고티고(治魚鯁) <救간六 1a>

(61) d. 고깃 뼈에 傷커든 生鮮湯ㅅ 즈브로 ᄂᆞ리오라(如被魚骨所傷以魚羹汁化下)
      <救方上 47a>

『구급방언해』에서 [魚] 즉 '물고기'의 뜻을 가진 고유어 '믓고기'를 발견할 수 있다. 예를 들면, 믓고기 먹고 毒을 마자(食魚中毒) <救方下 57a>. '믓고기'는 '믌고기'의 첫 음절의 자음 'ㄹ'이 탈락되어 생긴 것이다.

<62> 믌방하 對 鷄蘇

고유어 '믌방하'와 한자어 '鷄蘇'가 [鷄蘇] 즉 '못 가운데 사는 紫蘇'의 뜻을 가지고 동의 관계에 있다는 것은 다음 예문들에서 잘 확인된다. 원문 중 '鷄蘇二兩'이 '믌방하 두 량'으로 번역되고 '鷄蘇'의 자석이 '믌방하'이다. 따라서 '믌방하'와 '鷄蘇'의 동의성은 명백히 입증된다. '믌방하'는 [水]의 뜻을 가진 명사 '믈'과 [蘇] 즉 '紫蘇'의 뜻을 가진 명사 '방하'의 合成이다.

(62) a. 믌방하 두 량과 아혹 삐 두 량과(鷄蘇二兩葵子二兩) <救간三 115b>
   b. 鷄蘇：믌방하 <救간三 115b>

<63> 믌방하 對 水蘇

고유어 '믌방하'와 한자어 '水蘇'가 [水蘇] 즉 '못 가운데 사는 紫蘇'의 뜻을 가지고 동의 관계에 있다는 것은 다음 예문들에서 잘 확인된다. 원문 중 '水蘇煮'가 '믌방하ᄅᆞᆯ 달히다'로 번역되고 '水蘇'의 자석이 '믌방하'이다. 따라서 '믌방하'와 '水蘇'의 동의성은 명백히 입증된다.

(63) a. 믌방하를 달혀 므를 머그라(水蘇煮取汁服之) <救간三 97a>

　　 b. 水蘇 : 믌방하 <救간三 97a>

<64> 믓방하 對 雞蘇

　고유어 '믓방하'와 한자어 '雞蘇'가 [雞蘇] 즉 '못 가운데 사는 紫蘇'의 뜻을 가지고
동의 관계에 있다는 것은 다음 예문들에서 잘 확인된다. 원문 중 '雞蘇剉'가 '믓방하
사흘다'로 번역되고 '雞蘇朴硝'가 '雞蘇와 朴硝'로 번역된다. 그리고 '雞蘇汁'이 '믓방
하…즙'으로 번역되고 '雞蘇汁'의 자석이 '믓방하 즙'이다. 따라서 '믓방하'와 '雞蘇'의
동의성은 명백히 입증된다. 고유어 '믓방하'는 '믌방하'의 첫 음절의 자음 'ㄹ'이 탈락
된 것이다.

(64) a. 믓방하 석 량을 사흐라 믈 큰 서 되예 달혀(雞蘇三兩剉以水三大盞煎)

　　　 <救간二 56a> b. 믓방하 디투 글힌 즙을 머고딕(濃煮雞蘇汁飮之) <救간二 106a>

(64) c. 雞蘇와 朴硝를 等分ᄒ야(用雞蘇朴硝等分) <救方上 51b>

　　 d. 雞蘇 : 믓방하 <救간二 56a>

　　 e. 雞蘇汁 : 믓방하 즙 <救간二 106a>

<65> 믴ㄱᄅ 對 羅麪

　고유어 '믴ㄱᄅ'와 한자어 '羅麪'이 [羅麪] 즉 '밀가루'의 뜻을 가지고 동의 관계에
있다는 것은 다음 예문들에서 잘 확인된다. 원문 중 '飛羅麪'이 'ᄀᄂ 믴ㄱᄅ'로도 번
역되고 '飛羅麪'으로도 번역된다. 그리고 '羅麪'의 자석이 '믴ㄱᄅ'이다. 따라서 '믴ㄱ
ᄅ'와 '羅麪'의 동의성은 명백히 입증된다. 고유어 '믴ㄱᄅ'는 명사 '밀'과 명사 'ㄱᄅ'
의 合成으로 '밀+-ㅅ#ㄱᄅ'로 분석될 수 있다.

(65) a. ᄀᄂ 믴ㄱᄅ 두 돈 드려(入飛羅麪二錢) <救간二 111b>

　　 b. 羅麪 : 믴ㄱᄅ <救간二 111a>

(65) c. 飛羅麪 두 돈 드려(入飛羅麪二錢) <救方上 59b>

<66> 밀ᄀᆞᄅᆞ 對 麪/麵

고유어 '밀ᄀᆞᄅᆞ'와 한자어 '麪/麵'이 [麪]과 [麵] 즉 '밀가루'의 뜻을 가지고 동의 관계에 있다는 것은 다음 예문들에서 잘 확인된다. 원문 중 '細麪'이 'ᄀᆞᄂᆞᆫ 밀ᄀᆞᄅᆞ'로 번역되고 '麪'의 자석이 '밀ᄀᆞᄅᆞ'이다. 그리고 '麵半升'이 '밀ᄀᆞᄅᆞ 반 되'로 번역되고 '麵'의 자석이 '밀ᄀᆞᄅᆞ'이다. 따라서 '밀ᄀᆞᄅᆞ'와 '麪/麵'의 동의성은 명백히 입증된다. 고유어 '밀ᄀᆞᄅᆞ'는 명사 '밀'과 명사 'ᄀᆞᄅᆞ'의 合成이다.

(66) a. ᄀᆞᄂᆞᆫ 밀ᄀᆞᄅᆞ 잢간 봇그니와(細麪微炒) <救간七 59b>

   b. 밀ᄀᆞᄅᆞ 흔 량을(取麪一兩) <救간一 34b>

   c. 밀글을 섯드래 자본 도틱 기르메 ᄆᆞ라(麪和臘猪脂) <救간三 15a>

   d. 들팡이와 ᄀᆞᄂᆞᆫ 밀ᄀᆞᄅᆞ와를 ᄆᆞ라(用蝸牛飛麪研) <救간三 9b>

   e. 밀ᄀᆞ(30a)ᄅᆞ 반 되예 섯거(和麵半升) <救간七 30b>

   f. 이 약과 밀ᄀᆞᄅᆞ 각 닷 돈을 드려(用藥麵各五錢) <救간三 2a>

(66) g. 麪 : 밀ᄀᆞᄅᆞ <救간七 59a> <救간一 34b> <救간三 15a>

   h. 飛麪 : ᄀᆞᄂᆞᆫ 밀ᄀᆞᄅᆞ <救간三 9a>

   i. 麵 : 밀ᄀᆞᄅᆞ <救간七 30a> <救간三 2a>

<67> 밀ᄀᆞᄅᆞ 對 白麪

고유어 '밀ᄀᆞᄅᆞ'와 한자어 '白麪'이 [白麪] 즉 '밀가루'의 뜻을 가지고 동의 관계에 있다는 것은 다음 예문들에서 잘 확인된다. 원문 중 '白麪半斤'이 '밀ᄀᆞᄅᆞ 반 근'으로 번역되고'白麪'의 자석이 '밀ᄀᆞᄅᆞ'이다. 따라서 '밀ᄀᆞᄅᆞ'와 '白麪'의 동의성은 명백히 입증된다.

(67) a. 밀ᄀᆞᄅᆞ 반 근을 봇가(白麪半斤炒) <救간七 74b>

   b. 밀글을 하나 져그나 초애 ᄆᆞ라(白麪不計多少以苦酒和) <救간二 68a>

c. 믔글이 무라(用白麪調) <救간二 6b>

(67) d. 白麪 : 믔ᄀᆞᆯ <救간七 74b> <救간二 68a> <救간二 6b>

<68> 믈ᄯᅩᆼ 對 馬糞

고유어 '믈ᄯᅩᆼ'과 한자어 '馬糞'이 [馬糞] 즉 '말똥'의 뜻을 가지고 동의 관계에 있다는 것은 다음 예문들에서 잘 확인된다. 원문 중 '白蜜馬糞'이 '힌 뿔와 믈ᄯᅩᆼ'으로 번역되고 '馬糞'의 자석이 '믈ᄯᅩᆼ'이다. 따라서 '믈ᄯᅩᆼ'과 '馬糞'의 동의성은 명백히 입증된다. 고유어 '믈ᄯᅩᆼ'은 [馬] 즉 '말'의 뜻을 가진 명사 '믈'과 [糞] 즉 '똥'의 뜻을 가진 명사 'ᄯᅩᆼ'의 合成이다.

(68) a. 힌 뿔와 믈ᄯᅩᆼ과 두 가지를(白蜜馬糞二味) <救方上 37a>
     b. 블근믈ᄯᅩᆼ을 지 ᄉᆞ라 細末ᄒᆞ야(用赤馬糞燒灰細末) <救方上 60b>
     c. 믈ᄯᅩᆼ을 ᄀᆞ라(馬糞硏) <救간二 46b>
     d. ᄀᆞᆺ 눈 믈ᄯᅩᆼ을 브스름 우희 둗거이 ᄇᆞ로ᄃᆡ(新馬糞厚塗腫上) <救간三 35a>
     e. 졀다믈ᄯᅩᆼ ᄉᆞᆫ 지를 ᄀᆞᄂᆞ리 ᄀᆞ라(赤馬糞屎灰細末) <救간二 102a>

(68) f. 馬糞 : 믈ᄯᅩᆼ <救간二 46b>
     g. 新馬糞 : ᄀᆞᆺ 눈 믈ᄯᅩᆼ <救간三 35a>
     h. 赤馬糞 : 졀다믈ᄯᅩᆼ <救간二 102a>

<69> 믈ᄯᅩᆼ 對 馬屎

고유어 '믈ᄯᅩᆼ'과 한자어 '馬屎'가 [馬屎] 즉 '말똥'의 뜻을 가지고 동의 관계에 있다는 것은 다음 예문들에서 잘 확인된다. 원문 중 '馬屎一升'이 '믈ᄯᅩᆼ 흔 되'로 번역되고 '馬屎'의 자석이 '믈ᄯᅩᆼ'이다. 따라서 '믈ᄯᅩᆼ'과 '馬屎'의 동의성은 명백히 입증된다.

(69) a. 믈ᄯᅩᆼ 흔 되를 믈 서 마래 글혀(馬屎一升水三斗煮) <救간一 43b>
     b. 馬屎 : 믈ᄯᅩᆼ <救간一 43a>

<70> 믈똥 對 馬通

고유어 '믈똥'과 한자어 '馬通'이 [馬通] 즉 '말똥'의 뜻을 가지고 동의 관계에 있다는 것은 다음 예문들에서 잘 확인된다. 원문 중 '赤馬通'이 '졀다믈똥'으로도 번역되고 '赤馬通'으로도 번역된다. 그리고 '馬通汁'이 '믈똥 뽄 즙'으로 번역되고 '馬通汁'의 자석이 '믈똥 뽄 즙'이다. 따라서 '믈똥'과 '馬通'의 동의성은 명백히 입증된다.

(70) a. 졀다믈똥을 소옴애 빠(赤馬通以緜裹) <救간二 99a>

b. 믈 닷 되와 믈똥 뽄 즙 흔 되와를 뫼화 글혀(以水五升取馬通汁一升合煮)
<救간二 103a>

(70) c. 赤馬通 다숫 나촐 브레 믈오고(赤馬通五枚焙乾) <救方下 95b>

d. 赤馬通 : 졀다믈똥 <救간二 98b>

e. 馬通汁 : 믈똥 뽄 즙 <救간二 103a>

<71> 믈똥구으리 對 蛣蜋

고유어 '믈똥구으리'와 한자어 '蛣蜋'이 [蛣蜋] 즉 '말똥구리'의 뜻을 가지고 동의 관계에 있다는 것은 다음 예문들에서 잘 확인된다. 원문 중 '蛣蜋微炒'가 '믈똥구으리를 잢간 봇다'로 번역되고 '蛣蜋硏'이 '蛣蜋 굴다'로 번역된다. 따라서 '믈똥구으리'와 '蛣蜋'의 동의성은 명백히 입증된다. 고유어 '믈똥구으리'는 명사 '말똥'과 명사 '구으리'의 합성이다.

(71) a. 믈똥구으리를 늘개와 발와 업게 ᄒᆞ고 잢간 봇가(蛣蜋微炒去翅足)
<救간三 69b>

b. 믈똥구으릿 빗 아랠 ᄢᅢ혀(蛣蜋心破其腹下) <救간三 21b>

c. 蛣蜋: 믈똥구으리 <救간三 69a>

d. 蛣蜋心: 믈똥구으리 솝 <救간三 21b>

(71) e. 雄黃과 蛣蜋 ᄀᆞ로니와(雄黃 蛣蜋硏) <救方下 1b>

f. 巴豆 세 낫 것 밧기니와 蜻(2b)蜋 세 낫 ᄂᆞ를 섯거 ᄀᆞ로딕

(巴豆三枚去皮蜻蜋三枚生用右件藥相和硏) ⟨救方下 3a⟩

⟨72⟩ 믈버리 집/믈버릭 집 對 露蜂房

고유어 '믈버리 집/믈버릭 집'과 한자어 '露蜂房'이 [露蜂房] 즉 '말벌의 집, 말벌이 지은 집'의 뜻을 가지고 동의 관계에 있다는 것은 다음 예문들에서 잘 확인된다. 원문 중 '露蜂房一分'이 '믈버리 집 두 돈 반'으로 번역되고 '露蜂房甘草'가 '露蜂房과 甘草'로 번역된다. 그리고 '露蜂房'이 '믈버리 집'과 '믈버릭 집'으로 번역되고 '露蜂房'의 자석이 '믈버리 집'과 '믈버릭 집'이다. 따라서 '믈버리 집/믈버릭 집'과 '露蜂房'의 동의성은 명백히 입증된다. 고유어 '믈버리 집'은 명사구로서 명사 '믈벌'과 명사 '집'의 결합으로 '믈벌+-의#집'으로 분석될 수 있고 고유어 '믈버릭 집'은 '믈벌+-익#집'으로 분석될 수 있다.

(72) a. 믈버리 집 두 돈 반을 잢간 봇가 믈 두 되예 글혀(露蜂房一分微炙以水二大盞煮)
  ⟨救간七 70a⟩
  b. 믈버리 집 흔 량 브레 잢간 쬐요니와(露蜂房一兩微炙) ⟨救간三 111a⟩
  c. 믈버릭 집과(露蜂房) ⟨救간三 3a⟩
  d. 믈버릭 집 흔 량 반과 감초 두 량 늘와콜 사(39b)ᄒᆞ라
  (露蜂窠一兩半甘草二兩生用剉) ⟨救간三 40a⟩

(72) e. 露蜂房과 甘草와를 等分ᄒᆞ야(用露蜂房甘草等分) ⟨救方下 56b⟩
  f. 露蜂房 : 믈버리 집 ⟨救간七 70a⟩ ⟨救간三 111a⟩
  g. 露蜂房 : 믈버릭 집 ⟨救간三 3a⟩
  h. 露蜂窠 : 믈버릭 집 ⟨救간三 39b⟩

⟨73⟩ 바곳 불휘 對 附子

고유어 '바곳 불휘'와 한자어 '附子'가 [附子] 즉 '바곳 뿌리'의 뜻을 가지고 동의 관계에 있다는 것은 다음 예문들에서 잘 확인된다. 원문 중 '白附子'가 '힌 바곳 불휘'로

도 번역되고 '白附子'로도 번역된다. 그리고 '附子一枚'가 '附子 흔 낫'으로 번역된다. 따라서 '바곳 불휘'와 '附子'의 동의성은 명백히 입증된다.

(73) a. 구리댓 불휘와 흰 바곳 불휘와룰 ㄹ게 ᄂ화(香白芷 白附子各等分) <救간二 7a>

　　 b. 白附子 : 흰 바곳 불휘 <救간二 6b>

(73) c. 白附子룰 細末ᄒ야(白附子細末) <救方下 62a>

　　 d. 附子 흔 낫(附子一枚) <救方上 54b>

　　 e. 附子룰 구어 것과 빗복 아오니 各 흔 량을(附子炮裂去皮臍各一兩) <救方上 56a>

　　 f. 附子 ᄂ룰 것과 빗보귤 앗고(附子生去皮臍) <救方上 5b>

　　 g. 빅부즈와 셔류황과룰 ᄀᄂ리 ᄀ라(白附子 硫黃細末) <救간六 90b>

　　 h. 큰 부즈 흔 나출(大附子一枚) <救간一 4b>

<74> 바곳 불휘 對 草烏頭

고유어 '바곳 불휘'와 한자어 '草烏頭'가 [草烏頭] 즉 '바곳 뿌리'의 뜻을 가지고 동의 관계에 있다는 것은 다음 예문들에서 잘 확인된다. 원문 중 '草烏頭一斤'이 '바곳 불휘 흔 근'으로 번역되고 '草烏頭'의 자석이 '바곳 불휘'이다. 따라서 '바곳 불휘'와 '草烏頭'의 동의성은 명백히 입증된다.

(74) a. 바곳 불휘 흔 근을 거믄 콩 흔 말와 흔듸 글혀(草烏頭一斤黑豆一斗同煮)
　　　 <救간一 10a>

　　 b. 바곳 불휘 거플 업게 ᄒ니와(草烏頭去皮) <救간三 37a>

　　 c. 바곳 불휘 디허(烏頭搗) <救간三 30b>

(74) d. 草烏頭 : 바곳 불휘 <救간一 9b> <救간三 36b>

　　 e. 烏頭 : 바곳 불휘 <救간三 30b>

<75> 밤소이/밤송이 對 栗殼

고유어 '밤소이/밤송이'와 한자어 '栗殼'이 [栗殼] 즉 '밤송이, 밤의 껍질'의 뜻을 가지고 동의 관계에 있다는 것은 다음 예문들에서 잘 확인된다. 원문 중 '栗殼落'이 '밤소이 디다'로 번역되고 '栗殼五兩'이 '밤송이 닷 량'으로 번역되고 '栗殼'의 자석이 '밤송이'이다. 따라서 '밤소이/밤송이'와 '栗殼'의 동의성은 명백히 입증된다. 고유어 '밤송이'는 명사 '밤'과 [殼] 즉 '껍질'의 뜻을 가진 명사 '송이'의 合成이다.

(75) a. 밤소이 누네 디여(栗殼落眼) <救方下 42a>

　　　b. 밤소이롤 니기 글혀(栗殼煮熟) <救方下 42a>

　　　c. 밤송이 닷 량을 스라(栗殼五兩燒) <救간二 96b>

　　　d. 밤송이롤 글혀(栗毛殼煮) <救간三 30a>

(75) e. 栗殼 : 밤송이 <救간二 96a>

　　　f. 栗毛殼 : 밤송이 <救간三 30a>

<76> 버리 집 對 蜂房

고유어 '버리 집'과 한자어 '蜂房'이 [蜂房] 즉 '벌의 집'의 뜻을 가지고 동의 관계에 있다는 것은 다음 예문들에서 잘 확인된다. 원문 중 '煮蜂房'이 '버리 집을 글히다'로 번역되고 '蜂房'의 자석이 '버리 집'이다. 따라서 '버리 집'과 '蜂房'의 동의성은 명백히 입증된다. 고유어 '버리 집'은 명사구로서 '벌[蜂]+-의#집[房]'으로 분석된다.

(76) a. 버리 집 스론 골올 도틱기르메 무라(燒蜂房爲末猪膏和) <救간六 63b>

　　　b. 몬져 버리 집을 글혀(先煮蜂房) <救간六 64a>

　　　c. 버리 집 브튼 고고리롤 하나 져그나 디허 처(紫金沙不拘多少擣羅)

　　　　<救간三 63a>

(76) d. 蜂房 : 버리 집 <救간六 63b> <救간六 64a>

　　　e. 紫金沙 : 蜂房蔕也 버리 집 브튼 고고리 <救간三 63a>

<77> 벽돌 對 磚石

고유어 '벽돌'과 한자어 '磚石'이 [磚石] 즉 '벽돌'의 뜻을 가지고 동의 관계에 있다는 것은 다음 예문들에서 잘 확인된다. 원문 중 '燒磚石'이 '벽돌도 더이다'로 번역되고 '磚石'의 자석이 '벽돌'이다. 따라서 '벽돌'과 '磚石'의 동의성은 명백히 입증된다. 고유어 '벽돌'은 [磚] 즉 '벽'의 뜻을 가진 명사 '벽'과 [石] 즉 '돌'의 뜻을 가진 명사 '돌'의 合成이다.

> (77) a. 벽돌도 더이며 울호딕(燒磚石蒸熨) <救간二 39a>
>
>   b. 磚石 : 벽돌 <救간二 39a>

<78> 병혼 사름 對 病人

고유어 명사구 '병혼 사름'과 한자어 명사 '病人'이 [病人] 즉 '병을 앓고 있는 사람'의 뜻을 가지고 동의 관계에 있다는 것은 다음 예문들에서 잘 확인된다. 원문 중 '將病人'이 '병혼 사름믈 더블다'로 번역되고 '移病人'이 '病人을 옮기다'로 번역된다. 그리고 '病人足'이 '병혼 사름믜 발'로 번역되고 '病人兩脚'이 '병신의 두 허튀'로 번역된다. 따라서 '병혼 사름'과 '病人'의 동의성은 명백히 입증된다. 명사구 '병혼 사름'의 '병혼'이 漢字語이지만 이 책에서는 '병혼 사름'을 固有語의 범주에 넣었다.

> (78) a. 샐리 병혼 사름믈 더브러다가(急將病人) <救간一 65b>
>
>   b. 병혼 사름믈 문 바르 안쵸딕(令病人當戶以坐) <救간二 29a>
>
>   c. 딜실을 병혼 사름믜 느치 업고(瓦甊覆病人面上) <救간一 84b>
>
>   d. 병혼 사름믜 머리로셔 가슴 빅와 밠マ(66a)장 뽀딕(包裹病人從頭至胸腹及足)
>
>   <救간一 66b>
>
>   e. 병혼 사름믜 이베 브스라(灌入病人口中) <救간二 46a>
>
>   f. 병혼 사름믜 입과 두 귀예 다히고(挿入病人口中及兩耳) <救간一 65b>
>
>   g. 병혼 사름믜 바래 춤기름을 브르고(病人足塗胡麻油) <救간二 52a>
>
>   h. 병혼 사름믜 빅와 녑과롤 믄져(摩病人腹脇) <救간一 65a>
>
>   i. 더운 긔우니 빅예(65b) 드러 병혼 사름믜 긔운과 서르 븓돌게 ᄒ요믈 반 날만 ᄒ

야(令煖氣入腹中與病人元氣交接半日) <救간一 66a>

(78) j. 病人을 옮겨 나못 フ늘해 두고(可移病人安於樹陰之下) <救方上 11b>

 k. 病人으로 이페 안치고(令病人當戶坐) <救方上 28a>

 l. 섈리 브룸 업슨 되 가 병신의 두 허튀를 구펴 산 사르미 엇게 우희 엱고

 (急於避風處屈病人兩脚置生人肩上) <救간一 65a>

그리고 '病人'이 『구급방언해』에서 '病흔 사름'으로 번역된다는 것은 다음 예문들에서 잘 확인된다.

(78) m. 病흔 사르미…四肢를 펴 샹녜 누움 근게 호라(令病人…於四肢如常臥)

 <救方上 61b>

 n. 病흔 사르미 뜨들 조차(隨病人意) <救方上 31b>

 o. 病흔 사르미 이베 브스라(灌入病人口中) <救方上 33a>

<79> 복성화나모 對 桃木

고유어 '복성화나모'와 한자어 '桃木'이 [桃木] 즉 '복숭아나무'의 뜻을 가지고 동의 관계에 있다는 것은 나음 예문들에서 잘 확인된다. 원문 중 '桃木膠'가 '복성화나못 진'으로 번역되고 '桃木膠'의 자석이 '복성화나못 진'이다. 그리고 '桃木茸'가 '복성화남짓 버슷'으로 번역되고 '桃木茸'외 자석이 '복성화남깃 버슷'이다. 따라서 '복성화나모'와 '桃木'의 동의성은 명백히 입증된다. 고유어 '복성화나모'는 [桃] 즉 '복숭아'의 뜻을 가진 명사 '복성화'와 [木] 즉 '나무'의 뜻을 가진 명사 '나모'의 合成이다.

(79) a. 복성화나못 진을 대초마곰 호야(桃木膠如棗大) <救간三 113a>

 b. 복성화남깃 버스슬 글혀 머그라(桃木茸煮服) <救간三 76b>

(79) c. 桃木膠 : 복성화나못 진 <救간三 112b>

 d. 桃木茸 : 복성화남깃 버슷 <救간三 76b>

<80> 뽕나모 對 桑木

고유어 '뽕나모'와 한자어 '桑木'이 [桑木] 즉 '뽕나무'의 뜻을 가지고 동의 관계에 있다는 것은 다음 예문들에서 잘 확인된다. 원문 중 '桑木耳'가 '뽕남긧 버슷'으로 번역되고 '桑木耳'의 자석이 '뽕남긧 버슷'이다. 따라서 '뽕나모'와 '桑木'의 동의성은 명백히 입증된다. 고유어 '뽕나모'는 [桑] 즉 '뽕'의 뜻을 가진 명사 '뽕'과 [木] 즉 '나무'의 뜻을 가진 명사 '나모'의 合成이다.

(80) a. 뽕남긧 흰 汁을 내야 헌틱 블로틱(用桑樹白汁塗瘡上) <救方下 75a>
  b. 뽕남긧 버스슬 봇가 무르게 후야(桑木耳熬令燋) <救간二 94a>
  c. 뽕나못 닙 큰 흔 줌을(取桑葉一大把) <救간一 106a>

(80) d. 桑木耳 : 뽕남긧 버슷 <救간二 94a>
  e. 桑枝 : 뽕나못 가지 <救간一 105b>

<81> 부들마치 우희 누른 フ르 對 蒲黃

고유어 '부들마치 우희 누른 フ르'와 한자어 '蒲黃'이 [蒲黃] 즉 '부들꽃 위의 누른 가루'의 뜻을 가지고 동의 관계에 있다는 것은 다음 예문들에서 잘 확인된다. 원문 중 '蒲黃半兩'이 '부들마치 우희 누른 フ르 반 량'으로도 번역되고 '蒲黃 半兩'으로도 번역된다. '服蒲黃'이 '부들마치 우희 누른 フ르 먹다'로 번역되고 '蒲黃…投中'이 '蒲黃 넣다'로 번역된다. 그리고 '蒲黃'의 자석이 '부들마치 우희 누른 フ르'이다. 따라서 '부들마치 우희 누른 フ르'와 '蒲黃'의 동의성은 명백히 입증된다.

(81) a. 부들마치 우희 누른 フ르 반 량과를 믈 큰 흔 되예 달혀(蒲黃半兩以水一大盞煎)
    <救간二 115a>
  b. 부들마치 우희 누른 フ르 흔 량을 フ느리 フ라(蒲黃一兩細研) <救간二 96b>
  c. 부들마치 우희 누른 フ르 흔 근을 므레 프러 머그라(水服蒲黃一斤)
    <救간二 104b>

d. 흰 뿔 반 량과 부(95a)들마치 우희 누른 ㄱㄹ 흔 량과룰 섯거

(白蜜半兩蒲黃一兩相和) <救간二 95b>

e. 蒲黃 : 부들마치 우희 누른 ㄱㄹ <救간二 114b> <救간二 96b> <救간二 104b>

<救간二 95a>

(81) f. 蒲黃 半 兩과 프른 댓 거프를 갈로 굴가 半 兩을 믈 흔 큰 잔으로 글혀

(蒲黃半兩靑竹茹半兩右以水一大盞煎) <救方上 63b>

g. 蒲黃 두 兩과 當歸 사ㅎ라 져기 봇ㄱ니와(蒲黃二兩當歸剉微炒) <救方下 19b>

h. 蒲黃 두 兩과 桂心과(蒲黃二兩桂心) <救方下 28b>

i. 蒲黃과 薑黃(蒲黃 薑黃) <救方下 27a>

j. 蒲黃(29b) 서 호불 녀허(以蒲黃三合投中) <救方下 30a>

k. 蒲黃 글을 더운 수레 프러 브스라(蒲黃末以熱酒調灌) <救方下 23b>

그리고 고유어 '부들마치 우흿 누른 ㄱㄹ'와 한자어 '蒲黃'이 [蒲黃] 즉 '부들꽃 위에 있는 누른 가루'의 뜻을 가지고 동의 관계에 있다는 것은 다음 예문들에서 잘 확인된다. 원문 중 '蒲黃'이 '부들마치 우흿 누른 ㄱㄹ'로도 번역되고 '蒲黃'의 자석이 '부들마치 우흿 누른 ㄱㄹ'이다. 따라서 '부들마치 우흿 누른 ㄱㄹ'와 '蒲黃'의 동의성은 명백히 입증된다.

(81) l. 미긔치와 부들마치 우흿 누른 ㄱㄹ와롤(89b) 굳게 ᄂᆞ화(烏賊魚骨蒲黃等分)

<救간二 90a>

m. 蒲黃 : 부들마치 우흿 누른 ㄱㄹ <救간二 89b>

<82> 부텨손플 對 卷栢

고유어 '부텨손플'과 한자어 '卷栢'이 [卷栢] 즉 '부처손'의 뜻을 가지고 동의 관계에 있다는 것은 다음 예문들에서 잘 확인된다. 원문 중 '卷栢半兩'이 '부텨손플 반 량'으로 번역되고 '卷栢'의 자석이 '부텨손플'이다. 따라서 '부텨손플'과 '卷栢'의 동의성은 명백히 입증된다. 고유어 '부텨손플'은 명사 '부텨'와 명사 '손'과 명사 '플'의 합성이다.

(82) a. 부텨손플 반 량을 사ᄒᆞ라(卷栢半兩到碎) <救간七 69a>

b. 卷栢 : 부텨손플 <救간七 69a>

<83> 분지 미틧 누른 것 對 人中黃

고유어 '분지 미틧 누른 것'과 '人中黃'이 [人中黃] 즉 '人糞에서 採取된 약의 이름'의 뜻을 가지고 동의 관계에 있다는 것은 다음 예문들에서 잘 확인된다. 원문 중 '人中黃…入缸內'가 '분지 미틧 누른 거슬…항의 녛다'로 번역되고 '人中黃'의 자석이 '분짓 미틧 누른 것'이다. 따라서 '분지 미틧 누른 것'과 '人中黃'의 동의성은 명백히 입증된다.

(83) a. 분지 미틧 누른 거슬 하나 져(112a)그나 항의 녀코(人中黃不以多少入缸內)

<救간一 112b>

b. 人中黃 : 분짓 미틧 누른 것 <救간一 112a>

<84> 붇곳 對 馬藺

고유어 '붇곳'과 한자어 '馬藺'이 [馬藺] 즉 '붓꽃'의 뜻을 가지고 동의 관계에 있다는 것은 다음 예문들에서 잘 확인된다. 원문 중 '馬藺根葉'이 '붇곳 불휘와 닙'으로 번역되고 '馬藺'의 자석이 '붇곳'이다. 고유어 '붇곳'은 [筆] 즉 '붓'의 뜻을 가진 명사 '붇'과 [花] 즉 '꽃'의 뜻을 가진 명사 '곳'의 合成이다.

(84) a. 붇곳 불휘와 닙과를 ᄂᆞ로니 시버 숨씨면(馬藺根葉細嚼嚥之) <救간二 47a>

b. 馬藺 : 붇곳 <救간二 46b>

<85> 붇ᄌᆞ롯대 對 筆管

고유어 '붇ᄌᆞ롯대'와 한자어 '筆管'이 [筆管] 즉 '붓대, 붓대롱'의 뜻을 가지고 동의 관계에 있다는 것은 다음 예문들에서 잘 확인된다. 원문 중 '以筆管吹'가 '붇ᄌᆞ롯 대로 불다'로 번역되고 '筆管'의 자석이 '붇ᄌᆞ롯대'이다. 따라서 '붇ᄌᆞ롯대'와 '筆管'의 동의

성은 명백히 입증된다. 고유어 '붇즈룻대'는 명사 '붇'[筆]과 명사 'ᄌᆞᄅᆞ'와 명사 '대'
의 合成으로 '붇#ᄌᆞᄅᆞ+-ㅅ#대'로 분석될 수 있다.

(85) a. 두 사ᄅᆞ미 붇즈룻대로 ᄆᆞ레 주근 사ᄅᆞ미 귓 굼긔 다히고 불라
　　　(令兩人以筆管吹其耳中) 〈救간一 76b〉

　　b. 늘 댓무수 즛두드려 ᄧᆞᆫ 즙을 붇즈룻대로 고해 드리불면
　　　(以生蘿蔔汁用筆管吹入鼻) 〈救간二 3a〉

(85) c. 筆管 : 붇즈룻대 〈救간一 76a〉 〈救간二 2a〉

〈86〉 불알ㅎ 對 陰囊

　고유어 '불알ㅎ'과 한자어 '陰囊'이 [陰卵]과 [陰囊] 즉 '불알'의 뜻을 가지고 동의
관계에 있다는 것은 다음 예문들에서 잘 확인된다. 원문 중 '人陰卵'이 '사ᄅᆞ미 불알
ㅎ'로 번역되고 '陰囊下'가 '陰囊 아래'로 번역된다. 그리고 '陰囊'의 자석이 '외싃 알'
이다. 따라서 '불알ㅎ'과 '陰囊'의 동의성은 명백히 입증된다. 고유어 '불알ㅎ'은 [陰]
즉 '자지, 陰莖'의 뜻을 가진 명사 '불'과 [卵] 즉 '알'의 뜻을 가진 명사 '알ㅎ'의 合成
이다.

(86) a. ᄆᆞ리 사ᄅᆞ미 불알홀 므러(馬咬人陰卵) 〈救方下 16b〉

(86) b. 陰囊 아래 밋굼그로셔 흔 寸을 百壯을 ᄯᅳ라(灸陰囊下去下部一寸百壯)
　　　〈救方上 40a〉

　　c. 음낭 아래(陰囊下) 〈救간一 55a〉

　　d. 음낭 아래(於陰囊下) 〈救간一 98b〉

　　e. 소옴으로 허리 아래와 음낭을 ᄲᅡ 덥게 ᄒᆞ면(用緜絮熅其下體及陰囊處)
　　　〈救간一 71a〉

　　f. 陰囊腫 : 외싃 알 브슨 병 〈救간 目錄 9b〉

<87> 불알ㅎ 對 음란

고유어 '불알'과 한자어 '음란'(陰卵)이 [陰卵] 즉 '불알'의 뜻을 가지고 동의 관계에 있다는 것은 다음 예문들에서 잘 확인된다. 원문 중 '人陰卵'이 '사ᄅᆞ미 불알ㅎ'로도 번역되고 '사ᄅᆞ미 음란'으로도 번역된다. 따라서 '불알ㅎ'과 '음란'의 동의성은 명백히 입증된다. 고유어 '불알ㅎ'은 [陰] 즉 '자지, 陰莖'의 뜻을 가진 명사 '불'과 [卵] 즉 '알'의 뜻을 가진 명사 '알ㅎ'의 合成이다.

> (87) a. ᄆᆞ리 사ᄅᆞ미 불알ᄒᆞᆯ 므러(馬咬人陰卵) <救方下 16b>
>   b. ᄆᆞ리 사ᄅᆞ미 음란을 므러 그 음란이 드리디여 나거든(馬齧人陰卵脫出)
>   <救간六 72a>

<88> 븘곶 對 焰焇

고유어 '븘곶'과 한자어 '焰焇'가 [焰] 즉 '불꽃'의 뜻을 가지고 동의 관계에 있다는 것은 다음 예문들에서 잘 확인된다. 원문 중 '焰起'가 '븘고지 니러나다'로도 번역되고 '焰焇ㅣ 니러나다'로도 번역된다. 따라서 '븘곶'과 '焰焇'의 동의성은 명백히 입증된다. 고유어 '븘곶'은 명사 '블'과 명사 '곶'의 합성이다.

> (88) a. 븘고지 니러나거든(覺焰起) <救간一 53a>
>   b. 焰焇ㅣ 니러나거든(覺焰起) <救方上 38a>

<89> 븘긔운 對 火毒

고유어 '븘기운'과 한자어 '火毒'이 [火毒] 즉 '불의 毒氣'라는 뜻을 가지고 동의 관계에 있다는 것은 다음 예문들에서 잘 확인된다. 원문 중 '出火毒'이 '븘긔운 내다'로도 번역되고 '火毒 내다'로도 번역된다. 따라서 '븘긔운'과 '火毒'의 동의성은 명백히 입증된다. 고유어 '븘긔운'은 [火] 즉 '불'의 뜻을 가진 명사 '블'과 [毒] 즉 '毒氣'의 뜻을 가진 명사 '긔운'의 합성으로 '블+-ㅅ#긔운'으로 분석될 수 있다.

(89) a. 븘긔운 내오(出火毒) <救간二 112a>

   b. 븘긔운곳 들면 즉재 됴ᄒᆞ리니(火至卽差) <救간二 72a>

(89) c. ᄯᅡ 우희 火毒 내오(地上出火毒) <救方下 11b>

   d. 火毒 내오(出火毒) <救方上 60a>

<90> 빗얌딸기 對 蛇苺

고유어 '빗얌딸기'와 한자어 '蛇苺'가 [蛇苺] 즉 '뱀딸기'의 뜻을 가지고 동의 관계
에 있다는 것은 다음 예문들에서 잘 확인된다. 원문 중 '蛇苺…擣'가 '빗얌딸기를 즛
두드리다'로 번역되고 '蛇苺'의 자석이 '빗얌딸기'이다. '빗얌딸기'는 [蛇] 즉 '뱀'의
뜻을 가진 명사 '빗얌'과 [苺] 즉 '딸기'의 뜻을 가진 명사 '딸기'의 合成이다.

(90) a. 빗얌딸기를 즛두드려 ᄧᅩᆫ 즙 ᄒᆞᆫ 마ᄅᆞᆯ 달혀(蛇苺自然汁擣絞一斗煎)
      <救간一 108a>
   b. 蛇苺 : 빗얌딸기 <救간一 108a>

<91> 빗얌댱어 對 鰻鱺魚

고유어 '빗얌댱어'와 한자어 '鰻鱺魚'가 [鰻鱺魚] 즉 '뱀장어'의 뜻을 가지고 동의
관계에 있다는 것은 다음 예문들에서 잘 확인된다. 원문 중 '鰻鱺魚脂'가 '빗얌댱어
기름'으로 번역되고 '鰻鱺魚脂'의 자석이 '빗얌댱어 기름'이다. 따라서 '빗얌댱어'와
'鰻鱺魚'의 동의성은 명백히 입증된다. '빗얌댱어'는 [蛇] 즉 '뱀'의 뜻을 가진 명사
'빗얌'과 [長魚]의 뜻을 가진 한자어 명사 '댱어'의 合成이지만 고유어로 다루었다.
'鰻鱺魚'의 異名으로 '蛇魚'가 있다.

(91) a. 빗얌댱어 기름을 ᄇᆞᆯ로ᄃᆡ(鰻鱺魚脂塗之) <救간六 86a>
   b. 鰻鱺魚脂 : 빗얌댱어 기름 <救간六 86a>

<92> 비얌도랏 對 蛇床

고유어 '비얌도랏'과 한자어 '蛇床'이 [蛇床] 즉 '뱀도랏'의 뜻을 가지고 동의 관계에 있다는 것은 다음 예문들에서 잘 확인된다. 원문 중 '蛇床子'가 '비얌도랏 삐'로 번역되고 '蛇床子'의 자석이 '비얌도랏 삐'이다. 따라서 '비얌도랏'과 '蛇床'의 동의성은 명백히 입증된다. 고유어 '비얌도랏'은 [蛇] 즉 '뱀'의 뜻을 가진 명사 '비얌'과 명사 '도랏'의 合成이다.

(92) a. 오슈유 흔 량과 비얌도랏 삐 흔 량과를 디허 처(吳茱萸一兩蛇床子一兩擣羅)
    <救간二 43a>
    b. 蛇床子 : 비얌도랏 삐 <救간二 42b>

<93> 빗복 아래 對 臍下

고유어 명사구 '빗복 아래'와 한자어 '臍下'가 [臍下] 즉 '배꼽 아래'의 뜻을 가지고 동의 관계에 있다는 것은 다음 예문들에서 잘 확인된다. 원문 중 '熨臍下'가 '빗복 아래를 熨ᄒ다'로도 번역되고 '臍下를 熨ᄒ다'로도 번역된다. 그리고 '臍下氣海'가 '빗복 아래 긔ᄒ혈'로도 번역되고 '臍下와 氣海'로도 번역된다. 따라서 '빗복 아래'와 '臍下'의 동의성은 명백히 입증된다.

(93) a. 빗복 아래를 熨ᄒ고(熨臍下) <救方上 54b>
    b. 빗복 아래 흔 촌만 세 붓글 쓰라(灸臍下一寸三壯) <救간一 58b>
    c. 빗복(53a) 아래 긔ᄒ혈과 단뎐혈와 삼빅 붓글 ᄣᅥ(兼臍下氣海丹田三百壯)
    <救간一 53b>

(93) d. 臍下를 熨ᄒ면(熨臍下) <救方上 68a>
    e. 臍下와 氣海를 熨ᄒ야(熨臍下氣海) <救方上 55b>

<94> 삽듓 불휘 對 白朮

고유어 '삽듓 불휘'와 '白朮'이 [白朮] 즉 '삽주 뿌리'의 뜻을 가지고 동의 관계에 있다는 것은 다음 예문들에서 잘 확인된다. 원문 중 '白朮四兩'이 '삽듓 불휘 넉 량'으로 번역되고 '白朮人參'이 '白朮와 人參'으로 번역된다. 따라서 '삽듓 불휘'와 '白朮'의 동의성은 명백히 입증된다.

(94) a. 삽듓 불휘 넉 량을 술 서 되예 글혀(白朮四兩以洒三升煮) <救간一 15b>

　　　b. 삽듓 불휘 넉 량 (白朮四兩) <救간一 40b>

　　　c. 삽듓 불휘룰 ᄀ라(白朮末) <救간一 113b>

　　　d. 삽듓 불휘 ᄒᆞᆫ 량 반과 독홠 불휘 ᄒᆞᆫ 량과(白朮一兩半獨活一兩) <救간七 3b>

　　　e. 삽듓 불휘 ᄒᆞᆫ 량과(白朮一兩) <救간七 8a>

(94) f. 白朮와 人參 各 다ᄉᆞᆺ 兩과(白朮 人參各五兩) <救方上 68b>

　　　g. 白朮와 甘草룰(白朮 甘草) <救方上 6a>

　　　h. 白朮와 乾薑을 各 半 兩과(白朮 乾薑各半兩) <救方上 54b>

　　　i. 白朮 : 삽듓 불휘 <救간一 15b> <救간一 40b> <救간一 113b> <救간七 3a>
　　　　　<救간七 8a>

<95> 삽듓 불휘 對 蒼朮

고유어 '삽듓 불휘'와 한자어 '蒼朮'이 [蒼朮] 즉 '삽주 뿌리'의 뜻을 가지고 동의 관계에 있다는 것은 다음 예문들에서 잘 확인된다. 원문 중 '蒼朮…半夏'가 '삽듓 불휘와…씌모롭 불휘'로 번역되고 '蒼朮生…半夏'가 '늘蒼朮와…半夏'로 번역된다. 따라서 '삽듓 불휘'와 '蒼朮'의 동의성은 명백히 입증된다.

(95) a. 삽듓 불휘와 힌 양의 눈 ᄀᆞᄐᆞᆫ 씌모롭 불휘룰(蒼朮白羊眼半夏) <救간一 2a>

　　　b. 삽듓 불휘 넉 량을 쓰므레 ᄌᆞ마 ᄒᆞ룻밤 재요니와(蒼朮四兩泔浸一宿)
　　　　　<救간一 8b>

　　　c. 삽듓 불휘 두 근을 쓰므레 ᄌᆞ마 것 밧기고(蒼朮二斤泔浸去皮) <救간一 10a>

(95) d. 눌 蒼朮와 힌 羊이 눈 곧흔 半夏룰(蒼朮生白羊眼半夏) <救方上 1b>

<96> 새박 너출 對 蘿藦

고유어 '새박 너출'과 한자어 '蘿藦'가 [蘿藦] 즉 '박주가리, 새박 덩굴'의 뜻을 가지고 동의 관계에 있다는 것은 다음 예문들에서 잘 확인된다. 원문 중 '蘿藦白汁'이 '새박 너추렛 힌 즙'으로 번역되고 '蘿藦白汁'의 자석이 '새박 너추렛 힌 즙'이다. 따라서 '새박 너출'과 '蘿藦'의 동의성은 명백히 입증된다. 고유어 '새박 너출'은 명사 '새박'과 [蔓] 즉 '넌출, 덩굴'의 뜻을 가진 '너출'의 合成이다.

(96) a. 새박 너추렛 힌 즙을 몬져 싱뵈로 어르러지를 뿌처(蘿藦白汁先用生布揩之)
    <救간六 85a>
   b. 새박 너추룰 디허(蘿藦草擣) <救간六 68a>

(96) c. 蘿藦白汁 : 새박 너추렛 힌 즙 <救간六 85a>
   d. 蘿藦草 : 새박 너출 <救간六 68a>

<97> 새배 늠 아니 기러셔 몬져 기론 우믌믈 對 井花水

고유어 명사구 '새배 늠 아니 기러셔 몬져 기론 우믌믈'과 한자어 '井花水'가 [井花水] 즉 '이른 새벽에 처음으로 길은 우물물'의 뜻을 가지고 동의 관계에 있다는 것은 다음 예문들에서 잘 확인된다. 원문 중 '井花水'가 '새배 늠 아니 기러셔 몬져 기론 우믌믈'로 번역되고 '新汲井花水'가 '곳 기룬 井花水'로 번역된다. 그리고 '井花水'의 자석이 '새배 늠 아니 기러셔 몬져 기론 우믌믈'이다. 따라서 '새배 늠 아니 기러셔 몬져 기론 우믌믈'과 '井花水'의 동의성은 명백히 입증된다.

(97) a. 새배 늠 아니 기러셔 몬져 기론 우믌므레 흔 돈만 프러 머고딕(井花水調一錢)
    <救간二 109a>
   b. 새배 늠 아니 기러셔 몬져 기론 우믌믈 흔 자내 프러 머거(井花水調一盞投之)
    <救간一 110b>

    c. 새배 늄 아니 기러셔 몬져 기론 우믌므를…믄득 쌔모딩(井花水卒然噀)

        <救간二 114a>

    d. 井花水 : 새배 늄 아니 기러셔 몬져 기론 우믌믈 <救간二 108b> <救간一 110a>

        <救간二 114a>

(97) e. 又 기룬 井花水예 프로딩(新汲井花水調) <救方上 59b>

    f. 두 服을 지서 井花水에 걸에 프러 머그라(作二服以井花水濃調服) <救方下 51a>

    g. 服마다 井花水(39a)로 두 돈을 머그라(每服以井花水下二錢) <救方下 39b>

<98> 선귨 거플 對 靑皮

    고유어 '선귨 거플'과 한자어 '靑皮'가 [靑皮] 즉 '덜 익은 귤의 껍질'의 뜻을 가지고 동의 관계에 있다는 것은 다음 예문들에서 잘 확인된다. 원문 중 '靑皮去穰'이 '선귨 거플 솝 아ᄉ니'로도 번역되고 '靑皮 솝 아오니'로도 번역된다. 따라서 '선귨 거플'과 '靑皮'의 동의성은 명백히 입증된다. '선귨'은 [生] 즉 '설다, 덜 익다'의 뜻을 가진 동작동사 '설다'의 관형사형과 명사 '귤'의 합성으로 '서-+-ㄴ#귤+-ㅅ'으로 분석될 수 있다.

(98) a. 선귨 거플 솝 아ᄉ니 흔 량과 익디신 흔 량과를 사ᄒ라

     (靑皮去穰一兩益智仁一兩剉) <救간一 40a>

    b. 靑皮 : 선귨 거플 <救간一 39ㄴ>

(98) c. 靑皮 솝 아오니 흔 兩과 益智仁 흔 兩을 사ᄒ라(靑皮去穰一兩益智仁一兩右剉)

     <救方上 14a>

    d. 쳥피를 브레 믈외야 ᄀ라(靑皮焙乾爲末) <救간七 81a>

<99> 선팅즈 對 枳實

    고유어 '선팅즈'와 한자어 '枳實'이 [枳實] 즉 '미숙한 탱자'의 뜻을 가지고 동의 관계에 있다는 것은 다음 예문들에서 잘 확인된다. 원문 중 '枳實'이 '선팅즈'로 번역되

고 ‘枳實’의 자석이 ‘션팅즈’이다. 따라서 ‘션팅즈’와 ‘枳實’의 동의성은 명백히 입증된다. 고유어 ‘션팅즈’는 상태동사 ‘셜다’의 관형사형 ‘션’과 명사 ‘팅즈’의 合成으로 ‘셔-+-ㄴ#팅즈’로 분석될 수 있다.

(99) a. 션팅즈 더운 므레 시서 사(115a)ᄒ라 봇고니 ᄒ 량과(枳實泡洗製炒一兩)
　　　 <救간一 115b>
　　 b. 枳實 : 션팅즈 <救간一 114b>

<100> 세 히 對 삼년

고유어 ‘세 히’와 한자어 ‘삼년’(三年)이 [三年] 즉 ‘세 해, 삼년’의 뜻을 가지고 동의 관계에 있다는 것은 다음 예문들에서 잘 확인된다. 원문 중 ‘三年大酢’가 ‘삼년 무근 됴흔 초’로 번역되고 ‘三年大酢’의 자석이 ‘세 히 무근 됴흔 초’이다. 따라서 ‘세 히’와 ‘삼년’의 동의성은 명백히 입증된다.

(100) a. 三年大酢 : 세 히 무근(27a) 됴흔 초 <救간一 27b>

(100) b. 삼년 무근 됴흔 초애 ᄆ라(以三年大酢和) <救간一 27b>
　　　 c. 삼년 무근 수ᄃ의 머리 벼셋 피를 약애 ᄆ라(取三年雄雞冠血和藥)
　　　　 <救간一 25b>

<101> 소옴대 對 淡竹

고유어 ‘소옴대’와 한자어 ‘淡竹’이 [淡竹] 즉 ‘솜대, 淡竹’의 뜻을 가지고 동의 관계에 있다는 것은 다음 예문들에서 잘 확인된다. 원문 중 ‘淡竹葉’이 ‘소옴댓 닙’으로도 번역되고 ‘淡竹 닙’으로도 번역된다. 그리고 ‘淡竹瀝’이 ‘소옴댓 진’으로 번역되고 ‘淡竹瀝’의 자석이 ‘소옴댓 진’이다. 따라서 ‘소옴대’와 ‘淡竹’의 동의성은 명백히 입증된다. 고유어 ‘소옴대’는 [綿] 즉 ‘솜’의 뜻을 가진 명사 ‘소옴’과 [竹] 즉 ‘대’의 뜻을 가진 명사 ‘대’의 합성이다.

(101) a. 소옴댓 니플 디투 달혀 (淡竹葉濃煎) <救간二 117a>

 b. 소옴댓 닙 흔 줌 글힌 므를 머그라(用淡竹葉一握煎湯服) <救간一 13b>

 c. 소옴댓 진 흔 되롤 머그라(服淡竹瀝) <救간一 16a>

(101) d. 淡竹 니플 두텁게 글혀(淡竹葉濃煎) <救方上 65a>

 e. 淡竹葉 : 소옴댓 닙 <救간一 13a>

 f. 淡竹瀝 : 소옴댓 진 <救간一 15b>

<102> 소진 對 松膏

 고유어 '소진'과 한자어 '松膏'가 [松膏] 즉 '송진'의 뜻을 가지고 동의 관계에 있다는 것은 다음 예문들에서 잘 확인된다. 원문 중 '松膏一升'이 '소진 흔 되'로 번역되고 '松膏'의 자석이 '소진'이다. 따라서 '소진'과 '松膏'의 동의성은 명백히 입증된다. 고유어 '소진'은 [松] 즉 '소나무'의 뜻을 가진 명사 '솔'의 자음 'ㄹ' 탈락형인 '소'와 [脂]의 뜻을 가진 명사 '진'의 合成이다.

 (102) a. 소진 흔 되롤 술 서 되예 즈마(松膏一升酒三升浸) <救간一 91a>
 b. 松膏 : 소진 <救간一 91a>

<103> 소진 對 松脂

 고유어 '소진'과 한자어 '松脂'가 [松脂] 즉 '송진'의 뜻을 가지고 동의 관계에 있다는 것은 다음 예문들에서 잘 확인된다. 원문 중 '硏…松脂'가 '소진을 굴다'로 번역되고 '松脂'의 자석이 '소진'이다. 따라서 '소진'과 '松脂'의 동의성은 명백히 입증된다.

 (103) a. 소진을 므르 ᄀᆞ라(硏爛松脂) <救간六 29b>
 b. 소진을 달혀 썩 밍ᄀᆞ라(松脂煉作餠) <救간六 74b>
 c. 소진을 노교딕 기름 져기 드려(松脂鎔入小油) <救간三 5b>

 (103) d. 松脂 : 소진 <救간六 29b> <救간六 74b> <救간三 5b>

<104> 솓미틧 거믜영 對 百草霜

고유어 '솓미틧 거믜영'과 한자어 '百草霜'이 [百草霜] 즉 '솥 밑의 검댕, 앉은 검정, 百草霜'의 뜻을 가지고 동의 관계에 있다는 것은 다음 예문들에서 잘 확인된다. 원문 중 '百草霜香白芷'가 '솓미틧 거믯영과 구리댓 불휘'로도 번역되고 '百草霜과 香白芷' 로도 번역된다. 따라서 '솓미틧 거믜영'과 '百草霜'의 동의성은 명백히 입증된다.

(104) a. 솓미틧 거믜영과 구리댓 불휘와롤 굳게 ᄂ화(百草霜香白芷等分)

　　　<救간七 37a>

　　　b. 솓미틧 거믜영 세 돈을 ᄀᄂ리 ᄀ라(百草霜三錢硏細) <救간七 59b>

　　　c. 조각 ᄒ 거플와 솓미틧 거믜영 ᄒ 돈과롤 ᄒᄃᆡ ᄀ라

　　　　(皂角一皮百草霜一錢同硏爲末) <救간二 78a>

　　　d. 솓미틧 거믜영을 프러(調百草霜) <救간二 109b>

　　　e. 솓미틧 거믜영과(44b) 산 굼벙이와롤 굳게 ᄂ화(百草霜生蠐螬等分)

　　　　<救간三 45a>

(104) f. 百草霜과 香白芷롤 ᄀ티 ᄂ화(百草霜 香百芷等分) <救方下 83b>

　　　g. 百草霜과 소곰과롤 等分ᄒ야(百草霜食塩等分) <救方上 44a>

　　　h. 百草霜 : 솓미틧 거믜영 <救간七 37a> <救간七 59b> <救간二 78a>

　　　　<救간二 109a> <救간三 44b>

<105> 솝서근픐 불휘 對 黃芩

고유어 '솝서근픐 불휘'와 '黃芩'이 [黃芩] 즉 '속서근풀의 뿌리'의 뜻을 가지고 동의 관계에 있다는 것은 다음 예문들에서 잘 확인된다. 원문 중 '戎塩과 黃芩'이 '소곰과 솝서근픐 불휘'로도 번역되고 '戎塩과 黃芩'으로도 번역된다. 따라서 '솝서근픐 불휘'와 '黃芩'의 동의성은 명백히 입증된다.

(105) a. 소곰과 솝서근픐 불휘와(戎塩黃芩) <救간二 120a>

　　　b. 솝서근픐 불휘롤 디허 처(黃芩擣羅) <救간三 53a>

   c. 숩서근픐 불휘 흔 량을 소개 검서근 것 앗고(黃芩一兩去心中黑腐)

     <救간二 107b>

   d. 궁궁잇 불휘 흔 량과 숩서근픐 불휘 여슷 돈과(川芎一兩黃芩六錢)

     <救간六 78b>

   e. 숩서근픐 불휘 흔 량 반과 블근 함박곳 불휘 흔 량과를 디허

     (黃芩一兩半赤芍藥一兩搗) <救간七 8a>

(105) f. 戎塩과 黃芩(66b)과 [ㅎ나흔 葵子ㅣ라 ㅎ다](戎塩 黃芩一作葵子)

     <救方上 67a>

   g. 黃芩과 側栢 닙과(黃芩 側栢葉) <救方上 62a>

   h. 黃芩을 細末ㅎ야(黃芩細末) <救方下 62a>

   i. 黃芩 : 숩서근픐 불휘 <救간二 119b> <救간三 53a> <救간二 107a>

     <救간六 78b> <救간七 8a>

<106> 쇠비름 ᄂᆞ믈ㅎ 對 馬齒菜

  고유어 '쇠비름 ᄂᆞ믈ㅎ'과 한자어 '馬齒菜'가 [馬齒菜] 즉 '쇠비름 나물'의 뜻을 가지고 동의 관계에 있다는 것은 다음 예문들에서 잘 확인된다. 원문 중 '煮馬齒菜'가 '쇠비름 ᄂᆞ믈ᄒᆞᆯ 글히다'로도 번역되고 '馬齒菜를 글히다'로도 번역된다. 그리고 '馬齒菜子'가 '쇠비름 ᄂᆞ믈 삐'로도 번역되고 '馬齒菜 삐'로도 번역된다. 따라서 '쇠비름 ᄂᆞ믈ㅎ'과 '馬齒菜'의 동의성은 명백히 입증된다.

(106) a. 쇠비름 ᄂᆞ믈ᄒᆞᆯ 글혀(煮馬齒菜) <救간六 73a>

   b. 쇠비름 ᄂᆞ믈 삐(馬齒菜子) <救간六 73a>

   c. 馬齒菜 : 쇠비름 ᄂᆞ믈 <救간六 72b>

   d. 馬齒菜子 : 쇠비름 ᄂᆞ믈 삐 <救간六 73a>

(106) e. 馬齒菜를 글혀(煮馬齒菜) <救方下 16b>

   f. 馬齒菜 삐를(馬齒菜子) <救方下 16b>

<107> 숑아지 對 犢子

고유어 '숑아지'와 한자어 '犢子'가 [犢子] 즉 '송아지'의 뜻을 가지고 동의 관계에 있다는 것은 다음 예문들에서 잘 확인된다. 원문 중 '新生犢子'가 'ᄀᆞᆺ 난 숑아지'로 번역되고 '新生犢子'의 자석이 'ᄀᆞᆺ 난 숑아지'이다. 따라서 '숑아지'와 '犢子'의 동의성은 명백히 입증된다. 고유어 '숑아지'는 [犢] 즉 '소'의 뜻을 가진 명사 '쇼'와 [子] 즉 '새끼'의 뜻을 가진 명사 '아지'의 합성이다.

(107) a. ᄀᆞᆺ 난 숑아지 플 먹디 아니ᄒᆞ야셔(新生犢子未食草) <救간二 113b>

      b. 新生犢子 : ᄀᆞᆺ 난 숑아지 <救간二 113b>

<108> 숑의맛불휘 對 菖蒲

고유어 '숑의맛불휘'와 한자어 '菖蒲'가 [菖蒲] 즉 '창포'의 뜻을 가지고 동의 관계에 있다는 것은 다음 예문들에서 잘 확인된다. 원문 중 '菖蒲末'이 '숑의맛불휘 ᄀᆞ론 ᄀᆞᄅᆞ'로도 번역되고 '菖蒲ㅅ ᄀᆞᄅᆞ'로도 번역된다. 그리고 '嚼石菖蒲'가 '돌 서리예 난 숑의맛불휘를 십다'로도 번역되고 '石菖蒲를 십다'로도 번역된다. 따라서 '숑의맛불휘'와 '菖蒲'의 동의성은 명백히 입증된다. 고유어 '숑의맛불휘'는 명사 '숑의마'와 명사 '불휘'의 合成으로 '숑의마+-ㅅ#불휘'로 분석될 수 있다.

(108) a. 숑의맛불휘 ᄀᆞ론 ᄀᆞᆯ 올(菖蒲末) <救간一 84b>

      b. 숑의맛불휘 두 량을 디허(菖蒲二兩搗) <救간一 45b>

      c. ᄆᆞ른 숑의맛불휘 석 량을(乾菖蒲三兩) <救간七 60a>

      d. 눌 숑의맛불휘 하나 져그나 디허(取生菖蒲不拘多少搗) <救간一 36a>

      e. 돌 서리예 난 숑의맛불휘를 ᄂᆞ로니 십고(細嚼石菖蒲) <救간二 40a>

      f. 菖蒲 : 숑의맛불휘 <救간一 45b>

      g. 生菖蒲 : 눌 숑의맛불휘 <救간一 35b>

      h. 石菖蒲 : 돌 서리예 난 숑의맛불휘 <救간一 1b> <救간二 40a>

(108) i. 菖蒲ㅅ ᄀᆞᆯ 올(以菖蒲末) <救方上 23a>

j. 菖蒲ㅅ 글을(菖蒲屑) <救方上 40b>

k. 大戟毒은 菖蒲로 고티ᄂᆞ니라(大戟毒菖蒲解之) <救方下 55a>

l. 石菖蒲를 ᄂᆞ로니 십고(細嚼石菖蒲) <救方上 26b>

<109> 쇠귀 對 牛耳

고유어 '쇠귀'와 한자어 '牛耳'가 [牛耳] 즉 '쇠귀'의 뜻을 가지고 동의 관계에 있다
는 것은 다음 예문들에서 잘 확인된다. 원문 중 '牛耳中'이 '쇠귀 안ᄒᆞ'으로 번역되고
'牛耳中'의 자석이 '쇠귀 안ᄒᆞ'이다. 따라서 '쇠귀'와 '牛耳'의 동의성은 명백히 입증된
다. 고유어 '쇠귀'는 [牛] 즉 '소'를 뜻하는 명사 '쇼'와 [耳]를 뜻하는 명사 '귀'의 合
成으로 '쇼+-이(속격 조사)#귀'로 분석된다.

(109) a. 쇠귀 안해 ᄭᅴ와룔(牛耳中垢) <救간二 97b>
   b. 牛耳中垢 : 쇠귀 안해 ᄭᅴ <救간二 97a>

<110> 쇠귀ᄂᆞᄆᆞᆯ 불휘 對 澤潟

고유어 '쇠귀ᄂᆞᄆᆞᆯ 불휘'와 한자어 '澤潟'이 [澤潟] 즉 '쇠귀나물 뿌리'의 뜻을 가지
고 동의 관계에 있다는 것은 다음 예문들에서 잘 확인된다. 원문 중 '牽牛澤潟'이 '견
우와 쇠귀ᄂᆞᄆᆞᆯ 뷜휘'로 번역되고 '澤潟'의 자석이 '쇠귀ᄂᆞᄆᆞᆯ 불휘'이다. 따라서 '쇠귀
ᄂᆞᄆᆞᆯ 불휘'와 '澤潟'의 동의성은 명백히 입증된다.

(110) a. 견우와 쇠귀ᄂᆞᄆᆞᆯ 불휘와 뿌미 맛당ᄒᆞ니(合用牽牛 澤潟) <救간三 75b>
   b. 두 가짓 약은 견우 쇠귀ᄂᆞᄆᆞᆯ와 두루믜나ᄅᆡ 쓠나못 거플왜라 <救간三 76a>

(110) c. 澤潟 : 쇠귀ᄂᆞᄆᆞᆯ 불휘 <救간三 75a>

<111> 쇠똥 對 牛糞

고유어 '쇠똥'과 한자어 '牛糞'이 [牛糞] 즉 '쇠똥, 소똥'의 뜻을 가지고 동의 관계에 있다는 것은 다음 예문들에서 잘 확인된다. 원문 중 '牛糞三合'이 '쇠똥 서 홉'으로 번역되고 '牛糞'의 자석이 '쇠똥'이다. 그리고 '烏牛糞'이 '거믄 쇠똥'으로 번역되고 '烏牛糞'의 자석이 '거믄 쇠똥'이다. 따라서 '쇠똥'과 '牛糞'의 동의성은 명백히 입증된다. 고유어 '쇠똥'은 명사 '쇼'와 '똥'의 合成으로 '쇼[牛]+이(속격 조사)#똥[糞]'으로 분석될 수 있다.

> (111) a. 싱앙 석 량 사흐로니와 쇠똥 서 홉과를 믈 큰 서 되예 달혀
>
>   (生薑三兩切牛糞三合以水三大盞煎) <救간二 55b>
>
>   b. 쇠똥을 봇가 믈외야(牛糞炒令燋) <救간七 8b>
>
>   c. 거믄 쇠똥 흔 돈과(烏牛糞一錢) <救간七 31b>
>
>   d. 쇠똥잇 콩 흔 나출 빼혀(牛糞中大豆一枚擘) <救간七 39a>

> (111) e. 牛糞 : 쇠똥 <救간二 55b>
>
>   f. 烏牛糞 : 거믄 쇠똥 <救간七 31b>
>
>   g. 牛糞中大豆 : 쇠똥의 콩 <救간七 38b>

<112> 쇠똥 對 牛屎

고유어 '쇠똥'과 한자어 '牛屎'가 [牛屎] 즉 '쇠똥, 소똥'의 뜻을 가지고 동의 관계에 있다는 것은 다음 예문들에서 잘 확인된다. 원문 중 '牛屎塗'가 '쇠똥을 브르다'로 번역되고 '牛屎'의 자석이 '쇠똥'이다. 그리고 '熱牛屎'가 '더운 쇠똥'으로 번역되고 '熱牛屎'의 자석이 '더운 쇠똥'이다. 따라서 '쇠똥'과 '牛屎'의 동의성은 명백히 입증된다. 고유어 '쇠똥'은 [牛] 즉 '소'의 뜻을 가진 명사 '쇼'와 [屎] 즉 '똥'의 뜻을 가진 명사 '똥'의 合成으로 '쇼+-이(속격 조사)#똥'으로 분석될 수 있다.

> (112) a. 쇠똥을 어믜 비 우희 브르면(牛屎塗母腹上) <救간七 19a>
>
>   b. 쇠똥을 어믜 비예 브르면(牛屎塗母腹上) <救간七 40b>

    c. 쇠똥을 블로듸(牛屎塗之) <救간三 54b>

    d. 더운 쇠똥 블로미 됴ᄒ니라(熱牛屎塗之佳) <救간六 41b>

(112) e. 牛屎 : 쇠똥 <救간七 19a> <救간七 40b> <救간三 54b>

    f. 熱牛屎 : 더운 쇠똥 <救간六 41b>

<113> 쇠무롭 불휘 對 牛膝

고유어 '쇠무롭 불휘'와 한자어 '牛膝'이 [牛膝] 즉 '쇠무릎지기 뿌리'의 뜻을 가지고 동의 관계에 있다는 것은 다음 예문들에서 잘 확인된다. 원문 중 '牛膝一兩'이 '쇠무롭 불휘ᄒᆞᆫ 량'으로도 번역되고 '牛膝 ᄒᆞᆫ 兩'으로도 번역된다. 그리고 '牛膝'의 자석이 '쇠무롭 불휘'이다. 따라서 '쇠무롭 불휘'와 '牛膝'의 동의성은 명백히 입증된다.

(113) a. 쇠무롭 불휘 ᄒᆞᆫ 량 움 아ᅀᆞ니와 아혹 ᄡᅵ ᄒᆞᆫ 홉과ᄅᆞᆯ 디허 봇아

    (牛膝一兩去苗葵子一合擣碎) <救간七 51a>

    b. 牛膝 : 쇠무롭 불휘 <救간七 50b>

(113) c. 牛膝 ᄒᆞᆫ 兩을 움 앗고 아옥 ᄡᅵ ᄒᆞᆫ 홉과 디허 봇아(牛膝一兩去苗葵子一合擣碎)

    <救方下 91a>

<114> 쇠무롭 불휘 對 牛膝

고유어 '쇠무롭 불휘'와 한자어 '牛膝'이 [牛膝] 즉 '쇠무릎지기 뿌리'의 뜻을 가지고 동의 관계에 있다는 것은 다음 예문들에서 잘 확인된다. 원문 중 '牛膝幷葉'이 '쇠무롭 불휘와 닙'으로도 번역되고 '牛膝을 닙 조치다'로도 번역된다. 따라서 '쇠무롭 불휘'와 '牛膝'의 동의성은 명백히 입증된다.

(114) a. 쇠무롭 불휘와 닙과ᄅᆞᆯ(牛膝幷葉) <救간三 77a>

    b. 쇠무롭 불휘 ᄒᆞᆫ 량을 믈 두 되예 글혀(牛膝一兩水二升煮) <救간七 24b>

    c. 쇠무롭 불휘 반 근을 믈 아홉 되예 달혀(牛膝半斤以水九升煎) <救간七 54b>

d. 牛膝 : 쇠무릎 불휘 〈救간七 24b〉

e. 쇠무릎 불휘와 줄기와 ᄂᆞᆯ 흔ᄃᆡ 디허(牛膝根莖生者併擣) 〈救간六 26b〉

f. 牛膝根莖 : 쇼무릎 불휘와 줄기 〈救간六 26b〉

(114) g. 牛膝을 닙 조쳐(牛膝幷葉) 〈救方上 69b〉

h. 牛膝을 하나 져그나 디허 細末ᄒᆞ야(牛膝不限多少搗末) 〈救方下 4b〉

〈115〉 쇠무릅픐 불휘 對 牛膝

고유어 '쇠무릅픐 불휘'와 한자어 '牛膝'이 [牛膝] 즉 '쇠무릎지기 뿌리'의 뜻을 가지고 동의 관계에 있다는 것은 다음 예문들에서 잘 확인된다. 원문 중 '牛膝酒'가 '쇠무릅픐 불휘 ᄌᆞᄆᆞᆫ 술'로 번역되고 '牛膝'의 자석이 '쇠무릅픐 불휘'이다. 따라서 '쇠무릅픐 불휘'와 '牛膝'의 동의성은 명백히 입증된다.

(115) a. 쇠무릅픐 불휘 ᄌᆞᄆᆞᆫ 수레 흔 돈곰 프러 머그라(以牛膝酒調下一錢)
　　　　〈救간七 63a〉

b. 牛膝 : 쇠무릅픐 불휘 〈救간七 62b〉

〈116〉 쇠졎 對 牛乳

고유어 '쇠졎'과 한자어 '牛乳'가 [牛乳] 즉 '쇠졎, 우유'의 뜻을 가지고 동의 관계에 있다는 것은 다음 예문들에서 잘 확인된다. 원문 중 '牛乳一升'이 '쇠졋 흔 되'로 번역되고 '牛乳'의 자석이 '쇠졋'이다. 그리고 '黃牛乳'가 '누른 쇠졋'으로 번역되고 '黃牛乳'의 자석이 '누른 쇠졋'이다. 따라서 '쇠졎'과 '牛乳'의 동의성은 명백히 입증된다. 고유어 '쇠졎'은 [牛] 즉 '소'의 뜻을 가진 명사 '쇼'와 [乳] 즉 '졎'의 뜻을 가진 명사 '졎'의 합성으로 '쇼+-의#졎'으로 분석될 수 있다.

(116) a. 쇠졋 흔 되로 뜬 브레 달효ᄃᆡ(用牛乳一升慢火熬) 〈救간一 95a〉

b. 쇠졋 흔 홉과(牛乳一合) 〈救간七 1a〉

c. 누른 쇠졋 두 되와(黃牛乳二人盞) 〈救간三 38a〉

    d. 누른 쇠졋 두 홉과(黃牛乳二合) <救간三 90a>

    e. 누른 쇠졋 두 홉과를(黃牛乳二合) <救간三 105b>

(116) f. 牛乳 : 쇠졋 <救간一 94b> <救간七 1a>

    g. 黃牛乳 : 누른 쇠졋 <救간三 38a> <救간三 90a> <救간三 105b>

<117> 수새 對 雄雀

고유어 '수새'와 한자어 '雄雀'이 [雄雀] 즉 '새의 수컷, 수컷 새'의 뜻을 가지고 동의 관계에 있다는 것은 다음 예문들에서 잘 확인된다. 원문 중 '雄雀糞'이 '수새 똥'으로 번역되고 '雄雀糞'의 자석이 '수새 똥'이다. 따라서 '수새'와 '雄雀'의 동의성은 명백히 입증된다. 고유어 '수새'는 [雄] 즉 '수컷'의 뜻을 가진 명사 '수'와 [雀] 즉 '참새, 새'의 뜻을 가진 명사 '새'의 合成이다.

(117) a. 수새 똥을 ᄀᄂ리 ᄀ라(雄雀糞細硏) <救方上 45b>

    b. 수새 똥을 ᄀᄂ리 ᄀ라(雄雀糞細硏) <救간二 75b>

    c. 수새 똥이 고ᄃ니 긔니 ᄀᄂ리 ᄀ라(雄雀糞直者是硏細) <救간六 82b>

(117) d. 雄雀糞 : 수새 똥 <救간二 75b> <救간六 82b>

<118> 수ᄐᆰ 對 雄雞

고유어 '수ᄐᆰ'과 한자어 '雄雞'가 [雄雞] 즉 '수탉'의 뜻을 가지고 동의 관계에 있다는 것은 다음 예문들에서 잘 확인된다. 원문 중 '雄雞冠'이 '수ᄐᆯ기 볏'으로 번역되고 '雄雞糞'가 '수ᄐᆰ의 똥'으로 번역되고 '雄雞糞'의 자석이 '수ᄐᆰ의 똥'이다. 그리고 '白雄雞'가 '힌 수ᄐᆰ'으로 번역되고 '白雄雞'의 자석이 '힌 수ᄐᆰ'이다. 따라서 '수ᄐᆰ'과 '雄雞'의 동의성은 명백히 입증된다. 고유어 '수ᄐᆰ'은 [雄] 즉 '수컷'의 뜻을 가진 명사 '수ㅎ'와 [雞] 즉 '닭'의 뜻을 가진 명사 'ᄃᆰ'의 合成이다.

(118) a. 져근 ᄆᆯ이어든 수ᄐᆯ굴 ᄒᆞ라(小馬用雄雞) <救方下 17b>

    b. 수틀기 벼셋 피를 브르면(以雄雞冠血塗) <救方下 77a>

    c. 수둙의 똥 열흔 나출 믈 두 되예 달혀(雄雞糞十一枚以水二升煎) <救간七 21b>

    d. 힌 수틀기 두 녁 눌개(白雄雞左右翮) <救간六 5a>

(118) e. 雄雞糞 : 수둙의 똥 <救간七 21b>

    f. 白雄雞 : 힌 수둙 <救간六 5a>

<119> 술위통앳 기름 對 車脂

고유어 '술위통앳 기름'과 한자어 '車脂'가 [車脂] 즉 '수레의 굴대통에 있는 기름'의 뜻을 가지고 동의 관계에 있다는 것은 다음 예문들에서 잘 확인된다. 원문 중 '塡車脂'가 '술위통앳 기름을 몃고다'로 번역되고 '車脂'의 자석이 '술위통앳 기름'이다. 따라서 '술위통앳 기름'과 '車脂'의 동의성은 명백히 입증된다.

(119) a. 지짓 당아리 반 나채 술위통앳 기름을 몃고딕(梔子殼半介塡車脂)

        <救간六 26a>

    b. 어우렁술고 뻐를 므르 디허 술위통앳 기르메 무라(雙杏仁搗爛以車脂調)

        <救간六 21b>

(119) c. 車脂 : 술위통앳 기름 <救간六 26a> <救간六 21b>

그리고 '車脂'가 『구급방언해』에서 '술윗 기름'과 '술위옛 기름'으로 번역된다는 것은 다음 예문들에서 잘 확인된다.

(119) d. 梔子ㅅ 당아리 半 나채 술윗 기르믈 메오딕(梔子殼半介塡車脂) <救方下 5b>

    e. 雙杏仁을 므르 디허 술위옛 기름으로 무라(雙杏仁搗爛以車脂調) <救方下 7a>

<120> 숫블 對 炭火

고유어 '숫블'과 한자어 '炭火'가 [炭火] 즉 '숯불'의 뜻을 가지고 동의 관계에 있다는 것은 다음 예문들에서 잘 확인된다. 원문 중 '紅炭火'가 '블근 숫블'로 번역되고

'炭火'의 자석이 '숫블'이다. 따라서 '숫블'과 '炭火'의 동의성은 명백히 입증된다. 고유어 '숫블'은 [炭] 즉 '숯'을 뜻하는 명사 '숧'과 [火] 즉 '불'을 뜻하는 명사 '블'의 合成이다.

(120) a. ᄉ뭇 블근 숫브를 지 업게 불오(用通紅炭火吹去灰) <救方上 35a>

　　　 b. 미온 숫브를(68a) 통애 담고(以硬炭火置內) <救간七 68b>

　　　 c. 숫브레 쬐여(於炭火上炙) <救간一 81b>

(120) d. 硬炭火 : 미온 숫블 <救간七 68a>

<121> 숭암촛 불휘 對 當歸

고유어 '숭암촛 불휘'와 한자어 '當歸'가 [當歸] 즉 '숭검초 뿌리, 당귀'의 뜻을 가지고 동의 관계에 있다는 것은 다음 예문들에서 잘 확인된다. 원문 중 '當歸桂心'이 '숭암촛 불휘와 계핏 솝'으로도 번역되고 '當歸와 桂心'으로도 번역된다. 그리고 '當歸二兩'이 '숭아촛 불휘 두 량'으로도 번역되고 '當歸 두 兩'으로도 번역된다. 따라서 '숭암촛 불휘'와 '當歸'의 동의성은 명백히 입증된다.

(121) a. 숭암촛 불휘와 계핏 솝 각 반 량과 (當歸桂心各半兩) <救간二 118b>

　　　 b. 숭암촛 불휘 두 량과 (當歸二兩) <救간二 119a>

　　　 c. 숭암촛 불휘 사ᄒ라 믈외요니와(當歸切焙) <救간七 10a>

　　　 d. 숭암촛 불휘 ᄒᆞ 량과(當歸四分) <救간七 39b>

　　　 e. 궁궁잇 불휘와 숭암촛 불휘와(芎藭 當歸) <救간七 7b>

(121) f. 當歸와 桂心을 各 半 兩과 (當歸 桂心各半兩) <救方上 64b>

　　　 g. 當歸 두 兩과 (當歸二兩) <救方上 66b>

　　　 h. 芍藥과 當歸를 사ᄒ라 焙乾ᄒ고(芍藥 當歸切焙) <救方上 68b>

　　　 i. 當歸 : 숭암촛 불휘 <救간二 118b> <救간二 119a> <救간七 9b> <救간七 39b>
　　　　 <救간七 7b>

<122> 손아히 對 男兒

고유어 '손아히'와 한자어 '男兒'가 [男兒] 즉 '남자 아이'의 뜻을 가지고 동의 관계에 있다는 것은 다음 예문들에서 잘 확인된다. 원문 중 '小男兒'가 '져믄 손아히'로 번역되고 '小男兒'의 자석이 '져믄 손아히'이다. 따라서 '손아히'와 '男兒'의 동의성은 명백히 입증된다.

(122) a. 팟 믿 흰 디 사흐로니 흔 되와 져믄 손아히 오좀 서 되와룰
　　　　(葱白切一升小男兒尿三升) <救간一 105a>
　　　b. 小男兒尿 : 져믄 손아히 오좀 <救간一 105a>

<123> 손아히 對 童子

고유어 '손아히'와 한자어 '童子'가 [童子] 즉 '사내아이'의 뜻을 가지고 동의 관계에 있다는 것은 다음 예문들에서 잘 확인된다. 원문 중 '童子小便'이 '손아히 오좀'으로 번역되고 '溫童子小便'이 '손아히 더운 오좀'으로 번역되고 '童子小便'의 자석이 '손아히 오좀'이다. 따라서 '손아히'와 '童子'의 동의성은 명백히 입증된다. 고유어 '손아히'는 명사 '손'과 명사 '아히'의 合成이다.

(123) a. 손아히 오좀 반 되룰 글혀(童子小便半升煮) <救간二 117b>
　　　b. 손아히 오(52a)좀 흔 되예 프러 드시 ᄒ야 머그라(童子小便一升溫和服)
　　　　<救간二 52b>
　　　c. 손아히 오좀 큰 흔 되예 달혀(以童子小便一大盞煎) <救간二 53a>
　　　d. 손아히 더운 오좀애 프러 머그라(溫童子小便調下) <救간七 23b>

(123) e. 童子小便 : 손아히 오좀 <救간二 117b> <救간二 52a> <救간二 52b>
　　　　<救간七 23b>

<124> 순아히 對 小兒

고유어 '순아히'와 한자어 '小兒'가 [小兒] 즉 '사내아이'의 뜻을 가지고 동의 관계에 있다는 것은 다음 예문들에서 잘 확인된다. 원문 중 '以小兒尿和'가 '순아히 오좀애 믈다'로 번역되고 '小兒尿'의 자석이 '순아히 오좀'이다. 따라서 '순아히'와 '小兒'의 동의성은 명백히 입증된다.

(124) a. 쥐 새로 몃 낸 흙을 순아히 오좀애 무라 브티라(鼠新坌土以小兒尿和傅之)
　　　　　<救간三 14a>
　　　b. 순아히 오좀 두 되를 믄득 머그면(小兒尿二升頓服之) <救간七 6b>
　　　c. 쓴 박을 이플 내오 순아히 오좀 녀허(苦瓠開口內小兒尿) <救간六 29a>

(124) d. 小兒尿 : 순아히 오좀 <救간三 14a> <救간七 6a> <救간六 29a>

<125> 뿔 글힌 믈 對 米飮

고유어 '뿔 글힌 믈'과 한자어 '米飮'이 [米飮] 즉 '쌀 끓인 물, 미음'의 뜻을 가지고 동의 관계에 있다는 것은 다음 예문들에서 잘 확인된다. 원문 중 '以米飮調'가 '뿔 글힌 므레 플다'로 번역되고 '米飮'의 자석이 '뿔 글힌 믈'이다. 그리고 '以陳米飮調下'가 '무근 뿔 글힌 므레 플다'로 번역되고 '陳米飮'의 자석이 '무근 뿔 글힌 믈'이다. 따라서 '뿔 글힌 믈'과 '米飮'의 동의성은 명백히 입증된다.

(125) a. 뿔 글힌 므레 쉰 여쉰 丸을 머그면(米飮下五六十丸) <救方上 62b>
　　　b. 뿔 글힌 므레 프러 머그라(以米飮調下) <救간二 108b>
　　　c. 뿔 글힌 므레 프러 머거도 됴ᄒ니라(米飮調下得) <救간二 28b>
　　　d. 뿔 글힌 므레 프러 머그면(米飮調服) <救간二 100b>
　　　e. 뿔 글힌 므레 머그라(米飮下) <救간二 22a>
　　　f. 무근 뿔 글힌 므레 서(112a) 돈을 프러 머그라(以陳米飮調下三錢許與服)
　　　　　<救간二 112b>

(125) g. 米飮 : 발 글힌 믈 <救간二 108b>

　　　h. 陳米飮 : 무근 발 글힌 믈 <救간二 112a>

<126> 발 글힌 믈 對 漿水

　고유어 '발 글힌 믈'과 한자어 '漿水'가 [漿水] 즉 '쌀 끓인 물'의 뜻을 가지고 동의 관계에 있다는 것은 다음 예문들에서 잘 확인된다. 원문 중 '漿水和'가 '발 글힌 므레 플다'로도 번역되고 '漿水예 플다'로도 번역된다. 그리고 '漿水萵苣根'이 '발 글힌 믈 와 부룻 불휘'로도 번역되고 '漿水와 부룻 불휘'로도 번역된다. 그리고 '漿水'의 자석 이 '발 글힌 믈'이다. 따라서 '발 글힌 믈'과 '漿水'의 동의성은 명백히 입증된다.

　　(126) a. 발 글힌 므레 프러 머교딕(漿水和飮之) <救간一 54b>

　　　　　b. 발 글힌 믈와 부룻 불휘와롤⋯글혀(漿水萵苣根煎) <救간六 48a>

　　　　　c. 발 글힌 믈 닷 되예 글혀(以漿水五升煮) <救간二 119b>

　　　　　d. 발 글힌 므레 달혀 머그면(漿水煎服) <救간二 83a>

　　　　　e. 발 글힌 므레 두 돈을 프러 먹고(以漿水調二錢服) <救간二 92b>

　　　　　f. 漿水 : 발 글힌 믈 <救간一 54b> <救간六 47b> <救간二 119a> <救간二 83a>

　　　　　　 <救간二 92b>

　　(126) g. 漿水예 프러 머교딕(漿水和飮之) <救方上 40b>

　　　　　h. 漿水와 부룻 불휘롤⋯글혀(漿水萵苣根煎) <救方下 75a>

　　　　　i. 漿水 닷 되예 글혀(以漿水五升煮) <救方上 66b>

　　　　　j. 漿水 흔 盞애 글혀(漿水一盞煮) <救方上 34a>

　　　　　k. 뿔 漿(8b)水롤 프러 머그라(調蜜漿水飮之) <救方下 9a>

<127> 아기좃 불휘 對 遠志

　고유어 '아기좃 불휘'와 한자어 '遠志'가 [遠志] 즉 '애기풀 뿌리'의 뜻을 가지고 동 의 관계에 있다는 것은 다음 예문들에서 잘 확인된다. 원문 중 '遠志去心'이 '아기좃 불휘 솝 아�ᅀᆞ니'로 번역되고 '大豆汁 遠志'가 '大豆汁과 遠志'로 번역된다. 그리고 '遠

志'의 자석이 '아기촛 불휘'이다. 따라서 '아기촛 불휘'와 '遠志'의 동의성은 명백히 입증된다.

> (127) a. 우비즈 반 량과 아기촛 불휘 숨 아ᄉ니 반 량과롤 흔티 ᄀ라
>
> (五倍子半兩遠志去心半兩同硏) <救간三 1b>

> (127) b. 大豆汁과 遠志와 防風과 棗肉과 飴糖과로 고티ᄂ니라
>
> (大豆汁 遠志 防風 棗肉 飴糖並解之) <救方上 55a>
>
> c. 遠志 : 아기촛 불휘 <救간三 1a>

<129> 암돝 對 母猪

고유어 '암돝'과 한자어 '母猪'가 [母猪] 즉 '암퇘지'의 뜻을 가지고 동의 관계에 있다는 것은 다음 예문들에서 잘 확인된다. 원문 중 '母猪糞'이 '암도틱 ᄯ옹'으로 번역되고 '母猪糞'의 자석이 '암도틱 ᄯ옹'이다. 따라서 '암돝'과 '母猪'의 동의성은 명백히 입증된다. 고유어 '암돝'은 명사 '암'과 '돝'의 합성이다.

> (128) a. 암도틱 ᄯ옹을 므레 프러(母猪糞和水) <救간三 21a>
> b. 암도틱 ᄭ릿 그틀 버혀(割母猪尾頭) <救간六 49a>
> c. 암도톨 미야 두고(縛母猪) <救간三 54b>

> (128) d. 母猪糞 : 암도틱 ᄯ옹 <救간三 21a>

<129> 어우렁슬고 對 雙杏

고유어 '어우렁슬고'와 한자어 '雙杏'이 [雙杏] 즉 '두 쪽으로 된 살구'의 뜻을 가지고 동의 관계에 있다는 것은 다음 예문들에서 잘 확인된다. 원문 중 '雙杏仁搗'가 '어우렁슬고 ᄢᆡ룰 딯다'로도 번역되고 '雙杏仁을 딯다'로도 번역된다. 따라서 '어우렁슬고'와 '雙杏'의 동의성은 명백히 입증된다. 고유어 '어우렁슬고'는 [雙] 즉 '두 쪽'의 뜻을 가진 명사 '어우렁'과 [杏] 즉 '살구'의 뜻을 가진 명사 '슬고'의 합성이다.

(129) a. 어우렁슬고 삐롤 므르 디허(雙杏仁搗爛) <救간六 21b>

(129) b. 雙杏仁을 므르 디허(用雙杏仁搗爛) <救方上 7a>
   c. 雙杏仁 : 어우렁슬고 삐 <救간六 21a>

<130> 엄지숏가락 어귀 對 虎口

고유어 '엄지숏가락 어귀'와 한자어 '虎口'가 [虎口] 즉 '엄지손가락 어귀, 엄지손
가락과 집게손가락의 사이'라는 뜻을 가지고 동의 관계에 있다는 것은 다음 예문들
에서 잘 확인된다. 원 '灸虎口'가 '엄지숏가락 어귀롤 쓰다'로 번역되고 '虎口'의 자석
이 '엄지숏가락 어귀'이다. 따라서 '엄지숏가락 어귀'와 '虎口'의 동의성은 명백히 입
증된다.

   (130) a. 엄지숏가락 어귀롤 쑤딕 남진이어든 왼손 겨지비어든 올혼손을 쓰라
      (灸虎口男左女右) <救간三 6a>
      b. 虎口 : 엄지숏가락 어귀 <救간三 5b>

<131> 여숫 가짓 것 對 六畜

고유어 '여숫 가짓 것'과 한자어 '六畜'이 [六畜] 즉 '여섯 가지 가축'의 뜻을 가지고
동의 관계에 있다는 것은 다음 예문들에서 잘 확인된다. 원문 중 '六畜肉'이 '여숫 가
짓 거싀 고기'로 번역되고 '食六畜'이 '六畜의 고기 먹다'로 번역된다. 그리고 '六畜肉'
의 자석이 '소와 물와 가히와 양과 돋과이 고기'이다. 따라서 '여숫 가짓 것'과 '六畜'
의 동의성은 명백히 입증된다. 고유어 명사구 '여숫 가짓 것' 중 명사 '것'은 [畜] 즉
'가축'의 뜻을 가진다.

   (131) a. 호다가 절로 주근 여숫 가짓 거싀 고깃 毒이어든(若是自死六畜肉毒)
      <救方下 58b>

   (131) b. 六畜의 고기 먹고(食六畜) <救方下 58a>

c. 六畜肉 : 소와 몰와 가히와 양과 돋과이 고기 머근 독 <救간 目錄 5a>

<133> 엿의 오좀플 對 鶴蝨

고유어 '엿의 오좀플'과 한자어 '鶴蝨'이 [鶴蝨] 즉 '여우오줌풀'의 뜻을 가지고 동의 관계에 있다는 것은 다음 예문들에서 잘 확인된다. 원문 중 '鶴蝨一兩'이 '엿의 오좀플 흔 량'으로 번역되고 '鶴蝨'의 자석이 '엿의 오좀플'이다. '엿의 오좀플'은 '엿+-의#오좀#플'로 분석될 수 있다.

(132) a. 엿의 오좀플 흔 량을 フ라(鶴蝨一兩爲末) <救간二 38a>
　　　　b. 鶴蝨 : 엿의 오좀플 <救간二 37b>

<133> 외ᄂᆞᆶ 불휘 對 地楡

고유어 '외ᄂᆞᆶ 불휘'와 한자어 '地楡'가 [地楡] 즉 '외나물 뿌리'의 뜻을 가지고 동의 관계에 있다는 것은 다음 예문들에서 잘 확인된다. 원문 중 '擣地楡'가 '외ᄂᆞᆶ 불휘 딯다'로도 번역되고 '地楡를 씷다'로도 번역된다. 따라서 '외ᄂᆞᆶ 불휘'와 '地楡'의 동의성은 명백히 입증된다.

(133) a. 외ᄂᆞᆶ 불휘 디허 뽄 즙을 헌듸 브로디(擣地楡絞取汁塗瘡) <救간六 35a>
　　　　b. 외ᄂᆞᆶ 불휘어나 염교어나(地楡 韭) <救간六 47a>
　　　　c. 외ᄂᆞᆶ 불휫 즙을 ㅼ짜 먹거나(地楡生絞汁飮) <救간六 52b>
(133) d. 地楡를 씨허 汁을 ㅼ짜 헌듸 브로디(擣地楡絞取汁塗瘡) <救方下 66b>
　　　　e. 地楡 : 외ᄂᆞᆶ 불휘 <救간六 34b> <救간六 46b> <救간六 52b>

<134> 우믌 가온딧 믈 對 井花水

고유어 '우믌 가온딕 믈'과 한자어 '井花水'가 [井花水] 즉 '우물 가운데의 물'의 뜻을 가지고 동의 관계에 있다는 것은 다음 예문들에서 잘 확인된다. 원문 중 '井花水調'가 '우믌 가온딧 므레 플다'로도 번역되고 '井花水예 플다'로도 번역된다. 따라서

'우믌 가온딧 믈'과 '井花水'의 동의성은 명백히 입증된다.

(134) a. ᄀᆞᆯᄋᆞᆯ 링ᄀᆞ라 우믌 가온딧 므레 두 돈 솔만 프러 머고딕(爲末井花水調二錢匕服)

　　　〈救方上 85b〉

(134) b. ᄯᅩ 기룬 井花水예 프로딕(新汲井花水調) 〈救方上 59b〉

　　　c. 두 服을 지어 井花水에 걸에 프러 머그라(作二服以井花水濃調服)

　　　　〈救方下 51a〉

　　　d. 服마다 井花水(39a)로 두 돈을 머그라(每服以井花水下二錢) 〈救方下 39b〉

〈135〉 이흐름너출 對 木通

고유어 '이흐름너출'과 한자어 '木通'이 [木通] 즉 '으름덩굴, 木通'의 뜻을 가지고 동의 관계에 있다는 것은 다음 예문들에서 잘 확인된다. 원문 중 '木通滑石'이 '이흐름너출와 활석'으로도 번역되고 '木通과 滑石'으로도 번역된다. 그리고 '木通…剉'가 '이흐름너출…사ᄒᆞᆯ다'로도 번역되고 '木通…사ᄒᆞᆯ다'로도 번역된다. 따라서 '이흐름너출'과 '木通'의 동의성은 명백히 입증된다.

(135) a. 다시 이흐름너출와 활셕과로 조쳐 쓰면(更以木通滑石佐之) 〈救간三 76a〉

　　　b. 이흐름너출 ᄒᆞᆫ 량 반 사ᄒᆞ로니와(木通一兩半剉) 〈救간三 78b〉

　　　c. 이흐름너출 넉 량 사ᄒᆞ로니와(木通四兩剉) 〈救간三 98b〉

　　　d. 이흐름너출 사ᄒᆞ로니와(木通剉) 〈救간三 73b〉 〈救간三 100b〉

　　　e. 이흐름너출 달힌 므레 프러(煎木通湯調) 〈救간三 94a〉

(135) f. 木通과 滑石 各 半 兩과(木通 滑石各半兩) 〈救方上 69a〉

　　　g. 木通 各 ᄒᆞᆫ 兩 사ᄒᆞ로니와(木通各一兩半剉) 〈救方下 28b〉

　　　h. 木通 : 이흐름너출 〈救간三 75b〉 〈救간三 78a〉 〈救간三 93a〉 〈救간三 98a〉

　　　i. 煎木通湯 : 이흐름너출 달힌 믈 〈救간三 93b〉

<136> 이흐름너출 對 防己

고유어 '이흐름너출'과 한자어 '防己'가 [防己] 즉 '으름덩굴'의 뜻을 가지고 동의 관계에 있다는 것은 다음 예문들에서 잘 확인된다. 원문 중 '防己'가 '이흐름너출'로 번역되고 '防己'의 자석이 '이흐름너출'이다. 따라서 '이흐름너출'과 '防己'의 동의성은 명백히 입증된다. 고유어 '이흐름너출'은 명사 '이흐름'과 명사 '너출'의 합성이다.

    (136) a. 이흐름너출와 승맛 불휘와(防己 升麻) <救간一 26a>
        b. 防己 : 이흐름너출 <救간一 25b>

<137> 이흐름너출 對 通草

고유어 '이흐름너출'과 한자어 '通草'가 [通草] 즉 '으름덩굴'의 뜻을 가지고 동의 관계에 있다는 것은 다음 예문들에서 잘 확인된다. 원문 중 '通草四兩'이 '이흐름너출 넉 량'으로 번역되고 '通草'의 자석이 '이흐름너출'이다. 그리고 '通草煎湯'이 '이흐름 너출 글힌 믈'로 번역되고 '通草煎湯'의 자석이 '이흐름너출 글힌 믈'이다. 따라서 '이 흐름너출'과 '通草'의 동의성은 명백히 입증된다.

    (137) a. 감초 두 량과 이흐름너출 넉 량과룰 믈 여듧 되예 달혀
          (甘草二兩通草四兩以水八升煎) <救간七 82b>
        b. 이흐름너출을 달혀 머그리(通草煎湯服之) <救간二 84b>
        c. 이흐름너출 글힌 므레 프러 머그라(通草煎湯調下) <救간三 107b>

    (137) d. 通草 : 이흐름너출 <救간七 82b> <救간二 84b>
        e. 通草煎湯 : 이흐름너출 글힌 믈 <救간三 107b>

<138> 쟈래 당아리 對 鼈甲

고유어 '쟈래 당아리'와 한자어 '鼈甲'이 [鼈甲] 즉 '자라 등 껍데기'의 뜻을 가지고 동의 관계에 있다는 것은 다음 예문들에서 잘 확인된다. 원문 중 '鼈甲一枚'가 '쟈래

당아리 흔 낯'으로 번역되고 '鼈甲'의 자석이 '쟈래 당아리'이다. 따라서 '쟈래 당아리'와 '鼈甲'의 동의성은 명백히 입증된다. 고유어 '쟈래 당아리'는 [鼈] 즉 '자라'의 뜻을 가진 명사 '쟈래'와 [甲] 즉 '등 껍데기'의 뜻을 가진 명사 '당아리'의 결합이다.

> (138) a. 쟈래 당아리 흔 나출 브레 뾔여 디허 처(鼈甲一枚炙搗篩) <救간二 44a>
>
>   b. 鼈甲 : 쟈래 당아리 <救간二 43b>

<139> 져근믈 對 小便

고유어 '져근믈'과 한자어 '小便'이 [小便] 즉 '오줌, 小便'의 뜻을 가지고 동의 관계에 있다는 것은 다음 예문들에서 잘 확인된다. 원문 중 '小便出血'이 '져근므래 피 나다'로 번역되고 '小便下出不止'가 '小便에 下血이 긋지 아니ᄒ다'로 번역된다. 그리고 '小便不通'이 '져근믈 보디 몯ᄒ다'로도 번역되고 '소변이 통티 아니ᄒ다'로도 번역된다. 따라서 '져근믈'과 '小便'의 동의성은 명백히 입증된다. 고유어 '져근믈'은 상태동사 '젹다'의 관형사형인 '져근'과 [便] 즉 '대소변'의 뜻을 가진 명사 '믈'의 合成이다.

> (139) a. 져근므래 피 나거든(小便出血) <救간三 97b><救간三 100b>
>
>   b. 아기 비여셔 져근믈 보디 몯ᄒ야(姙娠小便不通) <救간七 13b>
>
>   c. 져근믈 비치 블거 피 ᄀᆞᆮ거든(小便色赤如血) <救간三 98a>
>
>   d. 져근므리 붉고 굳볼라(小便赤澁) <救간三 90a>
>
>   e. 져근므리 ᄌᆞ조 뵈여(小便多數) <救간三 120a>

> (139) f. 小便에 下血이 긋디 아니커든(小便下血不止) <救方上 63a>
>
>   g. 小便으로 ᄂᆞ치 쓰리면(小便灌其面) <救方上 26a>
>
>   h. 아히 小便 半 되롤 글혀(童子小便半升煮) <救方上 65b>
>
>   i. 小便ㅅ 가온디 흐린 氣分이 얼의유디 가히 골 ᄀᆞᆮ거든 보면
>
>   (見小便中濁氣凝結如狗形狀則) <救方下 71b>
>
>   j. 小便이 통티 아니커든(小便不通) <救간一 51b>

<140> 조뿔 對 粟米

　고유어 '조뿔'과 한자어 '粟米'가 [粟米] 즉 '좁쌀'의 뜻을 가지고 동의 관계에 있다는 것은 다음 예문들에서 잘 확인된다. 원문 중 '嚼粟米'가 '조뿔룰 십다'로 번역되고 '粟米'의 자석이 '조뿔'이다. 따라서 '조뿔'과 '粟米'의 동의성은 명백히 입증된다. 고유어 '조뿔'은 [粟] 즉 '조'의 뜻을 가진 명사 '조'와 [米] 즉 '쌀'의 뜻을 가진 '뿔'의 합성이다.

> (140) a. 조뿔룰 시버 브르면(嚼粟米塗之) <救간六 31a>
> 　　 b. 누른 조뿔 닷 되룰 시서(黃粱米淘五升) <救간二 59a>

> (140) c. 粟米 : 조뿔　<救간六 31a>

<141> 쥐똥 對 鼠屎

　고유어 '쥐똥'과 한자어 '鼠屎'가 [鼠屎] 즉 '쥐똥'의 뜻을 가지고 동의 관계에 있다는 것은 다음 예문들에서 잘 확인된다. 원문 중 '鼠屎末'이 '쥐똥을 브 ᄉ다'로 번역되고 '鼠屎'의 자석이 '쥐똥'이다. 따라서 '쥐똥'과 '鼠屎'의 동의성은 명백히 입증된다. 고유어 '쥐똥'은 [鼠] 즉 '쥐'의 뜻을 가진 명사 '쥐'와 [屎] 즉 '똥'의 뜻을 가진 명사 '똥'의 합성이다.

> (141) a. 쥐똥을 븟아 기장뿔만 머구듸(鼠屎末服如黍米) <救方上 19a>
> 　　 b. 쥐똥을 브ᄉ아 기장뿔만 머고듸(鼠屎末服如黍米) <救간一 57a>

> (141) c. 鼠屎 : 쥐똥 <救간一 57a>

<142> 쥐츠미 對 土瓜

　고유어 '쥐츠미'와 한자어 '土瓜'가 [土瓜] 즉 '쥐참외'의 뜻을 가지고 동의 관계에 있다는 것은 다음 예문들에서 잘 확인된다. 원문 중 '土瓜根'이 '쥐츠밋 불휘'로 번역

되고 ‘土瓜根’의 자석이 ‘쥐츠밋 불휘’이다. 따라서 ‘쥐츠미’와 ‘土瓜’의 동의성은 명백히 입증된다. 고유어 ‘쥐츠미’는 명사 ‘쥐’와 [瓜] 즉 ‘참외’의 뜻을 가진 명사 ‘츠미’의 합성이다.

(142) a. 쥐츠밋 불휘를 디허 フ노리 처(土瓜根擣細羅) <救간七 36a>
     b. 쥐츠밋 불휘 석 량과 루롯 불휘 석 량과(土瓜根 漏蘆各三兩) <救간七 82b>
     c. 쥐츠밋 불휘 フ론 フ르 반 돈이어나(末土瓜根半錢匕) <救간七 84b>

(142) d. 土瓜根 : 쥐츠밋 불휘 <救간七 36a> <救간七 82b> <救간七 84b>

<143> 지지 삐 對 梔子

고유어 명사구 ‘지지 삐’와 한자어 ‘梔子’가 [梔子] 즉 ‘치자나무의 씨, 치자나무의 열매’의 뜻을 가지고 동의 관계에 있다는 것은 다음 예문들에서 잘 확인된다. 원문 중 ‘入梔子’가 ‘지지 삐를 넣다’로도 번역되고 ‘梔子 넣다’로도 번역된다. 그리고 ‘梔子十四枚’가 ‘지지 삐 열네 낫’으로도 번역되고 ‘梔子 열네 낫’으로도 번역된다. 따라서 ‘지지 삐’와 ‘梔子’의 동의성은 명백히 입증된다. 고유어 ‘지지 삐’는 [梔] 즉 ‘치자나무’의 뜻을 가진 명사 ‘지지’와 [子] 즉 ‘씨, 열매’의 뜻을 가진 명사 ‘삐’의 결합이다.

(143) a. 즈싀 앗고 지지 삐를 녀허(去滓入梔子) <救간二 39b>
     b. 지지 삐 열네 낫과 전국 닷 홉과를 믈 두 되예 몬져 전국 글혀
        (取梔子十四枚豉五合以水二盞先煮豉) <救간二 39b>
     c. 지지 삐를 フ라(梔子末) <救간二 2b>
     d. 감초와 지지 삐와 각 흔 돈을 더 드려 머그면(加甘草梔子各一錢) <救간三 26b>
     e. 츩 불휘와 믯 지지 삐와를 곧게 ᄂᆞ화(葛根 山梔子等分) <救간二 24b>
     f. 햐근 지지 삐 흔 나츨 대 갈로 두 딱애 ᄢᅢ혀(山梔子一介用竹刀破作兩邊)
        <救간二 101b>

(143) g. 滓 앗고 梔子 녀허(去滓入梔子) <救方上 29a>

　　　h. 梔子 열네 낫과 젼국 다숫 호블 믈 두 잔으로 몬져 젼국 글혀

　　　　(取梔子十四枚豉五合以水二盞先煮豉) <救方上 29a>

　　　i. 梔子 : 지지 삐 <救간二 39a> <救간二 2b> <救간三 26a>

　　　j. 山梔子 : 묏 지지 삐 <救간二 24b>

　　　k. 山梔子 : 햐근 지지 삐 <救간二 101b>

<144> 츩 불휘 對 葛根

고유어 명사구 '츩 불휘'와 한자어 '葛根'이 [葛根] 즉 '츩 뿌리, 츩의 뿌리'의 뜻을 가지고 동의 관계에 있다는 것은 다음 예문들에서 잘 확인된다. 원문 중 '葛根擣'가 '츩 불휘 딯다'로 번역되고 '葛根'의 자석이 '츩 불휘'이다. 그리고 '生葛根擣'가 '늘 츩 불휘 딯다'로 번역되고 '生葛根'의 자석이 '늘 츩 불휘'이다. 따라서 고유어 '츩 불휘'와 한자어 '葛根'의 동의성은 명백히 입증된다.

(144) a. 츩 불휘 늘 세 斤을 ㄱ느리 사ᄒ라 ㄱ라(葛根生者三斤剉細研) <救方下 4a>

　　　b. 츩 불휘 디투 글횬 汁으로 여라믄 저글 싯고(濃煮葛根汁洗十數偏)

　　　　<救方下 62b>

　　　c. 츩 불휘를 디투 글혀 여라믄 번 싯고(濃煮葛根汁洗十數徧) <救간六 30a>

　　　d. 츩 불휘를 디허 뽄 즙을 머그라(葛根擣汁飮) <救간一 113b>

　　　e. 소곰과 츩 불휘와 묏 지지 삐와를 곧게 ᄂ화(晉塩葛根山梔子等分)

　　　　<救간二 24b>

　　　f. 늘 츩 불휘 디허 ᄧᅡ(生葛根擣絞) <救간二 105a>

　　　g. 늘 츩 불휘 즛디허 뽄 즙을(生葛根搗取汁) <救간二 93b>

(144) h. 煮葛根汁 : 츩 불휘 글힌 즙 <救간六 30a>

　　　i. 葛根 : 츩 불휘 <救간一 113b> <救간二 24b>

　　　j. 生葛根 : 늘 츩 불휘 <救간二 105a> <救간二 93b>

<145> 춤뻬 對 胡麻

　고유어 ‘춤뻬’와 한자어 ‘胡麻’가 [胡麻]와 [麻] 즉 ‘참깨’의 뜻을 가지고 동의 관계에 있다는 것은 다음 예문들에서 잘 확인된다. 원문 중 ‘熬胡麻’가 ‘춤뻬를 봆다’로 번역되고 ‘胡麻’의 자석이 ‘춤뻬’이다. 그리고 ‘烏麻油’가 ‘거믄 춤뻿 기름’으로 번역되고 ‘烏麻油’의 자석이 ‘거믄 춤뻿 기름’이다. 따라서 ‘춤뻬’와 ‘胡麻’의 동의성은 명백히 입증된다. 고유어 ‘춤뻬’는 [眞] 즉 ‘참’의 뜻을 가진 명사 ‘춤’과 명사 ‘뻬’의 합성이다.

　　　(145) a. 새 춤뻬 서홉과(胡麻三合新者) <救간二 42b>
　　　　　　b. 춤뻬룰 고스게 봆가(熬胡麻令香) <救간二 42b>
　　　　　　c. 거믄 춤뻿 기르메 됴흔 분을 무라(烏麻油和胡粉) <救간六 67a>
　　　　　　d. 거믄 춤뻬 두 되룰(黑麻油二升) <救간六 86b>

　　　(145) e. 胡麻 : 춤뻬 <救간二 42a>
　　　　　　f. 烏麻油 : 거믄 춤뻿 기름 <救간六 67a>

<146> 춤기름 對 麻油

　고유어 ‘춤기름’과 한자어 ‘麻油’가 [麻油] 즉 ‘참기름’의 뜻을 가지고 동의 관계에 있다는 것은 다음 예문들에서 잘 확인된다. 원문 중 ‘麻油調’가 ‘춤기르메 물다’로도 번역되고 ‘麻油에 물다’로도 번역된다. 그리고 ‘生麻油一合’이 ‘늘 춤기름 흔 홉’으로도 번역되고 ‘生麻油 흔 홉’으로도 번역된다. 따라서 ‘춤기름’과 ‘麻油’의 동의성은 명백히 입증된다. 고유어 ‘춤기름’는 [眞] 즉 ‘참’의 뜻을 가진 명사 ‘춤’과 [油] 즉 ‘기름’의 뜻을 가진 명사 ‘기름’의 합성이다.

　　　(146) a. 헌 우희 춤기르믈 브레 처디오(麻油點燈於瘡口上) <救方下 81a>
　　　　　　b. 춤기르메 무라 브티라(麻油調傅) <救간三 54a>
　　　　　　c. 춤기름에 무라 브르면(麻油調塗) <救간六 75b>
　　　　　　d. 춤기름 디거(麻油點) <救간六 58a>

　　　　e. 됴흔 분 흔 돈과 늘 춤기름 흔 홉과롤 섯거(膩粉一錢生麻油一合相和)

　　　　　〈救간三 66a〉

　　　　f. 늘 춤기름에 젼국을 ᄀ라(生麻油硏豆豉) 〈救간六 41a〉

(146) g. 麻油에 ᄆ라 브티면(麻油調傅) 〈救方下 65a〉

　　　　h. 麻油 녁 兩과(麻油四兩) 〈救方下 8a〉

　　　　i. 麻油에 녀허(入麻油) 〈救方下 13b〉

　　　　j. 춘 믈와 麻油 各 흔 半을 텨 섯거(用冷水麻油各一半打和) 〈救方下 24a〉

　　　　k. 膩粉 흔 돈과 生麻油 흔 홉과롤 섯거(膩粉一錢生麻油一合右相和)

　　　　　〈救方上 67b〉

　　　　l. 麻油 : 춤기름 〈救간三 54a〉〈救간六 75b〉〈救간六 58a〉

　　　　m. 生麻油 : 늘 춤기름 〈救간三 66a〉〈救간六 41a〉

〈147〉 춤기름 對 眞麻油

　고유어 '춤기름'과 한자어 '眞麻油'가 [眞麻油] 즉 '참기름'의 뜻을 가지고 동의 관계에 있다는 것은 다음 예문들에서 잘 확인된다. 원문 중 '眞麻油'가 '춤기름'으로 번역되고 '眞麻油'의 자석이 '춤기름'이다. 따라서 '춤기름'과 '眞麻油'의 동의성은 명백히 입증된다.

(147) a. 춤기름 반 잔과 힌 ᄭᅮᆯ 반 잔과롤 달혀 글커든(眞麻油好白蜜各半盞煎沸)

　　　　〈救간七 26b〉

　　　b. 眞麻油 : 춤기름 〈救간七 26b〉

〈148〉 춤기름 對 香油

　고유어 '춤기름'과 한자어 '香油'가 [香油] 즉 '참기름'의 뜻을 가지고 동의 관계에 있다는 것은 다음 예문들에서 잘 확인된다. 원문 중 '香油半盞'이 '춤기름 半盞'으로 번역되고 '香油'의 자석이 '춤기름'이다. 따라서 '춤기름'과 '香油'의 동의성은 명백히 입증된다.

(148) a. 춤기르미나(用香油) <救方上 3b>

　　　b. 춤기름 半盞을 녀허(入香油半盞) <救方下 21a>

　　　c. 춤기르메 츳쇠를 둠가 두고셔(香油浸紫蘇) <救간六 58b>

　　　d. 춤기르믈 ᄇᆞᄅ면 즉재 됴ᄒᆞ리라(用香油調塗入效) <救간三 28a>

(148) e. 香油 : 춤기름 <救간六 58a> <救간三 28a>

<149> 춤기름 對 胡麻油

고유어 '춤기름'과 한자어 '胡麻油'가 [胡麻油] 즉 '참기름'의 뜻을 가지고 동의 관계에 있다는 것은 다음 예문들에서 잘 확인된다. 원문 중 '塗胡麻油'가 '춤기름을 ᄇᆞᄅ다'로 번역되고 '胡麻油'의 자석이 '춤기름'이다. 그리고 '服生胡麻油'가 '늘 춤기름 먹다'로 번역되고 '生胡麻油'의 자석이 '늘 춤기름'이다. 따라서 '춤기름'과 '胡麻油'의 동의성은 명백히 입증된다.

(149) a. 병ᄒᆞᆫ 사ᄅᆞ미 바래 춤기름을 ᄇᆞᄅ고(病人足塗胡麻油) <救간二 52a>

　　　b. 춤기르믈 죽에 프러 머그라(胡麻油和粥飮之) <救간三 72a>

　　　c. 춤기름 서 홉을 세혜 ᄂᆞ화(胡麻油三合分三) <救간七 25a>

　　　d. 수레 늘 춤기름 흔 홉을 ᄒᆞᄅ 세 번곰 머고ᄃᆡ(酒服生胡麻油一合分三)

　　　　<救간六 85a>

(149) e. 胡麻油 : 춤기름 <救간二 52a> <救간三 72a> <救간七 25a>

　　　f. 生胡麻油 : 늘 춤기름 <救간六 84b>

<150> 큰믈 對 大便

고유어 '큰믈'과 한자어 '大便'이 [大便] 즉 '똥, 대변'의 뜻을 가지고 동의 관계에 있다는 것은 다음 예문들에서 잘 확인된다. 원문 중 '大便不通'이 '큰믈 몯 보다'로도 번역되고 '大便이 通티 아니ᄒᆞ다'로도 번역된다. 그리고 '大便秘澁'이 '큰믈 몯 보다'로도 번역되고 '大便이 굳다'로도 번역된다. 따라서 '큰믈'과 '大便'의 동의성은 명백

히 입증된다. 고유어 '큰믈'은 상태동사 '크다'의 관형사형인 '큰'과 [便] 즉 '대소변'
의 뜻을 가진 '믈'의 合成이다.

(150) a. 아기 비여서 큰믈 몯 보아(姙娠大便不通) <救간七 12b>

b. 아기 비여서 큰믈 마가 누디 몯ᄒ야(姙娠大便結塞不通) <救간七 12a>

c. ᄌ연히 큰믈 볼 제 ᄢ여 나리라(自然裹於大便中出) <救간六 14b>

d. 늘근 사름과 긔운이 허흔 사ᄅ미 큰믈 몯 보거든(老人虛人大便秘澁)

<救간三 73a>

e. 큰ᄆ롤 굳블라 몯 보거든(大便秘結) <救간三 74a>

f. 큰믈 몯 보거든(不得大便) <救간三 67b>

(150) g. 大便이 通티 아니ᄒ야(大便不通) <救方下 32a>

h. 大便이 이사올 通티 아니흔 後에ᅀᅡ(大便三二日不通然後) <救方下 23a>

i. 自然히 大便에 ᄢ려 나ᄂ니라(自然裹於大便中出) <救方上 51a>

j. 大便이 구더(大便秘澁) <救方上 69b>

k. 大便이 막ᄂ니(大便必閉) <救方下 23a>

l. 大便이 막디 아니ᄒ며(大便不閉) <救方下 23a>

<151> 펴량즈 갇 對 天公

고유어 '펴량ᄉ 삳'과 한자이 '天公'이 [天公] 즉 '패랭이 갓'의 뜻을 가지고 동의 관
계에 있다는 것은 다음 예문들에서 잘 확인된다. 원문 중 '敗天公燒'가 '늘근 펴량즈
가들 슬다'로 번역되고 '敗天公'의 자석이 '늘근 펴량즈 갇'이다. 따라서 '펴량즈 갇'
과 '天公'의 동의성은 명백히 입증된다. 고유어 '펴량즈 갇'은 명사 '펴량즈'와 명사
'갇'의 合成이다.

(151) a. 늘근 펴량즈 가들 ᄉ라 수레 프러 머그며(敗天公燒酒服) <救간一 98b>

b. 敗天公 : 늘근 펴량즈 갇 <救간一 98a>

580 救急方諺解와 救急簡易方의 同義語 研究

<152> 핏줄 對 脉

　고유어 '핏줄'과 한자어 '脉'이 [脉] 즉 '핏줄, 脉'의 뜻을 가지고 동의 관계에 있다는 것은 다음 예문들에서 잘 확인된다. 원문 중 '兩邊脉'이 '두 녁 겯 핏줄'로 번역되고 '脉猶動'이 '脉이 순지 動ᄒ다'로 번역된다. 따라서 '핏줄'과 '脉'의 동의성은 명백히 입증된다. 고유어 '핏줄'은 명사 '피'와 명사 '줄'의 合成으로 '피+-ㅅ#줄'로 분석될 수 있다.

　　(152) a. 혀 아래 두 녁 핏줄을 딜어(刺舌下兩邊脉) <救간二 90b>

　　(152) b. 과ᄀᆞᆯ이 주구듸 脉이 순지 動ᄒᄂ니(卒死脉猶動) <救方上 40a>
　　　　　c. 脉이 뮈유듸 氣分 업스며(脉動而無氣) <救方上 39a>
　　　　　d. 믹은 잇고 긔운이 업스며(脉動而無氣) <救간一 54a>
　　　　　e. 머리 알ᄑ고 ᄀᆞ장 덥다라 믹이 굵거든(頭痛壯熱脉大) <救간一 107a>

<153> 하ᄂᆞᆶᄃᆞ래 對 栝蔞

　고유어 '하ᄂᆞᆶᄃᆞ래'와 한자어 '栝蔞'가 [栝蔞] 즉 '하눌타리, 괄루'의 뜻을 가지고 동의 관계에 있다는 것은 다음 예문들에서 잘 확인된다. 원문 중 '栝蔞'가 '하ᄂᆞᆶᄃᆞ래'로 번역되고 '栝蔞'의 자석이 '하ᄂᆞᆶᄃᆞ래'이다. 그리고 '栝蔞根'이 '하ᄂᆞᆶᄃᆞ랫 불휘'로 번역되고 '栝蔞根'의 자석이 '하ᄂᆞᆶᄃᆞ랫 불휘'이다. 따라서 '하ᄂᆞᆶᄃᆞ래'와 '栝蔞'의 동의성은 명백히 입증된다. 고유어 '하ᄂᆞᆶᄃᆞ래'는 명사 '하늘'과 명사 'ᄃᆞ래'의 合成으로 '하늘+-ㅅ#ᄃᆞ래'로 분석될 수 있다.

　　(153) a. 하ᄂᆞᆶᄃᆞ래를 ᄡᅥ와 거플과 앗고(栝蔞去子皮) <救간一 22a>
　　　　　b. 하ᄂᆞᆶᄃᆞ래 ᄒᆞᆫ 나출 사ᄒᆞ라 ᄇᆞᅀᅡ(栝蔞一介切碎) <救간二 33a>
　　　　　c. 하ᄂᆞᆶᄃᆞ래 두 나출 거플 업게 ᄒᆞ고(栝蔞二枚去皮) <救간三 29a>
　　　　　d. 하ᄂᆞᆶᄃᆞ래를 하나 져그나 브레 ᄆᆞᆯ외야(栝蔞不拘多少以焙乾) <救간三 85b>
　　　　　e. 하ᄂᆞᆶᄃᆞ래 디ᄒᆞ ᄀᆞ로 올(用栝蔞搗末) <救간三 28b>
　　　　　f. 하ᄂᆞᆶᄃᆞ랫 불휘를 므르 디허 브툐듸(栝蔞根搗爛傅之) <救간六 22b>

g. 하눐ᄃᆞ래 불휘와(栝蔞根) <救간三 25b>

h. 누른 하눐ᄃᆞ래 ᄒᆞ두 낫 오로 사ᄒᆞ로니와(黃栝蔞一二箇連皮穰子剉碎)

　<救간七 78a>

i. 누른 하눐ᄃᆞ래 ᄒᆞᆫ 낫과(黃栝蔞一箇) <救간三 56b>

(153) j. 栝蔞ᄅᆞᆯ 汁 아ᅀᅡ(栝蔞取汁) <救方下 5a>

　k. 栝蔞 : 하눐ᄃᆞ래 <救간一 22a> <救간二 32b> <救간三 28b> <救간三 85b>

　　<救간三 28a>

　l. 栝蔞根 : 하눐ᄃᆞ랫 불휘 <救간六 22b>

　m. 栝蔞根 : 하눐ᄃᆞ래 불휘 <救간三 25a>

　n. 黃栝蔞 : 누른 하눐ᄃᆞ래 <救간七 77b> <救간三 56b>

<154> 함박곳 불휘 對 芍藥

　고유어 명사구 '함박곳 불휘'와 한자어 '芍藥'이 [芍藥] 즉 '함박꽃 뿌리, 芍藥'의 뜻을 가지고 동의 관계에 있다는 것은 다음 예문들에서 잘 확인된다. 원문 중 '赤芍藥'이 '블근 함박곳 불휘'로도 번역되고 '赤芍藥'으로도 번역된다. 그리고 '芍藥'이 '함박곳 불휘'로도 번역되고 '芍藥'으로도 번역된다. 따라서 '함박곳 불휘'와 '芍藥'의 동의성은 명백히 입증된다.

(154) a. ᄉᆞᆷ서근플 불휘 ᄒᆞᆫ 량 반과 블근 함박곳 불휘 ᄒᆞᆫ 량과ᄅᆞᆯ 디허

　　(黃芩一兩半赤芍藥一兩搗) <救간七 8a>

　b. 힌 함박곳 불휘ᄅᆞᆯ ᄀᆞᄂᆞ리 사ᄒᆞ라(白芍藥細切) <救간六 7b>

　c. 함박곳 불휘와 갓플 봇가 ᄆᆞᄅᆞ니 각 ᄒᆞᆫ 량 반과(芍藥 阿膠炙令燥各一兩半)

　　<救간七 58a>

　d. 赤芍藥 : 블근 함박곳 불휘 <救간七 8a>

　e. 白芍藥 : 힌 함박곳 불휘 <救간六 7a>

　f. 芍藥 : 함박곳 불휘 <救간七 58a>

(154) g. 赤芍藥 흔 兩 川烏頭 세 兩을 炮ᄒᆞ야 갓과 빗보골 앗고

　　　(赤芍藥一兩川烏頭三兩炮製去皮臍) <救方上 56a>

　　h. 薑黃과 赤芍藥 各 흔 兩을 디허 ᄀᆞᄂᆞ리 처(薑黃 赤芍藥各一兩石擣細羅)

　　　<救方下 27a>

　　i. 赤芍藥과 枳殼을(赤芍藥 枳殼) <救方下 40b>

　　j. 白芍藥과 百合 므레(22a) 저지니와(白芍藥 百合水浸) <救方下 22a>

　　k. 芍藥과 當歸를 사ᄒᆞ라 焙乾ᄒᆞ고(芍藥 當歸切焙) <救方下 68b>

<155> 헌ᄃᆡ 對 瘡

　고유어 '헌ᄃᆡ'와 한자어 '瘡'이 [瘡] 즉 '헌데, 상처'의 뜻을 가지고 동의 관계에 있다는 것은 다음 예문들에서 잘 확인된다. 원문 중 '瘡…熱'이 '헌ᄃᆡ 덥달다'로도 번역되고 '瘡이 덥달다'로도 번역된다. '瘡痛'이 '헌ᄃᆡ 알ᄑᆞ다'로 번역되고 '爲毒瘡'이 '모딘 瘡이 ᄃᆞ외다'로 번역된다. 그리고 '傳瘡'이 '헌ᄃᆡ 브티다'로도 번역되고 '瘡의 브티다'로도 번역된다. 따라서 '헌ᄃᆡ'와 '瘡'의 동의성은 명백히 입증된다. 고유어 '헌ᄃᆡ'는 [瘡] 즉 '상처나다'의 뜻을 가진 동작동사 '헐다'의 관형사형인 '헌'과 [處] 즉 '곳'의 뜻을 가진 의존명사 'ᄃᆡ'의 합성이다.

(155) a. 마자 헌ᄃᆡ 덥달며 알ᄑᆞ거든(杖瘡熱毒疼痛) <救方下 25a>

　　b. 헌ᄃᆡ 독 드러 브서 덥다라 알ᄑᆞ거든(瘡有毒腫熱痛) <救간六 70b>

　　c. 헌ᄃᆡ 알파(瘡痛) <救方下 8b>

　　d. 헌ᄃᆡ 브서(瘡腫) <救方下 25a>

　　e. 헌ᄃᆡ 허믈 업게 호ᄃᆡ(令瘡不成瘢痕) <救方下 8b>

　　f. 헌ᄃᆡᆯ 조쳐 시스라(兼用洗瘡) <救方下 17a>

　　g. 므레 ᄆᆞ라 헌ᄃᆡ 브티라(以水調傳瘡) <救간六 71a>

(155) h. 瘡이 브스며 덥다라 알ᄂᆞ닐 고튜ᄃᆡ(治…瘡有毒腫熱痛) <救方下 17a>

　　i. 瘡이 ᄒᆞ야디거든(如瘡破) <救方下 14a>

　　j. 瘡이 져기 ᄇᆞ랍거든 춤고(瘡微痒且忍) <救方下 3a>

　　k. 다 모딘 瘡이 ᄃᆞ외ᄂᆞ니(皆爲毒瘡) <救方下 16a>

　l. 瘡이 졈졈 어울에 ㅎ라(令瘡漸漸合也) <救方上 84b>

　m.더운 믈와 브레 술인 瘡을 고툐ᄃᆡ(治湯火燒瘡) <救方下 8a>

　n.매 마존 瘡을 고튜ᄃᆡ(治杖瘡) <救方下 21b>

　o.브레 ᄆᆞ라 瘡의 브티라(以水調傅瘡) <救方下 18a>

<156> 회초밋 불휘 對 貫衆

　고유어 '회초밋 불휘'와 한자어 '貫衆'이 [貫衆] 즉 '관중'의 뜻을 가지고 동의 관계
에 있다는 것은 다음 예문들에서 잘 확인된다. 원문 중 '貫衆…煎'이 '회초밋 불휘를
달히다'로도 번역되고 '貫衆을 글히다'로도 번역된다. 따라서 '회초밋 불휘'와 '貫衆'
의 동의성은 명백히 입증된다.

　(156) a. 회초밋 불휘를 하나 져그나 디투 달혀(貫衆不以多少濃煎) <救간六 7a>

　　　　b. 회초밋 불휘와 감초와를 글을 ᄆᆡᆼᄀᆞ라(貫衆甘草爲末) <救간六 10a>

　　　　c. 회초밋 불휘 글힌 므를 머구머(貫衆煎湯呷之) <救간六 20b>

　(156) d. 貫衆을 두터이 글혀(貫衆不以多少濃煎) <救方上 48a>

　　　　e. 貫衆 : 회초밋 불휘 <救간六 7a> <救간六 10a> <救간六 20b>

<157> 회홧곳 對 槐花

　고유어 '회홧곳'과 한자어 '槐花'가 [槐花] 즉 '홰나무 꽃'의 뜻을 가지고 동의 관계
에 있다는 것은 다음 예문들에서 잘 확인된다. 원문 중 '炒槐花'가 '회홧고즐 봇다'로
도 번역되고 '槐花를 봇다'로도 번역된다. 따라서 '회홧곳'과 '槐花'의 동의성은 명백
히 입증된다. 고유어 '회홧곳'은 [槐] 즉 '홰나무'의 뜻을 가진 '회화'와 [花] 즉 '꽃'의
뜻을 가진 '곳'의 合成이다.

　(157) a. 회홧고즐 봇가(炒槐花) <救간二 121a>

　　　　b. 회홧고즐 디새 우희 고ᄉᆞ게 봇가(槐花瓦上炒令香) <救간二 88a>

　　　　c. 회홧고즐 구스게 니기 봇가(槐花炒香熟) <救간一 16b>

(157) d. 槐花를 보까(炒槐花) <救方上 67b>

    e. 槐花 : 회홧곳 <救간二 121a> <救간二 88a>

    f. 槐花 : 회화나못 곳 <救간一 16b>

<158> 힌발 對 粳米

고유어 '힌발'과 한자어 '粳米'가 [粳米] 즉 '맵쌀'의 뜻을 가지고 동의 관계에 있다는 것은 다음 예문들에서 잘 확인된다. 원문 중 '粳米四合'이 '힌발 너 홉'으로 번역되고 '粳米'의 자석이 '힌발'이다. 따라서 '힌발'과 '粳米'의 동의성은 명백히 입증된다. 고유어 '힌발'은 상태동사 '히다'의 관형사형 '힌'과 명사 '발'의 合成으로 '히-+-ㄴ#발'로 분석될 수 있다.

(158) a. 힌발 너 홉을 시서 フ라(粳米四合淘研) <救간二 85b>

    b. 몬져 힌발 서 홉으로 죽 수어(粳米三合先以粳米煮作粥) <救간一 13a>

    c. 힌 발 서 홉과 믈와 녀허(粳米三合…入米水) <救간三 105b>

    d. 즉재 힌발로 후로로케 죽 수어(卽以白粳米煮稀粥) <救간一 103a>

(158) e. 粳米 : 힌발 <救간二 85a> <救간一 12b> <救간三 105b>

    f. 白粳米 : 힌발 <救간一 102b>

제2절 動詞類에서의 同義

동사류에서 확인되는 고유어와 한자어 간의 동의에는 動作動詞간의 同義와 狀態動詞간의 同義가 있다.

1 動作動詞간의 同義

동작동사에서 확인되는 고유어와 한자어 간의 동의에서 고유어가 動作動詞일 수도 있고 動作動詞句일 수도 있다.

1. 固有語가 動作動詞인 경우

동작동사에서 확인되는 고유어와 한자어 간의 동의에서 고유어가 動作動詞인 경우에는 [救] 즉 '고치다, 구하다'의 뜻을 가진 '고티다'와 '救ᄒ다'를 비롯하여 [炮] 즉 '굽다'의 뜻을 가진 '굽다'와 '炮ᄒ다', [發] 즉 '나다'의 뜻을 가진 '나다'와 '發ᄒ다', [煎] 즉 '달이다'의 뜻을 가진 '달히다'와 '煎ᄒ다', [動] 즉 '움직이다'의 뜻을 가진 '뮈다'와 '動ᄒ다' 그리고 [通] 즉 '통하다'의 뜻을 가진 '훤ᄒ다'와 '通ᄒ다' 등 30여 항목이 있다.

<1> 고티다 對 救ᄒ다

고유어 '고티다'와 한자어 '救ᄒ다'가 [救] 즉 '고치다, 구하다'의 뜻을 가지고 동의 관계에 있다는 것은 다음 예문들에서 잘 확인된다. 원문 중 '須臾不救'가 '져근더데 고티디 몯ᄒ다'로도 번역되고 '아니한스싀예 救티 몯ᄒ다'로도 번역된다. 따라서 '고티다'와 '救ᄒ다'의 동의성은 명백히 입증된다.

(1) a. 입과 고해 다 나 져근더데 고티디 몯ᄒᄂ니(口鼻俱出須臾不救) <救간二 111b>

　　b. 져근덛 고티디 아니ᄒ면(須臾不救) <救간七 45b>

(1) c. 입과 고콰애 다 나ᄂᆞ니 아니한 ᄉᆞ싀예 救티 몯ᄒᆞᄂᆞ니(口鼻俱出須臾不救)
　　　〈救方上 59b〉
　　d. 性命이 아니한ᄉᆞ싀예 救티 몯ᄒᆞᄂᆞ니(性命浚巡須臾不救) 〈救方上 15b〉

〈2〉 굽다 對 炮ᄒᆞ다

　고유어 '굽다'와 한자어 '炮ᄒᆞ다'가 [炮] 즉 '굽다'의 뜻을 가지고 동의 관계에 있다는 것은 다음 예문들에서 잘 확인된다. 원문 중 '附子炮裂'이 '附子 구어 ᄢᅢ혀다'로 번역되고 '附子…炮裂'이 '附子ᄅᆞᆯ 炮ᄒᆞ야 ᄢᅢ혀다'로 번역된다. 그리고 '乾薑炮'가 'ᄆᆞᄅᆞᆫ 싱앙 굽다'로도 번역되고 '乾薑 炮ᄒᆞ다'로도 번역된다. 따라서 '굽다'와 '炮ᄒᆞ다'의 동의성은 명백히 입증된다.

　　(2) a. 附子 구어 ᄢᅢ혀 것과 빗복 아ᅀᆞ니와(附子炮裂去皮臍) 〈救方下 27a〉
　　　　b. 附子ᄅᆞᆯ 구어 것과 빗복 아ᅌᆞ니(附子炮裂去皮臍) 〈救方上 56b〉
　　　　c. 附子 구어 것과 빗복 아ᅀᆞ니와(附子炮裂去皮臍) 〈救方下 26a〉
　　　　d. 蘹麥과 乾姜 各 ᄒᆞᆫ 分을 구어 ᄣᅵ야(蘹麥 乾姜各一分炮裂) 〈救方下 39a〉
　　　　e. ᄆᆞᄅᆞᆫ 싱앙 구으니 두 돈 반과ᄅᆞᆯ(乾薑炮一分) 〈救간二 5b〉

　　(2) f. 附子ᄅᆞᆯ 各 三分을 炮ᄒᆞ야 ᄢᅢ혀(附子各三分炮裂) 〈救方上 39b〉
　　　　g. 附子 므긔 닐굽 돈 남즛ᄒᆞ닐 炮ᄒᆞ야 니겨(附子重七錢許炮熟) 〈救方上 38b〉
　　　　h. 乾薑 炮호니 두 돈과(乾薑炮二錢) 〈救方上 14a〉
　　　　i. 川烏頭 세 兩을 炮ᄒᆞ야 갓과 빗보ᄀᆞᆯ 앗고(川烏頭三兩炮裂去皮臍) 〈救方上 56a〉
　　　　j. 京三稜을 炮ᄒᆞ야(京三稜炮) 〈救方上 57b〉

　한편 '炮'가 '죠ᄒᆡ예 ᄢᅡ ᄆᆞᆯ 저져 굽다', '죠ᄒᆡ예 ᄢᅡ ᄆᆞᆯ 저져 브레 굽다' 그리고 '죠ᄒᆡ예 ᄢᅡ ᄆᆞᆯ 저져 노올압직에 무더 굽다'로 번역된다는 것은 다음 예문들에서 잘 확인된다.

　　(2) k. ᄆᆞᄅᆞᆫ 싱앙 반 량 죠ᄒᆡ예 ᄢᅡ ᄆᆞᆯ 저져 구어 ᄢᅢ혀 사ᄒᆞ로니와(乾薑半兩炮裂剉)
　　　　　〈救간二 10b〉
　　　　l. 쳔산갑을 죠ᄒᆡ예 ᄢᅡ ᄆᆞᆯ 저져 브레 구워 ᄀᆞ라(川山甲炮爲末) 〈救간七 53b〉

m. 무른 싱앙 죠희예 빠 믈 저져 노올압지예 무더 구으니 두 돈과(乾薑炮二錢)

〈救간一 40a〉

n. 炮는 믈 저즌 죠희예 빠 노올압지예 무더 구울 시라 〈救方上 14a〉

〈3〉 글히다 對 煎ᄒ다

고유어 '글히다'와 한자어 '煎ᄒ다'가 [煎] 즉 '끓이다'의 뜻을 가지고 동의 관계에 있다는 것은 다음 예문들에서 잘 확인된다. 원문 중 '同煎'이 'ᄒ듸 글히다'로 번역되고 '煎當歸'가 '當歸ᄅᆞᆯ 煎ᄒ다'로 번역된다. 따라서 '글히다'와 '煎ᄒ다'의 동의성은 명백히 입증된다.

(3) a. 믈 두 盞과 生薑 닐굽 片과 大棗 ᄒᆞᆫ 낫과 ᄒ듸 글혀(水二盞生薑七片棗一枚同煎)

   〈救方上 14a〉

   b. 믈 두 되예 싱앙 일굽 편과 대초 ᄒᆞᆫ 낫과 ᄒ듸 글효니

   (水二盞生薑七片棗一枚同煎) 〈救간一 40a〉

   c. 믈 ᄒᆞᆫ 되 닷 홉과 싱앙 두터운 닐굽 편 조쳐 글효니 바니어든

   (水一盞半生薑七厚片煎取其半) 〈救간一 2b〉

   d. 술 ᄒᆞᆫ 보ᅀᆞ애 글혀(酒一碗煎) 〈救方下 30b〉

   e. 믈 ᄒᆞᆫ 큰 잔ᄋᆞ로 글혀(以水一大盞煎) 〈救方上 63b〉

   f. 후로로ᄒᆞᆫ 죽 므레 글혀(煎稀粥飮) 〈救간一 104a〉

(3) g. 몬져 기르메 當歸ᄅᆞᆯ 煎ᄒᆞ야(先將油煎當歸) 〈救方下 8a〉

〈4〉 ᄀᆞᆯ다 對 細末ᄒ다

고유어 'ᄀᆞᆯ다'와 한자어 '細末ᄒ다'가 [爲末]과 [末] 즉 '가루 만들다'의 뜻을 가지고 동의 관계에 있다는 것은 다음 예문들에서 잘 확인된다. 원문 중 '白藥 朴硝…爲末'이 '빅약과 박쇼와ᄅᆞᆯ…ᄀᆞᆯ다'로도 번역되고 '白藥과 朴硝ᄅᆞᆯ…細末ᄒ다'로도 번역된다. '南木香爲末'이 '목향을 ᄀᆞᆯ다'로 번역되고 '砂仁…爲末'이 '縮砂…細末ᄒ다'로 번역된다. '乾薊末'이 '무른 조방이ᄅᆞᆯ ᄀᆞᆯ다'로도 번역되고 '무른 薊ᄅᆞᆯ 細末ᄒ다'로도 번역된다.

그리고 '半夏末'이 '씌모롭불휘를 굴다'로 번역되고 '半夏等分末'이 '半夏를 等分ㅎ야 細末ㅎ다'로 번역된다. 따라서 '굴다'와 '細末ㅎ다'의 동의성은 명백히 입증된다.

(4) a. 빅약과 박쇼와를 근게 논화 フ라(白藥 朴硝 等分爲末) <救간二 75a>

　　 b. 무른 싱앙과 씌모롭불휘와를 근게 논화 フ라(乾薑半夏等分爲末) <救간二 74b>

　　 c. 목향을 フ라(南木香爲末) <救간一 39b>

　　 d. 두터비 흔나흘 스라 フ라(蝦蟆一箇燒爲末) <救간一 111a>

　　 e. 새 쏭 반 량을 フ라(雀兒糞半兩爲末) <救간七 80a>

　　 f. 계즈를 フ라(芥菜子爲末) <救간一 92a>

　　 g. 감초 흔 량 늘 フ로니와를(甘草一兩生末) <救간二 74a>

　　 h. 무른 조방이를 フ라(以乾薊末) <救간二 115b>

　　 i. 씌모롭불휘를 フ라 곳굼긔 불라(半夏末搐鼻中) <救간七 67a>

　　 j. 삽듓불휘를 フ라(白朮末) <救간一 113b>

(4) k. 白藥과 朴硝를 等分ㅎ야 細末ㅎ야(白藥 朴硝 等分右爲末) <救方上 44b>

　　 l. 乾薑과 半夏를 等分ㅎ야 細末ㅎ야(乾薑半夏等分爲末) <救方上 43a>

　　 m. 縮砂 두 나츨 フ라 細末ㅎ야(用砂仁二箇碾爲末) <救方上 37b>

　　 n. 무른 薊를 細末ㅎ야(以乾薊末) <救方上 62a>

　　 o. 甘草 흔 兩을 生ㅎ닐 細末ㅎ야(甘草一兩生末) <救方上 42b>

　　 p. 半夏를 等分ㅎ야 細末ㅎ야(半夏等分末) <救方上 33b>

그리고 '爲末'이 'フ른 밍굴다'와 '굴을 밍굴다'로 번역된다는 것은 다음 예문들에서 잘 확인된다.

(4) q. 南木香을 フ른 밍フ라(南木香爲末) <救方上 13b>

　　 r. 디허 フ른 밍フ라(擣爲末) <救方上 35b>

　　 s. 소곰 서 돈과 집기슭 서근 새 무딕 닐굽 낫과를 굴을 밍フ라

　　　 (滄塩三錢屋簷爛草節七箇爲末) <救간三 68b>

　　 t. 두야머주저깃 불휘 하나 져그나 굴을 밍フ라(天南星不以多少爲末) <救간一 24a>

<5> 나다 對 發ᄒ다

고유어 '나다'와 한자어 '發ᄒ다'가 [發] 즉 '나다'의 뜻을 가지고 동의 관계에 있다는 것은 다음 예문들에서 잘 확인된다. 원문 중 '重發'이 '다시 나다'로도 번역되고 '다시 發ᄒ다'로도 번역된다. 따라서 '나다'와 '發ᄒ다'의 동의성은 명백히 입증된다.

> (5) a. 미친 가히 믈인 독이 다시 나거든(猘犬齧重發) <救간六 39a>
>
> b. 둥의 브스르미 나거든(癰疽發背) <救간三 29a>
>
> c. 둥의 브스름 나(發背瘡) <救간三 38b>
>
> d. 뎡죵이 나(丁瘡發) <救간三 24a>
>
> e. 아니한스싀예 똠 나ᄂ니(須臾發汗) <救간一 58a>

> (5) f. 미친 가히 므러 다시 發ᄒ거든 고툐ᄃᆡ(治猘犬嚙重發) <救方下 70a>
>
> g. 藥毒이 發ᄒ거든(一切藥發) <救方下 53a>
>
> h. 이 毒氣(72b) 또 發ᄒ야 고티디 몯ᄒᄂ니(此毒亦發不可救療) <救方下 73a>
>
> i. 後에 다시 發티 아니ᄒᄂ니라(後不復發) <救方下 68a>
>
> j. 후에 다시 발티 아니ᄒ리라(後不復發) <救간六 40b>
>
> k. 경간병이 발코져 홀 제(風癇欲發) <救간一 94b>
>
> l. 그 병이 내죵내 발티 아니ᄒ리라(其疾永不發動) <救간一 94a>

<6> 내다 對 取ᄒ다

고유어 '내다'와 한자어 '取ᄒ다'가 [取] 즉 '내다, 取하다'의 뜻을 가지고 동의 관계에 있다는 것은 다음 예문들에서 잘 확인된다. 원문 중 '取汁'이 '汁 내다'로도 번역되고 '汁을 取ᄒ다'로도 번역된다. 그리고 '絞取汁'이 '짜 즙 내다'로도 번역되고 '짜 즙을 取ᄒ다'로도 번역된다. 따라서 '내다'와 '取ᄒ다'의 동의성은 명백히 입증된다.

> (6) a. 들팡이를 눌러 汁 내야(取蝸牛捺取汁) <救方下 77a>
>
> b. 마쇼 똥을 짜 즙 내야 머그라(牛馬屎絞取汁飮之) <救간一 43b>
>
> c. 손아히 오좀애 섯거 짜 믈 내야(和童子小便絞取汁) <救간三 12b>

  d. 물근 믈 내야(取淸汁) <救간三 42a>

  e. 骨(67b)髓를 내야 브티면(取腦傅之) <救方下 68a>

(6) f. 부치를 디허 汁을 取ᄒᆞ야(擣韭取汁) <救方上 25b>

  g. 엿귀를 두터이 글혀 汁을 取(9a)ᄒᆞ야(濃煮蓼取汁) <救方上 9b>

  h. 물 똥을 ᄧᅡ 즈블 取ᄒᆞ야 마시라(馬屎絞取汁飮之) <救方上 24b>

  i. 족을 ᄀᆞ라 즈블 取ᄒᆞ야 브스라(以藍硏取汁灌之) <救方上 79a>

  j. 흔 되를 取ᄒᆞ야 다 머그라(取一升頓服) <救方上 30a>

<7> 누다 對 通ᄒᆞ다

고유어 '누다'와 한자어 '通ᄒᆞ다'가 [通] 즉 '누다, 통하다'의 뜻을 가지고 동의 관계에 있다는 것은 다음 예문들에서 잘 확인된다. 원문 중 '未通'이 '누디 몯ᄒᆞ다'로도 번역되고 '通티 몯ᄒᆞ다'로도 번역된다. 따라서 '누다'와 '通ᄒᆞ다'의 동의성은 명백히 입증된다.

(7) a. 그려도 누디 몯ᄒᆞ거든 다시 머그라(如未通再服) <救간三 71b>

  b. 누디 몯거든 다시 머고딕 누ᄃᆞ록 머그라(未通再服以通爲度) <救간七 12b>

  c. 아기 빈여셔 큰믈 마가 누디 몯ᄒᆞ야(姙娠大便結塞不通) <救간七 12a>

  d. 긔운이 스ᄆᆞ차 들면 즉재 누리라(冷透卽通) <救간三 91a>

(7) e. 通티 몯거든 다시 먹고(如未通再服) <救方上 70b>

<8> 다리다 對 熨ᄒᆞ다

고유어 '다리다'와 한자어 '熨ᄒᆞ다'가 [熨] 즉 '다리다'의 뜻을 가지고 동의 관계에 있다는 것은 다음 예문들에서 잘 확인된다. 원문 중 '火熨'이 '블 다마 다리다'로도 번역되고 '블 다마 울ᄒᆞ다'로도 번역된다. 그리고 '熨其背'가 '등을 熨ᄒᆞ다'로 번역된다. 따라서 '다리다'와 '熨ᄒᆞ다'의 동의성은 명백히 입증된다.

(8) a. 다리우리로 블 다마 다려(以熨斗火熨) <救方上 34b>

(8) b. 봇근 소고무로 둥을 熨ᄒ라(以炒塩熨其背) <救方上 34b>

　　 c. 봇근 소고무로 둥을 울ᄒ라(以炒塩熨其背) <救간二 62b>

　　 d. 다리우리예 블 다마 울ᄒ야(以熨斗火熨) <救간二 62b>

　　 e. 두 녀블 熨ᄒ고(熨其兩脇下) <救方上 40b>

　　 f. 알폰 ᄃᆡ 熨ᄒ오ᄃᆡ(以熨病上) <救方下 36b>

　　 g. 빗복 아래를 熨ᄒ고(熨臍下) <救方上 54b>

<9> 달히다 對 煉ᄒ다

고유어 '달히다'와 한자어 '煉ᄒ다'가 [煉] 즉 '달이다'의 뜻을 가지고 동의 관계에 있다는 것은 다음 예문들에서 잘 확인된다. 원문 중 '煉蜜'이 '달힌 뿔'로도 번역되고 '煉혼 뿔'로도 번역된다. 따라서 '달히다'와 '煉ᄒ다'의 동의성은 명백히 입증된다.

(9) a. 달힌 뿌레 환 지소ᄃᆡ(煉蜜丸) <救간二 79b>

　　 b. 달힌 뿌레 ᄆ라 머귀 여름만 케 비븨여(煉蜜和丸如梧桐子大) <救간七 12a>
　　　 <救간七 58b>

　　 c. 달힌 뿌레 ᄆ라 거싀련 여름만 케 비븨여(煉蜜爲丸如芡實) <救간二 37a>

(9) d. 煉혼 뿌레 九을 지소ᄃᆡ(煉蜜丸) <救方上 44b>

　　 e. 煉혼 뿔로 梧桐子만 케 丸 ᄆᆡᇰᄀ라(煉蜜丸如梧桐子大) <救方上 58a>

<10> 달히다 對 煎ᄒ다

고유어 '달히다'와 한자어 '煎ᄒ다'가 [煎] 즉 '달이다'의 뜻을 가지고 동의 관계에 있다는 것은 다음 예문들에서 잘 확인된다. 원문 중 '豬膏煎'이 '도틱 기르메 달히다'로도 번역되고 '도틱 기르메 煎ᄒ다'로도 번역된다. 그리고 '當歸…煎'이 '숭암촷 불휘…달히다'로 번역되고 '煎當歸'가 '當歸를 煎ᄒ다'로 번역된다. 따라서 '달히다'와 '煎ᄒ다'의 동의성은 명백히 입증된다.

(10) a. 도틱 기르메 달혀 브티라(豬膏煎傅之) <救간六 42a>

    b. 숭암촛 불휘…믈 엿 되예 달혀(當歸…以水六升煎) <救간七 39b>

    c. 거믄 콩 서 홉을 초 혼 되예 달혀(黑豆三合以醋一升煎) <救간七 21b>

    d. 아혹 삐를 달혀(葵子煎) <救간七 85a>

    e. 술 노하 고르게 달혀(下酒合煎勻) <救간七 83a>

(10) f. 도틱 기르메 煎ᄒ야 브티라(豬膏煎傅之) <救方下 68b>

    g. 몬져 기르메 當歸를 煎ᄒ야(先將油煎當歸) <救方下 8a>

<11> 더우며다 對 中暑ᄒ다

고유어 '더우며다'와 한자어 '中暑ᄒ다'가 [熱暍] 즉 '더위먹다'의 뜻을 가지고 동의 관계에 있다는 것은 다음 예문들에서 잘 확인된다. 원문 중 '治熱暍'이 '더우며닐 고티다'로 번역되고 '熱暍心悶'이 '中暑ᄒ야 ᄆᆞᅀᆞᆷ 답답ᄒ다'로 번역된다. 따라서 '더우며다'와 '中暑ᄒ다'의 동의성은 명백히 입증된다.

(11) a. 더우며닐 고툐딕(治熱暍) <救方上 9b>

    b. 中暑ᄒ야 ᄆᆞᅀᆞᆷ 답답ᄒ닐 고티ᄂᆞᆫ 方애(治熱暍心悶方) <救方上 9a>

<12> 더위드리다 對 中暑ᄒ다

고유어 '더위드리다'와 한자어 '中暑ᄒ다'가 [中暑] 즉 '더위먹다'의 뜻을 가지고 동의 관계에 있다는 것은 다음 예문들에서 잘 확인된다. 원문 중 '中暑發昏'이 '더위드려 어즐ᄒ다'로도 번역되고 '中暑ᄒ야 어즐ᄒ다'로도 번역된다. 따라서 '더위드리다'와 '中暑ᄒ다'의 동의성은 명백히 입증된다.

(12) a. 더위드려 어즐커든(中暑發昏) <救간一 37b>

    b. 삼복 ᄉᆞᅀᅵ예 더위드려(三伏中暑) <救간一 36b>

    c. 믈읫 더위드려든(凡中暑) <救간一 35b>

(12) d. 中暑ᄒ야 어즐커든(中暑發昏) <救方上 10b>

　　e. 中暑ᄒ야 霍亂ᄒ야(中暑霍亂) <救方上 36b>

<13> 데다 對 傷ᄒ다

　고유어 '데다'와 한자어 '傷ᄒ다'가 [傷] 즉 '불로 인하여 살이 상하다'의 뜻을 가지고 동의 관계에 있다는 것은 다음 예문들에서 잘 확인된다. 원문 중 '湯火傷'이 '湯火애 데다'로도 번역되고 '湯火애 傷ᄒ다'로도 번역된다. 따라서 '데다'와 '傷ᄒ다'의 동의성은 명백히 입증된다.

(13) a. 湯火애 데닐 고티ᄂᆞ니(治湯火傷) <救方下 14a>

　　b. 湯火애 데닐 고튜ᄃᆡ(治湯火所傷) <救方下 14b>

　　c. 브레 덴 술홀 고툐ᄃᆡ(治火傷肌肉) <救方下 12a>

　　d. 브레 데어든(被火傷) <救方下 14b>

(13) e. 湯火애 傷ᄒ닐 고티며(治湯火傷) <救方下 11b>

　　f. 더운 믈와 브레 傷ᄒ닐 고툐ᄃᆡ(治湯火傷) <救方下 11a>

<14> 도와리ᄒ다 對 霍乱ᄒ다

　고유어 '도와리ᄒ다'와 한자어 '霍乱ᄒ다'가 [霍亂] 즉 '곽란하다'의 뜻을 가지고 동의 관계에 있다는 것은 다음 예문들에서 잘 확인된다. 원문 중 '霍亂…死'가 '도와리ᄒ야 죽다'로도 번역되고 '霍乱ᄒ야 죽다'로도 번역된다. '霍亂心腹脹'이 '도와리ᄒ야 가슴 빅 탕만ᄒ다'로도 번역되고 '霍乱ᄒ야 가슴 빅 탕만ᄒ다'로도 번역된다. 그리고 '霍亂吐下'가 '도와리ᄒ야 토ᄒ며 즈츼다'로 번역되고 '霍乱吐下'가 '霍乱ᄒ야 吐下ᄒ다'로 번역된다. 따라서 '도와리ᄒ다'와 '霍乱ᄒ다'의 동의성은 명백히 입증된다.

(14) a. 도와리ᄒ야 죽거든(霍亂已死) <救간二 61a>

　　b. 도와리ᄒ야 토호미 긋디 아니코 주글 듯 ᄒ거든(霍亂吐不止欲死) <救간二 55b>

   c. 도와리ᄒᆞ야 토호ᄆᆞᆫ 긋고 즈ᄎᆡ요ᄆᆞᆫ 긋디 아니커든(霍亂吐止而瀉未除者)

     <救간二 59b>

   d. 도와리ᄒᆞ야 가슴 빈 탕만ᄒᆞ야 알파(霍亂心腹脹痛) <救간二 57a>

   e. 도와리ᄒᆞ야 토ᄒᆞ며 즈ᄎᆡ여 빈 알프거든(霍亂吐下腹痛) <救간二 49a>

   f. 도와리ᄒᆞ야 토ᄒᆞ며 즈ᄎᆡ오 모기 ᄀᆞ장 ᄆᆞᄅᆞ거든(霍亂吐下太渴) <救간二 59a>

   g. 도와리ᄒᆞ야 모매 히미 뷔트러 가거든(霍亂轉筋不止) <救간二 50a>

   h. 도와리ᄒᆞ야 므를 닛위여 머고ᄃᆡ(霍亂引飮) <救간二 54a>

   i. 도와리ᄒᆞᆫ 후에 가ᄉᆞᆷ앳 긔운이 답답ᄒᆞ야 거스리거든(霍亂後胃氣煩逆)

     <救간二 60a>

(14) j. 霍乱ᄒᆞ야 ᄒᆞ마 죽거든(霍亂已死) <救方上 36a>

   k. 霍乱ᄒᆞ야 吐를 그치디 몯ᄒᆞ야 죽ᄂᆞ닐(霍亂吐不止欲死) <救方上 35a>

   l. 霍乱ᄒᆞ야 가슴 빈 탕만ᄒᆞ야 알ᄂᆞ닐(霍亂心腹脹痛者) <救方上 33a>

   m. 霍乱ᄒᆞ야 吐下ᄒᆞᆫ 後에 ᄀᆞ장 목ᄆᆞᆯ라(霍乱吐下後太渴) <救方上 34a>

   n. 霍乱ᄒᆞ야 히미 올마 죽ᄂᆞ닐 고툐ᄃᆡ(治霍亂轉筋垂死) <救方上 34a>

   o. 霍乱ᄒᆞ야 닶가와 탕만ᄒᆞ닐(霍乱煩悶湊滿者) <救方上 33a>

<15> 디내다 對 시험ᄒᆞ다

  고유어 '디내다'와 한자어 '시험(試驗)ᄒᆞ다'가 [試] 즉 '시험하다'의 뜻을 가지고 동의 관계에 있다는 것은 다음 예문들에서 잘 확인된다. 원문 중 '試數百人'이 '數百人을 디내다'로도 번역되고 '수ᄇᆡᆨ신을 시험ᄒᆞ다'로도 번역된다. 따라서 '디내다'와 '시험ᄒᆞ다'의 동의성은 명백히 입증된다.

   (15) a. ᄒᆞ마 數百人을 디내요니 다 ᄯᅮᆷ ᄆᆞᄎᆞ면 즉재 니러 안ᄌᆞ니라

      (已試數百人皆灸畢卽起坐驗) <救方上 36b>

    b. 수ᄇᆡᆨ신을 시험ᄒᆞ니 다 ᄯᅮᆷ(61a) ᄆᆞᄎᆞ며 즉재 니러 앉더라

      (已試數百人皆灸畢卽起坐) <救간二 62a>

<16> 뮈다 對 動ㅎ다

고유어 '뮈다'와 한자어 '動ㅎ다'가 [動] 즉 '움직이다'의 뜻을 가지고 동의 관계에 있다는 것은 다음 예문들에서 잘 확인된다. 원문 중 '脉動'이 '脉이 뮈다'로 번역되고 '脉…動'이 '脉이 動ㅎ다'로 번역된다. 따라서 '뮈다'와 '動ㅎ다'의 동의성은 명백히 입증된다.

(16) a. 脉이 뮈유듸 氣分 업스며(脉動而無氣) <救方上 39a>
　　 b. 脉이 ᄉᆞ지 動ᄒᆞᄂᆞ니(脉猶動) <救方上 40a>

<17> 보다 對 通ㅎ다

고유어 '보다'와 한자어 '通ㅎ다'가 [通] 즉 '통하다'의 뜻을 가지고 동의 관계에 있다는 것은 다음 예문들에서 잘 확인된다. 원문 중 '大便不通'이 '큰믈 몯 보다'로 번역되고 '大便…不通'이 '大便이 通티 몯ㅎ다'로 번역된다. '大小便…不通'이 '큰믈 져근믈 몯 보다'로도 번역되고 '大小便이 通티 몯ᄒᆞ다'로도 번역된다. 그리고 '卽通'이 '즉재 보다'로도 번역되고 '즉재 通ㅎ다'로도 번역된다. 따라서 '보다'와 '通ㅎ다'의 동의성은 명백히 입증된다.

(17) a. 큰믈 몯 보아 빗 안콰 녑괘 돌돌ᄒᆞ야 붇거든(大便不通腸脇脹) <救간七 12b>
　　 b. 늘근 사ᄅᆞ미 져근믈 몯 보기든(老人小便不通) <救간三 90b>
　　 c. 져근믈 몯 보ᄂᆞ닐 고티ᄂᆞ니라(治小便不通) <救간三 91b>
　　 d. 큰믈 져근믈 몯 보아(大小便關格不通) <救간三 66a>
　　 e. 즉재 보리라 본 후에 ᄯᆞᆷ 나도 므더니 너기(64a)라(卽通通後汗出勿恠)
　　　　 <救간三 64b>
　　 f. 공심에 머그면 즉재 보리라(空腹服之卽通) <救간三 64a>

(17) g. 大便이 구더 通티 몯ᄒᆞ닐 고툐듸(治大便秘澁不通) <救方上 69b>
　　 h. 大便이 이사ᄋᆞᆯ 通티 아니ᄒᆞ 後에ᅀᅡ(大便三二日不通然後) <救方下 23a>
　　 i. 大小便이 通티 몯ᄒᆞ야(大小便關格不通) <救方上 67b>

　　j. 大小便 通티 몯ᄒᆞᄂᆞ닐 고티ᄂᆞ니(治大小便不通) <救方上 68b>

　　k. 즉재 通ᄒᆞᄂᆞ니 通ᄒᆞᆫ 後 ᄯᆞᆷ 나거든 疑心 말라(卽通通後汗出勿怪) <救方上 68a>

　　l. 空心에 머그면 즉재 通ᄒᆞᄂᆞ니(空腹服之卽通) <救方上 68a>

<18> 붇다 對 턍만ᄒᆞ다

　　고유어 '붇다'와 한자어 '턍만(脹滿)ᄒᆞ다'가 [脹]과 [脹滿] 즉 '배가 부르다, 부풀다'의 뜻을 가지고 동의 관계에 있다는 것은 다음 예문들에서 잘 확인된다. 원문 중 '腹脹'이 '비 붇다'로도 번역되고 '비 턍만ᄒᆞ다'로도 번역된다. 그리고 '舌忽脹'이 '혜 과굴이 붇다'로 번역된다. 따라서 '붇다'와 '턍만ᄒᆞ다'의 동의성은 명백히 입증된다.

　　(18) a. 비 붇고(脹) <救간二 84b>

　　　　b. 비 부러 붑 ᄀᆞᆮ고(腹脹如鼓) <救간二 53a>

　　　　c. 큰믈 몯 보아 비 안콰 녑괘 ᄃᆞᆯᄃᆞᆯᄒᆞ야 붇거든(大便不通腸脇脹) <救간七 12b>

　　　　d. 혜 과굴이 부러(舌忽脹) <救간二 91b>

　　　　e. 혜 과글이 부러나(舌忽脹) <救간二 46b>

　　(18) f. 비 턍만ᄒᆞ고(腹脹) <救方上 67b> <救간三 66a>

　　　　g. 비 턍만ᄒᆞ야(腹脹) <救간三 88a>

　　　　h. 가슴 비 턍만ᄒᆞ야(心腹脹) <救간二 57a>

　　　　i. 가슴 비 다 턍만ᄒᆞ야(心腹俱脹) <救간二 39a>

　　　　j. 얼읜 피 비예 드러 脹滿ᄒᆞ닐 고툐ᄃᆡ(治…瘀血入腹瘀痛脹滿) <救方下 21a>

　　　　k. 얼읜(85a) 피 비 안해 이셔 턍만커든(瘀血在腹中脹滿) <救方上 85b>

　　　　l. 가슴 비 알ᄑᆞ며 턍만ᄒᆞ야(心腹絞痛脹滿) <救方上 18a> <救간一 51a>

<19> 븬비즘ᄒᆞ다 對 吐逆ᄒᆞ다

　　고유어 '븬비즘ᄒᆞ다'와 한자어 '吐逆ᄒᆞ다'가 [嘔逆] 즉 '구역질하다'의 뜻을 가지고 동의 관계에 있다는 것은 다음 예문들에서 잘 확인된다. 원문 중 '煩滿嘔逆'이 '답답ᄒᆞ야 븬비즘ᄒᆞ다'로도 번역되고 '煩滿ᄒᆞ야 吐逆ᄒᆞ다'로도 번역된다. 따라서 '븬비즘

ᄒᆞ다'와 '吐逆ᄒᆞ다'의 동의성은 명백히 입증된다.

    (19) a. 과ᄀᆞᆯ이 답답ᄒᆞ야 뷘비줌ᄒᆞ거든(卒煩滿嘔逆) <救간二 41a>
        b. 머근다마다 믄득 뷘비줌ᄒᆞ거든(飲輒乾嘔) <救간二 54a>

    (19) c. 과ᄀᆞᆯ이 煩滿ᄒᆞ야 吐逆ᄒᆞ거든(卒煩滿嘔逆) <救方上 29b>

    <20> 브르다 對 脹滿ᄒᆞ다

    고유어 '브르다'와 한자어 '脹滿ᄒᆞ다'가 [脹]과 [脹滿] 즉 '배가 부르다, 부풀다'의 뜻을 가지고 동의 관계에 있다는 것은 다음 예문들에서 잘 확인된다. 원문 중 '臍下…脹悶'이 '비 아래…브르고 답답ᄒᆞ다'로 번역되고 '心腹脹'이 '가슴 비 턍만ᄒᆞ다'로 번역된다. 그리고 '腹內脹滿'이 '비 안히 브르다'로 번역되고 '心腹…脹滿'이 '가슴 비 턍만ᄒᆞ다'로 번역된다. 따라서 '브르다'와 '脹滿ᄒᆞ다'의 동의성은 명백히 입증된다.

    (20) a. 져근믈 몯 보아 비 아래 과ᄀᆞᆯ이 알파 브르고 답답ᄒᆞ야(小便不通臍下急痛脹悶)
        <救간三 89a>
        b. 비 안히 브르고(腹內脹滿) <救方下 96a>

    (20) c. 비 턍만ᄒᆞ고(腹脹) <救方上 67b> <救간三 66a>
        d. 비 턍만ᄒᆞ야(腹脹) <救간三 88a>
        e. 가슴 비 턍만ᄒᆞ야(心腹脹) <救간二 57a>
        f. 가슴 비 다 턍만ᄒᆞ야(心腹俱脹) <救간二 39a>
        g. 얼읜 피 비에 드러 脹滿ᄒᆞ닐 고툐ᄃᆡ(治…瘀血入腹瘀痛脹滿) <救方下 21a>
        h. 얼읜(85a) 피 비 안해 이셔 턍만커든(瘀血在腹中脹滿) <救方上 85b>
        i. 가슴 비 알프며 턍만ᄒᆞ야(心腹絞痛脹滿) <救方上 18a> <救간一 51a>

<21> 비왙다 對 吐ᄒ다

고유어 '비왙다'와 한자어 '吐ᄒ다'가 [吐] 즉 '뱉다, 토하다'의 뜻을 가지고 동의 관계에 있다는 것은 다음 예문들에서 잘 확인된다. 원문 중 '含冷吐'가 '머구며 ᄎ거든 비왙다'로 번역되고 '吐水'가 '므를 吐ᄒ다'로 번역된다. 따라서 '비왙다'와 '吐ᄒ다'의 동의성은 명백히 입증된다.

(21) a. 더운 므를 머구머 ᄎ거든 비와ᄐ라(湯熱含冷吐) <救方上 65a> <救간二 117a>

b. 더우닐 머구머 ᄎ거든 비와ᄐ라(熱含冷吐) <救方上 64b> <救간二 119a>

c. 춤을 비왙게(4a) ᄒ오ᄃᆡ(有涎吐出) <救간三 4b>

(21) d. 반ᄃ기 므를 吐ᄒ리니(當吐水) <救方上 72a>

e. 당다이 터러글 吐ᄒ리라(當吐毛) <救方下 64a>

f. 시혹 吐ᄒ면 곧 씨ᄂᆞ니라(或吐卽醒) <救方上 4a>

g. 너무 吐호미 몯ᄒ리라(不可大吐) <救方上 4b>

h. 그 證이 하 吐커나 하 즈츤 後에(其證或因大吐大瀉之後) <救方上 54b>

i. 즉재 만히 토ᄒᆫ 후에(卽大吐後) <救간一 110b>

<22> 살오다 對 救ᄒ다

고유어 '살오다'와 한자어 '救ᄒ다'가 [救] 즉 '살리다, 구하다'의 뜻을 가지고 동의 관계에 있다는 것은 다음 예문들에서 잘 확인된다. 원문 중 '救…墮水中者'가 '므레 디닐 살오다'로도 번역되고 '므레 ᄲᅡ디닐 救ᄒ다'로도 번역된다. 따라서 '살오다'와 '救ᄒ다'의 동의성은 명백히 입증된다. 고유어 동작동사 '살오다'는 동작동사 '살다'의 使動形으로 '살-+-오(사동 접사)+-다'로 분석될 수 있다.

(22) a. 남진이어나 겨지비어나 므레 디닐 살오ᄃᆡ(救男女墮水中者) <救간一 67a>

b. 므레 주근 사ᄅᆞ미 잇거든 살오ᄃᆡ(凡有人溺水者救) <救간一 71b>

c. 이 법은 사름 살오미 ᄀᆞ장 하니(此法活人甚多) <救간一 66b>

(22) d. 男女ㅣ 므레 빠디닐 救호딕(救男女墮水中者) <救方上 73b>

　　e. 믈읫 사르미 므레 빠디닐 救호딕(凡有人溺水者救) <救方上 71a>

　　f. 목민야 주그닐 救호딕(救自縊死者) <救方上 75a>

　　g. 비록 차도 어루 救호려니와(雖已冷必可救) <救方上 77a>

<23> 앗다 對 取호다

고유어 '앗다'와 한자어 '取호다'가 [取] 즉 '가지다, 取하다'의 뜻을 가지고 동의 관계에 있다는 것은 다음 예문들에서 잘 확인된다. 원문 중 '取汁'이 '汁 앗다'로도 번역되고 '汁을 取호다'로도 번역된다. 그리고 '取汁一升'이 '汁 흔 딀 앗다'로 번역되고 '取二升'이 '두 되를 取호다'로 번역된다. 따라서 '앗다'와 '取호다'의 동의성은 명백히 입증된다.

(23) a. 汁 아사(取汁) <救方上 86b> <救方下 4a> <救方下 5a>

　　b. 족을 디허 汁 흔 될 아사 먹고(藍搗取汁一升飮之) <救方下 5a>

　　c. 自然汁을 빠 아사(絞取自然汁) <救方下 4a>

　　d. 烏雞肝 아사(取烏雞肝) <救方下 16b>

　　e. 오계둙의 간을 아사(破烏雞取肝) <救간六 72a>

　　f. 도틱 기르믈 아사(取豬脂) <救方下 38b>

　　g. 추믈 아사(取涎) <救方下 35b>

　　h. 힌 므를 아사 브르면(取白塗之) <救方下 10b>

(23) i. 汁을 取호야(取汁) <救方上 25b> <救方下 40b>

　　j. 즈블 取호야(取汁) <救方上 79a>

　　k. 汁을 取호야(絞取汁) <救方下 39b> <救方下 40b>

　　l. 두 되를 取호야(取二升) <救方下 34a>

<24> 오르다 對 向ᄒ다

고유어 '오르다'와 한자어 '向ᄒ다'가 [向] 즉 '오르다, 향하다'의 뜻을 가지고 동의 관계에 있다는 것은 다음 예문들에서 잘 확인된다. 원문 중 '向上'이 '우흐로 오르다'로도 번역되고 '우흘 向ᄒ다'로도 번역된다. 따라서 '오르다'와 '向ᄒ다'의 동의성은 명백히 입증된다.

(24) a. 화를 지허 시우를 우흐로 오르게 ᄒ고(張弓令弦向上) <救간二 98a>

(24) b. 홢시우를 지허(61a) 우흘 向ᄒ야 노코(張弓弦向上) <救方上 61b>
  c. 동녁으로 향흔 양핫 근 흔 줌 디허(東向蘘荷根一把擣) <救간二 104b>
  d. 즉빅나모 동녁으로 향흔 니플 ᄆᆞᆯ외야 디허(取栢樹東向葉乾擣) <救간一 109b>
  e. 수레 프러 동녁으로 향ᄒ야셔 머그면(面向東酒服) <救간七 42b>

<25> 옷칠ᄒ다 對 漆ᄒ다

고유어 '옷칠ᄒ다'와 한자어 '漆ᄒ다'가 [漆] 즉 '옻칠하다'의 뜻을 가지고 동의 관계에 있다는 것은 다음 예문들에서 잘 확인된다. 원문 중 '漆器'가 '옷칠흔 그릇'으로도 번역되고 '漆혼 器具'로도 번역된다. 따라서 '옷칠ᄒ다'와 '漆ᄒ다'의 동의성은 명백히 입증된다. '옷칠ᄒ다'의 '칠'이 한자 '漆'이지만 '옷칠ᄒ다'를 고유어로 다루었다.

(25) a. 늘근 옷칠흔 그릇 스외 스론 ᄂᆡ예 ᄂᆞᄎᆞᆯ 다혀 ᄢᅱ라(用舊漆器猛燒煙逼面熏之)
     <救간七 64b>
  b. 넷 漆혼 器具를 스외 스론 ᄂᆡ예 ᄂᆞᄎᆞᆯ 다혀 쇠라(舊漆器猛燒煙逼面熏之)
     <救方下 95a>

<26> 욕조기ᄒ다 對 吐ᄒ다

고유어 '욕조기ᄒ다'와 한자어 '吐ᄒ다'가 [嘔噦] 즉 '욕지기하다, 토하다'의 뜻을 가지고 동의 관계에 있다는 것은 다음 예문들에서 잘 확인된다. 원문 중 '令嘔噦'이

‘욕조기케 ᄒ다’로도 번역되고 ‘吐케 ᄒ다’로도 번역된다. 따라서 ‘욕지기ᄒ다’와 ‘吐
ᄒ다’의 동의성은 명백히 입증된다.

(26) a. 욕조기케(54a) ᄒ면 뒤조치 즉재 나리라(令嘔噦衣卽下) <救간七 54b>
   b. 吐케 ᄒ면 胎衣 즉자히 ᄂ리ᄂ니라(令嘔噦衣卽下) <救方下 92a>

<27> 조심ᄒ다 對 忌諱ᄒ다

고유어 ‘조심ᄒ다’와 한자어 ‘忌諱ᄒ다’가 [忌] 즉 ‘조심하다, 삼가다’의 뜻을 가지
고 동의 관계에 있다는 것은 다음 예문들에서 잘 확인된다. 원문 중 ‘忌…房事勞倦’이
‘房事 잇부믈 조심ᄒ다’로 번역되고 ‘忌…三日’이 ‘사ᄋ를 忌諱ᄒ다’로 번역된다. 따라
서 ‘조심ᄒ다’와 ‘忌諱ᄒ다’의 동의성은 명백히 입증된다.

(27) a. 믈읫 有毒ᄒᆫ 것 머굼과 房事 잇부믈 조심ᄒ고(忌食一切毒物及房事勞倦)
     <救方下 73a>
   b. 모로매 조심ᄒ야 뒷간애 가디 말라(切須在意勿上厠) <救간七 36b>

(27) c. ᄎᆫ 므레 시솜 사ᄋ를 忌諱ᄒ라(忌冷水洗三日) <救方下 11a>

<28> 죽다 對 氣絶ᄒ다

고유어 ‘죽다’와 한자어 ‘氣絶ᄒ다’가 [絶] 즉 ‘죽다’의 뜻을 가지고 동의 관계에 있
다는 것은 다음 예문들에서 잘 확인된다. 원문 중 ‘悶絶’이 ‘답가와 죽다’로도 번역되
고 ‘답겨 氣絶ᄒ다’로도 번역된다. 따라서 ‘죽다’와 ‘氣絶ᄒ다’의 동의성은 명백히 입
증된다.

(28) a. 金瘡이 답가와 죽ᄂ닐 고튜ᄃᆡ(治…金瘡悶絶) <救方下 23b>
   b. 답겨 氣絶ᄒ닐 고튜ᄃᆡ(治…悶絶) <救方下 21a>

<29> 지지다 對 熨ᄒ다

고유어 '지지다'와 한자어 '熨ᄒ다'가 [熨] 즉 '지지다'의 뜻을 가지고 동의 관계에 있다는 것은 다음 예문들에서 잘 확인된다. 원문 중 '熨小腹'이 '비…지지다'로도 번역되고 '비…울ᄒ다'로도 번역된다. 따라서 '지지다'와 '熨ᄒ다'의 동의성은 명백히 입증된다.

(29) a. 비 아라 우흘 지죠ᄃᆡ(熨小腹上下) <救方下 89a>

　　　b. 버믜 ᄲᅧ를 ᄉ라 헌ᄃᆡ 브티며 지지라(燒虎骨傅瘡及熨) <救方下 67a>

　　　c. 鐵을 ᄉ라 지지라(燒鐵烙之) <救方上 67a>

　　　d. 쇠를 달(120a)와 지지라(燒鐵烙之) <救간二 120b>

　　　e. 쇠빈혀를 ᄉ라 굼긔 니기 지지라(燒鐵篦熟烙孔上) <救方上 67b>

　　　f. 쇠빈혀를 달와 굼글 니기 지지라(燒鐵篦熟烙孔上) <救간二 120b>

(29) g. 봇근 소고ᄆ로 등을 熨ᄒ라(以炒塩熨其背) <救方上 34b>

　　　h. 봇근 소고ᄆ로 등을 울ᄒ라(以炒塩熨其背) <救간二 62b>

　　　i. 비 아라 우흘 울ᄒᄃᆡ(熨小腹上下) <救간七 49b>

　　　j. 두 녀블 熨ᄒ고(熨其兩脇下) <救方上 40b>

　　　k. 가슴 아래 울ᄒ라(熨心下) <救간七 20b>

　　　l. 졋 우흘 울ᄒᄃᆡ(熨乳上) <救간七 72b>

<30> 헐다 對 傷ᄒ다

고유어 '헐다'와 한자어 '傷ᄒ다'가 [傷]과 [傷損] 즉 '상하다'의 뜻을 가지고 동의 관계에 있다는 것은 다음 예문들에서 잘 확인된다. 원문 중 '刀傷'이 '갈해 헐다'로 번역되고 '筋傷'이 '히미 傷ᄒ다'로 번역된다. '所傷'이 '헌 짜ᄒ'로 번역되고 '傷時'가 '傷ᄒᆫ 時節'로 번역된다. '傷折'이 '헐어나 ᄭᅥ다'로도 번역되고 '傷ᄒ며 ᄭᅥ다'로도 번역된다. 그리고 '傷損處'가 '헌 ᄃᆡ'로 번역되고 '打撲傷損'이 '마자 傷ᄒ다'로 번역된다. 따라서 '헐다'와 '傷ᄒ다'의 동의성은 명백히 입증된다.

(30) a. 갈해 헐며(刀傷) <救方上 82a>

    b. 湯火애 헌 따히 븕고 믈어디여(湯火所傷赤爛) <救方下 11b>

    c. 金瘡 헐어나 것거나 피 나거든(有金瘡傷折出血) <救方上 81b>

    d. 갈 잠개예 허러(刀兵所傷) <救方上 17a> <救간一 57a>

    e. 헌 딕 브티고(傅傷損處) <救方上 82a>

(30) f. 히미 傷ᄒ며(筋傷) <救方下 27b>

    g. 비온 아기 샹ᄒ야 피 얼의여 가슴 비 알ᄑ거든(傷胎結血心腹痛) <救간七 6b>

    h. 湯火애 傷ᄒ닐 고티며(治湯火傷) <救方下 11b>

    i. 처엄 傷ᄒ 時節에(初傷時) <救方下 16b>

    j. 뼈와 ᄆ듸왜 傷ᄒ며 것거(骨節傷折) <救方下 33a>

    k. ᄒ다가 ᄀ장 샹ᄒ야(若傷重) <救간一 78b>

    l. 마자 傷ᄒ야(打撲傷損) <救方下 22a>

    m. 믈읫 샹ᄒ야 피 얼의여 모다(凡傷損血瘀凝積) <救간一 80b>

    n. 흔굴ᄋ티 샹ᄒ야 피 안ᄒ로 디여 얼의여 알ᄑ거든(一切傷損血瘀痛)

      <救간一 78a>

<31> 혜아리다 對 짐쟉ᄒ다

고유어 '혜아리다'와 한자어 '짐쟉(斟酌)ᄒ다'가 [量]과 [斟酌] 즉 '혜아리다'의 뜻을 가지고 동의 관계에 있다는 것은 다음 예문늘에서 잘 확인된다. 원문 중 '量虛實'이 '긔운이 허커나 실커나 호믈 혜아리다'로 번역되고 '量減'이 '짐쟉ᄒ야 더러 먹다'로 번역된다. 그리고 '斟酌…冷熱'이 '冷熱을 斟酌ᄒ다'로도 번역되고 '팅ᄒ며 셜호믈 짐쟉ᄒ다'로도 번역된다. 따라서 '혜아리다'와 '짐쟉ᄒ다'의 동의성은 명백히 입증된다. '斟酌'의 동국정운식 한자음이 '짐쟉'이다.

    (31) a. 긔운이 허커나 실커나 호믈 혜아려(量虛實) <救간三 71b>

(31) b. 늘그니와 아히어든 짐쟉ᄒ야 더러 머그라(老弱量減) <救간三 26b>

　　　 c. 사ᄅᆞ미 輕重과 冷熱을 斟酌ᄒ야 머교매 잇ᄂᆞ니라(在人斟酌輕重冷熱而投之)

　　　　 <救方上 73b>

　　　 d. 사ᄅᆞ미 그 병 듕의 경ᄒ며 듕ᄒ며 링ᄒ며 셜ᄒᄆᆞᆯ 짐쟉ᄒ야 쓰라

　　　 (在人斟酌輕重冷熱而投之) <救간一 68a>

<33> 훤ᄒ다 對 快ᄒ다

　고유어 '훤ᄒ다'와 한자어 '快ᄒ다'가 [利] 즉 '통하다'의 뜻을 가지고 동의 관계에 있다는 것은 다음 예문들에서 잘 확인된다. 원문 중 '大小便不利'가 '大小便이 훤티 몯ᄒ다'로 번역되고 '小便不利'가 '小便이 快티 몯ᄒ다'로 번역된다. 따라서 '훤ᄒ다'와 '快ᄒ다'의 동의성은 명백히 입증된다.

　　(32) a. 大小便이 훤티 몯ᄒ닐 고툐ᄃᆡ(治…大小便不利) <救方下 28a>

　　　　 b. 가ᄉᆞ미 훤티 몯ᄒ거든(胸膈不利) <救간二 10b>

　　　　 c. 가ᄉᆞ미 훤티 몯ᄒ거든(心胸不利) <救간二 11a>

　　　　 d. 가ᄉᆞ미 훤티 아니ᄒ고 답답ᄒ야(胷膈不利煩滿) <救간二 81a>

　　　　 e. 가슴과 목괘 훤티 아(81b)니ᄒ며(胷膈咽喉不利) <救간二 82a>

　　　　 f. 모기 브어 알파 훤티 아니커든(咽膈腫疼不利) <救간二 67a>

　　　　 g. ᄌᆞ연히 장뷔 훤ᄒ리라(自然臟腑流利) <救간三 64a>

　　(32) h. 小便이 快티 몯ᄒ야 陰莖ㅅ 소비 알파 죽고져 ᄒᄂᆞ닐 고툐ᄃᆡ

　　　　 (治小便不利莖中痛欲死) <救方上 69b>

<33> 훤ᄒ다 對 通ᄒ다

　고유어 '훤ᄒ다'와 한자어 '通ᄒ다'가 [通] 즉 '통하다'의 뜻을 가지고 동의 관계에 있다는 것은 다음 예문들에서 잘 확인된다. 원문 중 '噎塞不通'이 '목 며여 훤티 아니ᄒ다'로 번역되고 '氣閉不通'이 '긔우니 마가 통티 아니ᄒ다'로 번역된다. 따라서 '훤ᄒ다'와 '通ᄒ다'의 동의성은 명백히 입증된다.

(33) a. 목 며여 휜티 아니커든(噎塞不通) <救간二 83a>

(33) b. 大便이 구더 通티 몯ᄒᆞᄂᆞᆯ 고티ᄂᆞ니(治大便秘澁不通) <救方上 69b>

　　　 c. 大便 구더 通티 몯ᄒᆞᄂᆞᆯ 고툐ᄃᆡ(治大便澁不通) <救方上 70a>

　　　 d. 大小便 通티 몯ᄒᆞᄂᆞᆯ 고티ᄂᆞ니(治大小便不通) <救方上 68b>

　　　 e. ᄒᆞ다가 쇼변이 통티 아니커든(若小便不通) <救간一 51b>

　　　 f. 긔운이 마가 통티 몯ᄒᆞ거든(氣閉不通) <救간一 5b>

　　　 g. 긔우니 수이 통티 몯ᄒᆞ거든(氣不能通) <救간一 65a>

　　　 h. 즉재 수미 마가 통티 몯거든(卽時氣閉不通) <救간二 78a>

　　　 i. 긔우니 마가 통티 아니커든(氣閉不通) <救간一 54a>

<34> ᄒᆞ야디다 對 샹ᄒᆞ다

　　고유어 'ᄒᆞ야디다'와 한자어 '샹(傷)ᄒᆞ다'가 [破] 즉 '상하다'의 뜻을 가지고 동의 관계에 있다는 것은 다음 예문들에서 잘 확인된다. 원문 중 '心肺脈破'가 '心肺脈이 ᄒᆞ야디다'로도 번역되고 '심폐믹이 샹ᄒᆞ다'로도 번역된다. 따라서 'ᄒᆞ야디다'와 '샹ᄒᆞ다'의 동의성은 명백히 입증된다.

(34) a. 시혹 心肺脈이 ᄒᆞ야디여(或心肺脈破) <救方上 59b>

　　　 b. 사리 쎠에 마자 쎄 ᄒᆞ야디닌(夫箭中於骨骨破者) <救方下 1b>

　　　 c. 瘡이 ᄒᆞ야니거든(如瘡破) <救方下 14a>

(34) d. 심폐믹이 샹커나(或心肺脈破) <救간二 111b>

2. 固有語가 動作動詞句인 경우

동작동사에서 확인되는 고유어와 한자어 간의 동의에서 고유어가 動作動詞句인 경우에는 [熨] 즉 '따뜻하게 하다'의 뜻을 가진 '드시 ᄒᆞ다'와 '熨ᄒᆞ다'를 비롯하여 [中惡] 즉 '나쁜 기운을 맞다'의 뜻을 가진 '모딘 긔운 맞다'와 '中惡ᄒᆞ다', [焙] 즉 '불에 말리다'의 뜻을 가진 '브레 ᄆᆞᆯ외다'와 '焙乾ᄒᆞ다', [中風] 즉 '中風에 걸리다'의 뜻을 가진 '브룸 맞다'와 '中風ᄒᆞ다', [試] 즉 '시험하다, 시험삼아 해 보다'의 뜻을 가진 '뻐 ᄒᆞ다'와 '시험ᄒᆞ다', [産生] 즉 '아기 낳다'의 뜻을 가진 '아기 낳다'와 '産生ᄒᆞ다' 그리고 [客忤]와 [忤] 즉 '客忤에 걸리다'의 뜻을 가진 '옷긔 들다'와 '客忤ᄒᆞ다'가 있다.

<1> 드시 ᄒᆞ다 對 熨ᄒᆞ다

고유어 '드시 ᄒᆞ다'와 한자어 '熨ᄒᆞ다'가 [熨] 즉 '따뜻하게 하다'의 뜻을 가지고 동의 관계에 있다는 것은 다음 예문들에서 잘 확인된다. 원문 중 '着…熨'이 '다혀 드시 ᄒᆞ다'로도 번역되고 '다혀 熨ᄒᆞ다'로도 번역된다. 따라서 '드시 ᄒᆞ다'와 '熨ᄒᆞ다'의 동의성은 명백히 입증된다.

    (1) a. 가ᄉᆞ매 다혀 드시 ᄒᆞ라(着心上熨之) <救간一 35a>

    (1) b. 가슴 우희 다혀 熨ᄒᆞ라(着心上熨之) <救方上 10a>
      c. 가ᄉᆞᄆᆞᆯ 熨ᄒᆞ고(熨心上) <救方上 74a>

<2> 모딘 긔운 맞다 對 中惡ᄒᆞ다

고유어 '모딘 긔운 맞다'와 한자어 '中惡ᄒᆞ다'가 [中惡] 즉 '나쁜 기운을 맞다'의 뜻을 가지고 동의 관계에 있다는 것은 다음 예문들에서 잘 확인된다. 원문 중 '中惡心痛'이 '모딘 긔운 마자 가슴 알ᄑᆞ다'로도 번역되고 '中惡ᄒᆞ야 가슴 알ᄑᆞ다'로도 번역된다. 그리고 '中惡客忤'가 '모딘 긔운 마자 옷긔 들다'로도 번역되고 '中惡ᄒᆞ야 客忤ᄒᆞ다'로도 번역된다. 따라서 '모딘 긔운 맞다'와 '中惡ᄒᆞ다'의 동의성은 명백히 입증된다.

(2) a. 모딘 긔운 마자 가슴 알파 죽ᄂ닐(中惡心痛欲絶) <救간一 48b>

　　b. 모딘 긔운 마자 가슴 알커든(中惡心痛) <救간一 49b>

　　c. 모딘 긔운 마자 옷긔 드러 믄득 죽거든(中惡客忤卒死者) <救간一 50a>

　　d. 모딘 긔운 마자 과ᄀ리 죽거든(中惡暴死) <救간一 45b>

　　e. 모딘 긔운 마자 긔우니 긋거든(中惡氣絶) <救간一 48b>

　　f. 모딘 긔운 마즌 증에(中惡證候) <救간一 47b>

　　g. 모딘 긔운 마즈닐(中惡) <救간一 48a> <救간一 49b>

　　h. 과ᄀ리 주그니와 모딘 긔운 마즈니와 믹은 잇고 긔운이 업스닐(卒死中惡及尸厥)

　　　　<救간一 45a>

(2) i. 中惡ᄒ야 가슴 알파 죽ᄂ닐 고툐ᄃ(治中惡心痛欲絶) <救方上 16b>

　　j. 中惡ᄒ야 客忤ᄒ야 믄득 주그닐(中惡客忤卒死者) <救方上 19b>

　　k. 中惡ᄒ며 客忤ᄒ야 죽ᄂ닐(中惡客忤垂死) <救方上 19b>

　　l. 中惡ᄒ야 氣分이 긋거든(中惡氣絶) <救方上 16b>

　　m. 과글이 주그니와 中惡ᄒ니와 尸厥ᄒ니ᄅ(卒死中惡及尸厥) <救方上 25b>

<3> 브레 ᄆᆯ외다 對 焙乾ᄒ다

　고유어 '브레 ᄆᆯ외다'와 한자어 '焙乾ᄒ다'가 [焙] 즉 '불에 말리다'의 뜻을 가지고 동의 관계에 있다는 것은 다음 예문들에서 잘 확인된다. 원문 중 '當歸切焙'가 '승암촛 불휘 사ᄒ라 브레 ᄆᆯ외다'로도 번역되고 '當歸ᄅᆯ 사ᄒ라 焙乾ᄒ다'로도 번역된다. 그리고 '半夏…焙'가 '쓰모롭 불휘…브레 ᄆᆯ외다'로도 번역되고 '半夏ᄅᆯ…焙乾ᄒ다'로도 번역된다. 따라서 '브레 ᄆᆯ외다'와 '焙乾ᄒ다'의 동의성은 명백히 입증된다.

(3) a. 승암촛 불(58a)휘 사ᄒ라 브레 ᄆᆯ외요니(當歸切焙) <救간七 58b>

　　b. 승암촛 불(58a)휘 사ᄒ라 브러 ᄆᆯ외요니와(當歸切焙) <救간七 59a>

　　c. 쓰모롭 불휘 ᄒᆫ 량(16b) 싱앙 즙에 ᄃᆞᆷ가 ᄒᆞᄅᆺ밤 재여 브레 ᄆᆯ외요니와ᄅᆯ

　　　(半夏一兩生薑汁浸一宿焙) <救간七 17a>

　　d. 무근 귨 거(17b)플…ᄒᆫ 듸 앗고 브레 ᄆᆯ외요니와(陳橘皮…去白焙) <救간七 18a>

(3) e. 當歸를 사ᄒ라 焙乾ᄒ고(當歸切焙) <救方上 68b>

　　f. 半夏를 더운 므레 닐굽 번 시서 焙乾ᄒ니 닷 兩과(半夏湯洗七次焙五兩)
　　　<救方上 13a>

　그리고 '焙'가 고유어 '믈외다'로 번역된다는 것은 다음 예문에서 잘 확인된다. 원문 중 '切焙'가 '사ᄒ라 믈외다'로 번역된다.

　(3) g. 승암촛 불휘 사ᄒ라 믈외요니와(當歸切焙) <救간七 10a>

<4> ᄇᆞᄅᆞᆷ 맞다 對 中風ᄒ다

　고유어 'ᄇᆞᄅᆞᆷ 맞다'와 한자어 '中風ᄒ다'가 [中風] 즉 '中風에 걸리다'의 뜻을 가지고 동의 관계에 있다는 것은 다음 예문들에서 잘 확인된다. 원문 중 '中風'이 'ᄇᆞᄅᆞᆷ 맞다'로도 번역되고 '中風ᄒ다'로도 번역된다. 그리고 '卒中風'이 '과ᄀᆞ리 ᄇᆞᄅᆞᆷ 맞다'로도 번역되고 '믄득 中風ᄒ다'로도 번역된다. 따라서 'ᄇᆞᄅᆞᆷ 맞다'와 '中風ᄒ다'의 동의성은 명백히 입증된다.

　(4) a. ᄇᆞᄅᆞᆷ 마자 왜지그라(中風角弓反張) <救方上 5a>

　　b. 金瘡이 ᄇᆞᄅᆞᆷ 마자 왜트닐 고툐ᄃᆡ(治金瘡中風痙角弓反張) <救方上 88a>

　　c. ᄇᆞᄅᆞᆷ 마자 믄득 어즐ᄒ야(中風忽然昏) <救간一 5b>

　　d. ᄇᆞᄅᆞᆷ 마자 ᄒᆞᆫ 겨틀 몯 ᄡᅳ며(中風半身不遂) <救간一 9b>

　　e. 과ᄀᆞ리 ᄇᆞᄅᆞᆷ 마자 신의 몯 ᄎᆞ료믄(卒中風不省人事) <救간一 10b>

　　f. 과ᄀᆞ리 ᄇᆞᄅᆞᆷ 마자 말ᄉᆞᆷ 몯ᄒ고(卒中風不語) <救간一 18b>

　　g. 남진이어나 겨지비어나 ᄇᆞᄅᆞᆷ 마자(男子婦人中風) <救간一 8b>

　　h. 아기 ᄇᆡ여셔 ᄇᆞᄅᆞᆷ 마자(姙娠中風) <救간七 1b> <救간七 2a> <救간七 3a>
　　　<救간七 4a>

　(4) i. 中風ᄒ야 忽然히 어즐ᄒ야(中風忽然昏) <救方上 4b>

　　j. 中風ᄒ야 말 몯고 혀 세닐 고툐ᄃᆡ(治中風不語舌强) <救方上 3a>

　　k. 中風ᄒ야 니 ᄒᆞ마 구더(中風牙已緊) <救方上 5a>

l. 中風ㅎ야 人事 모르ᄂ닐 고툐딕(治中風不省人事) <救方上 3b>

m. 믄득 中風ㅎ야 人事 모르고(卒中風不省人事) <救方上 3b>

<5> 뼈 ㅎ다 對 시험ㅎ다

고유어 '뼈 ㅎ다'와 한자어 '시험(試驗)ㅎ다'가 [試] 즉 '시험하다, 시험삼아 해 보다'의 뜻을 가지고 동의 관계에 있다는 것은 다음 예문들에서 잘 확인된다. 원문 중 '親試'가 '친히 뼈 ㅎ다'로 번역되고 '試數百人'이 '수빅신을 시험ㅎ다'로 번역된다. 따라서 '뼈 ㅎ다'와 '시험ㅎ다'의 동의성은 명백히 입증된다.

(5) a. 빈 안해셔 주근 아기 나디 아니호매 친히 뼈 ㅎ니 ᄀ장 됴터라

　　(死胎不下者親試有效) <救간七 26b>

b. 내 샹녜 뼈 ㅎ니 ᄀ장 됴타(余常用大效) <救간一 27a>

(5) c. 수빅신을 시험ㅎ니 다 쯈(61a) 므ᄎ며 즉재 니러 앉더라

　　(已試數百人皆灸畢卽起坐) <救간二 62a>

<6> 아기 낳다 對 産生ㅎ다

고유어 '아기 낳다'와 한자어 '産生ㅎ다'가 [産生] 즉 '아기 낳다'의 뜻을 가지고 동의 관계에 있다는 것은 다음 예문들에서 잘 확인된다. 원문 중 '産婦'가 '아기 나흔 겨집'으로도 번역되고 '産生흔 겨집'으로도 번역된다. 그리고 '産婦'가 '아기 낟는 어미'로도 번역되고 '産生ㅎ는 겨집'으로도 번역된다. 따라서 '아기 낳다'와 '産生ㅎ다'의 동의성은 명백히 입증된다.

(6) a. 아기 나흔 겨지블 그 우희 안쳐 김을 쐬면(슈産婦就上坐以氣熏) <救간七 51b>

b. 아기 나흔 어미를 알에 말라(勿令産婦知) <救간七 52a>

c. 瓶 부리로 아기 나흔 어믜 고해 다혀 쇠면(以瓶觜向産婦鼻熏之) <救方下 95b>

d. 볏 부리로 아기 나흔 어믜 고해 다혀 쐬면(以瓶觜向産婦鼻熏之) <救간七 65a>

e. 아기 낟는 어미 머긴 후에(슈産婦服之後) <救간七 40a>

(6) f. 産生훈 겨지블 그 우희 안쳐 氣分을 쇠면(令産婦就上坐以氣熏) <救方下 91a>

　　g. 産生훈 겨지브로 알에 말라(勿令産婦知) <救方下 92b>

　　h. 産生훈 겨지븨 제 마릿 소리를 이베 녀허(令産婦自己髮尾入於口中)

　　　<救方下 92a>

　　i. 産生ᄒᆞᆫ 겨지블 먹게 훈 後에(令産婦服之後) <救方下 86b>

<7> 옷긔 들다 對 客忤ᄒᆞ다

　고유어 '옷긔 들다'와 한자어 '客忤ᄒᆞ다'가 [客忤]와 [忤] 즉 '客忤에 걸리다'의 뜻을 가지고 동의 관계에 있다는 것은 다음 예문들에서 잘 확인된다. 원문 중 '卒客忤'가 '믄득 옷긔 들다'로도 번역되고 '믄득 客忤ᄒᆞ다'로도 번역된다. 그리고 '卒忤'가 '믄득 옷긔 들다'로도 번역되고 '믄득 客忤ᄒᆞ다'로도 번역된다. 따라서 '옷긔 들다'와 '客忤ᄒᆞ다'의 동의성은 명백히 입증된다. '客忤'는 '갑자기 腹痛이 나는 어린애의 병'이다.

(7) a. 믄득 옷긔 드러 말 몯ᄒᆞ거든(卒客忤不能言) <救간一 51b>

　　b. 모딘 긔운 마자 옷긔 드러 믄득 죽거든(中惡客忤卒死者) <救간一 50a>

　　c. 옷긔 드닌 모딘 긔운 마즈니와 ᄒᆞᆫ가지니(客忤者中惡之類也) <救간一 51a>

　　d. 믄득 옷긔 드닐(卒忤) <救간一 51b> <救간一 52a>

(7) e. 과글이 客忤ᄒᆞ야 말 몯ᄒᆞ거든(卒客忤不能言) <救方上 26b>

　　f. 믄득 客忤ᄒᆞ야 주그니 곧(16a)ᄒᆞ닐 고툐ᄃᆡ(治客忤卒有似卒死) <救方上 16b>

　　g. 믄득 客忤ᄒᆞ야(卒客忤) <救方上 16a>

　　h. 中惡ᄒᆞ며 客忤ᄒᆞ야 믄득 주그닐(中惡客忤卒死者) <救方上 19b>

　　i. 中惡ᄒᆞ며 客忤ᄒᆞ야 죽ᄂᆞ닐(中惡客忤垂死) <救方上 19b>

　　j. 믄득 客忤ᄒᆞ니 고툐ᄃᆡ(治卒忤) <救方上 17b>

2 狀態動詞간의 同義

상태동사에서 확인되는 고유어와 한자어 간의 동의에서 고유어가 狀態動詞일 수
도 있고 狀態動詞句일 수도 있다.

1. 固有語가 狀態動詞인 경우

상태동사에서 확인되는 고유어와 한자어 간의 동의에서 고유어가 狀態動詞인 경
우에는 [麁] 즉 '거칠다'의 뜻을 가진 '굵다'와 '麁ᄒ다'를 비롯하여 [煩滿] 즉 '답답하
다'의 뜻을 가진 '답답ᄒ다'와 '煩滿ᄒ다', [毒] 즉 '독하다, 나쁘다'의 뜻을 가진 '모딜
다'와 '독ᄒ다', [急] 즉 '급하다, 빠르다'의 뜻을 가진 '봄바티다'와 '急ᄒ다', [弱] 즉
'약하다'의 뜻을 가진 '사오납다'와 '弱ᄒ다' 그리고 [良久] 즉 '매우 오래다'의 뜻을
가진 '이슥ᄒ다'와 '良久ᄒ다' 등 20여 항목이 있다.

<1> 굵다 對 麁ᄒ다

고유어 '굵다'와 한자어 '麁ᄒ다'가 [麁] 즉 '거칠다'의 뜻을 가지고 동의 관계에 있
다는 것은 다음 예문들에서 잘 확인된다. 원문 중 '麁羅'가 '굵게 츠다'로도 번역되고
'麁케 츠다'로도 번역된다. 따라서 '굵다'와 '麁ᄒ다'의 동의성은 명백히 입증된다.

(1) a. 니허 굵게 치 散 딩ᄀ라(擣麁羅爲散) <救方下 20a>

    b. 디허 굵게 처(搗麁羅) <救간七 4a> <救간七 5a>

    c. 굵게 디허 처(麁搗節) <救간二 72b>

    d. 감초 반 량과를 디허 굵게 처(甘草半兩搗麤羅) <救간二 118b>

(1) e. 디허 麁케 처 散 딩ᄀ라(擣麁羅爲散) <救方上 56a>

    f. 麁ᄒᆫ 거츨 밧기고(去麁皮) <救方上 85b>

    g. 麁ᄒᆫ 것 밧교니(去麁皮) <救方上 13a>

    h. 麁ᄒᆫ 거츨 앗고(去麁皮) <救方下 13a>

<2> 답답ᄒ다 對 煩滿ᄒ다

고유어 '답답ᄒ다'와 한자어 '煩滿ᄒ다'가 [煩滿] 즉 '답답하다'의 뜻을 가지고 동의 관계에 있다는 것은 다음 예문들에서 잘 확인된다. 원문 중 '心腹煩滿'이 '가슴 비 답답ᄒ다'로도 번역되고 '가슴 비 煩滿ᄒ다'로도 번역된다. 따라서 '답답ᄒ다'와 '煩滿ᄒ다'의 동의성은 명백히 입증된다.

> (2) a. 과ᄀᆞᆯ이 가슴 비 답답ᄒ야(卒心腹煩滿) <救간二 40a>
>
>   b. 가슴 비 탕만ᄒ야 알파 답답ᄒ고(心腹脹痛煩滿) <救간二 57a>
>
>   c. 가ᄉᆞ미 훤티 아니ᄒ고 답답ᄒ야(胷膈不利煩滿) <救간二 81a>
>
>   d. 과ᄀᆞᆯ이 답답ᄒ야(卒煩滿) <救간二 41a>
>
>   e. 가슴 알파 답답ᄒ거든(心痛煩悶) <救간七 8b>
>
>   f. ᄆᆞᅀᆞ미 답답ᄒ거든(心神煩亂) <救간七 56b>

> (2) g. 과ᄀᆞᆯ이 가슴 비 煩滿ᄒ야(卒心腹煩滿) <救方上 29b>
>
>   h. 과ᄀᆞᆯ이 煩滿ᄒ야(卒煩滿) <救方上 29b>

<3> 덥다 對 熱ᄒ다

고유어 '덥다'와 한자어 '熱ᄒ다'가 [熱] 즉 '뜨겁다, 열이 나다'의 뜻을 가지고 동의 관계에 있다는 것은 다음 예문들에서 잘 확인된다. 원문 중 '壯熱'이 'ᄀᆞ장 덥다'로도 번역되고 '壯히 熱ᄒ다'로도 번역된다. '喉中熱'이 '목 안히 덥다'로 번역되고 '脾肺…熱'이 '비와 폐와…셜ᄒ다'로 번역된다. '冷熱'이 'ᄎᆞ며 덥다'로도 번역되고 '링ᄒ며 셜ᄒ다'로도 번역된다. 그리고 '熱水'가 '더운 믈'로 번역되고 '熱嗽'가 '셜혼 기춤'으로 번역된다. 따라서 '덥다'와 '熱ᄒ다'의 동의성은 명백히 입증된다.

> (3) a. 머리 알ᄑᆞ고 ᄀᆞ장 더워(頭痛壯熱) <救간二 102b>
>
>   b. 목 안히 더워(喉中熱) <救方上 44b>
>
>   c. 湯火애 헌 ᄯᅡ히 븕고 믈어디여 더워(湯火所傷赤爛熱) <救方下 11b>
>
>   d. ᄎᆞ며 더우믈 病혼 사ᄅᆞ미 ᄠᅳ들 조차(冷熱隨病人意) <救方上 31b>

    e. 두루 덥게 ᄒ면(令遍熱) <救方上 32b>

    f. 더운 믈 흔 盞애 프러(以熱水一盞調) <救方上 16b>

    g. 더운 수레 프러 먹고(熱酒調下) <救方上 88a>

    h. 길햇 더운 흘글 우희여(却掬路上熱土) <救方上 11b>

    i. 더운 ᄃᆞᆯ기 피로 ᄇᆞᄅ라(以熱雞血塗之) <救方上 87b>

    j. 더운 디새로 눌러 울호ᄃᆡ(用熱瓦子熨) <救간一 22a>

    k. 더운 氣分이 ᄎᆞᆫ 氣分을 어드면(其熱氣得冷) <救方下 8a>

    l. 더우닐 머구머 ᄎᆞ거든 비와ᄐᆞ라(熱含冷吐) <救方上 64b> <救간二 119a>

(3) m. 과ᄀᆞᆯ이 죽고 壯히 熱ᄒ닐(卒死而壯熱) <救方上 26a>

    n. 비와 폐와 긔운이 마가 셜ᄒᆞ야(脾肺壅熱) <救간二 67a>

    o. 사ᄅᆞ미 그 병즁의 경ᄒᆞ며 듕ᄒᆞ며 링ᄒᆞ며 셜호ᄆᆞᆯ 짐쟉ᄒᆞ야 쓰라

      (在人斟酌輕重冷熱而投之) <救간一 68a>

    p. 긔운이 닝ᄒᆞ며 셜ᄒᆞ며 긔운 사오나옴 됴호ᄆᆞᆯ 혜디 말오(無問冷熱虛實)

      <救간一 5a>

    q. 과ᄀᆞ리 셜ᄒᆞᆫ 기춤에(暴熱嗽) <救간二 12a>

    r. 셜ᄒᆞ야 깃ᄂᆞᆫ 기춤은 추미 걸오 고히 덥고(熱嗽痰濃鼻熱) <救간二 9a>

<4> 덥달다 對 熱ᄒ다

고유어 '덥달나'와 한자이 '熱ᄒ다'가 [熱] 즉 '뜨겁다, 열이 나다'의 뜻을 가지고 동의 관계에 있다는 것은 다음 예문들에서 잘 확인된다. 원문 중 '腫熱'이 '브ᄉᆞ며 덥달다'로 번역되고 '壯熱'이 '壯히 熱ᄒ다'로 번역된다. '熱…壅'이 '덥다라 긔운이 막다'로 번역되고 '壅熱'이 '긔운이 마가 셜ᄒᆞ다'로 번역된다. 그리고 '煩熱'의 자석이 'ᄆᆞᅀᆞ미 어즈럽고 덥달다'와 'ᄆᆞᅀᆞ미 허코 셜ᄒᆞ다'이다. 따라서 '덥달다'와 '熱ᄒ다'의 동의성은 명백히 입증된다.

    (4) a. 瘡이 브ᄉᆞ며 덥다라 알ᄂᆞ닐 고튜ᄃᆡ(治…瘡有毒腫熱痛) <救方下 17a>

      b. 헌ᄃᆡ 독 드러 브어 덥다라 알ᄑᆞ거든(瘡有毒腫熱痛) <救간六 70b>

      c. 마자 헌ᄃᆡ 덥달며 알ᄑᆞ거든(杖瘡熱毒疼痛) <救方下 25a>

    d. 덥다라 알ᄂᆞ닐 고툐ᄃᆡ(治…熱痛) 〈救方下 15b〉

    e. 과ᄀᆞᆯ이 주거 덥달어든(卒死而壯熱者) 〈救간一 44a〉

    f. ᄆᆞᄉᆞ미 덥다라(心熱) 〈救간一 95b〉

    g. ᄇᆞ룸으로 덥다라 폐예 긔운이 마가(風熱肺壅) 〈救간二 65b〉

    h. 둥의 브ᄉᆞ르미 나 ᄀᆞ장 덥달오 알프거든(發背瘡㿈熱疼痛) 〈救간三 38b〉

    i. 煩熱少睡 : ᄆᆞᄉᆞ미 어즈럽고 덥다라 좀 몯 잘 시라 〈救간一 112b〉

(4) j. 과ᄀᆞᆯ이 죽고 壯히 熱ᄒᆞ닐(卒死而壯熱) 〈救方上 26a〉

    k. 비와 폐와 긔운이 마가 셜ᄒᆞ야(脾肺壅熱) 〈救간二 67a〉

    l. 신긔 셜ᄒᆞ야(腎熱) 〈救간三 98a〉

    m. 과ᄀᆞ리 셜ᄒᆞ야 기춤 깃거든(暴患熱嗽) 〈救간二 24a〉

    n. 셜ᄒᆞ야 깃ᄂᆞ 기춤은(熱嗽) 〈救간二 9a〉

    o. 煩熱少睡 : ᄆᆞᄉᆞ미 허코 셜ᄒᆞ야 좀 몯 자는 병 〈救간 目錄 2a〉

〈5〉 되다 對 甚ᄒᆞ다

고유어 '되다'와 한자어 '甚ᄒᆞ다'가 [甚] 즉 '심하다'의 뜻을 가지고 동의 관계에 있다는 것은 다음 예문들에서 잘 확인된다. 원문 중 '甚者'가 '병이 되어든'으로도 번역되고 '甚ᄒᆞ니'로도 번역된다. 따라서 '되다'와 '甚ᄒᆞ다'의 동의성은 명백히 입증된다.

(5) a. 병이 되어든 바미 두 번 머그라(甚者夜二) 〈救간六 30a〉

    b. 긔운이 티와텨 수미 되오(上氣鳴息) 〈救간二 16b〉

(5) c. 甚ᄒᆞ닌 즉재 죽ᄂᆞ니라(甚者卽死) 〈救方上 80a〉

    d. 甚ᄒᆞ닌 바미 두 적곰 머구믈 더ᄒᆞ라(甚者夜加二服) 〈救方下 62b〉

    e. 甚ᄒᆞ니란 아히 오좀 ᄒᆞᆫ 盞(35b)을 조쳐 머기라(甚者加童子小便一盞)

      〈救方上 36a〉

    f. 브ᄉᆞ미 甚커든(如腫甚) 〈救方上 42b〉

    g. 브ᄉᆞ미 심커든(如腫甚) 〈救간二 74a〉

<6> 둏다 對 神驗ᄒ다

고유어 '둏다'와 한자어 '神驗ᄒ다'가 [驗] 즉 '좋다, 신험하다'의 뜻을 가지고 동의 관계에 있다는 것은 다음 예문들에서 잘 확인된다. 원문 중 '神驗'이 'ᄀ장 둏다'로도 번역되고 'ᄀ장 신험ᄒ다'로도 번역된다. 그리고 '大驗'이 'ᄀ장 둏다'로 번역되고 '極驗'이 '지극 神驗ᄒ다'로 번역된다. 따라서 '둏다'와 '神驗ᄒ다'의 동의성은 명백히 입증된다.

(6) a. 두퍼 ᄯᆞᆷ 나게 ᄒ면 ᄀ장 됴ᄒ니라(覆令汗神驗) <救간ᅳ 105b>

b. 더운 므레어나 수레어나 ᄒᆞᆫ 돈만 프러 머고미 ᄀ장 됴ᄒ니라(湯或酒服一錢神驗) <救간ᅳ 109b>

c. 아기 나ᄒᆞᆫ 겨지븨 ᄂᆞ치 ᄲ모미 ᄀ장 됴ᄒ니라(噀其面神驗) <救간七 53a>

d. 아기 소내 그 약을 주여 나리니 ᄀ장 됴(42a)ᄒ니라(兒手卽持丸出神驗) <救간七 42b>

e. 입 기울며 눈 기은 ᄃᆡ도 ᄀ장 됴ᄒ며(口僻眼急大驗) <救간ᅳ 28b>

(6) f. 수레 달혀도 ᄯᅩ 됴ᄒ니 ᄀ장 신험(39b)ᄒ니라(酒煎亦得神驗) <救간七 40a>

g. 이 두ᅀᅥ 법이 다 신험ᄒ니라(此數法皆神驗) <救간二 72a>

h. ᄲᆞᆼ 흰 즙으로 ᄇᆞᄅ면 지극 神驗ᄒ니라(以桑白汁塗之極險) <救方上 82a>

<7> 둏다 對 실ᄒ다

고유어 '둏다'와 한자어 '실(實)ᄒ다'가 [實] 즉 '실하다, 튼튼하다'의 뜻을 가지고 동의 관계에 있다는 것은 다음 예문들에서 잘 확인된다. 원문 중 '虛實'이 '긔운 사오나옴 됴홈'으로도 번역되고 '긔운이 허커나 실ᄒ다'로도 번역된다. 따라서 '둏다'와 '실ᄒ다'의 동의성은 명백히 입증된다.

(7) a. ᄆᆞᆯ읫 ᄇᆞ름 마즌(4b) 사ᄅᆞ미 긔운이 닝ᄒ며 셜ᄒ며 긔운 사오나옴 됴호ᄆᆞᆯ 혜디 말오(凡中風無問冷熱虛實) <救간ᅳ 5a>

b. 긔운 됴ᄒᆞᆫ 사ᄅᆞ몰 머교ᄃᆡ(氣實者服之) <救간ᅳ 13b>

(7) c. 긔운이 허커나 실커나 호믈 혜아려(量虛實) <救간三 71b>

<9> 둏다 對 主ᄒ다

고유어 '둏다'와 한자어 '主ᄒ다'가 [主] 즉 '좋다'의 뜻을 가지고 동의 관계에 있다는 것은 다음 예문들에서 잘 확인된다. 원문 중 '鹽主'가 '소고미 둏다'로도 번역되고 '소고미 主ᄒ다'로도 번역된다. 따라서 '둏다'와 '主ᄒ다'의 동의성은 명백히 입증된다.

(8) a. 녀느 약으로 수이 고티디 몯ᄒᄂ닐 소고미 됴ᄒ니라(他藥不能治之者鹽主之)
        <救간二 116b>
    b. 다른 藥이 고티디 몯ᄒᄂ닌 소고미 主ᄒ니라(他藥不能治之者鹽主之)
        <救方上 63b>

<9> 모딜다 對 독ᄒ다

고유어 '모딜다'와 한자어 '독(毒)ᄒ다'가 [毒] 즉 '독하다, 나쁘다'의 뜻을 가지고 동의 관계에 있다는 것은 다음 예문들에서 잘 확인된다. 원문 중 '毒氣'가 '모딘 긔운'으로도 번역되고 '독ᄒᆫ 긔운'으로도 번역된다. 따라서 '모딜다'와 '독ᄒ다'의 동의성은 명백히 입증된다.

(9) a. 모딘 긔운이 업디 아니커든(毒氣不散) <救간七 72b>
    b. 모딘 긔운이 나게 ᄒ고(以洩毒氣) <救간七 72b>
    c. 죠고매 굼글 두어 모딘 긔운을 내요ᄃᆡ(留一小竅出毒氣) <救간三 37a>
    d. 모딘 긔운을 업게 ᄒ면(辟除毒氣) <救간三 40a>
    e. 모딘 독이 안해 드디 몯ᄒ야 됴ᄒ리니(使毒氣不內攻可保) <救간三 43b>
    f. 모딘 살 마존 ᄃᆡᆯ 고툐ᄃᆡ(治毒箭所中) <救方下 5a>
    g. 살 밑 모딘 藥이 슬해 드러(箭鏃毒藥入肌肉) <救方下 3a>
    h. 모딘 瘡이 ᄃᆞ외ᄂᆞ니(爲毒瘡) <救方下 16a>
    i. 여러 가짓 모딘 브스름이어든(諸毒腫) <救간三 25b>

j. 대도훈 모딘 브스름과(一切毒腫) <救간三 42b>

(9) k. 독훈 긔운이 하거든(毒氣盛者) <救간三 37b>

<10> ᄆᆞ르다 對 갈ᄒ다

고유어 'ᄆᆞ르다'와 한자어 '갈(渴)ᄒ다'가 [渴] 즉 '(목이) 마르다'의 뜻을 가지고 동의 관계에 있다는 것은 다음 예문들에서 잘 확인된다. 원문 중 '渴甚'이 'ᄆᆞ기 ᄀᆞ장 ᄆᆞ르다'로 번역되고 '煩渴'이 '답답ᄒ고 갈ᄒ다'로 번역된다. 따라서 'ᄆᆞ르다'와 '갈ᄒ다'의 동의성은 명백히 입증된다.

(10) a. 도와리ᄒ야 모기 ᄀᆞ장 ᄆᆞ르거든(霍亂渴甚) <救간二 58b>

(10) b. 어즐ᄒ며 더위며여 답답ᄒ고 갈ᄒ야 신ᄭᅴ를 몯 ᄎᆞ리거든
　　　(霍亂中暑煩渴不省人事) <救간二 46b>
　　c. ᄆᆞ슘미 煩渴ᄒ야 人事 ᄎᆞ리디 몯ᄒᄂ(36b)닐 고티고(治…心煩渴不省人事)
　　　<救方上 37a>

<11> 묽다 對 淡ᄒ다

고유이 '묽디'와 한자어 '淡ᄒ다'가 [淡] 즉 '싱겁다, 묽다'의 뜻을 가지고 동의 관계에 있다는 것은 다음 예문들에서 잘 확인된다. 원문 중 '淡酒'가 '믈근 술'로도 번역되고 '淡흔 술'로도 번역된다. 따라서 '묽다'와 '淡ᄒ다'의 동의성은 명백히 입증된다.

(11) a. 세 환곰 믈근 더운 수레 숨ᄭᅵ고(三丸淡酒湯吞下) <救간七 48b>
　　b. 뿔 글힌 믈근 믈 큰 훈 되예 달혀(淡漿水一大盞煎) <救간二 106b>
　　c. 싱앙 글힌 믈근 므레 머고듸(用淡薑湯下) <救간二 37a>

(11) d. 세 丸을 淡흔 술 다려 ᄉᆞᆷ기고(三丸淡酒湯吞下) <救方下 88a>

<12> 바ᄅ다 對 평ᄒ다

고유어 '바ᄅ다'와 한자어 '평(平)ᄒ다'가 [正] 즉 '바르다'의 뜻을 가지고 동의 관계에 있다는 것은 다음 예문들에서 잘 확인된다. 원문 중 '口眼…正'이 '입과 눈과…바ᄅ다'로 번역되고 '口正'이 '입곳 평ᄒ다'로 번역된다. 그리고 '候正則止'가 '바ᄅ거든 말다'로 번역되고 '正則止'가 '평커든 앗다'로 번역된다. 따라서 '바ᄅ다'와 '평ᄒ다'의 동의성은 명백히 입증된다.

(12) a. 입과 눈과 ᄀᆞᆺ 바ᄅ거든 ᄲᆞᆯ리 약을 시서 ᄇᆞ리라(口眼纏正急洗去藥) <救간一 20b>

　　b. 바ᄅ거든 말라(候正則止) <救간一 23a>

(12) c. 입곳 평ᄒ거든 ᄲᆞᆯ리 위ᄌᆞ를 아ᅀᆞ라(口正則急取盂子) <救간一 20b>

　　d. 평커든 아ᅀᆞ라(正則止) <救간一 27a>

　　e. 이비 평ᄒ ᄃᆞᆺ거든 즉재 말라(似正卽止) <救간一 20a>

　　f. 평커든 즉재 아ᅀᆞ라(正卽去却) <救간一 22a>

　　g. 평커든 시서 ᄇᆞ리라(正洗去) <救간一 24a>

　　h. ᄀᆞᆺ 평커든 믄득 시서 ᄇᆞ리라(才正便急洗去) <救간一 22b>

　　i. ᄀᆞᆺ 평ᄒ미 녜 ᄀᆞᆮ거든(才正如舊) <救간一 23b>

　　j. 평커든 즉재 시서 ᄇᆞ리고(平正卽洗去) <救간一 21a>

<13> 붑바티다 對 急ᄒ다

고유어 '붑바티다'와 한자어 '急ᄒ다'가 [急] 즉 '급하다, 빠르다'의 뜻을 가지고 동의 관계에 있다는 것은 다음 예문들에서 잘 확인된다. 원문 중 '氣急'이 '긔운이 붑바티다'로도 번역되고 '氣分이 急ᄒ다'로도 번역된다. 따라서 '붑바티다'와 '急ᄒ다'의 동의성은 명백히 입증된다.

(13) a. 긔운이 붑(62b)바티면 즉재 살리라(氣急卽活) <救간一 63a>

　　b. 氣分이 急ᄒ면 즉자히 사ᄂᆞ니라(氣急卽活) <救方上 77b>

<14> 뷔다 對 허ᄒ다

고유어 '뷔다'와 한자어 '허(虛)ᄒ다'가 [虛] 즉 '허하다'의 뜻을 가지고 동의 관계에 있다는 것은 다음 예문들에서 잘 확인된다. 원문 중 '暴虛'가 '가ᄀ기 뷔다'로 번역되고 '量虛實'이 '긔운이 허커나 실커나 호믈 혜아리다'로 번역된다. 따라서 '뷔다'와 '허ᄒ다'의 동의성은 명백히 입증된다.

    (14) a. 血氣 가ᄀ기 뷔여(氣血暴虛) <救方下 94a>
        b. 혈긔 가ᄀ기 뷔여(氣血暴虛) <救간六 63b>

    (14) c. 긔운이 허커나 실커나 호믈 혜아려(量虛實) <救간三 71b>
        d. 긔운이 허ᄒ야셔 겨집과 흔듸 자믈 너무 ᄒ야 져근ᄆ래 피 나거든
           (虛勞房損過傷小便出血) <救간三 100b>
        e. 긔운이 허ᄒ야 사오나와 오좀빼예 더운 긔운이 이셔(虛損膀胱有熱)
           <救간三 99b>
        f. 늘근 사름과 긔운 허흔 사ᄅ미 입 헐어든(老人虛人口瘡) <救간三 4b>

<15> ᄲᄅ다 對 急ᄒ다

고유어 'ᄲᄅ다'와 한자어 '急ᄒ다'가 [急] 즉 '빠르다, 급하다'의 뜻을 가지고 동의 관계에 있다는 것은 다음 예문들에서 잘 확인된다. 원문 중 '氣…急'이 '氣分이 ᄲᄅ다'로 번역되고 '氣急'이 '氣分이 急ᄒ다'로 번역된다. 따라서 'ᄲᄅ다 '와 '急ᄒ다'의 동의성은 명백히 입증된다.

    (15) a. 氣分이 블와 서르 사화 ᄲᄅ면(氣與火相搏急) <救方上 9a>
        b. 氣分이 急ᄒ면 즉자히 사ᄂ니라(氣急卽活) <救方上 77b>

<16> 사오납다 對 弱ᄒ다

고유어 '사오납다'와 한자어 '弱ᄒ다'가 [弱] 즉 '약하다'의 뜻을 가지고 동의 관계에 있다는 것은 다음 예문들에서 잘 확인된다. 원문 중 '脉弱'이 '미기 사오납다'로도 번역되고 '脉이 弱ᄒ다'로도 번역된다. 그리고 '損'이 '긔운이 사오납다'로 번역되고 '羸者'가 '긔운 약ᄒ 사름'으로 번역된다. 따라서 '사오납다'와 '弱ᄒ다'의 동의성은 명백히 입증된다.

(16) a. 듕긔ᄒ야 미기 사오나와(中氣脉弱) <救간一 39b>

　　　 b. ᄀᆺ보ᄆ로 긔운이 사오나와(困勞損) <救간三 99a>

　　　 c. 긔운이 허ᄒ야 사오나와(虛損) <救간三 99b>

(16) d. 中氣ᄒ야 脉이 弱ᄒ야(中氣脉弱) <救方上 14a>

　　　 e. 아히와 늘그니와 긔운 약ᄒ 사ᄅᆷ(小老羸者) <救간二 57b>

<17> 사오납다 對 허ᄒ다

고유어 '사오납다'와 한자어 '허(虛)ᄒ다'가 [虛] 즉 '허하다'의 뜻을 가지고 동의 관계에 있다는 것은 다음 예문들에서 잘 확인된다. 원문 중 '無問…虛實'이 '긔운 사오나옴 됴호믈 혜디 말다'로 번역되고 '量虛實'이 '긔운이 허커나 실커나 호믈 혜아리다'로 번역된다. 따라서 '사오납다'와 '허ᄒ다'의 동의성은 명백히 입증된다. 고유어 '사오납다'는 [實] 즉 '실하다, 튼튼하다'의 뜻을 가지고 '둏다'와 의미상 대립 관계에 있고 한자어 '허ᄒ다'는 [實] 즉 '실하다'의 뜻을 가지고 '실ᄒ다'와 의미상 대립 관계에 있다.

(17) a. 믈읫 ᄇᆞᄅᆷ 마즌(4b) 사ᄅᆞ미 긔운이 닝ᄒ며 열ᄒ며 긔운 사오나옴 됴호믈 혜디 말오(凡中風無問冷熱虛實) <救간一 5a>

(17) b. 긔운이 허커나 실커나 호믈 혜아려(量虛實) <救간三 71b>

c. 긔운이 허ᄒᆞ야셔 겨집과 ᄒᆞᆫ딩 자믈 너무 ᄒᆞ야 져근ᄆᆞ래 피 나거든

(虛勞房損過傷小便出血) <救간三 100b>

d. 긔운이 허ᄒᆞ야 사오나와 오좀ᄢᅦ예 더운 긔운이 이셔(虛損膀胱有熱)

<救간三 99b>

e. 늘근 사ᄅᆞᆷ과 긔운 허ᄒᆞᆫ 사ᄅᆞ미 입 헐어든(老人虛人口瘡) <救간三 4b>

<18> 이슥ᄒᆞ다 對 良久ᄒᆞ다

고유어 '이슥ᄒᆞ다'와 한자어 '良久ᄒᆞ다'가 [良久] 즉 '매우 오래다'의 뜻을 가지고 동의 관계에 있다는 것은 다음 예문들에서 잘 확인된다. 원문 중 '良久再服'이 '이슥ᄒᆞ야 다시 먹다'로 번역되고 '良久再煖'이 '良久커든 다시 데다'로 번역된다. 따라서 '이슥ᄒᆞ다'와 '良久ᄒᆞ다'의 동의성은 명백히 입증된다.

(18) a. 이슥ᄒᆞ야 다시 머그면(良久再服) <救간六 44a>

  b. 이슥ᄒᆞ야 다시 머그라(良久再服差) <救간二 92b>

  c. 이슥ᄒᆞ야 더운 차ᄅᆞᆯ 머그라(良久熱茶服) <救간三 93a>

  d. 이슥ᄒᆞ야 후로로ᄒᆞᆫ 쥭을 머기면(良久稀粥飮投之) <救간一 101b>

  e. 블 믈리고 이(21b)슥ᄒᆞ야 술로 뻐(去火良久用匙攤) <救간一 22a>

(18) f. 良久커든 다시 데여 시스라(良久再煖洗) <救方上 58b>

<19> 좃다 對 急ᄒᆞ다

고유어 '좃다'와 한자어 '急ᄒᆞ다'가 [急] 즉 '잦다, 급하다'의 뜻을 가지고 동의 관계에 있다는 것은 다음 예문들에서 잘 확인된다. 원문 중 '喘急'이 '수미 좃다'로 번역되고 '氣急'이 '氣分이 急ᄒᆞ다'로 번역된다. 따라서 '좃다'와 '急ᄒᆞ다'의 동의성은 명백히 입증된다.

(19) a. 빅 턍만ᄒᆞ고 수미 ᄌᆞᄌᆞ닐 고티ᄂᆞᆫ 法은(治…腹脹喘急方) <救方上 67b>

  b. 빅 턍만ᄒᆞ고 숨 ᄌᆞᄌᆞ닐(腹脹喘急) <救간三 66a>

　　c. 추미 걸며 수미 줏거(14b)든 (痰稠喘急) <救간二 15a>

(19) d. 氣分이 急ᄒ면 즉자히 사ᄂ니라(氣急卽活) <救方上 77b>

<20> 츠다 對 冷ᄒ다

　　고유어 '츠다'와 한자어 '冷ᄒ다'가 [冷] 즉 '차다, 냉하다'의 뜻을 가지고 동의 관계에 있다는 것은 다음 예문들에서 잘 확인된다. 원문 중 '氣冷'이 '氣分이 츠다'로 번역되고 '冷氣'가 '冷ᄒ 氣分'으로 번역된다. 그리고 '冷熱'이 '츠며 덥다'로도 번역되고 '링ᄒ며 셜ᄒ다'로도 번역된다. 따라서 '츠다'와 '冷ᄒ다'의 동의성은 명백히 입증된다.

(20) a. 氣分이 츠디 아니케 홀 디니라(勿令氣冷) <救方上 55b>

　　　 b. 츤 ᄯᄆ미 흐르ᄂ니(冷汗自出) <救方上 54b>

　　　 c. 츠며 더우믈 病ᄒ 사ᄅ미 ᄠᆮ들 조차(冷熱隨病人意) <救方上 31b>

　　　 d. 더우닐 머구머 츠거든 비와ᄐ라(熱含冷吐) <救方上 64b> <救간二 119a>

　　　 e. 오래 사름 업슨 츤 房의 자다가(久無人居冷房睡中) <救方上 21b>

　　　 f. 시혹 뷘 츤 房의 놀어나(或遊空冷屋室) <救方上 15a>

　　　 g. 四肢 츠고(四肢厥冷) <救方上 15b> <救方上 54b>

　　　 h. 믈 넉 되와 ᄭᆯ 흔 되와ᄅᆯ 흔듸 니기 달혀 츠(68a)거든(水四升蜜一升合煮熟冷)

　　　　 <救간三 68b>

(20) i. 冷ᄒ 氣分이 디ᄅ저겨(冷氣刺) <救方上 6a>

　　　 j. 사ᄅ미 그 병중의 경ᄒ며 듕ᄒ며 링ᄒ며 셜호믈 짐쟉ᄒ야 쓰라

　　　　 (在人斟酌輕重冷熱而投之) <救간一 68a>

　　　 k. 긔운이 닝ᄒ며 셜ᄒ며 긔운 사오나옴 됴호믈 혜디 말오(無問冷熱虛實)

　　　　 <救간一 5a>

<21> 티와티다 對 急ᄒ다

고유어 '티와티다'와 한자어 '急ᄒ다'가 [急] 즉 '급하다'의 뜻을 가지고 동의 관계에 있다는 것은 다음 예문들에서 잘 확인된다. 원문 중 '氣急'이 '긔운이 티와티다'로도 번역되고 '氣分이 急ᄒ다'로도 번역된다. 따라서 '티와티다'와 '急ᄒ다'의 동의성은 명백히 입증된다.

    (21) a. 긔운이 티와텨(氣急) <救간二 32a>

        b. 氣分이 急ᄒ면 즉자히 사ᄂ니라(氣急卽活) <救方上 77b>

<22> 하다 對 盛ᄒ다

고유어 '하다'와 한자어 '盛ᄒ다'가 [盛] 즉 '많다'의 뜻을 가지고 동의 관계에 있다는 것은 다음 예문들에서 잘 확인된다. 원문 중 '痰盛'이 '춤 하다'로도 번역되고 '痰盛ᄒ다'로도 번역된다. 따라서 '하다'와 '盛ᄒ다'의 동의성은 명백히 입증된다.

    (22) a. 춤 하니란(痰盛者) <救간一 2b>

        b. 추미 하고 욕욕ᄒ거든(痰盛嘔逆) <救간七 16b>

    (22) c. 痰 盛ᄒ니란(痰盛者) <救方上 2a>

2. 固有語가 狀態動詞句인 경우

상태동사에서 확인되는 고유어와 한자어 간의 동의에서 고유어가 狀態動詞句인 경우에는 [神驗] 즉 '아주 좋다'의 뜻을 가진 'ᄀ장 둏다'와 '신험ᄒ다'가 있다.

<1> ᄀ장 둏다 對 신험ᄒ다

고유어 'ᄀ장 둏다'와 한자어 '신험(神驗)ᄒ다'가 [神驗] 즉 '아주 좋다'의 뜻을 가

지고 동의 관계에 있다는 것은 다음 예문들에서 잘 확인된다. 원문 중 '服…神驗'이 '프러 머고미 ᄀᆞ장 둏다'로 번역되고 '數法…神驗'이 '두ᅀᅥ 법이 신험ᄒᆞ다'로 번역된다. 그리고 '合汗神驗'이 'ᄯᆞᆷ 나게 ᄒᆞ면 ᄀᆞ장 둏다'로 번역되고 '出神驗'이 '나리니 신험ᄒᆞ다'로 번역된다. 따라서 'ᄀᆞ장 둏다'와 '신험ᄒᆞ다'의 동의성은 명백히 입증된다.

(1) a. ᄒᆞᆫ 돈만 프러 머고미 ᄀᆞ장 됴ᄒᆞ니라(服一錢神驗) <救간一 109b>
b. 므ᄅᆞᆯ 머구머 아기 나ᄒᆞᆫ 겨집의 ᄂᆞᄎᆡ ᄲᅮ모미 ᄀᆞ장 됴ᄒᆞ니라(以水噀其面神驗) <救간七 53a>
c. 두퍼 ᄯᆞᆷ 나게 ᄒᆞ면 ᄀᆞ장 됴ᄒᆞ리라(覆合汗神驗) <救간一 105b>
d. 즉재 됴ᄒᆞ리니 ᄀᆞ장 됴ᄒᆞ니라(卽差神驗) <救간二 78b>

(1) e. 이 두ᅀᅥ 법이 다 신험ᄒᆞ니라(此數法皆神驗) <救간二 72a>
f. 여러 가짓 거시 슈신으로 나리니 신험ᄒᆞ니라(諸物從莖中出神驗) <救간三 113b>
g. 수레 달혀도 ᄯᅩ 됴ᄒᆞ니 ᄀᆞ장 신험(39b)ᄒᆞ니라(酒煎亦得神驗) <救간七 40a>

제3절 副詞類에서의 同義

부사류에서 확인되는 고유어와 漢字語 간의 동의에서 첫째로 고유어가 副詞이고 둘째로 고유어가 副詞語이다.

1. 固有語가 副詞인 경우

부사류에서 확인되는 고유어와 한자어 간의 동의에서 고유어가 副詞인 경우에는 [忽] 즉 '갑자기, 홀연히'의 뜻을 가진 '과글이/과ᄀᆞᆯ이'와 '忽然히'를 비롯하여 [甚] 즉 '몹시, 매우'의 뜻을 가진 'ᄀᆞ장'과 '甚히', [至] 즉 '이르게, 이르도록'의 뜻을 가진 '니

르리'와 '지히', [別] 즉 '따로'의 뜻을 가진 '닫'과 '各別히', [時時] 즉 '때때로'의 뜻을
가진 '므리므리예'와 '時時예', [急] 즉 '빨리, 시급히'의 뜻을 가진 '셜리'와 '時急히',
[順] 즉 '바르게, 바른 방향으로'의 뜻을 가진 '올히'와 '順히' 그리고 [稍稍] 즉 '점점,
차츰차츰'의 뜻을 가진 '적적'과 '漸漸' 등 17 항목이 있다.

<1> 과글이/과굴이 對 忽然히

고유어 '과글이/과굴이'와 한자어 '忽然히'가 [忽] 즉 '갑자기, 홀연히'의 뜻을 가지
고 동의 관계에 있다는 것은 다음 예문들에서 잘 확인된다. 원문 중 '舌忽脹'이 '혜 과
글이 부러나다'와 '혜 과굴이 붇다'로 번역되고 '舌忽腫'이 '혜 忽然히 붓다'로 번역된
다. 따라서 '과글이/과굴이'와 '忽然히'의 동의성은 명백히 입증된다.

   (1) a. 혜 과글이 부러나 입 밧긔 나거든(舌忽脹出口外) <救方上 46b>
      b. 혜 과굴이 부러 입 밧긔 나거든(舌忽脹出口外) <救간一 91b>
      c. 혜 과굴이 세며 브서(舌忽然硬腫) <救간二 89b>

   (1) d. 혜 忽然히 브서 세윌고 답답ᄒ거든(舌忽腫硬塞悶) <救方上 44a>

<2> ᄀ장 對 甚히

고유어 'ᄀ장'과 한자어 '甚히'가 [甚] 즉 '몹시, 매우'의 뜻을 가지고 동의 관계에
있다는 것은 다음 예문들에서 잘 확인된다. 원문 중 '甚効'가 'ᄀ장 둏다'로도 번역되
고 '甚히 둏다'로도 번역된다. 그리고 '甚多'가 'ᄀ장 하다'로 번역되고 '甚妙'가 '甚히
둏다'로 번역된다. 따라서 'ᄀ장'과 '甚히'의 동의성은 명백히 입증된다.

   (2) a. 피 긋고 ᄀ장 됴ᄒ니라(止血甚効) <救方下 27b>
      b. 왼녁 고해 불면 ᄀ장 됴ᄒ니라(吹入左鼻甚效) <救간二 8b>
      c. 믈인 디 둙의 피 ᄇᆞᆯ로미 ᄀ장 됴ᄒ니라(瘡上塗雞血甚良) <救간六 73a>
      d. 술히 내사ᄂᆞ니 ᄀ장 됴ᄒ니라(生肌甚良) <救方上 87b>
      e. 傷處ㅣ ᄀ장 민이 알프디 아니ᄒ면(傷處不甚猛痛則) <救方下 23a>

f. 이 법은 사름 살오미 ㄱ장 하니(此法活人甚多) <救간一 66b>

g. 모기 ㄱ장 ㅁ릭거든(渴甚) <救간二 58b>

(2) h. 술 나ᄂ니 甚히 됴ᄒ니라(生肌甚効) <救方上 83b>

i. 흰 므를 아ᅀᅡ ᄇ릭면 甚히 됴ᄒ니라(取白塗之甚妙) <救方下 10b)

<3> ㄱ장 對 壯히

고유어 'ㄱ장'과 한자어 '壯히'가 [壯] 즉 '매우, 몹시'의 뜻을 가지고 동의 관계에 있다는 것은 다음 예문들에서 잘 확인된다. 원문 중 '壯熱'이 'ㄱ장 덥다'로도 번역되고 '壯히 熱ᄒ다'로도 번역된다. 따라서 'ㄱ장'과 '壯히'의 동의성은 명백히 입증된다.

(3) a. 머리 알프고 ㄱ장 더워(頭痛壯熱) <救간一 102b>

b. 머리 알프고 ㄱ장 덥다라(頭痛壯熱) <救간一 107a>

(3) c. 과글이 죽고 壯히 熱ᄒ닐(卒死而壯熱) <救方上 26a>

<4> ㄱ장 對 지극

고유어 'ㄱ장'과 한자어 '지극'(至極)이 [極]과 [神] 즉 '몹시, 매우, 極히'의 뜻을 가지고 동의 관계에 있다는 것은 다음 예문들에서 잘 확인된다. 원문 중 '極効'가 'ㄱ장 둏다'로도 번역되고 '지극 둏다'로도 번역된다. 그리고 '神効'가 'ㄱ장 둏다'로도 번역되고 '至極 둏다'로도 번역된다. 따라서 'ㄱ장'과 '지극'의 동의성은 명백히 입증된다.

(4) a. 므레 ㅁ라 브티면 ㄱ장 됴ᄒ니라(水調傅極効) <救方下 24b>

b. 이 법이 ㄱ장 됴ᄒ니라(此法極効) <救간一 49a>

c. 헌딕 ㅂ릭면 ㄱ장 됴ᄒ니라(塗瘡上極妙) <救方上 89a>

d. ㄱ라 ㄱ장 ㄱ늘어든(硏極細) <救方下 23b>

e. ㄱ장 ᄇ라와 춤디 몯ᄎ리어든(極痒不可忍) <救方下 3a>

f. 비록 ㄱ장 셜워도(雖極痛) <救方下 14b>

g. 네 사ᄅ미 ᄀ장 ᄀ즈기 불에 ᄒ면(令四人極齊吹之) <救方上 75a>

h. 이 약은 능히 긔운을 고티며 건춤을 삭게 ᄒ고 풍긔 업게 ᄒ요매 ᄀ장 됴ᄒ니라

　　(此藥能正氣消痰散風神效) <救간一 5a>

i. 두퍼 ᄯ 나게 ᄒ면 ᄀ장 됴ᄒ니라(覆令汗神驗) <救간一 105b>

j. 더운 므레어나 수레어나 ᄒ 돈만 프러 머고미 ᄀ장 됴ᄒ니라(湯或酒服一錢神驗)

　　<救간一 109b>

k. 수레 달혀도 ᄯ 됴ᄒ니 ᄀ장 신험(39b)ᄒ니라(酒煎亦得神驗) <救간七 40a>

(4) l. 이 法이 지극(16b) 됴ᄒ니라(此法極效) <救方上 17a>

　　m. ᄲᅩᆼ 힌 즙으로 ᄇᄅ면 지극 神驗ᄒ니라(以桑白汁塗之極驗) <救方上 82a>

　　n. 지극 신긔ᄒ 효험이 잇ᄂ니라(極有神效也) <救간三 33a>

　　o. 것위 ᄯᅩᆼ을 소곰 섯거 ᄀ라 브티면 至極 됴ᄒ니라(用蚯蚓糞和塩硏傅神效)

　　　　<救方下 73a>

<5> 니르리 對 지히

　고유어 '니르리'와 한자어 '지(至)히'가 [至] 즉 '이르게, 이르도록'의 뜻을 가지고 동의 관계에 있다는 것은 다음 예문들에서 잘 확인된다. 원문 중 '至九月九日午時'가 '九月 九日 午時예 니르리'로 번역되고 '至二十丸'이 '스믈 丸 지히'로 번역된다. 따라서 '니르리'와 '지히'의 동의성은 명백히 입증된다. 고유어 '니르리'는 [至] 즉 '이르다'의 뜻을 기진 동자동사 '니르다'에서 파생된 부사로 '니를-+-이'로 분석될 수 있다.

(5) a. 九月 九日 午時예(81a) 니르리 내야(至九月九日午時出取) <救方上 81b>

(5) b. 열다ᄉ 丸으로 스믈 丸 지히(十五丸至二十丸) <救方上 69a>

　　c. 스믈 환 지히 밥 아니 머거셔(至二十丸食前) <救간 一 10a>

　　d. 열네 붓만 ᄯ디 해 ᄡ거든 마ᄉ 아홉 붓 지히 ᄡ라(灸十四壯多至四十九壯)

　　　　<救간三 47b>

　　e. 병이 듕ᄒᆫ 닷 되 지히 머그면 일뎡 됴ᄒ리라(重者服及五升必愈) <救간一 97b>

<6> 닫 對 各別히

고유어 '닫'과 한자어 '各別히'가 [別] 즉 '따로'의 뜻을 가지고 동의 관계에 있다는 것은 다음 예문들에서 잘 확인된다. 원문 중 '朴硝…別硏'이 '박쇼 닫 굴다'로도 번역되고 '朴硝 各別히 굴다'로도 번역된다. 그리고 '大麻仁別硏'이 '열 씨 닫 굴다'로 번역되고 '別硏腦子'가 '腦子를 各別히 굴다'로 번역된다. 따라서 '닫'과 '各別히'의 동의성은 명백히 입증된다.

(6) a. 박쇼 넉 량 닫 ᄀᆞ로니와(朴硝四兩別硏) <救간二 74a>

   b. 열 씨 닫 ᄀᆞ로니 ᄒᆞᆫ 량과를 다시 ᄀᆞ라(大麻仁別硏各一兩再硏) <救간七 13a>

   c. 몰약 두 돈 반을 닫 굴오(沒藥二錢半別硏) <救간三 29a>

(6) d. 朴硝 넉 兩을 各別히 굴오(朴硝四兩別硏) <救方上 42b>

   e. 雄黃 ᄒᆞᆫ 分을 各別히 굴오(雄黃一分別硏) <救方上 43a>

   f. 腦子를 져기 各別히 ᄀᆞ라(別硏腦子少許) <救方下 25a>

   g. 져기 各別(32b)히 ᄀᆞ로니와(小許別硏) <救方下 33a>

   h. 各別히 ᄀᆞ라(各硏) <救方上 54b>

   i. 各別(57a)히 ᄀᆞ라(別硏) <救方上 57b>

<7> 므리므리예 對 時時예

고유어 '므리므리예'와 한자어 '時時예'가 [時時] 즉 '때때로'의 뜻을 가지고 동의 관계에 있다는 것은 다음 예문들에서 잘 확인된다. 원문 중 '時時衝'이 '므리므리예 다디르다'로 번역되고 '時時…飮'이 '時時예 먹다'로 번역된다. 따라서 '므리므리예'와 '時時예'의 동의성은 명백히 입증된다.

(7) a. 므리므리예 ᄆᆞᅀᆞ매 다딜어(時時衝心) <救方下 91b>

   b. 時時예 하거나 젹거나 머거(時時隨多少飮之) <救方上 88b>

<8> 믄득 對 忽然히

고유어 '믄득'과 한자어 '忽然히'가 [忽然]과 [忽] 즉 '갑자기, 홀연히'의 뜻을 가지고 동의 관계에 있다는 것은 다음 예문들에서 잘 확인된다. 원문 중 '忽然昏'이 '믄득 어즐ᄒ다'로도 번역되고 '忽然히 어즐ᄒ다'로도 번역된다. 그리고 '忽絶'이 '믄득 죽다'로 번역되고 '忽腫'이 '忽然히 븟다'로 번역된다. 따라서 '믄득'과 '忽然히'의 동의성을 명백히 입증된다.

(8) a. 믄득 업더디여 어즐ᄒ야(忽然仆倒昏迷) <救方上 12a> <救간一 38b>

b. 믄(15a)득 누네 귓것 보며(忽然眼見鬼物) <救方上 15b>

c. ᄇᄅᆷ 마자 믄득 어즐ᄒ야(中風忽然昏) <救간一 5b>

d. 닛 사채 믄득 피 나거든(牙齒縫忽然出血) <救간二 118b>

e. 믄득 죽ᄂᆞ니 다 이 中惡이니(忽絶皆是中惡) <救方上 20a>

(8) f. 中風ᄒ야 忽然히 어즐ᄒ야(中風忽然昏) <救方上 4b>

g. 닛 ᄢᅵ메 忽然히 피 나거든(牙齒縫忽然出血) <救方上 64b>

h. 혀 忽然히 브ᅀᅥ 세윌고 답답ᄒ거든(舌忽腫硬塞悶) <救方上 44a>

<9> 믈읫 對 大凡ᄒ디

고유어 '믈읫'과 한자어 '大凡ᄒ디'기 [凡] 즉 '무릇'의 뜻을 가지고 동의 관계에 있다는 것은 다음 예문들에서 잘 확인된다. 원문 중 '凡中蛇'가 '믈읫 비얌 믈이다'로 번역되고 '凡悶'이 '大凡ᄒ디 닶갑다'로 번역된다. 따라서 '믈읫'과 '大凡ᄒ디'의 동의성은 명백히 입증된다.

(9) a. 믈읫 비얌 믈여든(凡中蛇) <救方下 73b>

b. 믈읫 傷ᄒ야 피 얼의여 모다(凡傷損血瘀凝積) <救方下 36a>

c. 믈읫 傷ᄒ야 피 얼의며 氣絶ᄒ야 죽ᄂᆞ니와 ᄯᅩ 얼읜 피 오래 이셔 닶가와 알하 울오믈 몯거든(凡是傷損血瘀凝積氣絶欲死幷久積瘀血煩燥疼痛叫呼不得) <救方下 30b>

d. 믈읫 傷흔 짜해 다 이 法으로 고티면 됴흐니(凡有損傷皆以此法治之神効)

   <救方下 36b>

e. 믈읫 샹흔 듸 다 이 법으로 고티면 둗ᄂ니(凡有損傷者皆以此法治之神效)

   <救간ー 80b>

f. 믈읫 더위 드려든(凡中暑) <救간ー 35a>

g. 믈읫 가슴 빈 링긔로 알프거든(凡心腹冷痛) <救간二 38b>

(9) h. 믈읫 시긔병이어든(凡時行疫癘痛) <救간ー 104b>

i. 大凡흔디 닶가와 ᄒ거든 즉자히 쌕므라(凡悶卽濮之) <救方下 93b>

원문 중 '大凡'이 고유어 '믈읫'으로 번역된다는 것은 다음 예문들에서 확인된다. 그리고 이것은 注目할 만한 사실이다.

(9) j. 믈읫 져근물 보디 몯ᄒᄂ 근원은 腎에 잇ᄂ니(大凡水道不行其本在腎)

   <救간三 75b>

k. 믈읫 약을 브스름 우희 ᄇ롤 제 가온딋 ᄇᄅ디 말라(大凡用藥塗瘡不可當心)

   <救간三 34a>

<10> 바ᄅ 對 正히

고유어 '바ᄅ'와 한자어 '正히'가 [正] 즉 '바로'의 뜻을 가지고 동의 관계에 있다는 것은 다음 예문들에서 잘 확인된다. 원문 중 '正言'이 '바ᄅ 니ᄅ다'로도 번역되고 '正히 니ᄅ다'로도 번역된다. 그리고 '正對'가 '바ᄅ 다히다'로 번역된다. 따라서 '바ᄅ'와 '正히'의 동의성은 명백히 입증된다.

(10) a. 믈읫 빈얌 들여든 비야미라 니ᄅ디 말오 벌에와 짜햇 노히라 니ᄅ고 제 일후믈 바ᄅ 니ᄅ디 말라(凡中蛇不應言蛇皆言虫及地索勿正言其名也) <救간六 47b>

b. 주근 사ᄅ미 가ᄉ믈 바ᄅ 다히면 아니한ᄉᄼ이에 도기 더워 이브로 므리 다 나면

   (正對死人心下須臾甕煖口中水出盡) <救간ー 70a>

(10) c. 믈읫 비얌 믈여든 비야미라 니르디 아니ᄒ고 다 벌에와(73b) 따햇 노히라 닐어
제 일후믈 正히 니르디 말라(凡中蛇不應言蛇皆言蟲及地索勿正言其名也)
〈救方下 74a〉

<11> 샐리 對 時急히

고유어 '샐리'와 한자어 '時急히'가 [急] 즉 '빨리, 시급히'의 뜻을 가지고 동의 관계
에 있다는 것은 다음 예문들에서 잘 확인된다. 원문 중 '急治'가 '샐리 고티다'로도 번
역되고 '時急히 고티다'로도 번역된다. '急解去'가 '샐리 밧기다'로도 번역되고 '時急
히 밧기다'로도 번역된다. 그리고 '急出'이 '샐리 내다'로도 번역되고 '時急히 내다'로
도 번역된다. 따라서 '샐리'와 '時急히'의 동의성은 명백히 입증된다.

(11) a. 샐리⋯세 다숫 壯을 ᄯᅳ면(急⋯灸三五壯) 〈救方上 74a〉

b. 샐리⋯ᄯᅲ디(急灸) 〈救方上 2b〉

c. 샐리 소곰 ᄒᆞᆫ 兩을 더운 므레 프러(急用塩一兩熱湯調) 〈救方上 33a〉

d. 샐리 아나 니르와ᇰ고(急抱起) 〈救方上 77a〉

e. 샐리 저어 치와(急攪之放冷) 〈救方下 8b〉

f. 샐리 브레 뾔면(急向火炙) 〈救方下 14b〉

g. 샐(35a)리 ᄀᆞ라(急硏) 〈救方下 35b〉

h. 샐리 이블 버리혀고(急擘開口) 〈救方下 30b〉

i. 샐리 입을 벗으리와ᇰ고(急擘開口) 〈救간一 78b〉

j. 샐리 고티디 아니ᄒ면(若不急治) 〈救간二 76a〉

k. 므레 주근 사ᄅᆞᆯ 샐리 옷 밧기고(急解去死人衣帶) 〈救간一 76a〉

l. 즉재 우흐로 샐리 내(16a)야(卽向上急出) 〈救간六 16b〉

(11) m. 時急히 고티디 아니ᄒ면(若不急治) 〈救方上 45b〉

n. 時急히 고티디 아니ᄒ면(不急療之) 〈救方上 68a〉

o. 時急히 주근 사ᄅᆞ미 옷 밧기고(急解去死人衣) 〈救方上 71b〉

p. 즉재 우흐로 時急히 내오(卽向上急出) 〈救方上 48b〉

q. 이 毒氣ᄅᆞᆯ 時急히 고티디 아니ᄒ면(此毒若不急療) 〈救方下 71a〉

    r. ᄒᆞ다가 다시 시급히 드외어든(如更急則) <救간二 72a>

<13> 수이 對 能히

고유어 ‘수이’와 한자어 ‘能히’가 [能] 즉 ‘능히’의 뜻을 가지고 동의 관계에 있다는 것은 다음 예문들에서 잘 확인된다. 원문 중 ‘能殺’이 ‘수이 죽게 ᄒᆞ다’로도 번역되고 ‘能히 주기다’로도 번역된다. 그리고 ‘能再服’이 ‘수이 두 번 먹다’로도 번역되고 ‘能히 두 저글 먹다’로도 번역된다. 따라서 ‘수이’와 ‘能히’의 동의성은 명백히 입증된다. 고유어 ‘수이’는 ‘수비’의 後身形이고 ‘수비’는 상태동사 ‘쉽다’에서 파생된 부사로 ‘쉽-+-이’로 분석될 수 있다.

    (12) a. 사ᄅᆞ믈 수이 죽게 ᄒᆞᄂᆞ니(能殺人) <救간二 76a>

       b. 수이 두 번에 먹디 몯거든 수이 머글 양으로 머그라(不能再服可隨所能服之)

          <救간七 28a>

       c. 이 약이 믄득 수이 고티ᄂᆞ니라(此藥輒能治之) <救간一 8a>

       d. 녀느 약으로 수이 고티디 몯ᄒᆞᄂᆞ닐(他藥不能治之者) <救간二 116b>

       e. 긔운이 수이 통티 몯ᄒᆞ거든(氣不能通) <救간一 65a>

    (12) f. 能히 사ᄅᆞ믈 주기ᄂᆞ(45b)니(能殺人) <救方上 46a>

       g. 能히 두 저글 먹디 몯거든 能히 홀 양ᄌᆞ를 조차 머기라(不能再服可隨所能服之)

          <救方下 87a>

       h. 이 약은 능히 긔운을 고티며 건춤을 삭게 ᄒᆞ고 풍긔 업게 ᄒᆞ 요매 ᄀᆞ장 됴ᄒᆞ니

         라(此藥能正氣消痰散風神效) <救간一 5a>

<13> 올히 對 順히

고유어 ‘올히’와 한자어 ‘順히’가 [順] 즉 ‘바르게, 바른 방향으로’의 뜻을 가지고 동의 관계에 있다는 것은 다음 예문들에서 잘 확인된다. 원문 중 ‘順生’이 ‘올히 나다’로도 번역되고 ‘順히 나다’로도 번역된다. 따라서 ‘올히’와 ‘順히’의 동의성은 명백히 입증된다. 고유어 ‘올히’는 상태동사 ‘올ᄒᆞ다’에서 파생된 부사로 ‘올ᄒᆞ-+-ㅣ’

로 분석될 수 있고 [逆] 즉 '거꾸로'의 뜻을 가진 부사 '거스리'와 의미상 대립 관계
에 있다.

(13) a. 즉재 올히 나(卽時順生) <救간七 46a>

　　 b. 즉재 올히 나ᄒ리라(卽順生) <救간七 43a>

　　 c. 즉재 올히 나ᄒ리라(卽便順生) <救간七 40b>

(13) d. 즉재 順히 나(卽時順生) <救方下 82a>

　　 e. 즉재 順히 나ᄂ니라(卽順生) <救方下 82b>

　　 f. 즉재 順히 나ᄂ니라(卽便順生) <救方下 85a>

<14> 저여곰 對 各各

고유어 '저여곰'과 한자어 '各各'이 [各] 즉 '제각기, 각각'의 뜻을 가지고 동의 관계
에 있다는 것은 다음 예문들에서 잘 확인된다. 원문 중 '各執'이 '저여곰 잡다'로 번역
되고 '各提'가 '각각 잡다'로 번역된다. 그리고 '各炒'가 '各各 봇다'로 번역된다. 따라
서 '저여곰'과 '各各'의 동의성은 명백히 입증된다.

(14) a. 네 사ᄅ미 저여곰 자바 힘뻐 부러(用四人各執一筒用力吹) <救간一 60b>

　　 b. 리튱과 소합원과ᄅᆯ 저여곰 환 밍ᄀ라(調理中蘇合各爲圓) <救간二 16a>

(14) c. 各各 봇고ᄃᆡ 검게 ᄒ고(各炒令黑) <救方下 10a>

　　 d. 各各 ᄀ라 細末ᄒ야(各研爲細末) <救方上 21b>

　　 e. 두 사ᄅᆷ으로 두 녁 귀ᄅᆯ 각각 자바셔(使兩人各提耳) <救간二 83a>

　　 f. 심황과 구리댓 불휘와 셰신 불휘와 각각 ᄀᆮ게 ᄂ화(鬱金 白芷 細辛各等分)

　　　　<救간二 117b>

　　 g. 우비ᄌ 시스니와 빅교향과 굸죠개분과 각각 ᄀᆮ게 ᄂ화

　　　　(五倍子洗白膠香 牡蠣粉各等分) <救간二 120b>

<15> 절로 對 自然히

고유어 '절로'와 한자어 '自然히'가 [自]와 [自然] 즉 '저절로, 자연히'의 뜻을 가지고 동의 관계에 있다는 것은 다음 예문들에서 잘 확인된다. 원문 중 '自活'이 '절로 살다'로도 번역되고 '즈션히 살다'로도 번역된다. 그리고 '自出'이 '절로 나다'로 번역되고 '自入'이 '自然히 들다'로 번역된다. 따라서 '절로'와 '自然히'의 동의성은 명백히 입증된다.

(15) a. 므리 나면 절로 사ᄂᆞ니라(水出自活) <救方上 73b>

　　　 b. 절로 다 나니(自出盡) <救方下 77b>

　　　 c. 절로 쯰려 나ᄂᆞ니라(自裏出) <救方上 51a>

　　　 d. 그 가시 절로 나리라(其刺自出) <救간六 23b>

　　　 e. 그 바ᄂᆞ리 절로 나리라(其針自出) <救간六 21b>

　　　 f. 즈조 쎄븨여 덥게 ᄒᆞ면 니 절로 열리라(頻擦令熱牙自開) <救方上 5a>

　　　 g. 그 氣分이 절로 긋ᄂᆞ니(其氣自止) <救方上 12b>

　　　 h. 절로 눗ᄂᆞ니라(自消) <救方上 58b>

(15) i. 그 기르미 自然히 눈 가온ᄃᆡ 드러(其脂自入眼角中) <救方下 38b>

　　　 j. 므리 나 즈션히 살리라(水出自活) <救간一 67a>

　　　 k. 그 소리 즈션히 나리니(其聲自出) <救간二 86b>

　　　 l. 이 병이 즈션히 됴ᄒᆞ리라(此病自安康) <救간六 59a>

　　　 m. 져지 즈션히 나리라(乳汁自淋漓) <救간七 82b>

　　　 n. 즈션히 자리니(自睡矣) <救간一 114b>

　　　 o. 自然히 大便에 쯰려 나ᄂᆞ니라(自然裏於大便中出) <救方上 51a>

　　　 p. 가시 自然히 나ᄂᆞ니(刺自然出) <救方下 6a>

　　　 q. 즈션히 장뷔 훤ᄒᆞ리라(自然臟腑流利) <救간三 64a>

　　　 r. 즈션히 움처들리라(自然收縮) <救간七 68a>

<16> 젹젹 對 漸漸

고유어 '젹젹'과 한자어 '漸漸'이 [稍稍]와 [漸漸] 즉 '점점, 차츰차츰'의 뜻을 가지고 동의 관계에 있다는 것은 다음 예문들에서 잘 확인된다. 원문 중 '稍稍吞'이 '젹젹 머기다'로도 번역되고 '점점 머기다'로도 번역된다. 그리고 '稍稍烟'이 '젹젹 숨끼다'로 번역되고 '稍稍嚥'이 '漸漸 숨기다'로 번역된다. 따라서 '젹젹'과 '漸漸'의 동의성은 명백히 입증된다.

(16) a. 죽을 젹젹 머기면(粥稍稍吞之) <救간一 77a>

   b. 젹젹 숨쎠(稍稍烟) <救간一 33b>

(16) c. 粥을 점점 머기면((粥稍稍吞之) <救方上 74a>

   d. 粥 므를 漸漸 숨기면(粥淸稍稍嚥之) <救方上 8b>

   e. 점점 미러 낙새 다듣게 ᄒ고(稍稍令推至鉤處) <救方上 50a> <救간六 15a>

   f. 살 미티 漸漸 제 나ᄂ니라(其箭鏃漸漸自出) <救方下 3b>

   g. 점점 그(86b) 즙을 숨교미 됴ᄒ니라(漸漸嚥汁妙) <救간二 87a>

<17> 즉재 對 卽時예

고유어 '즉재'와 한자어 '卽時예'가 [卽]과 [卽時] 즉 '곧, 즉시'의 뜻을 가지고 동의 관계에 있다는 것은 다음 예문들에서 잘 확인된다. 원문 중 '卽活'이 '즉재 살다'로 번역되고 '卽推'가 '卽時예 밀다'로 번역된다. 그리고 '卽時氣閉'가 '즉재 수미 막다'도 번역된다. 따라서 '즉재'과 '卽時예'의 동의성은 명백히 입증된다.

(17) a. 므리 나면 즉재 사ᄂ니라(水出卽活) <救方上 72b>

   b. 즉재 씨ᄂ니라(卽醒) <救方上 3b>

   c. 즉재 能히 말ᄒᄂ니라(卽能廻語) <救方上 26a>

   d. 눖 가온ᄃᆡ 브스면 즉재 나리라(注目中卽出)) <救方下 39b>

   e. 즉재 됴ᄒ리(76b)라(卽差) <救간二 77a>

   f. 즉재 順히 나 子息과 어미왜 다 사ᄂ니라(卽時順生子母俱活) <救方下 82a>

g. 즉재 올히 나 아기와 어미왜 다 살리라(卽時順生子母俱活) <救간七 46a>

h. 즉재 알포미 업고(卽時痛止) <救간七 78b>

i. 즉재 수미 마가 통티 몯거든(卽時氣閉不通) <救간二 78a>

j. 두스닐 훈 번에 머그면 즉재 나ᄒ리라(候溫作一服卽時下) <救간七 26b>

k. 들인 사ᄅ미 즉재 맔 므리어나 ᄯᅩ ᄀᆺ 기론 므리어나 모딘 피를 시서 ᄇ리면

(傷者卽時以河水或新水洗去毒血) <救간六 46a>

(17) l. 卽時예 미러 녀코(卽推入) <救方上 87b>

2. 固有語가 副詞語인 경우

부사류에서 확인되는 고유어와 한자어 간의 동의에서 고유어가 副詞語인 경우에는 [麤] 즉 '굵게, 거칠게'의 뜻을 가진 '굵게'와 '麤히'가 있다.

<1> 굵게 對 麤히

고유어 '굵게'와 한자어 '麤히'가 [麤] 즉 '굵게, 거칠게'의 뜻을 가지고 동의 관계에 있다는 것은 다음 예문들에서 잘 확인된다. 원문 중 '搗麤羅'가 '디허 굵게 츠다'로 번역되고 '擣麤羅'가 '디허 麤히 츠다'로 번역된다. 따라서 '굵게'와 '麤히'의 동의성은 명백히 입증된다. 부사어 '굵게'는 '굵-+-게'로 분석될 수 있다.

(1) a. 감초 반 량과를 디허 굵게 처(甘草半兩搗麤羅) <救간二 118b>

b. 굵게 디허 처(麤擣篩) <救간二 67b>

c. 디허 굵게 처(麤擣篩) <救간七 17a>

d. 심 훈 량을 디허 굵게 처(人參一兩麤擣篩) <救간二 58b>

e. 굵게 디허 처(麤擣篩) <救간二 72b>

f. 디허 굵게 처(搗麤羅) <救간七 4a>

g. 디허(8a) 굵게 처(搗麤羅) <救간七 8b>

(1) h. 甘草 半 兩과를 디허 麤히 처(甘草半兩右件藥擣麤羅) <救方上 64b>

제4절 冠形詞에서의 同義

관형사류에서 확인되는 고유어와 한자어 간의 동의에는 [一切] 즉 '모든, 일체의'
의 뜻을 가진 고유어 관형사 '대도흔'과 '한자어 관형사 '一切ㅅ'이 있다.

<1> 대도흔 對 一切ㅅ

고유어 관형사 '대도흔'과 한자어 관형어 '一切ㅅ'이 [一切] 즉 '모든, 일체의'의 뜻
을 가지고 동의 관계에 있다는 것은 다음 예문들에서 잘 확인된다. 원문 중 '一切瘡'
이 '대도흔 브스름'으로 번역되고 '一切金瘡'이 '一切ㅅ 金瘡'으로 번역된다. 그리고
'一切心痛'이 '대도흔 가슴 알푼 병'으로 번역되고 '一切骨鯁'이 '一切ㅅ 쎠 걸우니'로
번역된다. 따라서 '대도흔'과 '一切ㅅ'의 동의성은 명백히 입증된다. '一切ㅅ'는 명사
'一切'와 속격 조사 '-ㅅ'의 결합이다.

(1) a. 둥윗 브스름과 대도흔 브스르미 나(發背癰疽一切瘡) <救간三 44b>

  b. 대도흔 헌듸 암근 후에(一切瘡差後) <救간六 93b>

  c. 대도흔 모딘 브스름과(一切腫毒) <救간三 42b>

  d. 대도흔 모딘 일홈 업슨 브스름과(一切惡腫無名) <救간三 45a>

  e. 대도흔 단독이 두루 든녀 붓거든(一切丹毒流腫) <救간三 51b>

  f. 대도흔 가슴 알푼 병에(一切心痛) <救간二 32b>

  g. 대도흔 머리 알핏 병에 약 머거 됴티 아니커든(一切頭疼服藥不效者)

    <救간二 6a>

  h. 대도흔 브롬앗 병을 다 고티ᄂᆞ니라(應一切風疾悉皆治愈) <救간一 6b>

(1) i. 一切ㅅ 金瘡 고툐매(治一切金瘡) <救方下 4a>

　　j. 一切ㅅ 物이 누네 드러(一切物眛目中) <救方下 38b>

　　k. 一切ㅅ 쎄 걸우닐 고툐딕(治一切骨鯁) <救方上 51a>

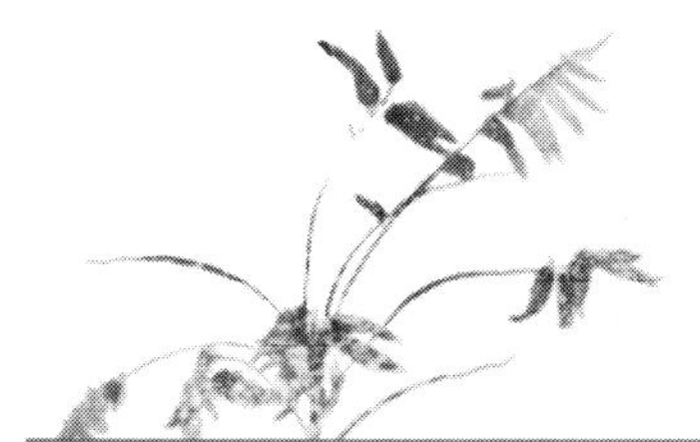

제4장
漢字語간의 同義

『구급방언해』와 『구급간이방』에서 漢字語들이 어떤 양상의 동의 관계를 형성하고 있는지를 名詞類, 動詞類 및 副詞에서 고찰해 보고자 한다.

제1절 名詞類에서의 同義

명사류에서 확인되는 漢字語간의 동의는 크게 두 경우로 나누어 고찰할 수 있다. 첫째는 동의 관계에 있는 한자어들이 모두 1자 漢字語인 경우이고 둘째는 동의 관계에 있는 한사어들 중의 적어도 하나가 2사 이상의 漢字語인 경우이고 셋째는 하나가 名詞句인 경우이다.

1. 모두 1자 漢字語인 경우

명사류에서 확인되는 漢字語간의 동의에서 한자어들이 모두 1자 漢字語인 경우에는 [羹] 즉 '국'의 뜻을 가진 '羹'과 '湯' 그리고 [方]과 [法] 즉 '法, 방법'의 뜻을 가진 '方'과 '法'이 있다.

<1> 羹 對 湯

두 명사가 [羹] 즉 '국'의 뜻을 가지고 동의 관계에 있다는 것은 다음 예문들에서 잘 확인된다. 원문 중 '熱羹'이 '더운 羹'으로 번역되고 '魚羹'이 '生鮮湯'으로 번역된다. 따라서 '羹'과 '湯'의 동의성은 명백히 입증된다.

> (1) a. ᄒᆞ다가 ᄠᆞᆫ 것과 쉰 것과 더운 羹과 고기를 머그면(若食鹹酸飮食熱羹腥輩)
>   <救方上 80a>
>
>   b. 쟝국의 달혀 깅 ᄆᆡᆼᄀᆞ라 머그라(以豉汁煮作羹食) <救간三 85b>
>
>   c. 샹녜 깅 ᄀᆞ티 ᄆᆡᆼᄀᆞ라(治如常法作羹) <救간三 89b>

> (1) d. 生鮮湯ㅅ 즈브로 ᄂᆞ리오라(以魚羹汁化下) <救方上 47a>

<2> 方 對 法

두 명사가 [方]과 [法] 즉 '法, 방법'의 뜻을 가지고 동의 관계에 있다는 것은 다음 예문들에서 잘 확인된다. 원문 중 '治凍死方'이 '어러 주그닐 고티ᄂᆞᆫ 方'으로 번역되고 '治⋯出血方'이 '피 나ᄂᆞᆫ닐 고티ᄂᆞᆫ 法'으로 번역된다. 따라서 '方'과 '法'의 동의성은 명백히 입증된다.

> (2) a. 어러 주그닐 고티ᄂᆞᆫ 方애(治凍死方) <救方上 8b>
>   b. 中暑ᄒᆞ야 ᄆᆞᄉᆞᆷ 답답ᄒᆞ니 고티ᄂᆞᆫ 方애(治熱暍心悶方) <救方上 9a>

> (2) c. 피 나ᄂᆞᆫ닐 고티ᄂᆞᆫ 法(治⋯出血方) <救方上 63b>
>   d. 수미 즈즈닐 고티ᄂᆞᆫ 法은(治⋯喘急方) <救方上 67b>
>   e. 버리고 어우디 아니ᄒᆞ닐 고티ᄂᆞᆫ 法은(治⋯開張不合方) <救方上 79a>
>   f. 고햇 피 고티ᄂᆞᆫ 法에(鼻衄方) <救方上 61a>
>   g. 뜸 ᄡᅳ(87a)ᄂᆞᆫ 法에(灸法) <救方下 87b>

2. 적어도 하나가 2자 이상의 漢字語인 경우

　명사류에서 확인되는 漢字語간의 동의에서 적어도 하나가 2자 이상의 漢字語인 경우에는 [鷄頭]와 [芡實] 즉 '가시연밥'의 뜻을 가진 '鷄頭實'과 '芡實'을 비롯하여 [氣] 즉 '기운'의 뜻을 가진 '氣分'과 '긔운', [胡桃] 즉 '호도, 호두'의 뜻을 가진 '당츄즈'와 '胡桃', [麻油]와 [香油] 즉 '참기름'의 뜻을 가진 '麻油'와 '香油', [人事] 즉 '의식, 정신'의 뜻을 가진 '人事'와 '싄긔' 등 30여 항목이 있다.

<1> 鷄頭實 對 芡實

　두 명사가 [鷄頭]와 [芡實] 즉 '가시연밥'의 뜻을 가지고 동의 관계에 있다는 것은 다음 예문들에서 잘 확인된다. 원문 중 '如鷄頭大'가 '鷄頭實만 케 ᄒ다'로 번역되고 '如芡實'이 '거싀련 여름만 ᄒ다'로 번역되고 '芡實'의 자석이 '거싀련 여름'이다. 따라서 '鷄頭實'과 '芡實'의 동의성은 명백히 입증된다.

> (1) a. 煉혼 뿌레 丸을 지오ᄃᆡ 鷄頭實만 케 ᄒ야(煉蜜丸如鷄頭大) <救方上 44b>
> 　　 b. 달힌 뿌레 환 지오ᄃᆡ 계두실만 ᄒ야(煉蜜丸如鷄頭大) <救간二 79b>

> (1) c. 달힌 뿌레 ᄆ라 거싀련 여름만 케 비븨여(煉蜜爲丸如芡實) <救간二 37a>
> 　　 d. 芡實 : 거싀련 여름 <救간二 37a>

<2> 氣分 對 긔운

　두 명사 '氣分'과 '긔운'(氣運)이 [氣] 즉 '기운'의 뜻을 가지고 동의 관계에 있다는 것은 다음 예문들에서 잘 확인된다. 원문 중 '冷氣'가 '츤 氣分'으로도 번역되고 '츤 긔운'으로도 번역된다. 그리고 '氣通'이 '氣分이 通ᄒ다'로도 번역되고 '긔우니 통ᄒ다'로도 번역된다. 따라서 '氣分'과 '긔운'의 동의성은 명백히 입증된다.

> (2) a. 츤 氣分이 블와 서르 사화(冷氣與火相博) <救方上 9a>
> 　　 b. 더운 氣分이 通호ᄆᆞᆯ 기드려(候暖氣通) <救方上 74a>

    c. 氣分이 通ᄒ며(氣通) <救方上 8b>

    d. 어믜 氣分이 그츄려 ᄒ거든 고툐ᄃᆡ(治…母氣欲絶) <救方下 84b>

    e. 氣分이 긋거든(氣絶) <救方上 16b>

    f. 氣分이 답답ᄒ야(氣悶) <救方下 29a>

(2) g. 춘 긔운이 블와로 서르 다이저(冷氣與火相搏) <救간一 88a>

    h. 더(76b)운 긔우니 통호믈 기들워(候煖氣通) <救간一 77a>

    i. 긔우니 통ᄒ면(氣通) <救간一 88a>

    j. 긔우니 긋거든(氣絶) <救간一 48b>

    k. 긔우니 답답ᄒ야(氣悶) <救간一 79a>

<3> 당츄ᄌ 對 胡桃

  두 명사 '당츄ᄌ'(唐楸子)와 '胡桃'가 [胡桃] 즉 '호도, 호두'의 뜻을 가지고 동의 관계에 있다는 것은 다음 예문들에서 잘 확인된다. 원문 중 '胡桃…去皮殼'이 '당츄ᄌ…거플와 당아리 앗다'로 번역되고 '胡桃'의 자석이 '당츄ᄌ'이다. 그리고 '靑胡桃'가 '프른 당츄ᄌ'로 번역되고 '靑胡桃'의 자석이 '프른 당츄ᄌ'이다. 따라서 '당츄ᄌ'와 '胡桃'의 동의성은 명백히 입증된다.

(3) a. 당츄ᄌ ᄒᆞᆫ 나츨 거플와 당아리 앗고(胡桃一箇去皮殼) <救간二 36b>

    b. 당츄ᄌ 닐굽 나츨 ᄉ라(胡桃七箇燒) <救간三 59a>

    c. 당츄ᄌ를 ᄠᆫ 브레 구워 닉거든(胡桃慢火煨熟) <救간三 119b>

    d. ᄀᆞᆺ 여러 프른 당츄ᄌ 다ᄉᆞᆺ 낫과(初生靑胡桃五顆) <救간六 87b>

    e. 당츄ᄌ ᄒᆞᆫ 낫 당아리 앗고 보ᄆᆡ 밧기디 아니ᄒᆞ니와를(胡桃肉一介去殼不剝皮)
      <救간二 13a>

    f. ᄉᆡᆼ앙 당츄ᄌ만 ᄒᆞ니 ᄒᆞᆫ 무적과를(生薑一塊胡桃人) <救간三 64b>

(3) g. 胡桃 : 당츄ᄌ <救간二 36a> <救간三 59a> <救간三 119b>

    h. 靑胡桃 : 프른 당츄ᄌ <救간六 87b>

    i. 胡桃肉 : 당츄ᄌ 술 <救간二 13a>

<4> 毒 對 毒氣

두 명사가 [毒] 즉 '毒, 毒氣'의 뜻을 가지고 동의 관계에 있다는 것은 다음 예문들에서 잘 확인된다. 원문 중 '猘犬毒'이 '미친 가히 毒'으로 번역되고 '此毒'이 '이 毒氣'로 번역된다. 그리고 '毒卽出'이 '독이 즉재 나다'로도 번역되고 '毒氣 즉재 나다'로도 번역된다. 따라서 '毒'과 '毒氣'의 동의성은 명백히 입증된다.

(4) a. 미친 가히 毒올 고툐딕(治猘犬毒) <救方下 66a>

　　b. 복의 毒을 고튜딕(治河豚魚毒) <救方下 59b>

　　c. 흐다가…고깃 毒이어든(若…肉毒) <救方下 58b>

　　d. 미친 가히 므른 毒이 ᄆᆞ매 드러 닶가와(狂犬咬毒入心悶絶) <救方下 70a>

　　e. 도틱 고기 먹고 毒 마즈닐 고튜딕(治食猪肉中毒) <救方下 61a>

　　f. 독이 즉재 나리라(毒卽出) <救간六 33b>

　　g. 미친 가히 믈인 도기 ᄆᆞ매 드러 답답ᄒᆞ야(狂犬咬毒入心悶絶) <救간六 39b>

(4) h. 이 毒氣를 時急히 고티디 아니ᄒᆞ면(此毒若不急療) <救方下 71a>

　　i. 이 毒氣(72b) 쏘 發ᄒᆞ야 고티디 몯ᄒᆞᄂᆞ니(此毒亦發不可救療) <救方下 a>

　　j. 그 毒氣를 혀 즉재 ᄂᆞ리ᄂᆞ리라(引導其毒卽下) <救方上 71b>

　　k. 그 毒氣ㅣ 小便에 조차 나ᄂᆞ니(其毒必從小便中出) <救方下 71a>

　　l. 毒氣 즉재 나ᄂᆞ니라(毒卽出) <救方下 63b>

　　m. 毒氣 ᄒᆞ마 나고(毒卽出) <救方下 71b>

<5> 蓮 對 芙蓉

두 명사가 [芙蓉]과 [蓮] 즉 '연'의 뜻을 가지고 동의 관계에 있다는 것은 다음 예문들에서 잘 확인된다. 원문 중 '芙蓉葉'이 '蓮 닙'으로 번역되고 '蓮葉'이 '련 닙'으로 번역된다. 그리고 '芙蓉葉'의 자석이 '련 닙'이다. 따라서 '蓮'과 '芙蓉'의 동의성은 명백히 입증된다.

  (5) a. 蓮 닙과 뽕 니플 ᄀ티 ᄂ화(芙蓉葉桑葉等分) <救方下 12b>

     b. ᄀ슰 련 닙 ᄀ늘해 믈외요니(秋後芙蓉葉陰乾) <救간三 37a>

     c. 련 닙과 송이와를 므레 달혀 머그라(蓮葉及房水煎服) <救간七 54a>

     d. 련 닙 석량과(蓮葉三兩) <救간三 65a>

     e. 련ㅅ 곳과 닙과를 ᄉ라 마시라(蓮花葉燒飮之) <救간七 25a>

  (5) d. 秋後芙蓉葉 : ᄀ슰 련 닙 <救간三 36b>

<6> 六畜 對 牛馬猪羊雞狗

  명사 '六畜'과 명사구 '牛馬猪羊雞狗'가 [六畜] 즉 '여섯 가축'의 뜻을 가지고 동의 관계에 있다는 것은 다음 예문들에서 잘 확인된다. 원문 중 '食六畜'이 '六畜의 고기 먹다'로 번역되고 '六畜乾糞'이 '牛馬猪羊雞狗의 ᄆᆞ른 ᄯᅩᆼ'으로 번역된다. 그리고 '六畜'의 자석이 '소와 ᄆᆞᆯ와 가히와 양과 돋'이다. 따라서 '六畜'과 '牛馬猪羊雞狗'의 동의성은 명백히 입증된다.

  (6) a. 六畜의 고기 먹고(食六畜) <救方下 58a>

     b. 六畜肉 : 소와 ᄆᆞᆯ와 가히와 양과 돋과이 고기 머근 독 <救간 目錄 5a>

  (6) c. 牛馬猪羊雞狗의 ᄆᆞ른 ᄯᅩᆼ을 細末ᄒᆞ야(取其六畜乾糞爲末) <救方下 58b>

<7> 麻油 對 香油

  두 명사가 [麻油]와 [香油] 즉 '참기름'의 뜻을 가지고 동의 관계에 있다는 것은 다음 예문들에서 잘 확인된다. 원문 중 '入麻油'가 '麻油에 넣다'로 번역되고 '麻油'의 자석이 'ᄎᆞᆷ기름'이다. 그리고 '入香油'가 'ᄎᆞᆷ기름 넣다'로 번역되고 '香油'의 자석이 'ᄎᆞᆷ기름'이다. 따라서 '麻油'와 '香油'의 동의성은 명백히 입증된다.

  (7) a. 麻油에 녀허(入麻油) <救方下 13b>

     b. 麻油에 ᄆᆞ라(麻油調) <救方下 65a>

c. 麻油 넉 兩과(麻油四兩) <救方下 8a>

d. 춘 믈와 麻油 各 혼 半을 텨 섯거(用冷水麻油各一半打和) <救方下 24a>

e. 춤기름 디거(麻油點) <救간六 58a>

f. 麻油 : 춤기름 <救간六 58a> <救간三 54a>

(7) g. 춤기르미나(用香油) <救方上 3b>

h. 춤기름 半盞을 녀허(入香油半盞) <救方下 21a>

i. 춤기르메 츳쇠를 돕가 두고셔(香油浸紫蘇) <救간六 58b>

j. 춤기르믈 ㅂㄹ면 즉재 됴ㅎ리라(用香油調塗立效) <救간三 28a>

k. 香油 : 춤기름 <救간六 58a> <救간三 28a>

<8> 梅實 對 梅子

두 한자어가 [梅]와 [梅子] 즉 '梅實, 매화나무의 열매'의 뜻을 가지고 동의 관계에 있다는 것은 다음 예문들에서 잘 확인된다. 원문 중 '乾塩梅'가 '소고매 믈외욘 梅實'로 번역되고 '梅子末'이 '미시를 ㄱ다'로 번역되고 '梅子末'의 자석이 '미실 ㄱ로니'이다. 따라서 '梅實'과 '梅子'의 동의성은 명백히 입증된다.

(8) a. 소고매 믈외욘 梅實을 스라(用乾塩梅燒) <救方上 84b>

b. 흰 미시를(9b)…머구머셔(含少白梅) <救간三 10a>

c. 미시를 ㄱ라(梅子末) <救간六 36b>

(8) d. 梅子末 : 미실 ㄱ로니 <救간六 36b>

<9> 方 對 방소

두 명사 '方'과 '방소'(方所)가 [方] 즉 '方位, 방향'의 뜻을 가지고 동의 관계에 있다는 것은 다음 예문들에서 잘 확인된다. 원문 중 '一方'이 '혼 方'으로 번역되고 '當大歲上'이 '大歲方'으로 번역되고 '當太歲上'이 '그 횟 방소'로 번역된다. 따라서 '方'과 '방소'의 동의성은 명백히 입증된다.

(9) a. 흔 方 草木 줄기와 닙과를 가지마다 各 半 줌을 키요듸(採一方草木莖葉每種半把)
　　　〈救方上 81a〉

　　b. 大歲方앳 올히 난 회홧 가지 흔 우희욤을 두 녁 그틀 버히고
　　　(取當大歲上新生槐枝一握去兩頭) 〈救方上 30a〉

(9) c. 그 힛 방소앳 새로 도둔 회화나못 가지 흔 줌을 두 긑 버혀 브리고
　　　(當太歲上新生槐枝一握去兩頭) 〈救간二 34a〉

<10> 瓶 對 호병

　두 명사 '瓶'과 '호병'(壹瓶)이 [瓶] 즉 '병'의 뜻을 가지고 동의 관계에 있다는 것은 다음 예문들에서 잘 확인된다. 원문 중 '入藏瓶中'이 '瓶의 넣다'로도 번역되고 '호병에 넣다'로도 번역된다. 따라서 '瓶'과 '호병'의 동의성은 명백히 입증된다.

(10) a. 韭菜ㅅ 니플 사흐라 瓶의 녀코(韭葉切入藏瓶中) 〈救方下 95b〉

　　b. 죠희로 瓶ㅅ 이플 수외 마가(以紙密封瓶口) 〈救方下 95b〉

　　c. 죠희로 볒 부릴 구디 미야(以紙密封瓶口) 〈救간七 65a〉

　　d. 瓶 부리로 아기 나흔 어믜 고해 다혀(以瓶觜向産婦鼻) 〈救方下 95b〉

　　e. 볒 부리를 아기 나흔 어믜 고해 다혀(以瓶觜向産婦鼻) 〈救간七 65a〉

(10) f. 염곳 니플 사흐라 호병에 녀코(韭葉切入藏瓶中) 〈救간七 65a〉

<11> 伏龍肝 對 釜月下土

　두 명사가 [伏龍肝]과 [釜月下土] 즉 '가마 밑 볼록한 곳의 아래에 있는 흙'의 뜻을 가지고 동의 관계에 있다는 것은 다음 예문들에서 잘 확인된다. 원문 중 '伏龍肝和酒'가 '가마 믿 마촘 아랫 흙을 수레 플다'로 번역되고 '伏龍肝'의 자석이 '가마 믿 마촘 아랫 흙'이다. 그리고 '釜月下土一分'이 '가마 믿 마촘 아랫 흙 두 돈 반'으로 번역되고 '釜月下土'의 자석이 '가마 믿 마촘 아랫 흙'이다. 따라서 '伏龍肝'과 '釜月下土'의 동의성은 명백히 입증된다.

(11) a. 가마 밋 마촘 아랫 흙을 수레 프러 브르라(伏龍肝和酒傳之) <救간六 33a>

    b. 가마 밋 마촘 아(85b)랫 흙을 ᄀ라 곳굼긔 불라(伏龍肝爲末吹鼻中)

       <救간一 86a>

    c. 가마 밋 마촘 아랫 흙 두 량을(伏龍肝二兩) <救간二 105a>

    d. 머리터리 ᄉ론 ᄌᆡ 반 량과 가마 밋 마촘 아랫 흙 ᄒᆞᆫ 량과를 섯거

      (亂髮灰半兩伏龍肝一兩相和) <救간二 95a>

    e. 가마 밋 마촘 아랫 흙 두 량을 ᄀ라(伏龍肝二兩末) <救간三 31b>

    f. 가마 밋 마촘 아랫 흙 반 량과(伏龍肝半兩) <救간二 22a>

    g. 伏龍肝 : 가마 밋 마촘 아랫 흙 <救간六 33a> <救간一 85b> <救간二 105a>

      <救간二 95a> <救간三 31a> <救간二 22a>

(11) h. 가마 밋 마촘 아랫 흙(17b) 두 돈 반과(釜月下土一分) <救간二 18a>

    i. 釜月下土 : 가마 밋 마촘 아랫 흙 <救간二 17b>

<12> 伏龍肝 對 釜底墨

  두 명사가 [伏龍肝]과 [釜底墨] 즉 '가마 밑에 있는 검댕'의 뜻을 가지고 동의 관계에 있다는 것은 다음 예문들에서 잘 확인된다. 원문 중 '伏龍肝'이 '가마 미틧 검듸영'으로 번역된다. 그리고 '釜底墨'이 '가마 미틧 검듸영'과 '가마 미틧 거믜영'으로 번역되고 '釜底墨'의 자석이 '가마 미틧 거믜영'이다. 따라서 '伏龍肝'과 '釜底墨'의 동의성은 명백히 입증된다.

(12) a. 가마 미틧 검듸영을 ᄀᆞ로 밍ᄀ라(伏龍肝爲末) <救方上 50b>

(12) b. 가마 미틧 검듸영 半 兩과 소곰 ᄒᆞᆫ 돈을 섯거 ᄀ라

    (釜底墨半兩塩一錢右件藥和研) <救方上 16b>

    c. 가마 미틧 검듸영을 글가(用釜底墨刮下) <救方上 60a>

    d. 가마 미틧 거믜영 반 량과 소곰 ᄒᆞᆫ 돈을 섯거 ᄀ라(釜底墨半兩塩一錢和研)

      <救간一 48b>

    e. 가마 미틧 거믜영을 글가(釜底墨刮下) <救간二 112b>

f. 가마 미틧 거믜영을 フ느리 フ라(釜底墨細硏) <救간二 98a>

g. 釜底墨 : 가마 미틧 거믜영 <救간一 48b> <救간二 112b> <救간二 98a>

<13> 百 對 一百

두 수사가 [百] 즉 '백, 일백'의 뜻을 가지고 동의 관계에 있다는 것은 다음 예문들에서 잘 확인된다. 원문 중 '灸…百壯'이 '百壯을 쓰다'로도 번역되고 '一百 붓글 쓰다'로도 번역된다. 따라서 '百'과 '一百'의 동의성은 명백히 입증된다.

(13) a. 陰囊 아래 밋굼그로셔 혼 寸을 百壯을 쓰라(灸陰囊下去下部一寸百壯)

　　　<救方上 40a>

b. 등믈ㄹ로셔 各 혼 寸을 百壯을 쑤듸(去脊各一寸灸之百壯) <救方上 36b>

(13) c. 빗보글 一百 붓글 쓰라(灸臍中百壯) <救方上 19b>

d. 빗복을 일빅 붓만 쓰라(灸臍中百壯) <救간二 50b>

e. 음낭 아래 항문으로셔 혼 촌만 일빅 붓글 쓰라(灸陰囊下去下部一寸百壯)

　　　<救간一 55a>

f. 두 녁 겨토로 혼 촌곰 흔딀 일빅 붓곰 쑤듸(去脊各一寸灸之百壯) <救간二 61a>

g. 거궐혈 일빅 붓글 쓰라(灸巨闕百壯) <救간一 52a>

h. 척퇵혈(73b)을 일빅 붓글 쓰라(灸尺澤百壯) <救간二 74a>

i. 일빅 붓글 써도 됴흐리라(灸百壯亦效) <救간一 42b>

<14> 黍米 對 黃米

두 명사가 [黍米]와 [黃米] 즉 '기장 쌀'의 뜻을 가지고 동의 관계에 있다는 것은 다음 예문들에서 잘 확인된다. 원문 중 '黍米二合'이 '기장뿔 두 홉'으로 번역되고 '黍米'의 자석이 '기장뿔'이다. 그리고 '黃米五升'이 '기장뿔 닷 되'로 번역되고 '黃米卽黍米'이다. 따라서 '黍米'와 '黃米'의 동의성은 명백히 입증된다.

(14) a. 힌 거시 기장뿔 근ᄒᆞ니 잇ᄂᆞ니(有白如黍米大) <救方上 18a>

　　 b. 쥐쫑ᄋᆞᆯ 븟아 기장뿔만 머구듸(鼠屎末服如黍米) <救方上 19a>

　　 c. 기장뿔 두 홉을 므레 조히 시서((黍米二合水淘淨) <救간二 53b>

　　 d. 기장뿔 시ᄉᆞᆫ 므를 ᄃᆞ시 ᄒᆞ야(黍米淘汁溫) <救간二 35b>

　　 e. 黍米 : 기장뿔 <救간二 53b>

　　 f. 黍米淘汁 : 기장뿔 시ᄉᆞᆫ 믈 <救간二 35b>

(14) g. 기장뿔 닷 되를 믈 흔 마래 글혀(以黃米卽黍米五升水一斗煮之) <救方上 34a>

<15> 셕듁화 對 蘧麥

두 명사 '셕듁화'(石竹花)와 한자어 '蘧麥'이 [蘧麥] 즉 '패랭이 꽃'의 뜻을 가지고 동의 관계에 있다는 것은 다음 예문들에서 잘 확인된다. 원문 중 '蘧麥一兩'이 '셕듁화 흔 량'으로 번역되고 '蘧麥乾姜'이 '蘧麥과 乾姜'으로 번역된다. 그리고 '蘧麥'의 자석이 '셕듁화'이다. 따라서 '셕듁화'와 '蘧麥'의 동의성은 명백히 입증된다.

(15) a. 셕듁화 흔 량 사ᄒᆞ로니와(蘧麥一兩剉) <救간三 79a>

　　 b. 아혹 삐 흔 량과 블근 복령 흔 량과 셕듁화(14a) 여름 흔 량과를 디허

　　　 (葵子 赤茯苓 蘧麥各一兩擣) <救간七 14b>

(15) c. 蘧麥과 乾姜 各 흔 分을 구어 ᄣᅵᅇᅣ 사ᄒᆞ로니와(蘧麥 乾姜各一分炮裂剉)

　　　 <救方下 39a>

　　 d. 蘧麥 : 셕듁화 <救간三 78b>

　　 e. 蘧麥 : 셕듁화 여름 <救간七 14a>

<16> 셕듁화 對 瞿麥

두 명사 '셕듁화'(石竹花)와 '瞿麥'이 [瞿麥] 즉 '패랭이 꽃'의 뜻을 가지고 동의 관계에 있다는 것은 다음 예문들에서 잘 확인된다. 원문 중 '瞿麥一斤'이 '셕듁화 흔 근'으로 번역되고 '瞿麥'의 자석이 '셕듁화'이다. 그리고 '瞿麥穗'가 '셕듁화 이삭'으로 번

역되고 '瞿麥穗'의 자석이 '셕듁화 이삭'이다. 따라서 '셕듁화'와 '瞿麥'의 동의성은 명
백히 입증된다.

    (16) a. 셕듁화 흔 근을 믈 여듧 되예 글혀(瞿麥一斤以水八升煮) <救간七 19b>

       b. 셕듁화 삐 디흔 골을(瞿麥取子擣爲末) <救간三 109b>

       c. 셕듁화 이삭 흔 량과롤(瞿麥穗一兩) <救간三 92a>

    (16) d. 瞿麥 : 셕듁화 <救간七 19b> <救간三 109b>

       e. 瞿麥穗 : 셕듁화 이삭 <救간三 91b>

<17> 時刻 對 시극

    두 명사 '時刻'과 '시극'(時隙)이 [時] 즉 '시각'의 뜻을 가지고 동의 관계에 있다는
것은 다음 예문들에서 잘 확인된다. 원문 중 '一二時'가 '흔두 時刻'으로도 번역되고
'흔두 시극'으로도 번역된다. 따라서 '時刻'과 '시극'의 동의성은 명백히 입증된다.

    (17) a. 흔두 時刻을 쐬면(熏一二時) <救方上 52a>

       b. 두 時刻을 흐면(兩時) <救方上 77b>

       c. 흔 時刻을 추무며(忍一時) <救方下 14b>

       d. 時刻이 올무면(移時) <救方上 53a>

       e. 時刻에 븓들이디 말라(不拘時) <救方上 57a>

    (17) f. 흔두 시극만 쐬면(熏一二時) <救간六 12b>

       g. 두 시극만 흐야(兩時) <救간一 62b>

<18> 시병 對 시긧병 對 시긧셜병

    세 명사 '시병'(時病), '시긧병'(時氣病) 및 '시긧셜병'(時氣熱病)이 [時疾], [時疫] 및
[時氣] 즉 '유행병, 돌림병'의 뜻을 가지고 동의 관계에 있다는 것은 다음 예문들에서
잘 확인된다. 원문 중 '熱病及時疾'이 '셜병과 시병'으로 번역되고 '時氣熱毒'이 '시긧

병 셜독'으로 번역된다. 그리고 '傷寒時疫'이 '샹한ᄒ야 시긧병'으로 번역되고 '傷寒及時疫'이 '샹한과 시긧셜병'으로 번역된다. 따라서 '시병', '시긧병' 및 '시긧셜병'의 동의성은 명백히 입증된다.

(18) a. 셜병과 시병에 ᄆᆞᆷ미 아니환ᄒ야(熱病及時疾心躁亂) <救간一 112a>

(18) b. 시긧병 셜독으로 ᄆᆞᆷ미 답답고(時氣熱毒心神煩躁) <救간一 106b>
　　　c. 샹한ᄒ야 시긧병애 처서믜 머리 알ᄑᆞ고(103b) 모미 덥달어든
　　　　(傷寒時疫初覺頭痛身熱) <救간一 104a>
　　　d. 시긧병이 흔커든(疫疾流行) <救간一 109b>

(18) e. 샹한과 시긧셜병이어든(傷寒及時疫) <救간一 101b>

<19> 時節 對 時刻

두 명사가 [時] 즉 '때'의 뜻을 가지고 동의 관계에 있다는 것은 다음 예문들에서 잘 확인된다. 원문 중 '不拘時'가 '時節을 븓들이디 말다'로도 번역되고 '時刻에 븓들이디 말다'로도 번역된다. 따라서 '時節'과 '時刻'의 동의성은 명백히 입증된다.

(19) a. 時節을 븓들이디 말라(不拘時) <救方上 62a>
　　　b. 時節을 븓들이디 마오(不拘時) <救方上 3a>
　　　c. 時節 혜디 말라(不拘時) <救方上 35b>
　　　d. 時節 혜디 말오(不拘時) <救方下 4a> <救方下 48b>
　　　e. 時節 혜디 마오 머그라(不以時服) <救方下 22b>
　　　f. 처섬 傷ᄒᆞᆫ 時節에(初傷時) <救方下 16b>

(19) g. 時刻에 븓들이디 말라(不拘時) <救方上 57a>
　　　h. 時刻 혜디 말오(不計時) <救方上 64a>
　　　i. ᄒᆞᆫ 時刻을 ᄎᆞᄆᆞ면(强忍一時) <救方下 14b>
　　　j. ᄒᆞᆫ두 時刻을 쐬면(熏一二時) <救方上 52a>

<20> 人事 對 신긔

두 명사 '人事'와 '신긔'(人氣)가 [人事] 즉 '의식, 정신'의 뜻을 가지고 동의 관계에 있다는 것은 다음 예문들에서 잘 확인된다. 원문 중 '不省人事'가 '人事 츠리디 몯ᄒᆞ다'로도 번역되고 '신긔 츠리디 몯ᄒᆞ다'로도 번역된다. 그리고 '不醒人事'가 '人事를 츠리디 몯ᄒᆞ다'로 번역되고 '不知人事'가 '싯긔를 모ᄅᆞ다'로 번역된다. 따라서 '人事'와 '신긔'의 동의성은 명백히 입증된다.

> (20) a. 人事 츠리디 몯ᄒᆞ고(不省人事) <救方上 38a>
>
> b. 人事를 츠리디 몯ᄒᆞ고(不省人事) <救方上 12a>
>
> c. 人事 츠리디 몯ᄒᆞᄂᆞᆫ(36b)닐 고티고(治…不省人事) <救方上 37a>
>
> d. 人事 모ᄅᆞ고(不省人事) <救方上 3b>
>
> e. 人事를 츠리디 몯ᄒᆞ거나(不醒人事) <救方上 54b>

> (20) f. 신긔 츠리디 몯ᄒᆞ고(不省人事) <救간一 53a>
>
> g. 신긔 몯 츠리고(不省人事) <救간一 38b>
>
> h. 신긔 몯 츠료믄(不省人事) <救간一 10b>
>
> i. 신긔 몯 츠리거든(不省人事) <救간二 16a>
>
> j. 신긔를 모ᄅᆞ거든(不知人事者) <救간一 112a>

<21> 烏雞 對 烏骨雞

두 명사가 [烏雞]와 [烏骨雞]의 뜻을 가지고 동의 관계에 있다는 것은 다음 예문들에서 잘 확인된다. 원문 중 '烏雞一隻'이 '烏雞 ᄒᆞᆫ 낯'으로 번역되고 '烏骨雞糞'이 '오계 쫑'으로 번역되고 '烏骨雞糞'의 자석이 '오계 쫑'이다. 따라서 '烏雞'와 '烏骨雞'의 동의성은 명백히 입증된다.

> (21) a. 烏雞 ᄒᆞᆫ 나츨 짓 조쳐 一千 二百 버늘 디코(烏雞一隻合毛杵一千二百下)
>
> <救方下 29a>

b. 오계 ᄒᆞ나홀 짓 조쳐 일쳔 싀빅 번을 디코(烏雞一隻合毛杵一千二百下)
  ＜救간一 79a＞

c. 도틱 기름 서 근을 오(91b)계 ᄒᆞ나홀 사ᅌᅵ래 다 머겨
  (以猪脂飼烏雞一隻三日令盡後) ＜救간六 92a＞

d. 오계 ᄒᆞ나홀 샹녜 먹는 양으로 밍ᄀᆞ라(烏雞一頭治如食法) ＜救간二 18a＞

e. 오계 ᄯᅩᇰ을 디새 우희 노하(烏骨雞糞瓦上) ＜救간二 33a＞

(21) f. 烏骨雞糞 : 오계 ᄯᅩᇰ ＜救간二 33a＞

원문 중 '烏雞'가 '오계둙'으로 번역된다는 것은 다음 예문들에서 잘 확인된다.

(21) g. 오계둙기면 됴ᄒᆞ니라(得烏雞可矣) ＜救간一 56a＞

  h. 오계둙의 간을 아ᅀᅡ(破烏雞取肝) ＜救간六 72a＞

＜22＞ 元氣 對 긔운

두 명사 '元氣'와 '긔운'(氣運)이 [元氣]의 뜻을 가지고 동의 관계에 있다는 것은 다음 예문들에서 잘 확인된다. 원문 중 '元氣迴'가 '元氣 도라오다'로 번역되고 '元氣回'가 '긔우니 도라오다'로 번역된다. 따라서 '元氣'와 '긔운'의 동의성은 명백히 입증된다.

(22) a. 元氣 도라와(元氣迴) ＜救方上 73b＞

  b. 원기 닛디 아니ᄒᆞ야(元氣不接) ＜救方上 54b＞

(22) c. 긔우니 도라와(元氣回) ＜救간一 67b＞

  d. 빗옛(64b) 긔우니 므릐게 자펴(蓋腹中元氣爲水所倂) ＜救간一 65a＞

<24> 月水 對 월경슈

두 명사 '月水'와 '월경수'(月經水)가 [月水] 즉 '月經으로 나온 피'의 뜻을 가지고 동의 관계에 있다는 것은 다음 예문들에서 잘 확인된다. 원문 중 '月水不調'가 '月水ㅣ 고ᄅᆞ디 아니ᄒᆞ다'로 번역되고 '婦人月水'가 '겨지븨 월경슈'로 번역된다. 따라서 '月水'와 '월경슈'의 동의성은 명백히 입증된다.

> (23) a. 産前과 産後에 허손ᄒᆞ야 月水ㅣ 고ᄅᆞ디 아니하며(産前産後虛損月水不調)
>   <救方下 83b>
>   b. 月水 : 월경슈 <救간六 72b>

> (23) c. 겨지븨 월경슈 ᄇᆞ로미 ᄀᆞ장 됴ᄒᆞ니라(婦人月水傅之神良) <救간六 72b>
>   d. 겨지븨 월경슈에 ᄆᆞ라(以女人月經衣水洗取汁和) <救간三 25b>
>   e. 남진 아니 어른 갓나히 월경슈 무든 거슬 피 무든 자히 ᄉᆞ라(童女月經衣合血燒)
>   <救간二 54b>
>   f. 월경슈 무든 거슬 ᄉᆞ라(經衣燒) <救간六 30b>
>   g. 女人月經衣 : 겨지븨 월경슈 무든 것 <救간三 25b>
>   h. 童女月經衣 : 남진 아니 어른 갓나히 월(54a)경슈 무든 것 <救간二 54b>
>   i. 經衣 : 월경슈 무든 것 <救간六 30b>

<24> 醬 對 豆醬

두 명사가 [醬]과 [豆醬] 즉 '간장, 된장, 고추장의 총칭'의 뜻을 가지고 동의 관계에 있다는 것은 다음 예문들에서 잘 확인된다. 원문 중 '醬汁'이 '醬ㅅ 汁'으로 번역되고 '豆醬汁'이 '쟜 즙'으로 번역되고 '豆醬汁'의 자석이 '쟜 즙'이다. 그리고 '陳醬'이 '무근 쟝'으로 번역되고 '豆醬淸'이 '믉근 쟝'으로 번역되고 '豆醬淸'의 자석이 '믉근 쟝'이다. 따라서 '醬'과 '豆醬'의 동의성은 명백히 입증된다.

> (24) a. 醬ㅅ 汁을 귀예 브스면(以醬汁灌耳中) <救方下 43a>
>   b. 粥 믈와 쟝ᄭᅮ기 위두코(粥飮醬湯爲上) <救方上 9a>

c. 사ᄅᆞ미 졋과 三年 무근 쟝 各 닷 홉과ᄅᆞᆯ 섯거 ᄀᆞ라

  (人乳汁 三年陳醬各五合右和硏) <救方上 3a>

d. 삼년 무근 쟝 닷 홉을 사ᄅᆞ미 졋 닷 홉애 ᄀᆞ라 프러

  (陳醬五合三年者妙人乳汁五合相和硏) <救간一 18b>

e. 무근 쟝 즙 반 홉과ᄅᆞᆯ(陳醬汁半合) <救간七 5b>

f. 陳醬 : 무근 쟝 <救간一 18a>

g. 陳醬汁 : 무근 쟝 즙 <救간七 5b>

(24) h. 醬ㅅ 므를 ᄇᆞᆯ로ᄃᆡ 흐ᄅᆞ 서어 적곰 ᄒᆞ라(豆醬淸塗之日三四) <救方下 68a>

   i. 믉ᄀᆞᆫ 쟝을 흐ᄅᆞ 서너 번곰 ᄇᆞᄅᆞ라(豆醬淸塗之日三四) <救간六 36b>

   j. 쟔 즙에 가마 미틧 거믜영을 프러(豆醬汁和竈突黑) <救간三 121b>

   k. 豆醬淸 : 믉ᄀᆞᆫ 쟝 <救간六 36b>

   l. 豆醬汁 : 쟔 즙 <救간三 121a>

<25> 漿水 對 米飮

 두 명사가 [漿水]와 [米飮] 즉 '쌀 끓인 물'의 뜻을 가지고 동의 관계에 있다는 것
은 다음 예문들에서 잘 확인된다. 원문 중 '漿水和'가 '漿水예 플다'로 번역되고 '漿水'
의 자석이 '뿔 글힌 믈'이다. 그리고 '米飮'의 자석이 '뿔 글힌 믈'이다. 따라서 '漿水'
와 '米飮'의 동의성은 명백히 입증된다.

(25) a. 漿水예 프러 머교ᄃᆡ(漿水和飮之) <救方上 40b>

    b. 漿水와 부룻 불휘를…글혀(漿水萵苣根煎) <救方下 75a>

    c. 漿水 닷 되예 글혀(以漿水五升煮) <救方上 66b>

    d. 漿水 한 盞애 글혀(漿水一盞煮) <救方上 34a>

    e. ᄭᅮᆯ 漿(8b)水ᄅᆞᆯ 프러 머그라(調蜜漿水飮之) <救方下 9a>

(25) f. 漿水 : 뿔 글힌 믈 <救간一 54b> <救간六 47b> <救간二 119a> <救간二 83a>

     <救간二 92b>

   g. 米飮 : 뿔 글힌 믈 <救간二 108b>

h. 陳米飮 : 무근 뿔 글힌 믈 <救간二 112a>

<26> 朱砂 對 辰砂

두 명사가 [朱砂]와 [辰砂] 즉 '주사, 진사'의 뜻을 가지고 동의 관계에 있다는 것
은 다음 예문들에서 잘 확인된다. 원문 중 '朱砂細硏'이 '朱砂롤 ᄀᄂ리 굴다'로 번역
된다. 그리고 '辰砂末'이 '朱砂ㅅ ᄀᄅ'로 번역되고 '辰砂'의 자석이 '쥬사'이다. 따라
서 '朱砂'와 '辰砂'의 동의성은 명백히 입증된다.

(26) a. 朱砂롤 ᄀᄂ리 굴오(朱砂細硏) <救方上 39b>

　　　b. ᄀ장 됴흔 朱砂롤 ᄀᄂ리 ᄀ라(以上好朱砂細硏) <救方上 16b>

　　　c. ᄀ장 됴흔(48b) 쥬사롤 ᄀᄂ리 ᄀ라(以上好朱砂細硏) <救간一 49a>

　　　d. 平胃散애 朱砂ㅅ 굴을 녀허(用平胃散加辰砂末) <救方上 19b>

　　　e. 흔 법엔 쥬사 ᄀ로니 져고맛 술로 흔나흘 더 녀흐라 ᄒᄂ라(一法加辰砂末少匕)
　　　　 <救간一 4b>

　　　f. 됴흔 쥬사롤 하나 져그와 ᄀᄂ리 ᄀ라(好辰砂不以多少細硏) <救간一 97a>

　　　g. 朱砂로 아기 왼녁 발 아래 千字롤 스고(以朱書兒左足下作千字) <救方下 84b>

　　　h. 쥬사로 아기 왼녁 발 아래 즈믄 쳔짯롤 쓰(44a)고(朱書兒左足下作千字)
　　　　 <救간七 44b>

(26) i. 辰砂 : 쥬사 <救간一 4a> <救간一 96b>

<27> 指南石 對 磁石

두 명사가 [磁石] 즉 '지남철, 자석'의 뜻을 가지고 동의 관계에 있다는 것은 다음
예문들에서 잘 확인된다. 원문 중 '上好磁石'이 '됴흔 指南石'과 'ᄀ장 됴흔 지남셕'으
로 번역되고 '上好磁石'의 자석이 '됴흔 지남셕'이다. 그리고 '磁石爲末'이 '지남셕을
굴을 ᄆᆡᆼ글다'로 번역되고 '磁石'의 자석이 '지남셕'이다. 따라서 '指南石'과 '磁石'의
동의성은 명백히 입증된다.

(27) a. 됴흔 指南石이 져근 彈子만 흐닐 머구머시면 즉재 나ᄂ니라

　　　(以上好磁石如小彈子大含之卽出) <救方上 50b>

　　b. 指南石이 大棗ㅅ 즈ᅀ만 ᄒ닐 ᄀ라(用磁石如棗核大磨) <救方上 53b>

　　c. ᄀ장 됴흔 지남셕은 져근 탄즈만 ᄒ야(13b) 머구머 이시면 즉재 나리라

　　　(上好磁石如小彈子大含之卽出) <救간六 14a>

　　d. 지남셕을 ᄀ로 밍ᄀ라(磁石爲末) <救간三 30b>

　　e. 지남셕은 바늘 건 듸를 고티고(磁石治針鯁) <救간六 1a>

(27) f. 上好磁石 : 됴흔 지남셕 <救간六 13b>

　　g. 磁石 : 지남셕 <救간三 30b>

<28> 瘡 對 죵긔

　두 명사 '瘡'과 '죵긔'(腫氣)가 [瘡] 즉 '부스럼, 종기'의 뜻을 가지고 동의 관계에 있다는 것은 다음 예문들에서 잘 확인된다. 원문 중 '瘡破'가 '瘡이 ᄒ야디다'로 번역되고 '瘡…差'가 '죵긔 둏다'로 번역된다. 그리고 '毒瘡'이 '모딘 瘡'으로 번역되고 '惡毒之瘡'이 '모딘 죵긔'로 번역된다. 따라서 '瘡'과 '죵긔'의 동의성은 명백히 입증된다.

(28) a. 瘡이 ᄒ야디거든(如瘡破) <救方下 14a>

　　b. 瘡이 져기 ᄇ랍거든 춤고(瘡微痒且忍) <救方下 3a>

　　c. 다 모딘 瘡이 ᄃ외ᄂ니(皆爲毒瘡) <救方下 16a>

　　d. 瘡이 졈졈 어울에 ᄒ라(令瘡漸漸合也) <救方下 84b>

　　e. 더운 믈와 브레 술인 瘡을 고툐딕(治湯火燒瘡) <救方下 8a>

　　f. 매 마ᄌ 瘡을 고튜딕(治杖瘡) <救方下 21b>

　　g. 므레 ᄆ라 瘡의 브티라(以水調傅瘡) <救方下 18a>

(28) h. 죵긔 오래 됴티 아니ᄒ야(瘡久不差) <救간七 71b>

　　i. 단독은 모딘 죵긔니(丹者惡毒之瘡) <救간三 51a>

<29> 醋 對 苦酒

　두 명사가 [苦酒], [醋] 및 [酢] 즉 '초, 식초'의 뜻을 가지고 동의 관계에 있다는 것은 다음 예문들에서 잘 확인된다. 원문 중 '苦酒浸之'가 '醋애 돔다'로 번역되고 '苦酒'의 자석이 '초'이다. '好苦酒'가 '됴흔 醋'로 번역되고 '好苦酒'의 자석이 '됴흔 초'이다. 그리고 '童子小便醋'가 '아히 小便과 醋'로 번역되고 '酢煮'가 '초애 글히다'로 번역된다. 따라서 '醋'와 '苦酒'의 동의성은 명백히 입증된다.

(29) a. 눌 댓 거츨 굴가 두 兩올 醋애 돔고(刮生竹皮二兩苦酒浸之) <救方上 66a>

　　　b. 눌 댓 거플 굴가 두 량올 초애 돔고(生竹皮二兩苦酒浸之) <救간二 118a>

　　　c. 초 흔 마래 힌 둙을 글혀(苦酒一斗煮白雞) <救간二 18b>

　　　d. 초 닷 홉애 프른 돈 두 나츨 븕게 달와(苦酒五合燒靑錢二文令赤) <救간二 35a>

　　　e. 소고물 초애 프러(塩以苦酒和) <救간三 62b>

　　　f. 됴흔 醋 흔 되와 섯거(好苦酒一升相和) <救方下 29a>

　　　g. 됴흔 초 흔 되와 섯거(好苦酒一升相和) <救간一 79a>

　　　h. 됴흔 초 서 되를 마쇼딕(飮好苦酒三升) <救간二 57b>

　　　i. 아히 小便과 醋와 各各 젹젹 ᄒ야(童子小便醋各少許) <救方上 83b>

　　　j. 醋 져기와 臘月猪 기름 흔 량을 모도아 디허(醋少許 臘月猪脂一兩合搗)
　　　　<救方下 2a>

　　　k. 오래 무근 초애 ᄀ라 프러(以陳醋硏和) <救간二 70a>

　　　l. 됴흔 초 버(90a)므려(釅醋拌之) <救간一 90b>

　　　m. 됴흔 초애 글혀(釅醋煮) <救간二 36a>

　　　n. 초애 쳥믈 든 뵈롤 글혀(酢煮靑布) <救간二 55a>

(29) o. 苦酒 : 초 <救간二 118a> <救간二 18a> <救간二 34b> <救간三 62b>

　　　p. 好苦酒 : 됴흔 초 <救간一 78b> <救간二 57b>

　　　q. 釅醋 : 됴흔 초 <救간一 90a> <救간二 36a>

　　　r. 酢 : 초 <救간二 55a>

<30> 蝎 對 전갈

두 명사 '蝎'과 '전갈'(全蠍)이 [蝎] 즉 '전갈'의 뜻을 가지고 동의 관계에 있다는 것은 다음 예문들에서 잘 확인된다. 원문 중 '蛇蝎'이 '비얌과 蝎'로도 번역되고 '비얌과 전갈'로도 번역된다. 따라서 '蝎'과 '전갈'의 동의성은 명백히 입증된다.

    (30) a. 비얌과 蝎의 손 딜 고툐딕(治蛇蝎螫) <救方下 81a>
        b. 지네와 蝎의 헐인 딜(蜈蚣蝎傷) <救方下 80b>

    (30) c. 지네와 비얌과 전갈와 믈여 헌 딕(蜈蚣蛇蝎傷) <救간六 59a>
        d. 痰 盛ᄒ니란 全蝎 두 나츨 구어 더으라(痰盛者加全蝎二枚灸) <救方上 2a>
        e. 춤 하니란 전갈 두 나츨 구어 녀흐라(痰盛者加全蝎二枚灸) <救간一 2b>
        f. 전갈 두 돈 반 봇그니와롤(全蝎二錢半炒) <救간一 6b>

<31> 好酒 對 醇酒 對 無灰酒

세 명사가 [好酒], [醇酒] 및 [無灰酒] 즉 '좋은 술'의 뜻을 가지고 동의 관계에 있다는 것은 다음 예문들에서 잘 확인된다. 원문 중 '好酒…煎'과 '醇酒…煎'과 '無灰酒…煎'이 모두 '됴흔 술…달히다'로 번역된다. 그리고 '好酒'와 '醇酒'와 '無灰酒'의 자석이 모두 '됴흔 술'이다. 따라서 '好酒'와 '醇酒'와 '無灰酒'의 동의성은 명백히 입증된다.

    (31) a. 초 반 되와 됴흔 술 두 되와롤 달혀(醋半升好酒二升煎) <救간七 60b>
        b. 됴흔 술 흔 되예 글혀(好酒一升煎) <救간一 15a>
        c. 됴흔 술 두 되예 글혀(好酒二升煮) <救간七 38a>
        d. 됴흔 술 닷 되예 둠가(以好酒五升漬) <救간七 4a>
        e. 됴흔 수(45a)롤 저져(漬好酒) <救간一 45b>
        f. 됴흔 술 반 사발와 흔딕 ᄀ라(好酒半椀同硏) <救간七 80a>
        g. 好酒 : 됴흔 술 <救간七 38a>

(31) h. 됴흔 술 두 되와 흰 뿔와 달혀 밍ᄀ론 도틱 기름과 각 흔 되를 뫼화 달혀
　　　(醇酒二升白蜜 成煎猪膏各一升合煎) <救간七 28a>

　　 i. 됴흔 수를 두 곳(56b)굼긔 부러 녀흐라(以醇酒吹內兩鼻中) <救간一 57a>

　　 j. 醇酒 : 됴흔 술 <救간七 27b> <救간一 56b>

(31) k. 됴흔 술 흔 잔애 달혀(用無灰酒一盞同煎) <救간七 24a>

　　 l. 됴흔 술 흔 죵과(無灰酒一種) <救간一 3b>

　　 m. 됴흔 술 흔 되를 녀코(入無灰酒一升) <救간一 19a>

　　 n. 無灰酒 : 됴흔 술 <救간七 23b> <救간一 3a>

<32> 黃丹 對 號丹

두 명사가 [黃丹]과 [號丹] 즉 '황단'의 뜻을 가지고 동의 관계에 있다는 것은 다음 예문들에서 잘 확인된다. 원문 중 '黃丹一兩'이 '黃丹 흔 량'으로 번역되고 '號丹五錢'이 '황단 닷 돈'으로 번역되고 '號丹'의 자석이 '황단'이다. 따라서 '黃丹'과 '號丹'의 동의성은 명백히 입증된다.

(32) a. 黃丹 흔 兩과 蜜陀僧 半 兩과 輕粉 흔 돈 半과
　　　 (用黃丹一兩蜜陀僧半兩輕粉一錢半) <救方下 25a>

　　 b. 거믄 괴 똥 흔 량 봇그니와 황단 두 량과를 섯거(黑猫兒糞炒一兩黃丹二兩相和)
　　　 <救간一 93b>

　　 c. 셕ᄌ황 흔 량 ᄀ느리 ᄀ로니와 황단 흔 량과 이 두 거슬 봇가 거머케 ᄒ고
　　　 (雌黃一兩細研炒令褐色黃丹一兩炒令褐色) <救간一 95a>

(32) d. 황단 닷 돈 ᄀ느리 ᄀ로니와(號丹五錢細研) <救간一 96b>

　　 e. 號丹 : 황단 <救간一 96a>

3. 하나가 名詞句인 경우

명사류에서 확인되는 漢字語간의 동의에서 하나가 名詞句인 경우에는 [生] 즉 '날 것'의 뜻을 가진 '生'과 '生ᄒ니'가 있다.

<1> 生 對 生ᄒ니

명사 '生'과 명사구 '生ᄒ니'가 [生] 즉 '날것'의 뜻을 가지고 동의 관계에 있다는 것은 다음 예문들에서 잘 확인된다. 원문 중 '三生'은 '세흔 生이다'로 번역되고 '生者…硏'이 '生으란 글다'로 번역되며 '生硏'이 '生ᄒ닐 글다'로 번역된다. 따라서 '生'과 '生ᄒ니'의 동의성은 명백히 입증된다. 명사구 '生ᄒ니'는 '生ᄒ+ㄴ#이'로 분석될 수 있다.

(1) a. 巴豆 닐굽 나ᄎ로 세흔 生이오 네흔 니겨 生으란 거피 밧겨 글오
　　　　(巴豆七粒三生四熟生者去殼生硏) <救方上 41b>

(1) b. 白礬 生ᄒ닐 ᄀᆞ라(白礬生硏) <救方上 43a>
　　 c. 附子 生ᄒ닐 것과 빗복 아오니(附子生去皮臍) <救方上 14a>
　　 d. 甘草 ᄒᆞᆫ 兩을 生ᄒ닐 細末ᄒ야(甘草一兩生末) <救方上 42b>

제2절 動詞類에서의 同義

동사류에서 확인되는 漢字語간의 동의에는 動作動詞간의 同義와 狀態動詞간의 同義가 있다.

1. 動作動詞간의 同義

동작동사에서 확인되는 한자어간의 동의에는 [忿怒]와 [怒] 즉 '성내다'의 뜻을 가진 '忿怒ᄒᆞ다'와 '노ᄒᆞ다' 그리고 [損] 즉 '傷ᄒᆞ다'의 뜻을 가진 '損ᄒᆞ다'와 '傷ᄒᆞ다'가 있다.

<1> 忿怒ᄒᆞ다 對 노ᄒᆞ다

두 동작동사 '忿怒ᄒᆞ다'와 '노(怒)ᄒᆞ다'가 [忿怒]와 [怒] 즉 '성내다'의 뜻을 가지고 동의 관계에 있다는 것은 다음 예문들에서 잘 확인된다. 원문 중 '忿怒盛氣'가 '忿怒ᄒᆞ야 氣分이 盛ᄒᆞ다'로도 번역되고 '노ᄒᆞᆫ 긔운'으로도 번역된다. 그리고 '大怒'가 '너무 怒ᄒᆞ다'로 번역된다. 따라서 '忿怒ᄒᆞ다'와 '노(怒)ᄒᆞ다'의 동의성은 명백히 입증된다.

    (1) a. 긔발ᄒᆞ야 것기여 忿怒ᄒᆞ야 氣分이 盛호ᄃᆡ(激挫忿怒盛氣) <救方上 12a>

    (1) b. ᄀᆞ장 노ᄒᆞᆫ 긔운을(激挫忿怒盛氣) <救간一 38b>
       c. 너무 怒커나(大怒) <救方上 31a>

<2> 損ᄒᆞ다 對 傷ᄒᆞ다

두 동작동사가 [損] 즉 '傷하다'의 뜻을 가지고 동의 관계에 있다는 것은 다음 예문들에서 잘 확인된다. 원문 중 '內損'이 '안히 損ᄒᆞ다'로 번역되고 '打損'이 '마자 傷ᄒᆞ다'로 번역된다. 그리고 '酒色勞損'이 '酒色애 잇버 損ᄒᆞ다'로도 번역되고 '술과 식과

룰 너무 ᄒᆞ야 샹ᄒᆞ다'로도 번역된다. 따라서 '損ᄒᆞ다'와 '傷ᄒᆞ다'의 동의성은 명백히
입증된다.

  (2) a. 그 證이 다 안히 損호ᄆᆞᆯ 因커나 시혹 酒色애 잇버 損커나

    (其證皆因內損或酒色勞損) <救方上 59b>

  (2) b. 마자 傷ᄒᆞ야 얼읜(18a) 피 비 안해 이셔 ᄆᆞᅀᆞᆷ룰 보차 닶겨 ᄒᆞ릴 고툐ᄃᆡ

    (治打損瘀血在臟攻心煩悶) <救方下 18b>

    c. 안히 샹커나 술와 싁과룰 너무 ᄒᆞ야 샹커나(因內損或酒色勞損) <救간二 111b>

2. 狀態動詞간의 同義

 상태동사에서 확인되는 한자어간의 동의에는 [毒] 즉 '독하다'의 뜻을 가진 '독ᄒᆞ
다'와 '有毒ᄒᆞ다' 그리고 [驕貴] 즉 '교만하고 거드름피우다'의 뜻을 가진 '豪貴ᄒᆞ다'
와 '호화ᄒᆞ다'가 있다.

 <1> 독ᄒᆞ다 對 有毒ᄒᆞ다

 두 상태동사 '독(毒)ᄒᆞ다'와 '有毒ᄒᆞ다'가 [毒] 즉 '독하다'의 뜻을 가지고 동의 관
계에 있다는 것은 다음 예문들에서 잘 확인된다. 원문 중 '毒氣'가 '독ᄒᆞᆫ 긔운'으로 번
역되고 '毒物'이 '有毒ᄒᆞᆫ 것'으로 번역된다. 따라서 '독ᄒᆞ다'와 '有毒ᄒᆞ다'의 동의성은
명백히 입증된다.

  (1) a. 독ᄒᆞᆫ 긔운이 하거든(毒氣盛者) <救간三 37b>

   b. 믈읫 有毒ᄒᆞᆫ 것 머굼과 房事 잇부ᄆᆞᆯ 조심ᄒᆞ고(忌食一切毒物及房事勞倦)

    <救方下73a>

<2> 豪貴ᄒ다 對 호화ᄒ다

두 상태동사 '豪貴ᄒ다'와 '호화(豪華)ᄒ다'가 [驕貴] 즉 '교만하고 거드름피우다'의 뜻을 가지고 동의 관계에 있다는 것은 다음 예문들에서 잘 확인된다. 원문 중 '驕貴之人'이 '豪貴ᄒ 사ᄅᆞᆷ'으로도 번역되고 '호화ᄒᆞᆫ 사ᄅᆞᆷ'으로도 번역된다. 따라서 '豪貴ᄒ다'와 '호화ᄒ다'의 동의성은 명백히 입증된다.

> (2) a. 豪貴ᄒᆞᆫ 사ᄅᆞ미 이를 因ᄒᆞ야(驕貴之人因事) <救方上 12a>
> b. 호화ᄒᆞᆫ 사ᄅᆞ미 아못 일뢰나(驕貴之人因事) <救간一 38b>

제3절 副詞에서의 同義

부사에서 확인되는 漢字語간의 동의에는 [各] 즉 '각각, 제각기'의 뜻을 가진 '各'과 '各各'이 있고 [極]과 [至甚] 즉 '지극히'의 뜻을 가진 '지극'과 '至極히'가 있다.

<1> 各 對 各各

두 부사가 [各] 즉 '각각, 제각기'의 뜻을 가지고 동의 관계에 있다는 것은 다음 예문들에서 잘 확인된다. 원문 중 '各等分'이 '各 ᄀᆞ티 ᄂᆞᆫ호다'로도 번역되고 '각각 곧게 ᄂᆞᆫ호다'로도 번역된다. 그리고 '灸…各五十壯'이 '각 쉰 붓곰 ᄡᅳ다'로 번역되고 '各灸'가 '各各 ᄡᅳ다'로 번역된다. 따라서 '各'과 '各各'의 동의성은 명백히 입증된다.

> (1) a. 赤石脂와 寒水石과 大黃을 各 ᄀᆞ티 ᄂᆞᆫ화(赤石脂 寒水石 大黃各等分)
>   <救方下 11b>
> b. 人蔘과 乾薑과 白朮과 甘草를 各 等分ᄒᆞ야(人蔘 乾薑 白朮 甘草各等分)
>   <救方上 6a>

c. 白膠香과 牡蠣粉을 各 等分ᄒᆞ야(白膠香 牡蠣粉各等分) <救方上 67a>

d. 각 쉰 붓곰 쓰라(灸…各五十壯) <救간一 99b>

e. 각(41a) ᄒᆞᆫ 붓글 쓰며(灸…各一壯) <救간二 41b>

f. 石菖蒲를 細切ᄒᆞ니 各 ᄒᆞᆫ 돈을(石菖蒲細切各一錢) <救方上 1b>

g. 各 ᄒᆞᆫ 번 머그라(各一服) <救方下 5b>

(1) h. 빅교향과 굸죠개분과 각각 ᄀᆞᆯ게 ᄂᆞ화(白膠香 牡蠣粉各等分) <救간二 120b>

i. 심황과 구리댓 불휘와 셰신 불휘와 각각 ᄀᆞᆯ게 ᄂᆞ화(鬱金 白芷 細辛各等分)

  <救간二 120b>

j. 各各 ᄒᆞᆫ 닐굽 붓글 쓰면(各灸一七壯) <救方上 22a>

k. 各各 세 닐굽 寸을 가져다가(取…各三七寸) <救方上 22a>

l. 各各 ᄀᆞ라 細末ᄒᆞ야(各硏爲細末) <救方上 21b>

m. 各各 봇고ᄃᆡ 검게 ᄒᆞ고(各炒令黑) <救方下 10a>

<2> 지극 對 至極히

두 부사 '지극(至極)'과 '至極히'가 [極]과 [至甚] 즉 '지극히'의 뜻을 가지고 동의 관계에 있다는 것은 다음 예문들에서 잘 확인된다. 원문 중 '極效'가 '지극 둏다'로 번역되고 '至甚…畏'가 '至極히 므의엽다'로 번역된다. 따라서 '지극'과 '至極히'의 동의성은 명백히 입증된다.

(2) a. 이 法이 지극(16b) 됴ᄒᆞ니라(此法極效) <救方上 17a>

b. 뽕 흰 즙으로 ᄇᆞᄅᆞ면 지극 神驗ᄒᆞ니라(以桑白汁塗之極驗) <救方上 82a>

c. 지극 신긔흔 효험이 잇ᄂᆞ니라(極有神效也) <救간三 33a>

d. 것위 ᄯᅩᆼ을 소곰 섯거 ᄀᆞ라 브트면 至極 됴ᄒᆞ니라(用蚯蚓糞和塩硏傳神效)

  <救方下 73a>

(2) e. 至極히 므의여우니(至甚可畏) <救方下 71a>

救急方諺解와 救急簡易方의 同義語 研究

제5장

結論

제1장에서는 硏究 目的, 연구 범위, 연구 방법 및 先行 硏究가 논의된다. 이 저서는 『救急方諺解』(1466)와 『救急簡易方』(1489)에서 확인되는 同義語들을 순수히 共時的인 관점에서 고찰하는 데 목적이 있다.

『구급방언해』와 『구급간이방』에서 확인되는 동의 관계는 크게 셋으로 나누어 고찰할 수 있다. 첫째는 固有語간의 同義 관계이고 둘째는 고유어와 漢字語 간의 동의 관계이고 셋째는 漢字語간의 동의 관계이다.

동의어를 확인하는 방법에는 代置檢査(substitution test), 反義語(antonym) 사용법 및 羅列法이 있다. 동의어를 확인하는 데 최선의 방법은 대치 검사이다.

意味資質(semantic feature)과 共起(cooccurrence)가 동의 관계의 확인에 중요한 역할을 한다.

제2장은 『구급방언해』와 『구급간이방』에서 확인되는 固有語간의 동의 관계가 名詞類, 動詞類, 副詞類 및 冠形詞類에서 어떤 양상으로 형성되고 있는지를 고찰한다.

첫째로 고유어의 名詞類에서 발견되는 동의 관계는 相異型과 相似型으로 나눌 수 있다. 相似型은 음운론적 관점과 형태론적 관점에서 분류될 수 있는데 음운론적 관점에 따르면 音韻 交替, 音韻 脫落 및 音韻 添加가 있고 형태론적 관점에 따르면 合成과 派生이 있다.

서로 다른 形式을 가진 둘 또는 그 이상의 名詞類들이 동의 관계를 가질 수 있다.

이 경우가 곧 상이형이다.

고유어의 名詞類에서 확인되는 상이형에는 [竈] 즉 '가마, 솥'의 뜻을 가진 '가마'와 '솥'을 비롯하여 [皮] 즉 '껍질'의 뜻을 가진 '갗'과 '거플', [處] 즉 '곳, 데'의 뜻을 가진 '곧'과 '디', [時]와 [時候] 즉 '때'의 뜻을 가진 '晰'와 '찌니', [野] 즉 '들'의 뜻을 가진 '드르ㅎ'와 '미ㅎ', [塊] 즉 '무더기'의 뜻을 가진 '무적'과 '쓰른', [韭] 즉 '부추'의 뜻을 가진 '부칙'와 '염교', [麻]와 [大麻] 즉 '삼'의 뜻을 가진 '삼'과 '열', [童子]와 [小兒] 즉 '사내아이'의 뜻을 가진 '아히'와 '순아히', [線] 즉 '줄, 끈'의 뜻을 가진 '줄'과 '긴ㅎ' 그리고 [筋] 즉 '힘줄'의 뜻을 가진 '힘'과 '실' 등 130여 항목이 있다.

音韻의 交替를 보여 주는 명사들이 동의 관계를 가질 수 있다. 이 경우가 음운 교체형이다. 음운 교체에는 母音 交替와 子音 交替가 있다.

동의 관계가 모음 교체를 보여 주는 명사들 사이에 성립된다. 모음 교체에는 陽母音과 陰母音 간의 교체가 있고 음모음과 양모음 간의 교체가 있다. 양모음간의 교체가 있고 음모음간의 교체가 있다. 그리고 中立母音과 二重母音 간의 교체가 있다.

양모음과 음모음 간의 교체에는 '아~어'의 교체가 있고 음모음과 양모음 간의 교체에는 '우~오'의 교체, '으~ㅇ'의 교체 및 '어~오'의 교체가 있다. 양모음간의 교체에는 'ㅇ~오'의 교체와 '오~ㅇ'의 교체가 있고 음모음간의 교체에는 '으~우'의 교체와 '우~으'의 교체가 있다. 그리고 中立母音과 二重母音 간의 교체에는 '이~의'의 교체가 있다.

모음 '아~어'의 교체를 보여 주는 명사에는 [皮] 즉 '껍질'의 뜻을 가진 '갗'과 '겇', [髮] 즉 '머리털'의 뜻을 가진 '마리'와 '머리' 그리고 [桃] 즉 '복숭아나무'의 뜻을 가진 '복샹화나모'와 '복셩화나모'가 있다.

모음 '우~오'의 교체를 보여 주는 명사에는 [撮] 즉 '자밤, 네 숟가락의 양'의 뜻을 가진 '져붐'과 '져봄', [鏡] 즉 '거울'의 뜻을 가진 '거우루'와 '거우로', [鼻孔] 즉 '콧구멍'의 뜻을 가진 '곳구무'와 '곳구모' 그리고 [牛膝] 즉 '쇠무릎지기 뿌리'의 뜻을 가진 '쇠무릅 불휘'와 '쇠무롭 불휘'가 있다.

모음 '으~ㅇ'의 교체를 보여 주는 명사에는 [冬月]과 [冬] 즉 '겨울'의 뜻을 가진 '겨슬'과 '겨슬'이 있고 모음 '어~오'의 교체를 보여 주는 명사에는 [少許] 즉 '조금'의 뜻을 가진 '져고매'와 '죠고매'가 있다.

모음 'ㅇ~오'의 교체를 보여 주는 명사에는 [野] 즉 '들'의 뜻을 가진 '미ㅎ'와 '뫼'가 있고 모음 '오~ㅇ'의 교체를 보여 주는 명사에는 [糖灰] 즉 '뜨거운 재'의 뜻을 가진 ‘노올압지’와 ‘노울압지’가 있다.

모음 ‘으~우’의 교체를 보여 주는 명사에는 [疘] 즉 ‘뜸질’의 뜻을 가진 ‘븕’과 ‘붉’이 있고 모음 ‘우~으’의 교체를 보여 주는 명사에는 [咳嗽] 즉 ‘기침’의 뜻을 가진 ‘기춤’과 ‘기츰’이 있다.

모음 ‘이~의’의 교체를 보여 주는 명사에는 [聲] 즉 ‘소리’의 뜻을 가진 ‘소리’와 ‘소릐’가 있다.

동의 관계가 자음 교체를 보여 주는 명사들 사이에 성립된다. 자음 교체에는 ‘ㅂ~ㄱ’의 교체, ‘ㅅ~ㅿ’의 교체, ‘ㅊ~ㅅ’의 교체 그리고 ‘ㄷ~ㅳ’의 교체가 있다.

자음 ‘ㅂ~ㄱ’의 교체를 보여 주는 명사에는 [心]과 [內] 즉 ‘속’의 뜻을 가진 명사 ‘솝’과 ‘속’, [燈心] 즉 ‘골풀의 속, 굴속’의 뜻을 가진 ‘골솝’과 ‘골속’이 있고 [竈] 즉 ‘부엌’의 뜻을 가진 ‘브섭’과 ‘브석’이 있다.

자음 ‘ㅅ~ㅿ’의 교체를 보여 주는 명사에는 [地龍]과 [蚯蚓] 즉 ‘지렁이’의 뜻을 가진 ‘것위’와 ‘겄위’가 있고 [滓]와 [柤] 즉 ‘찌꺼기’의 뜻을 가진 ‘즛의’와 ‘즞위’가 있다.

자음 ‘ㅊ~ㅅ’의 교체를 보여 주는 명사에는 [冠] 즉 ‘볏’의 뜻을 가진 ‘볓’과 ‘볏’이 있고 자음 ‘ㄷ~ㅳ’의 교체를 보여 주는 명사에는 [茅] 즉 ‘띠’의 뜻을 가진 ‘뒤’와 ‘뛰’가 있다.

어떤 명사가 그것 중의 한 음운의 탈락으로 생긴 명사와 동의 관계를 가질 수 있는데 이 경우가 음운 탈락형이다. 음운 탈락에는 모음 탈락과 자음 탈락이 있다.

모음 탈락에는 ‘우’ 탈락, ‘이’ 탈락 및 半母音의 [y]의 탈락이 있다. 모음 ‘우’의 탈락을 보여 주는 명사에는 [酒] 즉 ‘술’의 뜻을 가진 ‘수울’과 ‘술’이 있고 모음 ‘이’의 탈락을 보여 주는 명사에는 [毛] 즉 ‘털’의 뜻을 가진 ‘터리’와 ‘털’이 있다.

반모음 [y]의 탈락을 보여 주는 명사류에는 [五六] 즉 ‘대엿, 대여섯’의 뜻을 가진 ‘대엿’과 ‘다엿’, [小蒜], [獨蒜] 및 [獨顆蒜] 즉 ‘외톨 마늘’의 뜻을 가진 ‘되야마늘’과 ‘노야마늘’, [蒼耳] 즉 ‘도꼬마리’의 뜻을 가진 ‘됫고마리’와 ‘돗귀마리’ 그리고 [六十] 즉 ‘예순’의 뜻을 가진 ‘여쉰’과 ‘여슌’이 있다.

동의 관계가 자음 탈락에 의해 성립된다. 자음 탈락에는 ‘ㄹ’ 탈락, ‘ㅅ’ 탈락, ‘ㄷ’ 탈락 및 ‘ㅎ’ 탈락이 있다.

자음 ‘ㄹ’의 탈락을 보여 주는 명사에는 [翅] 즉 ‘날개’의 뜻을 가진 ‘늘개’와 ‘ㄴ래’를 비롯하여 [魚] 즉 ‘물고기’의 뜻을 가진 ‘믌고기’와 ‘믓고기’, [脚心]과 [足下] 즉 ‘발바닥’의 뜻을 가진 ‘밠바당’과 ‘밧바당’, [子] 즉 ‘아들’의 뜻을 가진 ‘아들’과 ‘아ᄃ’,

[糯米] 즉 '찹쌀'의 뜻을 가진 '춫쌀'과 '츳쌀' 그리고 [松脂] 즉 '송진'의 뜻을 가진 '솘진'과 '소진'이 있다.

자음 'ㅅ'의 탈락을 보여 주는 명사에는 [甲] 즉 '발톱'의 뜻을 가진 '밨톱'과 '발톱'이 있다. 자음 'ㄷ'의 탈락을 보여 주는 명사에는 [墨] 즉 '검댕'의 뜻을 가진 '검듸영'과 '거믜영'이 있다.

자음 'ㅎ'의 탈락을 보여 주는 명사에는 [刀] 즉 '칼'의 뜻을 가진 '갈ㅎ'과 '갈' 그리고 [雄雞] 즉 '수탉'의 뜻을 가진 '수톩'과 '수돍'이 있다.

동의 관계가 음운 첨가에 의해 형성된다. 음운 첨가에는 半母音 [y]의 첨가, 'ㄱ' 첨가, 'ㅅ' 첨가, 'ㅎ' 첨가 그리고 'ㄴ' 첨가가 있다.

半母音 [y]의 첨가를 보여 주는 명사에는 [槽] 즉 '구유'의 뜻을 가진 '구이'와 '귀이'가 있다. 자음 'ㄱ'의 첨가를 보여 주는 명사에는 [塵] 즉 '티끌'의 뜻을 가진 '드틀'과 '듣글'이 있고 자음 'ㅅ'의 첨가를 보여 주는 명사에는 [爪] 즉 '손톱'의 뜻을 가진 '손톱'과 '숀톱'이 있다. 자음 'ㅎ'의 첨가를 보여 주는 명사에는 [葵] 즉 '아욱'의 뜻을 가진 '아옥'과 '아혹'이 있고 자음 'ㄴ'의 첨가를 보여 주는 명사에는 [一枚]와 [一個] 즉 '하나'의 뜻을 가진 'ᄒᆞ나ㅎ'와 '훈나ㅎ'가 있다.

單一 명사와 合成名詞가 동의 관계를 가질 수 있고 단일 명사와 名詞句가 동의 관계를 가질 수 있고 合成名詞들이 동의 관계를 가질 수 있다. 이 경우가 合成型이다.

단일 명사와 합성명사 사이에 동의 관계를 보여 주는 것에는 [魚] 즉 '고기, 물고기'의 뜻을 가진 '고기'와 '믈고기'를 비롯하여 [鼻中]과 [鼻] 즉 '콧구멍'의 뜻을 가진 '고ㅎ'과 '곳구무', [麩] 즉 '밀기울'의 뜻을 가진 '기울'과 '밄기울', [睛] 즉 '눈동자'의 뜻을 가진 '눖ᄌᆞᅀᆞ'와 'ᄌᆞᅀᆞ', [楮] 즉 '닥나무'의 뜻을 가진 '닥'과 '닥나모', [髮] 즉 '머리털'의 뜻을 가진 '머리터리'와 '터리', [甲]과 [爪] 즉 '발톱'의 뜻을 가진 '밨톱'과 '톱', [桃] 즉 '복숭아나무'의 뜻을 가진 '복셩화나모'와 '복셩화', [筆管] 즉 '붓대, 붓 자루'의 뜻을 가진 '붇ᄌᆞᄅᆞ'와 '붇ᄌᆞᄅᆞᆺ대', [指] 즉 '손가락'의 뜻을 가진 '숀가락'과 '가락', [房] 즉 '송이, 꽃송이'의 뜻을 가진 '송이'와 '밤송이', [大人] 즉 '어른'의 뜻을 가진 '얼운'과 '얼운사름', [粟]와 [粟米] 즉 '좁쌀'의 뜻을 가진 '조ㅎ'와 '조쌀', [絃]과 [弦] 즉 '시위, 활시위'의 뜻을 가진 '홠시울'과 '시울', [槐] 즉 '홰나무'의 뜻을 가진 '회화'와 '회화나모' 그리고 [槐花] 즉 '홰나무 꽃'의 뜻을 가진 '회화'와 '회홧곳'이 있다.

단일 명사와 명사구 사이에 동의 관계를 보여 주는 것에는 [梔子] 즉 '치자나무의 씨, 치자나무의 열매'의 뜻을 가진 '지지'와 '지지 삐'가 있다.

합성명사들 사이에 동의 관계를 보여 주는 것에는 [牛膝] 즉 '쇠무릎지기'의 뜻을 가진 '쇠무릎'과 '쇼무릎'이 있고 [犢子] 즉 '송아지'의 뜻을 가진 '쇠야지'와 '숑아지'가 있다.

基語인 명사가 그것에서 파생된 명사와 동의 관계를 가질 수 있다. 이 경우가 派生型이다. 파생에는 [言]과 [語] 즉 '말'의 뜻을 가진 '말'과 '말슴'이 있고 [長] 즉 '길이'의 뜻을 가진 '기릐'와 '기리'가 있고 [大] 즉 '크기'의 뜻을 가진 '킈'와 '크기'가 있다.

둘째로 고유어의 動詞類에서 확인되는 동의 관계에는 動作動詞간의 同義 관계, 狀態動詞간의 동의 관계 그리고 동작동사와 상태동사 간의 동의 관계가 있다.

서로 다른 형식을 가진 둘 또는 그 이상의 動作動詞들의 동의 관계를 가질 수 있다. 이 경우가 상이형이다.

고유어의 動作動詞에서 확인되는 상이형에는 [行] 즉 '가다'의 뜻을 가진 '가다'와 '녀다'를 비롯하여 [裹] 즉 '싸다'의 뜻을 가진 '삐리다'와 '뿌다', [生] 즉 '나다, 돋다'의 뜻을 가진 '나다'와 '돋다', [謂] 즉 '이르다, 말하다'의 뜻을 가진 '니르다'와 '곧다', [瘥] 즉 '병이 낫다'의 뜻을 가진 '둏다'와 '우션ᄒ다', [罩] 즉 '덮다'의 뜻을 가진 '둪다'와 '우기다', [飮]과 [服] 즉 '먹다, 마시다'의 뜻을 가진 '먹다'와 '마시다', [動] 즉 '움직이다'의 뜻을 가진 '뮈다'와 '움즈기다', [墮]와 [溺] 즉 '빠지다'의 뜻을 가진 '빠디다'와 '디다', [去] 즉 '베다, 제거하다'의 뜻을 가진 '버히다'와 '앗다', [和] 즉 '섞다, 풀다'의 뜻을 가진 '섞다'와 '플다', [化] 즉 '없어지다, 삭다'의 뜻을 가진 '슬다'와 '삭다', [開] 즉 '열리다, 벌어지다'의 뜻을 가진 '열다'와 '벙으리다', [撮] 즉 '손으로 집다'의 뜻을 가진 '잡다'와 '집다' 그리고 [潰] 즉 '문드러지다, 헐다'의 뜻을 가진 '허여디다'와 '곪다' 등 170여 항목이 있다.

音韻의 교체를 보여 주는 동작동사들이 동의 관계를 가질 수 있다. 이 경우가 음운 교체형이다. 음운 교체에는 母音 交替와 子音 交替가 있다.

동의 관계가 모음 교체를 보여 주는 동작동사들 사이에 성립된다. 모음 교체에는 陰母音과 陽母音 간의 교체가 있고 陽母音과 陰母音과의 교체가 있다. 陰母音간의 교체와 陽母音간의 교체가 있다. 그리고 中立母音과 陰母音 간의 교체가 있다.

음모음과 양모음 간의 교체에는 '우~오'의 교체와 '으~ᄋ'의 교체가 있다. 모음 '우~오'의 교체를 보여 주는 동작동사에는 [度] 즉 '견주다'의 뜻을 가진 '견주다'와 '견조다', [曲]과 [屈] 즉 '굽히다'의 뜻을 가진 '구피다'와 '고피다', [搥] 즉 '두드리다, 치다'의 뜻을 가진 '쑤드리다'와 '쏘드리다', [塞]과 [塡] 즉 '메우다, 채우다'의 뜻을 가진 '몃구다'와 '몃고다', [瘦], [羸瘦] 및 [瘦損] 즉 '여의다, 마르다'의 뜻을 가진 '여위다'와 '여외다' 그리고 [破] 즉 '깨뜨리다, 헐게 하다'의 뜻을 가진 '헐우다'와 '헐오다'가 있다.

모음 '으~ᄋ'의 교체를 보여 주는 동작동사에는 [起] 즉 '일으키다'의 뜻을 가진 '니르왇다'와 '니ᄅ왇다', [刺] 즉 '찌르다'의 뜻을 가진 '디르다'와 '디ᄅ다' 그리고 [丸]과 [撚] 즉 '비비다, 문지르다'의 뜻을 가진 '비븨다'와 '비비다'가 있다.

양모음과 음모음 간의 교체에는 '아~어'의 교체가 있다. 모음 '아~어'의 교체를 보여 주는 동작동사에는 [破] 즉 '부서지다'의 뜻을 가진 '붗아디다'와 '붗어디다'가 있다.

陰母音간의 교체에는 '으~우'의 교체, '우~으'의 교체 그리고 '우~어'의 교체가 있다. 모음 '으~우'의 교체를 보여 주는 동작동사에는 [轉] 즉 '굴리다'의 뜻을 가진 '구으리다'와 '구우리다' 그리고 [展轉] 즉 '구르다'의 뜻을 가진 '그울다'와 '구을다'가 있다. 모음 '우~으'의 교체를 보여 주는 동작동사에는 [反張] 즉 '비틀어지다, 외틀리다'의 뜻을 가진 '두위틀다'와 '두의틀다'가 있다. 모음 '우~어'의 교체를 보여 주는 동작동사에는 [覆]와 [蓋] 즉 '덮다'의 뜻을 가진 '둪다'와 '덮다'가 있다.

陽母音간의 교체에는 'ᄋ~오'의 교체가 있다. 모음 'ᄋ~오'의 교체를 보여 주는 동작동사에는 [溜] 즉 '괴다'의 뜻을 가진 'ᄀ오다'와 '고오다'가 있다.

中立母音과 음모음 간의 교체에는 '이~우'의 교체가 있다. 모음 '이~우'의 교체를 보여 주는 동작동사에는 [候]와 [待] 즉 '기다리다'의 뜻을 가진 '기드리다'와 '기들우다'가 있고 [授] 즉 '비비다, 문지르다'의 뜻을 가진 '비븨다'와 '부븨다'가 있다.

동의 관계가 자음 교체를 보여 주는 동작동사들 사이에 성립된다. 자음 교체에는 'ㄱ~ᄭ'의 교체, 'ㄷ~ᄮ'의 교체, 'ㄷ~ㅄ'의 교체 그리고 'ㄷ~ᄣ'의 교체 그리고 'ᄣ~ᄮ'의 교체가 있다. 'ㅅ~ㅄ'의 교체, 'ㅅ~ㅿ'의 교체, 'ㅆ~ㅅ'의 교체 그리고 'ㅆ~ㅄ'의 교체가 있다.

자음 'ㄱ~ᄭ'의 교체를 보여 주는 동작동사에는 [轢]과 [輾] 즉 '갈리다, 치이다'의 뜻을 가진 '그ᅬ다'와 '쯰이다'가 있다.

자음 'ㄷ~ᄮ'의 교체를 보여 주는 동작동사에는 [搥] 즉 '두드리다, 치다'의 뜻을 가진 '두드리다'와 '쑤드리다'가 있고 [擣]와 [搗] 즉 '찧다'의 뜻을 가진 '딯다'와 '찧다'가 있다. 자음 'ㄷ~ㅄ'의 교체를 보여 주는 동작동사에는 [開]와 [刺作] 즉 '뚫다'

의 뜻을 가진 '듧다'와 '뜳다'가 있다. 자음 'ㄷ~ㅽ'의 교체를 보여 주는 동작동사에는 [刺] 즉 '찌르다'의 뜻을 가진 '디ᄅ다'와 '쩨ᄅ다'가 있다. 자음 'ㅽ~ㅼ'의 교체를 보여 주는 동작동사에는 [刺] 즉 '찌르다'의 뜻을 가진 '쩨ᄅ다'와 '찌ᄅ다'가 있다.

자음 'ㅅ~ㅄ'의 교체를 보여 주는 동작동사에는 [熏]과 [燻] 즉 '쐬다'의 뜻을 가진 '쇠다'와 '뾔다'가 있다. 자음 'ㅅ~ㅿ'의 교체를 보여 주는 동작동사에는 [連] 즉 '잇다, 계속하다'의 뜻을 가진 '닛우다'와 '닝우다'가 있고 [碎]와 [末] 즉 '부수다'의 뜻을 가진 'ㅂᄉ다'와 'ㅂᅀ다'가 있다. 자음 'ㅆ~ㅅ'의 교체를 보여 주는 동작동사에는 [熏] 즉 '쐬다'의 뜻을 가진 '쐬다'와 '쇠다'가 있고 [書] 즉 '쓰다'의 뜻을 가진 '쓰다'와 '스다'가 있다. 자음 'ㅆ~ㅄ'의 교체를 보여 주는 동작동사에는 [熏] 즉 '쐬다'의 뜻을 가진 '쐬다'와 '뾔다'가 있다.

어떤 동작동사가 그것 중의 한 音韻의 탈락에 의해 생긴 동작동사와 동의 관계를 가질 수 있다. 이 경우가 음운 탈락형이다. 음운 탈락에는 母音 탈락과 子音 탈락이 있다.

모음 탈락에는 半母音 [y]의 탈락이 있다. 반모음 [y]의 탈락을 보여 주는 동작동사에는 [引]과 [連] 즉 '잇다, 계속하다'의 뜻을 가진 '닛위다'와 '닛우다'가 있고 [爛]과 [潰] 즉 '문드러지다, 헐다'의 뜻을 가진 '헤여디다'와 '허여디다'가 있다.

자음 탈락에는 'ㄹ' 탈락이 있다. 자음 'ㄹ'의 탈락을 보여 주는 동작동사에는 [至] 즉 '이르다, 도달하다'의 뜻을 가진 '니를다'와 '니르다'가 있다.

어떤 동작동사가 그것 중에 한 음운이 첨가되어 만들어진 동작동사와 동의 관계를 가질 수 있다. 이 경우가 음운 첨가형이다. 음운 첨가에는 母音 첨가와 子音 첨가가 있다.

모음 첨가에는 '오'의 첨가와 반모음 [y]의 첨가가 있다. 모음 '오'의 첨가에는 [作] 즉 '쑤다'의 뜻을 가진 '수다'와 '수우다'가 있다.

半母音 [y]의 첨가에는 [揀] 즉 '가리다'의 뜻을 가진 '글ᄒ다'와 '글히다'를 비롯하여 [煖] 즉 '데우다, 따뜻하게 하다'의 뜻을 가진 '더이다'와 '데이다', [燒] 즉 '데다'의 뜻을 가진 '데다'와 '더이다', [經]과 [過] 즉 '지나다'의 뜻을 가진 '디나다'와 '디내다', [拔]과 [取] 즉 '빼다'의 뜻을 가진 '싸히다'와 '쌔히다', [割]과 [切] 즉 '베다'의 뜻을 가진 '버히다'와 '베히다', [仰臥] 즉 '젖혀 눕히다'의 뜻을 가진 '졋바누이다'와 '졋바뉘이다' 그리고 [揉] 즉 '주무르다'의 뜻을 가진 '주무르다'와 '쥐무르다'가 있다.

자음 첨가에는 'ㄱ' 첨가와 'ㄴ' 첨가가 있다. 자음 'ㄱ'의 첨가에는 [終日]과 [竟日] 즉 '저물다'의 뜻을 가진 '져믈다'와 '졈글다'가 있다. 자음 'ㄴ'의 첨가에는 [收] 즉 '거두다, 저장하다'의 뜻을 가진 'ᄀ초다'와 'ᄀᄂ초다'가 있다.

表記의 차이를 보여 주는 동작동사가 동의 관계를 가질 수 있다. 표기의 차이에는 連綴, 分綴 및 重綴이 있다. 表記의 차이를 보여 주는 동작동사에는 [著]와 [入] 즉 '박히다'의 뜻을 가진 '바키다', '박히다' 및 '박키다'가 있다.

단일어인 동작동사가 合成에 의한 동작동사와 동의 관계를 가질 수 있다. 이 경우가 합성형이다. 합성에는 名詞와 동작동사의 합성이 있고 統辭的 合成과 非統辭的 合成이 있다.

명사와 동작동사의 합성에는 [肥] 즉 '살찌다'의 뜻을 가진 '지다'와 '술지다'가 있다.

통사적 합성에는 [折]과 [摧折] 즉 '꺾이다, 부러지다'의 뜻을 가진 '겼다'와 '것거디다'를 비롯하여 [斷] 즉 '끊어지다'의 뜻을 가진 '그처디다'와 '긏다', [蹉] 즉 '어긋나다, 틀리다'의 뜻을 가진 '글희다'와 '글희여디다', [化]와 [消] 즉 '녹다, 녹아 없어지다'의 뜻을 가진 '녹다'와 '노가디다', [起] 즉 '일어나다'의 뜻을 가진 '닐다'와 '니러나다', [爛] 즉 '무르다, 무르게 되다'의 뜻을 가진 '므르다'와 '믈어디다' 그리고 [封]과 [裹] 즉 '매다, 싸매다'의 뜻을 가진 '미다'와 '빠미다'가 있다.

비통사적 합성에는 [沸] 즉 '끓다, 끓어 솟다'의 뜻을 가진 '긇다'와 '솟긇다'를 비롯하여 [覆], [蓋] 및 [蓋覆] 즉 '덮다'의 뜻을 가진 '둪다'와 '둡덮다'가 있고 [湧…出]과 [湧出] 즉 '솟다, 솟아나다'의 뜻을 가진 '솟다'와 '솟나다'가 있다.

통사적 합성과 비통사적 합성이 동의 관계를 가질 수 있다. [碎研] 즉 '부수어 갈다'의 뜻을 가진 동작동사구 '봇아 굴다'와 합성 동작동사 'ᄇᅀᅳ굴다'가 동의 관계를 가진다.

基語인 동작동사가 그것에서 파생된 동작동사와 동의 관계를 가질 수도 있고 파생된 동작동사들이 동의 관계를 가질 수 있다. 이 경우가 파생형이다.

기어인 동작동사와 파생된 동작동사 사이의 동의 관계를 보여 주는 것에는 [鯁]과 [硬] 즉 '생선뼈가 목에 걸리다'의 뜻을 가진 '걸다'와 '걸우다', [屈] 즉 '굽히다'의 뜻을 가진 '구피다'와 '굽다', [閉]와 [塞] 즉 '막히다'의 뜻을 가진 '막다'와 '마키다' 그리고 [傷]과 [傷損] 즉 '헐다'의 뜻을 가진 '헐다'와 '헐이다'가 있다.

파생된 동작동사들 간의 동의 관계를 보여 주는 것에는 [澄淸]과 [消去] 즉 '가라앉히다, 가라앉게 하다'의 뜻을 가진 '굴안초다'와 '굴앉게 ᄒ다'를 비롯하여 [生] 즉 '내다, 나게 하다'의 뜻을 가진 '내다'와 '나게 ᄒ다', [入] 즉 '들이다, 들게 하다'의 뜻을 가진 '드리다'와 '들에 ᄒ다', [令…服]과 [令…飮] 즉 '먹이다, 먹게 하다'의 뜻을 가진 '머기다'와 '먹게 ᄒ다', [乾] 즉 '말리다'의 뜻을 가진 '몰오다'와 '몰외다', [殺] 즉 '죽이다, 죽게 하다'의 뜻을 가진 '주기다'와 '죽게 ᄒ다' 그리고 [待冷], [候冷] 및 [冷] 즉 '차게 하다'의 뜻을 가진 '치오다'와 '츠게 ᄒ다'가 있다.

고유어의 狀態動詞에서 발견되는 동의 관계는 相異型과 相似型으로 나눌 수 있다. 相似型은 음운론적 관점과 형태론적 관점으로 분류될 수 있는데 음운론적 관점에 의하면 音韻 交替와 音韻 脫落이 있고 형태론적 관점에 의하면 派生이 있다.

서로 다른 형식을 가진 둘 또는 그 이상의 狀態動詞들이 동의 관계를 가질 수 있다. 이 경우가 상이형이다.

고유어의 狀態動詞에서 확인되는 상이형에는 [澁] 즉 '껄끄럽다'의 뜻을 가진 '써럽다'와 '싀다'와 '떫다'를 비롯하여 [稀] 즉 '묽다, 멀겋다'의 뜻을 가진 '눅다'와 '후로로ᄒ다', [悶]과 [煩悶] 즉 '답답하다'의 뜻을 가진 '닶갑다'와 '답답ᄒ다', [宜]와 [可] 즉 '마땅하다, 좋다'의 뜻을 가진 '맛당ᄒ다'와 '둏다', [軟] 즉 '부드럽다, 물렁물렁하다'의 뜻을 가진 '보드랍다'와 '므르다', [强] 즉 '뻣뻣하다'의 뜻을 가진 '세다'와 '굳다', [良久] 즉 '매우 오래다'의 뜻을 가진 '오라다'와 '이슥ᄒ다', [小] 즉 '작다'의 뜻을 가진 '젹다'와 '횩다' 그리고 [大] 즉 '크다'의 뜻을 가진 '크다'와 '어위다' 등 40항목이 있다.

音韻의 교체를 보여 주는 상태동사들이 동의 관계를 가질 수 있다. 이 경우가 음운 교체형이다. 음운 교체에는 母音 교체가 있다.

동의 관계가 모음 교체를 보여 주는 상태동사들 사이에 성립된다. 모음 교체에는 陰母音과 陽母音 간의 교체가 있고 양모음과 음모음 간의 교체가 있고 陽母音 간의 교체가 있다. 陰母音과 陽母音 간의 교체에는 '우~오'의 교체가 있다. 모음 '우~오'의 교체를 보여 주는 상태동사에는 [香] 즉 '향기롭다, 고소하다'의 뜻을 가진 '구스다'와 '고스다'를 비롯하여 [宛宛]과 [窊] 즉 '우묵하다, 오목하다'의 뜻을 가진 '우묵ᄒ다'와 '오목ᄒ다'가 있고 [稀] 즉 '묽다, 멀겋다'의 뜻을 가진 '후루루ᄒ다'와 '후로로ᄒ다'가 있다.

양모음과 음모음 간의 교체에는 '오~우'의 교체와 '오~어'의 교체가 있다. 모음 '오~우'의 교체를 보여 주는 상태동사에는 [圓] 즉 '둥글다'의 뜻을 가진 '도렫ᄒ다'

와 '두렫ᄒ다'가 있고 [軟] 즉 '보드랍다, 부드럽다'의 뜻을 가진 '보ᄃ랍다'와 '부드럽다'가 있다. 모음 '오~어'의 교체를 보여 주는 상태동사에는 [小] 즉 '작다'의 뜻을 가진 '횩다'와 '혁다'가 있다.

陽母音간의 교체에는 '오~아'의 교체가 있다. 모음 '오~아'의 교체를 보여 주는 상태동사에는 [小] 즉 '작다'의 뜻을 가진 '횩다'와 '햑다'가 있다.

어떤 상태동사가 그것 중의 한 音韻의 탈락에 의해 생긴 상태동사와 동의 관계를 가질 수 있다. 이 경우가 음운 탈락형이다. 음운 탈락에는 모음 'ᄋ'의 탈락과 半母音 [y]의 탈락이 있다.

모음 'ᄋ'의 탈락을 보여 주는 상태동사에는 [如] 즉 '같다'의 뜻을 가진 'ᄀᆮᄒ다'와 'ᄀᇀ다'가 있다. 반모음 [y]의 탈락을 보여 주는 상태동사에는 [小] 즉 '작다'의 뜻을 가진 '횩다'와 '혹다'가 있다.

單一 상태동사와 合成 상태동사가 동의 관계를 가질 수 있다. [渴] 즉 '(목이) 마르다'의 뜻을 가진 'ᄆᆞᄅ다'와 '목ᄆᆞᄅ다'가 동의 관계를 가진다.

基語인 상태동사가 그것에서 파생된 상태동사와 동의 관계를 가질 수 있다. 이 경우가 派生型이다. 파생에는 [黃] 즉 '누르다'의 뜻을 가진 '누르다'와 '누러ᄒ다', [赤]과 [紅] 즉 '붉다'의 뜻을 가진 '븕다'와 '블거ᄒ다' 그리고 [靑] 즉 '푸르다'의 뜻을 가진 '프르다'와 '프러ᄒ다'가 있다.

동작동사와 상태동사가 동의 관계를 가질 수 있다. 동작동사와 상태동사 간에 동의 관계를 보여 주는 것에는 [老] 즉 '묵다, 늙다'의 뜻을 가진 '묵다'와 '늙다', [陳]과 [舊] 즉 '묵다, 오래 되다'의 뜻을 가진 '묵다'와 '오라다' 그리고 [腐] 즉 '썩다, 구리다, 나쁜 냄새가 나다'의 뜻을 가진 '석다'와 '구리다'가 있다. 상태동사와 동작동사 간에 동의 관계를 보여 주는 것에는 [利] 즉 '통하다, 훤하다'의 뜻을 가진 '훤ᄒ다'와 '뵈다'가 있다.

셋째로 고유어의 副詞類에서 발견되는 동의 관계는 相異型과 相似型으로 나눌 수 있다. 相似型은 음운론적 관점과 형태론적 관점에서 분류될 수 있는데 음운론적 관점에 의하면 音韻 交替와 音韻 脫落이 있고 형태론적 관점에 의하면 派生이 있다.

서로 다른 形式을 가진 둘 또는 그 이상의 副詞類들이 동의 관계를 가질 수 있다. 이 경우가 相異型이다.

고유어의 副詞類에서 확인되는 상이형에는 [逆]과 [倒] 즉 '거꾸로'의 뜻을 가진 '거스리'와 '갓고로'를 비롯하여 [細] 즉 '가늘게'의 뜻을 가진 'ᄀᆞᄂ리'와 'ᄂ로니',

[溫溫] 즉 '따뜻이, 따뜻하게'의 뜻을 가진 'ᄃ시'와 'ᄃᄃ시', [爛] 즉 '문드러지게, 무르게'의 뜻을 가진 '므르'와 '니기', [必] 즉 '반드시'의 뜻을 가진 '반ᄃ기'와 '덛더디', [良久] 즉 '오래, 한참 지나서'의 뜻을 가진 '오래'와 '이슥고', [自] 즉 '저절로, 스스로'의 뜻을 가진 '제'와 '절로' 그리고 [已] 즉 '벌써, 이미'의 뜻을 가진 'ᄒ마'와 '볼셔' 등 70 항목이 있다.

音韻의 교체를 보여 주는 부사들이 동의 관계를 가질 수 있다. 이 경우가 음운 교체형이다. 음운 교체에는 母音 交替와 子音 交替가 있다.

동의 관계가 모음 교체를 보여 주는 부사들 사이에 성립된다. 모음 교체에는 陽母音과 陰母音 간의 교체가 있고 음모음과 양모음 간의 교체가 있고 陽母音간의 교체가 있다.

양모음과 음모음 간의 교체에는 'ᄋ~으'의 교체, '아~어'의 교체 및 '오~우'의 교체가 있다. 음모음과 양모음 간의 교체에는 '우~오'의 교체 및 '어~오'의 교체가 있다. 양모음간의 교체에는 'ᄋ~오'의 교체가 있다.

모음 'ᄋ~으'의 교체를 보여 주는 부사에는 [忽]과 [暴] 즉 '갑자기'의 뜻을 가진 '과글이'와 '과글이'가 있고 모음 '아~어'의 교체를 보여 주는 부사에는 [卽] 즉 '곧, 즉시'의 뜻을 가진 '즉재'와 '즉제'가 있고 모음 '오~우'의 교체를 보여 주는 부사에는 [周匝] 즉 '빙 둘러'의 뜻을 가진 '횟도로'와 '횟두루'가 있다. 모음 '우~오'의 교체를 보여 주는 부사에는 [可] 즉 '가히'의 뜻을 가진 '어루'와 '어로'가 있고 [圍] 즉 '빙 둘러'의 뜻을 가진 '횟두루'와 '횟두로'가 있다. 모음 '어~오'의 교체를 보여 주는 부사에는 [少許] 즉 '조금'의 뜻을 가진 '져고매'와 '죠고매'가 있다. 모음 'ᄋ~오'의 교체를 보여 주는 부사에는 [倒] 즉 '거꾸로'의 뜻을 가진 '갓ᄀ로'와 '갓고로'가 있다.

동의 관계가 자음 교체를 보여 주는 부사들 사이에 성립된다. 자음 교체에는 'ㄱ~ㅅ'의 교체가 있다. 자음 'ㄱ~ㅅ'의 교체를 보여 주는 부사에는 [許] 즉 '남짓이'의 뜻을 가진 '남ᄀ기'와 '남ᄌ시'가 있고 [當]과 [必] 즉 '반드시'의 뜻을 가진 '반ᄃ기'와 '반ᄃ시'가 있다.

어떤 부사가 그것 중의 한 음운의 탈락으로 생긴 부사와 동의 관계를 가질 수 있는데 이 경우가 音韻 脫落型이다. 음운 탈락에는 모음 탈락과 자음 탈락이 있다. 모음 탈락에는 반모음 [y]의 탈락이 있고 자음 탈락에는 'ㅎ'의 탈락이 있다. 반모음 [y]의 탈락에는 [各] 즉 '제각기, 각각'의 뜻을 가진 '제여곰'과 '저여곰'이 있다. 자음 'ㅎ'의 탈락에는 [卽]과 [立] 즉 '곧, 즉시'의 뜻을 가진 '즉자히'와 '즉재'가 있다.

동일한 語根에서 派生된 두 부사가 동의 관계를 가질 수 있고, 부사와 부사어가 동의 관계를 가질 수 있다. 이 경우가 派生型이다.

두 부사가 동의 관계를 가지는 것에는 [新] 즉 '새로, 새롭게'의 뜻을 가진 '새'와 '새로'가 있고 [多] 즉 '많이'의 뜻을 가진 '해'와 '하'가 있다.

부사와 부사어 사이에 형성되는 동의 관계에는 [細] 즉 '가늘게'의 뜻을 가진 'ㄱ느리'와 'ㄱ늘에'가 있고 [等] 즉 '같게'의 뜻을 가진 'ㄱ티'와 'ㄷ게'가 있고 [熟] 즉 '익게'의 뜻을 가진 '니기'와 '닉게'가 있고 [暖] 즉 '따뜻하게'의 뜻을 가진 '더이'와 '덥게'가 있고 [濃] 즉 '짙게, 진하게'의 뜻을 가진 '두터이'와 '두텁게'가 있고 [溫] 즉 '따뜻이, 따뜻하게'의 뜻을 가진 'ㄷ시'와 'ㄷ게'가 있다. 그리고 [塞]과 [閉] 즉 '막히어, 막히고'의 뜻을 가진 '마고'와 '막고'가 있고 [薄] 즉 '엷게'의 뜻을 가진 '열이'와 '엷게'가 있고 [須臾] 즉 '잠깐, 오래지 않아'의 뜻을 가진 '이슥고'와 '이슥ㅎ야'가 있다.

넷째로 고유어의 관형사류에서 확인되는 동의 관계는 크게 셋으로 나누어 고찰할 수 있다. 첫째는 冠形詞간의 동의이고 둘째는 冠形詞와 冠形語 간의 동의이고 셋째는 冠形語간의 동의이다.

고유어의 관형사 사이에 성립되는 동의에는 [一切] 즉 '모든'의 뜻을 가진 '대도훈'과 '믈읫'을 비롯하여 [諸] 즉 '여러'의 뜻을 가진 '여러'와 '녀나믄', [諸] 즉 '여러'의 뜻을 가진 '여러'와 '믈읫' 그리고 [小] 즉 '작은, 조그만'의 뜻을 가진 '져고맛'과 '죠고맛'이 있다.

고유어의 관형사와 관형어 사이에 성립되는 동의에는 [舊] 즉 '옛, 낡은'의 뜻을 가진 '녯'과 '늘근'을 비롯하여 [他] 즉 '다른'의 뜻을 가진 '다른'과 '녀느', [五] 즉 '다섯, 닷'의 뜻을 가진 '다숫'과 '닷', [三] 즉 '세, 서'의 뜻을 가진 '세'와 '서' 그리고 [小]와 [微] 즉 '작은'의 뜻을 가진 '져고맛'과 '져근'이 있다.

제3장은 『구급방언해』와 『구급간이방』에서 固有語와 漢字語가 어떤 양상의 동의 관계를 형성하고 있는지를 名詞類, 動詞類, 副詞類 및 冠形詞에서 고찰하고 있다.

첫째로 명사류에서 확인되는 고유어와 한자어 간의 동의에서 固有語가 單一語 명사일 수도 있고 合成 명사와 명사구일 수도 있다.

명사류에서 확인되는 고유어와 한자어 간의 동의에서 고유어가 單一語 명사인 경우에는 [便毒] 즉 '가래톳'의 뜻을 가진 '가릿톳'과 '便毒'을 비롯하여 [午時] 즉 '낮,

正午'의 뜻을 가진 '낮'과 '午時', [時候] 즉 '때'의 뜻을 가진 '빼'와 '時節', [大蒜] 즉 '마늘'의 뜻을 가진 '마늘'과 '大蒜', [針] 즉 '바늘'의 뜻을 가진 '바늘'과 '針', [大麻] 즉 '삼, 大麻'의 뜻을 가진 '삼'과 '大麻' 그리고 [子] 즉 '아기'의 뜻을 가진 '아기'와 '子息' 등 200여 항목이 있다.

명사류에서 확인되는 고유어와 한자어 간의 동의에서 고유어가 合成名詞와 名詞句일 수 있다. 이 동의 관계는 150여 항목이 있다.

고유어가 合成名詞인 경우에는 [毛桃] 즉 '털 복숭아'의 뜻을 가진 '가출복셩화'와 '毛桃'를 비롯하여 [阿膠] 즉 '갓플, 아교'의 뜻을 가진 '갓플'과 '阿膠', [紅花] 즉 '잇꽃'의 뜻을 가진 '니싯곳'과 '紅花', [陰卵] 즉 '불알'의 뜻을 가진 '불알ㅎ'과 '음란(陰卵)', [淡竹] 즉 '솜대, 淡竹'의 뜻을 가진 '소옴대'와 '淡竹', [犢子] 즉 '송아지'의 뜻을 가진 '숑아지'와 '犢子', [小便] 즉 '오줌, 小便'의 뜻을 가진 '져근믈'과 '小便', [麻油] 즉 '참기름'의 뜻을 가진 '춤기름'과 '麻油' 그리고 [瘡] 즉 '헌데, 상처'의 뜻을 가진 '헌듸'와 '瘡' 등이 있다.

고유어가 名詞句인 경우에는 [伏龍肝] 즉 '가마 밑의 흙'의 뜻을 가진 '가마 미틧 흙'과 '伏龍肝'을 비롯하여 [地骨] 즉 '구기자나무 뿌리'의 뜻을 가진 '구긧 불휘'와 '地骨', [四肢]의 뜻을 가진 '네 활개'와 '四肢', [淳酒] 즉 '불순물이 없는 술'의 뜻을 가진 '됴흔 술'과 '濁酒', [慢火] 즉 '뭉근하게 타는 불'의 뜻을 가진 '쁜 블'과 '慢火', [露蜂房] 즉 '말벌의 집, 말벌이 지은 집'의 뜻을 가진 '물버릐 집'과 '露蜂房', [附子] 즉 '바곳 뿌리'의 뜻을 가진 '바곳 불휘'와 '附子', [蒲黃] 즉 '부들꽃 위의 누른 가루'의 뜻을 가진 '부들마치 우희 누른 ㄱㄹ'와 '蒲黃', [百草霜] 즉 '솥 밑의 검댕'의 뜻을 가진 '솓미틧 거믜영'과 '百草霜', [井花水] 즉 '우물 가운데의 물'의 뜻을 가진 '우믌 가온딧 믈'과 '井花水', [梔子] 즉 '치자나무의 씨'의 뜻을 가진 '지지 삐'와 '梔子' 그리고 [芍藥] 즉 '함박꽃 뿌리, 작약'의 뜻을 가진 '함박곳 불휘'외 '芍藥' 등이 있다.

둘째로 동사류에서 확인되는 고유어와 한자어 간의 동의에는 動作動詞간의 同義와 狀態動詞간의 同義가 있다.

동작동사에서 확인되는 고유어와 한자어 간의 동의에서 고유어가 動作動詞일 수도 있고 動作動詞句일 수도 있다.

동작동사에서 확인되는 고유어와 한자어 간의 동의에서 고유어가 動作動詞인 경우에는 [救] 즉 '고치다, 구하다'의 뜻을 가진 '고티다'와 '救ㅎ다'를 비롯하여 [炮] 즉 '굽다'의 뜻을 가진 '굽다'와 '炮ㅎ다', [發] 즉 '나다'의 뜻을 가진 '나다'와 '發ㅎ다',

[煎] 즉 '달이다'의 뜻을 가진 '달히다'와 '煎ᄒᆞ다', [動] 즉 '움직이다'의 뜻을 가진 '뮈다'와 '動ᄒᆞ다' 그리고 [通] 즉 '통하다'의 뜻을 가진 '훤ᄒᆞ다'와 '通ᄒᆞ다' 등 30여 항목이 있다.

동작동사에서 확인되는 고유어와 한자어 간의 동의에서 고유어가 動作動詞句인 경우에는 [熨] 즉 '따뜻하게 하다'의 뜻을 가진 '두시 ᄒᆞ다'와 '熨ᄒᆞ다'를 비롯하여 [中惡] 즉 '나쁜 기운을 맞다'의 뜻을 가진 '모딘 긔운 맞다'와 '中惡ᄒᆞ다', [焙] 즉 '불에 말리다'의 뜻을 가진 '브레 물외다'와 '焙乾ᄒᆞ다', [中風] 즉 '中風에 걸리다'의 뜻을 가진 'ᄇᆞ람 맞다'와 '中風ᄒᆞ다', [試] 즉 '시험하다, 시험삼아 해 보다'의 뜻을 가진 '뼈 ᄒᆞ다'와 '시험ᄒᆞ다', [産生] 즉 '아기 낳다'의 뜻을 가진 '아기 낳다'와 '産生ᄒᆞ다' 그리고 [客忤]와 [忤] 즉 '客忤에 걸리다'의 뜻을 가진 '옷긔 들다'와 '客忤ᄒᆞ다'가 있다.

상태동사에서 확인되는 고유어와 한자어 간의 동의에서 고유어가 狀態動詞일 수도 있고 狀態動詞句일 수도 있다.

상태동사에서 확인되는 고유어와 한자어 간의 동의에서 고유어가 狀態動詞인 경우에는 [麄] 즉 '거칠다'의 뜻을 가진 '굵다'와 '麄ᄒᆞ다'를 비롯하여 [煩滿] 즉 '답답하다'의 뜻을 가진 '답답ᄒᆞ다'와 '煩滿ᄒᆞ다', [毒] 즉 '독하다, 나쁘다'의 뜻을 가진 '모딜다'와 '독ᄒᆞ다', [急] 즉 '급하다, 빠르다'의 뜻을 가진 '봄바티다'와 '急ᄒᆞ다', [弱] 즉 '약하다'의 뜻을 가진 '사오납다'와 '弱ᄒᆞ다' 그리고 [良久] 즉 '매우 오래다'의 뜻을 가진 '이슥ᄒᆞ다'와 '良久ᄒᆞ다' 등 20여 항목이 있다.

상태동사에서 확인되는 고유어와 한자어 간의 동의에서 고유어가 狀態動詞句인 경우에는 [神驗] 즉 '아주 좋다'의 뜻을 가진 'ᄀᆞ장 둏다'와 '신험ᄒᆞ다'가 있다.

셋째로 부사류에서 확인되는 고유어와 漢字語 간의 동의에서 첫째로 고유어가 副詞이고 둘째로 고유어가 副詞語이다.

부사류에서 확인되는 고유어와 한자어 간의 동의에서 고유어가 副詞인 경우에는 [忽] 즉 '갑자기, 홀연히'의 뜻을 가진 '과글이/과굴이'와 '忽然히'를 비롯하여 [甚] 즉 '몹시, 매우'의 뜻을 가진 'ᄀᆞ장'과 '甚히', [至] 즉 '이르게, 이르도록'의 뜻을 가진 '니르리'와 '지히', [別] 즉 '따로'의 뜻을 가진 '닫'과 '各別히', [時時] 즉 '때때로'의 뜻을 가진 '므리므리예'와 '時時예', [急] 즉 '빨리, 시급히'의 뜻을 가진 '샐리'와 '時急히', [順] 즉 '바르게, 바른 방향으로'의 뜻을 가진 '올히'와 '順히' 그리고 [稍稍] 즉 '점점, 차츰차츰'의 뜻을 가진 '젹젹'과 '漸漸' 등 17 항목이 있다.

부사류에서 확인되는 고유어와 한자어 간의 동의에서 고유어가 副詞語인 경우에는 [麤] 즉 '굵게, 거칠게'의 뜻을 가진 '굵게'와 '麤히'가 있다.

넷째로 관형사류에서 확인되는 고유어와 한자어 간의 동의에는 [一切] 즉 '모든, 일체의'의 뜻을 가진 고유어 관형사 '대도흔'과 '한자어 관형사 '一切ㅅ'이 있다.

제4장은 『구급방언해』와 『구급간이방』에서 漢字語들이 어떤 양상의 동의 관계를 형성하고 있는지를 名詞類, 動詞類 및 副詞에서 고찰하고 있다.

첫째로 명사류에서 확인되는 漢字語간의 동의는 크게 두 경우로 나누어 고찰할 수 있다. 첫째는 동의 관계에 있는 한자어들이 모두 1자 漢字語인 경우이고 둘째는 동의 관계에 있는 한자어들 중의 적어도 하나가 2자 이상의 漢字語인 경우이고 셋째는 하나가 名詞句인 경우이다.

명사류에서 확인되는 漢字語간의 동의에서 한자어들이 모두 1자 漢字語인 경우에는 [羹] 즉 '국'의 뜻을 가진 '羹'과 '湯' 그리고 [方]과 [法] 즉 '法, 방법'의 뜻을 가진 '方'과 '法'이 있다.

명사류에서 확인되는 漢字語간의 동의에서 적어도 하나가 2자 이상의 漢字語인 경우에는 [鷄頭]와 [芡實] 즉 '가시연밥'의 뜻을 가진 '雞頭實'과 '芡實'을 비롯하여 [氣] 즉 '기운'의 뜻을 가진 '氣分'과 '긔운', [胡桃] 즉 '호도, 호두'의 뜻을 가진 '당츄즈'와 '胡桃', [麻油]와 [香油] 즉 '참기름'의 뜻을 가진 '麻油'와 '香油', [人事] 즉 '의식, 정신'의 뜻을 가진 '人事'와 '신쥑' 등 30여 항목이 있다.

둘째로 동사류에서 확인되는 漢字語간의 동의에는 動作動詞간의 同義와 狀態動詞간의 同義가 있다.

동작동사에서 확인되는 한자어간의 동의에는 [忿怒]와 [怒] 즉 '성내다'의 뜻을 가진 '忿怒ㅎ다'와 '노ㅎ다' 그리고 [損] 즉 '傷ㅎ다'의 뜻을 가진 '損ㅎ다'와 '傷ㅎ다'가 있다.

상태동사에서 확인되는 한자어간의 동의에는 [毒] 즉 '독하다'의 뜻을 가진 '독ㅎ다'와 '有毒ㅎ다' 그리고 [驕貴] 즉 '교만하고 거드름피우다'의 뜻을 가진 '豪貴ㅎ다'와 '호화ㅎ다'가 있다.

셋째로 부사에서 확인되는 漢字語간의 동의에는 [各] 즉 '각각, 제각기'의 뜻을 가진 '各'과 '各各'이 있고 [極]과 [至甚] 즉 '지극히'의 뜻을 가진 '지극'과 '至極히'가 있다.

救急方諺解와 救急簡易方의 同義語 研究

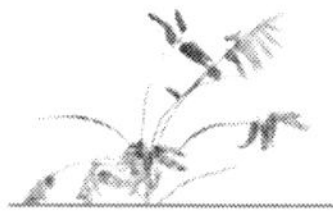

參考文獻

김영신(1976), "『救急方諺解』상하의 어휘 고찰", 『수련어문집』제4집,
　　　　부산여자대학교.

김지용(1975), "『救急方諺解』해제", 『救急方 上下』, 한글학회.

南廣祐(1997), 『敎學 古語辭典』, 교학사.

南星祐(1986), 『十五世紀 國語의 同義語 硏究』, 탑출판사.

______(2001), 『月印釋譜와 法華經諺解의 同義語 硏究』, 태학사.

______(2004), "『救急方諺解』와 『救急簡易方』의 同義語 硏究",
　　　　『한국어문학연구』제19호, 한국외국어대학교 한국어문학연구회.

______(2008), "『救急方諺解』와 『救急簡易方』의 副詞類 同義語 硏究",
　　　　『李崇寧 現代國語學의 開拓者』, 태학사.

元順玉(1996), "『救急方諺解』의 語彙 硏究", 대구효성가톨릭대 대학원 석사논문.

李基文(1959), "『救急方諺解』에 대하여", 『문리대학보』제7권 제2호, 서울대학교.

田光鉉(1982), "解題", 『救急簡易方諺解』東洋學叢書 第九輯. 檀國大學校 東洋學硏究所.

Lyons, J.(1968), *Introduction to Theoretical Linguistics*, Cambridge
　　　　: Cambridge University Press.

Nida, E. (1975), *Componential Analysis of Meaning*, The Hague : Mouton.

Ullmann, S. (1957), *The Principles of Semantics*, Glasgow : Jackson & Oxford
　　　　: Basil Blackwell. 南星祐 역(1979), 『意味論의 原理』, 서울 : 塔出版社.

__________ (1962), *Semantics : An Introduction to the Science of Meaning*, Oxford
　　　　: Basil Blackwell. 南星祐 역(1987), 『意味論』, 서울 : 塔出版社.

救急方諺解와 救急簡易方의 同義語 研究

同義語 찾아보기

ㄹ

ㅁ

ㅅ

ㅇ

 **저자 남성우(南星祐)**

1963년 서울대학교 문리과대학 국어국문학과 졸업
1969년 서울대학교 대학원 국어국문학과 문학석사
1986년 서울대학교 대학원 국어국문학과 문학박사
1975년~2006년 한국외국어대학교 사범대학 한국어교육과 교수 역임
現 한국외국어대학교 사범대학 한국어교육과 명예교수

- **저서**　『國語意味論』,『十五世紀 國語의 同義語 研究』,『月印釋譜와 法華經諺解의 同義語 研究』
　　　　『16세기 국어의 동의어 연구』,『中世國語 文獻의 飜譯 研究』
- **역서**　『意味論의 原理』,『意味論: 意味科學 入門』

救急方諺解와 救急簡易方의 同義語 研究

초판 인쇄 | 2011년 10월 12일
초판 발행 | 2011년 10월 20일

저　　자　남성우

책임편집　윤예미

발 행 처　도서출판 지식과교양
등록번호　제 2010-19호
주　　소　서울시 도봉구 창5동 320번지 행정지원센터 D104
전　　화　(02) 900-4520 (대표)/ 편집부 (02) 900-4521
팩　　스　(02) 900-1541
전자우편　kncbook@hanmail.net

ⓒ 남성우 2011 All rights reserved. Printed in KOREA

ISBN　978-89-94955-42-1　93710　　　　　　　　**정가**　49,000원